D1697558

Lutzer/Reiter · Handbuch Marketing für Weiterbildner

Birgit Lutzer / Hanspeter Reiter

Handbuch
Marketing
für Weiterbildner

Bildung mit den sechs »P« professionell vermarkten

Beltz Verlag · Weinheim und Basel

Birgit Lutzer, Jahrgang 1967, begann nach Abschluss eines Literaturwissenschaftsstudiums ihre
berufliche Laufbahn als Journalistin und Werbe-
texterin. Heute führt sie die Bielefelder Agentur
»Lutzertrain«, die sich auf Trainer- und Bildungsmarketing spezialisiert hat. Ihr Marketing- und
PR-Know-how vermittelt Birgit Lutzer auch in
Form von Seminaren und Vorträgen.

Homepages: www.birgit-lutzer.de und www.lutzertrain.de

Hanspeter Reiter, Jg. 1953, seit über 30 Jahren in
Marketing und Vertrieb unterwegs, hat alle Facetten
der klassischen vier »P« von der Pike auf gelernt,
angewandt und die modernen Formen mit entwickelt. Schwerpunktbranchen: Medien, Finanz-
dienstleistung, Weiterbildung. Vorstandssprecher
des Weiterbildungsverbandes GABAL
(www.gabal.de).

Homepage: www.reiter-medienconsulting.de

Im Internet finden Sie unter »www.beltz.de/material«
Checklisten, Arbeitsblätter und weiterführende Informationen
zum Download. Kennwort **36474.**

Lektorat: Ingeborg Sachsenmeier

© 2009 Beltz Verlag · Weinheim und Basel
www.beltz.de
Herstellung: Klaus Kaltenberg
Satz: Druckhaus »Thomas Müntzer«, Bad Langensalza
Druck: Druck Partner Rübelmann, Hemsbach
Umschlaggestaltung: glas ag, Seeheim-Jugenheim
Umschlagabbildung, Logos und
Kapitelaufmacherseiten: Florian Mitgutsch, München
Printed in Germany

ISBN 978-3-407-36474-6

Inhaltsverzeichnis

Zum Geleit

Aus Sicht eines seit Jahrzehnten im Weiterbildungsbereich engagierten Hochschulleh-
rers, Trainers, Beraters, Unternehmers sowie Verbands- und Unternehmensgründers
ist es eine bemerkenswerte Leistung, dass ein engagiertes Autorenteam – gemeinsam
mit einem kompetenten Verlag –, mit dem *Handbuch Marketing für Weiterbildner* ein
Werk vorlegt, mit dem der zentrale Arbeitsbereich »Marketing« einer bisher eher ver-
nachlässigten Zielgruppe abgedeckt wird, nämlich der Weiterbildner.

Beteiligt an diesem umfassenden Projekt ist neben den beiden Autoren eine Vielzahl von Fachleuten, die den Leser an ihrem in vielen Jahren gesammelten Know-how
teilhaben lassen.

Der rote Faden des mit fast 470 Seiten in der Tat »starken Handbuchs« orientiert
sich an sechs »P«:

- P 1: Produkt/Programm – Inhalte und ihre Umsetzung (S. 43 ff.)
- P 2: Positionierung – Vorgehen und Instrumente (S. 87 ff.)
- P 3: Preis – Gestaltung der Konditionen (S. 125 ff.)
- P 4: Präsentation – Entscheidende Elemente der Außenwirkung (S. 197 ff.)
- P 5: Promotion – Werbung und Öffentlichkeitsarbeit von Weiterbildern
  (S. 257 ff.)
- P 6: Platzierung – Abrundung des individuellen Marketings durch persönlichen
  Vertrieb (S. 373 ff.)

Damit wird auf über 400 Seiten das im Weiterbildungsmarketing einsetzbare Handwerkszeug vorgestellt und zur Nutzung angeboten. Zu den Verdiensten der Autoren
gehört nicht zuletzt, dass sie die in der Produktionswirtschaft »etablierten« sieben »P«
nunmehr für den Bereich der Weiterbildung modifiziert und aufbereitet haben. Für
Weiterbildner, die sich auf ein spezielles Segment konzentrieren – erfahrungsgemäß
eine wichtige Verhaltensweise im Rahmen gezielter »Erfolgs-Verursachung« – ist es
nicht nur hilfreich, sondern unerlässlich, diese Werkzeuge zu kennen und sinnvoll zu
nutzen, auch und gerade, wenn diese (noch) nicht zu ihrem eigentlichen Repertoire
gehören.

Ein herausragendes Verdienst der beiden Herausgeber sowie ihrer Autoren ist es
nicht zuletzt, das Instrumentarium der sechs »P« anwendungsfähig und flexibel für
unterschiedliche Zielgruppen im Weiterbildungsbereich anzubieten, und zwar für

- Trainer und Dozenten, aber auch Berater, sei es in Wirtschaft und Verwaltung, sei
  es in der Hochschule;

- PEler, insbesondere Entscheider, ungeachtet dessen, ob firmen-intern oder freiberuflich tätig;
- letztlich sind es aber auch Verbandsvertreter, die von diesem gebündelten Knowhow maßgeblich profitieren können.

Dies gilt zum Beispiel auch für die Hinweise auf die vorliegenden Erkenntnisse aufgrund von Persönlichkeits-Struktur-Analysen, auch wenn diese Inhalte in der vorliegenden Auflage durchaus noch ausbaufähig wären. Gerade dieses Wissen ist nahezu unersetzlich für alle in Verkauf und Marketing, ja für alle unmittelbar mit Menschen Tätigen, vor allem in der Personalentwicklung inklusive Weiterbildung. Alle »Verhaltenstypen«, auch wenn es sie in Reinkultur nicht geben kann, zeichnen sich aufgrund ihrer verschiedenen Eigenschaftsbündel durch unterschiedliche Grundmotivationen aus, die – rechtzeitig erkannt und im Marketing berücksichtigt – bereits »die halbe Miete!« ausmachen können. Doch infolge der Fülle an Modellen müsste ein weiterer Band folgen …

Ich freue mich, dass der amtierende Vorstandsvorsitzende der gemeinnützigen *Gesellschaft für angewandte Betriebswirtschaft und aktive Lehrmethoden in Hochschule und Praxis (GABAL e.V.)*, Hanspeter Reiter M.A. phil. Sprachwissenschaft, und seine Kollegin Birgit Lutzer, M.A. Literaturwissenschaft, eineinhalb Jahre Vizepräsidentin des *Forums Werteorientierung in der Weiterbildung e.V.*, die Initiative zu diesem wertvollen und »not-wendigen« Sammelwerk erfolgreich ergriffen haben, und wünsche Herausgebern, Autoren sowie dem Verlag eine dem hohen Wert der Veröffentlichung angemessene Verbreitung.

Prof. Dr. Hardy Wagner
Gründer GABAL-Verlag GmbH, Ehren-Vorsitzender GABAL e.V.,
Kuratoriums-Vorsitzender der Bildungs-Stiftung »STUFEN zum Erfolg«

Prolog

Liebe Leserinnen und Leser,

da Sie dieses Buch zur Hand nehmen, haben Sie sich bereits Gedanken über »Marketing für Bildungsanbieter« gemacht – und sich Fragen dieser Art gestellt:

- Wie werden wir als (Weiter-)Bildungsunternehmen, wie werde ich als Trainer von anderen im Markt der (Weiter-)Bildung wahrgenommen?
- Was können wir, was kann ich dazu tun, dass potenzielle Teilnehmer, mögliche Auftraggeber, andere Bildungsanbieter und natürlich bestehende Kontakte aller relevanten Art das wahrnehmen, was gewollt ist?

Marketing auf den Punkt gebracht heißt also »sein Ding in den Markt bringen«. Zugegeben ein wenig salopp ausgedrückt, doch treffend – oder? Und von welchem Markt sprechen wir hier, wenn wir Ausbildung in der Schule und zum Beruf beiseitelassen? Berufliche Weiterbildung sowie jene zum privaten Vergnügen wird erst bei näherem Hinschauen etwas transparenter. Von Beobachtern und Rechercheuren wird ein zersplitterter Markt attestiert, wenn auch ein unterschiedlich starker:

- Studien des DIE (Deutsches Institut für Erwachsenenbildung, veröffentlicht beim wbv) ergeben für 2005 ungefähr 18.800 Bildungsanbieter.
- Weitere etwa 12.000 selbstständige Trainer sind als Mitglied in DVWO-Verbänden organisiert, dem Dachverband der zurzeit zwölf Weiterbildungsorganisationen.
- Lünendonk ermittelt (für 2007) ungefähr 1.560 Mrd. Euro Umsatz bei den 20 stärksten (»führenden«) Anbietern beruflicher Weiterbildung.
- Aus den Zahlen des Instituts der deutschen Wirtschaft Köln (IW) errechne ich einen Markt der Weiterbildner von annähernd 16 Mrd. Euro für 2004, was in etwa dem Niveau von 1998 entspricht (gleiche Quelle).
- Der stärkste Anbieter käme laut Lünendonk auf knapp ein Prozent Marktanteil (DAA 145,9 Mio. Euro) und die 20 führenden insgesamt auf knapp zehn Prozent (1.560 Mrd. Euro gegenüber knapp 16 Mrd. Euro).

Was heißt das nun für Marktteilnehmer, die Fuß fassen möchten? Was müssen sie tun, um als einer unter 30.000 Aufmerksamkeit zu erregen – viel Werbung machen? Wenn Weiterbildner über ihre Verbände versuchen, »ein Bildungsmarketing« zu entwickeln, hat das vordergründig nichts mit *Marketingkommunikation* zu tun:

- Eine Fachkommission hat ein Zertifizierungssystem entwickelt, die sogenannte »Qualitäts-Acht DVWO« (s. www.dvwo.de).
- Als Ableger wurde das »Forum Werteorientierung in der Weiterbildung« (FWW) von verschiedenen großen Bildungsverbänden gegründet. Das FWW hat den »Berufskodex für die Weiterbildung« als freiwillige Selbstverpflichtung für Trainer, Berater und Coaches seiner Mitgliedsorganisationen entwickelt (s. www.forum-werteorientierung.de).
- Präsidiale bemühen sich darum, national wie international in der (Bildungs-)Politik mitzumischen: Für das Bundesbildungsministerium war es 2008 überraschend, dass es 12.000 selbstständige Trainer gibt, die bis dato bei allen Überlegungen außen vor geblieben waren.

Alle diese Aktivitäten gehören zum Marketing für Weiterbildner – und sie werden natürlich umgesetzt in Maßnahmen der Kommunikation im Sinne von »Tue Gutes und sprich darüber!« – dazu kommen wir später im Einzelnen. Was immer Sie tun, sich und Ihr Bildungsangebot an den Markt heranzutragen, Ihr Erfolg hängt entscheidend von Ihrer Motivation ab. Der Bildungsmarkt hat zwar seine Eigenheiten (etwa, dass eine Bildungsmaßnahme kein anfassbares Produkt wie zum Beispiel ein Paar Schuhe ist), dennoch lässt sich die folgende Geschichte darauf übertragen:

Zwei Schuhverkäufer werden in den 1950er-Jahren von ihrem Vertriebsleiter zur Markterweiterung nach Afrika geschickt. Verkäufer 1 (V1) kehrt nach einigen Monaten zurück, ist völlig frustriert und meldet: »Chef, die laufen dort alle barfuß – keine Chance, denen bei der Wärme hier Schuhe aufzuschwatzen!« Kurze Zeit später meldet sich ganz aufgeregt mitten aus Afrika V2: »Chef, Sie müssen mit der Produktion sprechen, wir müssen drauflegen – die laufen alle barfuß, brauchen dringend Schuhe, erst einmal Sandalen!« – Hmm … Ob die Menschen jetzt wirklich an erster Stelle dringend Schuhe benötigen? … Vielleicht eher Gummistiefel, um Erkrankungen beim Stehen im Wasser zu vermeiden? … (Die Quelle dieser Geschichte kann ich nicht mehr benennen, denn sie wird immer wieder erzählt und ohne Quellenangabe zitiert.)

Welches Fazit ist aus dieser Geschichte zu ziehen? Je nach Sichtweise entdecken Sie in dem für Sie relevanten Markt der Weiterbildung eher Risiken oder Chancen, entsprechend dem (mandarin)chinesischen Schriftzeichen für »Krise«, das aus eben jenen beiden anderen zusammengesetzt ist. Je nachdem, ob Sie eher das Risiko sehen oder eher die Chance, nehmen Sie unmittelbar Einfluss auf das Ergebnis …

In diesem Handbuch unterscheiden wir sechs unterschiedliche »P« des Bildungsmarketings. Denn Bildungsmarketing ist weitaus mehr als nur die Kommunikation – also die Art und Weise, wie Sie sich darstellen und in welcher Form Sie Werbung für Ihre Seminare, Workshops und Kurse durchführen. Auch die Produktentwicklung (= Inhalte und Gestaltung Ihres Bildungsangebots) und Ihre Preisgestaltung sind wichtige Vermarktungselemente. So bildet Ihre Positionierung zugleich eine wichtige

Grundlage für Ihre Promotion (= Werbung; die eigentliche Marketingkommunikation). Und Ihre Präsentation ist mitentscheidend für einen erfolgreichen Vertrieb (= Distribution, hier: Platzierung, wozu auch der Standort gehört; im Bildungsbereich selten durch Ladengeschäfte, Ausnahme: Nachhilfeschulen).

Das »Handbuch Marketing für Weiterbildner« ist so aufgebaut, dass Sie je nach Interesse einzelne Kapitel und Begriffe nachschlagen können – es lässt sich natürlich auch von vorne bis hinten durchlesen. Nach einer Begriffsklärung, strategischen Vorüberlegungen und Hinweisen zum Marketingkonzept folgen ausführliche Erläuterungen zu den »6 P«:

P 1: Produkt/Programm
P 2: Positionierung
P 3: Preis
P 4: Präsentation
P 5: Promotion/Kommunikation
P 6: Platzierung (Vertrieb, Sales)

Und jetzt wünschen wir Ihnen einen spannenden Rundgang durch das breite Gebiet des Bildungsmarketings!

Hanspeter Reiter und *Birgit Lutzer*

Im Internet finden Sie unter »www.beltz.de/material« Checklisten, Arbeitsblätter und weiterführende Informationen zum Download. Kennwort **36474**.

Einführung und Überblick

Was ist eigentlich Bildungsmarketing?

Birgit Lutzer

In der Fachliteratur und im Wortgebrauch von Vermarktungsspezialisten tauchen zahlreiche Marketinguntergruppen auf – vom Produktmarketing über das Beziehungs- und Dienstleistungsmarketing oder das Neuromarketing bis hin zum Bildungsmarketing, Beratermarketing, Trainermarketing. Während manche Begrifflichkeiten eher eine verbale Modeerscheinung darstellen, ist die begriffliche Differenzierung des Bildungsmarketings sinnvoll. Bernecker (2007, S. 44) versteht darunter:

> *»Methoden zur Vermarktung von Angeboten im Bildungswesen. Es hat zur Aufgabe, den Aufbau, die Aufrechterhaltung und die Verstärkung der Beziehungen zum Bildungsnachfrager, anderen Partnern und gesellschaftlichen Anspruchsgruppen zu gestalten. Mit der Sicherung der Unternehmensziele sollen auch die Bedürfnisse der beteiligten Gruppen befriedigt werden.«*

Beim Bildungsmarketing geht es also um die Vermarktung aller Formen von Weiterbildungsangeboten an interessierte Abnehmer – von Volkshochschulkursen über die berufliche Weiterbildung bis hin zu Firmenschulungen und Massageworkshops für interessierte Privatpersonen. Die Vermarktung von Bildungsangeboten als Produkt zeigt im Vergleich zu einer greifbaren und anfassbaren Leistung Besonderheiten – Ähnliches gilt für die Vermarktung von Trainern, Coaches und Beratern. Unabhängig von ihrem genauen Inhalt haben Bildungsangebote eine wichtige Gemeinsamkeit: Der Kunde oder Teilnehmer kann das Produkt erst im Nachhinein richtig beurteilen – nämlich dann, wenn er die Bildungsmaßnahme in Anspruch genommen hat. Er entscheidet sich für den Besuch eines Seminars oder bucht einen Lehrgang, weil er *vermutet*, dass ihm die Maßnahme einen bestimmten Nutzen bringt. Ob diese Annahme den Tatsachen entspricht, erfährt er erst, wenn er die Maßnahme absolviert und auch eigene Anstrengungen zum Beispiel durch rege Teilnahme investiert. Er kauft also in vielen Fällen »blind«. Eine wichtige Aufgabe des Bildungsmarketings besteht also darin, ihm das Angebot so zu präsentieren, dass er sich auch ohne vorherige persönliche Bekanntschaft mit dem Dozenten und ohne Wissen um die genaue Aufbereitung der Seminarinhalte anmeldet.

Dieses Handbuch richtet sich sowohl an größere Bildungsträger wie zum Beispiel bundesweit aktive Akademien, Universitäten und Volkshochschulen als auch an kleinere, regional tätige private und öffentliche Institute, an Trainernetzwerke und Trainer sowie Coaches, die als Einzelkämpfer auf dem Bildungsmarkt agieren. Während viele Hinweise für alle Bildungsträger gelten, erfordert das Trainermarketing wegen seiner Eigenarten an manchen Stellen besondere Hinweise. Diese sind entsprechend gekennzeichnet. Zur Begriffsklärung:

- *Größere Bildungsträger:* bundes- oder europaweit aktive Bildungsträger, die über mehrere Niederlassungen oder ein Netz gleichartiger, doch selbstständig agierender Träger verfügen.
- *Kleine und mittlere Bildungsträger:* private oder öffentliche Institute, die in einem beschränkten Marktsegment oder in einer bestimmten Region aktiv sind.
- *Trainernetzwerke:* Zusammenschlüsse mehrerer Trainer, die nach außen als Institut auftreten, nach innen jedoch freiberuflich und zum Teil von verschiedenen Orten oder Büros aus tätig sind.
- *Einzeltrainer:* Trainer und Coaches, die allein tätig sind und mit ihrer Person für ihr Trainingsunternehmen stehen (selbst wenn sie Angestellte im Backoffice haben). Für diese Anbieter gelten die Besonderheiten des Personenmarketings, das auf ihre Persönlichkeit zugeschnitten sein muss.

Alle diese Träger müssen Marketing betreiben, um auch morgen noch genügend Kunden und Teilnehmer für ihre Angebote zu gewinnen. In das Bildungsmarketing mittlerer und größerer Bildungsträger fließt das Firmenimage mit ein. Beispiele:

 Ein mittelständischer Unternehmer schickt seine Führungskräfte zum Sprechtraining an ein hochpreisiges und bekanntes Rhetorikinstitut. Ein anderer Anbieter käme für seine Entscheidungsträger nicht in Frage, denn er ist sich sicher: Was viel kostet und so bekannt ist, wie das von ihm gewählte Institut, muss einfach gut sein!

Ein anderer Teilnehmer legt Wert auf ethische Prinzipien und bucht deshalb ein Seminar bei einem christlich ausgerichteten Bildungsträger, der mit einem Kloster verbunden ist.

Die Bildungsträger aus diesen Beispielen – das exklusive Rhetorikinstitut und der christlich orientierte Bildungsträger – haben eine wichtige Gemeinsamkeit: Sie werden von außen als »Marke« mit bestimmten Eigenschaften wahrgenommen. Der bekannte Marketingspezialist Meffert versteht unter diesem Begriff »ein in der Psyche des Konsumenten verankertes, unverwechselbares Vorstellungsbild von einem Anbieter, einem Produkt oder einer Dienstleistung« (Meffert 2008, S. 498). Eine Marke ist einzigartig, bekannt und im Kopf des Konsumenten fest mit einem bestimmten Image verknüpft. Die Volkshochschulen beispielsweise treten als Marke auf. Wer sich zu einem Kurs anmeldet, weiß genau, was ihn erwartet: ein preisgünstiges Bildungsangebot aus dem Bereich der privaten und beruflichen Erwachsenenbildung. Volkshochschulen finden sich in fast jeder Stadt und gehören zu den bekanntesten Weiterbildungsträgern. Eine solche Marke baut sich natürlich nicht von jetzt auf gleich auf, sondern ist das Ergebnis langfristig ausgelegter Marketing- und PR-Aktivitäten.

Selbst wenn der Begriff »Marke« oft mit einer weltweiten Präsenz verbunden wird, greifen auch bei einer regionalen Verbreitung die gleichen Mechanismen. Erreichen Sie die Etablierung Ihres Bildungsinstituts oder Trainingsunternehmens als »Marke«, hat dies folgende Vorteile für Sie:

- Der Name Ihrer Einrichtung steht langfristig für bestimmte Standards, die Kunden und Teilnehmer bei Ihnen erwarten (Vertrauensgarantie).
- Sie werden unterscheidbar von anderen Anbietern mit vergleichbarem Angebot. Damit erleichtern Sie möglichen Kunden den Weg, genau das bei Ihnen zu finden, was sie suchen.
- Als Marke bieten Sie Ihren Kunden die Möglichkeit, sich mit Ihnen zu identifizieren und stolz auf die Teilnahme an Ihren Bildungsmaßnahmen zu sein.
- Der Status als Marke ist immer mit einem hohen Bekanntheitsgrad und einer weitreichenden Marktdurchdringung verbunden.
- Unter dem »Dach« Ihrer Marke können Sie eine Reihe von Markenprodukten (= Ihr Bildungsangebot) positionieren, die jeweils von Ihrem vorhandenen Bekanntheitsgrad profitieren.

Ihre zentrale Marketingaufgabe besteht darin, das in Ihr Unternehmen (= die Marke) gesetzte Vertrauen Ihrer Kunden und Teilnehmer immer wieder neu zu bestätigen. Vertrauen hat eine zentrale Eigenschaft: Es wächst bei Gebrauch und verringert sich bei Nichtgebrauch, ähnlich wie die Muskulatur beim Sporttreiben. Je öfter Sie sich also als vertrauenswürdiger Anbieter zeigen, desto stärker wächst die Erwartung der Kunden, der Teilnehmer und der Öffentlichkeit, dass Sie sich auch in Zukunft so verhalten werden.

Das Vertrauen von Kunden und Teilnehmern steht jedoch in vielen Fällen auf tönernen Füßen: Eine bekannte Bildungsmarke, die in Hinsicht auf Kundenbetreuung, geschäftsmäßiges Verhalten oder Service nachlässig ist, riskiert einen schwer zu behebenden Imageschaden und gleichzeitig den Verlust von Kunden.

 Ein anschauliches Beispiel für die Folgen eines Imageschadens ist der ehemalige Trainerstar Jürgen Höller, der sich selbst sehr erfolgreich als Personenmarke aufgebaut hatte. Durch den Konflikt mit der Justiz und eine Reihe damit verbundener Negativschlagzeilen verlor er seinen guten Ruf und eine Vielzahl von Kunden auf einen Schlag. Auch wenn er jetzt wieder an seiner Marktpräsenz arbeitet, ist es fraglich, ob er das Vertrauen seiner ehemaligen Kunden jemals vollständig zurückgewinnen kann.

Gleichzeitig ist es wichtig, dass Ihre Marke attraktiv gehalten wird. Die Kunst besteht darin, neue Bildungstrends, gesellschaftliche Entwicklungen und geänderte Rahmenbedingungen in die Marketingstrategie zu integrieren, ohne dabei das bekannte Markenerscheinungsbild zu verlieren. Dabei lohnt es sicher nicht, auf jeden Zug aufzuspringen und zum Beispiel alle Dozenten eine neuartige Zusatzqualifikation absolvieren zu lassen, bloß weil sie gerade in bekannten Bildungsmedien diskutiert wird. Doch auch für Marken gilt das Sprichwort: »Wer nicht mit der Zeit geht, geht mit der Zeit.«

Das Marketing von Instituten und Trägern, die als größere Firmen wahrgenommen werden, setzt sich also aus folgenden Elementen zusammen:

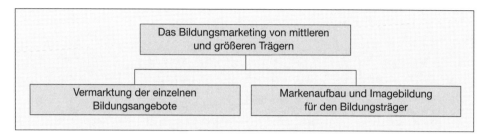

Vor ähnlichen Herausforderungen stehen freiberufliche Trainer, Dozenten und Netzwerke aus mehreren Ein-Personen-Anbietern. Sie müssen nicht nur ihre Kurse, Seminare und Workshops vermarkten, sondern auch sich selbst als Person. Aus diesem Grund sollten etwa Marktauftritt und werbliche Aktivitäten eines Einzeltrainers in besonderer Weise auf seine Persönlichkeit zugeschnitten sein.

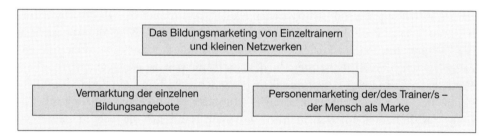

Unabhängig davon, ob es sich um das Marketing für einen größeren Träger oder für einen Einzelkämpfer handelt, wird in strategisches und in operatives Bildungsmarketing unterteilt.

Beim *strategischen Marketing* geht es um prinzipielle Überlegungen zur Vermarktung eines Anbieters, seiner Leistungen und Produkte – zum Beispiel um folgende Fragen:

- Welche Ziele verfolgt er mit seinem Marketing?
- Welches Marktsegment und welche Zielgruppe möchte er ansprechen?
- Welche Positionierung strebt er an – wie will er sich positiv vom Wettbewerb abheben?
- Welche Instrumente wird er einsetzen, um diese Positionierung im Bewusstsein der Öffentlichkeit und seiner Zielgruppe zu verankern?
- Welches Budget ist dafür vorgesehen?

Um eine Marketingstrategie auszugestalten und eine fundierte Entscheidung über Einzelmaßnahmen treffen zu können, entwickelten Marketingfachleute das Konstrukt des »Marketing-Mix«, der sich in vier Bereiche (= »Säulen«) aufteilt:

Dieser Marketing-Mix wurde inzwischen modernisiert durch die »P« *des Marketings* wie zum Beispiel Produkt, Positionierung, Preis, Promotion. – Uneinigkeit besteht in der Fachliteratur über die korrekte Zahl der Marketing-P: Manche Autoren differenzieren zwischen bis zu zehn unterschiedlichen Elementen, zu denen auch exotischere Vertreter wie zum Beispiel »Pampern« (= besondere Betreuung von Bestandskunden, damit diese sich wohlfühlen) gehören. Aus unserer praktischen Erfahrung mit Bildungsträgern heraus unterscheiden wir in diesem Handbuch die sechs »P« des Marketings – wohl wissend, dass es sicher auch Argumente für eine andere Aufteilung gibt: *P 1: Produkt/Programm, P 2: Positionierung, P 3: Preis, P 4: Präsentation, P 5: Promotion/Kommunikation* und *P 6: Platzierung* (Vertrieb, Sales).

Das *operative Marketing* beschreibt, auf welche Weise und mit welchen Maßnahmen (= Marketinginstrumenten) diese Ziele erreicht werden sollen. Beispielsweise:

- Anzeigenschaltung in den fünf wichtigsten Zeitungen, die von der Zielgruppe gelesen werden.
- In Kombination mit Pressearbeit, um den eigenen Bekanntheitsgrad zu erhöhen.
- Mehrere Mailingaktionen an Teilnehmer und/oder gekaufte Adressen.
- Online-Marketing per Newsletter und Suchmaschinenoptimierung.

Für eine planvolle Vorgehensweise benötigen Sie ein Marketingkonzept (s. *Marketing mit Konzept*, S. 31 ff.), in dem Ihre Marketingstrategie und die operativen Maßnahmen festgesetzt sind.

Prinzipielle Überlegungen zur Marketingstrategie

Hanspeter Reiter

Damit Sie in der operativen Umsetzung die richtigen Schritte zur rechten Zeit tun, sollten Sie vorher grundsätzlich entscheiden, welches (strategische) Ziel Sie erreichen wollen. Zwar sind die »6 P« des Marketings für Weiterbildner jeglicher Couleur relevant, dennoch gibt es erhebliche Unterschiede in ihren Ausprägungen. Und die können Sie in diesem Buch bequem Schritt für Schritt nachvollziehen – oder Sie springen je nach aktuellem Bedarf in einzelne Themen direkt hinein.

- *P 1: Produkt/Programm:* klassisch »product«, das Angebot – ob greifbares Produkt oder Dienstleistung – hier: Ihr Seminar, Ihr Coaching, Ihre Beratungsleistung.
- *P 2: Positionierung:* … im Markt; ursprünglich in »Kommunikation« (= Promotion) enthalten; wegen ihrer besonderen Bedeutung gerade für Weiterbildner von uns als eigenes P fokussiert.
- *P 3: Preisgestaltung:* klassisch die Konditionenpolitik, vom Tagessatz über enthaltene Leistungen bis hin zu Zahlungszielen.
- *P 4: Präsentation:* medienübergreifend, klassisch in der Promotion (= »Kommunikations-Mix«) enthalten; gerade für Trainer, Berater, Coaches und allgemein Freelancer ein entscheidendes Element der Selbstdarstellung.
- *P 5: Promotion:* (= Kommunikation) darin enthalten Werbemaßnahmen, grundlegend auch Corporate Identity und deren Unterformen wie Corporate Design oder Corporate Communications.
- *P 6: Platzierung:* Vertrieb, Sales; klassisch »Distributions-Mix«.

Mit dieser Einteilung finden Sie verschiedene Sichtweisen des »Marketing-Mix« vereint, nämlich passend zu den Besonderheiten für Weiterbildner zugleich komprimiert wie auch erweitert. (Andere Differenzierungen finden Sie in der angeführten Literatur.) Jeder Entscheidungsträger wird künftig sicherer sagen können, welche 50 Prozent seines Werbebudgets er warum »aus dem Fenster geworfen« hat, wenn er zunächst folgende Überlegungen anstellt:

> *»Ich weiß, dass jeder zweite Dollar, den ich in Werbung investiere, hinausgeworfenes Geld ist. Nur weiß ich nicht, welcher der beiden Dollars …«*[*]

---

[*] Dieses Zitat wird unterschiedlichen Personen zugeschrieben, zum Beispiel Henry Ford oder auch dem Kaufhauspionier John Wanamaker.

Entscheiden Sie über Ihr Basiskonzept

Anbieter einer Leistung werden von potenziellen Nachfragern unbewusst und damit automatisch in eine bestimmte Rubrik geschoben. Als Verbraucher differenzieren wir mithilfe eines groben Rasters meist wie folgt, und zwar unabhängig davon, ob in der Rolle »privat« oder »Business«:

- Repräsentiert dieser Anbieter mit seinem Angebot einen Qualitätsvorsprung gegenüber anderen? Kennzeichen könnten sein: schon lange im Markt; bekannte Auftraggeber; Zertifizierung. Fachleute sprechen von »*Qualitätsführerschaft*«.
- Müssen sie den »x-ten Aufguss« zum gewünschten Thema erwarten – oder eine echte Innovation, die zum Aha-Erlebnis führt? Meist geht es um die methodisch-didaktische Aufbereitung durch einen solchen »*Innovationsführer*«.
- Ist von diesem Anbieter besonderer Service zu erwarten? Die berühmte »Meile mehr« meint kaum Bonusprogramme wie Miles & More, vielmehr geht es um Zusatzleistungen, frei von erhöhten Preisen. Beispiele: kostenloser telefonischer Kontakt einige Wochen nach der Trainingsmaßnahme zur Sicherung des Lerntransfers. Hier steht die »*Serviceführerschaft*« im Blick.
- Schließlich spielt auch der Preis eine wichtige Rolle – bietet dieser Bildungsträger ein günstiges Preis-Leistungs-Verhältnis? Auf den ersten Blick ist das ein klares Messkriterium, mit allen Gefahren einseitigen Vergleichens. Der »*Preisführer*« muss das Abdriften ins »Billigheimer-Image« dringend vermeiden!

In welcher dieser vier grundlegenden »Schubladen« finden Sie sich am ehesten wieder? Natürlich benötigen Sie für die Diskussion mit möglichen Auftraggebern Argumente für alle vier, dazu mehr in den entsprechenden Kapiteln (s. *P 5: Promotion*, S. 257 ff., und *P 6: Platzierung*, S. 373 ff.). Wenn Sie allerdings von vornherein versuchen, allen Anforderungen gerecht zu werden, erschaffen Sie wahrscheinlich nur das wenig glaubhafte Bild einer »Eier legenden Wollmilchsau« oder eines Wolpertingers (bayerisches Fabeltier, ähnlich vielfältig). Nun, wie kontraproduktiv das wäre, ist intuitiv wie logisch nachvollziehbar … Entscheiden Sie also bitte jetzt – oder später, zum Beispiel nach einer Diskussion oder einem Brainstorming mit Kollegen, vielleicht auch Kunden. Wie das aussehen könnte, sehen Sie auf der nächsten Seite.

Definieren Sie nun entsprechend Ihr(e) Angebot(e), kreuzen Sie die Konzeptspalte an, in der Sie sich wiederfinden – und notieren Sie dazu eine kurze Begründung in Stichworten. Das dazugehörige Blankoformular »Arbeitsmatrix Basiskonzept für Bildungsanbieter« gibt es als Download. Vorsicht, wenn Sie tatsächlich nach unterschiedlichen Angeboten differenzieren und feststellen, dass Sie mit diesen wohl unterschiedlich im Markt landen werden: einerseits als Qualitätsführer, andererseits ein Thema mit überraschend innovativer Darbietung, dann mit besonderen Serviceversprechen und mit dem vierten Angebot in der Preisschiene. Das bedeutet, Sie verwirren Ihre potenziellen Kunden. Schaffen Sie daher möglichst schnell ein klares Bild nach außen! – Und schon haben Sie eine definierte Aufgabe für Ihr operatives Marketing!

Arbeitsmatrix »Basiskonzept für Bildungsanbieter« am Beispiel Sprachkurse					
Ihr Angebot	Qualität	Innovation	Service	Preis	Begründung
Business-Englisch für Anfänger	X				Wird von einem Muttersprachler gegeben
Mandarin für Expatriats »China«		X			Wird noch selten angeboten – Nachfrage steigt!
Technisches Englisch			X		Nachsorge inklusive: Telefonat einmal pro Woche
Vorbereitungskurs Englisch für Austauschschüler				X	Wird häufig(er) angeboten – Kurse für Gruppen

Damit wissen Sie bereits jetzt besser, wie Sie sich aufstellen wollen. Im nächsten Schritt schielen Sie zumindest schon mal stärker nach Ihren Mitbewerbern.

Selten ist der Markt das Problem …

Wenn ein Anbieter weniger erfolgreich ist als erhofft, liegt das meist nicht am Markt selbst. Marktdurchdringung hat mit allen Ihren Maßnahmen des Marketings zu tun: Die einfachste Variante, mithilfe exzellenter Diffusion (also Durchdringung eines gewünschten Marktes) zu einem hohen Marktvolumen zu kommen, ist Penetration mithilfe hohen Werbedrucks – also wiederholte, intensive Werbemaßnahmen (s. *P 5: Promotion*, S. 257 ff.). Nun, hohe verfügbare Budgets für Maßnahmen der Promotion helfen zwar immer öfter, auf eine Erfolgsgarantie warten Sie meist vergebens … Bevor Sie also konkrete Maßnahmen beschließen, betrachten Sie zunächst Ihren Ausgangspunkt im Lebenszyklus Ihres Angebots. Tragen Sie in die Vier-Felder-Matrix Ihr Angebot – »für sich betrachtet« – ein.

Mögliche Konsequenzen: Wofür auch immer Sie sich als Marketingziel Ihres Angebots entschieden haben, Sie werden jeweils auch unter einem oder mehreren der anderen Varianten betrachtet. Das ist sekundär, wenn ein Entscheider ausschließlich auf Innovation schielt und Sie höchst innovative Seminarthemen zu bieten haben. Darunter fiele eventuell nach wie vor Neuromarketing (also das Nutzen neuester Erkenntnisse der Hirnforschung zum Verbraucherverhalten), Web 2.0 (etwa durch Beobachten von Blogs und Mitmachen bei dieser modernen Form der Kommunikation über das Internet) oder das eine oder andere E-Learning-Konzept bis hin zum WBT

hoch	
Innovation	**Service**
Qualität	**Preis**

niedrig

Vier-Felder-Matrix (nach: Boston Consulting Group)

(Web-based Training). Wenn Ihnen das liegt und Ihre Zielgruppen darauf ansprechen, dann sollten Sie das ausprobieren. Wenn nun der Controller des nachfragenden Unternehmens ins Spiel kommt, wird dieser selbstverständlich Ihren Preis kritisch unter die Lupe nehmen. Die potenziellen Teilnehmer vergleichen (auch) anhand der Serviceleistungen, die Führungskraft sucht nach besonderen Qualitätsaspekten. Ergo sollten Sie sich mit dem jeweiligen Angebot in allen vier Feldern definieren – wir kommen darauf zurück!

Ihr Angebot »für sich betrachtet«: Lebenszyklus

Für Produkte lässt sich häufig eine ähnlich verlaufende Entwicklung nachvollziehen, die meist in folgende Phasen unterteilt wird:

● Phase 1: Einführung (Launch)
● Phase 2: Wachstum
● Phase 3: Reife
● Phase 4: Sättigung
● Phase 5: Degeneration
● Phase 6: Nachlauf

Große Unternehmensberatungen haben daraus eigene Modelle aus jeweils unterschiedlichen Blickwinkeln abgeleitet, so etwa die Boston Consulting Group ihre Portfolioanalyse mit einer Vier-Felder-Matrix. Dort finden Sie plakativ dargestellt:

- *Questionmarks:* entspricht der Einführungsphase. Man weiß noch nicht so genau, wohin die Reise geht. Wer als Bildungsanbieter E-Learning-Konzepte integriert oder Maßnahmen zur Sicherung des Lerntransfers betont, um so dem Bildungscontrolling Tribut zu zollen, darf auf die Wirkung zunächst gespannt sein …
- *Stars:* die Wachstumsphase. Mitte 2008 zeigen zum Beispiel EDV-Kurse einen steilen Anstieg nach oben, sei es in öffentlichen Kursen kleinerer Bildungsanbieter oder der Volkshochschulen (beispielsweise Outlook, Excel).
- *Cash Cows:* Reife und schließlich Sättigung sind erreicht. Dass der sehr erfolgreiche Professor Lothar Seiwert als »Zeitmanagement-Papst« im Frühjahr 2008 sein Unternehmen an Team Connex verkauft hat, ist ein Beispiel für diese Phase (www.teamconnex.com).
- *Poor Dogs:* Das Produkt hat sich sozusagen überlebt. Work-Life-Balance scheint als große Überschrift diese Phase erreicht zu haben.

Das Internet gibt heutzutage dem einen oder anderen Angebot zusätzliche Nachlaufchancen, wobei dieser sogenannte »Long Tail« (eine gegenüber früheren Zeiten stark verlängerte Nachlaufphase, bedingt durch die Möglichkeit, mit minimaler Investition via Internet immer wieder Käufer zu finden) inzwischen schon wieder infrage gestellt wird. Enge Zusammenhänge gibt es zu den Modellen von McKinsey (Neun-Felder-Matrix) oder Arthur D. Little (mit 16 oder mehr Feldern), was die Achsenbezeichnungen angeht, nämlich Marktattraktivität und Marktanteil. Wieso geht es hier um Marketing? Nun, der Anbieter eines Produkts oder einer Leistung nimmt aktiv Einfluss, indem er zum Beispiel entscheidet, wie viel er zum jeweiligen Zeitpunkt des Zyklus bereit ist, in sein Angebot zu investieren: in Produktentwicklung, Vertrieb, Werbung … So entstanden auch die folgenden Begriffe, die der Boston Consulting Group zugeschrieben werden:

- *Questionmarks – Fragezeichen:* Hier muss viel investiert werden, zurück kommt noch wenig.
- *Stars* – das sind die erfolgreichen Produkte: In diese wird noch mehr Geld investiert, inzwischen kommt auch eine Menge zurück.
- *Cash Cows:* Return on Investment (ROI) ist angesagt, wenn »die Kühe gemolken« werden – bei nur noch geringen Ausgaben hohe Einkünfte, der Launch hat sich endlich gelohnt.
- *Poor Dogs:* Da die Investments bereits erledigt sind, dürfen die »armen Hunde« noch ihr Gnadenbrot verzehren. Sie werden am Markt belassen, um etwa ein Gesamtangebot eines Segments nachweisen zu können und so die (Dach-)Marke zu stärken.

Mögliche Konsequenzen: In jeder Phase entscheiden Sie, ob Sie den Zyklus einfach weiterlaufen lassen oder doch verändern möchten. Zeigen wir diese Vorgehensweise konkret an einem Bildungsangebot:

Wer frühzeitig mit dem Thema »Resilienz« an den Markt gegangen ist (Phase 1: Einführung), hat vor einigen Jahren zunächst investieren müssen, um es (und sich) bekannt zu machen und auch die Inhalte nach und nach zu optimieren. Inzwischen kennen viele den Hintergrund dazu, nämlich mit schwierigen Situationen (privat) oder auch Niederlagen (beruflich) mehr oder weniger gut umgehen zu können – und dies gegebenenfalls zu trainieren oder sich coachen zu lassen, nicht nur in Fällen von Outplacement- oder Newplacementbetreuung. Wenn Sie in diesen Zeiten bereits im relevanten Markt bekannt sind, werden Sie entsprechend häufig gebucht (Phase 2: Wachstum). Demnächst treten Sie in Phase 3 ein: Die Hauptarbeit ist getan, Sie haben Ihr Konzept erfolgreich gefestigt und können ohne weitere Vorbereitung in Ihre Trainings gehen, benötigen kaum noch Werbung. Danach allerdings wird es eng, etwa weil sich inzwischen viele andere Anbieter mit dem gleichen Thema im Markt tummeln, das Thema langsam schon wieder ausklingt – und, gestehen wir uns das zu, Sie selbst auch »müde« werden, auf die Suche nach neuen Themen gehen, oder?

Sie widersprechen vehement, weil Ihnen »Resilienz« am Herzen liegt und Sie dieses Thema bei Weitem nicht ausgereizt finden? Schön, dann entscheiden Sie sich für einen Relaunch: Sie investieren neu, etwa in ein verändertes Trainings- oder Coachingkonzept, jedoch weiterhin mit dem Kern »Resilienz«. Sie überlegen sich, welche Zielgruppen (Zielpersonen) Sie ansprechen sollten und mit welchen Werbemitteln auf welchen Werbewegen. All das kostet Geld, das Sie nun aus den Gewinnen (der Phasen 2 und 3) nehmen. Sie entscheiden sich also konkret, Ihre Dienstleistung, Ihr Bildungsprodukt zu verändern und weiterzuentwickeln, statt etwas völlig Neues anzubieten (zum Beispiel »Im Einklang mit dem Körper durch Klangschalentherapie«). Hierzu zählt etwa die Entwicklung des klassischen Zeitmanagements hin zum Prioritätenmanagement.

Das ist dann der Blickwinkel der Produktentwicklung, die Sie offensiv angehen. Denn wenn Sie entscheiden, auf weitere Investitionen zu verzichten, sobald aus Ihrem Renner (Star, Cash Cow) ein Penner geworden ist (Poor Dog), dann sollten Sie etwas in der Schublade parat haben, um sofort das entstehende (Angebots-, Umsatz-, Auftrags-)Loch neu zu füllen … Dabei ist Ihr Angebot immer ins Umfeld eingebettet und wir sind bei der Perspektive der Marktpositionierung: Wie stehen Sie im Verhältnis zu den Mitbewerbern? Wie werden Sie von (potenziellen) Kunden erlebt? (s. *Vier-Felder-Matrix*, S. 24)

Sobald Sie über Ihre Marktforschung (s. *P 2: Positionierung*, S. 87 ff.) ausreichend Informationen über Ihre Mitbewerber eingeholt haben, sind Sie in der Lage, deren Angebot in die Matrix einzutragen – und sehen so, wie nah oder fern Sie sich befinden. Je enger Sie und Ihre Mitbewerber »aufeinanderhocken«, desto wichtiger wird es, sich über die eigene Positionierung abzusetzen.

Mögliche Konsequenzen: Denken Sie gegebenenfalls über die Wahl Ihrer Positionierung nochmals nach: Wenn alle (beziehungsweise viele) Anbieter sich im Feld Innovation tummeln, können Sie sich rechtzeitig im Feld Service oder Qualität neu »erfinden«. Vielleicht finden Sie auch die Möglichkeit, über besondere »abgespeckte« Angebote auch preislich interessanter zu werden (kürzer, weniger, integriert in größeres Thema und anderes mehr, s. *P 1: Produkt/Programm*, S. 43 ff.). Ob Sie als Anfänger die ersten Schritte Ihres Marketings entwickeln oder als Etablierte des Bildungsmarktes über Veränderungen nachdenken, dies ist jedenfalls eine entscheidende Phase.

Marktbearbeitung

Wenn Sie den Blick nach außen richten, verändert sich wohl auch das Erleben Ihres Angebots: Je nach Situation im Markt schlüpfen Sie als Trainer, als Institut, als Berater in eine der folgenden Rollen:

- Sie sind *Herausforderer*: Das bedeuet, es gibt einen »Platzhirsch« oder derer mehrere, die noch darum ringen, die Nummer 1 zu werden.
- Sie sind *Star:* also mit hohem Bekanntheitsgrad, Alleinstellung mit Ihrem Seminarprogramm, gut aufgestellt mit einem Netzwerk, das auch für die Zukunft Aufträge generieren hilft.
- Sie sind *Spezialist:* also durchaus nachgefragt, weil Sie wenig unmittelbare Konkurrenz haben (als Sprachentrainer unterrichten Sie etwa selten gebotene asiatische Sprachen statt Englisch).
- Sie sind *Verfolger:* Nun, das klingt ähnlich wie Poor Dog. Und gibt einen Hinweis darauf, dass eine Art »Kreislauf« möglich ist: Aus dem Verfolger könnte ein Herausforderer werden …

Als strategisch gut aufgestellt gelten Sie nach herkömmlicher Marketingmeinung, wenn Sie zur Spitzengruppe Ihres relevanten Marktes gehören (in aller Regel einer der »ersten drei« sind) oder realistisch dieses Ziel innerhalb eines überschaubaren Zeitraums erreichen können (etwa innerhalb eines Jahres). Fällt Ihnen das schwer, etwa weil Mitbewerber zu stark sind und/oder Sie nicht entsprechend (Geld und Zeit) investieren können beziehungsweise wollen, verändern Sie Ihren Markt: Manches Bildungsinstitut hat sich vom Mitläufer (etwa als Herausforderer oder Verfolger im obigen Modell) zum Star entwickelt, weil das Programm vom umfassenden Sortiment auf Nische komprimiert wurde.

 So ist Wolfgang Bössenrath inzwischen fast ausschließlich als Trainer für IHK-Prüfer unterwegs und fokussiert so seine Erfahrung in Teamkommunikation (www.allkomm.de).

Das sind mögliche Messwerte, um sich zu vergleichen und so Benchmarking zu betreiben. Das bedeutet, den Blick in einem definierten Marktumfeld auf den oder die jeweils Besten zu richten, anhand derer dann eine zu erreichende Messlatte definiert wird:

- Zum einen ist das der Marktanteil in Prozent (Umsatz, Trainingsstunden, Teilnehmerzahl).
- Zum anderen ist es das mögliche Marktvolumen, aus dem Sie schöpfen – als Summe aller Marktteilnehmer, die dafür relevant sind (alle Gesundheitskurse gewinnorientierter Bildungsanbieter in Nordrhein-Westfalen zum Beispiel).
- Auch die Themen spielen eine Rolle: Sortimentsanbieter mit umfassendem Katalog; Spezialanbieter, etwa Team und Führung; Branchenspieler (beispielsweise Handwerk, Maschinenbau, Dienstleistung, Gastronomie).

Nun sind Sie so weit, Ihre Planung zu konkretisieren – zunächst als ganzheitliche Unternehmensplanung.

Definieren Sie Ihre Ziele SMART – und dann konkret

Weitere Erläuterungen zu den fünf Kriterien (spezifisch – messbar – ausführbar – realistisch – terminiert) finden Sie auf Seite 413 ff. Hieraus ergibt sich in mehreren Schritten Ihr weiteres Vorgehen: Was wie in welcher Zeit – wo mit wem – an wen? Hilfreich kann eine WWWW-Tabelle sein, mit deren Hilfe Sie Ihre Wiedervorlagen im Griff behalten. Diese Checkliste kann zum Beispiel so aussehen und hat als Wordtabelle unendlich viele mögliche Zeilen. Sie finden diese Tabelle ebenfalls als Download.

WWWW-Tabelle					
Wer	**macht was**	**mit wem**	**bis wann**	**zur Wieder-vorlage für**	**Status/to do**
HPR	Texte für …	BL	Ende November	Treffen mit IS	In Arbeit

Die Einträge in der obersten Zeile unterhalb der Vorgabezeile mögen als Beispiel dienen. Die Zeilenbreite passen Sie nach Gebrauch an: Wenn Sie mit Kurzzeichen arbeiten, benötigen Sie für die Namensspalten weniger Breite, als wenn Sie Namen ausschreiben. Wählen Sie gegebenenfalls Querformat für die Datei – schon haben Sie mehr Platz in der Breite. Wenn Sie neue Zeilen immer »nach oben« einfügen, sind die aktuellsten Ergänzungen immer zuoberst; das entspricht der Einteilung, wie Sie sie heutzutage auch in Blogs im Internet finden.

Unabhängig davon, ob Sie mit Banken (oder anderen Geldgebern) arbeiten, wird ein Businessplan Ihnen helfen, Ihre Planungen überprüfbar zu halten. Fragen Sie hierzu Ihren Steuerberater oder auch Ihren Banker, um für Sie passende Vorlagen zu erhalten. In aller Regel werden Jahresplanungen in Excel-Tabellen erstellt, sodass Sie über die dort definierten Formeln messbare Entwicklungen ablesen können. Es entstehen Kennzahlen wie beispielsweise Monatsumsatz und Monatskosten, jeweils im Vergleich von Soll und Ist – vorausgesetzt, Sie tragen konsequent Ihre Zahlen dort ein. Auch wenn Sie bereits länger im Geschäft sind und Ihre Zahlen mithilfe einer BWA (betriebswirtschaftlichen Auswertung) im Griff haben, lösen Sie sich von dieser rein an der Vergangenheit orientierten Sichtweise: Es geht darum, dass Sie sich (neue) Ziele für die Zukunft setzen. Damit diese realistisch sind (das »R« in SMART), nehmen Sie dann natürlich Bezug auf das bisher Erreichte.

Beim Planen hat es sich als hilfreich erwiesen, immer vom Teil auf das Ganze zu gehen und dann vom Fernen zum Nahen zu gelangen. Konkret ist damit gemeint, dass Sie

- zunächst einen einzelnen Monat betrachten und daraus das komplette Jahr errechnen (das macht Excel für Sie),
- aufgrund der errechneten Jahreszahlen wieder auf Quartale und Monate zurückgehen, um etwa saisonale Verläufe zu bedenken,
- um schließlich in der Ist-Betrachtung Ihrer Planung auch die Soll-Zahlen der folgenden Monate an aktuelle Entwicklungen anzupassen.

Wie also definieren Sie Ihren Markt?

Sie haben Ihre prinzipiellen Überlegungen zur Strategie abgeschlossen oder überprüft, ein grundlegendes Basiskonzept entwickelt oder ein bestehendes situativ angepasst – zum Beispiel »Serviceführerschaft«. Ihr Angebot ist definiert als Sortiment oder Nische, das Programm in seiner Phase eines Lebenszyklus erkannt – zum Beispiel als Relaunch einer Rundum-Bewerberbetreuung vom Assessment-Center über Gestaltung der Unterlagen bis hin zu »Die ersten 100 Tage als Führungskraft im neuen Job«. Behalten Sie nun bei der Entwicklung Ihrer »6 P« immer im Auge, wie Sie im Markt erlebt werden wollen:

- Sind Sie geografisch konzentriert – oder bundesweit tätig, gar darüber hinaus (D-A-CH = deutschsprachig; »international« in der EU usw.)?
- Bleiben Sie »spitz« in Ihrem Angebot oder haben Sie immer die Diversifizierung im Blick – sei es, indem Sie jenseits von Seminaren auch Lehrmedien anbieten (und damit vertikale Erweiterung des Angebots) oder neben der Linie »Gesundheit im Job« auch »Privat fit in der Freizeit« anbieten, also horizontale Erweiterung?

● Treten Sie offensiv an Ihre potenziellen Teilnehmer heran (Push-Marketing), sei es durch aggressive Niedrigpreisangebote oder rasch wiederkehrende Termine für öffentliche Seminare – oder wählen Sie eher eine Pull-Strategie, verlassen sich demnach stark auf viele Auftritte bei Veranstaltungen und intensive Pressearbeit, etwa durch Fachartikel und andere Veröffentlichungen?

Das sind ebenfalls grundlegende Überlegungen, die mit Ihnen als Person beziehungsweise mit der Marke Ihres Bildungsinstituts zu tun haben. Beim Betrachten der »6 P« kommen wir jeweils auf diese Aspekte zurück. Auch Überlegungen zu Do-it-yourself oder Outsourcing sollten mitschwingen: Welches Know-how haben Sie selbst zur Verfügung? Was überlassen Sie lieber anderen, um sich auf Ihre eigenen Kernkompetenzen zu konzentrieren? Beim Durcharbeiten der folgenden Kapitel behalten Sie also bitte im Auge, dass zum Marketing für Weiterbildner alle »6 P« gehören – Sie jedoch Teile davon später angehen beziehungsweise durchaus von anderen umsetzen lassen können.

Marketing mit Konzept

Birgit Lutzer

Dieser Abschnitt beschreibt die Ziele, die Sie mit den verschiedenen »P« erreichen können, die allgemeine strategische Vorgehensweise sowie die Planung von Einzelmaßnahmen. Ein Marketingkonzept für einen Bildungsträger hat typischerweise folgende Inhalte:

- Beschreibung Ihres Bildungs- oder Trainingsunternehmens,
- Hinweise zur Markt- und Wettbewerbssituation,
- Positionierung und Unique Selling Proposition (USP),
- Ziele, die Sie durch Ihre Marketingaktivitäten erreichen wollen,
- Zielgruppendefinition,
- zentrale werbliche Botschaften,
- Hinweise zur Gestaltung des Unternehmensauftritts,
- Beschreibung von Einzelmaßnahmen und deren Wirkung,
- Zeit- und Maßnahmenplan sowie
- Budgetplanung.

Beschreibung Ihres Bildungs- oder Trainingsunternehmens

Eine häufige Frage, die in Zusammenhang mit der Unternehmensbeschreibung auftaucht, lautet: »Wozu muss unser Unternehmen im Marketingkonzept beschrieben werden? Wir kennen unser Bildungsinstitut wie die eigene Jackentasche!« Richtig – das sollten Sie auch. Das Marketingkonzept dient allerdings nicht nur der internen Verwendung, sondern es wird beispielsweise auch an eine Werbeagentur oder einen Grafikdesigner weitergegeben. Für einen Dienstleister, der zum Beispiel für die Erstellung des Unternehmensauftritts engagiert wird, bildet das Marketingkonzept eine wichtige Briefingunterlage (Briefing = Anweisungen und Vorgaben für die Abwicklung eines Auftrags). In manchen Fällen eignet sich die Unternehmensbeschreibung sogar in werblich abgewandelter Form zur Übernahme in Kommunikationsmedien wie etwa den Internetauftritt.

Aus der Beschreibung Ihres Unternehmens, Ihrer Organisation, Ihres Netzwerks oder Ihrer Trainingstätigkeit sollte hervorgehen, welche Art von Bildungsangebot Sie präsentieren, welche Themen Sie damit abdecken, ob Sie offene Seminare oder Firmenschulungen (oder beides) anbieten und an wen Sie sich damit richten. Ihre Firmen- oder Netzwerkstruktur gehört ebenfalls in diesen Abschnitt. Hilfreich für ein schnelleres Verständnis externer Leser kann die Abbildung eines Organigramms sein, in dem die Unternehmensstruktur, Zahl und Tätigkeit der Mitarbeiter visualisiert sind.

Hinweise zur Markt- und Wettbewerbssituation

Die Marktanalyse dient dazu, Informationen zum aktuellen Ist-Zustand zusammenzutragen und eine Voraussage zu treffen, welche Marketingaktivitäten mit hoher Wahrscheinlichkeit erfolgreich (sie führen zu den festgesetzten Marketingzielen) sein werden. Umfassende Marktanalysen werden von Marktforschungsinstituten durchgeführt. Sind Sie regional tätig und/oder auf ein bestimmtes Themengebiet mit überschaubarer Konkurrenz spezialisiert, bringen sicher auch eine gezielte Internetrecherche und die Analyse von Firmenauftritt, Werbematerialien und Seminarunterlagen der Wettbewerber Aufschluss.

Folgende Fragen sollten in der Markt- und Wettbewerbsanalyse beantwortet werden:

- Wie gestalten sich Bildungsangebot und Bildungsnachfrage allgemein – und speziell in Ihrem Segment?
- Welche Wettbewerber (Bildungsinstitute/Trainer/Netzwerke) gibt es aktuell, wo haben diese ihren Firmensitz, was genau bieten sie an?
- Wie teilen sich Teilnehmer und/oder Kunden auf Ihren Träger und auf die Wettbewerber auf?
- Welche Stärken und Schwächen haben die konkurrierenden Institute/Trainer/ Netzwerke?
- Welche Besonderheiten zeigen die Außenauftritte (Internet, Broschüren, Seminarprogramme, Teilnehmerunterlagen …) der Wettbewerber?
- Welche potenziellen Wettbewerber gibt es außer den bekannten? Inwieweit könnten sich bestimmte andere Träger zur Konkurrenz entwickeln?

Die Markt- und Wettbewerbssituation kann sich zuweilen sehr schnell ändern, sodass die fortlaufende Beobachtung und ein gutes Maß an Flexibilität erforderlich sind. Ereignisse, wie im Folgenden benannt, können Ihnen einen sprichwörtlichen Strich durch die gezielte Umsetzung Ihrer Marketingstrategie und Ihrer werblichen Aktivitäten machen. Dazu gehören:

- bildungspolitische Entscheidungen, die auch für Ihr Tätigkeitsfeld relevant sind,
- die allgemeine wirtschaftliche Lage,
- Änderungen in der Wettbewerbssituation (wenn etwa ein neuer Konkurrent auftaucht),
- unvorhersehbare Aktivitäten der Mitbewerber oder
- der Verlust von Finanzierungsquellen (zum Beispiel Subventionen).

Der beste Plan für Presseaktionen muss geändert werden, wenn ein aktuelles Thema dazwischenkommt oder wenn sich Ihr wichtigster Konkurrent vor Ihnen mit einer ähnlichen Idee an die Medien wendet.

> **Tipp:** Stellen Sie jemanden für die Markt- und Medienbeobachtung ab oder nehmen Sie sich selbst Zeit für gezielte Zeitungslektüre, Internetrecherche und Auswertung von Informationen aus anderen Ihnen zugänglichen Quellen.

Positionierung und Unique Selling Proposition (USP)

Unter dem Begriff »Positionierung« versteht man markante Merkmale, die ein Unternehmen, eine Organisation oder einen Freiberufler auszeichnen und die in den Vordergrund der werblichen Kommunikation gerückt werden. Bei Bildungsträgern geht es insbesondere um folgende Merkmale:

- Preisführerschaft (besonders hoher oder niedriger Preis des Angebots),
- Gestaltung des Angebots (Aufmachung oder Inhalte des Angebots zeigen Auffälligkeiten),
- Qualitätsorientierung (zum Beispiel Nachhaltigkeit, Zertifizierung, Qualifikation der Dozenten),
- Serviceorientierung (Zusatzangebote für die Teilnehmer),
- Kundenorientierung (auf den individuellen Bedarf des Teilnehmers/Kunden abgestimmte Bildungsangebote),
- Spezialisierung (auf eine bestimmte Zielgruppe, einen Bedarf, eine Region, ein Seminarthema),
- Innovationskraft (Offenheit und Bereitschaft, die eigenen Erfahrungen und Qualifikationen weiterzuentwickeln, um den Kunden im Bedarfsfall Neues bieten zu können) sowie um
- Philosophie/Leitbild (hier geht es um nachvollziehbar gelebte Werte, mit denen sich bestimmte Zielgruppen identifizieren).

Haben Sie ein oder mehrere Merkmale festgelegt, sollten diese immer in Ihrer werblichen Kommunikation thematisiert werden!

Während Positionierungsmerkmale auch bei anderen Bildungsträgern (und insbesondere der Konkurrenz) auftauchen können, geht es beim »USP« (englisch: unique selling proposition = einzigartiges Verkaufsversprechen) um Besonderheiten und Kundenvorteile – nämlich die sogenannten Alleinstellungsmerkmale. Diese sind bei großen und mittleren Bildungsträgern sowie bei manchen Netzwerken anders gelagert als bei Personenunternehmen – und sie überschneiden sich zum Teil mit den Positionierungsmerkmalen. Beispiele für Alleinstellungsmerkmale von mittleren und größeren Bildungsträgern, die als Unternehmen oder Institution wahrgenommen werden, sind:

- der Sitz des Bildungsträgers (zum Beispiel eine alte Burg, eine Insel oder ein anderer spektakulärer Ort),
- die Geschichte (wenn diese zum Beispiel eine besonders lange Tradition zeigt oder skurrile Details birgt) oder
- besondere Merkmale des Dozententeams (zum Beispiel, diese haben alle den gleichen Herkunftsberuf, das gleiche Geschlecht oder andere Gemeinsamkeiten).

Anders sieht es bei Trainern und Unternehmen aus, die sich als Personenmarke positionieren. Hier geht es um Persönlichkeitsmerkmale, Details aus dem Lebenslauf und individuelle Überzeugungen. Beispielsweise:

- ein ungewöhnlicher beruflicher Werdegang,
- ein interessantes Hobby, das im Optimalfall Bezug zur Trainingstätigkeit hat,
- eine besondere Weltanschauung oder Philosophie oder
- ein markantes Schlüsselerlebnis, das zum Ergreifen des Trainerberufs führte.

Gerade bei Trainern, die in der Regel viele Wettbewerber haben, ist die Persönlichkeit der wichtigste Faktor für erfolgreiches Marketing!

Ziele, die Sie durch Ihre Marketingaktivitäten erreichen wollen

Natürlich will jeder Bildungsträger seinen Bekanntheitsgrad erhöhen und auch morgen noch genug Kunden und Teilnehmer (= Abnehmer) für sein Angebot haben. Diese Marketingziele sind jedoch sehr allgemein. Für Ziele im Marketing gilt genau das Gleiche wie für Ihre persönlichen: Sind sie zu schwammig, fällt es schwer, sie zu erreichen. Sie müssen SMART sein:

- *Spezifisch:* also konkret, zum Beispiel: »Wir wollen 30 Prozent mehr Teilnehmer im Bereich der Softwareschulungen gewinnen!«
- *Messbar:* Während sich der Bekanntheitsgrad in der Bevölkerung nur abschätzen oder mit riesigem Aufwand messen lässt, lassen sich Umsatz- und Anmeldezahlen meist sofort überprüfen.
- *Ausführbar:* Sie müssen auch über die persönlichen oder personellen beziehungsweise finanziellen Kapazitäten verfügen, um die zur Zielerreichung erforderlichen Maßnahmen durchzuführen.
- *Realistisch:* Setzt sich der Inhaber eines neuen Bildungsinstituts das Ziel, innerhalb eines halben Jahres europäischer Marktführer zu werden, ist dies ein ehrgeiziges, jedoch unrealistisches Ziel. Bleiben Sie lieber auf dem Teppich und setzen Sie sich Ziele, die Sie auch erreichen können.
- *Terminierbar:* Zu jedem Ziel gehört ein konkretes Datum oder eine Zeitangabe, zu der seine Erfüllung überprüft wird.

Typische Marketingziele im Bildungsbereich beziehen sich auf Marktanteile, Umsätze, die Änderung der Preisstruktur, die Erschließung neuer Standorte, höhere Teilnehmerzahlen und das Weiterbildungsprogramm. Ziele können zum Beispiel sein:

- Die Preise für Firmenschulungen innerhalb der nächsten zwei Jahre um ein Drittel erhöhen.
- Eine Niederlassung in einer neuen Region so etablieren, dass sie im ersten Jahr Umsatz X, im zweiten Y und im dritten Jahr Z erwirtschaftet.
- Eine neue Zielgruppe mit anderen Seminar- oder Weiterbildungsthemen erschließen, nämlich …
- Das Weiterbildungsprogramm entweder eingrenzen oder erweitern.

> **Tipp:** Achten Sie darauf, dass Ihre Marketingziele überschaubar bleiben! Manchmal ist es besser, einen großen »Brocken« in Zwischenziele aufzubröseln.

Zielgruppendefinition

Damit Ihr Unternehmensauftritt und Ihre Marketingaktivitäten genau auf den von Ihnen anvisierten Teilnehmer- oder Kundenkreis zugeschnitten werden können, gehört in jedes Marketingkonzept eine Zielgruppendefinition. Welche Details diese Segmentierung enthält, ist von Ihrer Ausgangssituation abhängig. Wenn Sie hochpreisige Seminare für Privatpersonen anbieten, ist das durchschnittliche Monatseinkommen der Zielpersonen von Interesse. Andere Kriterien für *Zielpersonen* sind:

- Geschlecht,
- Alter,
- Familienstand,
- Beruf(sgruppe),
- Position: Entscheidungsträger ja/nein,
- Hobbys und Interessen (sofern ein Bezug zum Angebot des Bildungsträgers besteht),
- Wertvorstellungen sowie
- Informationsverhalten und Medienkonsum (zur Ausrichtung der Pressearbeit).

Richten Sie sich an Firmen, gehören Punkte wie

- Branche,
- Unternehmensform,
- Zahl der Mitarbeiter und
- hierarchische Struktur

in die Zielgruppenbeschreibung. Je mehr Sie über Ihre Zielgruppen wissen, desto besser!

> **Tipp:** Stehen Sie mit Ihrer Person für Ihr Trainingsunternehmen oder Netzwerk, sollten Ihre Zielgruppen zu Ihnen als Mensch passen. Wenden Sie sich an »Ihre« Leute, müssen Sie weniger Überzeugungsarbeit leisten!

Zentrale werbliche Botschaften mit Empfehlungen zum Sprachstil

Die werbliche Botschaft hat das Ziel, ein treffendes Bild Ihrer Bildungseinrichtung und der Vorteile Ihrer Seminare, Weiterbildungen, Workshops etc. für die Zielgruppe/n zu übermitteln. Es geht also darum, die Eckpunkte Ihrer Positionierung, Ihre Alleinstellungsmerkmale und die Vorteile, die Sic als Bildungsträger Ihren Kunden bieten, sprachlich zu »verpacken«. Die werbliche Botschaft kann eine einzelne Aussage sein oder mehrere Punkte enthalten. Kommunizieren Sie immer die gleichen Inhalte, haben Sie folgende Vorteile:

- Sie generieren einen sprachlichen Wiedererkennungseffekt.
- Sie verankern diese Botschaft/en im Bewusstsein der Öffentlichkeit, von Multiplikatoren und Ihrer Zielgruppe/n.
- Sie schaffen oder etablieren einen Markenstatus für Ihre Bildungseinrichtung.

Die im Marketingkonzept festgesetzten zentralen Botschaften sind noch kein fertiger Werbetext wie zum Beispiel ein Slogan oder eine Seminarbeschreibung. Es geht hier lediglich um die Inhalte, die Sie – jeweils angepasst an das Kommunikationsmedium – übermitteln wollen.

Hinweise zur Gestaltung des Unternehmensauftritts

Dieser Konzeptabschnitt beinhaltet Hinweise zum Corporate Design – der grafischen Erstellung Ihres Firmenauftritts. Je nach gestalterischer Kompetenz oder Hintergrundwissen des Konzepterstellers können diese allgemeiner Natur oder sehr speziell sein. Beispiele für allgemeine Hinweise sind:

- Farben und Formen,
- emotionale Wirkung der Gestaltung sowie
- das Wechselspiel zwischen sprachlicher Botschaft und visueller Gestaltung.

Die meisten großen Firmen haben ein sogenanntes »Corporate-Design-Manual«, das von Werbeagenturen in Zusammenarbeit mit der Abteilung für Unternehmenskommunikation entwickelt wird. Die Umsetzung der grafischen Gestaltung ist für jeden Fall genau festgelegt – Abweichungen vom Erscheinungsbild sind den Mitarbeitern nicht erlaubt. Dazu gehören:

- Hinweise zur Größe, Farbe und Position des Logos,
- Briefpapier und Visitenkarten,
- E-Mail-Signatur,
- Angebote,
- Gestaltung von Anzeigen sowie
- Vorlagen für PowerPoint-Folien.

> **Tipp:** Verfügen Sie über viele Niederlassungen, kann die Erstellung eines solchen Manuals sinnvoll sein. Sprechen Sie mit Ihrem Grafiker oder Ihrer Agentur!

Beschreibung von Einzelmaßnahmen und deren Wirkung

In Abhängigkeit von Ihren Marketingzielen, Ihrer anvisierten Kunden- beziehungsweise Teilnehmergruppen und Ihren finanziellen Mitteln erfolgt die Festlegung von operativen Maßnahmen (= Marketinginstrumente). Sie werden nicht nur aufgelistet, sondern in Bezug auf ihre Durchführung und ihre wahrscheinliche Wirkung beschrieben. Beispielsweise können das sein:

- Platzierung von Bildungsangeboten in Online-Seminarportalen,
- telefonische »Kaltakquise« (beachten Sie dabei die aktuelle und präzisierte Gesetzgebung, was die Zulässigkeit von Anrufen im gewerblichen Bereich angeht!),
- Pressearbeit,
- Anzeigenkampagne,
- Events (zum Beispiel Tag der offenen Tür),
- Mailingaktionen und
- Messepräsenz.

> **Tipp:** Auch kostengünstige Maßnahmen können die gewünschte Wirkung haben. Eine pfiffige Idee bringt manchmal mehr als die teuerste Imagekampagne!

Zeit- und Maßnahmenplan

Die Einzelmaßnahmen, die Sie durchführen, müssen sinnvoll aufeinander aufbauen und einen Bezug zueinander haben. Die Wirkung der von Ihnen eingesetzten Marketinginstrumente kann sich dabei potenzieren. So ist beispielsweise Pressearbeit in Zusammenhang mit der Schaltung von Anzeigen zu sehen, denn bei vielen Medien arbeiten Redaktionen und Anzeigenabteilungen (inoffiziell) zusammen. Im Zweifelsfall werden besonders bei kleinen Zeitschriften, die auf Werbeeinnahmen angewiesen sind, gute Anzeigenkunden bei der Berichterstattung vorgezogen. Wenn Sie bei einer

Zeitung/Zeitschrift, im Radio oder Fernsehen Anzeigen oder Werbespots schalten, fragen Sie Ihren Anzeigenbetreuer doch einmal nach dem Interesse der Redaktion an einem redaktionellen Bericht über Ihr Trainingsunternehmen. Auch eine Mailingaktion, eine Plakataktion, ein Messeauftritt oder ein Event sollten immer in Zusammenhang miteinander betrachtet werden, um die daraus entstehenden Synergien optimal zu nutzen. Aus diesem Grund ist der Zeit- und Maßnahmenplan so wichtig.

Das folgende Beispiel (nach: Lutzer 2005, S. 62 f.) für die Jahresplanung eines Trainingsunternehmens, das Zielfindungs- und Führungsseminare anbietet, soll eine solche Planung veranschaulichen:

Zeit- und Maßnahmenplan

Monat	Was?	Wer?	Bis wann?	Er-ledigt
Januar	Presseaktion mit Fachartikel zum Thema »Realisieren Sie Ihre guten Vorsätze länger als nur ein paar Wochen!« Gleichzeitig wird in wichtigen Zeitschriften eine Anzeige mit dem gleichen Thema geschaltet, um die Publikationsrate zu erhöhen.			
Februar	Mailing an vorhandene Teilnehmer und Kunden und an dem Trainingsinstitut bekannte Journalisten. Thema: Wie sieht es mit Ihren guten Vorsätzen vom Jahresanfang aus? Der Text enthält eine Seminarbeschreibung sowie die Einladung zur Bildungsmesse in Nürnberg Ende März/Anfang April. Ziel: Personen, die ihre guten Vorsätze wieder »über Bord« geworfen haben, sollen sich zu einem Motivationsseminar anmelden und/oder das Trainingsunternehmen auf der Messe besuchen. Bei wichtigen Kunden und bei allen Journalisten werden Freikarten für die Bildungsmesse beigefügt.			
Ende Februar/ März	Messepräsenz auf der »didacta« und der »Learntec«. Anschließend Nachlese und Intensivierung der dort geknüpften Kontakte.			
April/Mai	Presseaktion mit Fachartikel: Selbstmanagement im Urlaub – Stress und Arbeit versus Erholung und Urlaub. Wie erhole ich mich richtig? (Der Artikel wird Anfang Mai an die Journalisten geschickt, damit er in den Juni- und Juliausgaben der monatlichen Periodika erscheinen kann.) Gleichzeitige Anzeigenschaltung, um die Veröffentlichungsrate zu erhöhen.			

Juni/Juli	Erstellung neuer Texte für das Seminarprogramm im zweiten Halbjahr. Die Dozenten liefern Stichpunkte, die Texterstellung erfolgt durch einen professionellen Werbetexter. Druck des Programms und Vorbereitung des Online-Seminarkalenders.			
August	Anschreiben an vorhandene Kunden und Teilnehmer: Thema: Zurück aus dem Urlaub, neue Seminare im Angebot. Im P.S. wird ein Event im Oktober angekündigt. Ziel: Das Trainingsinstitut möchte sich bei seinen Kunden in Erinnerung bringen und sie dazu bewegen, sich für ein neues Seminar anzumelden. Außerdem sollten die Kunden neugierig auf das Event (»Motivationstag«) im Oktober gemacht werden.			
September	Aussendung der Einladungen für den Motivationstag – und zwar an alle Kunden und an die Presse, die darüber berichten soll. Erstellung einer Pressemappe.			
Oktober	»Motivationstag« in einem exklusiven Hotel. Als Stargast und Medienmagnet ist ein bekannter Sportler eingeladen worden, der es nach einem schweren Unfall wieder an die Spitze geschafft hat. Neben einem abwechslungsreichen Programm haben die Teilnehmer Zeit, Kontakte zu knüpfen und ihre Erfahrungen auszutauschen.			
November/ Dezember	Weihnachtsgruß an Kunden, Teilnehmer und Journalisten. Im P.S. Geschenktipp »Seminargutschein«.			

Der Jahresplan ist von Ihrem Budget abhängig. Messeauftritte und Events sind große Kostenfaktoren. Es kommt bei diesen Aktivitäten immer auf die vernünftige Abwägung von Investition und potenziellem Nutzen an. Setzen Sie auf jeden Fall für alle Aktivitäten einen Verantwortlichen und einen Termin fest. Dann weiß jedes Teammitglied, wer was wann zu tun hat!

Buchtipp: Birgit Lutzer: Marketinginstrumente für Trainer. Die Klaviatur richtig beherrschen. managerSeminare Bonn 2005. Dort finden Sie weitere Hinweise zum Marketingkonzept und zu Aktivitäten, mit denen speziell Trainer sich vermarkten können.

Budgetplanung

Die Frage nach Richtwerten für die Marketingbudgetplanung wird häufig gestellt. Prozentuale Angaben (zum Beispiel »30 Prozent des Umsatzes«) sind jedoch wenig sinnvoll, da Umsätze und Ausgangssituationen bei Bildungsanbietern stark schwanken. Während große Bildungsträger manchmal über mehr Spielraum verfügen, kann eine unvorhersehbare Ausgabe (zum Beispiel für einen neuen Firmenwagen) bei einem Einzeltrainer die ganze Budgetplanung über den Haufen werfen. Kostenfaktoren im Marketing sind beispielsweise:

- Aufwand für die Erstellung von Kommunikationsmedien wie zum Beispiel Internetauftritt, Geschäftspapiere, Seminarprogramm, Flyer, Anzeigen,
- Druck- und Programmierkosten,
- Reisekosten für Akquisegespräche,
- Kosten für Anzeigenschaltung,
- Porto- und Versandkosten,
- Aufwand für die Pressearbeit,
- Kosten für Werbemittel (Give-aways, Präsente) oder
- Investition in Messeauftritte.

Statt im Voraus eine Summe X oder einen prozentualen Anteil Y festzusetzen, ist es oft besser, zunächst Informationen über entstehende Kosten einzuholen. Dann können Sie auf sicherer Basis entscheiden, wofür Sie investieren und welche Ausgaben sie hintanstellen.

Tipp: Der »Etatkalkulator« (www.etatkalkulator.de) informiert über aktuelle Marketing- und Werbekosten in Deutschland und Österreich! Die dort angegebenen Honorare gelten für Großstädte. Auf dem »Lande« sind die Preise oft günstiger.

Marketing mit Konzept

Interview mit Professor Dr. Peter J. Weber von der Hochschule für Angewandte Sprachen SDI in München

Welche Folgen kann es haben, wenn ein Bildungsträger ohne Marketingkonzept agiert?
Marketing ist in einer modernen Lesart als marktbezogenes Unternehmensführungskonzept zu verstehen. Aufgrund der klassischen Managementaufgaben des Planens, Entscheidens, Führens und Kontrollierens greift jedes Marketingkonzept, wenn es gut gemacht wird, in alle Ebenen einer Unternehmung ein – von der normativ-strategischen bis zu handlungsorientiert-operativen Ebene. Ohne Mar-

ketingkonzept ist ein Bildungsträger im schlimmsten Falle ohne Orientierung auf einem Markt, der sich aufgrund zurückgehender öffentlicher Mittel einerseits und zunehmender internationaler Aktivitäten andererseits durch eine stärkere Konkurrenz auszeichnet. Dies bedeutet letztlich, ohne eigenständiges Profil zu agieren, was existenzbedrohend ist.

Über welche Inhalte und Fragen sollte sich ein Bildungsanbieter schon vor der Konzepterstellung Gedanken machen?
In meiner Beratung von Bildungsanbietern zeigt sich immer wieder, dass oft noch zu wenig nachfrageorientiert, das heißt strategisch vorgegangen wird. Dies geht auf Teilmärkten wie zum Beispiel den BA- und MA-Studiengängen noch gut, ist aber gefährlich auf Teilmärkten wie der (politischen) Erwachsenenbildung oder bei branchenspezifischen Trainingsangeboten. Meines Erachtens muss eine Konzepterstellung auf einer nachhaltigen, also längerfristigen Marktforschung/-beobachtung basieren, um zum Beispiel langfristige Entwicklungen wie das Wegbrechen der E-Learning-Nachfrage in der betrieblichen Weiterbildung oder den Rückgang traditioneller DaF-Angebote (Deutsch als Fremdsprache) zu antizipieren. Auf dieser Grundlage sind einerseits eine klassische Bedarfsanalyse durchzuführen und zudem zwei klassische Analyseinstrumente anzuwenden, und zwar die SWOT-Analyse (Strengths, Weaknesses, Opportunities, Threats) sowie die Portfolio-Analyse, bei der die eigenen aktuellen und zukünftigen Angebote in Abhängigkeit des Marktwachstums und des eigenen relativen Marktanteils gesehen wird. Zusammen mit der Stärken-Schwächen-Analyse (SWOT) des eigenen Unternehmens in Zusammenhang mit den Chancen und Risiken des neuen Bildungsmarktes kann ein neues Bildungsangebot solide geplant werden.

Inwieweit kann ein Marketingkonzept in Eigenregie erstellt werden?
Diese Frage ist in Abhängigkeit insbesondere von den drei Faktoren der internen Akzeptanz von Marketingansätzen, der eigenen Expertise und der Größe der Bildungseinrichtungen zu sehen. Es hat sich in vielen Beratungen gezeigt, dass Bildungsorganisationen aufgrund der Besonderheit der Dienstleistung Bildung nicht leicht mit Unternehmen anderer Branchen zu vergleichen sind. Mag das Management oder der Abteilungsleiter noch von der Notwendigkeit eines Marketings überzeugt sein, so beginnen die ersten Schwierigkeiten schon bei der Kommunikation nach innen in die Organisation hinein. Gerade in Bildungseinrichtungen, die eher dem halb öffentlichen oder öffentlichen Bereich angehören, wird es schwierig sein, ein Marketingkonzept in Eigenregie zu erstellen. Je kleiner Bildungseinrichtungen sind, was auf dem Bildungsmarkt eher die Regel ist, desto schwieriger ist es, Ressourcen zur Marketingkonzepterstellung zur Verfügung zu stellen. Hinzu kommt, dass selbst in eher erwerbswirtschaftlich ausgerichteten Unternehmen in der Rechtsform einer GmbH oder gemeinnützigen GmbH noch wenig Marketingexpertise aufzufinden ist.

*Wie funktioniert die optimale Zusammenarbeit mit einem externen Spezialisten,
der ein Marketingkonzept für den Bildungsträger erstellen soll?*
Kriterien einer optimalen Zusammenarbeit in wenigen Zeilen definieren zu wollen
ist eher zweifelhaft. Festhalten lässt sich jedoch, dass die externen Spezialisten
möglichst eine moderierende Funktion übernehmen und weniger das Konzept
der Einrichtung überstülpen sollten. Zudem ist es hilfreich, wenn vor der Auftragsvergabe zentrale Grundbestandteile wie Unternehmensidentität, Unterneh-
mensleitziele und Unternehmenszweck sowie Selbstverständnis als Bildungsanbieter geklärt sind. Der Entwicklungsprozess der eigentlichen Marketingkonzeption kann aus dem Ruder laufen, wenn zu viel Zeit auf die Findung der eigenen
Unternehmensidentität verwendet wird – andererseits kann diese aber auch das
Ergebnis der Planung einer Marketingkonzeption sein. Hier hat es sich in der Praxis zudem bewährt, die Entwicklung eines Marketingkonzepts als Projekt zu definieren, um damit klare Meilensteine und Ergebnisse vorzugeben.

Wo ungefähr liegt die Preisspanne für Marketingkonzepte?
Die Beantwortung auch dieser Frage hängt von verschiedenen Faktoren ab, zu
denen beispielsweise gehört, ob es sich um ein Marketingkonzept für eine Bildungsdienstleistung oder eine gesamte Bildungseinrichtung handelt, wie groß
diese Bildungseinrichtung ist und welchem Sektor beziehungsweise welcher
Branche sie angehört. Letztlich hat sich eine Angebotsgestaltung nach Auf-
wandstagen bewährt, deren Höhe sich danach richtet, in welcher Branche der
Auftrag erteilt werden soll. Prinzipiell kann man von einer Umsetzung einer Marketingkonzeption für eine Bildungseinrichtung in der Größe einer klein- und mittelständischen Unternehmung, wie sie in den Antworten (Marktforschung, Be-
darfserkundung, strategische Geschäftsfeldstrategie und operative Aktionsinst-
rumente) zuvor skizziert wurde, von mindestens zehn Manntagen ausgehen.

In den folgenden sechs Abschnitten geht es um die einzelnen »P« des Bildungsmarketings. Einige Kapitel haben Hanspeter Reiter und Birgit Lutzer selbst verfasst, für andere prominente Gastautoren hinzugezogen. Denn auch sie sind keine »Eier legenden
Wollmilchsäue« oder bayerische Wolpertinger (s. *P 2: Positionierung*, S. 87 ff.)!

P 1: Produkt/Programm – Inhalte und ihre Umsetzung

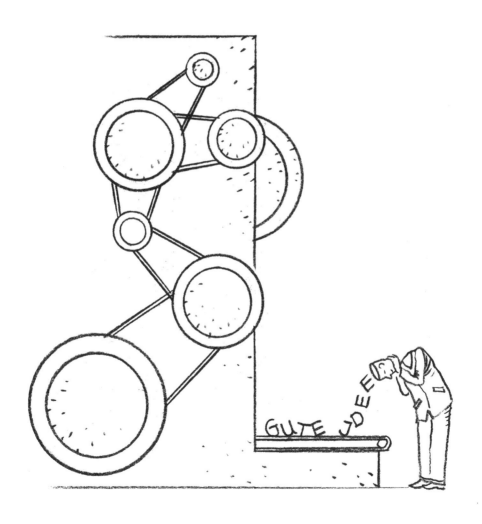

Ihr Produkt – Ihre Bildungsdienstleistung

Birgit Lutzer

Als Anbieter von (Weiter-)Bildung stehen Sie vor der Herausforderung, heute, morgen und in weiterer Zukunft genügend Kunden und Teilnehmer für ihr Angebot zu gewinnen, sei es als Institut oder als »Einzelkämpfer«. Auch wenn Ihre Hauptfinanzierung aus anderen Quellen abgedeckt ist – Sie werden zunehmend gezwungen, wie ein wirtschaftlich handelndes Unternehmen zu agieren. Es geht um eine Marktsondierung und die Anpassung des eigenen Angebots an die Nachfrage.

Jeder Bildungsanbieter steht sowohl im Wettbewerb mit anderen Anbietern als auch mit anderen Tätigkeiten – zum Beispiel Freizeitgestaltung statt Seminarbesuch. Weiterer Wettbewerb besteht in gewissem Maße durch Mediennutzung mit dem Zweck der Wissensvermittlung, statt eine Präsenzveranstaltung zu besuchen.

Die Vermarktung von anfassbaren Produkten gehorcht anderen Gesetzen als die Vermarktung von Seminaren, Workshops und Fachvorträgen. Die Eigenschaften des Produktes »Bildung« lassen sich nicht durch feste Eckdaten beschreiben wie beispielsweise ein Elektrogerät oder ein Motorrad.

Bildungs- und zum Teil auch Beratungs- und Coachingleistungen sind Leistungen, die durch einen Menschen erbracht werden und die stark mit seiner Persönlichkeit verknüpft sind. Aus diesem Grund können sich die Qualität und die Zahl der Anmeldungen bei inhaltsgleichen Seminaren mit verschiedenen Referenten stark unterscheiden. Auch der »Promifaktor« eines Trainers kann eine Rolle spielen.

 In den 1980er- und 1990er-Jahren boomten Vorträge und Seminare der »Stars« unter den Trainern, die Spitzensätze für ihre Leistungen erwirtschafteten. Dieser Trend ist momentan rückläufig: Auch große Unternehmen sind heute oft nicht mehr bereit, einem Referenten 17.000 Euro für einen Impulsvortrag von 90 Minuten zu zahlen, nur weil er sich »einen Namen« als Speaker gemacht hat oder als solcher bestens vermarktet wurde.

In manchen Fällen kennt der Kunde oder Teilnehmer den Trainer vor der Inanspruchnahme eines Bildungsangebots – zum Beispiel, weil er ihn schon auf einer anderen Veranstaltung »erlebt« hat. Eine andere Form der Qualitätssicherung führt der Weiterbildungsverband GABAL e.V. durch: Zum jährlichen Symposium werden nur solche Referenten und Workshopleiter zugelassen, für die mindestens ein Vorstandsmitglied »bürgen« kann. Meistens ist es jedoch so, dass der Bildungsabnehmer keine sichere Entscheidungsgrundlage hat. Erst beim Besuch des Seminars oder während der Inanspruchnahme eines Coachings kennt der Kunde die genaue Gegenleistung für seine finanzielle Investition. Sein Kaufrisiko ist also hoch; deshalb sucht er nach allen möglichen Entscheidungshilfen wie zum Beispiel:

- Bekanntheitsgrad des Anbieters,
- Mund-zu-Mund-Propaganda durch einen anderen Teilnehmer, der den Bildungsanbieter schon kennt,
- gedrucktes Werbematerial,
- Vermarktung durch Dritte (Vermittler mit Portal und/oder Katalog,; Sie lassen sich »vermitteln« (s. S. 388 ff.),
- Internetauftritt oder
- Referenzen.

Für Sie geht es also darum, Ihren potenziellen Kunden und Teilnehmern durch die »6 P« des Bildungsmarketings Unterstützung dabei zu geben, sich für Sie und Ihr Angebot zu entscheiden.

Aus- und Weiterbildung haben den Charakter einer Dienstleistung. Sie ist ein immaterielles Gut, da sie sich nicht im eigentlichen Sinne lagern oder transportieren lassen. Bildung bietet dem Abnehmer einen Nutzen und wird extern erbracht – nämlich im Kontakt zwischen dem Trainer/Dozenten und seinem Kunden/Teilnehmer. Die Dienstleistung wird in vielen Fällen ergänzt durch anfassbares Material wie zum Beispiel Lehr- und Fachbücher, CDs und DVDs.

Selbst wenn die Durchführung von Schulungen, Seminaren und Coachings Analogien zu einer Dienstleistung aufweist, können Weiterbildungsangebote auch als Produkt betrachtet und vermarktet werden.

Wichtige Kennzeichen des Produktes »Bildung«	
Kennzeichen	**Ausprägungsvarianten**
Kundentypologie/ Zielgruppen	Richtet sich allgemein an einen externen interessierten Personenkreis (Volkshochschulen).
	Richtet sich an eine eingegrenzte, externe Zielgruppe (zum Beispiel Business-Schools).
	Richtet sich an Träger, die die Bildungsmaßnahme für die Teilnehmer finanzieren (zum Beispiel Angebote, für die Bildungsgutscheine eingereicht werden können oder zu denen die Arbeitsagentur Teilnehmer schickt).
	Richtet sich an unternehmensinterne Abteilungen, Filialen oder Tochterunternehmen (zur Firma gehörende Bildungszentren oder Abteilungen).
Angebotsform	Reine Bildungsleistung: Präsenzseminare ohne Material
	Reine Sachleistung: zum Beispiel Verkauf von Schulungsvideos.
	Kombiniert: Präsenzseminar, bei dem Material wie zum Beispiel Lehrbücher, Unterlagen und Werkstoffe eingesetzt werden.

Kennzeichen	Ausprägungsvarianten
Art der Leistung	Nachfrager bucht zum Beispiel ein Seminar oder besucht einen Kurs.
	Ein Seminar oder eine Schulung wird als Ergänzung zu einem anderen Geschäftsvorgang angeboten (zum Beispiel Verkauf einer Maschine und begleitende Schulung der Anwender).
Exklusivität	Individuell auf den Kunden abgestimmt (zum Beispiel maßgeschneiderte Inhouse-Schulung, Coaching).
	Als allgemein oder einer speziellen Zielgruppe zugängliches, offenes Angebot (offene Seminare).
Zielrichtung	Verbesserung fachlicher Fertigkeiten, die direkt im Beruf und am Arbeitsplatz benötigt werden.
	Persönlichkeitsentwicklung und Erlangung allgemeiner Schlüsselqualifikationen.
	Freizeitorientierte Bildungsangebote.
Nachhaltigkeit	Kurzfristige Bildungsleistung, deren Inhalt schnell veraltet und vergessen wird (zum Beispiel Kurs im Repetitorium, um das juristische Staatsexamen zu bestehen).
	Langfristige Bildungsleistung, die eine dauerhafte Erweiterung von Fertigkeiten bedeutet und in die Zukunft gerichtet ist.
Zeitliche Dimension	Kann einmalig ausgeführt werden (zum Beispiel als Tagesseminar).
	Kann kontinuierlich stattfinden (zum Beispiel ein Semester lang).
	Kann unregelmäßig stattfinden (Seminare mit Follow-up-Terminen und Auffrischungen nach Bedarf).
	Teilnehmer bestimmt selbst die Zeit, in er die Bildungsmaßnahme absolviert (zum Beispiel Onlinekurs).
	Informelles Lernen – jederzeit, kann etwa Nachhaltigkeit oder Transfer zwischen zwei Maßnahmen verstärken.
Räumliche Dimension	Wird direkt beim Nachfrager durchgeführt (zum Beispiel Firmenseminar).
	Die Bildungsmaßnahme findet ausgelagert statt (zum Beispiel in einem Seminarhotel).
	Der Abnehmer sucht den Anbieter in dessen Räumlichkeiten auf (zum Beispiel Akademie).
	Es handelt sich um ein Onlineangebot, einen Lehrfilm oder eine interaktive CD-ROM, die der Teilnehmer zeitlich und räumlich selbstbestimmt in Anspruch nimmt (zum Beispiel E-Learning).
	Mischform aus Präsenz- und Onlinephasen (Blended Learning).

Natürlich gibt es noch weitere Merkmale des Produktes »Bildung«, doch die in der Tabelle genannten sind insbesondere aus Marketingsicht interessant. Warum?

Kundentypologie. Die Zielgruppenansprache ist komplett anders, wenn ein Anbieter Selbsterfahrungskurse für Paare mit Sexualproblemen anbietet, als wenn er sich mit einem IT-Schulungsangebot an EDV-Abteilungen von Großunternehmen wendet (s. *P 4: Präsentation*, S. 197 ff.).

Angebotsform. Während bei reinen Präsenzseminaren (Trainer/Dozent unterrichtet die Teilnehmer) keine Zusatzprodukte verkauft werden, vermarkten viele »Speaker« und Trainer bei ihren Auftritten Bücher, CDs und andere Produkte, deren Autoren sie sind. Wer etwas auf sich hält, bringt einen Mitarbeiter mit, der am Büchertisch sitzt, während der Redner mit (ausgewählten) Teilnehmern spricht und neue Kundenkontakte knüpft. Vermarktet ein Verlag Weiterbildungsmedien wie zum Beispiel Lehrvideos, haben diese reinen Produktcharakter und unterliegen den Gegebenheiten von Produktmarketing und Werbung.

Art der Leistung. Wird eine Bildungsmaßnahme als einzige Leistung vermarktet, geht es in Kundengesprächen, bei der Erstellung des Angebots, beim Verfassen des Kursprogramms ausschließlich darum. Eine Unternehmensberatung, die SAP-Anwendungen bei Kunden installiert, an deren Bedarf anpasst und die Mitarbeiter anschließend schult, wird sich bei der Vermarktung möglicherweise auf die Software und deren Programmierung konzentrieren. Die Schulung ist ein »Add-on« – ein manchmal optionales Modul, das der Kunde hinzubuchen kann (was bei einem komplexen System wie SAP durchaus zu empfehlen ist).

Exklusivität. Wer offene Seminare anbietet, hat eine andere Art von Aufwand als ein Anbieter, der ausschließlich Firmenseminare auf Kundenwunsch veranstaltet. Der eine muss seine offenen Seminare mit Einzelteilnehmern besetzen und die Maßnahme abblasen, wenn sich nicht genügend Personen anmelden. Das kann zum Teil sehr umständlich sein, wenn zum Beispiel schon der Dozent engagiert und das Seminarhotel gebucht ist. Der andere muss Marketing- und PR-Aktivitäten durchführen, damit Unternehmen mit Bildungsbedarf an ihn herantreten. Meldet sich niemand, hat er genau wie der andere keine Einnahmen – aber auch keinen weiteren organisatorischen Aufwand.

Zielrichtung. Die werbliche Argumentation in der Seminarbeschreibung sollte abgestimmt sein auf das jeweilige Ziel, das ein Teilnehmer mit dem Absolvieren einer Bildungsmaßnahme erreichen möchte. Entsprechend unterschiedlich fällt die Komposition von Schulungsmaßnahmen aus. In der Meisterschulung der Handwerkskammer kommen andere Teilnehmer zusammen als beim Theaterkurs des Frauenbildungswerks (s. *Kundentypologie*, S. 201 ff., *Zielgruppendefinition*, S. 35 ff.).

Nachhaltigkeit. Anbieter von projektbezogenen Bildungsmaßnahmen wie zum Beispiel Fahrschulen und juristische Repetitorien müssen sich immer wieder um neue Teilnehmer bemühen. Nach Abschluss der Maßnahme ist klar, dass sich die gleichen

Personen nicht wieder anmelden werden (außer, wenn diese zusätzlich noch den Motorrad- oder Lkw-Führerschein erwerben möchten – doch danach sind sie endgültig weg). Wer das juristische Staatsexamen bestanden hat, geht auf keinen Fall mehr zum Repetitorium. Anders bei beruflichen Qualifikationen und Persönlichkeitsbildung: Der Beruf oder seine Anforderungen können sich ändern – hat der Teilnehmer gute Erfahrungen bei dem Bildungsanbieter gemacht, kommt er wieder. Er schließt von einem Teil aufs Ganze (»Pars pro Toto«).

Zeitliche Dimension. Während große Bildungsanbieter dauerhaft Angebote platzieren, die immer wieder besetzt sind, wünschen sich Einzelkämpfer oft vergeblich eine solche regelmäßige Einnahmequelle. Neben dem eigentlichen Seminargeschäft müssen sie regelmäßig Marketing und Akquisition betreiben, damit sie auch zukünftig noch genug neue Kunden und Teilnehmer für ihr Angebot haben.

Räumliche Dimension. Große Akademien, Volkshochschulen und Bildungsträger, die an ein Franchise-System angebunden sind (zum Beispiel die »Schülerhilfe«), verfügen über eigene, mal mehr und mal weniger repräsentative Räumlichkeiten. Diese werden zum Teil noch für andere Veranstaltungen genutzt wie in der Volkshochschule Bielefeld.

 Die Volkshochschule Bielefeld hat ihren Sitz in der »Ravensberger Spinnerei«, einem historischen Gebäude, das unter Denkmalschutz steht. Neben den Volkshochschulkursen finden Feste, Konzerte und regionale Messen in den zum Teil sehr großen Sälen statt. Die anderen Aktivitäten haben einen positiven Effekt auf das Image der Volkshochschule.

Trainernetzwerke und Einzelkämpfer agieren oft aus dem Homeoffice heraus. Manche haben einen eigenen Schulungsraum in ihren vier Wänden eingerichtet; die anderen buchen für offene Seminare Hotels oder schulen bei ihren Kunden vor Ort. Wieder andere residieren scheinbar in noblen Businesszentren, in denen sie eine Geschäftsadresse und telefonische Rufumleitungen gebucht haben. Nur bei Kundenbesuch oder Seminaren sind sie selbst vor Ort, wahren nach außen aber einen sehr professionellen Auftritt. Alle diese Voraussetzungen müssen in der Marketingstrategie (s. *Prinzipielle Überlegungen zur Marketingstrategie, Marketing mit Konzept*, S. 21 ff. und S. 31 ff.) berücksichtigt werden.

Während große Bildungsträger oft keinen Entscheidungsspielraum haben, weil die Art und Weise ihres Angebots durch feste Auftraggeber festgelegt ist, überlegen kleinere Anbieter, ob sie offene Seminar oder Firmenschulungen oder beides anbieten sollen. Vor- und Nachteile zeigen sich im Überblick in der folgenden Aufstellung (s. gegenüberliegende Seite): Je nachdem, über welche Zielsetzung und Ressourcen Sie verfügen, sollte die Entscheidung über die Art Ihres Produktes ausfallen. Firmenseminare bergen zwar ein geringeres Risiko, doch bei einem vernünftig geplanten offenen Seminar ist Ihre Gewinnspanne höher (s. *P 3: Preis*).

Offene Veranstaltungen	Maßgeschneiderte Angebote nach Kundenwunsch
Bei einem mittleren bis hohen Betrag, den jeder einzelne Teilnehmer bezahlen muss, lassen sich nach Abzug der Kosten für Werbung, Seminarraum, Verpflegung etc. beträchtliche Honorare erzielen.	Sie erhalten Ihr übliches Honorar auf Stunden-, Tages- oder Wochenbasis (abhängig vom zeitlichen Umfang der Maßnahme).
Der organisatorische Aufwand für offene Seminare ist hoch.	Verfassen Sie Ihre Angebote entsprechend, kümmert sich der Kunde um Ihre Unterbringung und Verpflegung. Ihr Aufwand ist vergleichsweise niedrig.
Werbung und Marketing für offene Seminare erfordern Zeit, Geduld und oftmals auch eine finanzielle Investition. Sie stehen unter erhöhtem Erfolgsdruck, da der Termin für das Seminar feststeht. Bis zu diesem Zeitpunkt X müssen Sie genug Teilnehmer geworben haben.	Auch die Kundengewinnung für Firmenseminare kann aufwendig sein. Der Erfolgsdruck wird nicht durch einen feststehenden Termin, sondern durch Ihre finanziellen Ressourcen bestimmt.

Manche Trainer gehen folgenden Weg: Über ihr eigenes Unternehmen bieten sie nur Firmenseminare an. Gleichzeitig sind sie auf Honorarbasis für andere Bildungsträger tätig, die ihre Seminare ins Programm aufgenommen haben. Diese offenen Angebote im Auftrag anderer Anbieter werden auch auf der Website des Trainers aufgeführt. Denn er hat ein Interesse daran, dass sich genügend Teilnehmer bei seinem Seminar anmelden, damit er seinen Tagessatz erhält. Vorteil: Auch wenn er zum Beispiel nur seinen Tagessatz als Umsatz erzielt, bietet er seinen eigenen Kunden einen besseren Service. Sie können ihn exklusiv und auch als Dozenten bei einem anderen Bildungsträger erleben. Falls Sie diesen Weg gehen, achten Sie darauf, dass die anderen Veranstalter zu Ihnen und Ihrer preislichen Positionierung passen.

Bildungsanbieter und Produktmanagement

Hanspeter Reiter

Sind Sie als Einzeltrainer (oder selbstständiger Anbieter innerhalb eines Trainernetzwerks) auch Ihr eigener »Produktmanager« (PM)? Oder verfügt Ihr Bildungsinstitut über eine eigenständige Funktion »Produktmanager«? Dann ist er – neben der eigentlichen Produktgestaltung, dem Thema dieses Kapitels – natürlich auch der erste Ansprechpartner für die Preisgestaltung (P 3). Seine Aufgaben umfassen wahrscheinlich Teile der Themen Positionierung (P 2), Präsentation (P 4) und Promotion (P 5), die sonst von einem Werbeverantwortlichen wahrgenommen werden. Dazu kommen jene eines klassischen Vertrieblers, im P-6-System dieses Buches also primär Platzierung (P 6) sowie ebenfalls Präsentation (P 4). Die Geschäftsführung wird vor allem auf P 2, also auf die Positionierung Einfluss nehmen. Die Trainer tragen entscheidend zur Programmgestaltung bei, um ein erfolgreiches »Produkt« als Dienstleistung im Markt ausführen zu können.

Der folgende Auszug eines Stellenangebots, platziert von einer schweizerischen Personalberatung, mag Einblick geben in die Aufgaben eines PM, wobei es hier tatsächlich um ein »anfassbares Gut« geht. Ersetzen Sie es für Ihr Aufgabengebiet durch »Dienstleistung im Bildungsbereich« und überlegen Sie konkret, welche Anforderungen Sie (an sich selbst?) stellen würden:

Im Rahmen einer zielgerichteten Expansion suche ich für neue Produkte aus dem Bereich xxx den

Product-/Lifecycle-Manager »XXX«

Ein leistungsorientierter Bewerber findet hier ein außerordentlich spannendes und entwicklungsfähiges Aufgabengebiet mit vielen Freiheitsgraden. Ihre Hauptaufgaben sind:

- Gestaltung und Umsetzung der Produkt-/Marktstrategie des Unternehmensbereichs in enger Zusammenarbeit mit Ihren Kollegen aus den Bereichen Technik, Vertrieb und Service.
- Erstellung von Markt- und Produktpflichtenheften für Ihre neuen Produkte aufgrund von Bedürfnisabklärungen im Markt und beim Kunden.
- Analyse der Wettbewerbssituation und Positionierung Ihres Produktportfolios.
- Monitoring der Produktakzeptanz über alle Lebenszyklen und Erarbeitung von konkreten Weiterentwicklungsvorschlägen für neue Produktgenerationen.
- Entwicklung und Implementierung von Grundlagen zur Verkaufsunterstützung.
- Koordination von Markteinführungsprojekten, Abstimmung mit Aktivitäten von Tochtergesellschaften und eigenen technischen Büros.

Häufig wird als Aufgabe des Produktmanagers hervorgehoben, eine »Produktpipeline« zu schaffen. Gemeint ist damit, die Zukunftsfähigkeit eines Anbieters dadurch zu sichern, dass Produkte annähernd bis zu dem Punkt entwickelt werden, der sie einsetzbar macht. Ziel ist es, diese »in der Schublade« parat liegen zu haben, sobald es nötig wird, mit etwas Neuem im Markt zu erscheinen.

- Zum Beispiel aus Wettbewerbsgründen – sich abheben von anderen.
- Oder für neue Zielgruppen oder Branchen.
- Oder weil Trends bestimmte Themen in absehbarer Zeit prognostizieren.
- Oder auch um für bestehende Kunden weiterführende Themen bieten zu können.

Die Aufgabe eines Produktmanagers geht also durchaus darüber hinaus, Seminare durchführungsreif zu halten: Produktmarketing heißt letztlich, sein Produkt so nach außen darzustellen, dass »es sich verkauft«, hier also die Bildungsdienstleistung. Dabei stellen sich Fragen wie: Wie sehen »Seminare« eigentlich aus, wie werden sie gestaltet, wodurch unterscheiden sie sich voneinander, wonach differenziert der potenzielle Auftraggeber, Ihr Kunde?

»Produktgestaltung« am Beispiel eines VHS-Kurses

Privatpersonen sind oft in ähnlicher Situation wie ein Einkäufer in Industrie oder Handel: Sie möchten beste Weiterbildungsleistung zum geringstmöglichen Preis »einkaufen«. Das mag bei reiner Wissensvermittlung noch funktionieren, s. die reichhaltigen VHS-Kurse zu EDV-/IT-Themen, Sprachen oder Kunsthandwerklichem, die häufig von Kursleitern im »Nebenjob« geleistet werden, die ihr Haupteinkommen über andere Quellen sichern. Schwieriger wird das schon bei Verhaltensthemen, die über das reine Umgehen mit Bewerbungssituationen hinausgehen – etwa, wenn es darum geht, eigene berufliche Wünsche mit der privaten Situation in Einklang zu bringen.

Dass mit geschicktem (Produkt-)Marketing eine erfolgreiche und auch finanziell zufriedenstellende Zusammenarbeit zwischen einem klassischen Billiganbieter von (Weiter-)Bildung, freiem Trainer und öffentlichem Interesse so möglich ist, dass Teilnehmer von einem günstigen Angebot höchster Qualität profitieren können, zeigt das folgende Beispiel:

»Beruflicher Wiedereinstieg für Frauen über 40« titelte ein VHS-Kurs, der in Bayern ab 2007 mehr und mehr angeboten wurde. Bezuschusst von der Bundesagentur für Arbeit, organisiert von örtlichen Volkshochschulen, die sich meist in regionalen Zirkeln zusammenschlossen, konnten hochkarätige Referenten gewonnen werden. Der Erfolg war entsprechend hoch, sei es gemessen an der Zufriedenheit der Teilnehmerinnen wie auch bei gewonnenen Jobs nach Teilnahme. Die konkrete Struktur sah folgendermaßen aus: Im Vorfeld eruierte die Projektleiterin, welchen Bedarf die potenziellen Teilnehmer haben würden. Input kam dafür unter anderem vonseiten der Bundesagentur für Arbeit aufgrund dortiger Erfahrung sowie von anderen Volkshochschulen, die bereits ähnliche Kurse angeboten hatten. Entsprechend formulierte die VHS folgende Ausgangsfragestellungen für potenzielle Teilnehmerinnen:

– Was kann ich und was will ich? Was ist möglich?
– Wie erreiche ich meine Ziele?
– Wo liegen meine Fähigkeiten, meine Stärken und meine Grenzen?
– Wie sehen meine Vorstellungen und meine Wünsche bezüglich des Traumberufs aus?
– Wie trete ich auf? Wie belastbar bin ich?
– Möchte ich in den alten Beruf zurück oder lieber etwas Neues anfangen?
– Welche Weiterbildungsmöglichkeiten gibt es für mich?
– Wo informiere ich mich?

Zwei Stränge wurden von der VHS in Abstimmung mit der verantwortlichen Dozentin dazu gebildet (Benennung und Erläuterungen durch den Autor).

Persönlichkeit entwickeln: Soft Skills	Konkrete (Hard) Skills erlernen
Wünsche und Ziele visualisieren und planen	EDV-Kompetenzen (andere Trainerin)
Zeit- und Konfliktmanagement	Bewerbungstraining
Selbst- und Fremdwahrnehmung	Praktikumsvorbereitung und -begleitung
Rhetorik und Kommunikation	(geleistet von VHS-Leitung)

Die Umsetzung des ersten Stranges erfolgte dann mit folgenden Inhalten im Verlauf eines mehrwöchigen Kurses mit mehreren Vormittagen in der Gruppe sowie mehrstündigem Einzelcoaching, ergänzt durch Elemente des zweiten Stranges:

– Grundlagen des Kommunizierens,
– Transaktionsanalyse, Lebenspositionen, Rabattmarken, Antreiber,
– Bewerbungssituationen und Bewerbungstraining,
– Mind-Mapping sowie
– Einzelberatung.

Folgende Methoden wurden eingesetzt: Referat, Diskussion im Plenum, Einzel- und Kleingruppenarbeit, Experimente und Übungen, Rollenspiele, Präsentationen.

Die Ziele lauteten: Erhöhung beziehungsweise Verbesserung von

– Selbstkenntnis, des eigenen Profils,
– Selbstmotivation,
– Selbstführungs- und sozialer Kompetenz,
– Sicherheit gewinnen sowohl in heiklen als auch in Bewerbungssituationen.

Offenbar ist dieses Konzept gut angekommen. Das zeigten jedenfalls die Stimmen nach Abschluss eines ersten Kurses 2008, auch mit entsprechenden Presseveröffentlichungen: Und: Eine Fortsetzung sei geplant, so die Verantwortlichen einiger der veranstaltenden Volkshochschulen. Quintessenz? Trendthemen aufgegriffen, »Kittelbrennfaktor« einer Zielgruppe erkannt, innovatives Programm geschaffen und öffentliche Stellen einbezogen, um Förderung zu erhalten.

> **Tipp:** Überlegen Sie, welche anderen Themen Sie in ähnlicher Weise als Kurs aufziehen könnten – oder sogar das gleiche? Frauen ab 40 oder auch generell Demografie (Arbeitnehmer ab 50/55) oder Heranführen Jugendlicher an den Beruf könnten dazu gehören.

Angewandte Methodik und Didaktik in der (Weiter-)Bildung

Hanspeter Reiter

Die ungefähr 16.000 (meist freien) Trainer und wohl mehr als 250.000 Dozenten, die für Bildungsinstitute tätig sind, verfügen über höchst unterschiedliche Vorbildung und vor allem Erfahrung: Je nach geschultem Thema ist die Fachkompetenz mit die wichtigste Grundlage, jedenfalls bei Wissensvermittlung wie Sprach- oder EDV-Kursen, während das »Pädagogische« (eigentlich ja »Andragogische«, weil in aller Regel Erwachsenenbildung gemeint ist) in den Hintergrund geschoben wird. Im Verhaltensbereich wird auf soziale und methodische Kompetenz deutlich mehr Wert gelegt: Trainer haben als Ausbildung häufig ein Studium unterschiedlichster Art – klassisch kann das Wirtschaftspädagogik an (Fach-)Hochschulen sein oder (Wirtschafts-)Psychologie, Soziologie, ein geisteswissenschaftliches Studium wie zum Beispiel Rhetorik/Sprachliche Kommunikation an einer Universität. Inzwischen werden mehr und mehr Studiengänge »Erwachsenenbildung« angeboten, so am Institut für Berufspädagogik und Erwachsenenbildung an der Universität Hannover (s. www.ifbe.uni-hannover.de) oder ein Masterstudiengang Erwachsenenbildung/Weiterbildung an der Uni Bielefeld (s. www.uni-duisburg-essen.de).

Da die Inhalte als solche austauschbar sind, ist es umso wichtiger, hohe Qualität in der Vermittlung nachzuweisen, es sei denn, ein Bildungsanbieter positioniert sich strikt über den niedrigen Preis (s. *P 2: Positionierung*, S. 87 ff.). Nun ist es so, dass nach wie vor viele Trainer direkt aus der Praxis kommen und sich durch eine oder mehrere ergänzende Fortbildung(en) selbst weiterentwickeln. Typisch ist dieser Weg für das »Berufsbild« des Verkaufs- und Vertriebstrainers, von dem stärker als zu vielen anderen Themen »Stallgeruch« erwartet wird, also eigene Erfahrung in den geschulten Themen. Ähnlich verlangt die eine oder andere Führungskraft vom persönlichen Coach, selbst einige Jahre als Führungskraft tätig gewesen zu sein, wobei gerade dort vor allem eine gediegene theoretische Grundlage Voraussetzung sein sollte; hierüber versuchen zum Zeitpunkt der Drucklegung dieses Buches die führenden (vier oder mehr …) Coachingverbände eine Einigung zu finden.

Damit sind die Methoden- und Trainerverbände unter dem Dach des DVWO (Dachverband der Weiterbildungsorganisationen, www.dvwo.de) schon einen Schritt weiter, der ein Zertifizierungssystem entwickelt hat, das zumindest Bildungsinstitute bereits erfolgreich nutzen. An der Personenzertifizierung – also für Einzeltrainer dieser »Qualitäts-Acht«, wie die Taxonomie DVWO-intern genannt wird, auch aufgrund der grafischen Darstellung – (inklusive ISO-Zertifizierung) wurde 2008 noch gearbeitet. Wir greifen dieses Thema gegen Ende des Kapitels nochmals auf, wenn es um Lizenzierung solcher Methoden geht (s. S. 103 f.), denn Methodenverbände (etwa zu

NLP – Practitioner-Ausbildung, Kinesiologie, Suggestopädie, STUFEN zum Erfolg) oder auch Ausbildungsnetzwerke innerhalb von Verbänden (beim BDVT beispielsweise TAN, CAN und BAN oder MAT-Trainer der GfG, Gesellschaft für Gehirntraining, s. www.gfg-online.de) bieten entsprechende Lösungen für Trainer, die eine spezielle Methode anwenden.

Auch institutseigene »Marken« helfen, Qualität nach außen nachzuweisen (s. *P 2: Positionierung*, S. 87 ff.; dazu mehr auch unter *Franchising*, S. 81 ff.). Führende Bildungsanbieter sind im Verband Wuppertaler Kreis vereint, s. www.wkr-ev.de. Hauseigene Zertifizierungen müssen Anbieter und Einzeltrainer häufig durchlaufen, wenn sie Großunternehmen oder öffentliche Auftraggeber bedienen wollen. Hier wie dort helfen jedenfalls Nachweise einer theoretischen Ausbildung wie langjährige Praxistätigkeit als Dozent, Trainer, Berater und Coach. Je nach Ihrem Status empfiehlt sich eine der angebotenen Zertifizierungen zusätzlich für Sie, wie hier aus der Tabelle ersichtlich, die ich erstmalig für die Mitgliederzeitschrift »GABAL-impulse« (2007-1) zusammengestellt habe:

Entscheidungstableau Trainer-Zertifizierung						
Kriterium Eckpunkt links	5	4	3	2	1	**Kriterium Eckpunkt rechts**
Ihre Kunden sind Großunternehmen						Kunden eher kleinere Unternehmen
Meist öffentliche Aufträge						Aufträge von Privatunternehmen
Förderungen nutzen (EU)						Verzicht auf Förderungen
Immer wieder Neukunden						Primär Dauerkunden
Wenig Berufserfahrung						Sehr lange Berufserfahrung
Branchenübergreifend						Branchenspezifisch
Themenübergreifend						Themenspezifisch
Keine zertifizierte Trainerausbildung/Franchise						Zertifizierte Trainerausbildung vorhanden (oder Franchise)
Spaltensummen …						addiert ergeben … Punkte

Vorgehen: Kreuzen Sie je Zeile an, was Sie für am ehesten zutrifft: »5« und »1« bedeuten, es trifft die linke beziehungsweise rechte Aussage zu quasi 100 Prozent zu. Der Mittelwert »3« ist neutral, die Werte »4« beziehungsweise »2« liegen mittig näher zum linken beziehungsweise rechten Kriterium.

Bilden Sie dann je Spalte die Summe, danach die Gesamtsumme der Summenzeile. Je höher die Gesamtsumme, desto eher sollten Sie sich zertifizieren. Bei den genannten acht Kriterien kann Ihr Ergebnis also zwischen höchstens 40 und mindestens 8 Punkten liegen. (Wenn Sie weniger Kriterien als für sich zutreffend erachten, dann entsprechend weniger. Bei sechs Kriterien also zwischen $6 \times 5 = 30$ und $6 \times 1 = 6$ Punkten.) Ab 30 Punkten sollten Sie sich ernstlich mit dem Thema auseinandersetzen, unter 15 Punkten eher weniger.

Begründung: Je nach Ihrer Situation werden Sie von potenziellen Auftraggebern mehr oder weniger mit dem Thema »Zertifizierung« konfrontiert. Soweit Sie Ihre »Befähigung« anderweitig nachweisen können, wird das genügen. Berufserfahrung, Referenzen, Ausbildungsabschlüsse helfen. Achtung: Großunternehmen führen eventuell eigene Zertifizierungen durch. Klären Sie sicherheitshalber Dopplungen ab. Gelegentlich werden Sie sogar als erfahrener Trainer zum Assessment gebeten.

Sie sind bereits ISO-zertifiziert? Dann genügt es in aller Regel, den DVWO-spezifischen Teil zusätzlich zu zertifizieren; entsprechende Mechanismen sind eingebaut.

> **Tipp:** Orientieren Sie sich in Netzwerken, wie andere Trainer beziehungsweise Institute zertifiziert sind – das geht übrigens auch aus den Profilen Ihrer Kollegen zum Beispiel auf Xing hervor (www.xing.de). Ziehen Sie Ihre Konsequenzen daraus für Ihre Situation im Wettbewerbsumfeld!

Eine »Minimal-Qualitätssicherung« bietet das Forum Werteorientierung in der Weiterbildung (www.forumwerteorientierung.de) als Unterorganisation des DVWO: Das Gütesiegel darf ein Trainer dann benutzen, wenn er den zugehörigen Berufskodex eines DVWO-Mitgliedsverbandes unterzeichnet und sich somit der Schiedskommission des Vereins für den Fall unterwirft, dass ihm Verstöße dagegen von Teilnehmern vorgeworfen würden. Wer dieses Siegel übernehmen möchte, kann dies nur als Mitglied eines der (Ende 2008) 13 DVWO-Mitgliedsverbände tun.

Weiterbildung für Weiterbildner

Die Außenwirkung einer Zertifizierung im Sinne eines Qualitätsnachweises ist sicherlich ein wichtiger Aspekt. Für viele in der Weiterbildung Tätige kommt hinzu, dass sie sich selbst weiterentwickeln möchten; der methodenunabhängige Verband GABAL e.V. definiert deshalb zweierlei Ziele seiner Mitglieder:

- Zukunftsfähigkeit sichern – also Qualität beweisen sowie
- persönliches Wachstum unterstützen – also die eigene Entwicklung ermöglichen, und somit auch für sich selbst das tun, was Trainer und Dozenten sonst für andere anbieten.

> **Buchtipp:** Wie das in der Praxis funktionieren kann, davon berichten Andreas Hörfurter und Ulrike Völkmann vom Trainernetzwerk konkom (www.konkom.de) in einem Buchbeitrag zum Buch »Innovative Workshop-Konzepte« von Mario Gust und Uwe G. Seebacher (2004).

So heben Sie sich ab und werden »einzigartig«

Hanspeter Reiter

Kaum ein Thema, kaum ein Trainer oder Dozent ist wirklich »einzigartig«, vielmehr gibt es

- x-mal das gleiche Angebot, sich zum Beispiel in Excel, Spanisch oder Acrylmalerei weiterzubilden,
- oder selbst in einer begrenzten Region so und so viele Rhetorik-, Teambuilding- oder Verkaufstrainings,
- ähnliche Kurse von VHS, Kolping und anderen Anbietern, die gemischt privat-berufliches Programme haben – oder IHK und privaten Akademien, die primär berufliche Weiterbildung bieten.

Wie also kann ein Trainer oder ein Bildungsinstitut sich über etwas Besonderes in den Inhalten, also im Produkt, profilieren? Bauen Sie viele kreative Elemente ein, so die Empfehlung der erfolgreichen Trainerin Zamyat Klein, profiliert zum Thema »Spielerisches im Seminar«.

USP durch Verrücktheit und Mut? – Kreative Seminarmethoden und Spiele in Trainings

Gastbeitrag von Zamyat Klein, Trainerin, Coach und Autorin, bekannt etwa durch »Das tanzende Kamel« als Buch, DVD und natürlich buchbares Seminar

Trainer lesen und hören immer wieder: Du musst für ein Alleinstellungsmerkmal sorgen, damit du deine Angebote verkaufen kannst. Der Trainer mit dem Bauchladen bringt es nicht weit, nur als Experte kannst du höhere Honorare fordern.

Ganz so extrem würde ich es natürlich als Trainer nicht sehen. Aber sicherlich errege ich nur Aufmerksamkeit, wenn ich etwas Außergewöhnliches, etwas Auffälliges zu bieten habe. Persönlich kann ich nach fast 30 Jahren Jahren Trainerdasein immer noch sagen: Das beste Marketing läuft bei mir über Empfehlung und persönliche Kontakte. Das heißt, wenn die Leute mich live erleben – und nach einem Seminar an ihre Kollegen weiterempfehlen oder bei einem Kongressworkshop erlebt haben und begeistert und lachend denselbigen verlassen.

- Das ist also ganz sicher ein Merkmal, das ich immer wieder in Feedbacks höre: »Lange nicht mehr so viel gelacht!« – Fein, werden Sie sagen, aber ich will ja was lernen! Richtig!
- Ein weiteres Feedback ist aber auch: »Wir haben unheimlich viel gelernt und gemacht, trotzdem war ich konzentriert und viel weniger müde oder erschöpft als in anderen Seminaren.«

Und das beides gehört – für mich – eben zusammen. Meine Trainings sind unter anderem deshalb sehr effektiv und produktiv, weil die Teilnehmer durch ungewöhnliche kreative Seminarmethoden und immer wieder eingeschobene Spiele und Aktivierungen wach und konzentriert sind, gleichzeitig viel Spaß haben und durch diese Art des Miteinanders nebenbei die Gruppendynamik positiv beeinflusst wird.

- Denn ein weiteres Feedback, das ich sehr häufig höre oder lese, ist: »Das war wirklich eine tolle Gruppe.«

Ich glaube nicht, dass ich so vom Glück gesegnet bin, dass ich immer besonders harmonische Gruppen bekomme. Sondern ich bin davon überzeugt, dass die von mir eingesetzten Methoden eine entsprechende Wirkung haben: Wenn von der ersten Seminarminute an die Teilnehmer aufstehen, herumlaufen und etwas miteinander machen, lockert das sofort auf. Die Teilnehmer können offener miteinander umgehen und arbeiten. Durch wechselnde Gruppen werden Cliquenbildungen verhindert. Es entsteht so weniger eine Atmosphäre, wo sich der Einzelne profilieren will, sondern die Teilnehmer tauschen sich offen über Schwierigkeiten aus.

Das alles sind aber sozusagen Nebenprodukte. Der Kern liegt darin, dass ich durchgängig einen multisensorischen suggestopädischen Ansatz verfolge. Ganz gleich, um welche Zielgruppe und um welches Seminar- oder Trainingsthema es sich handelt. Und spätestens hier scheiden sich die Geister. »Ich finde diese Methoden ja auch toll, aber … mit meiner Zielgruppe geht das nicht. Mit dem Thema … geht das nicht.« Da bin ich aber unerbittlich. Gerade bei trockenen, fachbezogenen Inhalten, bei Seminaren, in denen sehr viel Stoff vermittelt werden muss (was immer als Argument herhält: »Für Spielchen haben wir keine Zeit!«), finde ich es umso notwendiger, kreative Seminarmethoden einzusetzen. Denn nur dann können so schwierige Informationen wirklich aufgenommen werden. Ich kann natürlich in kürzerer Zeit zehn Folien zeigen und vorlesen – nur: Haben die Teilnehmer diese Informationen damit »gelernt«? Und können Sie diese sogar später wieder abrufen und anwenden? Denn darum geht es ja letztendlich, dass die Teilnehmer nach einem Training Dinge auch umsetzen und einsetzen. Sonst genügt es, wenn sie ein gutes Buch lesen – das können sie wenigstens im eigenen Tempo machen.

In Seminaren und Trainings können sie aber eigene Erfahrungen machen, am eigenen Leibe erleben und ausprobieren, die Inhalte auf ihre konkreten Bedingungen übertragen und entsprechend verändern. Das braucht aber Zeit und vollzieht sich nicht beim bloßen Anhören eines Vortrags. Kreative Seminarmethoden und Spiele helfen dabei, Inhalte von verschiedenen Seiten aus zu erleben und auf unterschiedlichen Ebenen zu be-greifen und sie sich anzueignen. Gerade auch alberne Spiele, die die Teilnehmer völlig aus ihrer Gewohnheit reißen und sie in gackernde Perlhühner verwandeln (um gleich das krasseste Beispiel zu nehmen), können Türen aufreißen zu ganz neuen Erkenntnissen und Taten.

Denn solche Aktivitäten erfordern nicht nur vom Trainer Mut, sondern fordern ebenso von den Teilnehmern, dass sie Grenzen und Gewohnheiten überschreiten. Und das ist schon ein großer Lernschritt, der sie mit Stolz erfüllt und Mut zu weiteren Taten macht. Solche Seminare bleiben hängen, von ihnen wird erzählt, sie werden weiterempfohlen. Und Sie als Trainer haben durchaus auch mehr Spaß damit – was sich nur wieder positiv auf Ihre Ausstrahlung auswirkt. Diese Spiele sind aber kein Selbstzweck (obwohl das für mich durchaus ein ausreichendes Argument wäre: »Spaß haben«), sondern Sie können ganz elegant einen sogenannten Brückenschlag zum Seminarthema herstellen. Dann ist die Akzeptanz bei den Teilnehmern sicher noch größer – und es entstehen tatsächlich zusätzliche Lerneffekte, die ich anfangs unterschätzt habe. Es war für mich mehr eine kreative Herausforderung, wie ich zwischen »Perlhühnern« und dem Seminarthema »Motivation« eine Verbindung herstellen kann. Als mir dann ein Seminarteilnehmer am letzten Tag sagte, dass er durch meine entsprechende Einführung bei dem Spiel die wichtigsten Erkenntnisse hatte – da habe auch ich das kapiert.

Daher kann ich nur allen Trainern empfehlen: Wenn Sie für eine bestimmte Methode oder Richtung stehen, die Ihnen auf den Leib geschrieben ist, die Sie sinnvoll und nützlich finden, die Ihnen selber Spaß macht und leichtfällt – dann vertreten Sie dieses offen nach außen. Machen Sie Ihren Auftraggebern klar, dass sie eigentlich noch einen Zusatzbonus zahlen müssten, um so etwas Besonderes einzukaufen. Dass Ihre Seminare dadurch effektiver und nachhaltiger sind und es keinesfalls nach wohl deutscher Manier so ist: Arbeiten und Lernen müssen hart, trocken und anstrengend sein, damit sie wirksam sind. Sondern im Gegenteil: Mit Leichtigkeit und Freude sind Menschen produktiver und kreativer – und damit auch für ihr Unternehmen effektiver.

Spiele und Theaterelemente werden nach wie vor eher zögerlich eingesetzt – und wenn, dann meist unter dem Vorzeichen Suggestopädie primär in der Wissensvermittlung. Was im Bereich Spiele Zamyat Klein ist (neben anderen), sind beim Unternehmenstheater zum Beispiel Sandra Masemann und Barbara Messer (www.masemann-und-messer.de).

Für eine Art Alleinstellung – und somit besondere Aufmerksamkeit potenzieller Teilnehmer beziehungsweise Entscheider – sorgen auch Elemente wie:

- *Outdoortrainings, etwa fürs »Teambuilding«:* Seminar- und Tagungshotels bieten teilweise extra Outdoorparks mit Kletter- und Waldbereichen, doch auch ohne solche aufwendige (und preistreibende) Ausstattung ist es Trainern möglich, mit ihrer Gruppe nach draußen zu gehen, Beispiel: »Blinde Kuh« = Facetten von Führen und Führenlassen; »Vertrauen« = sich fallen lassen; »Kaltkontakte im Vertrieb« = am Vormittag arbeiten im Seminarraum, am Nachmittag gemeinsam »Klinken putzen« mit Bordsteinkonferenz, also unmittelbarem Feedback; und vieles mehr.
- *»Abenteuertraining«:* ebenfalls outdoor, jedoch als Mix aus Seminar und Ausflug, etwa mithilfe von Motorrädern oder Trykes (s. Christiane Wittig, www.wws-wittig.de) – oder mit Planwagen.
- *Tiereinsatz bei Führungsthemen:* Ausgangspunkt war wohl der »Pferdeflüsterer« vor etlichen Jahren; inzwischen gibt es eine Reihe von Anbietern, die Führungsverhalten anhand von Pferden erlebbar machen; einbezogen werden zwischenzeitlich auch Hunde (ein Anbieter erhielt 2007 sogar einen der begehrten BDVT-Trainingspreise). Auch Greifvögel werden mittlerweile in Seminaren eingesetzt.
- *Kampfsportarten:* Konzentration durch Yoga kennt man schon lange, neben ursprünglich fernöstlichen Mentalübungen werden nun auch von dort kommende Kampfmethoden eingebaut, beispielsweise Samurai-Schwertübungen.
- *Gedächtnisverbesserung:* Gedächtnistraining bringt Aha-Erlebnisse, ob kurz- oder sogar langfristig. Trainer wie Gregor Straub oder Markus Hofmann bauen ihre komplette Trainingsleistung inzwischen darauf auf, für Führungskräfte genauso wie für Schüler (und Lehrer!), häufig auf Großveranstaltungen. Übungselemente in andere Trainings einzubauen kann ein besonderes Highlight sein, auch zur Auflockerung, zum Beispiel im Nachklang eines Spieles wie »Stille Post« (Team, Führung, Konflikt, Kommunikation).
- *Zauberer:* Ähnliches gilt für (hoffentlich nicht faulen) Zauber. Wir Menschen lassen uns gerne verblüffen, und auf Verblüffung (und Ablenkung) basiert »Zauberei«. Lockern Sie Ihre Veranstaltung durch kleine Zaubertricks zwischendurch auf, kann das (wie bei »Gedächtnis«) stark zur Mundpropaganda im Nachhinein beitragen; verzichten Sie in der Seminarausschreibung lieber darauf, diese »Überraschungselemente« zu benennen, sonst ist die Überraschung weg.
- *Ortswechsel:* Immer beliebter wird die Verbindung von Fortbildung und Urlaub, konkret wie in einer Publikumszeitschrift empfohlen: »Kreativferien – Entdecken Sie Ihre Talente – Beim Malen am Meer oder beim Töpfern im Süden den Alltag vergessen und einmal etwas ganz Neues probieren«. Sozusagen das Gegenprogramm zum Aktivurlaub mit körperlicher Betätigung oder zum Relaxurlaub mit (Sonnen-)Baden am Strand und/oder Wellness: Auf Mallorca im Meer der Farben baden – In Venedig ganz im Bilde – Im Biohotel (Kochen) von einem Profi lernen – In Wales Gold und Silber schmieden und vieles mehr.

Für welche Ihrer Themen wäre ein ferner(er) Veranstaltungsort passend? Suchen Sie nach Verbindungen durch Historie, Sprache, geografische Gegebenheiten …

Herausgegriffen sei ein Beispiel von vielen zum Thema »Führungs- und Persönlichkeitsentwicklung mit Pferden als Co-Trainer«, angeboten von Anabel Schröder (www. horsesense-training.de), ähnlich schaut übrigens das Training von Sabine Gries aus (www.lernen-mit-pferden.de), zitiert in Auszügen:

»In diesem Seminar lernen Sie
– Ihre führungsrelevanten Soft Skills auszubauen,
– Ihre Kommunikation klarer und durchsetzungsfähiger zu gestalten. (…)
– Situationen und Menschen besser wahrzunehmen und einschätzen zu können,
– konstruktiv Feedback zu geben (…).
Pferde spiegeln einen wertfrei und helfen einem, die eigenen Ressourcen zu erkennen und Soft Skills zu trainieren … Souveränität, Selbstbewusstsein, Zielsicherheit, Authentizität, Wertschätzung, Grenzen setzen und vieles mehr werden geübt. Das Seminar ist ein Seminar des Tuns.
Voraussetzungen: keine. Die Pferde werden nicht geritten.«

Das hat schon starke Züge von Einzigartigkeit, jedenfalls: Besonderheit. Achten Sie dabei darauf, wie rasch andere Anbieter nachziehen und so den Charakter von etwas Besonderem verwischen. Gegebenenfalls spielt die räumliche Entfernung eine Rolle, sich für den einen oder anderen »Pferdeflüsterer« zu entscheiden.

Nach diesem konkreten Beispiel sind Sie gefragt: Welche dieser Elemente könnten Sie wie in Ihr Programm einbauen? Auf der nächsten Seite finden Sie die entsprechende Übersicht, die auch als Download zur Verfügung steht.

Auf diese Weise schaffen Sie sich eine exzellente Grundlage für Ihre spätere Selbstdarstellung, auf die wir in den Kapiteln *P 4: Präsentation* (s. S. 197 ff.) und *P 5: Promotion* (s. S. 257 ff.) zu sprechen kommen.

> **Tipp:** Für die Trainer, die es nicht ganz so verspielt mögen, kann es auch eine Idee sein, nur den Einstieg überraschend zu gestalten und sich ansonsten auf ihre normalen Unterrichtsmethoden zu beschränken. So schafft der eine oder andere Trainer Abwechslung durch skurrile Beispiele und Geschichten, andere wiederum konzentrieren spielerische Elemente darauf, gerade bei öffentlichen Seminaren das Kennenlernen zu erleichtern.

Ihr Methodenkoffer

Auf den folgenden Seiten finden Sie einen Katalog von Vorgehensweisen, auf die Sie gelegentlich angesprochen werden. Überprüfen Sie zur Sicherheit, welche der folgenden Methoden (alphabetisch sortiert) Sie zumindest »in der Hinterhand« bevorraten sollten, für den Fall des Falles:

Was an Ihrem Programm ist einzigartig?

Was davon könnten Sie wie bereits in Ihrer Seminarausschreibung hervorheben?

....

....

....

Welche weiteren USPs für Ihre Seminargestaltung fallen Ihnen ein, zusätzlich zu den bereits angeführten? (Von Ihnen bereits angedachte; anderweitig entdeckte; von Kollegen oder Mitarbeitern in die Diskussion eingebrachte.)

....

....

....

Erstellen Sie nun eine konkrete Stichpunkte-Matrix für eines Ihrer Seminare:

Seminarthema:				Umfang:	
Special/ Bereich	Einstieg	Hauptteil 1:	Hauptteil 2:	Energizer nach ... Pause	Abschluss
Spiele					
Theater					
Outdoor					
Abenteuer					
Tiere					
Fernost					
Gedächtnis					
Zauberei					
Ortswechsel					

Ergänzen Sie zunächst in der ersten Spalte links, welche Specials Ihnen zusätzlich eingefallen sind, soweit für Sie und Ihr Angebot relevant. Tragen Sie dann Ihre »Lösungen« in die jeweils passende Zelle ein und lassen Sie die übrigen einfach frei. Umkreisen (oder markern) Sie jene(s) Element(e), das/die Sie vorab veröffentlichen wollen: Viel Erfolg!

Methodencheckliste

Feedback einholen	☐ Klassische Abfrage mündlich ☐ Schriftliche Abfrage ☐ Blitzlicht (Punkte kleben) ☐ Echolot (zum Beispiel mit mobiTED)
Großgruppen-methoden	☐ Open Space ☐ Zukunftskonferenz/-gipfel ☐ World-Café ☐ Zukunftswerkstatt (Lösungen: eine von zweien; Kompromiss; eine dritte finden)
Interviewtechniken	☐ Fragevarianten (schließend, öffnend usw.) ☐ Appreciative Inquiry ☐ Speziell als Einstiegssequenz zum Kennenlernen (Beispiel: Journalistenspiel) ☐ Delphi-Methode (mehrere Befragungsfolgen mit jeweiligem Rückspielen der (Zwischen-)Ergebnisse
Kompetenzmodelle	☐ Fachlich (Inhalte) ☐ Sozial (Interaktion) ☐ Methoden (Struktur) ☐ Selbstkompetenz (Mitwirkung ☐ Systemisch/komplex
Metapher (viele Sinne ansprechen 1)	☐ Theater (Zusammenspiel) ☐ Sport (Team) ☐ Organismus (System)
Simulation (viele Sinne ansprechen 2)	☐ Rollenspiele ☐ Technisch (Software …) ☐ Planspiele (Marga usw.) ☐ Wirkungsnetze (BPI …)
Transfermethoden	☐ Bildungscontrolling ☐ Selbstorganisierend (Gruppe tauscht E-Mails aus und vereinbart Treff auf Fachmesse) ☐ Mix via E-Learning-Tool (etwa Transferraum)
Visualisierung	☐ Mindmapping (und Metamapping als Methode der Dokumentation in Workshops usw.) ☐ Bilder (malen oder collagieren) ☐ Aufstellungen verschiedener Art und »Schulen« (durchaus umstritten)
Workshops	☐ Szenariotechnik ☐ Kreativität (Brainstorming, Brainwriting, Cherry split = fort-laufende Aufteilung eines Stichpunktes in zwei, 6-3-5 etc.) ☐ TRIZ (eigentlich für Produkte, übertragbar) ☐ Knowledge-Diversity (Nutzung eines zwölfseitigen Würfels) ☐ Storytelling

Ergänzen Sie für sich gedanklich oder gleich auf einem Blatt Papier diese Übersicht mit weiteren Methoden, die in Ihrem speziellen »Fachgebiet« gängig sind und deshalb nachgefragt werden könnten. Sie finden die Methodencheckliste ebenfalls als Download.

Tipp: Verschaffen Sie sich einen Überblick als Grundlage für Ihre spätere Marketingkommunikation: Was davon nutzen Sie, was sollten Sie ergänzen? Welche Methoden sagen Ihnen eher wenig, die Sie dann recherchieren sollten? Welche schließen Sie begründet aus – und welche ergänzen Sie aus Ihrem persönlichen Fundus beziehungsweise dem Ihrer Kollegen oder Mitarbeiter?

Programmvielfalt gewinnt: »Fächern« Sie auf!

Hanspeter Reiter

Verschiedenste Studien zum Weiterbildungsmarkt haben zum Thema »Dauer« nach wie vor eines klar ergeben: »In der Kürze liegt die Würze!« Ein bis zwei Tage lassen sich Führungskräfte von Ihrem Alltag eher einmal »wegzerren«, zwei bis drei Tage sind bereits die Grenze auch für Fachkräfte – und damit das, was deren Führungskräfte meinen, verkraften zu können, ohne dass zu viel Arbeit liegen bleibt. Privatleute sind bereit, das eine oder andere Wochenende oder den Samstag zu »opfern« oder eine überschaubare Reihe von Abenden, was Blended Learning als Mischung von elektronisch gestütztem Fernlernen und Präsenzphasen zumindest stagnierend am Leben erhält (s. S. 73 ff.). Ausnahmen sind Kurse wie etwa das Abitur auf dem zweiten Bildungsweg in der Abendschule oder Weiterbildungsblöcke in (meist IHK-)Kursen, die zu staatlich anerkannten Berufsbildern führen. Was auch immer Sie in welcher Form auch immer anbieten, als Institut oder als Einzeltrainer erweitern Sie Ihre Trefferchancen deutlich, wenn Sie die Dauer Ihrer Inhaltsvermittlung auffächern. Das kann zum Beispiel so aussehen:

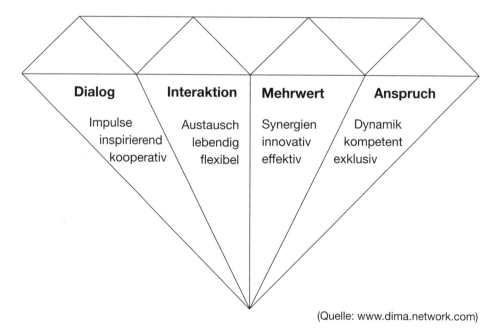

(Quelle: www.dima.network.com)

Unabhängig davon, welches Thema Sie wählen, es gilt »im Prinzip« für alle Themen:

- *Kurs:* viele Varianten möglich, etwa Einbindung des zwei- bis dreitägigen Trainings in ein übergreifendes Thema oder eine eigenständige Train-the-Trainer-Fortbildung als nächsten Schritt (eine Woche; zehnmal abends, vier Wochenenden – oder Kombinationen daraus); Nach- und Vorteile ergeben sich je nach Variante aus den passenden Unterpunkten.
- *Zwei- bis dreitägige Seminare:* Ausführliche Themen wie Hochzeitstanzkurs, Urlaubssprachkurs oder »Teamkommunikation«, in diversen Facetten ausgearbeitet. Nachteil: Ermüdungserscheinungen, Verlust an Konzentration. Vorteil: Ineinandergreifen von Elementen, viele Übungen möglich, Aneinandergewöhnen von Teilnehmern untereinander und an die Seminarleitung.
- *Einen halben oder einen Tag dauernde Seminare:* Hier ist das zu vermittelnde Wissen (oder Verhalten) konzentriert umgesetzt, gegebenenfalls mit weniger Übungen – vor allem: weniger Theorie. Alternativ Aufteilung des zwei- bis dreitägigen Trainings als komplettes Angebot in mehrere Einheiten, sodass eine Art Kurs daraus entsteht, der über einen längeren Zeitraum durchgeführt wird. Nachteil: immer wieder anknüpfen müssen; Vorteil: Zwang zur Wiederholung.
- *Schnupperworkshop (90–180 Minuten):* einige entscheidende Elemente herausgreifen, dramaturgisch gut umsetzen, mit zwei bis drei Aha-Erlebnis-Chancen für die Zuhörer, die interaktiv einbezogen werden – ebenso zum Beispiel für Sprachkurse möglich. Auch hier: Nachteil durch Begrenzung. Vorteil: Zwang zur Konzentration auf das Wesentliche.
- *Impulsvortrag (30–90 Minuten):* Er lebt von gut gesetzter Dramaturgie und meist von der Persönlichkeit des Speakers; im Sonderfall ist PowerPoint erfolgreich, wenn es vor allem um die Vermittlung von konkretem Wissen geht. Nachteil: Begrenzung. Vorteil: Konzentration auf das Wesentliche.

Die besondere Herausforderung liegt natürlich darin, die »Quintessenz« aus umfassenden Inhalten zu konzentrieren – was manchen Trainer schon dazu gebracht hat, sein Programm zu überarbeiten.

Mehr und mehr Trainer und Institute nutzen dieses Vorgehen, um mit konzentrierten Lockangeboten potenzielle Teilnehmer »auf den Geschmack zu bringen«. Das erleben Sie auf Messen und Kongressen, bei denen Referenten sich inzwischen (für die Hörer kostenlose) Time-Slots teuer erkaufen müssen, oder in kurzen Schnupperveranstaltungen für wenig Geld an hoch frequentierten Orten wie zum Beispiel Autobahnraststätten. Im Gegensatz zu den nach wie vor immer noch überraschend beliebten Kaffeefahrten wird in aller Regel bei solchen zwei- bis dreistündigen Kurzevents wirklich Inhalt geboten, aufgrund dessen Qualität der eine oder andere Teilnehmer sich dann für ein öffentliches Seminar des Referenten entscheidet oder ein Inhouseseminar bei ihm einkauft.

Anbieter wie Speaker's Excellence vermarkten einen Teil der von ihnen promoteten Redner über Großveranstaltungen wie das »Stuttgarter Wissensforum« – in aller

Regel primär die besonders bekannten Namen mit entsprechender Anziehungskraft (s. www.speakers-excellence.de). Hier macht es die Masse der Zuhörer, die sehr günstige Eintrittspreise ermöglicht (99 oder 199 Euro inklusive Abendbüfett mit Gelegenheit zum Gedankenaustausch mit den Referenten; oder gar schon ab 49 Euro für 12–22 Uhr am Freitag, also zu einer Zeit, die viele freiklopfen können, ohne das eigene Wochenende wirklich anzukratzen).

Tipp: Sprechen Sie Aussteller im Vorfeld von Messen direkt an, ob Interesse besteht, einen Time-Slot von Ihnen ausgefüllt zu erhalten. Wer als Produktanbieter ausstellt, lockt leichter Zuhörer an, um sie dann zum Stand zu lotsen, wenn ein »neutrales« Thema mit Mehrwert geboten wird, statt schlicht im Vortrag die Messepräsentation zu übertragen. Ihr Vorteil: Sie besetzen ein Thema und erhalten ebenfalls Kontakte, die für Sie relevant sind.

Seminare gestalten: Struktur und Inhalte für Präsentation und Durchführung

Hanspeter Reiter

In einem ausführlichen Beitrag für »Freie Psychotherapie« (3/2008, S. 29 ff.), die Mitgliederzeitschrift des VfP e.V. (Verein der freien Psychotherapeuten und Psychologen e.V., www.vfp.de) empfiehlt Jörg Lukas Hanke seinen (mit freier Praxis) niedergelassenen Kollegen, Seminare als zusätzliches Standbein anzubieten – und baut für den Leser Schritt für Schritt ein solches Seminar auf. Er sieht darin enthalten:

Vorarbeit	Einstieg	Themen- und Lernzielblöcke	Abschluss
Ziele	Traditionell – kreativ	Wie viele Einheiten?	Rückblick
Zeit	Vorstellung	Zeit und Pausen	Zusammenfassendes Spiel
Teilnehmer	Teilnehmerabfrage und -abgleich	Motivation	Ausblick und Umsetzung
Erwartung	Rahmen und Zeiten	Pädagogik	Echo
Wissen		Übung	Schlusswort
		Test	Verabschiedung

Über Details lässt sich trefflich streiten, seien es genügend oder zu viele, Schwerpunkte (anders) zu setzen oder Teile (je nach Thema und Zielgruppe) zu variieren. Wer sein Seminar, seinen Workshop, seinen Impulsvortrag oder seinen Trimesterkurs neu gestaltet, geht wohl am besten vom Ausführlichen zum Fokussierten, um so sicher zu sein, »an alles gedacht, alles berücksichtigt zu haben«: Streichen lässt sich immer und das kommt daher an zweiter Stelle. Wie in der Schule gelernt, wären dies die Schritte:

- Stoffsammlung – was alles muss rein.
- Gliederung – Struktur muss sein.
- Inhalte straffen und zugleich erweitern (durch Beispiele, Übungen und anderes mehr) – so wird es »fein«.

Danach folgen mehrere Korrekturen und Anpassungen, beispielsweise in Absprache mit Kollegen, die Sie bitten, ein Auge darauf zu werfen.

Die folgende Checkliste nutzen Sie sowohl zur Vertiefung als auch, um Streichungen durchzuführen. Sie finden sie auch als Download.

Checkliste Seminarentwicklung

Vorbereitung	☐ Eigene, Teilnehmer, eigenes Umfeld ☐ Inhalte, Struktur ☐ Auftragsklärung, Erwartung des Auftraggebers ☐ AGB (Allgemeine Geschäftsbedingungen) ☐ Referenzen, Qualitätsnachweise ☐ Abwesenheitsinformationen (Band/Voice-Box, Mailbox; Vertretung …)
Zeit(en)	☐ Beginn (gegebenenfalls Anreise- und Anmeldungspuffer) ☐ Dauer (gesamt, täglich) ☐ Pausen
Ort(e)	☐ Seminarraum, Gruppenräume, Outdoor, Foyer, Pausen ☐ Trainer: Rückzugsmöglichkeit zur Vorbereitung ☐ Übernachtung, Bewirtung, Wellness ☐ Rahmen-/Partnerprogramm (Sightseeing, Ausflüge, Kultur und anderes mehr) ☐ Abendprogramm
Zahl	☐ (Co-)Trainer ☐ Organisationelle Unterstützung ☐ Teilnehmer
Methodik	☐ Elemente aus … (NLP, TA, Suggestopädie und anderes) ☐ Aktion; Spiele; Musik ☐ Outdoor; Einsatz von zum Beispiel Motorrädern
Didaktik	☐ Moderation, Input, Diskussion ☐ Gruppenarbeit, Einzelarbeit ☐ Rollenspiele: klassisch; (Unternehmens-)Theater
Pausen	☐ Einsatz ☐ Gestaltung
Medieneinsatz	☐ Moderationskarten ☐ Pinnwand, Flipchart ☐ PowerPoint ☐ Film, Musik
Unterlagen	☐ Ihre ☐ Teilnehmer
Dramaturgie	☐ Start – Ziel ☐ Highlights (beziehungsweise Argumente 2 – 1 – 3 usw.) ☐ Blitzlichter, Feedbackrunden ☐ Interventionen
Nachbereitung	☐ eigene, Teilnehmer ☐ andere (Führungskraft, Partner, Personalabteilung …) ☐ Transfersicherung durch … ☐ Bildungscontrolling

Wodurch entsteht Ihr USP?

....

....

....

....

....

....

Was ist im Angebot enthalten, wie differenzieren Sie?

....

....

....

....

....

....

Gleichen Sie diese Checkliste mit Ihrer ab oder ergänzen Sie eine vorhandene – oder passen Sie diese hier an Ihre Gegebenheiten an. Sobald Sie auf diese Weise die grundsätzliche Struktur sowie die Abläufe fixiert haben, geht es an die inhaltliche Feinarbeit. Hierfür folgen einige Beispiele aus der Praxis: Vergleichen Sie und finden Sie so Gelegenheit, Vorhandenes zu aktualisieren – oder bauen Sie nach diesen Mustern und Modellen Ihr Programm konkret neu auf. Wählen Sie je nach aktuellem Bedarf:

● Wissensvermittlung,
● Verhaltenstraining oder
● umfangreicher Kurs.

Eine Reihe von konkret gestalteten, ausführlich im Detail dargestellten Seminarthemen findet sich bei managerSeminare, zum Beispiel zu Rhetorik oder Interventionen (Tools). Auf einzelne Phasen eines Seminars gehen Titel aus den Verlagen GABAL (Seminare erfolgreich durchführen; Seminare erfolgreich planen) und Beltz (Anfangssituationen; Erfolgreiche Kurse und Seminare; Kurs- und Seminarmethoden; Schlusssituationen; Warming-up in Seminar und Training) näher ein.

Transfer sichern, Inhalte nachhaltig vermitteln

Hanspeter Reiter

In Zeiten immerwährender Diskussion über den Wert von (Weiter-)Bildung bleibt natürlich auch der Transfer, die nachhaltige Wirkung eines Trainings, im Fokus von Teilnehmern und Auftraggebern (zur Vergessenskurve s. S. 78 im Gastbeitrag zum Thema »Software für Seminargestaltung«). Achten Sie daher in der Seminargestaltung darauf, entsprechende Elemente einzubauen und kenntlich zu machen, sodass Sie diese in Ihrer Ausschreibung hervorheben können: So betreiben Sie optimale »Produktpolitik« und bereiten die Umsetzung in Marketingkommunikation bestens vor! Elemente können zum Beispiel weiterführende und somit nennenswerte Vorgehensweisen sein.

- *Intervalltraining:* statt eines (Intensiv-)Blocks mehrere kleinere Einheiten anbieten. Begründung: verbessertes Behalten infolge von Wiederholung und Einbinden in unterschiedliche Teilthemen.
- *Vorbereitung:* Wenn von den Teilnehmern verlangt wird, sich konkret mit den Inhalten der Maßnahme auseinanderzusetzen, verstärkt diese Vorbereitung die Aufnahmefähigkeit. Abzusprechen mit und zu steuern in aller Regel über Personalabteilung oder -entwicklung in Unternehmen beziehungsweise mit privaten Teilnehmern direkt.
- *Nachbereitung:* Zum Beispiel wird die Führungskraft des Teilnehmers einbezogen – und Sie vereinbaren ein konkretes »Nachfassprogramm«, eine To-do-Liste, um so sicherzustellen, dass Erlerntes in den Alltag übernommen und der erfolgreiche Transfer controlled wird (also gesteuert statt schlichtweg »kontrolliert«).
- *Commitment:* klare Vereinbarung mit dem Teilnehmer abschließend, welche(n) konkreten Ansatzpunkt(e) er im Alltag wann wie umsetzen wird – eventuell verbunden mit einem »Paten« oder Coach für wechselseitiges Controllen. Vorsicht vor »klassischen Hausaufgaben«!
- *Einsatz des Telefons als Begleitinstrument:* nach xx Tagen oder Wochen, auch und gerade bei Privatpersonen, denen die »Führungskraft« (oder der Pate) fehlt.

 Ein Beispiel für die Kombination aus Telefon und Intervalltraining ist das Angebot von Frohmut Menze und Hertha Beuschel-Menze – ehemals Verleger des AOL-Verlags –, bei dem via Handy Häppchen abgerufen beziehungsweise abonniert werden können (www.pisa-training.de).

- *Einsatz von E-Mails:* So kann man als Coach quasi »On the job« abfragen, inwieweit die Umsetzung gefruchtet hat, und gegebenenfalls ergänzenden Input liefern.
- *»Teilnehmersprechstunde«:* Bieten Sie eine solche Sprechstunde als Dauerleistung an, ähnlich den Redaktionssprechstunden vieler Medien – etwa Mittwoch 17–19 Uhr. Aller Erfahrung nach wird diese nur selten genutzt, macht jedoch eine Menge her. Natürlich müssen Sie die Zeit reservieren und parat sitzen: Zwischen den wenigen Anrufen lesen Sie Ihre Fachzeitschriften oder erledigen eine andere Routinearbeit.

Auch wenn Sie der Meinung sind, vieles davon sei schlicht Standard bei Ihren Seminaren, weisen Sie diese Punkte expressis verbis aus: Auf diese Weise beantworten Sie die »unausgesprochene Auftraggeberfrage« nach Transfer und Nachhaltigkeit der von Ihnen angebotenen und durchgeführten Maßnahmen. Wenn die eine oder andere Vorgehensweise charmant ankommen könnte, ergänzen Sie sie doch einfach in Ihren Angeboten! Klären Sie rechtzeitig bei der Auftragsvergabe oder -annahme, was davon im Seminarpreis enthalten beziehungsweise auf Wunsch extra zu leisten und zu begleichen ist.

Tipp: Alle diese Maßnahmen sind zugleich exzellente Marketingtools. Sie bieten viele ergänzende Kontakte zu Teilnehmern und deren Mitentscheidern, in die Sie weiterführende Angebote »unverdächtig« einfließen lassen können.

Modern Times? »Blended Learning«

Hanspeter Reiter

Mit Blended Learning ist die Kombination aus Selbstlernen und Präsenzeinheiten gemeint: Klassisches Fernlernen mit Papierlektionen und hin- und hergeschickten Hausaufgaben und deren Korrekturen wird mehr und mehr durch Kombinationen mit elektronischen Texten und Onlineaufgaben oder auch reine E-Learning-Kurse abgelöst. Dies gilt für viele Kurse von großen Anbietern wie SGD und Spezialisten wie Gaby Baron mit ihrer Ausbildung zum Werbefachmann. Andere dagegen arbeiten nach wie vor mit Papierlektionen, allerdings kombiniert mit E-Mail-Korrektur.

Reines E-Learning wird in unterschiedlichen Varianten angeboten

- *WBT (Web-based Training):* Nennen lassen sich beispielsweise das Angebot von Wilhelm Nolting und Tina Thurow (www.wbt-consult.de),
- *CBT (Computer-based Training):* etwa für Softwareanwendung (s. www.herdt-4business.de) oder
- durch kombinierten Medieneinsatz inklusive Web-Workshops wie beispielsweise bei Jünger Medien (www.juenger.de).

Vorteile elektronischer Lernplattformen können sein:

- Multiplizieren und Anpassen sowie modulares Kombinieren einmal erstellter Inhalte sind optimal möglich.
- Wer über einen längeren Zeitraum für immer wieder nachwachsende Teilnehmer die gleichen Inhalte benötigt, profitiert davon.
- Reine Wissensvermittlung kann sehr gut mithilfe elektronischer Datenbanken und EDV-Software präsentiert, geübt und getestet werden (Rechnen, Sprache, technische Details und vieles mehr).

Nachteile sind unter anderem:

- Das Erstellen des Materials bedeutet einen hohen Aufwand, der sich nur bei möglichst rascher Vervielfältigung rechnet, also etwa weil ein Großunternehmen sofort mehrere Hundert Teilnehmer dafür plant.
- Verhaltensschulungen sind nur bedingt auf elektronische Plattformen übertragbar.
- Verfügbare Software ist nicht unbedingt kompatibel zu anderen relevanten EDV-Programmen (s. Themen wie *Wissensmanagement* oder *Web 2.0*, S. 397, 446).

Die Leitmesse für »elektronisches Lernen« ist nach wie vor die Learntec in Karlsruhe, früher begleitet von einem jährlich im Haufe Verlag erschienenen trendbook e-learning. Als Zielgruppe der kommenden Jahre werden laut Ausgabe 2008/2009 ausschließlich Großunternehmen mit mehr als 1.000 Mitarbeitern gesehen. Was die Technologie angehe, sei mit Web 2.0 kommerziell noch nichts zu holen: Aus der Darstellung ergibt sich, dass hier ein »crucial moment« entstehen könnte, beispielsweise mit der Erwartung von 85 Prozent der in einer Studie befragten Experten: »Es werden frei verfügbare Tools entstehen, die die Content-Modularisierung und Weiterverwertung unterstützen«, etwa für den Aufbau von Learner-Communities. Daraus lässt sich (mindestens) zweierlei ableiten:

- Warum sollten Abnehmer (Unternehmer, private Kursteilnehmer) für etwas bezahlen, das frei verfügbar ist?
- Warum sollten Abnehmer auf den Einsatz von E-Learning verzichten, wenn es viele Möglichkeiten bietet, selbst eigene Beiträge einzubauen und zu entwickeln?

Unter dem Blickwinkel des Marketings lauten die Fragestellungen an Sie (in der Rolle des Produktmanagers): Ist es für Sie wichtig, auf diesen (langsam?) fahrenden Zug »E-Learning« aufzuspringen, um jedenfalls trendy zu wirken – oder gar innovativ für Ihren Bereich? Was erwarten Ihre Zielgruppen diesbezüglich? Welche Web-2.0-Tools könnten Sie einsetzen, weil Sie diese eventuell bereits intern nutzen (s. *Blogs, Wikis & Co. »reloaded«*, S. 397)?

Bevor Sie eine Antwort darauf geben, empfiehlt es sich, im Kapitel *P 2: Positionierung* (s. S. 87 ff.) zu erarbeiten, was Ihre Alleinstellung ausmacht, aufgrund welcher Strategie.

Spezielle Varianten elektronischen Trainierens

Sie sind vielleicht schon einmal auf das Angebot eines *Webinars*, also eines Webseminars, gestoßen, einer Seminarform, die einen kurzen Hype erlebt hat, jetzt aber nur noch gelegentlich auftritt. Die Besonderheit liegt in der Kombination von Telefonkonferenz und Websitebegleitung, bei der kein weiteres Tool (wie etwa Netviewer, s. S. 77) erforderlich ist. Naheliegend ist diese Form für Berater und Trainer, die mit Internetthemen zu tun haben und so die Teilnehmer per Telefon im Web steuern können (beispielsweise der Spezialist für Internetauftritte unter Suchmaschinenaspekten Dr. Hector Epelbaum – www.veqtor.com).

Viel wird geschrieben über sogenannte »virtuelle Welten«, die aus dem »Real Life« ins Internet kopiert werden und mithilfe von Avataren gesteuert werden. Ähnlich wie in Computerspielen kann der Teilnehmer in eine künstliche Figur schlüpfen, um so entweder eine andere Identität anzunehmen oder seine tatsächliche dort zu spiegeln. Am bekanntesten ist wohl Second Life (SL). Als Plattform für Bildungsanbieter ist es ein Thema für größere Unternehmen, die die dafür durchaus nennenswerte Investition leisten können. Meist allerdings sind SL-Niederlassungen als Inhouseplattform für internationale Unternehmen (wie IBM und Siemens) zu finden. Vorteile virtueller Welten sind folgende:

- Der Aufwand für Reisen entfällt.
- Scheinbar befinden sich die Teilnehmer in einem gemeinsamen Raum.
- Moderationstools und im Grunde alle Lehrmedien können auch virtuell eingesetzt werden.
- Multimedia ist »in one« gegeben, als Sprache/Ton und Bild vereint.

Als Nachteile sind wie immer rund um das Fernlernen zu nennen:

- Mangel an persönlichem Kontakt – auch hier nur angedeutet aufgehoben.
- Die Zeitverschiebung bei global aufgestellten Unternehmen ist für einige Teilnehmer weiterhin vorhanden.
- Es muss eine gemeinsame Plattform gefunden und allen Teilnehmern zur Verfügung gestellt werden.

Wenn Sie sich aktuell über »Real Life Education Places« auf SL orientieren wollen, erfahren Sie mehr via http://secondlife.com/csl: Welche Unternehmen sind dort aktiv? Welche Schritte müssten Sie als Bildungsanbieter tun, um auf SL »heimisch« zu werden?

> **Buchtipp:** Wenn Sie sich näher mit SL befassen wollen, greifen Sie beispielsweise zum Buch von Michael Rymaszewski u.a.: »Second Life – das offizielle Handbuch« (2008). Darin werden Sie Schritt für Schritt beim Entwickeln Ihres Avatars begleitet und in die Welt von SL eingeführt.

Im Zusammenhang mit den eben erwähnten Computerspielen wird »Serious Gaming« beim E-Learning als verstärkbarer Trend gesehen. Ein einfaches Beispiel dafür ist das Gehirnjogging von Nintendo für die DS-Konsole, inzwischen auch mit erweiterten Spielen für die Wii-Konsole, ebenfalls von Nintendo.

Ausblick: Der E-Learning-Anbieter time4you (www.time4you.de) hat in einer Studie interessante Aussagen erhalten, was die Erwartung an die Zukunft des Lernens angeht. Ziehen Sie Ihre eigenen Schlüsse aus den folgenden beiden Tabellen:

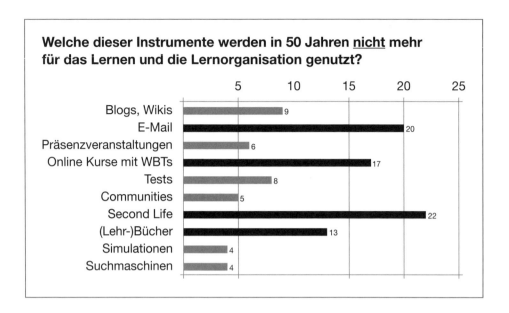

Welche dieser Instrumente werden in 50 Jahren <u>nicht</u> mehr für das Lernen und die Lernorganisation genutzt?

Blogs, Wikis	9
E-Mail	20
Präsenzveranstaltungen	6
Online Kurse mit WBTs	17
Tests	8
Communities	5
Second Life	22
(Lehr-)Bücher	13
Simulationen	4
Suchmaschinen	4

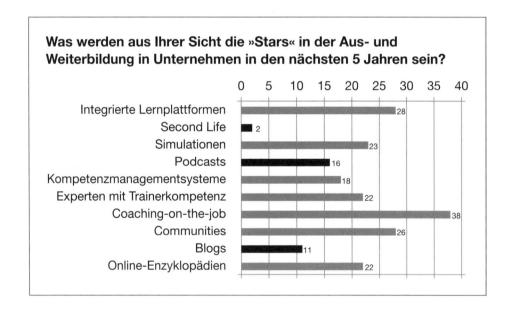

Was werden aus Ihrer Sicht die »Stars« in der Aus- und Weiterbildung in Unternehmen in den nächsten 5 Jahren sein?

Integrierte Lernplattformen	28
Second Life	2
Simulationen	23
Podcasts	16
Kompetenzmanagementsysteme	18
Experten mit Trainerkompetenz	22
Coaching-on-the-job	38
Communities	26
Blogs	11
Online-Enzyklopädien	22

Software im Einsatz
bei der Seminargestaltung

Hanspeter Reiter

Elektronik macht gelegentlich in der Durchführung von Seminaren das Leben leichter und ermöglicht interessante Zusatzwege bezüglich Transfer und Nachhaltigkeit. Auch in der Entwicklung eines Seminars kann der Produktmanager oder der Trainer selbst sich das Leben leichter machen:

- Software zur Zusammenstellung von Inhalten, Entwicklung der Struktur und raschen Anpassung an Veränderungen – zum Beispiel www.trainplan.de, www.planeasy.de von Ulrich Dauscher oder der Seminardesigner von Prillance (s. folgender Gastbeitrag).
- Software zur gemeinsamen Entwicklung und Abstimmung von Programmen mithilfe des gemeinsamen Zugriffs auf extern gespeicherte Inhalte, die entweder zeitgleich oder je nach Möglichkeit nach und nach von allen Beteiligten bearbeitet werden können – das bietet zum Beispiel MetaChartPlus von www.isdt.de, mit diversen Kreativ-Werkzeugen für gemeinsame Entwicklung.
- Software zur »Fern-Führung« eines Betrachters via Internet durch eine Präsentation, die auf der Website des Anbieters hinterlegt ist; bekannter Anbieter für dieses Co-Browsing oder Websharing ist Netviewer (www.netviewer.com).

Über eine Möglichkeit, ein Seminar innerhalb einer bestehenden Struktur auf- und sehr leicht wieder umzubauen, berichtet Michael Smetana in seinem Gastbeitrag.

Nachhaltige Lernerfolge

Gastbeitrag von Michael Smetana, Qualitätsmanager, REFA Industrial Engineer, NLP-Lehrtrainer, Trinergy®-Lehrtrainer, systemischer Coach und Entwickler des SeminarDesigners Professional.

Längst haben wir uns daran gewöhnt, dass bereits einen Tag nach dem Seminar die Hälfte des vermittelten Stoffes schon wieder vergessen wurde! Studien belegen, dass überhaupt nur etwa 15 Prozent des Lehrstoffs bei den Teilnehmern »hängen bleiben«. So darf es nicht verwundern, dass immer mehr Auftraggeber nicht mehr bereit sind, die vollen Seminarkosten für nur 15 Prozent Wissensvermittlung zu bezahlen. Sie setzen den Sparstift an und kürzen dort, wo es am meisten wehtut: bei der Seminardauer. Daher stehen heute immer mehr Trainer vor der Herausforderung, den Lehrstoff in noch kürzerer Zeit, aber dennoch nachhaltig zu vermitteln. Versuche, nur die wesentlichsten Teile des Lehrstoffs vorzutragen oder Abstriche bei Übungen und Praxisbeispielen zu machen, führten zu katastrophalen Ergebnissen. Was also tun?

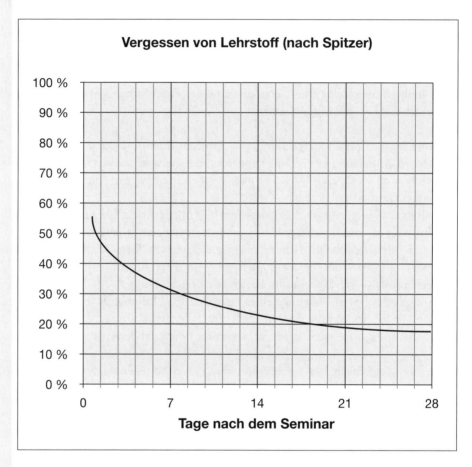

Generatives Lernen: der Garant für Nachhaltigkeit. Sowohl im E-Learning als auch im Präsenzseminar ist die verfügbare Zeit mit dem Teilnehmer immer der größte Engpass. Was liegt also näher, als diese Lernzeit möglichst professionell und effizient zu gestalten? Generatives Lernen ermöglicht das. Hier bringt das Seminar den Lernprozess als Initialzündung in Gang, das eigentliche Lernen findet danach in der täglichen Praxis statt. Der Schwerpunkt verlagert sich von der einfachen Wissensvermittelung und der Anwendung hin zum Erarbeiten neuer Fähigkeiten und der Veränderung von Werten und Einstellungen. Der Erfolg des generativen Lernens ist darin begründet, dass folgende didaktische Methoden gleichzeitig angewendet werden:

- Die Seminarthemen werden nicht linear, sondern verschachtelt vorgetragen, um die Neugierde permanent zu steigern.
- Gruppen-, rang- und dramadynamische Prozesse werden zur Wissensvermittlung genutzt.
- Trainer kommunizieren multisensorisch, sie sprechen alle Sinne der Teilnehmer an.
- Phasen von Über- und Unterforderung werden gezielt eingebaut und verstärken die Lernmotivation.
- Die Lernerfahrungen des gesamten Seminars werden miteinander verflochten.
- Lernerfahrungen werden in Geschichten verpackt, die die Emotionen der Teilnehmer ansprechen.
- Weltbilder und Lernvorlieben der aktuellen Teilnehmergruppe werden stärker berücksichtigt.

Es versteht sich von selbst, dass dafür eine professionellere und intensivere Vorbereitungszeit notwendig ist.

Bis zu 60 Prozent Zeitersparnis durch Softwareunterstützung: Ein Großteil dieser Vorbereitungszeit für das Design professioneller Seminare kann eingespart werden, wenn Trainer dafür eine geeignete Softwarelösung einsetzen. Der SeminarDesigner Professional ist die führende Software zur inhaltlichen Gestaltung von Trainings. Er übernimmt die komplette Routinearbeit, wie zum Beispiel Zeitmanagement, Aktualisierung und Verwaltung von Unterlagen, Auswahl von passenden Zitaten, Metaphern und Übungen. Auf Wunsch unterstützt diese Software den Trainer sogar mit didaktischen Profitipps für generatives Lernen. Dem Trainer bleiben daher bis zu 60 Prozent mehr Zeit für die kreative Designarbeit. Als Ergebnis liefert die Software fundierte Belege für die Verkaufsargumentation gegenüber Auftraggebern, übersichtliche Trainer- und Assistentenleitfäden und verschiedene Zeitpläne für alle Beteiligten.

Dazu gehört die Möglichkeit, Ideen zu sammeln und zu clustern. Im ständig sichtbaren Notizblock können Ideen sofort festgehalten werden. Damit ist der Kopf gleich wieder frei und man kann sich der Aufgabe widmen, mit der man eben beschäftigt war. Die Ideen werden aus dem Notizblock ins Grobdesign gezogen und dort als grafische Elemente platziert. Sie können nach Belieben verschoben werden, bis ein schlüssiges Gesamtbild entsteht. Bei jedem Element können nicht nur Hintergrundinformationen, sondern auch noch beliebige Dateien hinterlegt werden. Sämtliche benötigten Dokumente (zum Beispiel: PowerPoint-Präsentationen, Handouts, Musik, Fotos von Flipcharts und vieles mehr) werden so gleich im Design mitgespeichert und können während des Seminars direkt aus dem SeminarDesigner gestartet werden.

Mit elektronischen Bildungsbausteinen zu neuen Seminaren: Als besonders nützliches Feature bietet der SeminarDesigner die Möglichkeit, mit Bildungsbausteinen zu arbeiten. Dabei werden komplett fertig gestaltete Seminarmodule inklusive aller eingebetteten Dokumente als Bausteine in der Datenbank gespeichert. Aus diesen fertigen Bausteinen kann man dann recht schnell ein neues Seminar zusammenklicken. Um in seinen Seminaren generative Lernerfahrungen anbieten zu können, muss heute ein Trainer jede Menge didaktischer Methoden gleichzeitig anwenden.

Weitere Informationen finden Sie unter: www.seminardesigner.at

Bildung ist das, was übrig bleibt,
wenn man das vergessen hat, was man gelernt hat.
Wer rechtzeitig gewarnt wurde, ist schon halb gerettet.
(Chilenische Weisheit)

Tipp: Wenn Sie mit Ihrem Angebot sehr »spitz« aufgestellt sind und zum Beispiel ausschließlich Verkaufstrainings durchführen oder ausschließlich Wissen vermitteln, ist der Aufwand im Verhältnis zum Ertrag sehr hoch, eine solche Software einzusetzen, trotz der intensiven Fernschulung zur Einführung. Für Bildungsanbieter mit einer Fülle von Themen oder ein Trainernetzwerk mit einander ergänzenden Angeboten kann der SeminarDesigner eine große Hilfe sein – auch wegen des vorhandenen methodischen und fallspezifischen Inputs. Auch hier gilt: Prüfen Sie durchaus auch andere Angebote, um jenes zu finden, das Ihnen am besten zusagt, weil es zu Ihren konkreten Anforderungen optimal passt.

Auf einen fahrenden Zug aufspringen

Hanspeter Reiter

Sie haben Ihr Thema gefunden, das zu Ihnen als Trainerpersönlichkeit passt – oder überlegen, ein Bildungsinstitut mit mehreren Trainern auf die Beine zu stellen? Sie sind mit Ihrem derzeitigen Bildungsgeschäft weniger zufrieden, ob alleine oder in Zusammenarbeit mit anderen? Statt »alles neu zu erfinden«, was es meist schon gibt, könnten Sie prüfen, ob ein Franchise-Anbieter für Sie infrage kommt. Ansprechpartner sind beispielsweise Franchise-Verbände, in denen sich seriöse Firmen zusammengeschlossen haben.

Fertige Konzepte übernehmen: Franchising

Gastbeitrag von Dieter Fröhlich, der selbst eine Musikschule im Franchise-System führt

Die Abfolge von geschäftlichen Evolutionen ist folgende: erstens Produktion, zweitens Einkauf, drittens Administration, viertens Verkauf.

Im Januar 1776 brachte der Engländer Adam Smith das Buch mit dem Titel »Wohlstand der Nationen« heraus. Er beschrieb Grundlagen der Volkswirtschaft, die später zu mehr Effizienz in der Produktion, wie zum Beispiel der Fließbandfertigung, führten. Heute ist die Produktivität fast überall auf einem sehr hohen Stand angelangt.

Um das Jahr 1845 war es Friedrich Wilhelm Raiffeisen, der mit neuen Ideen den Einkauf organisierte. Durch Kriege unterbrochen, entwickelten sich in der zweiten Hälfte des 20. Jahrhunderts weitere Neuerungen im Einkauf (Einkaufsverbände, Filialisten usw.).

Nach der »optimalen« Produktion und dem »verbesserten« Einkauf folgte die Revolution in der Verwaltung (unter anderem durch Fax, Mobiltelefon, PC, Software, Internet, Intranet, E-Mail).

Und worin besteht die nächste Revolution? Richtig, im Verkauf! Hier gefährden viele Neuerungen die Existenz der »traditionellen« Betriebe. Ob eBay, andere Versteigerungsformen, Multi-Level-Marketing, Strukturvertriebe, Direktverkauf auch über das Netz, Factory-Outlets, Partyverkauf oder Filialisten, es organisieren sich neue Vertriebsstrukturen. Bei allen Vertriebsformen ist eine gute Marketingstrategie die Grundlage für den Erfolg.

> Und welche Rolle spielt dabei das Franchising? Franchising hilft (je nach System) den Produzenten in vielerlei Hinsicht. Land-Welt ist eine starke Einkaufsgemeinschaft, sie rationalisiert und vereinfacht die administrative Arbeit, beauftragt gute Marketingberater und entwickelt beste Verkaufsstrategien unter einer gemeinsamen Marke. Franchise-Unternehmer und Franchise-Geber genießen die Vorteile eines großen Betriebes (gemeinsamer Einkauf usw.) und die Vorteile eines kleinen, serviceorientierten Unternehmens, jedoch ohne deren Nachteile. »Franchising« wird damit die schnellstwachsende Wirtschaftsform weltweit.

Im DFV sind 285 Anbieter vereint (Stand: Ende 2008), darunter auch einige (Weiter-) Bildungsanbieter. Neben Computer- und Sprachenschulen (zum Beispiel Berlitz) sind das mehrere Nachhilfeinstitute (zum Beispiel Studienkreis oder DUDEN Paetec). Für Verhaltenstrainings sind zu nennen:

- BEI Training bietet Persönlichkeitstraining in den Bereichen Management, Verkauf, Persönlichkeitsentwicklung, Kundenservice an (www.bei-training.de).
- Fokus Sprachen und Seminare nennt als Programm unter anderem interkulturelle Schulungen, Managementschulungen und Rhetorikkurse (www.fokussprachen.de).
- VBC Academia bietet Training und Coaching für Menschen im Verkaufsalltag (www.vbc.de)

Der Verband hebt auf seiner Website hervor, dass Mitglieder sich zu einem Ethikkodex verpflichten, bestätigt durch das Verbandssiegel. Auf diese Weise wird für Interessierte hoffentlich sichergestellt (ohne Garantie auf Vollständigkeit beziehungsweise Übereinstimmung bei jedem einzelnen Anbieter):

- Das System ist praxiserprobt und verfügt bereits über mindestens einen Franchise-Nehmer.
- Der Franchise-Geber unterstützt den -Nehmer in der Anfangszeit durch Schulungen und begleitet ihn auch weiterhin.
- Das System verfügt über eine komplette Ausstattung für das erforderliche Angebot – bei unserem Thema also Schulungsunterlagen und Leitfäden dazu.
- Das Corporate Design (im Detail s. S. 109 ff.) ist ausgearbeitet und wird als (elektronische) Unterlage in erforderlicher Ausprägung zur Verfügung gestellt; der Systemname und gegebenenfalls Bild-/Text-Logo sind patentrechtlich geschützt.
- Es findet eine kontinuierliche Entwicklung des Systems statt, in die alle Franchise-Nehmer einbezogen werden.
- Der Einkauf externer Leistungen wird gebündelt, wodurch ein Vorteil für den Franchise-Nehmer entsteht: Neben Gütern (hier: Seminarraumausstattung usw.) natürlich auch Dienstleistungen (etwa Werbung, eventuell auch gemeinsam)
- Sie genießen Gebiets- und/oder Kundenschutz und damit einen Wettbewerbsvorteil.

Auf diese Weise greifen Sie als Franchise-Nehmer auf vorhandenes und erprobtes Know-how zurück und sparen viel Zeit und Geld für die Entwicklung von Programm und Promotion. Zu bedenken ist andererseits:

- Sie benötigen meist Kapital, das wahrscheinlich über das erforderliche bei Eigengründungen weit hinausgeht, um die Einstiegsgebühr zu begleichen.
- Sie haben laufend Folgeaufwand durch Beteiligung des Franchise-Gebers an Ihren Umsätzen beziehungsweise Werbeumlagen.
- Sie sind an den Außenauftritt gebunden und so auch an das Image des Systems.

> **Tipp:** Überlegen Sie in einer »ruhigen Stunde« oder diskutieren Sie mit Ihren Vertriebskollegen: Unter welchen Voraussetzungen wäre denn *Ihr* Angebot franchisefähig? Betrachten Sie die genannten Systeme näher und informieren Sie sich über Pflichten und Rechte in Zusammenhang mit Franchisierung bei einem der Verbände, wie eben dem DFV (www.dfv-franchise.de). Stellen Sie Kontra- und Pro-Argumente gegenüber, indem Sie das Formular auf Seite 189 verwenden, um so das eventuelle Übergewicht einer Seite zu visualisieren – und sich so auch zu motivieren, weitere Argumente zu finden beziehungsweise von anderen finden zu lassen.

So profitieren Sie von Methodensystemen: Lizenzierung

Während Franchising ein umfassendes »Marketing- und Servicepaket« liefert, um ein fertiges System auch nach außen darzustellen, weist eine Lizenzierung ausschließlich Ihre Befähigung nach, bestimmte Inhalte anbieten beziehungsweise eine bestimmte Methode aktiv anwenden zu dürfen. Die hier aufgeführten Methoden sind meist (national und/oder international) patentamtlich eingetragene Begriffe, die rechtlich einem besonderen Schutz als (Wort-)Marke oder als Geschmacksmuster unterliegen, s. ® oder ™. Ihre Inhalte dürfen entsprechend nur nach vorheriger Lizenzierung kommerziell verbreitet werden, weshalb wir hier auch auf Details in der Darstellung verzichten.

Über Möglichkeiten der Lizenzierung informieren Sie zum Beispiel die jeweiligen Methodenverbände, wie beispielsweise

- DGSL (www.dgsl.de): Suggestopädie,
- DGAK (www.dgak.de): angewandte Kinesiologie,
- Strategieforum (www.strategieforum.de) als Vereinigung der Anwender von EKS (Engpasskonzentrierte Strategie, entwickelt von Professor Wolfgang Mewes),
- DGTA (www.dgta.de): Transaktionsanalyse,
- DVNLP (www.dvnlp.de): Neurolinguistisches Programmieren,
- GfG (www.gfg-online.de): Gesellschaft für Gehirntraining mit dem MAT-Training.

Im Allgemeinen sind diese Verbände selbst Mitglied im Dachverband der Weiterbildungsorganisationen DVWO (www.dvwo.de), sodass Interessierte sich darüber nähere Informationen besorgen können.

Einblicke in viele dieser Methoden bietet »STUFEN zum Erfolg« (www.stufenzumerfolg.de) und schafft so für Teilnehmer wichtige Grundlagen für mehr Verstehen des Menschen und seines Verhaltens, privat wie beruflich – gedacht vor allem für Berufseinsteiger, also Schüler und Studierende – damit auch Lehrer und Eltern.

Für andere Systeme gibt es Masterlizenznehmer oder Alleinvertreter für zum Beispiel Deutschland, als da sind:

- HBDI (Hermann Dominanz Instrument),
- Insights Discovery, MDI,
- Struktogramm (Biostrukturanalyse),
- LIFO-Verhaltensstile,
- DISC (ehemals DISG),
- Persolog (aus DISG weiterentwickelt), sowie
- MBTI (Meyers-Briggs-Typen-Indikator, zum Beispiel von a-m-t angeboten).

Buchtipp: Bei Interesse finden Sie nähere Informationen zum Beispiel im Buch von Professor Walter Simon »GABALs großer Methodenkoffer. Persönlichkeitsentwicklung« (2007), im Grunde eine Zusammenstellung der Unterlagen führender Anbieter, womit Sie immerhin einen interessanten Überblick gewinnen können.

Im Grunde genommen basieren diese »Systeme« weitestgehend auf denselben Grundideen, wie sie von C.G. Jung noch vor dem Zweiten Weltkrieg entwickelt wurden. Häufig wird heutzutage die eine oder andere Anleihe in der Hirnforschung genommen. Anwender solcher Systeme entwickeln diese häufig weiter und bieten selbst wieder »neue« Systeme in Lizenz an. Hier einige mir (unterschiedlich) näher bekannte Beispiele:

- *Strategische UnternehmensAnalyse (SUA):* EDV-gestütztes System von Hubertus Wolf, basierend auf Schirms Struktogramm (aufbauend auf dem Modell des »dreieinigen Gehirns«, entwickelt ursprünglich von Paul McLean (www.hwub.de).
- *Modulstrategie:* Michael Niesner mit seiner aus langjähriger Praxis in Großunternehmen entwickelten »verkaufsorientierten Modulstrategie« (www.niesner-oe.de).
- *Interessantes Beispiel für innovative Produktentwicklung:* Christine Köppel hat um ihre diversen Weiterbildungen zum European Business Trainer EBT zusätzlich einen Verbandsmantel gelegt: www.koeppel-akademie.de, www.ebesi.de. Seit Kurzem wird dort eine Fortbildung zum »soziomedizinischen Coach« angeboten, womit den besonderen Herausforderungen in der modernen Arbeitswelt begegnet werden soll (ADHS bei Erwachsenen, Gesundheit am Arbeitsplatz, Prävention).

- *Limbic Selling:* Anwendung einer Kombination von Erkenntnissen der Hirnforschung und weiterentwickelten Persönlichkeitsprofilen bei Oliver Damm (Limbic Training; www.limbic-personality.com).
- *Kartentool:* Übertragen von Trainings-, Beratungs- und Coachinginhalten auf ein von Imke Lohmann entwickeltes Kartensystem (www.skills-erkenntniskarten.de).
- *Lego im Seminar:* Auf Erwachsene ausgerichtetes interaktiv-spielerisches Seminarkonzept, bei dem mithilfe von Legosteinen Lösungen für Geschäftsprobleme gefunden werden sollen (www.seriousplay.com oder www.strategicplay.de).

Die Vorgehensweise bei Lizenzierung ist meist folgendermaßen:

- Es findet ein Lizenzierungsworkshop statt.
- Anschließend oder parallel erfolgt der Kauf von Unterlagen (Fragebögen, EDV-Auswertungen und Ähnliches).
- Auffrischung und Updates oder auch Zugehörigkeit zu einem (Verbands-)Netzwerk, teilweise muss die Auswertung über den Hauptanbieter erfolgen.

> **Tipp:** Orientieren Sie sich bei Interesse an den konkreten Angeboten, indem Sie Mitglieder aus einem der Verbände oder lizenzierte Anbieter (möglichst außerhalb Ihres eigenen Wirkungskreises) nach deren Erfahrungen fragen; Nennung – wie auch Nichtnennung! – in diesem Buch ist frei von Qualitätsbeurteilung; Haftung welcher Art auch immer ist ausdrücklich ausgeschlossen.

Fazit

Wie auch immer Sie was auch immer Ihren Teilnehmern vermitteln, entscheidend für den Erfolg ist die Person (Persönlichkeit) des Trainers/Moderators.

> **Buchtipp:** Gitte Härter: Mit Persönlichkeit punkten – zeigen Sie Profil (2009). Mithilfe dieses Buches kann die eigene Trainerpersönlichkeit erkundet werden, um mit Eigenheiten zu punkten und passgenaue Angebote erarbeiten zu können.

Dennoch benötigen Sie in jedem Fall ein klares inhaltliches Konzept, um den Auftrag überhaupt zu erhalten (s. S. 57 ff.) und einen »roten Faden« für die Durchführung Ihrer Trainingsmaßnahme(n) zu haben sowie die Teilnehmerunterlagen entsprechend vorbereiten zu können. Mithilfe Ihrer eingängigen Produktgestaltung, also des Aufbaus Ihres Programms, machen Sie Ihre Dienstleistung »(Weiter-)Bildungsmaßnahme« jedenfalls (be)greifbarer.

P 2: Positionierung –
Vorgehen und Instrumente

Positionieren Sie sich – jetzt!

Hanspeter Reiter

Wie so häufig gibt es mehrere Herangehensweisen an Ihre Positionierung als Weiterbildner oder Bildungsinstitut im Markt. Dazu zählt sicherlich, eine grundsätzliche Marketingstrategie zu entwickeln. Im Prolog (s. S. 11 ff.) finden Sie Näheres zu Preis, Leistungsvorteil, Qualität, Innovation und Service. Zur Umsetzung Ihrer Differenzierung folgen konkrete Beispiele ab Seite 31 ff.. Voraussetzung für Ihre sinnvolle und marktgerechte Positionierung ist dabei der »Kittelbrennfaktor« (KBF) ihrer potenziellen Kunden, also: Was drängt so sehr, dass es eine umgehende Lösung erfordert, wie eine brennende Kleidung sofortige Löschung braucht – oft benutzt von Speakern wie Edgar K. Geffroy. Darauf basieren Konzepte wie EKS® (Engpasskonzentrierte Strategie, heute organisiert im Strategieforum; s. dazu S. 83). Nutzen Sie dabei Fragestellungen wie »Welche Lösung habe ich dafür zu bieten?«, oder: »Welchen KBF müssen jene Marktteilnehmer spüren, damit sie von meinem Angebot profitieren?« Entsprechend haben Sie bereits im Vorfeld Ihrer Programmentwicklung (s. S. 43 ff.) darüber nachgedacht, wie Sie Ihre Seminare, Beratung, Coachings an den Mann bringen wollen.

Grundlegend für Ihre spätere Kommunikation nach außen (s. *P 5: Promotion*, S. 257 ff.) ist Ihre Selbstdarstellung. Das Gleiche gilt für die Kommunikation nach innen: Welche Ziele verfolgen Sie für sich selbst? Welche Lösungen möchten Sie für welche Fragestellungen welcher Personen beziehungsweise Unternehmen entwickeln? Was ist Ihre Motivation für Ihr Tun, für Ihr Engagement als Trainer, Berater, Coach – ob einzeln, im Netzwerk oder im Team eines Bildungsanbieters? In welche Worte fassen Sie all dies? Befassen Sie sich auf der Basis Ihrer Marketingziele (s. S. 35 f.) mit Ihrer Unternehmensphilosophie, nämlich mit

- *Vision:* Welchen Traum haben Sie?
- *Mission:* So setzen Sie die Vision im Alltag um.
- *Leitbild:* Konkrete Wünsche für erfolgreiches Umsetzen in die Praxis entwickeln.

Daraus können Sie später Ihre Corporate Identity (CI) entwickeln. Wenn diese bereits vorhanden ist – Sie sind vielleicht schon länger im Markt –, überprüfen Sie anhand dieser Selbstdarstellung Ihr Corporate Design (CD), also Briefkopf mit Logo und eventuell Slogan, als Bildmarke zusammengefügt; dazu Visitenkarte, Prospekte, Websitegestaltung (vgl. auch *P 5: Promotion*, S. 257 ff.). Einige Leitbildbeispiele »aus dem wirklichen Leben« sollen Ihnen bei der Umsetzung Ihrer Ideen helfen.

Zeigen Sie Ihre Stärken!

Überzeugende Menschen und erfolgreiche Unternehmen haben eine wichtige Gemeinsamkeit: Sie kennen ihre Stärken, setzen ihre Fähigkeiten richtig ein und präsentieren sich bestmöglich und angemessen nach außen. Dabei gibt es kein Patentrezept, das auf jeden passt – denn jedes Unternehmen und jeder Mensch sind individuell.

Deshalb geht es in unseren Seminaren darum, eigene Stärken zu erkennen, aktiv auszubauen und sinnvoll zu trainieren. Die Individualität jedes Teilnehmers steht dabei klar im Vordergrund. Ziel ist es, unser Wissen an unsere Kunden weiterzugeben und jedem Teilnehmer den persönlichen Weg zur erfolgreichen Selbstvermarktung zu öffnen. Dabei wahren wir den Stil des Einzelnen, arbeiten Positives heraus und unterstreichen es – für einen starken Auftritt, mehr Überzeugungskraft und noch mehr Erfolg im Beruf.

In diesem Beispiel steht klar »der Teilnehmer« im Fokus, mit seinen möglichen Wünschen und wahrscheinlichen Zielen. So sehr sich die Anbieterin zugunsten der Nachfrager zurücknimmt, so klar bezieht sie Stellung. In dieser »Philosophie« sind Leitbild – Vision – Mission stark verwoben: eine schöne Lösung, jenseits von seitenlangen Papieren, die weder mitarbeiter- noch kundenfreundlich sind: Weniger ist oft mehr, es geht um Haltung und Verhalten – um Gelebtes, das, was Sie ausstrahlen, als Voraussetzung für werbliche und verkäuferische Aussagen.

Eine noch stärker vereinfachte und komprimierte Botschaft lesen Sie bei einer Trainerin-Beraterin-Coach:

 »Die Wahrscheinlichkeit erhöhen, dass wir wissen, was wir wie tun!«

Deutlich ausführlicher wiederum kommt ein Institut daher (Formatierung geändert):

 Wir über uns: Das Deutsche Institut für Marketing DIM ist ein unabhängiges Beratungs- und Forschungsinstitut. Im Mittelpunkt unserer Arbeit stehen prozessorientierte Lösungen für unsere Kunden.

Unser Motto: »Sagt den Leuten nicht, wie gut ihr die Güter macht, sagt Ihnen, wie gut eure Güter sie machen.«

Unsere Werte:

– Professionell: Unsere Kunden können sich auf unser Know-how verlassen. Wir stehen zu unserem Wort.
– Innovativ: Wir sind weiter! Unterstützt durch unsere eigene marktorientierte Forschung erarbeiten wir mit unseren Kunden modernste Lösungen.
– Erfolgreich: Wir nehmen den Erfolg unserer Kunden ernst. Alle unsere Maßnahmen müssen zu signifikanten Success-Stories bei unseren Kunden werden.

Das Deutsche Institut für Marketing DIM erfüllt seine Aufgaben insbesondere durch … (s. www.marketinginstitut.biz)

Weitere Beispiele von Bildungsanbietern von sehr unterschiedlicher Qualität (und manches Mal schlicht unter der Überschrift »Wir über uns« oder ähnlich) finden Sie, wenn Sie Kombinationen googlen oder yahooen wie:

- Leitbild – Mission – Vision,
- Unternehmens- oder Firmenphilosophie,
- Bildungsinstitut,
- Training oder
- Beratung.

Oder Sie suchen gezielt auf den Websites Ihnen bekannter Kollegen beziehungsweise in den Mitgliederlisten von Weiterbildungsverbänden, soweit einsehbar, etwa beim GABAL e.V. (http://www.gabal.de/mitglieder-branchen.php).

Wenn Sie Ihre Unternehmensphilosophie, Ihr Leitbild formulieren, sollten Sie unbedingt die Wirkung Ihrer Darstellung beachten (s. auch *P 5: Promotion*, S. 257 ff.). Prüfen Sie daher, ob das, was Sie formuliert haben, Filter oder Verstärker enthält.

Filter wirken eher einschränkend auf die Leser	Verstärker wirken eher öffnend auf die Leser
- Längere Texte (Sätze, Absätze) sind meist schwerer verständlich. - Aussagen aus Ihrem Blickwinkel: »wir«, »unsere« … - Die Darstellung ist eher »versteckt«: Die Leser müssen Informationen mühsam suchen. - Optik eher hinderlich: viele unterschiedliche Schriftarten/-größen, zu viel (oder zu wenig) Farbe, Bewegung lenkt ab.	- Kürzere Texte (Sätze, Absätze) sind leichter lesbar. - »Sie«-Ansprache ist der Blickwinkel des Lesers. - Die Darstellung ist klar untergliedert: Es gibt jeweils einen eigenen Bereich (»Wir über uns«, »Unternehmensphilosophie«, »Leitbild« …). - Eher ruhige Optik: zurückhaltend in Farbe und Bildern.

Im Gegensatz zu den »härter« – also konkreter, direkter – im System SMART definierten Zielen formulieren Sie Ihre Vorstellungen eher weich. Trotzdem: Ihre Philosophie bildet den Hintergrund, den Horizont zu einem klaren Marktauftritt. Dazu gehören die folgenden Überlegungen, die helfen, dass Sie nach und nach Ihrem Markt näher kommen.

Standardfragen

Hanspeter Reiter

Sind Sie eher ein Nischenanbieter (häufig bei Einzeltrainern der Fall) – oder sind Sie imstande, »Breite« zu bieten? Abbilden werden Sie das über die Themen Ihres Angebots wie auch über die Branchen, bei denen Sie Akzeptanz finden werden beziehungsweise schon gefunden haben. Wer zum Beispiel als Vertriebstrainer reüssieren möchte, hat bessere Chancen, wenn er oder sie bereits selbst als Vertriebler aktiv war. Die folgenden Kriterien sollen Ihnen bei der Einordnung helfen. Die Interpretation finden Sie unmittelbar unterhalb der Tabelle:

Ihr Profil als Trainer, Berater, Coach: Nische oder Allrounder?		
Eher Nische ←	**Aspekt/Kriterium**	**→ Eher Allrounder**
Klar fokussiert: Seminarthema 1, 2 oder 3 Tage	Produkt/Programm	Verschiedene Formate: Vortrag, Workshop, Coaching, Beratung und andere
Einzeltrainer, eventuell auch Trainerkooperation	Firmierung, Auftreten	Bildungsanbieter, professionelles Netzwerk; Franchise/Filiale
Eher kurz (unter fünf Jahre – eventuell auch Vorberuf)	Berufserfahrung	Eher lang (weit über fünf Jahre, vielleicht auch Führungserfahrung)
Nur eine – eher ohne Zertifizierung	Zahl und Art der Aus- und Fortbildungen	Diverse, zum Beispiel Psychologie, Methoden, Soziales …
»Spitz«: zum Beispiel Handwerker, Einzelhändler, Teamleiter	Branche(n), Funktion(en), Position(en)	»Breit«: zum Beispiel Konsum- oder Investitionsgüter
Eher jung: auf Akzeptanz der Zielgruppe achten	Lebensalter	Eher »älter«: Ausstrahlung usw.
Überregional bundesweit / international, zum Beispiel D-A-CH	Einsatzregion(en)	Regional; eventuell bundesweit durch Niederlassungen
....	....	....
(Summe der Treffer)	(Summe der Treffer)	(Summe der Treffer)

Lesebeispiel: »Firmierung« – als Einzeltrainer sind Sie wahrscheinlich dann erfolgreicher, wenn Sie sich »spitz« darstellen, weil Sie ein fokussiertes Angebot glaubhafter in einer Person darstellen können als die »komplette Fülle«. Die passt eher zu einem Bildungsanbieter mit einem Trainerstab, der sein umfangreiches Angebot eher in einem Katalog darstellt – das wird einem größeren Team eher geglaubt. Nehmen Sie nun »Berufserfahrung« dazu, relativiert sich diese Aussage: 30 Jahre Expertise entsprechen eher der Erwartung »Generalist« als »gerade frisch im Markt«. – Je nach »Trefferzahl« neigt sich das Ergebnis eher in Richtung Nische oder Komplettangebot. (Weitere Aspekte sind eher neutral für das Auswahlkriterium »Nische/Breite«, vgl. auch *Preis – die Gestaltung der Konditionen*, S. 125 ff., oder auch *Die Art des Themas*, s. S. 43 ff.).

Sie sind unsicher, weil Ihr Programm eher ein Komplettangebot repräsentiert? Oder Sie haben sich klar spitz aufgestellt, sorgen sich jedoch darum, dafür zu wenig Nachfrage zu finden? Seien Sie kreativ, denn jenseits vom Programm gibt es weitere entscheidende Aspekte, sich zu positionieren. Das sei Ihnen anhand des Beispiels eines Einzeltrainers gezeigt, als Matrixtabelle, die in einer dreidimensionalen Darstellung zum Würfel würde.

Positionierung Weiterbildungsdienstleister (als Einzeltrainer)					
Branche → **Expertise ↓**	**Medien** **(Verlage)**	**Dienst-** **leister** **(Finanz-** **welt; Call-** **Center)**	**Handel** **(Ver-** **sand-,** **Online-)**	**Weiter-** **bildner**	**← Branche** **↓ Funktion**
Marketingstrategie					Trainer
Vertrieb optimieren					Fachcoach
Telefonmarketing					Berater
Außendienst- optimierung					Interims- manager
Web 2.0					permanent intern
Präsentation					(Moderator, Speaker)
Kommunikation – Team, Führung					(Train-the- Trainer)
Neuromarketing					(Praxis- begleiter)
Hier: Ihre Themen	Hier: Welche Zielgruppe (n) sind relevant – wo haben Sie konkrete Erfahrung				Hier: auch Vari- anten

Der Vorteil einer solchen Übersichtsmatrix besteht darin, dass »auf einen Blick« mehrere Kriterien abgebildet werden. Sie erkennen:

- Ihre (Kern-)Zielgruppen: jene Branchen oder auch Funktionen/Positionen in Unternehmen, in denen Sie bereits tätig waren.
- Ihre Themen: als große Überschrift oder im Finetuning.
- Ihre Funktionen, in denen Sie aktiv sind – und damit auch Ihre Methoden.

So schaffen Sie die Grundlage für die Übersetzung in Platzierung und Promotion – und auch für Ihr Pricing (s. S. 125 ff.): Fokussierung einerseits und Flexibilität andererseits spielen für das Einschätzen Ihres Marktwerts (als Einzelperson wie als Bildungsanbieter) eine gewichtige Rolle. Übersetzt auf die Situation eines »Sortimentsanbieters« kann die Matrix zum Beispiel folgermaßen aussehen:

Positionierung Akademie des Deutschen Buchhandels					
Konkrete Teilbranche ➜ Fachgebiete ⬇	Buch- verlage	Buch- händler	Zeit- schriften- Verlage	Werbe- wirt- schaft	⬅ Konkrete Teilbranche ⬇ Realisierung
Unternehmens- leitung					Öffentliche Seminare
Produktion (Herstellung)					Inhouseseminare
Marketing (Ver- kauf)					Fachkonferenzen
Neue Medien (Internet …)					Lehrgänge (Fortbildung)
Redaktion (Content)					Zertifizierung mit Verbänden
Finanzen (Controlling …)					Einzelcoaching durch Referenten
Hier: Ihre Fachgebiete	Hier: Feinjustierung der Positionierung des Programms auf Zielgruppe(n)				Hier: Ihre Formen

Als aktuelles Angebot finden Sie im Web unter www.buchakademie.de ein interessantes Beispiel dafür, wie sich gleiche (ähnliche) Themen für unterschiedliche Zielgruppen angepasst wiederfinden und größere Bildungsanbieter durch Kooperationen ihren Markt erweitern – in diesem Fall konkret etwa in die Bereiche Zeitschriften und Werbewirtschaft hinein.

Zielgruppendefinitionen und -strategien

Hanspeter Reiter

Klassische Einteilungen und Clusterbildungen (hier: Anhäufung gleichartiger Markt-teilnehmer) kennen Sie wahrscheinlich unter den Begriffen »soziodemografische« und »psychologische« Zielgruppenkriterien. Dabei werden meist Gruppen gebildet, die je nach Vorgabe, also angestrebter Aussage, Vergleiche ermöglichen.

Soziodemografische Zielgruppenkriterien:

- *Geschlecht:* männlich (im »Marketingdeutsch« auch schon mal: male) beziehungs-weise weiblich (female) – kann für bestimmte Fortbildungskurse relevant sein, beispielsweise bei Themen wie »Frauenpower: Wiedereinstieg ab 40«.
- *Alter:* zum Beispiel 16–29 (ausbildungsnah: Schule, Studium, IHK-Abschluss …), 30–39, 40–49; »Ältere« ab 50–59; ab 60 (= eigentlich aus dem Berufsleben ausge-schieden), dabei unbedingt die aktuellen demografischen Entwicklungen beachten.
- *Bildung:* Hauptschule, weiterführende Schulen, Universität.
- *Berufserfahrung:* weniger als fünf Jahre, sechs bis zehn Jahre, mehr als zehn Jahre und darüber hinaus.
- *Beruflicher Status:* angestellt, frei, selbstständig; Sachbearbeiter, Führungskraft (Team, Abteilung, Bereich), Topmanagement und so weiter.
- *Einkommen:* monatlich, jährlich, inklusive Extrazahlungen; brutto, netto.
- *Familienstand:* Single, Beziehung, Kinder; ledig, verheiratet, geschieden, verwit-wet.

Wie Sie sehen, sind diese Kriterien unter beiden Blickwinkeln nutzbar: Privatperson beziehungsweise im Beruf stehend.

Studien von Ministerien (beispielsweise vom Bundesministerium für Bildung und Forschung, BMBF, oder von Landeskultusministerien), Institutionen (Lehrergewerk-schaften wie zum Beispiel der Bayerische Lehrerinnen- und Lehrerverband BLLV), Fachmedien (wie managerSeminare) und Instituten (regelmäßig Lünendonk als Un-ternehmensberatung oder das DIE – Deutsches Institut für Erwachsenenbildung – in Bonn als halb öffentliche Institution) stellen zum Teil erhebliche Unterschiede im Weiterbildungsverhalten etwa älterer Menschen gegenüber jüngeren fest, oder ein-deutige Bezüge zur Vorbildung werden ebenfalls gezogen: Wer bereits gut ausgebildet ist, tendiert eher dazu, sich fortzubilden, und profitiert mehr von derlei Maßnahmen vonseiten der Unternehmen (was teilweise wiederum mit erreichter höherer Position in der Hierarchie zu tun hat).

Wenn Sie Firmen selektieren (aus einer Gesamtzahl verfügbarer Daten herauslösen) möchten, kommen alternativ infrage:

- *Firmengröße:* Umsatz, Mitarbeiterzahl, Filialen, Niederlassungen.
- *Standort:* Postleitzahl, Bundesland; international: Land, Sprache.
- *Branche:* Hersteller, Händler, Dienstleister, Vermittler.

Auch das Weiterbildungsverhalten von Unternehmen unterscheidet sich stark je nach Firmengröße. KMUs (kleinere und mittelgroße Unternehmen, unterschiedlich definiert, je nach Branche) geben eher weniger Geld für Trainingsmaßnahmen mit externen Anbietern aus als größere Firmen. Wie Sie mit solchen Informationen umgehen, ist Ihre Entscheidung – möglich wäre zum Beispiel eines dieser Verhalten:

- Sie sprechen speziell jene Zielgruppen an, die sich durch starke Offenheit gegenüber Weiterbildung auszeichnen. Jüngere direkt, größere Unternehmen als potenzielle Auftraggeber …
- Sie wenden sich bewusst an Zielgruppen, die als weniger weiterbildungswillig erscheinen – und deshalb in aller Regel auch seltener von Anbietern umworben werden, was sie eventuell offener macht. Zudem haben Sie weniger Mitbewerber in dem Moment, in dem Bedarf entsteht.
- Sie testen je eine Gruppe aus beiden genannten Zielgruppenclustern: Auf diese Weise lernen Sie konkreter, welche aktuell die für Sie bessere Gruppe darstellt.

Die dritte Vorgehensweise erfordert allerdings eine größere Investition an Zeit und Geld. Außer diesen soziodemografischen Kriterien werden auch die folgenden genutzt, die passenden Zielgruppen (und damit die gewünschten Personen = Teilnehmer für Weiterbildungsmaßnahmen) auszuwählen.

Psychologische und psychografische Zielgruppenkriterien:
- *Kaufverhalten:* bei Weiterbildung also zum Beispiel, was ein potenzieller Teilnehmer bisher an Kursen besucht hat.
- *Freizeitverhalten:* Dies ist ganz entscheidend für unsere Branche: eher Sport – dann eventuell Outdoorelemente? Gerne auf Reisen – dann Angebote zum Beispiel auf den Kanarischen Inseln? Lieber zu Hause – regionale Veranstaltungen?
- *Mediennutzung:* Werden Medien generell stark genutzt? Zudem auch Internet: Spricht wahrscheinlich auf E-Learning oder Blended Learning an, also Kombination von Fernlehrkursen mit Präsenzelementen und telefonischer Betreuung.
- *Wohnsituation:* Je nach Umfeld bieten sich eher kleine Gruppen als firmeninterne Maßnahme an oder eher öffentliche Großveranstaltungen.

Das führt uns zu modernen Untersuchungsmodellen, die mehr in das konkrete Verhalten der potenziellen Abnehmer gehen, die sich eben durchaus ähnlich verhalten, ob sie nun gerade in der Rolle »Business« sind oder als privater Endverbraucher auftreten. Sinus-Milieus (Beispiele und Details s. www.sociovision.de) dienen dazu, sich einen umfassenderen Einblick zu verschaffen. Dazu später mehr, wenn es um konkrete Instrumente geht (s. *Was bringt Ihnen Marktforschung konkret?*, S. 99 ff.).

Bevor Sie nun entscheiden, wie genau Sie vorgehen wollen, bedenken Sie auch die folgenden Aspekte.

Konzentration auf das Wesentliche. Wer als Einzeltrainer unterwegs ist und dabei auf ein »Backoffice« verzichtet, wird das hohe Lied von Projektmanagement singen. Ob dabei schlicht Excel-Listen zum Einsatz kommen, elektronische Wiedervorlagen oder eine moderne Form der Netzplantechnik, sei dahin gestellt. Wichtig ist, dass Sie – gerade wenn Sie Kreativ- oder Kommunikationstrainer sind und somit wahrscheinlich weniger detailorientiert – Struktur in Ihren Arbeitsalltag bringen und jederzeit wissen, was als Nächstes zu tun ist. Schon mithilfe eines herkömmlichen (Zeit-)Planers schaffen Sie sich die Grundlage für ein Prioritätenmanagement, das Sie im Blick behalten lässt, was wann zu machen ist: Dringende und wichtige Aufgaben zu differenzieren und über den Tag (und die Woche, den Monat) zu verteilen – eigene Tätigkeiten und Delegation von Aufgaben zu entscheiden und umzusetzen, das betrifft allerdings auch jene Weiterbildner, die ein gut organisiertes Büro »im Kreuz« haben. Gerne wird zu dieser Priorisierung der US-General und spätere Präsident Eisenhower zitiert.

Und auch hiervon haben Sie bereits gehört oder gelesen: Das Pareto-Prinzip sagt aus, dass Sie mit nur einem kleinen Teil Ihrer Aktivitäten einen großen Teil des Erfolgs erzielen – zum Beispiel 80:20, also 80 Prozent des Umsatzes aus 20 Prozent Ihres Angebots. Die genaue Zahlenverteilung ist dabei sekundär. Sie schwankt naturgemäß, abhängig von vielerlei externen Faktoren. Hilfreich kann für Sie sein, sich auf das zu konzentrieren, was am schnellsten und/oder am sichersten Erfolg bringt, anderes dagegen schlicht zu unterlassen oder bewusst (!) auf später zu verschieben. Mancher Weiterbildner hat dieses Prinzip genutzt, um

- künftig nur noch in seiner unmittelbaren Umgebung tätig zu sein, was ihm erheblichen Zeitaufwand für Reisen quer durch die Republik ersparte,
- künftig vermehrt im (deutschsprachigen) Ausland aktiv zu werden, weil dort der Bedarf für seine Themen vorhanden und er sprachlich gut in der Lage war, sich an Besonderheiten in Österreich und in der Schweiz anzugleichen.

Dieses Beispiel mag Ihnen zeigen, dass Sie individuell für sich untersuchen sollten, wo Ihr 80:20-Ansatzpunkt vorhanden sein könnte – auch auf der Kundenseite.

Bewertung von Kundenbeziehungen. Der Klassiker unter Vertriebsleuten ist noch heute die ABC-Einteilung, hier mit Beispielen für Bildungsanbieter:

- *A-Kunden:* = Kunden, die schon länger dabei sind, die häufig Seminare buchen, meist »Mehrtäger«, und die regelmäßig (mindestens monatlich) kommen.

- *B-Kunden:* immer wieder buchend, gute Tagessätze, kurzfristig zahlend.
- *C-Kunden:* letzte Buchung schon lange her, gelegentlich mal ein Seminartag oder einen Teilnehmer zum öffentlichen Seminar schickend.

Welche Kunden sind Ihnen die liebsten? – Doch zunächst kommen wir nochmals auf die »Bewertung« zurück: Größere Bildungsanbieter nutzen – wie Produkthersteller oder auch Versandhändler – statistische Auswertungen, die mehrere der genannten Kriterien miteinander verbinden und somit ein Scoring ermöglichen, eine Punktebewertung. Sie möchten Näheres dazu wissen? Dann lesen Sie hier weiter, ansonsten springen Sie gleich auf Seite 99.

Eines dieser *Scoringverfahren* verbindet die Kriterien zum Kürzel RFMR:

- **Recency:** Wann zuletzt gekauft? Je länger die jüngste Seminarbuchung zurückliegt, desto geringer der »score«, etwa durch Einsetzen eines Negativwertes je Monat über ein Jahr zurück.
- **Frequency:** Wie häufig gekauft? Zum Beispiel im letzten Jahr?
- **Monetary Ratio:** Wie viel Umsatz wird gemacht (in einem vorgegebenen Zeitraum, zum Beispiel in den letzten 24 Monaten)?

Eine mögliche Rechnung könnte folgendermaßen aussehen:

Kunde 1	**Kunde 2**
Buchung vor 6 Monaten = 0,5	Buchung vor 18 Monaten = –0,5
Im letzten Jahr 3 x gebucht = 3	Im letzten Jahr 0 x gebucht = 0
Umsatz in zwei Jahren = 12.000 Euro	Umsatz in zwei Jahren = 2.500 Euro
RFMR 1 = (0,5 + 3) x 12 = 3,5 x 12 = 42	**RFMR 2 = (–0,5 + 0) x 2,5 = –0,5 x 2,5 = –1,25**

Achtung: Das ist eine mögliche Rechenweise. Meist sind die Formeln komplizierter und funktionieren über Punktezuordnung. So bekommt zum Beispiel jeder Kunde zehn Punkte; pro Monat zurückliegender Kauf = –1 Punkt und so weiter. Zum Einsatz kommen meist professionelle Statistikprogramme wie SPSS, deren Basis eine relationale Datenbank ist. Das bedeutet: Alle Kundendaten sind willkürlich in einer Datenwolke verteilt, verknüpft durch das einzige Kriterium »Kundennummer« oder allgemeiner »Identnummer«. Auf diese Weise sind neutrale Auswertungen möglich (also auf Basis der anonymisierten Daten), die auch dem Datenschutzgesetz genügen.

Vor reinen mathematischen Betrachtungen dieser Art sei gewarnt, vielmehr eine weiterführende Interpretation empfohlen! Denn es gibt vielerlei einschränkende Interpretationen, die eher gegen eine Fokussierung auf »die besten Kunden« sprechen (also auf A-Kunden beziehungsweise jene mit den höchsten Scoringwerten). Einige seien hier aufgeführt:

- Welches Potenzial steckt noch in B- und C-Kunden beziehungsweise in RFMR 2, das Sie noch nicht kennen? Fragen Sie diese Kunden: Hier könnte Potenzial für »Strategiekunden« stecken.
- Wie lange bleibt RFMR 1 (A-Kunde) noch so stark? Sie erinnern sich an den Lebenszyklus Ihres Angebots. Ein zusätzlicher Aspekt könnten »Referenzkunden« sein, das heißt, sie dienen als Musterbeispiel für potenzielle Neukunden.
- Sollten Sie sich wirklich um C-Kunden kümmern oder darauf verzichten? Zum Beispiel 80 Prozent Ihres Vertriebsaufwandes in 20 Prozent des Ertrags investieren? Das ist die andere Sicht, etwa mit dem Argument des Pareto-Prinzips »Konzentration auf das Wesentliche« oder mit einem anderen geflügelten Wort »Weniger ist oft mehr«.

Welche Konsequenzen haben Auswertungen und Interpretationen für Ihre Neukundengewinnung? Wenn Sie Cluster bilden, um gleichartige Kunden zu finden und damit Ihren Markt besser auszuschöpfen, konzentrieren Sie sich wirklich ausschließlich auf Kunden der Sorte »A« beziehungsweise »RFMR 1«? Werfen Sie einen Blick auf ein konkretes Beispiel:

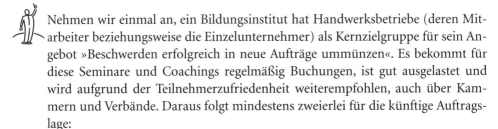 Nehmen wir einmal an, ein Bildungsinstitut hat Handwerksbetriebe (deren Mitarbeiter beziehungsweise die Einzelunternehmer) als Kernzielgruppe für sein Angebot »Beschwerden erfolgreich in neue Aufträge ummünzen«. Es bekommt für diese Seminare und Coachings regelmäßig Buchungen, ist gut ausgelastet und wird aufgrund der Teilnehmerzufriedenheit weiterempfohlen, auch über Kammern und Verbände. Daraus folgt mindestens zweierlei für die künftige Auftragslage:

- Es bestehen große Chancen, aus diesen Gruppen (Handwerksbetriebe) weitere Teilnehmer zu gewinnen. Doch irgendwann ist dieser Markt erschöpft.
- Jenseits dieses Clusters (Handwerker) gibt es eventuell Potenzial, das noch ausgeschöpft werden kann – etwa Dienstleistungsunternehmen wie Gastronomie, Gebäudereinigung, Pflegedienste …

Was uns zum nächsten Punkt führt: Woher wissen Sie eigentlich, wer als Ihre Zielgruppe(n) infrage kommt und welche Personen, Interessen und Bedarfe dahinterstehen? Bedienen Sie sich im weiten Feld der Marktforschung.

Was bringt Ihnen Marktforschung konkret?

Hanspeter Reiter

Um einerseits mehr über Ihre Kunden zu lernen, andererseits neue Kunden in Ihren Märkten zu identifizieren, setzen Sie Instrumente der Marktforschung (MaFo) ein. Klassisch wird differenziert nach Vorgehensweisen in der primären und sekundären MaFo. Gemeint ist damit das Suchen nach Antworten für die aktuell gegebene Aufgabenstellung, also: »Welche Zielgruppen kommen für meine Weiterbildungsmaßnahmen stärker infrage als andere?« Dies kostet entsprechend viel Geld, da Sie aussagefähige Ergebnisse wünschen und damit eine Mindestanzahl von Befragungen durchführen (lassen) müssen – dazu gleich mehr. Deshalb nutzen viele Marketinginteressierte bereits vorhandenes Material, auf das sie »sekundär« zugreifen, oft auch »desk research« genannt.

Viele Medienunternehmen verfügen über stets aktuelle Auswertungen, die sie ihren Kunden in der Regel kostenlos zur Verfügung stellen: Auf diese Weise belegen sie, dass ihre Leser (Käufer eines Magazins oder Abonnenten eines Onlinedienstes) für Sie als Werbetreibenden relevant sind. Das könnte die Wirtschaftswoche sein, die als Special-Interest-Magazin viele Entscheider in Unternehmen erreicht, darunter natürlich auch Weiterbildungsinvestoren (Personalverantwortliche größerer Unternehmen, Geschäftsführer KMU – oder schlicht Führungskräfte, die für sich beziehungsweise für ihre Mitarbeiter Trainings suchen). Das kann auch die Zeitschrift wirtschaft + weiterbildung sein, die als Fachmedium ebenfalls PEler erreicht, vor allem auch Trainer und Berater. Relevant für Sie ist diese Zeitschrift dann, wenn Sie Train-the-Trainer-Ausbildungen oder Lizenzierungen anbieten. Nähere Angaben zu den jeweiligen Zeitschriften finden Sie auf der jeweiligen Website unter »Mediadaten« beziehungsweise zusammengefasst abrufbar unter www.pz-online.de.

Als eine Art Mischung aus primärer und sekundärer Marktforschung betrachte ich Panel- und Omnibusbefragungen: Beide geschehen direkt im Auftrag von Unternehmen, jedoch gebündelt. Das bedeutet, mithilfe eines Panels werden immer wieder dieselben Verbraucher regelmäßig zu ihrem (Kauf-)Verhalten befragt, in einem ausführlichen Fragebogen – das kennen Sie vielleicht aus den Wählerbefragungen, deren Ergebnisse regelmäßig in den Medien veröffentlicht werden. Bei einer Omnibusbefragung können Sie mit Ihrer Frage (Ihren Fragen) gegebenenfalls in eine existierende Befragung »zusteigen«, die entsprechend erweitert wird – was deutlich weniger kostet, als wenn nur Ihr Auftrag ausgeführt würde. Und wie befragt ein MaFo-Unternehmen (wie GfK in Nürnberg, um nur ein Beispiel zu nennen) die Gesprächspartner? Meist mit einem strukturierten Fragebogen (Multiple Choice), damit die Antworten wirklich vergleichbar sind. Die Befragungen werden auf unterschiedlichen Wegen durchgeführt:

- *Persönlich:* Damit werden die höchsten Antwortquoten erreicht. Hier ist es besonders wichtig, dass sich der Interviewer strikt an den Fragebogen hält und bei offenen Antwortmöglichkeiten an die vorgegebenen Erläuterungen.
- *Telefonisch (CATI):* Hier ist die Zahl der Ablehner bereits höher. Ansonsten gilt das Gleiche wie bei der persönlichen Befragung. Da dem Interviewer der Blick auf die Körpersprache des Gegenübers fehlt, fällt diesem Interviewten eventuell das Geben einer »falschen« Antwort leichter.
- *Schriftlich per Post (per E-Mail):* Deutlich geringere Antwortzahlen sind zu kalkulieren. Das bedeutet, es müssen viel mehr Personen angeschrieben werden, um die gewünschte Zahl an Antworten zu erhalten.
- *Onlinebefragungen:* Diese werden heutzutage häufig durchgeführt. Hier findet im Regelfall keine Vorauswahl statt, sodass die Auswertung meist nur teilweise repräsentative Ergebnisse bringt.

Wie werden die zu Befragenden ausgewählt? Um »repräsentative« Antworten zu erhalten, wird strukturiert eines dieser Verfahren angewandt:

- *Zufallsauswahl (Randomized):* Jede x-te Adresse wird angesprochen.
- *Quota:* eine Menge, die exakt die gewünschte Grundgesamtheit spiegelt – also beispielsweise gleiche Geschlechts- und Altersverteilung.
- *Stichprobe:* Aus einer definierten Grundgesamtheit wird dabei eine Mindestmenge befragt, damit das Ergebnis statistisch hochgerechnet werden darf. Die konkrete Menge (X Prozent) hängt von verschiedenen Gegebenheiten ab und wird statistisch errechnet.

Der Wahlforschung genügen beispielsweise 2.000 Befragte, um Rückschlüsse auf das Verhalten aller deutscher Wähler im Durchschnitt zu ermöglichen, etwa zur Sonntagsfrage, die monatlich für das (öffentlich-rechtliche Fernsehen) ZDF gestellt wird, mit dem Ergebnis des »Politbarometers«, präsentiert jeweils an einem Freitagabend.

Aus all diesen aufwendigen Aktivitäten soll sich für Sie jedenfalls herausschälen, wer zu Ihrer Kernzielgruppe gehört. Achten Sie im Gespräch mit den Fachleuten vor allem auf folgende Begriffe, die sich auf die Außenwirkung Ihrer Darstellung beziehen:

- *»Relevant Set«:* Haben die Befragten den Auftraggeber überhaupt »auf dem Bildschirm«, wenn es um die mögliche Vergabe eines Auftrags geht? Das entspräche der Sonntagsfrage. Für Bildungsanbieter könnte das zum Beispiel heißen: Werden Sie in die Überlegung einbezogen, wenn ein Seminar aus Ihrem Programmfächer eingekauft werden soll? Gefragt wird beispielsweise: Welche Anbieter im Bereich … sind Ihnen bekannt? Wenn Sie drei Angebote zu … einzuholen hätten, wen sprächen Sie an? Welche dieser zehn Anbieter von … sind Ihnen bekannt?
- *Reaktanz:* das Gegenteil von Akzeptanz. Dazu gehört das Wegklicken aus dem Spielfilm eines privaten TV-Senders, sobald der Werbeblock beginnt, oder die Ab-

lehnung mancher Verbraucher gegenüber Werbepost im Briefkasten beziehungs-
weise Telefonmarketing. Weiterbildner sollten darauf achten, die Frequenz ihrer
Botschaften an ihre potenziellen Kunden »im Rahmen« zu halten (dazu mehr im
Bereich *P 5: Promotion*, s. S. 257 ff.).

- *Reichweite:* Welchen Anteil (oder welche Anzahl) Ihrer relevanten Zielgruppe erreichen Sie auf welchen Wegen mit welchen Werbemitteln? Ein sehr allgemein ge-
  nutzter Begriff, etwa für Ihre Werbeeinschaltungen wichtig: Während Anbieter
  von Markenartikelverbrauchsgütern (wie zum Beispiel Waschmittel, Lebensmittel) möglichst viele aller 14- bis 49-Jährigen als häufig gesehener Hauptzielgruppe
  erreichen möchten und deshalb Medien hoher Auflage nutzen (öffentlich-rechtli-
  ches Fernsehen, Bild-Zeitung, ADAC Motorwelt und viele andere mehr), haben
  Sie eine konkrete Vorstellung von Ihrer Zielgruppe und möchten dort eine hohe
  Reichweite erreichen.
- *Awareness:* Wie wird ein Anbieter wahrgenommen? Für sich genommen und im
  Verhältnis zu den Mitbewerbern – s. zum Beispiel bezüglich Qualität? Mancher
  Bildungsanbieter betont daher die Zertifizierung (nach ISO, DVWO; Universitäts-
  und Methodenabschlüsse; langjährige Tätigkeit und Referenzen beziehungsweise
  Testimonials).
- *Penetranz:* Durch wiederholtes Ansprechen schaffen Sie Erinnerungswerte für Ihre
  Werbebotschaft bei den erreichten Lesern eines Mediums: Je häufiger (Frequenz
  Ihrer Schaltung), desto stärker die Werbewirkung.
- *Überschneidung:* Ihre Zielpersonen lesen und nutzen in aller Regel mehr als ein
  Medium zur Information – es entstehen Überschneidungen. Je nach Ihren Zielen
  nehmen Sie diese bewusst in Kauf, um so möglichst häufig ein und dieselbe Person
  mit Ihrer Botschaft zu erreichen (s. Penetranz) – oder Sie vermeiden diese Über-
  schneidungen möglichst, um dafür mehr Breite zu erreichen (s. Reichweite).

Markt-Media-Studien von Verlagen helfen Ihnen, sich einen Überblick über die Leserschaft potenzieller Werbeträger zu verschaffen, wie erwähnt zu finden unter www.
pz-online.de. Darauf kommen wir auch im Kapitel *P 5: Promotion* (s. S. 257 ff.) zurück, wenn es um Werbung geht. Zugleich sind solche Zusammenstellungen eine
sprudelnde Quelle für Sie, sich über Marktforschung überhaupt zu orientieren: Finden Sie zusätzliche relevante Kriterien, entdecken Sie neue Zielgruppen …

Fragebogengestaltung

Welche Fragen sollten Sie stellen, um relevante und auswertbare Antworten zu erhalten? Sie kennen sie aus dem großen Feld der Kommunikation: öffnende (oder offene)
und schließende (oder geschlossene) Fragen. Wie bereits ausgeführt, spricht vieles für
schließende Fragen mit konkreten Antwortvorgaben, wie sie im Multiple-Choice-
Verfahren beantwortet werden. In der folgenden Übersicht finden Sie eine Auswahl
solcher Fragen:

Beispielhafte Fragen zur Marktanalyse					
Nr.	**Frage**	**Antwort a**	**Antwort b**	**Antwort c**	**Antwort d**
1.	Wie viele Tage stellen Sie Ihre Mitarbeitenden pro Jahr für Weiterbildung frei?	0	1–5	6–10	> 10
2.	Welche Themen werden von Ihnen mindestens einmal pro Jahr gebucht?	Führungskräfte- und Teamentwicklung	Kommunikation mit Kunden (Verkauf, Service)	Work-Life-Balance, Gesundheit und Fitness	Interkulturelles
3.	Wie hoch sind die jährlichen Ausgaben für Weiterbildung, die Sie budgetieren?				
4.					

Welche Frage fällt Ihnen spontan ein, die Sie potenziellen Kunden stellen möchten? Tragen Sie diese in die freien Tabellenzellen unter Punkt »4« ein, daneben die möglichen Antworten!

Zur Einstimmung werden übrigens häufig erklärende Aussagen vorangestellt, etwa derartige, die der Befrager dann natürlich ebenfalls vorzulesen hat:

»Die demografische Entwicklung in Deutschland rückt immer mehr in den Mittelpunkt der Diskussion in der Personalentwicklung. Welche Planung …?«
»Personalentwicklung wird häufig als mitentscheidend gesehen, wenn es um geringe Fluktuationsraten geht. Welche Maßnahmen …?«
»Personalverantwortung wird in deutschen KMUs unterschiedlich positioniert. Wie …?«

Wenn Sie konkrete Meinungen abfragen möchten, dann lassen Sie ausführliche offene Antworten zu, etwa im Rahmen von Mitarbeiter- oder Kundenbefragungen, zum Beispiel so:

»Nehmen wir einmal an, Sie verfügen über die funktionale Entscheidungsberechtigung zur Einstellung von Mitarbeitern. Worauf würden Sie besonders achten, um die Wahrscheinlichkeit zu erhöhen, dass der neue Kollege/die neue Kollegin gut in das bestehende Team integriert wird? Notieren Sie ausführlich Ihre spontanen Gedanken dazu.«

»Sie buchen bei uns regelmäßig Sprachkurse. Was gefällt Ihnen besonders an unserem Angebot? Was ließe sich verbessern?«

Abgeschlossen (oder auch gestartet) werden Fragebogen in der Regel durch rein statistische Fragen, also Geschlecht m/w, Alter (Cluster), wie bei den soziodemografischen Kriterien aufgeführt. Je nach MaFo-Aktion werden Dankeschön-Geschenke (Give-aways) versprochen oder die Teilnahme an einer Verlosung angeboten. In diesem Fall sieht das befragende Unternehmen einen Bereich zum Eintragen der Kommunikationsdaten des Teilnehmers vor, der vom eigentlichen Fragebogen getrennt sein sollte, damit die Anonymität erkennbar gewahrt bleibt.

»Moderne Marktforschung« nutzt (neben Onlinebefragungen) das Internet als häufig sehr preiswerte Grundlage, die allerdings durchaus Fragezeichen hinter die Themen »Vergleichbarkeit« und »Repräsentativität« setzt:

- *Suchmaschinen:* Treffer für Sie selbst beziehungsweise für andere Bildungsanbieter können Hinweise auf (quantitativ: wie häufig? An welcher Stelle im Ranking?) Bekanntheitsgrad und (qualitativ-inhaltlich) Image liefern.
- *Communities* wie Xing-Gruppen (mit Foren, Chats und anderen Beiträgen) oder Themenblogs vertiefen diesen Eindruck gegebenenfalls. Wenn Sie diese Findstellen für sich als sinnvoll erachten, richten Sie Ihr Augenmerk vor allem auf Bewertungen, wie sie von Plattformen wie Yasni (als Sammelstation von Treffern in Social Communities und Blogs) oder Plaxo (als virtuelles Businessadressbuch, s. www.pulse.net) gesammelt und dargestellt werden.
- *E-Commerce* kann Signale zu psychografischen Kriterien bieten: Wer interessiert sich für weiterbildungsrelevante Themen (Produkt oder Leistungsangebote) auf eBay? Welche passenden Wunschzettel oder auch Titelranks finden sich auf Amazon? Das ermöglicht Rückschlüsse auf derzeit relevante Weiterbildungsthemen.

Was sonst fällt Ihnen ein? Womit möchten Sie starten? Viele auf diese Weise gefundene Ansätze verfolgen Sie gegebenenfalls mithilfe professioneller Marktforschungsstrategien weiter, wie sie bereits dargestellt wurden. Als weitere zeitgemäße Vorgehensweisen der klassischen Marktforschung gelten auch:

- *Sinus-Milieus:* s. www.sociovison.de. Hier werden Lebenswelten geclustert und so Einstellungen (»Grundorientierungen«) mit der sozialen Lage verbunden: traditionelle Werte/Modernisierung/Neuorientierung auf der einen Achse, auf der anderen Achse: untere Mittelschicht/Unterschicht/mittlere Mittelschicht/Oberschicht/obere Mittelschicht. Plakativ etikettierte Cluster entstehen, etwa Sinus C 12: moderne Performer mit zehn Prozent Anteil (Neuorientierung, Oberschicht/obere Mittelschicht), »Die junge, unkonventionelle Leistungselite … Multimediabegeisterung«, was gegebenenfalls bei Weiterbildungen zu berücksichtigen wäre.

Ausgesprochen weiterbildungsorientiert ist nur eines der Sinus-Milieus. Hier original zitiert mit der näheren Beschreibung (umformatiert):

»*Sinus B 12 (Postmaterielle): zehn Prozent.*
Das aufgeklärte Nach-68er-Milieu: liberale Grundhaltung, postmaterielle Werte und intellektuelle Interessen.
Lebenswelt: Die Postmateriellen sind überwiegend hochgebildet, kosmopolitisch und tolerant. Gewöhnt, in globalen Zusammenhängen zu denken, setzen sie sich kritisch mit den Auswirkungen von Übertechnisierung und Globalisierung auseinander. Höchster Wert ist die Lebensqualität des Einzelnen. Sie haben großes Vertrauen in ihre eigenen Fähigkeiten und gehen souverän mit beruflichen Herausforderungen um. Sie wollen Erfolg im Beruf – aber nicht um jeden Preis. Ihre postmateriellen Ansprüche richten sich auf die Entfaltung ihrer individuellen Bedürfnisse und Neigungen, auf das Schaffen von Freiräumen für sich und auf mehr Zeitsouveränität.
In hohem Maße sind sie interessiert an Literatur, Kunst und Kultur. *Weiterbildung ist ein lebenslängliches Thema, weil sie sich mehr über Intellekt und Kreativität definieren als über Besitz und Konsum.* Ihr Lebensstil ist umwelt- und gesundheitsbewusst (Balance zwischen Körper, Geist und Seele). Sie schätzen subtile Genüsse, die durchaus einen hohen Preis haben dürfen. Überflüssigen Konsum lehnen sie

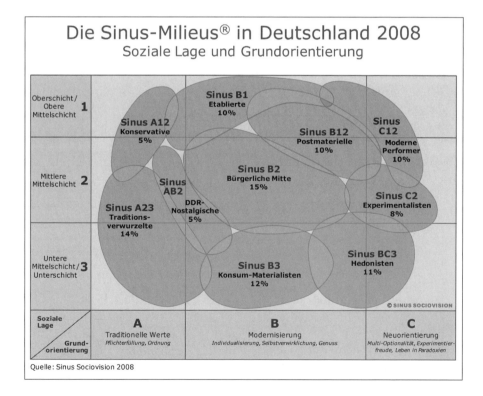

aber ab. Nach dem Motto ›Weniger ist mehr‹ kaufen sie selektiv und mit hoher Kennerschaft.

Soziale Lage: Breites Altersspektrum – von Anfang 20 bis zur Generation der ›jungen Alten‹; häufig größere Haushalte mit Kindern; hohe bis höchste Formalbildung (Abitur, Studium); qualifizierte und leitende Angestellte und Beamte, Freiberufler, Studenten; hohes Einkommensniveau.« © Sinus Sociovision 2007

Für Ihre interne Marktforschungsarbeit sind vor allem diese Methoden gut geeignet:

- *Fokusgruppen:* konzentrierte Befragung nur einiger weniger Personen, die als »Fachleute« zum Thema gelten. Eine solche Befragung zieht sich über mehrere Stunden hin und hat ungefähr ein Dutzend Beteiligte, mal mehr, mal weniger. Mögliche Fokusgruppen für Bildungsanbieter könnten sein: Unternehmensverantwortliche mit hohem Weiterbildungsetat; Universitätsdozenten dieses Bereichs; Medienvertreter; Personalentwickler bei KMUs.
- *Kreativarbeit:* Geeignet für Ihre interne »Befragung« oder Arbeit mit Fokusgruppen, können auch kreative Methoden wie beispielsweise eine Collage eingesetzt werden: Statt abstrakter Befragung erhalten die Teilnehmenden eine konkrete Aufgabe, etwa: »Wie sähe für Sie Weiterbildung zum Thema … optimal aus? Erstellen Sie eine Collage mithilfe der verfügbaren Materialien!« Dazu gehören dann Zeitschriften, Geschäftsberichte, relevante Kartenspiele: Es darf geschnippelt und geklebt werden, am besten in Kleingruppen. Jede Gruppe stellt dann ihr visualisiertes Ergebnis verbal dar, danach wird diskutiert. – Diese Vorgehensweise passt übrigens gut zu den Lebenswelten der Sinus-Milieus, die stark visualisiert dargestellt werden: Wie leben Angehörige eines Milieus konkret? Wie richten sie ihr Wohnumfeld ein?

Und was tun Sie selbst intern?

Zur Marktforschung gehören auch die Themen »Kundenzufriedenheit« und »Mitarbeiterzufriedenheit«, die meist eng miteinander korrelieren:

- Womit sind diese besonders zufrieden, womit weniger, was sollte sich ändern?
- Haben Kunden schon einmal Grund zur Reklamation gehabt? Wenn sie reklamiert haben, waren sie zufrieden mit der Behandlung? Wenn sie sich nicht beschwert haben, warum nicht?
- Wenn Sie einer dritten Person erklären sollten, warum Sie Seminare bei … buchen (Mitarbeiter bei … sind), welche Gründe nennen Sie?

Hier geht es mehr um qualitative denn um quantitative (statistische) Werte. Durch offene Befragungen erhalten Sie häufig werthaltige Anregungen für Veränderungen in den verschiedenen »P's« Ihres Marketing-Mix. Und dazu Hinweise zu Führungsthemen rund um Ihre Qualitätskontrolle, um etwa Ihre Zertifizierung zu behalten (s. S. 114, 195 f.) … Sie sind als Einzeltrainer unterwegs? Dann befragen Sie (neben Ihren Kunden) Ihre Geschäftspartner, mit denen Sie zusammenarbeiten – im Netzwerk, als Lieferanten (etwa von Trainerausstattung).

Und wozu das Ganze? Es handelt sich bei den Befragten doch um Kunden (beziehungsweise Mitarbeiter). Was Sie hieraus lernen, übertragen Sie auf Ihre Überlegungen, sich am Markt zu positionieren: Welche Ihrer Kunden (Mitarbeiter) sind aus welchen Gründen besonders mit Ihrer Arbeit zufrieden? Sie ziehen Rückschlüsse auf gleichartige Zielgruppen, die Sie entsprechend gut bedienen können. Sie erhalten außerdem konkrete Argumente für Ihre Darstellung nach außen.

Auf die Kundenzufriedenheit kommen wir in den Kapiteln *P 5: Promotion* (s. S. 257 ff.) und *P 6: Platzierung* (s. S. 373 ff.) nochmals zurück.

Tools für Ihre interne Arbeit

Hanspeter Reiter

Wie tasten Sie sich nun an diese Details heran? Wenn Sie externe Dienstleister beauftragen, kaufen Sie damit Know-how ein und »beschränken« sich auf Briefing und Controlling – und die Umsetzung der Ergebnisse. Vieles lässt sich intern im Team erarbeiten, bei größeren Unternehmen mit einem übergreifenden Arbeitskreis. Dieser kann zum Beispiel aus Vertretern verschiedener Themenbereiche gebildet werden, zum Beispiel sollten Inhaltsverantwortliche, umsetzende Trainer beziehungsweise Berater, Geschäftsführung und Verwaltung involviert sein, um einen umfassenden Input zu gewährleisten. Sie sind allein auf weiter Flur? Setzen Sie sich mit Kollegen zusammen, die wie Sie an Marktforschung interessiert sind. Kontakt finden Sie über Netzwerke oder via Verband. Wenn Sie noch nicht Mitglied eines Weiterbildungsverbandes sind, suchen Sie nach einem passenden, zum Beispiel über den Dachverband der Weiterbildungsorganisationen: www.dvwo.de. Gehen Sie dann konkret an die Umsetzung!

Welche Instrumente (Tools) sind für Ihre Analyse zu empfehlen? Diese Vorgehensweisen kennen Sie vielleicht, wenn Sie als Berater oder Trainer in passenden Bereichen unterwegs sind. Dann mag das ein Reminder für Sie sein – für andere Leser dagegen hilfreiche Tools, die sie rasch weiterführen.

SWOT-Analyse

In die vier Felder der SWOT-Analyse (s. S. 108) tragen Sie ein (erst sammeln; dann später bewerten):

- *Strengths – Stärken.* Zum Beispiel Programm: alle Facetten von Kommunikation, optimal vernetzt in der Handwerkerbranche, Partnernetzwerk bundesweit.
- *Weaknesses – Schwächen.* Zum Beispiel Vertrieb: keine Erfahrung und keine Motivation, nicht international, nur deutsche Kunden.
- *Opportunities – Chancen* (Möglichkeiten). Zum Beispiel: Verbände als Multiplikatoren, öffentliche Zuschüsse in Aussicht, E-Learning als neues Tool für Blended-Learning-Angebote.
- *Threats – Risiken.* Zum Beispiel Anbieter aus Osteuropa, Zusammenschlüsse von Handwerkern verringern Bedarf und Zahl der Ansprechpartner.

Die SWOT-Analyse erhalten Sie als Download.

SWOT-Analyse (Stärken-Schwächen-Analyse)

Strenghts = Stärken   Weaknesses = Schwächen

S	W
O	**T**

Opportunities = Chancen   Threats = Risiken

Wie Sie damit umgehen, ist der nächste Schritt: Arbeiten Sie Ihre Stärken besonders heraus oder wollen Sie gegen Ihre Schwächen angehen? Konzentrieren Sie sich auf die Chancen – oder überlegen Sie Abwehrstrategien, was die Risiken betrifft?

Szenariotechnik

Das ist ein Weg, aktuell Bekanntes über Ihren Markt in die Zukunft zu extrapolieren. Bekanntlich haben Trends und Tendenzen höchstens Prognosecharakter. Deshalb ist es sinnvoll, mit drei Szenarien zu arbeiten: am Trichterrand »Best« und »Worst Case«, mittig schlicht den »Real Case«, aus heutiger Sicht fortgeschrieben.

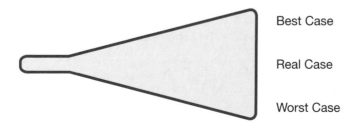

Best Case

Real Case

Worst Case

Auch hier gilt: Entscheiden Sie, womit Sie sich näher befassen möchten. Vielleicht möchten Sie die Chancen des »Best Case« nutzen, indem Sie in Ihre Marketingkommunikation investieren und so einen möglichen Marktanteilsgewinn wahrscheinlicher machen. Oder Sie erkennen für sich, dass »Real Case« ganz okay wäre und Sie nur eine geringe Gefahr sehen, Richtung »Worst Case« abzudriften: Dann verzichten Sie eventuell auf Werbeausgaben und erhöhen damit die Wahrscheinlichkeit, weiter Gewinne zu erwirtschaften.

Con-Pro-Sheet©

Sie wissen, dass Visualisierung in Diskussionen, Kreativsitzungen und Präsentationen hilfreich ist, wie in weitestgehend allen Kommunikationssituationen. Wenn Sie also am Überlegen sind, welche Menschen (Unternehmen) Sie zu bestimmten Themen (respektive Ihrem Programm) ansprechen sollen, wie Sie sich sinnvoll positionieren, kann Ihnen die folgende Übersicht helfen, alle möglichen Argumente in den Blick zu nehmen. Übertragen auf ein Flipchart, wird es zum Tool für Gruppenarbeit. Eingeführt wird das Tableau hier gleich anhand eines konkreten Beispiels:

 Statt bisher nur »Hessen regional« soll das Weiterbildungsangebot in Zukunft überregional »D-A-CH« erfolgen. Zielgruppe: KMU; Thema: Bankenrating.

Was spricht dagegen, was dafür? (Argumente in Stichworten)	
Con	**Pro**
Erhöhter Reiseaufwand	Höhere Stunden-/Tagessätze möglich
Andere rechtliche Situation	Zusammenarbeit mit Verbänden
Akzeptanz, Sprache (Schweiz!)	Internet verstärkt sinnvoll nutzen können
Neue Mitbewerber beachten	Kontakte via Fachartikel verstärken
In neue Arbeitsfelder einarbeiten	
Selbst mehr Weiterbildung machen	
Verstärkt »internationale« Kongresse besuchen	

Ergänzen Sie die Zusammenstellung gegebenenfalls um weitere Punkte, die Ihnen spontan in den Sinn kommen. Nutzen Sie das Download »Con-Pro-Sheet«.

Bewusst ist die Contra-Seite links und somit die erste zu bearbeitende: So konzentrieren Sie sich letztlich auf die Pro-Argumente. Entsprechend Ihrer Situation ergibt sich ein optisches Übergewicht für eine der beiden Seiten – oder Gleichstand: Ziehen Sie Ihre Schlüsse daraus! – In diesem konkreten Beispiel ergibt sich ein deutliches Übergewicht der Contra-Seite; der Anbieter sollte eher überlegen, seine Zielgruppe innerhalb der Region zu erweitern. Das wäre ein neues Con-Pro-Sheet!

Weitere mögliche Kreativinstrumente

Sie kennen sicher Kreativitätsmethoden wie Brainstorming, 6-3-5 Brainwriting oder Morphologischer Kasten, um einige zu nennen. Nehmen Sie sich am besten eine Sammlung von Kreativmethoden zur Hand, um von Fall zu Fall jene auszuwählen, die Ihnen am geeignetsten erscheinen. Im Literaturverzeichnis finden Sie eine Auswahl von Büchern, die auf Kreativitätstechniken eingehen. Sie können natürlich auch im Internet recherchieren (www.yahoo.de oder www.google.de).

Gehen Sie eine CRM-Liaison ein

Hanspeter Reiter

Beste Voraussetzungen für Ihre drei kommunikationsorientierten »P's« (*P 4: Präsentation*, *P 5: Promotion* und *P 6: Platzierung*) schaffen Sie durch ein systematisches Customer Relationship Management. CRM steht allgemein für ein strukturiertes Umgehen mit Beziehungen zu Kunden und Interessenten und ermöglicht so, gezielt auf die jeweilige Beziehungssituation einzugehen. Angelehnt an den »Direktmarketing-Guru« Professor Siegfried Vögele (zum Beispiel »Dialogmethode: Das Verkaufsgespräch mit Brief und Antwortkarte« 1994) werden diese Beziehungen in konzentrischen Kreisen dargestellt, ähnlich einer Zielscheibe oder einer Zwiebel.

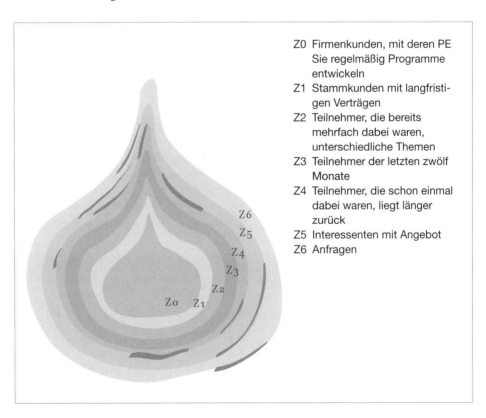

Z0 Firmenkunden, mit deren PE Sie regelmäßig Programme entwickeln
Z1 Stammkunden mit langfristigen Verträgen
Z2 Teilnehmer, die bereits mehrfach dabei waren, unterschiedliche Themen
Z3 Teilnehmer der letzten zwölf Monate
Z4 Teilnehmer, die schon einmal dabei waren, liegt länger zurück
Z5 Interessenten mit Angebot
Z6 Anfragen

Informationen zum Tool CRM finden Sie auch als Download im Beitrag »Ist Direct Sales noch zeitgemäß?« aus dem Verlagshandbuch (12/2008 © Input-Verlag).

Dafür können Sie professionelle Software einsetzen. CRM-Programme gibt es zuhauf, in unterschiedlichsten EDV-Lösungen. Einen immer aktuellen Überblick bietet

Ihnen www.computerwoche.de, wofür Sie sich allerdings registrieren müssen. Oder Sie arbeiten mit Excel-Listen, Outlook und Word-Tabellen – entscheidend für Ihren Erfolg damit ist Ihre Einstellung. Hierauf kommen wir konkret im Kapitel *P 6: Platzierung* (s. S. 373 ff.) zurück.

Nun sind Sie bestens vorbereitet auf die Praxis einer Positionierung mithilfe von Alleinstellungsmerkmalen und deren Umsetzung!

Zeigen Sie, was Sie auszeichnet: Alleinstellungsmerkmale in der Praxis

Birgit Lutzer

Im Rahmen der Positionierung von Bildungsanbietern werden bestimmte typische Eigenschaften betrachtet, die aus der Sicht Ihrer Kunden, Teilnehmer und der Öffentlichkeit als Vorteile wahrgenommen werden. Sind eine oder mehrere der folgenden Punkte besonders stark bei Ihnen ausgeprägt, sollten Sie sie werblich kommunizieren:

- *Preis:* Ist der Preis entweder besonders hoch oder besonders niedrig, sollte er werblich thematisiert werden. Exklusive Managementinstitute beispielsweise oder auch bekannte Einzeltrainer zeichnen sich durch besonders hohe Preise und Tagessätze aus. Beispiele für besonders preisgünstige Anbieter sind die Volkshochschulen oder die Bildungswerke der politischen Stiftungen.
- *Service:* Wenn ein besonderer Service geboten wird, der über das hinausgeht, was ein typischer Teilnehmer von einem Bildungsinstitut erwartet (beziehungsweise was der Wettbewerb bietet), ist dieser Punkt ein geeignetes Positionierungsmerkmal. Beispiele: telefonische Hotline, persönliche Nachbetreuung, Onlineauffrischungskurse, Zugang zu einem geschlossenen Kundenbereich auf der Website des Anbieters …
- *Kundenorientierung:* Stehen Wohl und Vorteile des Kunden im Vordergrund aller Aktivitäten, hat der Bildungsträger eine ausgeprägte Kundenorientierung. Beispiele: Geld-zurück-Garantie bei Nichtgefallen, Trainer stellt sich im Seminar in besonderem Maße auf den Bedarf der Teilnehmer ein, für den Kunden günstige Rücktrittsbedingungen …
- *Gestaltung des Weiterbildungsangebots:* Hier stehen sowohl die Zusammensetzung des Bildungsprogramms (zum Beispiel wenn Sie in einer Region als Einziger bestimmte Ausbildungsgänge anbieten) als auch die Durchführung der einzelnen Seminare im Blick. Erwartet die Teilnehmer etwas Besonderes, sollte diese Ausgestaltung des Angebots werblich thematisiert werden.
Beispiel: Ein Trainer führt mehrtägige Spezialseminare für Männer durch. Die Teilnehmer sollen die verschiedenen Rollenaspekte ihrer Person leben und ziehen sich an einem Tag wie Frauen an – inklusive Schminke und Frisur. Den Abschluss bildet ein eher männlicher Initiationsritus: ein Trommeltanz ums lodernde Lagerfeuer – nackt und mit Kriegsbemalung.
- *Qualität:* Natürlich behauptet jeder Bildungsanbieter, seine Seminare hätten eine gute Qualität. Die Frage ist, wie sich diese Qualität *nachweisbar* dokumentiert. Der

nach außen kommunizierte Qualitätsanspruch ist nur glaubwürdig, wenn er sich auch beweisen lässt.

Beispiele: erwiesene Nachhaltigkeit der Seminare durch ein Qualitätssicherungs-system oder anschließende Tests, bestimmte Qualifikation aller Dozenten, Zertifi-zierungen.

- *Innovationskraft:* Einen Bildungsträger, der die neueste Technologie benutzt oder der sich durch permanente Weiterbildung (seiner Dozenten) auf dem Laufenden hält und neue Trends setzt, kann man als »innovativ« bezeichnen.
  Beispiele: SMS-Coachingimpulse an die Teilnehmer versenden, eine onlinege-stützte Audio-Box verwenden, in die sich die Teilnehmer einloggen und in der sie gesprochene Handlungsempfehlungen oder Aufgaben erhalten.
- *Spezialisierung:* Im Bildungsbereich kann sie unterschiedliche Ausprägungen ha-ben: auf eine bestimmte Zielgruppe, ein ausgewähltes Seminarangebot, einen spe-ziellen Bedarf oder eine Region.
- *Leitbild, Philosophie und Werte:* Herrscht bei einem Bildungsträger ein besonderer »Geist«, der zum Beispiel im Umgang miteinander und mit Teilnehmern spürbar ist, sollte diese Besonderheit als Positionierungsmerkmal genutzt werden. Vorteil: Sie sprechen damit Menschen an, die ähnliche Wertvorstellungen wie Sie haben.

Doch Vorsicht: Wenn Sie jetzt sagen: »Bei uns sind alle Punkte gleichermaßen ausge-prägt!«, wirkt diese Ansammlung von Vorteilen unglaubwürdig und verwässert Ihr Profil. Beschränken Sie sich auf maximal drei Eigenschaften und bleiben Sie diesen in Ihrer werblichen Kommunikation treu. Ausnahme: Wenn sich in Ihrem Unterneh-men schwerwiegende Änderungen ergeben wie zum Beispiel in der Unternehmens-struktur, in Ihren Marketingzielen, im pädagogischen Ansatz oder in Ihrem Semi-narangebot, dann sollten Sie Ihre Positionierung überdenken und gegebenenfalls Ihren Unternehmensauftritt modifizieren.

 Beispielsweise waren die Volkshochschulen lange Zeit in der Wahrnehmung der Öffentlichkeit mit ihrem Bildungsangebot auf Privatpersonen ausgerichtet. Im-mer mehr Volkshochschulen bieten nun ebenfalls Firmenseminare an. Um die ur-sprüngliche Zielgruppe zu behalten, unterhalten manche Volkshochschulen zwei Internetseiten. Das Angebot für Unternehmen wird separiert, weil die Positionie-rung der Volkshochschule im Firmensegment von der im Privatkundenbereich abweicht.

Da die Anzahl der genannten Positionierungsmerkmale klein und die Zahl der Bil-dungsträger immens groß ist, reichen diese Kriterien nicht aus, um ein unverwechsel-bares Bild beziehungsweise ein markantes Profil zu erstellen. Aus diesem Grund werden weitere Unterscheidungsmerkmale herangezogen, die mit den Positionie-rungsmerkmalen kombiniert werden und gemeinsam die Grundlage für ein unver-wechselbares Bild nach außen bilden. Es handelt sich um die sogenannten »Alleinstel-lungsmerkmale« (Unique Selling Proposition – kurz: USP).

Dieser Begriff geht auf den amerikanischen Marketingspezialisten Rosser Reeves zurück, der ihn 1940 als »einzigartiges Verkaufsversprechen« definierte, das ein Produkt von denen des Wettbewerbs unterscheidet. Er forderte, dass in der werblichen Kommunikation klar transportiert werden müsse, aus welchen Gründen der Käufer ausgerechnet das beworbene Produkt und kein anderes erwerben solle. Reeves betonte dabei, dass das Produkt auch halten müsse, was die Werbung verspreche – sonst sei der Verkaufserfolg vorübergehend.

Übertragen auf Bildungsträger bedeutet das: Welche weiteren, für Ihre Kunden und Teilnehmer vorteilhaften Eigenschaften Ihrer Organisation oder Ihres Netzwerkes unterscheiden Sie vom Wettbewerb?

 Ein Beispiel für das Alleinstellungsmerkmal »Ort/Firmensitz« ist das Bildungszentrum Schloss Wendgräben in Sachsen-Anhalt. Das Institut befindet sich in einem prunkvollen alten Schloss, das von einem dichten Wald umgeben ist. Der Schlosspark ist wunderschön und das alte Gebäude hat eine interessante Geschichte. »Schloss Wendgräben« ist wegen dieser Merkmale nicht nur Bildungszentrum, sondern gleichzeitig ein beliebtes Ziel für Menschen der Region, die Kaffee und Kuchen mit Blick auf Springbrunnen und Parkanlage genießen möchten (www.schloss-wendgraeben.de, www.kas.de).

Neben den anderen Merkmalen, die Bildungsträger aller politischen Stiftungen auszeichnen – Topkonditionen für die Teilnehmer (extrem niedriger Preis, Vollpension) und Anspruch der politischen Bildung – bietet das Schloss Wendgräben als großen Mehrwert und USP eine beeindruckende, noble Unterbringung und Umgebung, sodass das Zentrum zum Beispiel auch für Vorstandssitzungen genutzt wird.

Das Finden von Alleinstellungsmerkmalen erfordert manchmal Fantasie und Kreativität. Hilfreich kann auch das Gespräch mit Ihren Kunden und Mitarbeitern sein – um herauszufinden, wie diese Ihr Institut oder Ihre Organisation wahrnehmen. Um Ihren Alleinstellungsmerkmalen auf die Spur zu kommen, helfen die folgenden Fragen:

- Haben Sie einen besonderen regionalen Bezug?
- Befindet sich in Ihrer unmittelbaren Umgebung eine Sehenswürdigkeit, ein wichtiges Gebäude, ein See, ein bekanntes Denkmal oder ein anderer Publikumsmagnet, zu dem Sie eine assoziative Verknüpfung erstellen können?
- Birgt Ihre Historie Besonderheiten oder verfügen Sie über eine besonders lange Tradition?
- Zeigt Ihr Firmensitz Auffälligkeiten?

Alleinstellungsmerkmale für Personen

Stehen Sie mit Ihrer Person für Ihre Firma, sind Sie freiberuflich tätig oder hat Ihr Beruf mit individueller Beratung zu tun, dann kommen andere Merkmale zum Tragen. Das, was Sie einzigartig macht, ist Ihre Persönlichkeit. Firmen oder einzelne Personen engagieren Sie, weil Sie auf die Entscheidungsträger oder den Ratsuchenden kompetent und sympathisch wirken.

Sind Sie also das »Gesicht« Ihrer Firma, muss Ihre Unternehmensdarstellung auf Ihre Person zugeschnitten sein. Je mehr Sie Ihre Persönlichkeit in Ihren Firmenauftritt integrieren, desto unverwechselbarer werden Sie. Denn Sie selbst sind die Marke, die ein unverwechselbares Profil benötigt und die mit Marketing- und PR-Maßnahmen bekannt gemacht werden muss. Das bedeutet auf der anderen Seite: Natürlich können Sie es nicht jedem recht machen. Es wird neben vielen Sympathisanten immer Personen geben, die keinen Draht zu Ihnen haben. Die Frage, die Sie sich selbst beantworten müssen, ist: Wollen Sie niemanden abschrecken und sich deshalb möglichst »glatt« präsentieren? Oder möchten Sie »Ihre Leute« als Kunden ansprechen – Personen, mit denen Sie bei einem zufälligen Aufeinandertreffen möglicherweise auch privat Gemeinsamkeiten entdecken würden?

Je nachdem, für welchen Weg Sie sich entscheiden, fallen Ihre Positionierung, Ihre Alleinstellungsmerkmale und Ihre Firmendarstellung entsprechend aus. Wichtig ist, dass Sie sich mit Ihrem Auftritt identifizieren. Wenn Sie eher ein zurückhaltender Typ sind, wird dieser Auftritt sicher anders aussehen als bei einer sehr extravertierten Persönlichkeit.

Sind Sie als Berater, Coach oder Verkäufer für eine Firma tätig, haben Sie in der Regel engere Beziehungen zu Ihren Kunden. Im Idealfall haben Ihre Kunden Vertrauen zu Ihnen und möchten am liebsten von Ihnen persönlich betreut werden. Ihr Kunde hat also erkannt, welche Vorteile er hat, wenn Sie sein Ansprechpartner sind. Er erinnert sich besser an Sie und entwickelt eine engere Bindung an Sie und Ihr Unternehmen. Im Folgenden geht es um vier Profilierungswege im Personenmarketing, die Sie einschlagen und auch miteinander kombinieren können:

- fachlich,
- besonderer Erfolg oder Ereignis,
- Hobby, private Leidenschaft oder
- eine besondere Story.

Bei den einzelnen Profilierungswegen gibt es die folgenden Unterscheidungen:

Die fachliche Profilierung. Wenn Sie über eine exotische und wirklich besondere Ausbildung oder Zusatzqualifikation verfügen, die Sie als Ansprechpartner für eine bestimmte Branche qualifiziert, kann die fachliche Profilierung für Sie infrage kommen. Diese setzt natürlich voraus, dass Sie sich auf eine bestimmte Zielgruppe ausrichten möchten, für die gerade Ihre Qualifikation interessant ist! Das folgende Beispiel zeigt eine fachliche Profilierung, die das Alleinstellungsmerkmal »Marktnische« erfüllt.

Ute Poelmann ist Diplom-Mathematikerin und führt in Münster ein Bildungsinstitut, das sich auf Studierende spezialisiert hat, die ein oder mehrere Fächer mit Mathematikanteilen an der Universität Münster belegt haben. Wer während des Studiums oder Examens Prüfungen oder Klausuren im Fach Mathematik absolvieren muss, kann sich bei »Tetragon« – so heißt das Institut – dafür fit machen lassen. An der Uni Münster gibt es schon ein Bonmot, das von Studierenden erdacht und in Umlauf gebracht worden ist: »Kein Drittversuch ohne Tetragon.« Das heißt: Wer zweimal in der Prüfung durchgerasselt ist, für den geht es ums Ganze. Und das schafft er nur mit Tetragon. Zu diesem fachlichen Profil passt auch der Firmenname: Tetragon bedeutet »Viereck« – eine geometrische Figur also, die Assoziationen an das Fach »Mathematik« weckt. (www.tetragon-online.de)

Ute Poelmann

Die Profilierung mit einem Erfolg oder Ereignis. Vielleicht hat es in Ihrem Leben einen großen Erfolg, eine Auszeichnung oder ein Schlüsselereignis gegeben, das Sie beim Einschlagen Ihrer beruflichen Laufbahn beeinflusst hat. Erwähnen Sie diesen Anlass in Ihrem Profil, verknüpfen ihn die Leser gedanklich mit Ihrer Person. Ein Beispiel:

 In der Firmendarstellung von Professor Dr. Thomas Wessinghage (www.thomas-wessinghage.de) heißt es: »Bewegung ist im Leben nicht alles – doch ohne Bewegung ist alles nichts«, so könnte man das überschreiben, was der ärztliche Direktor der Kliniken der Medical Park AG im Tegernseer Tal in seinen Seminaren, Vorträgen und Trainingsprojekten vermittelt. Der ehemalige 5.000-m-Europameister rüttelt wach, schockiert und zeigt doch auf, wie leicht es sein kann, fit, dynamisch und vor allem gesund zu bleiben. Hoch motiviert und voller Tatendrang verlassen die Teilnehmer die Veranstaltungen, um sofort mehr für ihre Leistungsfähigkeit zu tun. Als Laufcoach begleitet er Läufer auf dem Weg zu ihrem Lauftraum, zum Beispiel dem New York City Marathon, London Marathon oder Great Wall Marathon.

Prof. Dr. Thomas Wessinghage

Doch wer kann einen solchen Erfolg schon vorweisen? Eine andere Möglichkeit, an Preise und Auszeichnungen zu gelangen, ist die Teilnahme an Wettbewerben und Ausschreibungen. Der BDVT (www.bdvt.de) etwa vergibt jedes Jahr unter anderem den »Internationalen Deutschen Kommunikationspreis«. Erläuterung auf der BDVT-Internetseite vom 26.08.2008:

»Ausgezeichnet werden außergewöhnliche Ausbildungs-, Weiterbildungs- oder Qualifizierungsmaßnahmen in Form von Seminaren, Workshops oder Trainings. Wenn Sie eine solche Maßnahme erfolgreich umgesetzt haben, laden wir Sie herzlich dazu ein, an diesem renommierten Wettbewerb teilzunehmen und den Internationalen Deutschen Trainingspreis 2009 zu gewinnen. Durch die Kooperation mit der größten Weiterbildungsmesse Europas ›didacta‹ wartet auf die Teilnehmer, die es ins Finale schaffen, ein Platz auf der didacta-BDVT-Sonderschau, die ideale Plattform, um sich und das Konzept einer breiten Öffentlichkeit und der Presse vorzustellen.«

Eine Reihe bekannter und erfolgreicher Trainerinnen und Trainer sind bereits mit diesem Preis ausgezeichnet worden – so etwa Andreas Dolle (www.adm-institut.de) im Jahr 2008 für ein mediengestütztes Coachingsystem, das bei einem bekannten Telekommunikationskonzern zum Einsatz kam.

Der Nachteil von Auszeichnungen wie einem Kommunikationspreis oder der zweifellos ehrenhaften Bezeichnung »Trainer des Jahres«: Sie verjähren nach einiger Zeit – außerdem gibt es inzwischen Wettbewerbe und Preise wie Sand am Meer. Aus diesem Grund ist es ratsam, solche Auszeichnungen ins Expertenprofil einfließen zu lassen, aber nicht den gesamten USP daraus abzuleiten.

Die Profilierung mit einem Hobby oder einer Leidenschaft. Auch ein ausgefallenes Hobby oder eine private Leidenschaft können sich eignen, um Ihnen als Person ein unverwechselbares Image zu verleihen. Denn ein Hobby gehört zu dem, was Sie als Person ausmacht – genauso wie die Dinge, bei denen Sie ein Leuchten in die Augen bekommen. Es gibt natürlich auch gute Gründe dafür, das eigene Hobby und die privaten Interessen streng vom Berufsleben zu trennen. Manchen Menschen ist ihr Hobby aber so wichtig, dass es viele Lebensbereiche durchdringt. Sie sind besonders authentisch und liebenswert, wenn sie von dieser Leidenschaft berichten – und finden dadurch schnell andere, die auf ihrer Wellenlänge sind. Beispiel für eine Positionierung, die auf eine private Leidenschaft abzielt und ein für Trainer seltenes Maß an Innovationskraft aufweist:

Die AKADEMIE FÜHRUNGSWEG bietet Führungstrainings in Verbindung mit dem Erlernen einer asiatischen Kampfkunst an. Der Slogan des Unternehmens lautet: »Über den Weg der Kampfkunst zur Führungspersönlichkeit.« Seinen persönlichen Weg hat Firmenchef Jens Schaprian stets mit seiner Leidenschaft zu asiatischen Kampfkünsten und der dahinterstehenden Philosophie verbunden: von der Hauptschule über zwei Studienabschlüsse bis hin zur Offizierstätigkeit und der Leitung eines großen Ingenieurbüros. Schaprians wichtigste Erkenntnis dabei lautet: Die positive Entwicklung als Führungskraft spiegelt sich exakt im Fort-

Jens Schaprian

schritt eines Menschen beim Erlernen einer Kampfkunst wider. So entstand die Idee zur Gründung der Akademie. Auch alle Dozenten der AKADEMIE FÜHRUNGSWEG leben das, was sie lehren: Sie sind oder waren als Führungskräfte tätig und üben aktiv eine Kampfkunst aus. Der Internetauftritt (www.fuehrungsweg.de) weckt Assoziationen an Kampfkunst und fernöstliche Philosophie.

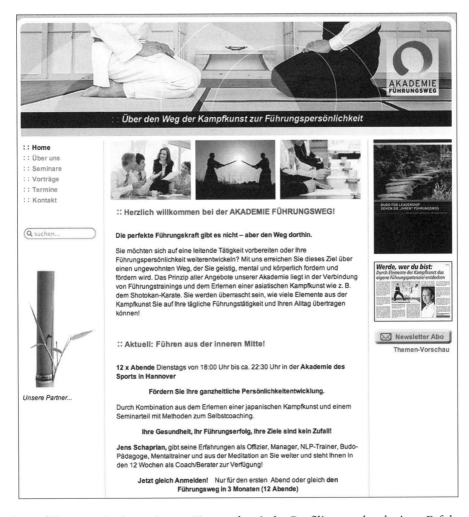

Die Profilierung mit einer »Story«. Verwandt mit der Profilierung durch einen Erfolg oder ein Ereignis ist die Entwicklung einer »Story« zu Ihrer Person. Dabei ist es von zentraler Bedeutung, dass diese Geschichte wahr und wirklich passiert ist. Ihre Story sollte kurz, einprägsam und möglichst bildhaft sein. Man spricht über Sie: »Ach, das ist doch der Berater/Trainer/Arzt/Coach, der ...« Eine Geschichte wird untrennbar mit Ihrer Person verknüpft und sollte immer wieder in Ihren Kommunikationsmedien auftauchen. Besonders gut passt eine Geschichte, die gleichzeitig Ihren Expertenstatus dokumentiert! Ein Beispiel folgt auf der nächsten Seite.

Er ist Experte für »berufliche Spitzenkommunikation«, die er mit einer großen Zahl anderer Wettbewerber teilt. Aus diesem Grund fließt in seinen Unternehmensauftritt eine Geschichte als USP ein, die gleichzeitig der Nachweis für seine Kompetenz ist: Bevor sich Dr. Tomas als Coach, Redner und Trainer selbstständig machte, war er als Anwalt für einen Konzern tätig. Er führte harte Verhandlungen mit rhetorischen Kniffen und vertrat die Interessen des Unternehmens auf internationalem Parkett.

Dr. Jens Tomas

Hintergrund: Dieser Teil der Geschichte macht großen Eindruck auf Menschen, die sich gedanklich stark mit Beruf, Status, Karriere und Aufstiegsmöglichkeiten befassen. Das ist nämlich genau seine Hauptzielgruppe: aufstiegsorientierte Nachwuchskräfte, die erkannt haben, dass reines Fachwissen allein nicht ausreicht, um die Karriereleitern von großen Unternehmen zu erklimmen.

Im Rahmen seiner Anwaltstätigkeit stellte Dr. Tomas fest, dass rücksichtslose Ellbogenmentalität und »knallhartes« Verhandeln sehr einseitig sind. Er kam zu dem Ergebnis, dass der bessere Weg zu Erfolg und Karriere ein anderer – ein fairer und partnerschaftlicher – ist. Aus diesem Grund hat er mehrere therapeutische Zusatzausbildungen abgeschlossen und sich beruflich umorientiert. Er beherrscht also die gesamte Bandbreite der Businesskommunikation – die rein erfolgs- und statusorientierte »harte«, rücksichtslose und die faire, partnerschaftliche.

Bei der Entwicklung dieser Geschichte war es wichtig, zwischen zwei Klischees hindurchzuschiffen: Er ist weder ein eiskalter Ellbogenkarrierist noch ein therapeutisch angehauchter Späthippie, der mit Sandalen durch die Gegend läuft und der Menschheit helfen will. Deshalb lautet die Argumentation: Die eigene Erfahrung in beiden Bereichen befähigt ihn, aufstiegsorientierten Menschen genau das zu vermitteln, was sie benötigen: rhetorische Strategien, Schlagfertigkeit und ein exzellentes Verhandlungsgeschick – gepaart mit Sensibilität für die Bedürfnisse des Gegenübers.

Auch wenn Sie nicht an der Spitze Ihres Unternehmens stehen, können und sollten Sie Ihre Profilierung in Kunden- und Akquisitionsgespräche einfließen lassen (s. S. 375 f.).

Nun haben Sie eine Reihe konkreter Beispiele kennengelernt; hier ist die Positionierung bereits erfolgt und offensichtlich gut gelungen. Und wie schaffen nun Sie Ihre Umsetzung in Ihre Praxis?

Die praktische Umsetzung – holen Sie »Ihre« Leute mit ins Boot!

Birgit Lutzer

Gehören Sie zu einem größeren Bildungsträger, kann eine moderierte Marketingsitzung mit Ihrem Team dazu helfen, Alleinstellungsmerkmale und USP herauszuarbeiten. Um den Ist-Zustand in der Wahrnehmung Ihrer Mitarbeiter herauszufinden, teilen Sie den folgenden Fragebogen (steht als Download zur Verfügung) an sie aus. Zu zweit sollen sie sich darauf einigen, welche der folgenden Aussagen auf Ihren Bildungsträger zutreffen:

Fragebogen zur Positionierung	
1. Bei der Auswahl unserer Ausbilder achten wir darauf, dass sie nicht nur Dozentenqualitäten haben, sondern auch eine fundierte handwerkliche Ausbildung. (F)	☐ Ja ☐ Etwas ☐ Nein
2. Wir bieten unseren Teilnehmern einen Service, der über das hinausgeht, was sie bei anderen Bildungsträgern erhalten (zum Beispiel Telefonhotline, regelmäßige Kontaktpflege, Nachbetreuung, Internetforum). (D)	☐ Ja ☐ Etwas ☐ Nein
3. Alle Mitarbeiter und Dozenten gehören der gleichen Glaubensrichtung an oder vertreten ausdrücklich dieselbe Weltanschauung, was wir bei ihrer Einstellung überprüfen. (H)	☐ Ja ☐ Etwas ☐ Nein
4. Im Vergleich zum Wettbewerb zeichnen sich unsere Bildungsangebote durch einen viel niedrigeren Preis aus. (A)	☐ Ja ☐ Etwas ☐ Nein
5. Unsere Seminare finden in ungewöhnlichem Ambiente statt. (B)	☐ Ja ☐ Etwas ☐ Nein
6. Unsere Teilnehmer stammen insgesamt oder überwiegend zum Beispiel aus einem Firmensegment, einer Branche oder einem Personenkreis. (C)	☐ Ja ☐ Etwas ☐ Nein
7. Sobald es eine technische Neuerung gibt, die wir für unser Bildungsinstitut verwenden könnten, holen die Führungskräfte Informationen darüber ein und testen die Geräte. (G)	☐ Ja ☐ Etwas ☐ Nein
8. Wir führen Sonderveranstaltungen für unsere Teilnehmer durch, die der Kundenbindung dienen (zum Beispiel Absol,venttreffen, Infoveranstaltungen). (D)	☐ Ja ☐ Etwas ☐ Nein

9. Die Betriebe, aus denen unsere Teilnehmer stammen, werden persönlich durch einen Ansprechpartner betreut. (D)	☐ Ja ☐ Etwas ☐ Nein
10. Unser exklusives Angebot richtet sich an einen besonders anspruchsvollen und erlesenen Teilnehmerkreis, der bereit ist, viel Geld in Bildung zu investieren. (A)	☐ Ja ☐ Etwas ☐ Nein
11. Wir stellen uns mit unseren Ausbildungs- und Lehrgängen individuell auf den jeweiligen Bedarf der Teilnehmer ein und stellen gegebenenfalls das Programm für sie um. (E)	☐ Ja ☐ Etwas ☐ Nein
12. Wir arbeiten mit unkonventionellen Seminarmethoden. (B)	☐ Ja ☐ Etwas ☐ Nein
13. Die Lehrgangsgegebenheiten sind modern und die Maschinen zum Beispiel auf gutem Qualitätsstandard. (F)	☐ Ja ☐ Etwas ☐ Nein
14. Teilnehmer geben uns immer wieder die Rückmeldung, dass sie sehr überrascht über den Ablauf und die Inhalte unserer Seminare und Weiterbildungen sind. (B)	☐ Ja ☐ Etwas ☐ Nein
15. Wir bemühen uns unabhängig von dessen Status intensiv um jeden einzelnen Teilnehmer. (E)	☐ Ja ☐ Etwas ☐ Nein
16. Unser Bildungszentrum hat einen religiösen oder parteipolitisch ausgerichteten Träger. (H)	☐ Ja ☐ Etwas ☐ Nein
17. Wir haben uns auf die Erfüllung eines bestimmten Bedarfs (zum Beispiel Aus- und Weiterbildung im Handwerk) spezialisiert. (C)	☐ Ja ☐ Etwas ☐ Nein
18. Wir verfügen in verschiedenen Bereichen über Zertifizierungen. (F)	☐ Ja ☐ Etwas ☐ Nein
19. In unserer Verwaltung und in den Seminaren verwenden wir stets die allerneueste Technologie. (G)	☐ Ja ☐ Etwas ☐ Nein
20. Sind die Teilnehmer mit dem Lehrgang unzufrieden, erhalten sie ihr Geld zurück. (E)	☐ Ja ☐ Etwas ☐ Nein
21. In der Kommunikation mit unseren Teilnehmern setzen wir auf SMS-Impulse, Podcasts und alle Möglichkeiten des Internets. (G)	☐ Ja ☐ Etwas ☐ Nein
22. Zu unseren Teilnehmern gehören eher finanzschwache Personen oder Unternehmen, deren Führungskräfte sich aus Preisgründen für uns entschieden haben (»Wir nehmen den günstigsten Anbieter!«). (A)	☐ Ja ☐ Etwas ☐ Nein

23. Unsere Arbeit wird stark von ethischen Werten oder einer bestimmten Philosophie geprägt. (H)	☐ Ja ☐ Etwas ☐ Nein
24. Unser gesamtes Angebot oder Teile davon sind einzigartig und nur bei uns zu finden (zum Beispiel überbetriebliche Lehrgänge). (C)	☐ Ja ☐ Etwas ☐ Nein

Auswertung: Jede Frage ist an ihrem Schluss mit einem Buchstaben gekennzeichnet. Tragen Sie nun bitte bei jedem Buchstaben ein, wie oft Sie »Ja« angekreuzt haben.

A	B	C	D	E	F	G	H

Auflösung:
A = Preis   B = Produkt- bzw. Seminargestaltung
C = Spezialisierung   D = Service
E = Kundenorientierung   F = Qualität
G = Innovationskraft   H = Leitbild/Philosophie

Zeichnen Sie nun eine solche Buchstabentabelle wie auf dem Arbeitsblatt an ein Whiteboard oder eine Pinnwand. Jedes Zweierteam erhält Klebepunkte und soll das Ergebnis seiner Tabelle in Punktform übertragen. Dadurch erkennen Sie den »kleinsten gemeinsamen Nenner« – also die Positionierungsmerkmale, die momentan intern wahrgenommen werden. In einem zweiten Durchgang können Sie Ihre Mitarbeiter dazu auffordern, Wunschpunkte an die Merkmale zu kleben, die zukünftig nach außen kommuniziert werden sollen. Natürlich können Sie in eine solche Abstimmung auch Ihre Kunden einbeziehen, wenn diese dazu bereit sind. Um den USP zu ermitteln, bietet sich eine offenere Vorgangsweise an – indem beispielsweise jeder frei Merkmale notiert, die ihm als Besonderheiten Ihres Bildungsträgers aufgefallen sind.

Möchten Sie als Einzelperson oder kleines Netzwerk mit externem Feedback Ihre Positionierungs- und Alleinstellungsmerkmale ermitteln, befragen Sie Ihre Kunden – entweder per Telefon oder per E-Mail, indem Sie ihnen einen Fragebogen zukommen lassen. Am besten ist es, die Befragung durch einen Anruf anzukündigen, das Einverständnis Ihres Kunden einzuholen und dann den Bogen zu schicken. Die Beantwortung der Fragen sollte innerhalb von maximal zehn Minuten möglich sein – am besten in noch weniger Zeit. Die folgende Auswahl an beispielhaften Fragen, die Sie Ihren Kunden stellen können, kann Ihnen dabei helfen:

- Worauf legen Sie bei der Auswahl von Trainern/Coaches/Beratern Wert?
- Was waren die ausschlaggebenden Kriterien für Ihre Entscheidung, uns/mir einen Auftrag zu erteilen?
- Welche Erwartungen hatten Sie vor der Maßnahme an mich/uns?
- Inwieweit wurden diese Erwartungen erfüllt?
- Wie zufrieden sind Sie mit meinem/unserem Service rund um das Seminar/Coaching/die Beratung?

- Wie beurteilen Sie das Preis-Leistungs-Verhältnis der Maßnahme?
- Wie stark wurden Ihre Bedürfnisse (oder die Ihrer Mitarbeiter) bei der Maßnahme berücksichtigt?
- Wie hoch ist die Qualität der Maßnahme Ihrer Einschätzung nach?
- Wie fortschrittlich, modern und innovativ war oder ist das Angebot für Sie?
- Wie würden Sie mich als Trainer/Berater/Coach in fünf Sätzen charakterisieren?

Auch ein Zweiergespräch mit einer vertrauten Person aus Ihrem beruflichen Umfeld nach folgendem Interviewmuster kann Ihnen nützliche Anregungen für Ihr Profil geben. Die folgenden Fragen stehen auf einem Bogen zum Ausfüllen als Download zur Verfügung.

Ihr Kompetenzprofil – Anregungen für ein Interview

- Welche Berufsausbildung haben Sie (ursprünglich) einmal abgeschlossen und welchen fachlichen Schwerpunkt haben Sie als Trainer/in?
- Haben Sie einen Titel oder eine ungewöhnliche Qualifikation, die Sie in Ihrem Beruf als Trainer/in besonders auszeichnet oder nach vorne bringt? Wenn ja, welchen Titel oder welche Qualifikation?
- Gab es Ereignisse, Schlüsselerlebnisse oder Entwicklungen in Ihrem Berufs- oder Privatleben, die Sie zum Einschlagen der Trainerlaufbahn bewogen haben? Wenn ja, welche?
- Was sind die wichtigsten privaten Hobbys oder Interessenschwerpunkte, die Sie in Ihrer Freizeit verfolgen? Lässt sich ein Bezug zu Ihrer Tätigkeit als Trainer/in herstellen?
- Mit welcher Art von Menschen verbringen Sie am liebsten Ihre Zeit? Inwieweit kommt dieser Personenkreis auch in Bezug auf Ihre Trainingstätigkeit als Zielgruppe für Sie infrage?
- Was waren die größten beruflichen oder privaten Erfolge in Ihrem Leben?
- Wenn Sie in beruflichen Zusammenhängen über sich sprechen und Geschichten aus Ihrem (Trainer-)Leben erzählen – welche »Story« fällt Ihnen am ehesten ein?

Für die Erstellung Ihres Unternehmensauftritts sollten Sie in jedem Fall qualifizierte Dienstleister (Werbeagentur oder freiberufliche Grafiker und Texter) engagieren. Ein »selbst gezimmerter« Auftritt macht einen schlechten Eindruck und lässt manche Menschen Rückschlüsse über ein schmales Budget (Sie werden im schlimmsten Fall für einen wenig erfolgreichen Bildungsanbieter gehalten) ziehen.

Die Anweisungen, die Sie Gestaltern und Textern für die Konzeption Ihrer Außendarstellung erteilen, bezeichnet man als »Briefing« (s. S. 266 f.). Mit enthalten im Briefing sind die Angabe Ihrer Positionierung und Ihrer Alleinstellungsmerkmale, denn das Corporate Design sollte darauf abgestimmt werden.

P 3: Preis – Gestaltung der Konditionen

Einleitung

Birgit Lutzer

Die sogenannte »Preispolitik« im Bildungsmarkt hat das Ziel, Kaufanreize für Abnehmer zu schaffen – anders ausgedrückt, sie zur Anmeldung bei einem Seminar, zur Buchung eines Kurses oder zum Engagieren eines Trainers zu motivieren. Es geht um die Gestaltung eines Preises, der von Kunden und Teilnehmern als angemessene Bezahlung für eine Bildungsmaßnahme angesehen wird, also das als fair empfundene »Preis-Leistungs-Verhältnis«. Entschieden wird je nach Ausgangspunkt vom Teilnehmer selbst oder von einer dritten Person oder Institution in einem Unternehmen oder von einem Förderer (zum Beispiel der Bundesagentur für Arbeit).

Wichtig: Der Preis ist oft nur eines von mehreren Entscheidungskriterien für die Inanspruchnahme einer Bildungsmaßnahme. Denn wer sagt schon: »Ich möchte dieses und jenes lernen – und zwar nur beim billigsten Anbieter!« – Qualität oder Service spielt meist eine wichtige Rolle. Dennoch kann der Preis für eine Maßnahme oder einen Trainer das Zünglein an der Waage sein.

Die Preisuntergrenze ist manchmal schwer festzulegen. »Gesponserte« Bildungsanbieter wie zum Beispiel die Institute der politischen Stiftungen können Wochenseminare einschließlich Vollpension für 200 Euro anbieten – bei diesem Preis kann ein privater Bildungsanbieter nicht mithalten, denn er muss zumindest die realen Kosten abdecken und darüber hinaus einen Gewinn erzielen.

Die Preisobergrenze für eine Bildungsmaßnahme wird durch die Nachfrage festgelegt (Ausnahme: Monopol, s. S. 127). Sie liegt immer dort, wo der vom Kunden wahrgenommene Preis mit seiner Einschätzung des Angebotswertes übereinstimmt. So wurden in den 1980er- und 1990er-Jahren aus heutiger Sicht utopische Honorare für Impulsvorträge und Führungskräfteseminare ausgegeben. Bei schlechter wirtschaftlicher Lage gehen die Preise für Bildungs- und auch für Marketingmaßnahmen oft in den Keller, denn die Firmen glauben, dort am ehesten sparen zu können.

Um die passenden Preise für das eigene Bildungsangebot zu ermitteln, kommen verschiedene Methoden zum Einsatz:

- *Kostenorientierte Verfahren:* Hier steht die Preisuntergrenze im Blickpunkt. Grundlage dafür ist eine Voll- oder Teilkostenrechnung für eigene Aufwände. Dieses Verfahren wird manchmal auch im Zusammenhang mit der Frage eingesetzt, ob es sich lohnt, ein bestimmtes Bildungsangebot ins Programm aufzunehmen.
- *Nachfrageorientierte Verfahren:* Es geht um die Ermittlung des optimalen Preises für ein Angebot – mit dem Ziel, einen möglichst hohen Gewinn abzuschöpfen. Der Bildungsträger beziehungsweise eine von ihm beauftragte Person ermittelt die

marktüblichen Preise und die Nachfrage für vergleichbare Angebote. An diese Preisstruktur passt er sich an, sodass für den Teilnehmer der Preis gleichzeitig als Entscheidungskriterium in den Hintergrund rückt. Schließlich muss er bei anderen Bildungsanbietern eine ähnliche Summe investieren.

● *Wettbewerbsorientierte Verfahren:* Die Preise ausgewählter Wettbewerber sind der Maßstab für die eigene Preisgestaltung. In der Regel werden die eigenen Preise knapp darunter angesetzt, sodass der Teilnehmer mit dem etwas günstigeren Seminarbeitrag oder Honorar ein klares Entscheidungskriterium hat. Im durch das Bundeskartellamt eigentlich ausgeschlossenen Fall eines Monopols (= es gibt für dieses Thema/diese Form der Weiterbildung nur einen einzigen Anbieter im Markt) oder Oligopols (= es gibt dafür nur einige wenige Anbieter, die sich vielleicht auch noch regional verteilen, sodass keine Wettbewerbssituation entsteht) könnte der Preis sozusagen »diktiert« werden.

Abhängig davon, ob Sie öffentliche Seminare anbieten oder überwiegend firmenintern arbeiten, sind Sie stärker dem Vergleich via Internet ausgesetzt. Sie werden durch Suchmaschinen wie »Google« ermittelt oder haben Ihr Angebot in Seminarportalen und Onlinedatenbanken platziert (s. S. 391 ff.).

Preisgestaltung

Birgit Lutzer

Festpreise

Viele Institute arbeiten mit Festpreisen. Die Seminargebühr variiert höchstens zwischen einzelnen Seminarsparten, doch bleibt in sich selbst konsistent.

- Beispielsweise Tagesseminare zur beruflichen Bildung: 450 Euro pro Tag und Teilnehmer, oder
- Tagesseminare zur Persönlichkeitsentwicklung: 300 Euro pro Tag und Seminar.

Wer Festpreise anbietet, schafft Transparenz und hat einen geringeren Verwaltungsaufwand, da Standardangebote verschickt werden. Ein Festpreis signalisiert: Hier gibt es keinen Verhandlungsspielraum. Zu große Starrheit bringt aus Marketingsicht Nachteile. Um Kunden und Teilnehmer langfristig zu binden, sollten Sie ihnen wenigstens ab und zu mit Sonderkonditionen entgegenkommen.

Flexible Preisgestaltung

Viele Bildungsanbieter arbeiten mit variablen Preisen (= Preisdifferenzierung) – das gleiche oder ein ähnliches Angebot wird den Abnehmern zu unterschiedlichen Konditionen angeboten. Beispiele:

Skimmingstrategie: Ist ein Bildungsangebot besonders innovativ, wird es anfänglich zu einem besonders hohen Preis angeboten. Diese Preispolitik hat eine unmittelbare Auswirkung auf das Image: Der hohe Preis wird mit Prestige assoziiert – insbesondere dann, wenn es zunächst an Wettbewerbsangeboten fehlt. Nutzt sich der Neuigkeitswert der Bildungsmaßnahme ab, wird der Preis gesenkt, um neue Kunden- und Teilnehmerschichten anzusprechen.

Zielgruppenspezifische Preisgestaltung: Bei vielen Anbietern zahlen Studierende und Personen mit geringem Einkommen einen niedrigeren Beitrag als Normalverdiener. Bildungsträger, die individuelle Angebote für Kunden erstellen, berechnen bei Konzernen einen höheren Tagessatz oder Seminarpreis als bei einem kleinen oder mittelständischen Unternehmen.

Qualitätsabhängige Preisgestaltung: Je nach Teilnehmerzahl einer Bildungsmaßnahme wird der Preis gestaltet. Da sich der Trainer in einem Einzel- oder Kleingruppencoaching mehr um jeden Teilnehmer kümmern kann, ist der Preis für eine solche Maßnahme höher als für ein Seminar mit fünfzehn Personen.

Sonderkonditionen und Nachlässe: Diese werden beispielsweise gewährt, um neue Kundenkreise zu erschließen, vorhandene Kunden stärker an das eigene Bildungsinstitut zu binden, den Eingang von neuen Aufträgen oder Anmeldungen zu einem bestimmten Zeitpunkt zu fördern. In den meisten Fällen werden Rabatte bei Mehrfachbuchung, bei Gewinnung weiterer Teilnehmer durch den Kunden oder in einem befristeten Zeitraum gewährt. Manchmal wird auch ein Nachlass gewährt, wenn sich ein Bildungsangebot verändert (zum Beispiel anderer Dozent, anderer zeitlicher Rahmen, modifizierte Inhalte …) Vorteil von Rabatten und Sonderkonditionen: Die vorhandene Preisstruktur bleibt vorhanden, ohne dass der Bildungsträger Gefahr läuft, in ein »Billigheimer-Image« abzugleiten.

Kundenbestimmter Preis: »Zahlen Sie das, was Ihnen die Maßnahme wert ist!« Wer seine Preise so definiert, riskiert, dass er am Ende leer ausgeht. Einzige Ausnahme: Sie erhalten die Anfrage eines Kunden, der nur ein extrem geringes Budget hat – und den Sie trotzdem für sich gewinnen möchten. Ein solcher Kunde wird Ihnen dankbar sein und Sie sicher gerne empfehlen. Wichtig: Bitten Sie ihn um Diskretion und weisen Sie darauf hin, dass es sich um eine Ausnahme handelt (s. erfolgsabhängiger Preis, S. 113).

Der Preis und seine Auswirkung auf Ihr Image

Birgit Lutzer

Der Preis eines Angebots hat eine direkte Auswirkung auf Positionierung und Image eines Bildungsträgers. Er sollte unabhängig von seiner Höhe immer begründet werden, damit der Teilnehmer Ihre Preisstruktur nachvollziehen kann.

Niedriger Preis

Leider ist es so, dass viele Menschen glauben: »Was nichts kostet, ist nichts wert.« Gehen Sie mit besonders günstigen Preisen an den Markt, unterstellt man Ihnen eine geringe Qualität. Oft ist es auch so, dass Anbieter mit niedrigen Seminargebühren nur ein schmales Budget für die Honorare der Dozenten zur Verfügung stellen. Ein Trainer, der gut im Geschäft ist und einen hohen Tagessatz von anderen Auftraggebern erhält, wird es sich wohl überlegen, ob er für einen sehr niedrigen Satz tätig wird. Je nach eigener Positionierung befürchtet er im schlimmsten Fall, sich seinen »Ruf« kaputt zu machen.

Andererseits bietet ein niedriger Preis auch Vorteile aus Marketingsicht, denn der Preis ist stets ein wichtiges Kriterium für eine Buchungsentscheidung. Wenn Sie ein Anbieter aus dem unteren Preissegment sind, sollten Sie nicht nur die geringen Gebühren, sondern gleichzeitig auch die Qualität Ihres Angebots kommunizieren – und zwar als »hervorragendes Preis-Leistungs-Verhältnis«. Damit ersticken Sie das »Billig-bedeutet-schlecht-Vorurteil« im Keim.

Der Grund, aus dem Sie Topqualität zu niedrigen Preise anbieten können, sollte ebenfalls genannt werden.

 Beispiel: Die Deutsche Makler-Akademie (www.deutsche-makler-akademie.de) wurde von verschiedenen Versicherungsgesellschaften gegründet und erhält laufend eine finanzielle Unterstützung aus den Konzernen. Daher kann die Akademie günstige Seminarpreise für Versicherungsmakler und Mitarbeiter aus Versicherungsgesellschaften anbieten.

Das Gleiche gilt für jeden anderen Bildungsträger, der Investoren im Hintergrund hat. Haben Sie Finanziers oder erhalten Sie Zuschüsse, ist es gut nachvollziehbar, dass Sie Topqualität zu Niedrigpreisen anbieten können.

Mittlerer Preis

Bewegen Sie sich in einem Preissegment, das von Bildungsabnehmern als »mittel« wahrgenommen wird (s. Seminarpreise und Honorargestaltung, S. 138 ff.), hat dieser Preis nur dann eine Auswirkung auf Ihr Image, wenn die Qualität Ihres Angebots als besonders hoch oder als besonders niedrig eingeschätzt wird. Aus Teilnehmersicht dokumentiert sich die Qualität eines Angebots zum Beispiel in der Kompetenz der Dozenten, in den Räumlichkeiten, der Vor- und Nachbereitung des Bildungsangebots uns Ähnlichem.

Mittlerer Preis und ...		
... als niedrig wahrgenommene Qualität	**... als durchschnittlich wahrgenommene Qualität**	**... als hoch wahrgenommene Qualität**
Anbieter gilt als überteuert, weil der Teilnehmer nicht die gleiche Gegenleistung wie beim Wettbewerber erhält.	Hier taucht kein Störgefühl auf, denn die Erwartungen des Teilnehmers an die Leistung werden erfüllt.	Entweder freut sich der Kunde über das günstige Angebot oder er sucht misstrauisch den Haken an der Sache.

Hoher Preis

Einen hohen Preis assoziieren viele Menschen mit nachweisbarer Qualität und/oder einem hohen Bekanntheitsgrad des Anbieters. So erzielt die prominente Trainerin X das Dreifache an Umsatz mit einem Seminar als ihr unbekannter Kollege Y, der dieselben Inhalte vermittelt. Folgende Aussagen stammen von der Internetseite www.ruhleder.de (Stand: 16.09.2008):

Ruhleder hat kein Interesse, mit günstigen Preisen zu werben. Sein persönliches Tageshonorar liegt zwischen 15.000 Euro und 17.000 Euro. Bei Privatissima und Großveranstaltungen nach Anfrage. Die Preise der offenen Seminare in Höhe von 850 Euro bis 1.300 Euro pro Tag und Teilnehmer sieht er als Beweis besonderer Qualität. Für firmeninterne Tagungen seiner Dozenten werden 3.000 Euro bis 5.500 Euro in Rechnung gestellt. Lange im Voraus ausgebuchte Veranstaltungen zeigen, dass seine Kunden dies akzeptieren (manager magazin »Seminare«).

Die Qualität des Angebots wird argumentativ mit dem hohen Preis verknüpft. Untermauert wird diese Verbindung durch die hohe Zahl der Anmeldungen und Buchungen. Andere Wege, Qualität zu dokumentieren und einen hohen Seminarpreis nachvollziehbar zu machen, sind etwa:

- besonderer Service,
- zusätzliche Maßnahmen, um einen besonders nachhaltigen Wissenstransfer zu ermöglichen
- Qualifikationen der Dozenten sowie
- Referenzen.

Je höher der Preis, desto höher sind die Erwartungen der Kunden oder Teilnehmer an Sie und Ihr Angebot. Sind Sie neu am Bildungsmarkt, ist vom Einstieg mit Höchstpreisen abzuraten. Auch dann, wenn Sie bislang im niedrigen oder mittleren Preissegment tätig sind, sollten Sie Ihr Honorar oder die Seminargebühren besser Schritt für Schritt erhöhen.

Teilnahmebedingungen und Zahlungskonditionen

Birgit Lutzer

Wirkung der AGB auf den potenziellen Kunden

Sicher – die Teilnahmebedingungen sind ein juristischer Text, der klar formuliert werden muss. Doch auch hier gibt es gewaltige Wirkungsunterschiede. Weit verbreitet sind folgende und ähnliche Formulierungen für Seminarbedingungen:

»Die Teilnahmegebühr für das Seminar … beträgt inklusive Mittagessen, Erfrischungsgetränken, Übernachtung und Teilnehmerunterlagen … Euro + MwSt. Nach Anmeldungseingang erhalten Sie eine Bestätigung und eine Rechnung. Die kostenlose schriftliche Stornierung ist bis zu 14 Tagen vor dem Veranstaltungstermin möglich. Nach Ablauf dieser Frist oder bei Nichterscheinen des Teilnehmers wird die gesamte Tagungsgebühr fällig. Selbstverständlich können Sie eine andere Person als Ersatzteilnehmer benennen.«

Diese Bedingungen sind klar, sachlich und dennoch mit freundlichem Unterton formuliert. Die Regelungen kommen dem Kunden in angemessener Weise entgegen. Dies ist nicht immer so. Ein anderer Anbieter hat weniger kundenorientierte Stornierungsfristen:

»Erfolgt die Stornierung bis zu drei Wochen vor Kurs- oder Seminarbeginn, ist eine einmalige Bearbeitungsgebühr in Höhe von 25 Euro pro angemeldete Person zu zahlen. Hat sich eine Gruppe von mehr als vier Teilnehmern unter einem (Firmen-)Namen angemeldet, reduziert sich die Bearbeitungsgebühr um 20 Euro pro angemeldete Person. Bei einer Stornierung ab 20 Tage vor Kurs- oder Seminarbeginn, sind 70 Prozent der Kurs- oder Seminargebühr zu zahlen. Ab dem zehnten Tag vor Veranstaltungsbeginn ist bei einer Stornierung die volle Kurs- oder Seminargebühr zu zahlen.«

Diesen Text muss man dreimal durchlesen, bevor man ihn in den einzelnen Punkten nachvollziehen kann. Noch komplizierter wird es im Abschnitt über Ersatzteilnehmer.

»Die Benennung eines Ersatzteilnehmers oder dessen Teilnahme an der Bildungsmaßnahme ändert nichts an der Verpflichtung des angemeldeten Teilnehmers, die volle Kurs- oder Seminargebühr zu zahlen. Der ursprünglich angemeldete Teilnehmer kann das Institut X (Name geändert) in diesem Fall wegen der Bezahlung der Kurs- oder Seminargebühren nicht auf den Ersatzteilnehmer verweisen. Die Regelungen unter § 4 und § 5 dieser Teilnahmebedingungen gelten im Übrigen bei Nennung eines Ersatzteilnehmers entsprechend mit der Maßgabe, dass die dort ausgesprochenen Rechtsfolgen auch den angemeldeten Teilnehmer betreffen. Erscheint also zum Beispiel der Ersatzteilnehmer zu der gebuchten Veranstaltung nicht oder kann der Ersatzteilnehmer wegen nicht erfolgter Zahlung an der Veranstaltung nicht teilnehmen, ist von dem angemeldeten Teilnehmer gleichwohl die volle Kurs- oder Seminargebühr zu zahlen.«

Alle Klarheiten beseitigt? Im letzten Absatz dieses Paragrafen klingt es gar bedrohlich:

»Nimmt der Ersatzteilnehmer an der Veranstaltung teil, haften der angemeldete und der neue Teilnehmer bis zur vollständigen Zahlung als Gesamtschuldner. Eine Verpflichtung des Instituts X, sich wegen der Zahlung der Kurs- oder Seminargebühr an den Ersatzteilnehmer zu halten, besteht nicht.«

Mal ehrlich: Würden Sie das Risiko eingehen, sich bei einem Seminar dieses Anbieters anzumelden? Beachten Sie daher die folgenden Tipps für die Formulierung von Teilnahmebedingungen:

- Achten Sie darauf, dass der Text trotz der juristischen Inhalte freundlich und entgegenkommend klingt.
- Ihre Teilnahmebedingungen sollten inhaltlich einfach nachvollziehbar sein. Zu komplizierte Regelungen schrecken ab!
- Ersetzen Sie Reizwörter wie »haften«, »zahlen«, »Schuldner« durch neutrale oder positive Begriffe. Beispiel: zahlen = investieren.
- Signalisieren Sie Entgegenkommen.
- Erläutern Sie rechtliche Fachbegriffe bei Bedarf und verwenden Sie kurze Sätze.
- Sprechen Sie den Leser möglichst direkt an (Beispiel: »Haben Sie sich angemeldet, erhalten Sie … Möchten Sie das Seminar stornieren, …«).

Lassen Sie Ihren Text bei Bedarf von einem Rechtsanwalt überprüfen!

Was bekommt der Auftraggeber für sein Geld?

Hanspeter Reiter

Im Sommer 2008 bewegt eine Neuerscheinung den Buchmarkt in der Weiterbildung: Ein Dr. Reinhard Gris (Pseudonym[*]) präsentiert »Die Weiterbildungslüge: Warum Trainings und Seminare Kapital vernichten und Karrieren knicken.« Wer das Buch genau las, stellte fest: Da wird bohrend »der Finger in die Wunde gelegt«, doch nichts wirklich Neues präsentiert. Die daraus folgende monatelange über die Fachblätter öffentlich geführte Diskussion hat vor allem dreierlei bewirkt:

- Eine Reihe von Bildungsanbietern nutzte die gebotene Plattform freudig zur Selbstdarstellung unter dem Tenor »Wir machen das natürlich völlig anders!«.
- Die Auflage des Buches stieg rasant, Buchhändler, Verlag wie Autor konnten sich freuen.
- Am meisten wird der Autor profitiert haben, weiß er doch am besten, wie er seinen Auftraggebern gegenüber argumentieren muss, ohne sich outen zu müssen.

Sogenannte Enthüllungsgeschichten gibt es immer wieder für das eine oder andere Thema, sei es zu konkreten Managern oder ganz allgemein, sei es zu Branchen, zum Beispiel nahe an unserem Thema: »Beraten und verkauft« von Thomas Leif (2006). Fast zeitgleich zur »Weiterbildungslüge« erschien das Buch »Der Megaseller« mit dem Anspruch, in Romanform der Buchbranche und ihren Machenschaften ans Leder zu wollen. Auch dieses Buch ist eher ein »Aufwärmer«, denn vor wenigen Jahren war »Der Bestseller« erschienen, der andere Details gleicher Machart präsentiert hatte.

Zurück zu »Gris« und seiner »Weiterbildungslüge«: Tatsächlich greift der anonym bleibende Autor – nach eigener Aussage selbst in diesem Geschäft unterwegs – Themen auf, die »auf beiden Seiten des Schreibtisches« von Trainern wie von Personalern längst kontrovers diskutiert werden, und setzt sie plakativ in Szene. So haben Verbände wie GABAL e.V. (www.gabal.de) schon 2000/2001 auf Branchenmessen wie der didacta Bildungsmesse mit der Frage provoziert: »Ist Weiterbildung für die Katz?« In mehreren Symposien haben Verbände wie GABAL Bildungscontrolling aus verschiedenen Blickwinkeln beleuchtet und dabei auch Referenten wie die von Gris zitierte Dr. Barbara Gülpen einbezogen. So entstand bei mir der Eindruck, es müsse sich um einen Teilnehmer dieser Symposien handeln …

Insoweit ist der empörte Aufschrei einer kompletten Branche kaum nachvollziehbar, es sei denn, der eine oder die andere neidet Verlag und Autor den Erfolg dieser Publikation. Schließlich ist längstens und weithin bekannt, dass

---

[*] Laut managerSeminare, Ausgabe September 2009, handelt es sich um den Trainer Dr. Axel Koch aus Oberbayern.

- Happy-Sheets (auch Smile-Sheets genannt) wenig über den »Lernerfolg« oder den »Trainingstransfer« aussagen,
- mangelnde Unterstützung vonseiten Vorgesetzter wie auch Kollegen kontraproduktiv wirkt,
- Personaler sich schwertun, wirklich beratend ihre Funktion als Katalysator im Unternehmen wahrzunehmen – oder als »Schmierstoff« der Personalentwicklung zwischen Geschäftsleitung und Teilnehmern unterschiedlichster Hierarchiestufen zu dienen,
- nach wie vor Messwerte fehlen, Quantität wie auch vor allem Qualität von Weiterbildungsmaßnahmen bewerten zu können (mehr dazu später im Kapitel *Bildungscontrolling*, s. S. 178 ff.),
- einerseits viele Teilnehmer in Seminare geschickt werden, statt sich selbst dafür zu entscheiden – und entsprechend demotiviert, falsch motiviert (Freizeitvergnügen?) sowie unvorbereitet-abwartend erscheinen,
- andererseits Teilnehmer Seminare nach Kriterien auswählen, die weder ihnen noch dem finanziell dabei engagierten Unternehmen etwas Sinnvolles bringen (s. S. 180 ff.),
- zu fragen ist, ob tatsächlich ein Seminar in der gegebenen Situation die erfolgsträchtige Maßnahme ist oder andere Maßnahmen sinnvoller wären. – Also: andere Person, etwa der Vorgesetzte; andere Maßnahme, etwa ein Coaching; ein anderes Thema …
- einerseits Volkshochschulen, Industrie- und Handelskammern und viele weitere (halb) öffentliche Anbieter über häufig nebenberufliche Dozenten durchaus brauchbare Weiterbildung zu deutlich niedrigeren Preisen als private Institute bieten und andererseits hauptberuflich tätige Trainer ihre weitaus höheren Honorare rechtfertigen.

Meine Quintessenz aus dieser Lektüre fasse ich so zusammen: Quantität wie auch Qualität von Weiterbildungsmaßnahmen sollten stärker validiert werden, als das bisher wohl tatsächlich der Fall ist, so der legitime Ansatz. Da Personalverantwortliche als Nachfrager wie Bildungsanbieter nach wie vor recht hilflos erscheinen, wenn nach Erfolgen der Investitionen gefragt wird, beschäftigt uns eben hier in diesem Kapitel das »Pricing«, also Fragen zum Preis-Leistungs-Verhältnis, zu Nachhaltigkeit und Transfer, zu ganzheitlichen Maßnahmen und systemischen Perspektiven. Ebenso steht die Frage, ob Seminare oder alternative Maßnahmen besser wären, im Raum. Seit 2003 sucht sogar ein eigener Fachkongress Bildungscontrolling (www.bildungscontrolling.com) Antworten auf diese Fragen.

Auch die Sicht von Bildungsberatern kann für alle Beteiligten am Prozess hilfreich sein, Anbieter wie Nachfrager, Teilnehmer wie Entscheider und Geldgeber. Als private Initiativen entstanden aus der ursprünglich monopolistisch bei der Bundesanstalt (inzwischen Bundesagentur) für Arbeit angesiedelten Berufsberatung, widmet der

W. Bertelsmann Verlag (wbv) diesem Thema ebenfalls einen jährlichen Fachkongress (www.wbv-fachtagung.de).
Für den mündigen Weiterbildungsnachfrager spricht folgendes Detail aus einer Auswertung des BMBF (Bundesministerium für Bildung und Forschung) in einer Podiumsdiskussion in einer Veranstaltung im Jahr 2008:

> Rund 75 Prozent der Teilnehmer an einer Bildungsberatung entscheiden sich für Angebote privater Institute und Trainer, obwohl diese Anbieter innerhalb der Beratung offenbar so gut wie keine Rolle spielen. Und das, obwohl mindestens drei mögliche Lösungen vonseiten der Berater genannt werden sollen – von VHS bis Coaching …

Konditionenpolitik braucht mehr als die Nennung des Tagessatzes

Hanspeter Reiter

Die Diskussion rund um Kursgebühren und Tagungspauschalen kreist meist ausschließlich um das Thema »Tages- oder Stundensatz« eines Trainers oder Dozenten. Dabei wird oft übersehen, dass zu einem Weiterbildungsangebot weit mehr gehört.

Kostenfaktoren	Weiterbildungsunternehmen		Trainer, Speaker	
	Inhouse	**Extern**	**Inhouse**	**Öffentlich**
Dozent	X	X	X	X
Co-Trainer	(x)	(x)	(x)	(x)
Tagungsräume *	X	X	–	(x)
Ausstattung *	X	–	–	(x)
Bewirtung	(x)	(x)	–	(x)
Organisation *	(x)	(x)	–	x
Betreuung *	(x)	X	–	x
Reisekosten	–	X	X	X
Eigene Übernachtung	–	X	X	X
Eigene Verpflegung	X	X	(x)	X
Vorbereitung	X	X	X	X
Nachbereitung	X	X	X	X
Teilnehmerunterlagen	(x)	(x)	(x)	(x)
Trainerunterlagen	X	X	X	X
Gruppenrabatt	–	(x)	–	(x)
Rahmenveranstaltung	(x)	(x)	(x)	(x)
Gebühren (GEMA ...)	(x)	(x)	(x)	(x)
Marketing/Werbung *	X	X	X	X
Summe				

* gegebenenfalls kalkulatorisch, also »fixe« Kosten anteilig umgerechnet
X = trifft im Allgemeinen zu   (x) = nach Absprache

Tatsächlich kalkulieren Sie also den Ein- und Verkauf von Bildungsangeboten, indem Sie diverse Beträge zusammenführen, ob als Trainer, Bildungsinstitut oder Seminarveranstalter: Vor- und Nachbereitung, Unterlagen, Reise- und Nebenkosten und anderes mehr. Ihre Kalkulationstabelle könnte beispielsweise so aussehen wie auf der linken Seite. Weitere Posten können Sie gegebenenfalls noch einfügen.

In der Kalkulation des Auftraggebers kommen Personalkosten hinzu, wenn es sich um ein Unternehmen handelt, das Teilnehmer zu einer Maßnahme »schickt«. Privatkunden könnten kalkulatorisch Arbeitszeiten dann berücksichtigen, wenn sie Urlaub nehmen, um an der Weiterbildung teilzunehmen, oder einen freien Tag dafür investieren, etwa einen unbezahlten Samstag.

Ein schwerwiegender Kalkulationsposten ist die »Location«, also die gewählte Tagungsstätte. Viele Anbieter greifen auf vorhandene Übersichten mit Bewertungen zurück, wenn sie eigene Erfahrungen oder die Websuche mit gesicherten Informationen ergänzen wollen. Dazu zählen Nachschlagewerke wie »Exzellente Tagungsstätten« oder www.top250tagungshotels.de. Helfen kann auch die DeGeFest (Deutsche Gesellschaft zur Entwicklung und Förderung des Seminar- und Tagungswesens e.V., s. www. degefest.de). Das Trainertreffen Deutschland (TTD, s. www.trainertreffen.de) bietet durch eine intensive Kooperationspolitik seinen Mitgliedern die Möglichkeit, Tagungshotels überall in Deutschland kostenlos kennenzulernen, die damit die Chance erhalten, sich potenziellen Auftraggebern zu präsentieren. Wer keine eigene(n) Tagungsstätte(n) besitzt, wird zahlreiche Kriterien berücksichtigen müssen. Diese sind auf Seite 140 im »Wunschprofil für Tagungsstätten« zusammengestellt.

Die Tabelle »Wunschprofil von Tagungsstätten« erhalten Sie ebenfalls als Download. Dies ist zunächst eine Arbeitstabelle, in die Sie Bemerkungen zum jeweiligen Kriterium eintragen können, bei »Trainerzimmer« könnte es zum Beispiel lauten: ist vorhanden; räumlich von Teilnehmern getrennt; Ausstattung mit WLAN (Wireless LAN, also Internetverbindung ohne Kabel ins Telefon- oder Stromnetz, eventuell als Hotspotzugang). Weitere Kriterien wären: Größe, Preis (je nach Teilnehmerzahl vielleicht sogar ohne Berechnung).

Wenn Sie konkrete Werte in eine Tabelle dieser Art eintragen, können Sie ein Wunschprofil erstellen, das Sie optisch mit dem der infrage kommenden Hotels vergleichen können (Profil), um so auf einen Blick Ihren Favoriten zu finden. Meist werden mehr als zwei Stätten angefragt (und häufig sogar in Augenschein genommen). Im Download haben wir den direkten Vergleich von zwei Tagungsstätten berücksichtigt.

Das Besorgen einer Tagungsstätte, die Verhandlung der Konditionen und das Verfolgen gesicherter Absprachen und die Realisierung vor Ort gehören zur Seminarorganisation. Diese kann mächtig zu Buche schlagen – ein Kostenfaktor, dessen Outsourcing sich lohnen kann. Umso mehr, wenn die Organisation nicht zur Kernleistung gehört, was bei Einzeltrainern in aller Regel der Fall ist: Die Person wirkt, und darauf sollte sich der Anbieter auch konzentrieren. Bei Seminarveranstaltern gehört die Organisation durchaus zur Kernleistung, die Auswahl der passenden wie rentablen »Location« eingeschlossen. Manche Akademien oder auch Vermittler (s. S. 388 ff.)

Wunschprofil von Tagungsstätten

Kriterien	Qualität (Art)	Quantität (Preis)	Bemerkungen
Trainerzimmer	Ausstattung mit WLAN und größerem Arbeitstisch	Ohne Berechnung	
Teilnehmerzimmer	Standard/Komfort nach Wahl	70–100 Euro	EZ Übernachtung/ Frühstück
Gemeinschaftsräume	Pausengestaltung	In Pauschale enthalten	Getrennt von anderen Gruppen
Plenum und Gruppenräume	Zwei Gruppenräume	In Pauschale enthalten	
Schulungsausstattung	Pinnwand, Flipchart, Beamer, Leinwand, Moderatorenkoffer	Ohne Berechnung	Laptop selbst mitbringen
Bewirtung/Catering	Zwei Pausen, Mittag, Abend; Vollwertkost beachten	50–70 Euro pro Tag und Teilnehmer	1. Tag ohne Mittagessen, letzter ohne Abendessen
Outdoormöglichkeiten	–	–	Nur zum Spazieren und Rauchen
Rahmenprogramm (intern/extern)	Bar mit Musik	Selbstzahler	Infos über Kultur in Umgebung
Verkehrsanbindung	Autobahnnah, Bahnhof, Flughafen?	(selbst)	Möglichst nur 250 km von mir
Themen passend? (Kirche, Sport ...)	Möglichst neutral – kirchlicher Träger entfällt	–	Eventuell Bildungszentrum von Unternehmen, siehe T-Com
Präferenz des Bildungskunden?	–	–	Öffentliche Veranstaltung

übernehmen die Seminarorganisation dritter Anbieter als berechnete Dienstleistung, als Beispiel sei genannt die STUFEN-Akademie Bonn (www.stufenzumerfolg.de, Kontakt: akademie@stufenzumerfolg.de). Außerdem gibt es Medienlogistiker, die auch die Seminarorganisation übernehmen, wie etwa Rhenus Media Logistics in Landsberg/Lech (www.rhenus.com) – auch hier wäre eine genauere Beschreibung wünschenswert (Kontakt: marianne.voit@de.rhenus.com). Hier wie dort profitieren

Sie von der Multiplikation vorhandener Erfahrung und von der Anwendung von Seminarorganisationssoftware.

Eine Alternative zum Outsourcing kann der eigene Einsatz von Software zur Seminarorganisation sein, etwa ergänzend zu Programmen, die den inhaltlichen Aufbau unterstützen (beispielsweise SeminarDesigner oder Planeasy. Weitere Anbieter im Internet sind www.kursorganizer.de, ein Verzeichnis bietet www.softguide.de/software/seminare-kongresse.htm. Das muss keineswegs aufwendig sein, wie Angebote etwa von Jünger Medien zeigen (»30 Top-Tools für Seminar-Management«, www.juenger-medien.de).

Nun ist zu hinterfragen, wer was trägt:

- Preis ist »all inclusive«, also für den Auftraggeber kommt nichts mehr dazu – Beispiel: Seminarveranstalter bietet öffentliches Seminar; Übernachtung meist, Reisekosten immer direkt zulasten der Teilnehmer.
- Anbieter ist nur für abzustimmende Teile verantwortlich, die weiteren Kosten gehen direkt zulasten des Nachfragers – Beispiel: Inhousemaßnahme in Unternehmen, das für Hotel und Tagungsräume sorgt; Institut/Trainer kümmert sich um Ausstattung und Unterlagen zusätzlich zum »inhaltlichen« Training.
- Der Auftragnehmer erbringt ausschließlich die Trainingsleistung, alles andere hat der Auftraggeber zu verantworten – Beispiel: Inhousetraining durch einen Einzeltrainer.

Je nachdem fließen entsprechende Beträge in die Kalkulation der Tabelle auf Seite 138 ein und ergeben in Summe einen zu erzielenden (beziehungsweise erzielten) Betrag.

Doch das sind zunächst »nur« Sachnebenkosten. Im Allgemeinen liegt der Kostenschwerpunkt beim Personal:

Personenbezogene Nebenkosten

Haben Sie Angestellte, für die Sie Lohnnebenkosten zu kalkulieren haben, etwa die direkten Zusatzkosten für Krankenkasse, Rentenversicherung usw., dazu noch kalkulatorisch Urlaubs- und Krankheitstage beziehungsweise auch Urlaubs- und Weihnachtsgeld sowie vereinbarte Boni und Tantiemen? Handelt es sich um freie Mitarbeiter, für die das vereinbarte Honorar zu kalkulieren ist, darüber hinaus nichts? Je nachdem geht es um einen Faktor von etwa 1,5. Das bedeutet: je 1.000 Euro Bruttogehalt fallen letztlich 1.500 Euro an, die in die Kalkulation einfließen müssten. Wer selbstständig als Trainer tätig ist, muss wiederum berücksichtigen, dass von seinem eingenommenen Honorar Abzüge wie Versicherungen und Steuern abgehen.

In diesem Zusammenhang gibt es einige wichtige Hinweise zu berücksichtigen, die hier eine Fachfrau zum Thema »Versicherungen für Weiterbildner« darlegt – achten Sie auch auf Untertöne!

Versicherungen für Weiterbildner

Welche Besonderheiten bezüglich Versicherungen sind im Weiterbildungsbereich zu beachten, gibt es diese überhaupt? Speziell für freie Trainer gibt es eine ganze Reihe von Besonderheiten. Diese betreffen die gesetzliche Rentenversicherungspflicht und viele private und betriebliche Versicherungsmöglichkeiten speziell für den Weiterbildungsbereich. Zwei Versicherungsarten, die sogar als Marketinginstrument eingesetzt werden können, seien an dieser Stelle kurz vorgestellt.

Vorsicht Falle: Versicherungen rund um das Seminar?!

Gastbeitrag von Edit Frater, Vorsitzende TRAINERversorgung e.V. und Leiterin der Fachkommission Altersvorsorge im DVWO

Seminarausfallversicherung

Für die Durchführung eines Seminars gehen alle Beteiligten ein finanzielles Risiko ein. Seminarräume werden gebucht, es fallen Tagungspauschalen und Reisekosten für die Teilnehmenden an. Und ganz wichtig: Ein Trainer muss gebucht werden. Wer übernimmt das finanzielle Risiko, wenn das Seminar nicht stattfinden kann, weil der Trainer es aus gesundheitlichen Gründen nicht halten kann oder bei der Anreise einen Unfall erleidet?

Seminarausfallversicherung für firmeninterne Seminare: Handelt es sich um ein firmeninternes Seminar, so war es bislang üblich, dass der Auftraggeber die anfallenden Kosten übernahm und einen neuen Termin für die Fortbildung festsetzte. In letzter Zeit gehen immer mehr Auftraggeber dazu über, das finanzielle Risiko auf die Trainer abzuwälzen. In Verträgen wird festgehalten, dass die unvermeidbaren Fixkosten vom Trainer zu tragen sind, wenn dieser das Seminar nicht durchführen kann. Tagungspauschalen, Hotelzimmer und Reisekosten können bei zehn Teilnehmenden leicht Fixkosten in Höhe von weit über 2.000 Euro verursachen. Hinzu kommt, dass das eigene Honorar des Trainers ebenfalls entfällt – insgesamt ein enormes Risiko, jedoch ein reduzierbares: Für den Fall von plötzlicher Krankheit oder Unfall können die Fixkosten, inklusive des Trainerhonorars, über eine »Seminarausfallversicherung« versichert werden. Versicherungsnehmer kann der Trainer oder die auftraggebende Firma sein. Beide können die Versicherungsbeiträge als Betriebsausgabe steuerlich absetzen. Neben der Versicherung von einzelnen Seminaren können sich Trainerinnen und Trainer auch für ein »Abo« entscheiden und alle Seminare in einem Zeitraum von zwölf Monaten absichern, hierdurch reduziert sich die Höhe des Versicherungsbeitrages.

Trainer, die dem Auftraggeber gegenüber signalisieren, für dieses Risiko vorgesorgt zu haben, könnten hierdurch einen Wettbewerbsvorteil erlangen.

Seminarausfallversicherung für offene Seminare: Bei öffentlichen Seminaren gehen die Teilnehmenden ebenso ein Risiko ein. Können Teilnehmer aus gesundheitlichen Gründen nicht anwesend sein, so wird in der Regel die gesamte Seminargebühr fällig. Der Trainer könnte natürlich großzügig sein, auf die Stornogebühr verzichten oder die Teilnahme bei einem Ersatztermin anbieten. Für den Trainer oder das Trainingsinstitut würde das allerdings den Verlust eines Teilnehmerbeitrags bedeuten. Dies lässt sich einfach und leicht durch eine Seminarrücktrittskostenversicherung verhindern. Wie bei einer Reise schließt der Teilnehmer eine Rücktrittskostenversicherung für den Fall von Unfall oder Krankheit ab. Im Krankheitsfall werden 75 Prozent der versicherten Summe erstattet. Abgesichert werden können die Teilnahmegebühr und alle Nebenkosten wie Tagungspauschale, Übernachtung und Anreise.

Die Seminarrücktrittskostenversicherung wird von einigen Anbietern erfolgreich als Marketinginstrument eingesetzt. Gegenüber Mitbewerbern stellt es einen Wettbewerbsvorteil dar, wenn die Seminarrücktrittskostenversicherung bereits in der Seminargebühr enthalten ist oder dem Seminarteilnehmer zumindest das Angebot zur Verfügung gestellt wird, diese auf eigene Kosten abzuschließen. Der Aufwand liegt bei ungefähr drei Prozent der versicherten Kosten. Nicht versicherbar sind übrigens Seminarausfälle durch selbst verschuldete verspätete Anreise oder durch kurzfristige Absagen aufgrund von anderen Terminen. Auch eine Absage aufgrund zu geringer Teilnehmerzahl ist nicht versicherbar.

Rentenversicherungspflicht für Trainer und Coaches?

Bestimmte Selbstständige und Freiberufler sind rentenversicherungspflichtig. Hierzu gehören auch selbstständige Lehrer und Erzieher, die selbst keinen versicherungspflichtigen Arbeitnehmer beschäftigen. Nun empfindet sich ein Trainer nicht unbedingt als Lehrer und fühlt sich von dieser Regelung (zu Recht) nicht betroffen. Doch was gilt?

> »Lehrer und Erzieher – Als selbstständig gelten Lehrer, wenn sie an Schulen, Universitäten oder anderen Bildungseinrichtungen unterrichten. Dabei muss es um das Übermitteln von Wissen, Können und Fertigkeiten in Form von Gruppen- oder Einzelunterricht gehen. Der Lehrbegriff wird weit ausgelegt: So gehört Nachhilfe ebenso dazu wie Golf oder Aerobicunterricht.« Quelle: Deutsche Rentenversicherung, Broschüre »Selbstständig – wie die Rentenversicherung Sie schützt«, Stand 3/2008.

Nach dieser Definition sind alle, die Seminare und Workshops geben, betroffen. Die wichtigsten Fragen und Antworten in diesem Zusammenhang sind:

Wie kann man sich von der Rentenversicherungspflicht befreien lassen? Eine Befreiung von der Rentenversicherungspflicht ist seit dem 30.9.2001 nicht mehr möglich. Es bleibt nur festzustellen, welche Kriterien zur Versicherungspflicht oder zur Versicherungsfreiheit führen. Im zweiten Schritt können die Betroffenen überlegen, ob sie ihre Tätigkeit so verändern, dass sie nicht unter die Rentenversicherungspflicht fallen. Ist dies nicht möglich so ist die Beitragszahlung unvermeidlich. Prüfen Sie, ob eine der folgenden Aussagen auf Sie zutrifft:

- Ich bin nicht versicherungspflichtig, weil bei mir geringfügige Beschäftigung vorliegt. Der Gewinn, der mit der Trainertätigkeit erwirtschaftet wird, liegt unter 400 Euro monatlich.
- Ich bin überwiegend (zu über 60 Prozent) beratend tätig (und kann das auch anhand meiner Rechnungslegung nachweisen).
- Ich beschäftige einen oder mehrere Angestellte, die monatlich über 401 Euro brutto verdienen und somit sozialversicherungspflichtig sind. (Alternativ wird derzeit noch die Beschäftigung von zwei Minijobbern, die zusammen über Euro 401 verdienen, anerkannt.)

Trifft einer dieser Punkte zu, so liegt keine Versicherungspflicht vor. Für die Zukunft ist es gestattet, die persönliche Situation zu verändern und somit die Versicherungsfreiheit zu erreichen. Wer zum Beispiel einen Angestellten einstellt, ist ab dem Zeitpunkt der Anstellung automatisch nicht mehr von der Versicherungspflicht betroffen.

Selbstständig mit einem Auftraggeber oder scheinselbstständig? Wenn Trainer schon aufgrund ihrer Tätigkeit laut obiger Definition rentenversicherungspflichtig sind, spielt es keine Rolle, wenn sie zusätzlich noch als »Selbstständige mit einem Auftraggeber« gelten. Diese wiederum sind unabhängig von ihrer Tätigkeit rentenversicherungspflichtig, wenn sie auf Dauer und im Wesentlichen nur für einen Auftraggeber tätig sind, wenn sie also mehr als 5/6 ihres Einkommens von einem Auftraggeber beziehen. Scheinselbstständige sind »arbeitnehmerähnliche Selbstständige«, die im Grunde kein wirtschaftliches Risiko eingehen. Sie sind an die Weisungen ihres Auftraggebers gebunden, müssen zum Beispiel Arbeitszeiten einhalten und dürfen Aufträge nicht ablehnen. Diese Gruppe ist gänzlich sozialversicherungspflichtig, wobei sich Auftraggeber und Auftragnehmer die Beiträge teilen müssen.

Auch in diesem Fall ist unverzüglich versicherungsfrei, wer wie beschrieben einen versicherungspflichtigen Arbeitnehmer oder zwei Minijobber beschäftigt.

Das Thema »Umsatzsteuer« finden Sie auf Seite 145 ff. Hier gilt es ebenfalls einige wichtige Hinweise zu berücksichtigen.

Mehrwertsteuer, Umsatzsteuer, Reisekosten

Hinweise für Selbstständige und freiberufliche Dozenten und Unternehmer beziehungsweise Unternehmen

Gastbeitrag von Willi Kreh, Deutschlands erstem BankStrategieBerater

Rechnungen und die Mehrwertsteuer

Jeder Unternehmer im Sinne des Umsatzsteuergesetzes muss für seine erbrachten Leistungen unter bestimmten Bedingungen eine Rechnung erstellen. Der Unternehmer ist auf jeden Fall verpflichtet, eine Rechnung auszustellen, wenn er den Umsatz an einen anderen Unternehmer für dessen Unternehmen ausführt.

Die Verpflichtung zur Ausstellung einer Rechnung und was alles in einer Rechnung als Pflichtangaben enthalten sein muss, ist im § 14 des Umsatzsteuergesetzes geregelt. Bei den Pflichtangaben wird nochmals unterschieden zwischen einer Kleinbetragsrechnung bis 150 Euro (hier sind deutlich weniger Angaben erforderlich) und Rechnungen über 150 Euro. Als Übersicht für die Praxis eignet sich nachstehende Checkliste.

Pflichtangaben in einer Rechnung	
Rechnungen bis 150 EUR	Hinweise
Name und Anschrift des leistenden Unternehmers	
Ausstellungsdatum der Rechnung	
Menge und Art der Lieferung oder Umfang und Art der Leistung	
Bruttoentgelt	
Steuersatz	in %
oder Hinweis auf eine Steuerbefreiung	
Unternehmer, die Bauleistungen oder sonstige Leistungen im Zusammenhang mit Grundstücken gegenüber Privatpersonen erbringen, müssen in der Rechnung darauf hinweisen, dass der private Kunde die Rechnung zwei Jahre aufzubewahren hat.	

Rechnungen über 150 EUR	
Name und Anschrift des leistenden Unternehmers	
Name und Anschrift des Leistungsempfängers	
Steuernummer oder USt-IdNr. des leistenden Unternehmers	Empfehlung: USt-IdNr.
Ausstellungsdatum der Rechnung	
Fortlaufende Rechnungsnummer	
Menge und Art der Lieferung oder Umfang und Art der Leistung	
Zeitpunkt der Lieferung bzw. Leistung	
Nettoentgelt, aufgeteilt nach Steuersätzen	in 7 % und 19 %
Im Voraus vereinbarte Minderung des Entgelts (z.B. durch Bonus, Rabatt, Skonto)	
Steuersatz	in %
Steuerbetrag	in Euro
oder Hinweis auf eine Steuerbefreiung	Vorschrift angeben
Unternehmer, die Bauleistungen oder sonstige Leistungen im Zusammenhang mit Grundstücken gegenüber Privatpersonen erbringen, müssen in der Rechnung darauf hinweisen, dass der private Kunde die Rechnung zwei Jahre aufzubewahren hat.	

Ein Vorsteuerabzug ist nur möglich, wenn die Rechnung alle erforderlichen Pflichtangaben beinhaltet. Sollten Rechnungsangaben fehlen beziehungsweise fehlerhaft sein, ist dies umgehend vom Rechnungsaussteller berichtigen zu lassen. Der Rechnungsempfänger selbst darf keine Rechnungen, die er erhalten hat, abändern oder ergänzen.

Kleinunternehmerregelung

Sind Sie Unternehmer und haben im Jahr weniger als 17.500 Euro Umsatz, dann fallen Sie unter die Kleinunternehmerregelung nach § 19 des Umsatzsteuergesetzes. Dies bedeutet, dass Sie keine Mehrwertsteuer auf Ihre Einnahmen zahlen müssen. Sie dürfen aber auch keine Mehrwertsteuer in den von Ihnen ausgestellten Rechnungen ausweisen. Die Vorsteuer, also die Mehrwertsteuer, die Ihnen von anderen Unternehmern berechnet wird, können Sie nicht vom Finanzamt erstattet bekommen.

Beträgt Ihr Umsatz als Kleinunternehmer im Kalenderjahr mehr als 17.500 Euro, dann müssen Sie ab dem nächsten Kalenderjahr zur Regelbesteuerung mit Mehrwertsteuer und Vorsteuer übergehen.

Sie haben ebenfalls die Möglichkeit, als Kleinunternehmer freiwillig Ihre Umsätze der Mehrwertsteuer zu unterwerfen und den Vorsteuerabzug in Anspruch zu nehmen. An diese Option sind Sie fünf Jahre gebunden nach § 19 Abs. 2 des Umsatzsteuergesetzes. Ob eine solche Ausübung der Option für Sie sinnvoll ist, hängt von verschiedenen Faktoren ab. In aller Regel ist es günstiger, zu optieren, wenn Ihre Kunden auch Unternehmer sind und die von Ihnen dann auszuweisende Mehrwertsteuer als Vorsteuer absetzen können. Auf jeden Fall heißt es hier, vor Ausübung der Option genau zu rechnen.

Mehrwertsteuer/Vorsteuer bei Bilanz und Einnahme-Ausgabe-Rechnung

Erstellen Sie für Ihr Unternehmen eine Bilanz, dann sind die Mehrwertsteuer und die Vorsteuer erfolgsneutral als durchlaufende Posten zu sehen. Ganz anders sieht dies aus bei der Einnahme-Ausgabe-Rechnung. Bei der Einnahme-Ausgabe-Rechnung sind als Betriebseinnahmen zu erfassen:

● Bei Zahlung der Rechnung durch Ihren Kunden ist auch die erhaltene Mehrwertsteuer Betriebseinnahme.
● Betriebseinnahmen sind ebenfalls Erstattungen vom Finanzamt aufgrund von Umsatzsteuervoranmeldungen beziehungsweise Umsatzsteuerjahreserklärungen.

Bei der Einnahme-Ausgabe-Rechnung sind als Betriebsausgaben zu erfassen:

● Wenn Sie Rechnungen bezahlen, ist die darin enthaltene Vorsteuer Betriebsausgabe.
● Betriebsausgaben sind ebenso Zahlungen an das Finanzamt aufgrund von Umsatzsteuervoranmeldungen beziehungsweise Umsatzsteuerjahreserklärungen. Hier gilt eine Besonderheit: Die Umsatzsteuervoranmeldung, die Sie bis zum 10. Januar (gesetzliche Fälligkeit) des folgenden Jahres zu zahlen haben, ist noch Betriebsausgabe im alten Jahr. Regelmäßig wiederkehrende Zahlungen, die bis zum 10. des folgenden Jahres bezahlt werden, sind als Betriebsausgaben des alten Jahres zu erfassen.

Umsatzsteuervoranmeldungen

Das Besteuerungsverfahren erfolgt durch Umsatzsteuervoranmeldungen und Umsatzsteuerjahreserklärungen. Voranmeldungszeitraum ist das Kalendervierteljahr. Beträgt die Steuer für das vorangegangene Kalenderjahr mehr als 6.136 Euro, ist der Kalendermonat Voranmeldungszeitraum. Beträgt die zu zahlende

Umsatzsteuer für das vorangegangene Kalenderjahr nicht mehr als 512 Euro, kann das Finanzamt den Unternehmer von der Verpflichtung zur Abgabe der Voranmeldung und Entrichtung der Vorauszahlungen befreien. Existenzgründer, die die Regelbesteuerung haben, müssen im Jahr der Gründung und in dem darauffolgenden Kalenderjahr generell eine monatliche Umsatzsteuervoranmeldung abgeben, unabhängig von der Höhe ihrer Einnahmen beziehungsweise Steuerschuld.

Sowohl Monats- als auch Quartalszahler können beim Finanzamt eine Dauerfristverlängerung von einem Monat beantragen. Monatszahler müssen eine Sondervorauszahlung leisten, die mit der Dezembervoranmeldung verrechnet wird. Das Finanzamt kann auf Antrag gestatten, dass der Unternehmer, dessen Gesamtumsatz in vorangegangenen Kalenderjahr nicht mehr als 250.000 Euro betragen hat, die Steuer nicht nach den vereinbarten (Soll-Versteuerung) Entgelten, sondern nach den vereinnahmten (Ist-Versteuerung) Entgelten berechnet.

Die Checkliste mit den detaillierten Vorgaben bis/ab Rechnungshöhe 150 Euro ist als Download verfügbar.

Reisekosten 2008 – Vieles ist neu!

Die bis 31. Dezember 2007 unterschiedlich zu beurteilenden Dienst- oder Geschäftsreisen, Fahrtätigkeit und Einsatzwechseltätigkeit wurden mit Wirkung ab 1. Januar 2008 zu dem Sammelbegriff beruflich veranlasste Auswärtstätigkeit zusammengefasst. Im Rahmen der beruflich veranlassten Auswärtstätigkeit von Selbstständigen als auch von Arbeitnehmern sind Fahrtkosten, Verpflegungsmehraufwendungen, Übernachtungskosten und Reisenebenkosten weiterhin steuerlich abzugsfähig, wenn sie so gut wie ausschließlich durch die beruflich veranlasste Auswärtstätigkeit entstehen. Bezüglich der Abrechnung der Reisekosten haben sich keine Änderungen ergeben. Es ist weiterhin eine Reisekostenabrechnung erforderlich, aus der sich der Anlass, die Reisedauer und der Reiseweg ersehen lassen. Die Kosten sind durch geeignete Unterlagen wie Tankquittungen, Hotelrechnungen sowie andere Rechnungen nachzuweisen.

Eine beruflich veranlasste Auswärtstätigkeit liegt vor, wenn der Steuerpflichtige vorübergehend außerhalb seiner Wohnung und an keiner seiner regelmäßigen Arbeitsstätten beruflich tätig wird. Um eine beruflich bedingte Auswärtstätigkeit handelt es sich auch bei Arbeitnehmern, die typischerweise nur an ständig wechselnden Tätigkeitsstätten oder auf einem Fahrzeug tätig sind.

Der Begriff regelmäßige Arbeitsstätte wurde neu definiert. Die regelmäßige Arbeitsstätte ist der ortsgebundene Mittelpunkt der dauerhaft angelegten beruflichen Tätigkeit des Arbeitnehmers, die er mit gewisser Nachhaltigkeit immer wieder aufsucht. Davon ist auszugehen, wenn der Arbeitnehmer die Arbeitsstätte im Kalenderjahr durchschnittlich an einem Arbeitstag pro Woche »aufsucht«. Es ist nicht entscheidend, ob er dort tätig wird.

Um Reisekosten geltend machen zu können, ist es erforderlich, dass es sich um eine vorübergehende Auswärtstätigkeit handelt. Was unter vorübergehend zu verstehen ist, wurde gesetzlich nicht geregelt. Ein Zeitrahmen von bis zu 18 Monate wird zurzeit noch als vorübergehend angesehen.

Im Rahmen der Reisekostenabrechnung können folgende Kosten geltend gemacht werden:

Fahrtkosten. Fahrtkosten in tatsächlicher Höhe (Nachweise erforderlich) sowie Fahrtkosten bei Nutzung eines eigenen Fahrzeuges in tatsächlicher Höhe oder mit der Pauschale von 0,30 Euro pro gefahrenem Kilometer.

Verpflegungsmehraufwendungen. Bei Auswärtstätigkeiten im Inland sind die Verpflegungsmehraufwendungen nur mit Pauschbeträgen anzusetzen, und zwar für jeden Kalendertag der Abwesenheit von der Wohnung und regelmäßigen Arbeitsstätte. Bei einer längerfristigen Auswärtstätigkeit können die Verpflegungsmehraufwendungen nur für die ersten drei Monate geltend gemacht werden.

Für Verpflegungsmehraufwendungen im Inland können folgende Pauschalen angesetzt werden:

- Abwesenheit bis 8 Stunden   0 Euro
- Abwesenheit 8 bis 14 Stunden   6 Euro
- Abwesenheit 14 bis 24 Stunden   12 Euro
- Abwesenheit über 24 Stunden   24 Euro

Bei Tätigkeiten im Ausland wird der Verpflegungsmehraufwand durch Auslandstagegelder berücksichtigt. Diese werden in unterschiedlicher Höhe für jedes einzelne Land vom Bundesministerium für Finanzen veröffentlicht.

Übernachtungskosten. Die Übernachtungskosten können bei einer Auswärtstätigkeit als Reisekosten geltend gemacht werden. Diese Kosten sind durch Rechnungen (beispielsweise Hotel oder Pension) nachzuweisen. Beinhaltet die Rechnung auch Kosten für Verpflegung und sind diese nicht separat ausgewiesen, so ist der Gesamtpreis zur Ermittlung der reinen Übernachtungskosten zu kürzen, und zwar um 20 Prozent für das Frühstück und um je 40 Prozent für das Mittag- und Abendessen des am Unterkunftsort maßgebenden Pauschbetrages für Verpflegung bei Abwesenheit von mehr als 24 Stunden.

Reisenebenkosten. Hierbei kann es sich um Telefongespräche, Straßenbenutzungsgebühren oder Parkgebühren handeln. Diese Kosten sind durch entsprechende Belege nachzuweisen.

Durch die Einhaltung der neuen Regelungen vermeiden Sie Nachzahlungen durch Prüfungen von den Sozialversicherungsträgern und vom Finanzamt. Aktuelle Steuerinformationen finden Sie auf der Homepage www.kreh.de.

In diesem Zusammenhang ist ergänzend der Hinweis auf die Behandlung von Reisekosten zu Weiterbildungsmaßnahmen interessant, zitiert nach Wirtschaftswoche 45/2008 vom 3. November, S. 153, Rubrik »Schnellgericht«:

> »**Fortbildung für Führungskräfte:** Manager, die an Kursen zu Themen wie ›Neuro-Linguistisches Programmieren‹ oder ›Supervision‹ teilnehmen, dürfen die Ausgaben als Werbungskosten von der Steuer absetzen (Bundesfinanzhof, VI R 44/04 und VI R 35/05). Die bei solchen Kursen trainierte Kommunikationsfähigkeit sei eine Schlüsselqualifikation für die ›Wahrnehmung von Führungspositionen im Wirtschaftsleben‹. Voraussetzung für den Steuervorteil sei aber, dass die Kurse von professionellen Anbietern veranstaltet werden.«

Was immer dann genau darunter zu verstehen sein soll – trotzdem: vielleicht ein wichtiges Argument in der Preisdiskussion mit potenziellen Teilnehmern oder Klienten (s. *Preisverhandlungen*, S. 193 ff.). Weitere ähnliche Urteile werden immer mal wieder in Zeitungen und Zeitschriften veröffentlicht.

Kalkulationen im Vergleich

Hanspeter Reiter

Dieser Bereich hat mit Buchhaltung und Kostenrechnung zu tun; als Bestandteil von Marketing gehen wir hier andeutungsweise darauf ein, soweit dies für eine grobe Kalkulation erforderlich ist. Sie finden die meisten Punkte und somit Beträge in Ihrer BWA (Betriebswirtschaftliche Auswertung) oder meist schlicht in Ihrer Steuererklärung, wenn Sie Ihre Preise nachkalkulieren wollen. Ansonsten gilt: Erfragen Sie Beträge und Vorgehensweisen bei Ihrem Steuerberater beziehungsweise ersehen Sie diese aus Ihrer Buchhaltungssoftware (s. *Lexware* von Haufe und diverse andere).

Je nach Vorgehensweise werden unterschiedliche Kalkulationsschemata angewandt. Dabei spielt es eine Rolle, ob Sie gerade dabei sind, ein Seminarangebot neu zu kalkulieren, oder ob Sie zunächst prüfen, inwieweit ein bereits bestehendes Angebot überhaupt Gewinn abwirft und in welcher Höhe. Es geht also um Vor- und Nachkalkulation Ihrer Maßnahmen. Und da Sie selbstverständlich Gewinn machen möchten, sollte der im Markt erzielbare Preis über Ihren Kosten liegen. Das gilt für Bildungsanbieter wie für Trainer, Speaker oder Coaches. Der erhebliche Unterschied in der Sichtweise liegt im Honorar (oder Einkommen) der ausführenden Person:

- Beim Bildungsanbieter bedeutet dieser Posten »Personalkosten« und ist somit auf der Ausgabenseite zu kalkulieren – das schmälert den Gewinn.
- Bei der Einzelperson sind das Einnahmen, die überhaupt erst den Gewinn ermöglichen.

Werfen wir einen Blick auf mögliche Vorgehensweisen in der Gewinnermittlung; zu Details fragen Sie bitte Ihren Steuerberater.

Kosten und Gewinn

Zunächst untersuchen Sie, wie viele Ausgaben Sie haben, wenn Sie eine bestimmte Maßnahme in die Tat umsetzen. Sie analysieren also Ihre Kostensituation, wobei Sie differenzieren wie folgt:

Direkte Kosten. Das sind Ausgaben, die Sie nur in Verbindung mit dem konkreten Seminar haben. Also jene Positionen, die wir bereits thematisiert haben, denen Sie die aktuellen Eurowerte zuordnen. Für ein Seminar können das zum Beispiel sein:

Öffentliches Kommunikationsseminar, zwei Tage; Übernachtung und andere Kosten übernehmen die Teilnehmer persönlich. Zu den direkten Kosten zählen dann:

– Trainerhonorar (frei, also nicht angestellt),
– Trainerreisekosten und -übernachtung,
– Tagungsstätte,
– Ausstattung,
– Bewirtung,
– Teilnehmerunterlagen,
– Marketingmaßnahmen sowie
– Nebenkosten.
Aus diesen Kosten errechnet sich die Gesamtsumme.

Das bedeutet für Sie, das Seminar muss mindestens diesen Betrag als Einnahme erbringen, damit es überhaupt durchgeführt werden kann. Dabei sind die indirekten Kosten allerdings noch nicht berücksichtigt.

Indirekte Kosten. Als Trainer wie auch als Institut haben Sie regelmäßige Kosten, die Sie im Laufe einer betrachteten Abrechnungsperiode ebenfalls durch Einnahmen auszugleichen haben. Im Allgemeinen werden diese auf ein Jahr bezogen:

● Büro (gegebenenfalls anteilig in eigenen Wohnräumen – Miete oder Abschreibung, Nebenkosten),
● Ausstattung (EDV, Möbel – den Abschreibungszeitraum beachten),
● Büromaterial,
● Pkw sowie
● Verwaltungs- und Vertriebspersonen (angestellte oder freie Mitarbeiter).

Ein häufig benutzter Begriff dafür ist »Gemeinkosten«, meist auch als »Fixkosten« bezeichnet. Dabei ist zu hinterfragen, ob es sich tatsächlich um nicht änderbare Kosten handelt – wie auch immer: Wie Sie die Kosten anteilig zuordnen, dafür gibt es unterschiedlichste Modelle.

● Zum Beispiel teilen Sie diese »indirekten Kosten« durch die Anzahl der geplanten Maßnahmen einer Periode, also eines Jahres – oder die Kosten eines Monats auf jene eines Monats. Das setzt voraus, dass Sie die gesamten indirekten Kosten eines Jahres durch zwölf dividieren – und dass Sie gleichartige Angebote haben.
● Bei einer Vielzahl sehr unterschiedlicher Kurse (etwas eines größeren Bildungsinstituts) differenzieren Sie möglicherweise nach Art der Maßnahme, um so Ihre indirekten Kosten fairer zu verteilen.
● Wenn Sie über einen längeren Zeitraum Ihre Werte kennen, errechnen Sie vielleicht einen durchschnittlichen Aufschlag in Prozent, den Sie als Schätzwert jeder Veranstaltung zurechnen, zum Beispiel 25 Prozent.

Sie berücksichtigen also den zeitlichen Umfang sowie die ungefähre Teilnehmerzahl bei Ihrer Zuordnung, macht es doch einen erheblichen Unterschied im Aufwand, ob Sie

- Seminare von einem Tag, zwei oder auch mehr Tagen Dauer haben oder
- eine Tagesveranstaltung mit zwölf oder mit 120 Teilnehmern betrachten.

Vielleicht entsteht sogar eine Situation, in der Sie bewusst darauf verzichten, indirekte Kosten einzukalkulieren.

Grenzkosten. Stehen Sie für ein bestimmtes Thema in hartem Mitbewerb, versuchen Sie, den Preis möglichst knapp zu kalkulieren. In diesem Fall verzichten Sie im Sonderfall darauf, indirekte Kosten zuzurechnen, um die Maßnahme durchführen zu können. Seminarveranstalter kalkulieren zusätzliche Angebote bisweilen in dieser Form, weil sie davon ausgehen, dass die indirekten Kosten über die bisher bereits geplanten Seminare abgedeckt sind. Einzeltrainer verzichten bei Einstiegstrainings oft darauf, einen Faktor für indirekte Kosten einzurechnen.

Für Institute dagegen kann dieser Faktor sogar »in die falsche Richtung losgehen«.

Kostensprung. Größere Bildungsanbieter können günstiger kalkulieren, weil sie die indirekten Kosten auf entsprechend viele Maßnahmen verteilen können. Für manchen Anbieter gab es allerdings ein böses Erwachen, wenn er plötzlich zusätzlichen Aufwand hatte, der nicht kalkuliert war – etwa für eine zusätzliche Organisationskraft oder einen weiteren angestellten Trainer, der fürs Erste nicht ausgelastet werden konnte und dennoch volle Kosten verursachte. Solche Kostensprünge sind zu berücksichtigen, wenn Sie Ihre Angebote für das kommende Jahr zusammenstellen: Kommen Sie auf der Kostenseite mit dem Apparat aus, der Ihnen zur Verfügung steht? Ein Einzeltrainer, der bisher seine Steuer nebenbei selbst erledigt hat, benötigt vielleicht künftig einen Steuerberater, dessen Honorar die ersten Mehraufträge mehr als »auffrisst« – eine Investition in künftig hoffentlich weiteres Wachstum … Weitere Zusatzkosten können entstehen, wenn zu den bisherigen Tagungsstätten weitere einbezogen werden müssen, um die nötigen Zeiträume zu realisieren – diese jedoch deutlich höher im Preis liegen als die bisher genutzten.

Nebenkosten des Geldverkehrs. Häufig erwarten Ihre Kunden besondere Zahlungskonditionen. Gewähren Sie solche, mindern sie Ihre Einnahmen und sind in der Kalkulation zu berücksichtigen – am besten in der Vorkalkulation, spätestens aber danach. Typische Nebenkosten dieser Art sind:

- *Skontierung:* Wird der Rechnungsbetrag innerhalb 10 oder 14 Tagen bezahlt, dürfen zum Beispiel zwei oder drei Prozent abgezogen werden. Achtung, zwei Prozent auf zehn Tage entsprechen einer Verzinsung von 72 Prozent aufs Jahr gerechnet (360 Zinstage)!

- *Valutierung:* Das Zahlungsziel wird nach hinten verschoben, womit auch eine Skontierung entsprechend später möglich wird. Das bedeutet, dass zum Beispiel statt 30 Tagen zwei oder drei Monate (60 oder 90 Tage) gewährt werden.
- *Bonifizierung:* Bei Erreichen einer Mindestzahl an Trainingstagen oder eines Mindestumsatzes pro Jahr gewähren Sie eine Rückvergütung von X Prozent – oder beispielsweise einen Gratistrainingstag.

Die Deckungsbeitragsrechnung

Verändern Sie nun den Blickwinkel und betrachten Ihren Angebotspreis primär unter dem Aspekt, ihn im Markt durchsetzen zu können. Sie lassen zunächst Ihre indirekten Kosten außen vor:

Deckungsbeitragsrechnung	
Zu erzielender Preis (Inhouseseminar)	2.500 Euro
Abzüglich direkt zuzurechnender Kosten (Trainer 1.000 Euro, Reise und Übernachtung 250 Euro, Nebenkosten 150 Euro, Teilnehmerunterlagen pauschal 250 Euro)	1.650 Euro
Verbleibt als Deckungsbeitrag I (DB I)	850 Euro
Akquisitionsbeitrag (Telefonate, persönliche Gespräche)	450 Euro
Verbleibender DB II	400 Euro

Dieser Deckungsbeitrag ist gegen Gemeinkosten zu rechnen. Die Summe sämtlicher DB II einer Periode sollte die Summe der Gemeinkosten überschreiten, um so zu einem Gewinn zu führen. Ist das nicht der Fall, ist ein Verlust entstanden.

Eine solche Betrachtung (von der Einnahmenseite) erleichtert im Einzelfall die Entscheidung, einen niedrigeren Preis zu kalkulieren. Zugleich wächst allerdings die Gefahr, zu häufig zu niedrig zu kalkulieren und letztlich einen Verlust für das Unternehmen insgesamt zu erzeugen.

Konkrete Kalkulation eines Angebotspreises

Wie bereits in der Einführung angedeutet, gibt es in der Praxis diese beiden sehr unterschiedlichen Arten der Kalkulation:

- Direkte Kosten und Gemeinkostenaufschlag (in Euro oder in Prozent), daraus entsteht der Nettopreis (gegebenenfalls zuzüglich Mehrwertsteuer).

- Realistischer Marktpreis (»Was ist der Kunde bereit zu zahlen?«), daraus positiver (oder auch negativer) Deckungsbeitrag beziehungsweise Gewinn-Verlust-Rechnung.

In kalkulatorisch kritischer Lage versucht der Anbieter natürlich, seine Kosten zu reduzieren. Im konkreten Fall bedeutet dies

- entweder den günstigeren Einkauf der Leistungen, die dann gegenüber dem Dritten erbracht werden,
- oder reduzierte Leistungen gegenüber früherem Angebot in Absprache mit dem Nachfrager.

Welche Konsequenz das für die Preisverhandlungen hat, finden Sie auf den Seiten 194 f.

Einnahme-Ausgabe-Rechnung, Gewinn-und-Verlust-Rechnung

Die entstehenden Werte gehen als Einnahme (= Verkaufspreis wie realisiert, berechnet, eingenommen) oder Ausgabe (= entstandene Kosten) in die Buchhaltung ein und werden in einer Betriebswirtschaftliche Auswertung (BWA) dargestellt. Je nach dem ergibt sich eine Gewinn-und-Verlust-Rechnung (G+V) beziehungsweise eine Bilanz. Das kennen Sie wahrscheinlich aus Ihren Unterlagen, die Sie je nach Firmengröße und interner Organisation

- vom Steuerberater erhalten oder
- von Ihrer Buchhaltung oder
- aus Ihrer Buchhaltungssoftware.

Ansonsten fragen Sie die Fachleute danach und lassen sich erklären, welche Schlüsselwerte Sie beobachten sollten:

- Sie haben Verlust gemacht? Dann müssen Sie dringend am Pricing arbeiten – oder aber Kosten reduzieren.
- Sie erwirtschaften mit bestimmten Kunden (hohe) Deckungsbeiträge – bei anderen dagegen nur niedrige oder gar keine? Solange das in der G+V zumindest zu einem ausgeglichenen Ergebnis führt, ist das in Ordnung. Doch was ist, wenn der eine oder andere Kunde mit hohem Deckungsbeitrag entfällt? Also auch ein Aspekt für das Pricing!
- Sie werden von Kunden auf Preisreduzierung angesprochen? Dann schauen Sie in G+V und BWA als Grundlage für Ihre Entscheidung.

Und wie setzen Sie diese Grundlagen nun in die Praxis Ihrer Preiskalkulation um?

So kalkuliert der Trainer: Was bin ich wert? Vergleichen Sie nach Kriterien, die sich miteinander vergleichen lassen, zum Beispiel: Trainer 1 ist erfahren und gut im Markt positioniert.

Kriterien für die Preiskalkulation

Kriterium	Ausprägung	Trainer 1: häufig im Markt anzutreffen	Trainer 2: selten im Gespräch	Ihre Einschätzung:
Lebensalter	zum Beispiel 45 Jahre	2.000 Euro	1.000 Euro	1.500 Euro
Berufserfahrung (überhaupt, als Trainer, Extras wie Auslandstätigkeit)	zum Beispiel 20 Jahre, davon fünf als Trainer, nur in D	2.500 Euro	1.250 Euro	1.750 Euro
Abschluss (Universität etc., Ausbildung, Zertifizierung)	Wirtschaftspädagogik FH; NLP	3.000 Euro	1.000 Euro	2.000 Euro
Verstärker (Kooperationen, Gemeinschaft, Portal)	Mitglied im Verband, Webportal	3.500 Euro	1.500 Euro	2.000 Euro
Kompetenznachweise (Buch, Artikel, Zitate)	Ein Buch, fünf Fachartikel, relevante Branche	4.000 Euro	1.250 Euro	2.500 Euro
Weitere Kriterien		2.500 Euro	1.500 Euro	2.000 Euro
Summe				11.750 Euro : 6 = ca. 1.950 Euro

So nutzen Sie die Tabelle, die blanko auch als Download zur Verfügung steht: Sie definieren die Kriterienausprägung, wie Sie sie für sich selbst sehen. Dann wählen Sie einige Trainer aus, etwa über die Webplattformen (ekaabo, Seminarportal und andere) beziehungsweise Kataloge (beispielsweise Speaker's Excellence, GSA), aus denen Sie Beispiele mit Angabe von Tagessätzen nutzen. Im Vergleich jeweils zweier Werte schätzen Sie Ihren Tagessatz ein – entweder durch schlichtes Mitteln (Wert 1 + Wert 2 = Summe – dann geteilt durch zwei = Ihr Wert) oder durch Schätzen.

Die Trainer in den einzelnen Zeilen können durchaus variieren, wie im angeführten Beispiel, deshalb die unterschiedlichen Tagessätze – oder Sie wählen für die komplette Tabelle zwei gleichbleibende Personen, wenn Sie tatsächlich weitestgehend mit Ihrer Vita Übereinstimmende entdecken. Die Summe (im Beispiel 11.750 Euro) geteilt durch die Zahl der Kriterien (6) ergibt einen ungefähren Tagessatz als Kalkulationsbasis für Sie, im Beispiel 1.950 Euro, also eher im gehobenen Bereich, wie wir gleich sehen werden, aufgrund von Marktstudien. Jüngere Anbieter finden sich eher in folgenden Zahlen wieder.

 Trainer 2: frisch im Markt

Kriterien für die Preiskalkulation

Kriterium	Ausprägung	Trainer 1: häufig im Markt anzutreffen	Trainer 2: selten im Gespräch	Ihre Einschätzung:
Lebensalter	zum Beispiel 32	1.000	890	950
Berufserfahrung (überhaupt, als Trainer, Extras wie Auslandstätigkeit)	Neun Jahre, frisch als Trainer; keine Auslandserf.	1.350	980	1.100
Abschluss (Universität etc., Ausbildung, Zertifizierung)	Industriekaufmann; Train-the-Trainer BDVT	1.300	1.100	1.200
Verstärker (Kooperationen, Gemeinschaft …, Portal)	Mitglied beim BDVT	1.100	850	900
Kompetenznachweise (Buch, Artikel, Zitate)	--	900	750	800
Weitere Kriterien		1.150	1.000	1.050
Summe				6.000 : 6 = 1.000 Euro

Sie können nun selbst aktiv werden: Als Download finden Sie die Blankotabelle, die Sie mit Ihren Kriterien füllen können.

Wenn Sie Ihre Aufstellung gemacht haben, dann fragen Sie sich: Was ist darin enthalten?

● Rundumpaket für den Auftraggeber?
● Zusätzliche Extras wie Reiseaufwand?
● Extra Vorbereitung oder Nachbereitung?
● Teilnehmerunterlagen (Buch, Mappe)?

Worauf die teilweise exorbitant hohen Unterschiede in den Tagessätzen zusätzlich zurückzuführen sind, mag das folgende Thema beleuchten.

Tipp Entertainment: Was unterscheidet die höchstbezahlten Speaker, Trainer und Coaches von ihren Kollegen, deren Tages- oder Stundensätze weiter unter den ihren liegen? Analysen scheinen zu zeigen, dass es um Emotionen geht. Die präsentierten und vermittelten Inhalte sind die gleichen, die Aussagen ähnlich – das bedeutet: die Erfolgreichsten formulieren sehr plakativ und meist eher platt denn tiefschürfend, manches Mal sogar am Rande von Falschaussagen, jedenfalls aber oberflächlich statt tiefschürfend in der möglichen Erkenntnis. Sie wirken – und zwar durch Mimik, Gestik, Begeisterung: Sie zeigen Emotionen und erreichen Emotionen – und somit Lerneffekte. An dieser Stelle ist ein »Vorsicht achten« angebracht: Jeder entscheide für sich, was mit seiner ethischen Einstellung als Vermittler von Wissen und Anstößen zu Veränderungen vereinbar ist. Fakt ist, dass Sie als eher ernsthafter Darsteller »auf der Bühne« Abstriche bei Ihren Honoraren machen müssen, wenn Sie sich mit den typischen »Speakern« vergleichen. Berücksichtigen Sie dies, wenn Sie Ihren »Preisvergleich« anstellen.

Und schon stellt sich der Preis für den Betrachter völlig anders dar!

»Mehr Umsatz führt automatisch zu Mehrwert beim Kunden«, behauptet Siegfried Haider (HTMS, Haider Trainings und Management Service GmbH – und Gründer der GSA, der German Speakers Association) in seinem Vortrag »Der Kunde als goldene Gans«. Seine These lautet: Bildungsanbieter sind dann erfolgreich(er), wenn sie zu ihrer Kernkompetenz – zum Beispiel Vertrieb oder Kommunikation – neben der Trainingsleistung auch Zusatzangebote platzieren, so etwa Medien, also Bücher, CDs, DVDs – und andere Methoden einsetzen, also zum Workshop auch den Vortrag, das Coaching … Als typisches Beispiel nennt er den Gedächtnistrainer Gregor Staub, der höchst intensiv seine Audiokurse während seiner Vorträge ins Gedächtnis seiner Teilnehmer diffundieren lässt: Tatsache sei, so Haider, dass damit der Transfer stark gestützt werde: Nur wer unmittelbar die Kurse kaufe, mache mit den Gedächtnisübungen weiter. Jedenfalls wachse die Chance deutlich gegenüber jenen, die nicht kaufen: So entsteht Mehrwert für die Teilnehmer! Dazu finden Sie mehr unter *P 6: Platzierung* – alles rund um den Vertrieb Ihrer Leistungen.

Marktstudien

Hanspeter Reiter

Angebot und Nachfrage beeinflussen nur bedingt die Preisbildung innerhalb des Weiterbildungsmarktes – oder jedenfalls nur zeitkritisch. Dies ist begründet dadurch, dass eine erhöhte Nachfrage bestimmter Themen relativ rasch ein erhöhtes Angebot erzeugt – und umgekehrt: Die meisten Seminaranbieter und Trainer sind flexibel genug, sich inhaltlich anzupassen. Es geht mehr um Methodik, Didaktik und den Einsatz der Persönlichkeit denn um Inhalte. Soweit es sich um reine Wissensvermittlung dreht, ist die Anpassung ebenfalls rasch möglich, siehe EDV, Steuern, Recht, Sprache. Sich mit seinem Angebot rechtzeitig anzupassen, um eben Preisdruck zu vermeiden, erfordert, den relevanten Markt zu beobachten (s. Marktforschung, S. 99 ff.). Es gibt eine Reihe von Marktbeobachtern, die versuchen, »die Weiterbildung« als Branche transparenter zu machen. Wie schwierig das offenbar ist, haben wir am Anfang des Buches dargestellt (s. S. 11 ff.). Im Folgenden finden Sie Hinweise auf relevante Institutionen, auf deren Websites und Publikationen Sie mehr oder weniger aktuelle Untersuchungsergebnisse finden.

Lünendonk Unternehmensberatung, Bad Wörishofen (www.luenendonk.de). Seit vielen Jahren beobachtet dieser Spezialist verschiedene Märkte, etwa EDV – und eben auch Weiterbildung. Im Fokus hat er die großen privaten Bildungsanbieter – jene also, die in aller Regel im Wuppertaler Kreis e.V. zusammengeschlossen sind. Wer sich die Angebote dieser Unternehmen näher betrachtet, soweit dies möglich ist, gewinnt also einen starken Eindruck. Zwar decken die dort analysierten Anbieter nur etwa zehn Prozent des geschätzten Weiterbildungsmarktes in Deutschland ab, haben jedoch damit schon einen merkbaren Einfluss.

managerSeminare, Bonn (www.managerseminare.de). Veröffentlicht werden Befragungen, teils in der monatlich erscheinenden Fachzeitschrift beziehungsweise in (mindestens) zwei jährlich erscheinenden Publikationen. Zuletzt erschienen sind:

- Weiterbildungsszene Deutschland 2008 – Studie über den deutschen Weiterbildungsmarkt.
- Seminare 2008, herausgegeben von Jürgen Graf, mit Beiträgen diverser kompetenter Autoren die eigenen Umfrageergebnisse erweiternd.

Der Fokus liegt auf den Angeboten von Trainern und kleineren Bildungsanbietern, wenn auch die nachfragende Seite (Teilnehmer beziehungsweise Entscheider in Unternehmen) generell in den Blick genommen wird.

DIE – Deutsches Institut für Erwachsenenbildung, Bonn (www.die-bonn.de) und BIBB – Bundesinstitut für berufliche Bildung, Bonn (www.bibb.de). Die beiden Institute beobachten primär die halb öffentlich und kirchlich organisierten Bildungsträger wie VHS, Kolping, IHK und dergleichen. Deshalb ist die Perspektive beim Pricing auf die Finanzierung gerichtet: Woher kommen eigentlich die Gelder? Welche Anteile werden von den Teilnehmern selbst beziehungsweise von den entsendenden Unternehmen bezahlt? Welche Anteile kommen aus öffentlicher Förderung? Die Ausgaben der Bundesagentur für Arbeit sind (Stand 2006) gegenüber den Vorjahren dramatisch geschrumpft, Landesmittel sind zwar in etwa gleich geblieben, bei jedoch deutlicher Steigerung der genutzten Maßnahmen. Das Teilnehmerentgelt pro Unterrichtsstunde VHS lag 2006 mit 24,70 Euro ähnlich hoch wie in den Vorjahren, sodass keine Bewegung stattgefunden hat. Daraus errechnet sich indirekt ein Trend beim Dozentenhonorar eher leicht nach unten: Etwas höhere durchschnittliche Teilnehmerzahlen helfen, die geringeren öffentlichen Zuschüsse auszugleichen, ohne die sowieso schon niedrigen Dozentenhonorare weiter beschneiden zu müssen (zum Thema öffentliche Förderung detaillierter s. S. 166 ff.).

Deutsches Institut für Marketing, Köln (www.marketinginstitut.biz). 2008 hat das Institut von Professor Dr. Michael Bernecker (DIM) wieder die Trainingsbranche unter die Lupe genommen, wie vorher schon 2002 und 2005. In »Marketing im Weiterbildungsmarkt 2008/2009 – Eine empirische Befragung von Trainern und Personalentwicklern« finden sich dezidierte Aussagen zum Pricing. Seine Untersuchung sei hier empfohlen. Einige Werte habe ich für Sie herausgegriffen:

● Das Tageshonorar liegt im Mittel bei 1.408 Euro für Trainer, bei 2.067 Euro für Speaker.
● Weniger als vier Prozent beider Typen erzielen unter 500 Euro.
● Fast 70 Prozent der Trainer und über 40 Prozent der Speaker erzielen zwischen 1.000 und 2.000 Euro.
● Nur knapp drei Prozent der Trainer erreichen über 2.500 Euro pro Tag, dagegen mehr als ein Viertel der Speaker.

Diese Werte nennt die Nachfragerseite. Sie sollten also realistisch sein. Vonseiten der Anbieter werden folgende Werte genannt:

● Knapp jeder zweite Trainer/Speaker bewegt sich mit seinem Tagessatz zwischen 1.000 und 2.000 Euro.
● Fast ein Fünftel sieht sich über 2.500 Euro pro Tag, fünfeinhalb Prozent sogar bei mehr als 5.000 Euro.
● Gegenüber der Umfrage 2005 nennen unter fünf Prozent einen Satz von weniger als 500 Euro; damals waren es noch gut 14 Prozent.

Bernecker führt (S. 55) diese deutliche Veränderung vor allem darauf zurück, dass in den aktuellen Studien auch Speaker befragt worden seien. Eine Rolle spielt zudem naturgemäß, ob Trainer persönlich oder über Bildungsanbieter im Markt auftreten – und wenn über Dritte, dann über welche.

Premiumsegment oder Billigheimer?

In vielen Branchen bricht das mittlere Preissegment weg, siehe Lebensmittel: Discounter und Luxusanbieter wachsen. Auch bei den Kraftfahrzeugen werden immer weniger Mittelklassefahrzeuge gekauft. Gilt das ebenso für die Bildungsbranche? Schwer zu sagen, jedenfalls aufgrund der verfügbaren Zahlen. Denn Umsätze ergeben sich erst aus Tagessätzen multipliziert mit den Einsatztagen eines Jahres:

- Heißt hoher Tagessatz auch, wegen starker Nachfrage häufig eingesetzt zu sein, dann entsteht im High-End-Bereich (Premiumtagessätze über 5.000 Euro) ein hoher Umsatz.
- Bedeutet geringer Tagessatz, dass hier erheblicher Einsatz erforderlich ist, um überhaupt über die Runden zu kommen, gilt das ebenso für den Niedrigpreisbereich. Auch und gerade deshalb, weil hier die vielen Zigtausend VHS- und IHK-Dozenten dazukommen – wohl sogar im sechsstelligen Bereich: 150.000 von diesem Einkommen Abhängige schätzt das DIE –, die durch massiv geleistete Maßnahmen sehr stark den Umsatz (im Verhältnis zur eingesetzten Zeit) beeinflussen. Das ist für Trainer deshalb wichtig, weil viele versuchen, in beiden Szenen Fuß zu fassen …
- Letztlich könnte das zulasten jener Trainer gehen, die im mittleren Preis- und Leistungsbereich tätig sind: Wer schafft es, aufzusteigen? Die anderen müssten sich mit geringeren Tagessätzen zufriedengeben.

Preiselastizität

Preiselastizität ist ein Stichwort, das ich – ein wenig überraschend – in den mir bekannten Diskussionen vermisst habe: Wie stark wirkt sich eine Preisänderung überhaupt auf das Nachfrageverhalten potenzieller Entscheider aus? Damit meine ich:

- Ab welcher prozentualen Veränderung nach oben oder nach unten reagieren spürbar viele Zögerer und entscheiden sich für Ja oder Nein?
- Bei welchen prozentualen Sprüngen verändert sich das Bestellverhalten um wie viele Prozent entsprechend nach oben oder unten?

Erst wenn dies beachtet wird, ist eine sinnvolle Kalkulation unter den von Simon-Kucher & Partner (www.simon-kucher.com) eingeführten Preisideen möglich.

Wenn Sie sich detailliert(er) mit dem Thema befassen wollen, ist neben dieser Unternehmensberatung auch das Marktforschungsunternehmen Vocatus besonders mit Pricingthemen befasst (www.vocatus.de) und legt interessante Studien vor.

> **Fazit:** Das Pricing der Weiterbildungsleistung von Trainern stellt eine besondere Herausforderung dar. Der Markt ist wenig übersichtlich, das Vergleichen schwierig – auch, weil nicht öffentliche Angebote im Allgemeinen unter Ausschluss der Öffentlichkeit verhandelt und verabschiedet werden.

Bei Bildungsinstituten sieht das meist anders aus. Hier liegt der Schwerpunkt der Leistung im öffentlichen Bereich. Vom Grundsatz her haben Sie die Kalkulationsschritte bereits im Kapitel »Kalkulationen im Vergleich« (s. S. 151 ff.) kennengelernt. Bildungsinstitute gehen in der Regel von einer der drei folgenden Varianten aus:

- *Variante 1:* Was kostet der Trainer? Kosten für die Location und Bewirtung? Nebenkosten? Gemeinkosten? Marketingkosten? Darauf kommt ein kalkulatorischer Gewinnaufschlag, wenn es sich um ein gewinnorientiertes Unternehmen handelt.
- *Variante 2:* Was zahlt der Kunde? Daraus: Was können wir ausgeben? Wen können wir uns für die Konferenz leisten, als Referent zu präsentieren?
- *Variante 3:* In die Kalkulation fließen öffentliche Zuschüsse ein. Das passt zunächst zur Basis Variante 1 und würde dann den Verkaufspreis entsprechend schmälern. Da jedoch in aller Regel die eng gesetzten öffentlichen Zuschüsse auch Höchstgrenzen für Tages- oder Stundensätze nach sich ziehen, muss dieser Aspekt bereits in die Vorkalkulation einfließen.

Klaren Einfluss auf die Preisbildung haben auch folgende Aspekte:

- *Öffentlich oder inhouse?* Das auftraggebende Unternehmen wird bei einem Inhouseseminar einen geringeren Gesamtpreis erwarten, als sich aus der Summe der Gebühren für die Teilnehmer bei einem entsprechenden öffentlichen Seminar ergäbe – inklusive Vor- und Nachbereitung.
- *Risiken und Chancen – Auswirkung auf Trainer:* Wie stark wirkt sich die Anzahl der Teilnehmer auf den Tagessatz aus? Ich kenne folgende Staffeln aus der Praxis: 6 bis 8 Teilnehmer (= Mindestzahl) 600 Euro, 9 bis 10 = 800 Euro, 11 bis 12 = 1.000 Euro, darüber (bis maximal 15) = 1.200 Euro, alles netto. Was passiert im Falle der Absage wegen zu geringer Anmeldezahl?
- *Konferenz oder Workshop?* Hier geht es primär um die erforderlichen Räume: Größe, Ausstattung, Peripherie für die Pausen; eventuell Übernachtungsmöglichkeiten für mehr oder weniger Teilnehmer. Was sich erheblich auf die verfügbare Auswahl an Tagungsstätten auswirkt.
- *Dauer:* ein Tag oder mehrere Tage? Hier ist beispielsweise die Abendbewirtung für einen oder mehrere Tage einzuplanen oder in den AGBs (Allgemeinen Geschäftsbedingungen) auszuschließen.

Zur Orientierung einige Tagungsgebühren größerer Veranstalter im Vergleich:

Management Circle, IIR Deutschland und weitere Anbieter von Kongressen. Hier liegen die Tagesgebühren um die 850 bis 900 Euro pro Tag oder sogar darüber, siehe *EuroForum*, zum Beispiel in Kooperation mit der Handelsblatt-Jahrestagung »Personal im 21. Jahrhundert, für 2.099 Euro (netto zzgl. MwSt.) für zwei Tage. – Hier wird (s. HTMS: mehr Umsatz erzielen, S. 158) übrigens zusätzlich angeboten, die Tagungsunterlagen nach Abschluss der Konferenz zu 299 Euro netto zu beziehen.

Akademie des Deutschen Buchhandels. Ein privater Anbieter als Beispiel für eine von mehreren Trägern teilfinanzierte Akademie. Die beteiligten Verlage sind stark daran interessiert, eine solide Grundlage für die Weiterbildung ihrer Mitarbeiter zu haben. Entsprechend sind die dort verlangten Preise keine Marktpreise, liegen jedoch deutlich über jenen von den Landesverbänden des Buchhandels angebotenen Maßnahmen. Vergleichen Sie aktuell: www.buchakademie.de und www.buchhandelbayern.de oder www.nrw-buch.de. Die an die ausführenden Trainer bezahlten Tageshonorare hängen unter anderem von der Teilnehmerzahl ab.

Industrie- und Handelskammern. Hier dient als Beispiel die IHK München und Oberbayern. Der von ihr herausgegebenen Monatszeitschrift »Wirtschaft« (11/2008) sind folgende Informationen entnommen. Meist sind es um die 300 Euro, die pro Seminartag verlangt werden, bei speziellen Themenbereichen wie Steuern und Recht liegen die Gebühren bisweilen deutlich darüber. Der durchschnittliche Tagespreis vergleichbarer Themen bleibt auch bei Zwei- oder Dreitagesveranstaltungen ziemlich konstant (www.akademie.ihk-muenchen.de).

Weitere Institutionen. Im Wettbewerb stehen diese Angebote wiederum zu anderen Institutionen wie VHS oder Kolpingstiftung, gewerkschaftlichen Angeboten (etwa für Betriebsräte), kirchlichen (zum Beispiel Evangelische Akademie Tutzing) oder politischen Institutionen (zum Beispiel Konrad-Adenauer-Stiftung). So sieht sich mancher Nachfrager vor die Entscheidung gestellt, 1.200 Euro für zwei Tage oder für zwei Wochen auszugeben, zuzüglich Übernachtung oder »all inclusive«? Auch ein Bildungsberater kann kaum durchschauen, wie genau er Angebote vergleichen soll.

Weitere Geschäftsmodelle. Aus einer früheren Kooperation mit einem kleineren Spezialbranchenanbieter öffentlicher Seminare kenne ich Zahlenwerte in folgender Höhe:

- Ungefähr 600 Euro netto pro Tag und Teilnehmer einer meist mehrtägigen Veranstaltung. Inhouse: etwa 2.500 Euro komplett – dann zuzüglich Reise- und Übernachtungskosten für den ausführenden Trainer.
- Der Trainer erhält bei öffentlichen Seminaren ungefähr 300 Euro pro Tag, zuzüglich aller Spesen, bei Inhouseveranstaltung 25 Prozent des erzielten Preises.

Das Argument bei dieser Kalkulation: Erhebliche Marketingaufwendungen und komplett erstellte Unterlagen bedingen geringes Honorar. Der Trainer konnte durch eigenes Akquirieren von Teilnehmern oder Inhouseseminaren dazuverdienen. Andere Anbieter kalkulieren mit ungefähr 40 Prozent Anteil des Trainers am Gesamtpreis; das bedeutet im Umkehrschluss einen Faktor von 2,5 als Aufschlag auf das Trainerhonorar.

Kongresse von Verbänden weichen im Preis meist deutlich nach unten ab, gerade solche von Weiterbildnern. Hier werden im Allgemeinen keine Honorare für die auftretenden Referenten gezahlt, die das aus verschiedenen Gründen akzeptieren:

- Sie finden ein fachkundiges Publikum, um neue Formate und Themen zu testen.
- Sie suchen den Austausch mit anderen Trainern und Beratern.
- »Das ist mein Beitrag für die Gesellschaft in diesem Jahr«, meinte gesprächsweise ein Referent, der sehr gut im Geschäft ist.
- Gerade Speaker suchen solche Foren, um (noch) mehr ins Gespräch zu kommen.
- Es handelt sich um Mitglieder des Verbandes, die gerne etwas für Kollegen tun wollen.

Bei solchen Kongressen gibt es unterschiedliche Angebote, die sonst eher selten in dieser Form zu finden sind:

- Kongressgebühr inklusive Bewirtung, Rahmenprogramm und Unterlagen (siehe zum Beispiel GABAL e.V., www.symposium.gabal.de).
- Kongressgebühr als ein Betrag, dazu Tagungspauschale getrennt inklusive Übernachtung (DGSL e.V., www.dgsl.de).
- Kongressgebühr all inclusive (Bewirtung und Übernachtung), alternativ: ohne Übernachtung; alternativ: auch ohne Bewirtung (IGPP e.V., www.igpp.net).

Semigator tritt seit einiger Zeit als Mix aus Seminarportal und Seminarvermittler auf (www.semigator.de – selbstdefinierter »Marktführer D, A, CH«). Die Preise dort liegen eher im unteren Bereich, erreichen allerdings durchaus 500 bis 600 Euro für einen Seminartag. Semigator differenziert stark nach Teilnehmerzahl aus einer Gruppe und bietet Nachlässe auch via Bildungscard, die je nach Größe einer Organisation einen gestaffelten Jahresbeitrag kostet.

Die Wissensforen von Speaker's Excellence greifen das Konzept früherer Massenveranstaltungen auf. Teilnehmer – jeweils einige 100 bis weiter über 1.000 – erleben ab Freitagmittag bis spät abends eine Reihe bekannter und weniger bekannter Speaker; Sie erhalten dafür ausschließlich diese Präsentationsleistung, alles andere ist extra zu bezahlen. So wird differenziert: 99 Euro normale Teilnahme, 199 Euro VIP (inklusive Büffet) – dazu gibt es Gruppenvorteile bei Teilnahme mehrerer Teilnehmer eines »Entsenders«.

Zusatzfinanzierung durch Sponsoren. Ähnlich dem Modell von Zeitungen und Magazinen, die von einem Mix aus Vertriebs- und Anzeigenerlösen leben, nutzen Kongress- und Konferenzanbieter die Chance, zusätzlich über Aussteller Einnahmen zu generieren. Beispiele:

- Wissensforum von Speaker's Excellence.
- Petersberger Trainertage, veranstaltet vom Verlag managerSeminare.
- Verbändekongresse (DGSL, GABAL, Strategieforum und andere).

Manche Messeveranstalter wiederum gehen den umgekehrten Weg: Sie bieten Messebesuchern an, sich auf Foren weiterzubilden. Bei Personalmessen wie etwa des Veranstalters Spring-Messe stoßen Fachbesucher auf einen Mix aus Gratisangeboten, die wiederum durch die Aussteller finanziert werden – und gebührenpflichtigen Workshops, siehe den begleitenden DGFP-Kongress bei der Messe Weiterbildung in Wiesbaden oder bei regionalen IHK-Weiterbildungsmessen.

Marktumfeld: Chancen und Risiken

Hanspeter Reiter

Die meisten Trainer und Dozenten sind bei öffentlichen Anbietern angestellt oder mehreren solcher Institute als freier Mitarbeiter verbunden. Anders als im Einsatz als »Einzelkämpfer« kann sich ein Weiterbildner auf diese Weise meist auf die Kernkompetenz konzentrieren, nämlich das Ausführen der Weiterbildungsmaßnahme. Akquisition (P 4 bis P 6) entfällt in der Regel komplett und wird vom Bildungsträger übernommen. Dessen Kalkulation beinhaltet dann allerdings vielleicht 25 bis 40 Prozent der Einnahmen für den ausführenden Trainer – Rest dringend erforderlich für Programmgestaltung, Materialien, Verwaltung, Akquisition. Trotzdem kommen viele Trainer auf weit mehr als 25 bis 40 Prozent ihres sonst erzielbaren Tagessatzes – und vor allem: Umsatzes. Zum einen sind über renommierte Träger höhere Tagessätze erreichbar, zum anderen sind häufig mehr Trainingstage machbar als bei Eigenakquise. Das hat auch etwas mit öffentlichen Aufträgen zu tun – und mit öffentlicher Förderung. Achten Sie im folgenden grundlegenden Gastbeitrag auf die für Sie besonders relevanten Punkte in Bezug auf die Programme Leonardo da Vinci und Grundtvig.

Öffentliche Förderung: Tipps, Empfehlungen, Vorgehensweisen

Gastbeitrag von Verena Braun, Beraterin auf dem Sektor öffentliche Förderung: EuroPart EWIV

Hier geht es um die *Förderart* Zuschuss. Ein Zuschuss ist ein nicht zurückzahlbares zinsloses Darlehen. In Zeiten, in denen Geld sowie Kredite über Banken knapp sind, ist ein Zuschuss ein kostbarer, warmer Regen. Es ist jedoch ein steiniger Weg in diesem Fall zum Ziel zu kommen. Man bewegt sich nämlich in dem wirtschaftlichen Bermudadreieck: Zeit, Kosten und Qualität. Und zwar jeweils viel davon. Trotzdem sollte man nicht den Mut verlieren. In der nächsten Zeit wird es zunehmend schwieriger werden, Weiterbildung zu finanzieren, auch wenn alle Politiker dies lautstark fordern. Man muss nur die Mühe und den Lohn realistisch für die eigene Situation abwägen können. Sicher haben Institutionen und Organisationen mehr Ressourcen und damit den längeren Atem, dieses Spiel durchzuhalten. Der Einzelne sollte sich aber nicht scheuen, diesen Weg selbst zu beschreiten. Denn dafür wurde er eigentlich von der Europäischen Kommission geschaffen.

Projekte, die bezuschusst werden, werden selten (nur Individualprojekte Mobilität) völlig zu 100 Prozent bezuschusst. Der Antragsteller sollte damit rechnen, dass er zwischen 20 Prozent und 80 Prozent der Projektkosten als Eigenanteil selbst zu tragen hat. Große, teure und länger andauernde Projekte erfordern einen Hauptantragsteller und diverse Partner, die dann die Arbeit und die Kosten hierfür prozentual unter sich nochmals aufteilen.

Die Partner des Hauptantragstellers sollten einflussreich sein, dies hilft, und möglichst über europäische Länder verteilt. Hier handelt es sich um sehr komplexe Anträge auf Zuschuss. Ansprechpartner für die Antragstellung und die Anträge sind: Nationale Agentur Bildung für Europa in Bonn (BIBB); Deutscher Akademischer Austauschdienst (DAAD); Pädagogischer Austauschdienst der Kultusministerkonferenz (PAD); Exekutivagentur Bildung, Audiovisuelles und Kultur; Europäische Kommission. Man findet sie und alle Informationen darüber über das Internet.

An öffentliche Förderungen kommt man in der Regel über eine Antragstellung heran, in diesem Fall an das *Programm für Maßnahmen der Gemeinschaft im Bereich lebenslanges Lernen*. Das allgemein anerkannte Ziel des Programms ist es, durch lebenslanges Lernen dazu beizutragen, dass sich die Gemeinschaft zu einer fortschrittlichen wissensbasierten Gesellschaft mit nachhaltiger wirtschaftlicher Entwicklung, mehr und besseren Arbeitsplätzen und größerem sozialem Zusammenhalt entwickelt, in der zugleich ein guter Schutz der Umwelt für künftige Generationen gewährleistet ist. Insbesondere soll das Programm den Austausch, die Zusammenarbeit und die Mobilität zwischen den Systemen der allgemeinen und beruflichen Bildung in der Gemeinschaft fördern, sodass sich diese zu einer weltweiten Qualitätsreferenz entwickeln. Man sieht bei dieser Definition, die speziellen Ziele des Programms für lebenslanges Lernen sind etliche, und alle unter einem hohen Leistungsstandard, Innovation sowie einer europäischen Dimension vereint. Die Ziele sind von der Europäischen Union vorgegeben und können sich durchaus wieder ändern.

Diese speziellen Einzelziele müssen nun durch das angestrebte Projekt, für das man den Antrag stellt, in europäischer Dimension verfolgt werden und auch im Antrag herausgestellt werden. Ziel für Ziel wird genauestens abgefragt, in einem meist von der EU vorformatierten Antrag mit konkreter Fragestellung. Man erklärt dort den Plan, wie man die Projektstruktur aufzeigen möchte und auch die definierten Probleme zu lösen wünscht.

Nennen wir das Vorhaben in der Weiterbildung ein Projekt. Denn ein Projekt ist gekennzeichnet durch einen Anfang und ein Ende. Hierfür benötigt man einen Plan. Der Plan muss sehr ausgefeilt vorhanden sein, er wird nicht in dem Projekt erst entwickelt. Anhand des Planes spiegelt man die Kostensituation wider, ebenfalls sehr genau in Form eines Businessplans. Wichtig hierbei bleibt die europäische Dimension. Das heißt, das Problem, das man lösen möchte, sollte möglichst in ganz Europa vorhanden und die Lösung für jedes Land in Europa wichtig sein. Dies ist damit auch unausgesprochen für eine(n) Antrag(stellung) wichtig, deren Fördergebiet der Bund ist oder nur ein Land in der BRD. Aus europäischer Sicht wird dieses Gebiet als Region gesehen. Auch der Zuschuss, den der Bund gibt, ist europäisches Geld und damit europäischen Normen und Gesetzen unterworfen.

Anhand dieser vorgegebenen Begriffsbestimmungen reiht man sich nun irgendwo ein: als Schüler, Lehrkraft, Bildungspersonal, Ausbilder, Studierender, Doktorand, Professor, erwachsener Lernender, als Unternehmen, Sozialpartner und als Organisation auf allen Ebenen einschließlich Berufsverbänden und Industrie- und Handelskammern beziehungsweise bestimmt damit den Standort, nämlich in welchem Einzelprogramm man den Antrag stellen will und kann. Im Folgenden stellen sich nun die Fragen:

- Wie heißt der Förderbereich, in dem ich das Projekt aufsetzen möchte? (Dies können zum Beispiel die Bereiche betriebliche Ausbildung, Ausbildungsstrukturen und -träger sowie sonstige Aus- und Weiterbildung sein.)
- Wer ist der Förderberechtigte des Programms? (Sind es Bildungseinrichtungen? Sind es Hochschulen? Oder sind es Privatpersonen, Verbände oder Vereinigungen?)

In diesem Stadium weiß man nun, wer man ist, mit wem man zusammen einen Antrag stellen will und kann, wie der Inhalt beziehungsweise das Ziel des Projektes sein wird. Vielleicht kennt man bereits die Kosten. Die Projektpartner sind bilateral beteiligt, das heißt Partner aus zwei Mitgliedstaaten. Multilateral ist die Beteiligung aus mindestens drei Mitgliedstaaten der EU-»Partnerschaft«, eine bilaterale oder multilaterale Vereinbarung einer Gruppe von Einrichtungen oder Organisationen aus unterschiedlichen Mitgliedstaaten, gemeinsam europäische Aktivitäten im Bereich des lebenslangen Lernens durchzuführen.

Man sieht, es kann komplex werden, diese Komplexität muss man sich zutrauen und ausfüllen können. Man sollte im Bestfall über ein Netzwerk verfügen. Dieser formelle oder informelle Zusammenschluss von Akteuren aus bestimmten Bereichen, Fachgebieten oder Sektoren des lebenslangen Lernens kann eine gute Unterstützung sein. Zunächst gilt es, das eigentliche Einzelprogramm zu wählen. Es stellt die eigentlichen Bedingungen und bestimmt damit die Höhe des Zuschusses. In der Realität wird man als Erstes nach dem passenden Einzelprogramm suchen. Jedoch muss man den Hintergrund, der eben dargestellt wurde, bereits beleuchtet und in die allgemeinen Überlegungen einbezogen haben. Die sektoralen Einzelprogramme sind derzeit:

- das *Programm Comenius*, ausgerichtet auf die Lehr- und Lernbedürfnisse aller Beteiligten der Vorschul- und Schulbildung bis zum Ende des Sekundarbereichs II,
- das *Programm Erasmus*, ausgerichtet auf die Lehr- und Lernbedürfnisse aller Beteiligten der formalen Hochschulbildung und der beruflichen Bildung der Tertiärstufe,

- das *Programm Leonardo da Vinci*, ausgerichtet auf die Lehr- und Lernbedürfnisse aller Beteiligten der beruflichen Bildung – ausgenommen die berufliche Bildung der Tertiärstufe – sowie auf die Einrichtungen und Organisationen, die entsprechende Bildungsgänge anbieten oder fördern, sowie
- das *Programm Grundtvig*, ausgerichtet auf die Lehr- und Lernbedürfnisse aller Beteiligten der Erwachsenenbildung jeglicher Art sowie auf die Einrichtungen und Organisationen, die entsprechende Bildungsgänge anbieten oder fördern.

Hinzu kommt das *Querschnittsprogramm.* Es umfasst die folgenden vier Schwerpunktaktivitäten:

- politische Zusammenarbeit und Innovation in Bezug auf lebenslanges Lernen,
- Förderung des Sprachenlernens,
- Entwicklung von innovativen, IKT-gestützten Inhalten, Diensten, pädagogischen Ansätzen und Verfahren für das lebenslange Lernen sowie
- Verbreitung und Nutzung der Ergebnisse von im Rahmen des Programms und der entsprechenden Vorgängerprogramme geförderten Maßnahmen sowie Austausch vorbildlicher Verfahren.

Und last but not least gibt es das *Programm Jean Monnet.* Mit diesem Programm werden Einrichtungen und Aktivitäten im Bereich der europäischen Integration gefördert. Es richtet sich an Studierende und Forscher. Das Programm umfasst die folgenden drei Schwerpunktaktivitäten:

- die Aktion Jean Monnet,
- Betriebskostenzuschüsse zur Unterstützung bestimmter Einrichtungen, die sich mit Fragen der europäischen Integration befassen,
- Betriebskostenzuschüsse zur Unterstützung anderer europäischer Einrichtungen und Vereinigungen im Bereich der allgemeinen und beruflichen Bildung.

Die Fördermittel selbst können juristischen oder natürlichen Personen gewährt werden. Bei natürlichen Personen können Fördermittel in Form von Stipendien ausgezahlt werden. Bei den Maßnahmen können Pauschalzuschüsse und/oder Stückkosten gewährleistet werden. Pauschalzuschüsse können bis zu einer Höhe von 25.000 Euro pro Zuschuss gewährt werden. Sie können auch bis zu einer Höhe von 100.000 Euro kombiniert und/oder in Verbindung mit Stückkostensätzen angewandt werden. Die Kommission kann unter Umständen Preisvergaben für im Rahmen des Programms für lebenslanges Lernen durchgeführte Maßnahmen vorsehen.

Den Antrag selbst jedoch muss man zunächst gewinnen. Sollten das Projektziel und die Form des Antrages (bei Formfehlern wird der Antrag ohne Besehen des Inhalts unmissverständlich zurückgewiesen) der Überprüfung, Bewertung beziehungsweise Evaluierung standgehalten haben, werden Fachkenntnis und berufliche Qualifikation der Antragsteller (Lebenslauf) von der Europäischen Kommission beziehungsweise von den hierfür verantwortlichen nationalen Stellen geprüft, und sie müssen davon überzeugt werden, dass das vorgeschlagene Arbeitsprojekt auch vollständig durchgeführt werden kann.

Wettbewerbsverzerrung oder »Hilfe zur Selbsthilfe«?

Von Förderungen als Auftraggeber, Teilnehmer und/oder Bildungsanbieter profitieren zu können ist allerdings nur die eine Seite der Medaille: Manch freier Trainer oder kleineres privates Bildungsinstitut klagt im Gespräch darüber, dass »halb öffentliche« Institutionen stark von öffentlicher Förderung profitieren. Als Folge davon könnten die Angebotspreise deutlich günstiger sein, als wenn normal kalkuliert werden müsste. Konkret seien zum Beispiel die Volkshochschulen mehrfach im Vorteil:

- Dozenten geben sich mit sehr niedrigen Stundensätzen zufrieden. Meist handelt es sich um Nebenberufler, die sich dadurch ein Zubrot verdienen.
- Was sogar (einkommen)steuerlich begünstigt sein kann, wenn Mindestbeträge unterschritten werden (ein Thema für den Steuerberater).
- Sie sind von der Umsatzsteuer befreit und können dem privaten Nachfrager gegenüber entsprechend zusätzlich günstiger anbieten – private Anbieter liegen »automatisch« um 19 Prozent höher im Preis.
- Häufig profitieren diese Anbieter von öffentlichen Zuschüssen, die einen erheblichen Teil des Etats abdecken können.

So wurden zum Beispiel die Volkshochschulen des Kreises Offenbach im Jahr 2007 mit knapp einem Drittel bezuschusst (32,4 Prozent laut der Offenbach Post vom 07.11.2008; im Jahr 2004 waren das sogar noch 39,5 Prozent, also fast zwei Fünftel!). Im Umkehrschluss bedeutet das: Hochgerechnet müssten die Kursgebühren, ohne die Zuschüsse (in diesem Fall der Kommunen) kalkuliert, fast um die Hälfte höher liegen: Bei zum Beispiel 100 Euro für einen Sprachkurs über mehrere Wochen dann bei 150 Euro (minus ein Drittel Zuschüsse = 50 Euro). Der private Anbieter müsste also mindestens 178,50 Euro verlangen (150 Euro plus 19 Prozent MwSt.), um netto die gleichen Kosten ausgleichen zu können. Hier ist bereits unterstellt, dass dessen Dozenten genauso geringe Honorare beziehen.

Kooperation und Kollaboration?

Den »Ritterschlag« erhofft sich mancher private Trainingsanbieter – vor allem von Train-the-Trainer-Weiterbildung – durch eine enge Zusammenarbeit mit (Fach-)Hochschulen: Im Wettstreit der Wertigkeit von Abschlüssen haben die Universitäten nach wie vor die Nase vorn, die Hochschulen (früher Fachhochschulen) folgen inzwischen dicht auf. Im Zuge des Bolognaprozesses werden in Deutschland nach und nach international vergleichbare Bachelor- und Masterabschlüsse eingeführt. Dieser Prozess ist voll im Gange, während dieses Buch entsteht … Für praktische Teile in der Erwachsenenbildung sind private Anbieter den Hochschulen durchaus willkommen; Studiengänge wie Fortbildungsangebote werden mehr und mehr verzahnt. Dazu ist ein European Credit Transfer System (ECTS) entwickelt worden, das die Leistungen von Studenten an Hochschulen des europäischen Hochschulraumes vergleichbar macht, sodass diese bei einem Wechsel von einer Hochschule zur anderen anrechenbar werden, auch grenzüberschreitend. Diese Leistungspunkte (»credit points«) werden in der Hochschulausbildung durch Leistungsnachweise erworben. Sobald sich das System der Vergabe von »credit points« eingespielt hat, werden hoffentlich auch außerhochschulisch erworbene Abschlüsse integriert sein. So wird aus gelegentlicher (eher einseitiger) Kooperation schließlich Kollaboration im Sinne intensiver Zusammenarbeit und echter Win-win-Situation.

Der Blick aufs Geld:
Von Break-even-Point bis Bildungscontrolling

Hanspeter Reiter

Im Verlaufe eines Fachkongresses wurde als geflügeltes Wort zitiert: »Wenn es den Unternehmen gut geht und sie Geld in die Weiterbildung ihrer Mitarbeiter investieren könnten, fehlt es an der Zeit, weil zu viel zu tun ist. Lässt der Auftragsdruck nach, hätte man Zeit – doch dann fehlt es am Geld …« Dies illustriert deutlich die Krux einer Branche, die immer wieder den Spagat von Effektivität und Effizienz zu leisten hat. Als im Herbst 2008 die weltweite Finanzkrise in eine handfeste Rezession in der realen Wirtschaft ausuferte, meldeten sich umgehend Marktforschungsinstitute und Fachmagazine mit Umfragen zu Wort. FORSA etwa erhielt im November des Jahres die Antwort: Jeder dritte Befragte denke nun verstärkt über eine berufliche Weiterbildung nach. Sogar 47 Prozent waren es bei den 20- bis 29-Jährigen: Jeder zweite glaubte, wer sich regelmäßig weiterbilde, habe einen eher gesicherten Arbeitsplatz: Gute Aussichten also für Weiterbildner? Auch managerSeminare wurde rasch aktiv:

 »Finanzkrise gleich Weiterbildungskrise? managerSeminare befragt Weiterbildner nach ihren Erwartungen … Was erwarten die Weiterbildner für ihr Geschäft? Gehen sie von Umsatzeinbrüchen aus oder sehen sie gute Chancen, die kommenden Monate unbeschadet zu überstehen? Rechnen sie mit Nachfrageverschiebungen, und wenn ja, in welchen Bereichen? Haben sie ihr Angebot bereits angepasst?«

Zum Redaktionsschluss dieses Buches lag nur eine Zwischenauswertung vor. Sie wird nach Drucklegung sicher noch abfragbar sein (s. www.managerseminare.de). Hier einige Werte zur »Halbzeit« der zwei Monate lang offenen Befragung:

- 6/7 der Antwortenden haben sich damit beschäftigt, welche Auswirkungen die Finanzkrise auf ihr Geschäft haben könnte (84 Prozent).
- Jeder Vierte überlegte, Angebot und Struktur seines Unternehmens zu ändern (26 Prozent), weit mehr als die Hälfte sah das nicht als notwendig an (58 Prozent). Hierin lässt sich auch der Gedanke verorten, eventuell die Preise zu senken …
- Was den Umsatz des Folgejahres (2009) angeht, sind die Antworten eher optimistisch: Nur jeder Fünfte erwartet Rückgang (22 Prozent), ein Drittel gleichbleibend (31 Prozent), sogar mehr als ein Drittel sieht eine Steigerung (35 Prozent).
- Interessant ist die Erwartung, wie die Nachfrager reagieren werden: Einzelpersonen würden verstärkt selbst investieren, um die Employability zu erhalten – das erwartet fast die Hälfte (45 Prozent). Unternehmen fahren die Investition in Weiterbildung runter: mehr als die Hälfte (58 Prozent; mehrere Antworten möglich).

Zu jenem Zeitpunkt hatten 113 Nutzer geantwortet, zwei Drittel davon mit ein bis drei Mitarbeitern (65 Prozent). Die Antworten waren gestützt vorgegeben. Diese »Innensicht« als Erwartung führt uns gleich zum nächsten Aspekt.

Das Preis-Leistungs-Verhältnis

Um überhaupt eine »Kosten-Nutzen-Relation« oder einen »Preis-Leistungs-Nachweis« nach außen tragen zu können, bedarf es zunächst einer klaren Innensicht, was die Wertigkeit der eigenen (Dienst-)Leistung angeht: Warum darf und muss ein Trainingsangebot, ein Wochenkurs, ein IHK-Abschluss den Betrag kosten, der in der Ausschreibung genannt wird? Letztlich rechnen auch Unternehmen intern mithilfe der folgenden Bewertungen, wenn sie Weiterbildung in Eigenregie durchführen.

Die Gewinnschwelle

Aus dem englischen Sprachraum wurde der Begriff als »Break-even-Point« (bep) übernommen und wird definiert als:

> »Break-even-Punkt. 1. Allgemein: Punkt, an dem eine Erfolgsgröße eine Einsatzgröße erstmalig im Zeitablauf überschreitet … bei dem der Umsatz einer Periode gerade sämtliche fixen Kosten der Periode und die angefallenen variablen Kosten deckt … B.-e.-P. eines Investitionsobjekts liegt vor, wenn die Einzahlungen erstmals die Auszahlungen überschreiten.« (Gabler Wirtschaftslexikon, auszugsweise zitiert aus Band 1 A–E, 14. Auflage 1997, S. 691f.)

Versuchen wir eine Übersetzung. Der eingenommene Blickwinkel kann demnach durchaus ein unterschiedlicher sein:

- Kurzfristig: Erreichen der Gewinnschwelle – ab sofort wird in der aktuellen Periode ein Gewinn erzielt.
- Gesamt/langfristig: Ein absoluter Gewinn wird erzielt – das heißt, alle bisher für dieses Objekt oder Projekt eingesetzten Ausgaben sind durch entstandene Gewinne mindestens ausgeglichen, haben sich amortisiert.

Zum Errechnen gibt es Formeln, die eine »Break-even-Analyse« ermöglichen. Bei Interesse steuern Sie auf www.wikipedia.de das Suchwort »Gewinnschwelle« an. Schade, jedoch ist der Zugriff auf das Gabler Wirtschaftslexikon online nicht mehr möglich (Stand Ende 2008, siehe www.gabler.de).

Sie haben es wahrscheinlich schon erkannt: Der Break-even-Point (bep) kann zum »Point of no return« werden (s. Lebenszyklus, S. 24 ff.). Wenn innerhalb eines definierten Zeitraums X oder bis zur maximalen Investitionssumme Y dieser bep verfehlt wird, bedeutet das im Allgemeinen, das Projekt wird gestoppt, das bis dahin investierte Geld abgeschrieben. Anders ausgedrückt: »Cut-off« – nichts geht mehr. Es soll vermieden werden, »schlechtem Geld noch gutes hinterherzuwerfen«, wie ein geflügeltes Wort sagt. Dieser Stopp kann durchaus vor Erreichen der maximalen Zeit oder der Investition gesetzt sein. So hat ein Fachverleger einen Trainingsnewsletter – ein Objekt der Weiterbildung also – Ende der 1990er-Jahre bereits zu einem Zeitpunkt gestoppt, zu dem er sich errechnet hatte, schwarze Zahlen würden nicht innerhalb der von ihm geplanten zwei Jahre erreicht werden.

Im positiven Fall kann ein »Roll-out« ebenfalls vor Erreichen der geplanten Zeit oder der maximalen Investition entschieden werden: Wenn die Entwicklung der Testphase zeigt, dass die Gewinnschwelle voraussichtlich erreichbar ist, wird aus vorsichtigen Angeboten ein generelles. Übersetzt auf Weiterbildung, kann das zum Beispiel heißen:

Im Verlaufe eines Jahres bietet ein Bildungsträger mehrfach ein bestimmtes Seminar über Internet, E-Letter und Flyer an, das bisher im Portfolio des Unternehmens fehlte. Geplant ist, das Thema bei Erfolg in den übernächsten Jahreskatalog aufzunehmen. Rechtzeitig vor Erscheinen des nächstjährigen Katalogs errechnet der Unternehmer aufgrund der bisherigen Anmeldungen zu den Testterminen, dieses Seminar sei erfolgreich. Konsequent nimmt er dieses Seminar bereits in den nächsterreichbaren Jahreskatalog auf und plant mehrere Termine im Jahreslauf. Visualisiert wird das wahrscheinliche Erreichen durch Grafiken etwa dieser Art:

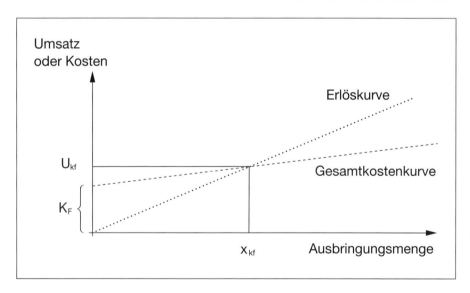

Es gibt auch Softwareprogramme, die Formeln sowie grafische Darstellungen mit wenig zeitlichem Aufwand möglich machen – dafür natürlich Geld kosten. Näheres dazu finden Sie zum Beispiel auf www.controllingportal.de/Softwarerubriken/ – einer der dort aufgeführten Anbieter ist die Ravinia GmbH mit »GATE to Marketing«. Versprochen wird für eine Investition von (Ende 2008) »1.000 bis 5.000 Euro« für die Lizenz: »Mit dem Marketing-Management-System GATE to Marketing ist es möglich, neben der ROI-Analyse auch den Produktlebenszyklus und den Break-even-Point automatisch zu ermitteln.«

»Cut-off« und »Roll-out« sind extreme Konsequenzen der bep-Rechnung. Wer den Verlauf sorgsam beobachtet, kann natürlich zwischendurch korrigieren und damit den Verlauf verändern – durch Anpassen des Preises zum Beispiel: schnelleres Annähern an den bep durch Erhöhen, langsameres durch Senken eines Preises. Sobald Sie Ihre eigene Kalkulation auf diese Weise klarer sehen, sollten Sie Ihre Marktchancen prüfen, indem Sie mit Ihren Preisen »spielen«.

Testen Sie Preissegmente

Wenn Sie mit Ihrer Auftragslage eher unzufrieden sind, denken Sie vielleicht darüber nach, Ihre Preise zu senken. Sind Sie dagegen bestens ausgelastet, überlegen Sie vielleicht eher, eine Erhöhung durchzuführen. Beides hat mit Angebot und Nachfrage zu tun, den klassischen Preistreibern, ob nach oben oder nach unten. In vielen Branchen ist es üblich, dass sich Preise laufend verändern – doch wie ist das in der (Weiter-)Bildung – heute so – morgens anders? Daran haben Sie Ihre Zweifel? Verständlich, denn weder können wir mit Preisschwankungen im Einkauf argumentieren, wie das die Energieunternehmen tun – noch können wir andere Elemente ins Spiel bringen wie etwa Marktsättigung oder monopolartige Anbieterstrukturen. Wie also erklären Sie Nachfrager A, dass er einen anderen Preis bezahlen soll als Nachfrager B? Auf welchen Wegen können Sie feststellen, ob Sie mit einem höheren Preis durchaus gleichen Erfolg haben? Oder mit einem niedrigeren Preis mehr Aufträge bekommen könnten?

Die Lösung: Statt einfach für das gleiche Angebot unterschiedliche Gebühren zu verlangen, variieren Sie Preise bei ähnlichen Angeboten. Folgende Varianten bieten sich an:

- *Themen:* Erweitern Sie Ihr Repertoire glaubhaft. Neben »Kommunikation« tritt »Rhetorik« und/oder »Konflikt«, die Sie höherpreisig anbieten. Oder einfacher: Sie differenzieren künftig zwischen Grundkurs, Fortgeschrittene und »Master« und staffeln die Preise entsprechend.
- *Inhalte:* Wenn Sie einen höheren Preis erzielen möchten, peppen Sie die Inhalte auf, zum Beispiel durch besondere Teilnehmerunterlagen, einen Ausflug in ein passendes Museum oder einen Konzertbesuch am Abend. Für gesenkte Preise stehen verringerte Unterlagen etc.
- *Umfänge:* Verkürzen Sie die Seminarzeiten beziehungsweise verschieben Sie den Startzeitpunkt am Starttag nach hinten beziehungsweise am Schlusstag nach vorne. Auf diese Weise sparen Sie selbst vielleicht die eine oder andere Übernachtung. Für Preiserhöhungen dehnen Sie die Zeiten entsprechend.

- *Zielgruppen:* Unterschiedliche Preise für verschiedene Branchen zu verlangen ist gang und gäbe – umso mehr für Hierarchiestufen: Topmanagement zahlt mehr als Führungskräfte, »normale« Mitarbeiter kommen nochmals günstiger weg. Das gilt übrigens als besondere Bestätigung für jene, die im Management möglichst weit oben stehen, ähnlich wie beim Firmenwagen oder bei der Differenzierung bei Reisen (1./2. Klasse). Zwischen Business- und Privatkunden zu unterscheiden ist ebenfalls üblich, siehe beim Coaching: Wer privat abrechnen muss, statt das Coaching von seinem Unternehmen zu erhalten, kommt teils mit etwa dem halben Preis zu seiner Leistung.
- *Vorgehensweisen:* Je nach Art der Maßnahme höher oder niedriger auszuweisen ist eine weitere Möglichkeit. Ein Workshop ist aufwendiger als ein Seminar und findet meist mit weniger Teilnehmern statt. Kongresse mit dem Anspruch, Experten oder gar Gurus mit der Chance der Know-how-Übertragung zu bieten, kosten deutlich mehr als Messen mit angeschlossenen Forumsvorträgen, die in aller Regel Verkaufsveranstaltungen der Messeaussteller sind.

Erweiterungen dieser und ähnlicher Art werden gerne unter dem Schlagwort »Line Extension« zusammengefasst. Typisches Beispiel im Bereich Markenartikel ist Nivea, wo aus der Creme eine Erweiterung bis hin sogar zu Shampoo bestens gelungen ist. Oder denken Sie an die erfolgreiche »Markendehnung« der Süddeutschen Zeitung, die erfolgreich einige Medienreihen entwickelt und unter ihrem Markennamen direkt an Abonnenten wie auch über Buchhandlungen verkauft hat.

Die Billigheimer: Tiefpreise in der Weiterbildung

Unter diesem oder einem ähnlichen Titel greifen Branchenmagazine wie beispielsweise managerSeminare »alle Jahre wieder« das Thema auf, wie private Anbieter quasi als »Aldi der Weiterbildungsbranche« klassischen Bildungsinstitutionen (VHS, IHK, Hochschulen) Paroli bieten wollen – sozusagen die Qualität eines aufwendigen Trainings zum Preis der Volkshochschule. Wobei der Preis an sich keineswegs eine Aussage zur Qualität gibt, wie viele Dozenten öffentlicher und halb öffentlicher Bildungsanbieter beweisen – und leider auch der eine oder andere Trainer großer privater Bildungsträger oder auch Einzelpersonen ...

Zurück zu den »Billigheimern« – bekannt wurden etwa die Herren Björn Grimm 2004 oder Bernd Hansen 2006 mit ihren Versuchen von Discountseminaren:

- Grimms Angebot lag für eintägige Schulungen bei 99 Euro netto für Themen wie Kommunikation, Motivation und Präsentation, mit bis zu 40 Teilnehmern je Seminar. Im Herbst 2008 bot www.transeo-seminare.de zum Seminarpreis von 175 Euro sogar drei Tagungsgetränke und Teilnehmerunterlagen.
- Hansen hatte Zweitagesseminare für 111 Euro im Angebot für Rhetorik, Dialektik, Verkaufsförderung – und eine NLP-Ausbildung zum Dumpingpreis von 250 Euro.

Sein Konzept: Gleiches möglichst häufig wiederholen. Er lobt unter www.seminar-discounter.de seine Seminare mit maximal zwölf Teilnehmern in diversen Orten aus und stellt sich dem direkten Vergleich über Google-Stichwortsuche eingeblendet.

Wenig überraschend wird er mit den Worten zitiert: »Die Trainer verdienen pro Kurs nicht so viel wie üblich.« Statt eigener Seminarräume Anmietung kurzfristig nach Bedarf, keinerlei Bewirtung – die müssen die Teilnehmer selbst mitbringen. Ob diese Konzepte wirklich gegriffen haben, ist schwer nachzuvollziehen – jedenfalls halten sich die Angebote in Grenzen. Prüfen Sie selbst, ob zum Zeitpunkt Ihrer Lektüre einer dieser Anbieter noch am Markt ist. – In diesem Zusammenhang lässt sich noch ein dritter Anbieter anführen: Die Wiesbadener Trainer Akademie www.wiesbadener-akademie.de, die konsequent das angesprochene Vorgehen der Preissegmentierung fährt: Rhetorik Basic 99 Euro, Pro 299 Euro, Excellence 699 Euro. Doch wie sind die Billigpreise überhaupt möglich?

Seminar von der Stange oder maßgeschneidert?

Wenn Sie als Bildungsanbieter es schaffen, ein Thema einmal vorbereitet immer wieder abzuspulen, haben Sie natürlich einen erheblichen Vorteil: Sie sparen eine Menge Vorbereitungszeit, die in vielen Fällen nur teilweise ins Angebot integriert werden kann – oder auch gar nicht. Wer als Trainer für eine interne Trainingsabteilung oder für einen Anbieter öffentlicher Seminare tätig ist, etwa für Telekom oder Bahn, für management circle oder IIR, profitiert von wiederholten »Massenangeboten«. Doch auch hier gilt: Was übernimmt der Anbieter? Was macht der Trainer? Spezialakademien wie profiTel in Hamburg für Call-/Communication-/Servicecenter entwickeln Seminare mit dem jeweiligen Trainer zusammen und stellen ppt-Vorlagen sowie Teilnehmerunterlagen jeweils aktualisiert zur Verfügung. Das bedeutet, nur minimaler Aufwand ist für das jeweilige Seminar erforderlich, etwa Individualisierung für Inhouseseminare oder Aktualisierung infolge veränderter Rahmenbedingungen (beispielsweise Rechtsfragen) oder neuer Erkenntnisse (zum Beispiel Wirtschaftszahlen). Informieren Sie sich via www.profitel.de.

Am weitesten geht diese Art der »Arbeitsteilung« bei Systemanbietern, die ihren Geschäftspartnern fertige Systeme zur Verfügung stellen (zum Franchising s. *P 1: Produkt/Programm*, S. 81 ff.)

Mindesteinkommen in der (Weiter-)Bildung?

Im Rahmen der Diskussion, für weitere Branchen einen Mindestlohn zu definieren, ist dies auch für Weiterbildner mit zum Beispiel zwölf Euro pro Stunde ins Gespräch gebracht worden und schließlich 2009 verabschiedet worden (10,71 Euro West und

9,53 Euro Ost). Viele Dozenten kommen dem nahe, wenn auch noch von oben, etwa bei Einsätzen für (halb) öffentliche Institutionen:

- VHS liegen häufig bei 25 Euro/h. Für besondere Programme inklusive öffentlicher Förderung kann der Stundensatz auch etwas höher liegen.
- Dozenten im Einsatz an Hochschulen, den früheren Fachhochschulen, sind froh, wenn sie diese 25 Euro/h erreichen. Wir kennen Beispiele von 22 Euro/h.
- Manche Trainerakademien muten ihren Dozenten tatsächlich Stundensätze von um die 15 Euro zu. Beträge, wie sie sich auch aus den genannten Billigseminaren ergeben!

Das alles, wohlgemerkt, als Nettobeträge im Rahmen eines freiberuflichen Einsatzes! Natürlich gibt es Argumente dafür:

- Oftmals handelt es sich um nebenberufliche Einsätze, die in der Summe der Jahreseinnahmen nicht versteuert werden müssen oder durch Kosten fast auf null gebracht werden können und so ebenfalls steuerfrei bleiben.
- Weiterbildner akzeptieren für solche Einsätze diese – im Verhältnis zu den üblichen Tagessätzen geradezu lächerlichen – Honorare, weil sie entweder neue Themen, neue Formate ausprobieren oder neue Zielgruppen kennenlernen können.
- Oder diese Einsätze werden im Grunde als ehrenamtliche betrachtet und es wird nur ein gewisser Kostenausgleich erwartet.

Dies gilt gleichermaßen für Einsätze bei Verbandsveranstaltungen (Kongresse, Symposien), bei denen Referenten und Workshopleiter in aller Regel keinerlei Honorare erhalten, häufig sogar die entstehenden Kosten selbst tragen (Reise, Übernachtung, Unterlagen). GABAL e.V. zum Beispiel ermöglicht den Beiträgern die kostenlose Teilnahme am Symposium (www.symposium.gabal.de) und übernimmt die Übernachtung, während andere DVWO-Verbände aufgrund ihrer Kalkulation ausschließlich darauf hinweisen, dass sie den Referenten eine höchst interessante Plattform mit potenziellen Nachfragern zur Verfügung stellen. Wir wissen auch von Verbänden, die ihren Referenten statt eines Honorars Spendenbescheinigungen in gewisser Höhe bieten. Inwieweit das zulässig und steuerlich überhaupt machbar ist, lassen Sie bitte von den Fachleuten prüfen, wenn derlei für Sie infrage kommt!

Bildungscontrolling

Haben wir uns zunächst auf die interne Kalkulation von Bildungsanbietern konzentriert, gilt es nun, den Blick auf die andere Seite zu richten: Wie kalkulieren denn die Nachfrager der Bildungsleistung, die Auftraggeber, also Entscheider beziehungsweise Teilnehmer? Das Bildungscontrolling hat sich im Laufe einiger Jahrzehnte deutlich gewandelt. Da es sich auf die Preisbildung des Angebotes durchaus auswirken kann, seien hier einige Konzepte kurz aufgeführt und aktuelle Sichtweisen aus der Praxis ergänzt.

Qualität und Quantität. Als wohl ursprünglichstes Konzept gilt das von Donald L. Kirkpatrick, der vier Stufen unterscheidet:

- Stufe 1: Zufriedenheit: Feedback der Teilnehmer – das »Smile-Sheet«.
- Stufe 2: Lernerfolg: Wissenstest – durch Interview oder Rollenspiel.
- Stufe 3: Transfererfolg: Umsetzung in die Alltagspraxis.
- Stufe 4: Unternehmenserfolg: messbare Effekte, etwa gesteigerter Umsatz, verringerte Fehlerquote.

Die Auswertung einer Maßnahme geht also von der Sicht der Teilnehmer schließlich hin zu jener des Unternehmens, bleibt in allen Stufen allerdings bei einer qualitativen Beurteilung. Auf der Grundlage dieser vier Stufen sind in den letzten Jahren zwei weitere ergänzt worden:

- Stufe 5: Jack J. Philipp versuchte eine konkrete Erfolgsrechnung, also ein klassisches Return-on-Investment (ROI): Was wird für die Maßnahme investiert, was kommt dabei heraus?
- Stufe 6: Professor Herbert Kellner entwickelte weiterführend den Value-of-Investment (VOI).

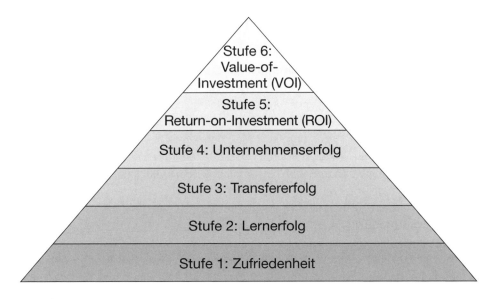

Andere Konzepte versuchten eine Balanced Scorecard (BSC) für Bildungsanbieter zu entwickeln und so die Betrachtungsweise zu verändern. Denn entscheidend ist beim Bildungscontrolling, welche Perspektive eingenommen wird: reine Betrachtung als Kosten oder als Investment? Welchen Grad an Veränderung sehe ich als Controller als Erfolg? Betrachtet sich der Controller als Kontrolleur – oder ist Controlling ein Steuerungsinstrument, um gegebenenfalls in der Zukunft andere oder veränderte Maßnahmen zu ergreifen?

Beim GABAL-Symposium 2004 wurde zudem eine Formel eingeführt, die Dr. Reinhard Gris (Weiterbildungslüge) neben einer anderen von Markus Aschendorf (mit 13 Faktoren) zitiert und so bewertet: »Abstruse Formeln: Veränderungseffekte sind nicht sinnvoll in Geld auszudrücken« (S. 220 ff.). Dr. Barbara Gülpen hatte diese Formel entwickelt und in ihrem Beitrag mit dem Titel »Integriertes Bildungscontrolling in Seminaren und Entwicklungsprogrammen« ausführlich erläutert. Nebenbei bemerkt: Da es kaum möglich ist, auf diesen Beitrag eher zufällig zu stoßen, unterstelle ich, dass der anonyme Autor Dr. Gris wohl einer der Teilnehmer des GABAL-Symposiums in Oberursel gewesen sein muss. Wer sich näher mit dieser Formel befassen möchte, sei auf den Link verwiesen: http:/www.gabal.de/download-details.php?id=4. Moderne Sichtweisen zeigen sich in den beiden folgenden Gastbeiträgen.

Bildungscontrolling erhält erweiterten Blickwinkel: Vom Training zur Performance

Gastbeitrag von Wolfgang Neumann, Unternehmensberatung FocusPerformance, Mitautor der GABAL-Umfrage zur »Effektivität in der Weiterbildung«

Seminare sind nach wie vor die beliebteste Form der betrieblichen Weiterbildung. Diverse Untersuchungen zeigen jedoch, dass die Ableitung der Weiterbildungsziele aus den Unternehmenszielen nur selten erfolgt und dass in der Praxis nur selten nach alternativen Problemlösungen zu Trainings und Seminaren gesucht wird. Bezüglich der Erfolgsmessung von Trainingsmaßnahmen begnügt man sich im Allgemeinen mit der Feststellung der Teilnehmerzufriedenheit. Zur Erhöhung des Transfers in die Praxis empfiehlt die Learntec-SCIL-Trendstudie 2007 unter anderem, Seminare transferförderlich zu gestalten, und weist auf die Lernkultur, den Umgang mit Veränderungen hin, damit aus Kosten letztlich die Wettbewerbsfähigkeit der Unternehmen entsteht. In der Studie wird auch festgestellt, dass es 77 Prozent der Seminarteilnehmer nicht gelingt, die gelernten Inhalte in ihren Arbeitsalltag zu transferieren.

Daher ist kaum verwunderlich, wenn in der von managerSeminare erstellten Trendstudie 2007 festgestellt wird: »Firmen sparen bei der klassischen Weiterbildung. Die Ausgaben der Betriebe für konventionelle Seminare und Trainings ging zwischen 1999 und 2005 um acht Prozent zurück.« Da es also deutliche Zweifel an der Wirksamkeit von Weiterbildungsmaßnahmen gibt, sind neue Konzepte wie Performance Improvement entstanden, die nach der Effektivität (welche Maßnahme ist wirkungsvoll und nachhaltig?) der Weiterbildungsinvestition fragen. Kern des Performancegedankens ist, dass Trainings nicht immer die beste Lösung sind, um die Leistung einer Abteilung, einer Gruppe oder einer Person zu verbessern. Die Hindernisse auf dem Weg zur Erreichung eines Ziels liegen häufig nicht bei den Personen, sondern in deren Umfeld. Ein wesentliches Tool, um lö-

sungsoffen nach zielführenden, nachhaltigen Lösungen zu suchen, ist die sogenannte »Gap-Analyse«, mit der die Lücken zwischen Ist- und Zielsituation und
insbesondere die nachhaltig wirksamen Maßnahmen identifiziert werden.

Der Schritt vom Trainings- zum Performancedenken ist jedoch nicht einfach:
Er bedeutet für die Organisationen, das Konzept muss verinnerlicht, die Perfor-
mancetools müssen professionell genutzt und die Verantwortung für die Performance der Mitarbeiter von den Führungskräften konsequent wahrgenommen
werden. An vielen Stellen erfordert dies eine strukturelle Neuausrichtung und eine
Veränderung der Aufgaben sowie des Selbstverständnisses der Beteiligten. Konkreter heißt das, die Personalentwicklung muss sich zum internen Performance-
berater (»Businesspartner«) entwickeln und Führungskräfte müssen bereit sein,
offen über die Gaps in ihren Bereichen zu sprechen und bei der Analyse der wirklichen Ursachen mit dem Businesspartner zusammenarbeiten. Nur so kann die
PE den Performancegedanken umsetzen und als »Businesspartner« die Führungskräfte bei der Erreichung ihrer Ziele (zum Beispiel Ergebnisse, Qualität, Kosten, Kundenzufriedenheit) unterstützen.

In einer von dem GABAL-Verband initiierten Untersuchung gaben die befragten Unternehmen 2005 an, dass zukünftig eine verstärkte Fokussierung auf die
Unterstützung der Unternehmensziele erfolgen und dazu die Personalentwicklung zunehmend eine interne Beratungsfunktion wahrnehmen wird. Für diese
Aufgabe fordert zum Beispiel Telekom-Personalvorstand Thomas Sattelberger
»vom Personalwesen mehr Härte«, eine stärkere Ausrichtung der Aktivitäten auf
die Beeinflussung der Arbeitskosten, Verbesserung der Produktqualität und die
Förderung der Servicekompetenz und sieht hier bei der PE noch große Defizite
und einen »dornigen Weg« auf dem Weg zum Businesspartner.

Quo vadis, Businesspartner? Wo stehen Personalentwicklungsabteilungen,
wieweit haben sie das Konzept des Businesspartners in der Praxis umgesetzt
und welche Konsequenzen ergeben sich daraus für externe Trainer und Berater,
dies waren die Ziele einer Umfrage des Kompetenzteams der gemeinnützigen
Weiterbildungsorganisation GABAL e. V. im Zeitraum Dezember 2007 bis Februar
2008. Da die diskutierte Entwicklung Auswirkungen auf Trainer und Berater hat,
richtete sich die Untersuchung auch an diese.

An der Umfrage haben jeweils etwa gleich viele *interne* Personalentwickler,
Personalmitarbeiter (davon etwa ein Drittel Leiter der Personalentwicklung) und
externe Trainer, Berater, teilgenommen. »Weiterbildung muss sich rechnen«, wird
intern zunehmend mit Nachdruck gefordert, andererseits sind in 70 Prozent der
Organisationen keine konkreten Schritte eingeleitet, auch weil in 39 Prozent der
Fälle eine »vernünftige Berechnungsmethode« fehlt. Die Externen nehmen dies
wahr, andererseits erfolgt bei 42 Prozent der Auftraggeber bisher keine intensive
Auseinandersetzung mit dem Thema. Obwohl nach den Angaben in 40 Prozent
der Unternehmen vor der Durchführung von Interventionen das Umfeld der Mitarbeiter analysiert wird und in 51 Prozent der Unternehmen eine Ausrichtung an
Zielen erfolgt, werden die Veränderung von Umfeldfaktoren und die Zielerrei-

chung nach den Trainings/Seminaren kaum evaluiert. Fast alle Unternehmen (92 Prozent) erheben kontinuierlich die Zufriedenheit der Teilnehmer, aber der Lernerfolg, die Umsetzung in die Praxis, die Wirtschaftlichkeit von Weiterbildungsmaßnahmen (der Return on Invest) wird nur von drei Prozent überprüft. Zu diesem Ergebnis führen die Antworten sowohl der internen als auch der externen Berater und Trainer und bestätigen damit die Ergebnisse vorangegangener Umfragen.

Obwohl der Performancegedanke bisher nur in wenigen Unternehmen fest verankert ist, kann doch festgestellt werden, dass sich die Performanceorientierung in den Unternehmen zunehmend verbreitet. Es stellt sich daher die Frage: Wie wird sich diese Entwicklung auf externe Trainer und Berater auswirken?

Die Antworten der *Internen* lauten:
- Trainer müssen sich am Erfolg, an der Auswirkung auf das Ergebnis der Abteilung, des Trainings messen lassen: 48 Prozent aktuell (58 Prozent zukünftig).
- Von Trainern wird die Anpassung des Trainings an die jeweilige Situation, die jeweiligen Ziele erwartet: 79 Prozent (66 Prozent).
- Von den Trainern wird zunehmend betriebswirtschaftliches Denken erwartet, damit sie die Unternehmenssituation erkennen und sich darauf einstellen können: 43 Prozent (57 Prozent).
- Honorare werden an den Erfolg gebunden: aktuell drei Prozent (31 Prozent).

Die Umsetzung des Performancegedankens wird sich danach zukünftig stark auf die Arbeit und das Honorar der Trainer auswirken: Die Trainer müssen die Ziele, die betriebswirtschaftlichen Zusammenhänge verstehen, um ihr Training, den Erfolg des Trainings sicherzustellen, an diesem werden sie auch zukünftig deutlich stärker gemessen und danach bezahlt. Sehen dies die externen Trainer und Berater ebenso?

Die externen Trainer und Berater sehen die Konsequenzen bisher für sich nicht so deutlich (konkrete Zahlen können Sie beim Autor erfragen). Auf die Frage »Für mich ergeben sich folgende *aktuelle* weitere Veränderungen« wurde eine Vielzahl von Antworten mit folgenden Schwerpunkten (Reihenfolge entsprechend der Häufigkeit) gegeben:

- Die ganzheitliche Beratung, besonders die Prozessberatung, nimmt zu,
- Transferorientierung, mit (kurzfristigem) Ergebnisnachweis und -controlling,
- persönliche Weiterbildung und Methodenkompetenz ist zu verbessern,
- die Entwicklung bei den Kunden wird angestoßen, aktiv gefördert,
- die eigene Zuständigkeit, der Aufgabenumfang, wird sich erweitern.

In *Zukunft* werden folgende weiteren Veränderungen erwartet:
- Die persönliche Weiterbildung und Methodenkompetenz sind zu verbessern, entsprechende Maßnahmen sind geplant (dieser Punkt wurde mit weitem Abstand am häufigsten genannt),
- Strategie-, Ziel- und Transferorientierung sowie
- die Notwendigkeit von Netzwerken, der kollegiale Austausch.

Hiernach haben die Externen erkannt, dass die persönliche Weiterbildung, die Verbesserung der Methodenkompetenz, zur Sicherung der zukünftigen Wettbe-werbsfähigkeit wichtig ist.

Zusammenfassend ergibt sich: Für externe Trainer und Berater besteht noch ein großer Nachholbedarf, denn 80 Prozent sind nicht fit für die Anwendung des Performanceansatzes. Viele Trainer und Berater konzentrieren sich noch auf die Erweiterung ihres themenspezifischen Know-hows, sie haben für sich die Konse-quenzen der Entwicklung »vom Training zur Performance« noch nicht ausrei-chend erkannt und es besteht ein großer Weiterbildungsbedarf bezüglich des Performanceansatzes. Trainer werden sich nach der Umfrage nicht nur auf schwierige Honorarverhandlungen einstellen müssen, sie werden zunehmend nach Erfolg, dem Ergebnis ihrer Angebote für eine spezielle Anforderung gefragt, und die Trainings »von der Stange« werden deutlich abnehmen.

Die vom Autor angesprochenen Studien im Rahmen von GABAL e.V. können auf der Internetseite www.gabal.de aufgesucht werden (es gibt dazu zahlreiche Downloads, zu finden unter »Medien«).

Kreatives Bildungscontrolling

Gastbeitrag von Mario Gust, Diplom-Betriebswirt und Diplom-Psychologe, AB&F Personalberatung, Veranstalter des »deutschen fachkongresses für bildungscontrolling«

In der bisherigen Praxis des Bildungscontrollings untersuchen 98 Prozent aller Unternehmen vor allen Dingen die« Zufriedenheit« ihrer Seminarteilnehmer mit dem Trainer, dem Hotel, dem Essen, den Unterlagen und der vermuteten Praxis-relevanz. Ungefähr 40 Prozent der Unternehmen messen den Lernerfolg der Teil-nehmer im Zusammenhang mit Seminaren zu PC- und EDV-Seminaren und zu Sprachkursen. Weniger als 20 Prozent der Unternehmen messen den Transfer-erfolg einer Weiterbildungsmaßnahme, also das, was tatsächlich für die Praxis als Ergebnis als Kompetenzzuwachs relevant ist. Den Return on Investment (ROI) messen weniger als zehn Prozent der Unternehmen. Eine Verzinsung des eingesetzten Kapitals ist also nicht Gegenstand der Betrachtung des aktuellen Bildungscontrollings.

Praktiker bemängeln schon seit Jahrzehnten, dass ein Seminar normaler-weise nur um die 15 Prozent Verhaltensänderung bringt. Die Globalisierung der Märkte wird zunehmend dafür sorgen, dass Mitarbeiter und Führungskräfte ler-nen müssen, mit komplizierteren und komplexeren Aufgabenstellungen zum Bei-spiel in den neuen Finanzmärkten umzugehen. Können, Kompetenzen und Expertise sind die angemessenen Begriffe für diese Herausforderungen. Kenntnisse reichen vielfach nur als Basis aus und Verhalten und Skills sind häufig zu wenig. Aus dem bis hier Gesagten ergibt sich ein kreatives Spannungsfeld, das es sich für Trainer und Bildungsverantwortliche lohnt, genauer zu betrachten.

»Rationalisierungspotenzial Human Capital«. Die aktuelle Praxis des Bildungscontrollings lässt sich auch aus einem weiteren Blickwinkel betrachten. Die Ausgaben, der Input in die betriebliche Weiterbildung, werden von vielen Unternehmen bereits heute umfassend dokumentiert. Um die Kosten zu erfassen, wurde in den 1970er-Jahren ein dafür geeignetes Kostenrechnungssystem von Professor H. Albach entwickelt. Die auf Seite 183 beschriebene Erfolgsmessung zeigt aber eindeutig, dass der Output, die Verbesserung für die betriebliche Leistungserstellung, nur unzureichend erfasst wird. Das liegt zum größten Teil daran, dass Standardseminare nicht weiter hinterfragt werden (»Haben wir hier schon immer so gemacht«).

Kompetenz und Komplexität. Zukünftig wird die konzeptionelle Unterscheidung von Kompetenzen, Kenntnissen, Fertigkeiten und Qualifikation eine große praktische Rolle spielen. Dabei geht es immer nur darum, dem Kunden und dem Markt mehr Kompetenz und Expertise zur Verfügung zu stellen, als der Mitbewerber dies bieten kann. Hier tut sich eine große Chance für Trainer und Weiterbildungsverantwortliche auf.

Kompetenzen sind etwas anderes als Persönlichkeitseigenschaften. Sie sind auch nicht durch den Begriff des »Verhaltens« hinreichend erfasst. Welche neuen/ alten Methoden und aktuellen Inhalte sind für das jeweilige Kompetenzfeld geeignet? Wie sind neue Seminarformen und Übungsinhalte unter diesem Aspekt neu zu strukturieren, um eine nachhaltige Kompetenzentwicklung und anschließenden Transfer in die Praxis zu unterstützen? Kompetenz lässt sich definieren als die Fähigkeit, selbstorganisiert – also ohne fremde Hilfe – komplexe Probleme und Aufgabenstellungen besser zu lösen als der Mitbewerber. In der Praxis kann man die Inhalte und Methoden aus vorhandenen Seminaren, die sich auf Persönlichkeitseigenschaften oder auf die Verhaltensebene bezogen haben, nicht einfach auf die Vermittlung von Kompetenzen geradlinig anwenden. Hier liegen inhaltliche und methodische Probleme, die in der Tat ohne ein vernünftiges Konzept zum Bildungscontrolling nicht zu handhaben sind.

Zum Beispiel hatte Zeitmanagement als Ziel, den Arbeitstag und zukünftige Aufgabenstellungen zu ordnen. Hierfür wurden Methoden wie das Pareto-Prinzip, die individuelle Leistungskurve zur Verfügung gestellt. In Summe waren diese Methoden an kurzfristigem Zeitmanagement mit Zeitplansystem orientiert. Hierfür wurden klare Verhaltensregeln vorgestellt.

Dies wird sicher so Bestand haben. Aber Kompetenzen werden anders und vor allen Dingen mit anderen Zielorientierungen entwickelt. Verhalten ist durch Vormachen – Nachmachen geprägt. Das ist etwas anderes, als komplexe Prob-

leme mit wenig Zeit zu lösen, und persönliche »Dispositionen« wie Zielvermei-
dung, Hinauszögern, Aufgeben und Vermeiden lassen sich nicht nur durch ein
bloßes Zeitplanbuch »überwinden«. Anderseits sind solche Kompetenzlücken
natürlich auch nicht »unüberwindbar«.

SMARTERe Transferziele und damit verknüpfte Kompetenzentwicklung lassen sich durch die Kurzformel »SMARTER« kennzeichnen, also ergänzend zu
Seite 28 f. auch »energisch verfolgen« sowie »*r*ollierend betrachten« – bezogen
auf Kompetenzbereich und -zuwachs.

Systematisches Vorgehen. Solche Evaluierungen sind gerade auch für Einzeltrainer geeignet, die sich in »Forschungsverbünden« organisieren können. Dadurch werden neue Impulse aus unterschiedlichen Hintergrundbereichen verarbeitet. Betriebswirtschaftliches Wissen ist ebenso wichtig wie pädagogisch-psy-
chologische Herangehensweisen. Dies lässt sich am besten in gemischten Teams
realisieren, die ein breites Methodenspektrum kennen und genügend Kreativität
einbringen können. Der wichtigste Prüfstein ist dabei einzig und allein die betriebliche Praxis, also der angestrebte Kompetenzgewinn.

Methodisch bietet sich exemplarisch das folgende Vorgehen im Team an:
- Bedarfsanalyse,
- Analyse des Ist-Materials,
- kreative, kompetenzorientierte Fragestellungen,
- Neukonzeption,
- Pilotphase,
- Transfersicherung sowie
- Ergebnisdokumentation.

Stark in der Diskussion ist der im Gastartikel genannte Ansatz von Human-Capital-
Management. Hier wird versucht, dem Mitarbeiter und seiner Weiterbildung stärke-
res Gewicht auch in der Bilanzierung der Unternehmenswerte zu verschaffen, ein
durchaus positiver Ansatz. Kritisiert wird daran aber die Betrachtung von Menschen
unter dem Blickwinkel von Kapitalisierung. Wer möchte, orientiere sich anhand der
Website des Human Capital Club www.humancapitalclub.de.

Tipp: Wählen Sie aus einer Fülle von Instrumenten des Bildungscontrollings jene
aus, mit denen Sie für sich gut umgehen können – und die auf den jeweiligen
Nachfrager passen. Bauen Sie Hinweise darauf in Ihre Angebote und Präsentationen ein, denn damit signalisieren Sie: Interesse des Nachfragers wahrgenommen! Aspekte werden berücksichtigt, siehe: Transfer und ROI. Damit bringen Sie
eine zusätzliche Leistung, Ihre Kernleistung wird ergänzt und abgerundet.

Pricing im modernen Marketing:
Das Konzept von Simon, Kucher & Partners

Orientieren Sie sich auf der Website www.simon-kucher.com: Dort finden Sie diverse Whitepapers, die Sie für Ihre preislichen Überlegungen nutzen können. Klare Aussage dieser Unternehmensberatung, die sich auf das »Pricing« für diverse Branchen spezialisiert hat: Lieber einen höheren Preis nehmen, das führt zu einem höheren Gewinn bei geringerem Absatz. Das hieße für Weiterbildner: Wenn entsprechend weniger Teilnehmer kommen – passt das trotzdem, weil bei entsprechend gleichen oder sogar geringeren Kosten die Einnahmen steigen. Das stimmt offensichtlich für viele Produkte – passt das auch für Ihr Seminarangebot?

 Versuchen wir ein Beispiel: Wenn Ihr Gewinn (verbleibender Deckungsbeitrag DB nach Abzug der direkten wie indirekten Kosten) bei zehn Prozent liegt, bedeutet eine Reduzierung Ihres Preises um zehn Prozent, der Gewinn = 0. Wie viel DB ergibt ein zusätzlicher Teilnehmer? Wenn dieser zum Beispiel 80 Prozent beträgt, weil 20 Prozent variabel für Tagespauschale Hotel und Nebenkosten anfallen, ergibt sich anteilig aus dem Gesamtumsatz wieder ein Gewinn:

Ausgangspunkt	= 1.000 Euro netto für ein Zweitagesseminar
10 Teilnehmer	= 10.000 Euro
Gewinn	= 1.000 Euro = 10 Prozent.
Reduktion 10 Prozent	= 900 Euro
10 Teilnehmer	= 9.000 Euro
Gewinn	= 0
1 Teilnehmer zusätzlich	= 9.900 Euro,
daraus Gewinn	= 720 Euro (80 Prozent des 11. Teilnehmers)
	= 8 Prozent.

Das bedeutet, trotz eines weiteren Teilnehmers ist der Gewinn absolut wie auch prozentual deutlich geringer als beim vorherigen Preis. Und wie hoch ist die Wahrscheinlichkeit, durch Reduzieren des Preises mehr Teilnehmer zu erhalten? Dafür ist meist ein erheblich höherer Abschlag als die hier kalkulierten zehn Prozent erforderlich.

Anders herum betrachtet, ergeben zehn Prozent Preiserhöhung eine Verdoppelung des Gewinns. Dann stellt sich die Frage: Wie viele Teilnehmer »dürfen« weniger kommen, und es bleibt trotzdem mehr Gewinn?

Ausgangspunkt wieder	= 1.000 Euro netto für ein Zweitagesseminar
10 Teilnehmer	= 10.000 Euro
Gewinn	= 1.000 Euro = 10 Prozent
Erhöhung um 10 Prozent	= 1.100 Euro
10 Teilnehmer	= 11.000 Euro
Gewinn	= 2.000 Euro = 18 Prozent

1 Teilnehmer weniger   = 9.900 Euro
daraus Gewinn   = 900 Euro
Gegenüber 9.000 Euro gesamten Kosten wie oben kalkuliert minus 10 Prozent!
Bei 2 Teilnehmern weniger sind das 8.800 Euro – und damit »eine rote Null«.

Bei diesen vereinfachten Beispielen haben wir darauf verzichtet, die etwas abweichenden Werte für die Tagespauschalen anzupassen. Das bedeutet, der Gewinn im Reduktionsbeispiel ist etwas geringer, im Erhöhungsbeispiel sogar etwas höher – was bedeutet, die Schere öffnet sich sogar etwas weiter, ein Zusatzargument für höhere Preise! Natürlich gilt, lieber vorsichtig testen.

Kalkulieren Sie selbst, indem Sie Ihre Preise um jeweils 10 und 20 Prozent erhöhen beziehungsweise reduzieren und Ihren »Break-even-Point« ermitteln! Das geht »mit dem dicken Daumen« mit der gezeigten Vorgehensweise, ohne dass Sie extra ein Formelprogramm benötigen (Excel oder andere).

Wie das in der Praxis erfolgreich funktioniert, mag Ihnen das folgende wahre Beispiel eines Weiterbildungsverlages zeigen, das zwar schon zeitlich etwas zurückliegt – dort ging es um Sprachenlernen:

 Anzeigen im Magazin SPIEGEL (1/3 Seite hoch) brachten lange Jahre konstante Bestellungen unterschiedlicher Vokabellernsysteme. Als nach und nach der Respons (= Bestellquote) schließlich zurückging, änderte der Anbieter radikal die Preispolitik: Er verteuerte konsequent sämtliche Systeme um 100 DM, also wurden zum Beispiel aus 79 DM 179 DM, aus 89 wurden 189 DM und so weiter. Die Konsequenz waren zwar weiter sinkende Quoten. Insgesamt rechnete sich das Angebot für ihn allerdings wieder, weil der Umsatz bei gleichen Kosten deutlich stieg. Letztlich war offensichtlich das Preis-Leistungs-Verhältnis für die Bezieher gegeben, da er auch aufgrund des neuen – viel teureren – Angebots erhebliche Nachbestellungen anderer Systeme dieser Erstbesteller verzeichnen konnte – übrigens bis in die jüngste Zeit hinein, bald zehn Jahre nach der letzten Anzeigenschaltung …

Übersetzt auf ein klassisches Seminarangebot bedeutet dies: Überprüfen Sie Ihre Strategie, eine Maßnahme mit vergleichsweise hoher Teilnehmerzahl zu definieren, Motto: »Die Masse macht's!«. Es gibt viele Gründe für potenzielle Teilnehmer, ein höherpreisiges Seminar zu buchen statt ein »billiges«:

- Qualitätserwartung: Was teurer ist, sollte besser sein.
- Exklusivität: Das kann sich nicht jeder leisten!
- Prestige: *Ich* darf mich dort blicken lassen!
- Wohlfühlen: Bessere Rahmenbedingungen werden erwartet.
- Lernatmosphäre: Kleinere Gruppe lässt erwarten, dass der Trainer sich mehr um die einzelne Person kümmert.
- Netzwerken: Im kleineren Kreis bekomme ich von allen etwas mit.
- Ich-Bezug: Das gönne ich mir (…, dass mir das mein Arbeitgeber bezahlt)!

Zudem gibt es differenzierte Preisstaffeln, die etwa nach »Standard-« und »Premium-« oder »VIP«-Tickets unterscheiden, mit meist 100 Prozent Aufschlag.

Erwartung und Erfüllung

Nochmals zurück zu Gris und seiner »Weiterbildungslüge«: Was dort immer wieder durchscheint ist, dass alle angesprochenen Kritikpunkte rund um Mängel der Weiterbildungsangebote sich auf eine einfache »Formel« reduzieren lassen: Unzufriedenheit aufgrund der Diskrepanz von Erwartung und deren unzureichender Erfüllung! Entsprechend gilt es, das grundlegende Handwerkszeug zur Strukturierung eines Seminars, Trainings oder anders gearteten Weiterbildungsangebots zu nutzen, wie es großteils bereits im Kapitel *P 1: Produkt/Programm* ausführlich dargestellt wurde. Die positiven Effekte aus dem Einsatz von Abfragen und/oder Programmabstimmung zu Anfang einer Maßnahme sind:

- Die Teilnehmer verdeutlichen sich ihre eigenen Ziele und die des Unternehmens.
- Mangelnde Vorbereitung wird nachgeholt.
- Unerfüllbare Erwartungen können sofort korrigiert werden.
- Der Trainer kann sein Programm anpassen, soweit dies sinnvoll und möglich ist.
- Abgleich Trainer/Teilnehmer mit den Vorgaben und Zielen des Auftraggebers kann geschehen.
- Zusammenführen der unterschiedlichen Ziele der Teilnehmer.
- Trainer stellt seine Erwartung und mögliche Erfüllung vor: das Programm.

Letztlich machen Sie auf diese Weise das Preis-Leistungs-Verhältnis deutlich und vermeiden, dass sich Fehler dieser Art während des Seminars oder im Nachklang negativ auswirken. Fehler können sein:

- Mangelnde Vorbereitung, siehe Ziele von Teilnehmern, Vorgesetzten, Personalentwicklern: Hat der Trainer diese abgefragt?
- Kommunikationslücken: unvollständige Texte des Trainers, Briefing durch den Auftraggeber ist mangelhaft, Formulierungen und Auftrag stimmen nicht überein.
- Transfer in den Arbeitsalltag: Vorgesetzte bleiben außen vor oder stehlen sich aus der Verantwortung, statt die Maßnahme zu begleiten.

> **Tipp:** Sorgen Sie aktiv dafür, dass Ihr Angebot durch einen abgesprochenen Leistungskatalog vergleichbar ist und gegenüber Mitbewerbern stark wirkt. Gerade dann, wenn Ihr Preis in der aktuellen Situation eher hoch erscheint. Sie vermeiden es auch, ungewollt nachträglich in eine Erfolgsdiskussion zu geraten.

Honorare an Erfolge knüpfen?

Alternativ wählt mancher Weiterbildner die offensive Variante: Im Vertrieb jeglicher Produkte ist es gang und gäbe, ein Honorar oder Einkommen zumindest teilweise mit dem Erfolg zu verbinden oder sogar ausschließlich Provisionen aus dem erzielten Umsatz zu bezahlen. Entsprechend ist die Erwartung vor allem bei thematisch vertrieblichen Seminaren hoch, der Trainer oder das Bildungsinstitut möge sich an messbare Ergebnisse binden lassen. Bei anderen Themen wie Führung, Team oder auch Wissensvermittlung ist das eher schwer nachzuvollziehen.

Welche Perspektive nehmen Sie ein – die Ihre als Bildungsanbieter – oder doch bewusst die Ihres Auftraggebers? Wappnen Sie sich mit entsprechenden Argumenten für eine mögliche Diskussion. Dazu könnte diese Betrachtungsweise beitragen:

CON-PRO 1: Was spricht gegen Erfolgshonorare, was spricht dafür?	
CON	**PRO**
Erhöhter Druck – für Trainer und Teilnehmer.	Extrinsische Motivation als Verstärker.
Mehr Blick auf Quantität statt auf Qualität.	Quantität ist stark gewünscht.
Risiko wird auf den Bildungsanbieter abgewälzt.	Bildungsanbieter wird ins Risiko des Nachfragers einbezogen.
Nachhaltigkeit kann nicht garantiert sein.	Zumindest für Zeitraum X wird Transfer überprüfbar(er).
Trainer hat nur kurzfristigen Einfluss auf das Ergebnis.	Trainer wird in die Pflicht genommen und übernimmt Verantwortung für Umsetzung.
Einfluss des Trainers endet mit der Maßnahme.	Maßnahme wirkt langfristig auch nach Abschluss weiter.
Umfeld spielt entscheidende Rolle.	Umfeld muss im Rahmen der Maßnahme berücksichtigt und integriert werden.

Nun ist es an Ihnen, die für Sie relevanten Argumente zusammenzutragen und zu diskutieren, etwa in einem Rollenspiel mit Kollegen. Das Blankoformular ist ebenfalls als Download erhältlich.

Gesetzt den Fall, Sie sind bereit oder schlicht gezwungen, sich an den Erfolg der von Ihnen durchgeführten Maßnahme binden zu lassen, welche Konsequenzen hat das für Ihren Preis?

CON-PRO 2:
Für welche Situation ist ein Erfolgshonorar weniger/besser geeignet?

CON	PRO
Ergebnisse schwer vergleichbar.	Erfolge gut messbar.
Starker Erfolgsbezug bisher weniger eingesetzt.	Erfolgsbezug durch Provisionen und regelmäßige Vergleiche gewohnt.
(Annähernd) 100 Prozent des Honorars aufgrund messbaren Erfolgs.	(Mehr oder weniger großer) Anteil des Honorars auf Erfolg bezogen.
Einmalige und kurzfristige Maßnahmen greifen schwer(er).	Intervall- und ähnliche Trainings inklusive Begleitung haben tatsächlich Einfluss.
Vorgesetzte sind eher distanziert.	Vorgesetzte sind stark in der laufenden Betreuung engagiert.
Faire Messwerte sind eher schwer zu definieren.	Faire Messwerte sind greifbar und werden bereits eingesetzt.
Trainer ist nur ein Faktor von vielen.	Trainer sieht sich selbst als Kernfaktor und wird auch so angenommen.
Maßnahmen sind eher off the job (Seminare, Workshops …).	On-the-job-Maßnahmen sind zumindest Bestandteil.

Bonus oder Malus?

Selten wird mit Modellen gearbeitet, die auf der Grundlage eines annähernd üblichen Tageshonorars Boni bei besonderen Erfolgen und zugleich Mali bei Unterschreiten definierter Ziele einschließen. Wie allgemein im Vertrieb ist für Sie als Anbieter zu überlegen und zu kalkulieren:

- Wie viel weniger/mehr ist zu verdienen?
- Sind die Kriterien klar? Ist die Basis der Umsatz überhaupt oder geht es um Zuwächse?

Modelle aus der Praxis umfassen meist die Kombination aus einem Grundbetrag, der jedenfalls bezahlt wird, und einem zusätzlichen Erfolgsbeitrag:

- Fixbetrag pro Tag oder pro Teilnehmer,
- dazu kommt die Provision (»Tantieme«) aus dem Umsatz einer bestimmten Periode,
- mindestens Provisionsteilung aus der Maßnahme heraus, wenn diese mit Begleitung zu Verkaufsgesprächen verbunden ist.
- Zuwachs des Umsatzes gegenüber Vergleichsperiode dient als Basis.

Durchaus zu beobachten ist bei manchen Nachfragern der bewusst umgekehrte Weg, auf Erfolgsbezug zu verzichten. Auf diese Weise wird der Fokus stark auf die Qualität gelegt und reines Umsatzdenken vermieden. Ein anderes Vorgehen ist die Geld-zu-rück-Garantie: Aggressiv im Markt auftretende Anbieter wie Semigator arbeiten damit, Teilnehmern aller Seminare, gleich welchen Themas, eine Erstattung anzubieten, wenn sie innerhalb der ersten Stunde das Seminar wieder verlassen. Eine ausführliche Diskussion dazu gab es in den Fachmagazinen managerSeminare und wirtschaft + weiterbildung. Überlegen Sie selbst, was dagegen und was dafür spricht …

Der Preis als Vertriebsunterstützung

Hanspeter Reiter

Es gibt Bildungsanbieter, die Strategien von Warenhändlern übernehmen und von sich aus aktiv Nachlässe anbieten, die an bestimmte Voraussetzungen geknüpft sind:

- *Aktion, Jahreszeit:* Üblich ist es, in nachfrageärmeren Jahreszeiten mit den Preisen herunterzugehen, während Hochzeiten auch höhere Preise bedingen.
- *Wiederholer:* Wer regelmäßig und immer wieder bei Ihnen bucht, profitiert von besonderen Nachlässen – oder wird von einer jährlichen Preiserhöhung verschont. Hier ist es besonders wichtig, auf solche »Goodies« hinzuweisen, um so die Bindung bestehender Kunden zu stärken.
- *Newcomer:* Das können Sie sein, wenn Sie neu im Geschäft sind, dann ist Ihr Argument, sich fürs Erste auf einen niedrig(er)en Preis einzulassen. Oder Ihr Kunde, dem Sie für einen ersten Auftrag zum Kennenlernen einen besonderen Preis einräumen – was Sie leichter neue Kunden finden lässt.
- *Sammelbesteller:* Anbieter öffentlicher Seminare und Kongresse bieten in aller Regel einen Nachlass für den x-ten Teilnehmer derselben Firma/Gruppe an, also zum Beispiel »ab dem zweiten Teilnehmer zehn Prozent, ab dem fünften Teilnehmer 15 Prozent«.
- *Clubnachlässe:* Mitglied eines Clubs zu sein setzt meist voraus, eine Jahresgebühr zu bezahlen. Dafür gibt es dann regelmäßig X Prozent Nachlass. Ein Beispiel ist die Bildungscard, die Semigator in sein Angebot integriert hat. Kooperationsvereinbarungen führen zu vergünstigten Teilnahmegebühren für Mitglieder von Verbänden, siehe für VDZ (Verband Deutscher Zeitschriftenverleger) bei der Akademie des Deutschen Buchhandels oder für Mitglieder der DVWO-Verbände beim GABAL e.V.
- *Rückkehrprämie:* Wer längere Zeit auf Angebote geschwiegen hat, erhält das Versprechen eines Nachlasses, wenn er auf ein neues Angebot positiv reagiert.
- *Schnellentscheider:* Wer sich innerhalb eines kurzen Zeitraums (»nur gültig bis …«) entscheidet, profitiert von einem besonderen Preisvorteil. Dazu zählen die Frühbucher (oder sogar Blindbucher).

Solche Rückkehrprämien von teils einigen Hundert Euro beim Buchen eines Fernlehrkurses bietet die Studiengemeinschaft Darmstadt SGD in Reaktivierungsmailings per Post oder elektronischem Newsletter. Verbände wie GABAL e.V. verzichten auf die Aufnahmegebühr bei Messen und anderen Gelegenheiten. Die angesprochenen Voraussetzungen sind dann konkret:

- Versprochene Nachlässe gelten nur für einen Zeitraum X, innerhalb dessen entweder zu entscheiden ist, also der Auftrag zu vergeben – oder das Seminar durchgeführt werden muss.
- Andere Nachlässe setzen ein bindendes Versprechen voraus – entweder Exklusivvereinbarungen oder Mindestumfänge in bestimmten Zeiträumen – oder eine Vorableistung des Auftraggebers.

Mängelnachlässe werden in begründeten Fällen gegeben und sind ein nachträglicher Effekt, während die angeführten Nachlässe vorab versprochen werden. Sie können greifen, wenn Sie selbst den Grund liefern, eine Maßnahme zeitlich zu verkürzen oder inhaltlich »abzuspecken«. Hier bietet es sich an, Teile des Honorars auf spätere Maßnahmen anzurechnen.

So, nun sind Sie dran – welche sinnvollen Nachlässe sind in Ihrem Geschäft vorstellbar? Sammeln Sie Ideen, etwa aus obigen Vorschlägen oder aus Ihrer persönlichen Erinnerung – und diskutieren Sie diese intern oder mit Kollegen zu den folgenden Punkten. Sie können dazu die entsprechende Word-Datei downloaden.

Preisangebote		
	• Aktion	• Clubnachlässe
	• Wiederholer	• Rückkehrprämien
	• Newcomer	• Schnellentscheider
	• Sammelbesteller	

Preisverhandlungen

Häufig ist eine der ersten Fragen im Gespräch mit potenziellen Auftraggebern die nach dem Preis für die angebotene Trainingsleistung. Das ist ein »crucial moment«, denn meist kennt Ihr Gesprächspartner noch zu wenige Details, um abschätzen zu können, wie es – aus seiner Sicht – mit dem Preis-Leistungs-Verhältnis steht – geschweige denn, dass er Sie kennen würde. Ihre wichtigste Aufgabe ist es dann, das reine Preisthema noch zu verschieben; auch hierüber mehr im Kapitel *P 6 Platzierung* (s. S. 373 ff.). Die konkreten Argumente sollten Sie sich allerdings bereits gut überlegt haben:

- *Geben und nehmen: Was gehört dazu?* »Sie wünschen 20 Prozent Rabatt? Nun, welche 20 Prozent der Leistung sollen wir weglassen?« ist eine provozierende Frage: Schließlich sollen Sie volle Leistung bieten – für den reduzierten Preis! Geht es wirklich schlicht darum, dass ein Budget nur einen Maximalbetrag hergibt, überlegen Sie mit dem Partner zusammen, was inhaltlich tatsächlich gestrichen werden könnte, ohne zu riskieren, dass das gemeinsame Ziel verfehlt wird – und wodurch Zeit zu sparen wäre.

- *Pakete schnüren – oder wieder aufdröseln.* Hat der Kunde eventuell mehr Bedarf, als was bisher besprochen wurde? Wenn Sie einen größeren Auftrag bekommen, können Sie finanzielle Abstriche machen – etwa, weil Sie Vorbereitung sparen. Je nachdem sind Sie bereit, Vor- und Nachbereitung einzurechnen und zum Beispiel aus 0,5 Tagen Vorbereitung, 2,0 Tagen Seminar und 0,5 Tagen Nachbereitung ein Paket von 2,5 Tagen gesamt zu schnüren, multipliziert mit Ihrem Tagessatz. – Der umgekehrte Weg ist, ein Pauschalangebot aufzudröseln und Teile zu entfernen.
- *Kurz- und Langzeitbetrachtung.* Wünscht Ihr Auftraggeber zunächst eine kurzfristige Vereinbarung à la »mal ein Zweitäger für die mittlere Führungsriege« oder ist er bereit, gleich über die kommenden zwei Jahre zu sprechen – oder darüber, auch die Mitarbeiter einzubeziehen? Schon wird aus den zwei Tagen eine Vereinbarung über »acht bis zehn Tage« innerhalb der nächsten 15 Monate: Für diese konkrete Planung lässt sich über den Preis sprechen, oder?
- Nachlässe vonseiten des Anbieters begründeter Natur (s. S. 162).

Sie sollten über mehrere Argumentationsstrategien für Ihre Preisverhandlungen verfügen:

- Verkleinern Sie Ihren Preis gegenüber Auftraggeber beziehungsweise Teilnehmer:
  - der Gesamtpreis bedeutet pro Tag (oder pro Stunde) … Euro,
  - im Verhältnis zum üblichen Tagessatz einer Beratung sind das dann nur … Prozent oder … Euro weniger,
  - andere Anbieter verlangen für ähnliche Leistungen … Euro – das bedeutet für den Gesprächspartner …,
  - verglichen mit den möglichen Einnahmen des anfragenden Unternehmens.
- Bieten Sie statt eines Preisnachlasses Zahlungserleichterungen:
  - Ratenzahlung nach und nach,
  - Valuta – also spätere Zahlung,
  - ein Teil vorab, ein Teil später.
- Relativieren Sie das Preis-Leistungs-Verhältnis:
  - Schaffen Sie so ein Gleichgewicht durch klares »In-Relation-Setzen«,
  - indem Sie zum Preis die Leistung betonen
  - beziehungsweise gleich den Preis zusammen mit den Leistungen erwähnen, statt ihn später isoliert nennen zu müssen.
- Vergrößern Sie Ihre Leistung in der Diskussion mit Interessierten:
  - Im Preis sind bereits enthalten: Unterlagen, Verköstigung und Tagungspauschale …
  - … oder die Vor- und Nachbereitung, die sonst getrennt abzurechnen ist.
  - Sie sorgen für Lerntransfer durch Coaching, Nachfrage oder anderes,
  - im Verhältnis zu preislich ähnlichen anderen Angeboten bieten Sie …
  - Sie verfügen über die erforderliche Trainingsausstattung wie zum Beispiel Telefontrainingsanlage, wenn Sie Kommunikations- oder Vertriebstrainer sind, und bringen diese mit, frei von weiteren Kosten.

- – Sie berechnen nur effektive Stunden, also keine Pausen – oder: Sie leisten volle Stunden, während sonst häufig »Schulstunden« gewertet werden, also 45 Minuten.
- – Der Nachfrager »schlägt zwei Fliegen mit einer Klappe«, weil mit Ihrem Seminar inhaltlich bereits das Thema XYZ mitbedient wird.
- – Das entspricht zum Beispiel einer verkauften Leistung Ihres Verhandlungspartners in seinem Metier inklusive Zusatzleistungen wie ….
- Einem effektiven Preisnachlass entsprechen diese Vorteile:
  - – Öffentliche Zuschüsse durch die Bundesagentur für Arbeit oder andere Stellen oder durch den Arbeitgeber, siehe Tarifvertrag in Nordrhein-Westfalen oder Bildungsurlaub in vielen Bundesländern.
  - – Steuerlich absetzbare Weiterbildung spart Steuern.

Die Idee mancher »Einzelkämpfer« im Weiterbildungsmarkt, sich durch ein schlichtes Umbenennen von Trainer zu Coach oder Speaker in eine höhere Honorarklasse zu katapultieren, lässt die meisten enttäuscht zurück. Dazu gehört mindestens dreierlei:

- Der nötige Background (Ausbildung/Studium), selten durch andere Qualitätsnachweise wirklich auszugleichen,
- eine klare (Neu-)Positionierung, die meist recht aufwendig ist,
- der Nachweis, diese Rolle als Coach oder als Speaker wirklich ausfüllen zu können …

Wenn also laut der Studie von Professor Bernecker (s. S. 160) Speaker deutlich mehr Honorar verlangen können und auch erhalten, fehlt es an der »eineindeutigen« (= beiderseits Einfluss gebenden) Wechselbeziehung: Etikettierung ist zu wenig. Das Honorar kommt aufgrund bewiesener Erfolge!

> **Fazit:** Bereiten Sie sich darauf vor, Ihre Forderung gut begründen und erläutern zu können. Dazu gehört, dass Sie über das Business des anfragenden Unternehmens (oder der Einzelperson) zumindest ein wenig Bescheid wissen: Nur so finden Sie treffende Beispiele. Wie Sie plakative Aussagen überzeugend einsetzen, dazu dann mehr in P 4 bis P 6. Überlegen Sie jedenfalls, wie Sie Zahlen visualisieren …

Zertifizierung = Qualitätsnachweis

Aus- und Fortbildungsnachweis als Lizenzierung und/oder Zertifizierung und/oder Franchise-System finden Sie in Kapitel *P 1: Produkt/Programm* näher beleuchtet (s. S. 81 ff.). Wie stark wirkt sich das auf den Preis aus? Welche weiteren Möglichkeiten gibt es, sein Können und Wollen zu belegen?

Ebenfalls an anderer Stelle (s. S. 390) wird das Thema Siegel – etwa des Forums Werteorientierung in der Weiterbildung oder des DVWO als »Vorform der Zertifizierung«
– diskutiert. Manche Verbände verleihen Preise.

Prize statt price?

Ist das der Ritterschlag für Trainer und Bildungsinstitute? Beispielsweise wird der
BDVT-Trainingspreis, jährlich im Rahmen der didacta verliehen, auch für Nichtmit-
glieder offen; siehe www.bdvt.de.

Auch »die andere Seite« wird schon mal mit Preisen bedacht, siehe den von der
Zeitschrift wirtschaft + weiterbildung jährlich verliehenen Orden eines »Chief Learn-
ing Officers (CLO) des Jahres«. WBV und BiBB zeichnen Firmen mit dem Hermann-
Schmidt-Preis jährlich aus; zu den Kriterien mehr auf www.wbb.de.

Wie wertig ist eine solche Auszeichnung aus der Sicht des Kunden? Ein gewisses
Gewicht hat ein solcher Preis sicherlich, können ihn doch immer nur einige wenige
Weiterbildner von vielen Tausenden erhalten. Ob Ihr potenzieller Kunde Wert darauf
legt, hat wieder mehr mit ihm als Typ zu tun: Spielt Prestige für ihn eine Rolle?

Und wie verhält es sich mit Aufwand und Nutzen aus der Sicht des Anbieters? Hier
ist jeweils abzuwägen: Meist kostet es durchaus Geld, den Bewerbungsprozess zu
durchlaufen, bis hin zur öffentlichen Präsentation. Wie stark wirkt das Preislabel in
Ihren Anzeigen oder auf Ihrer Website?

Diese Frage ist auch zu stellen, wenn es Ihnen gelingt, ein Etikett à la Stiftung Warentest zu erhalten, was eher schwierig ist. »Transparenz ist nicht in Sicht«, titelte die
Stiftung Warentest am 05.09.2008 in ihrer Veröffentlichung im test-Magazin beziehungsweise auf www.test.de zu ihrer Untersuchung »Qualitätsmanagementsysteme
in der beruflichen Weiterbildung« – und empfiehlt:

»Unser Rat: Es gibt kein bestes Qualitätsmanagementsystem (QMS) für die Weiterbildung. Dennoch lohnt die Frage nach dem QMS eines Bildungsanbieters: Er
sollte seine Qualitätsphilosophie schlüssig darlegen und Auskunft darüber geben
können, in welcher Form sein QMS die Weiterbildungen beeinflusst. Sinnvoll ist
auch die Frage nach der Qualifikation der Lehrenden und inwieweit diese im QMS
Berücksichtigung findet. Ein guter Bildungsanbieter interessiert sich auch für die
Interessen der Teilnehmer: So sollte er diese vor Beginn der Bildungsmaßnahme
nach ihren Erwartungen befragen und diese dann auch berücksichtigen. Auch eine
Bewertung (Evaluation) nach Kursende spricht für einen Bildungsanbieter, der
echtes Bemühen um die Qualität seiner Dienstleistungen zeigt.«

Voilà! Und im Übrigen: Einer »heißen Preisdiskussion« entgeht derjenige, der auf
derlei Nachweise und Leistungsversprechen verzichtet.

P 4: Präsentation –
Entscheidende Elemente Ihrer Außenwirkung

Bevor Sie mit Ihrer Selbstpräsentation durchstarten: Wichtige Vorüberlegungen

Birgit Lutzer

Der Marketingleiter haut mit der Faust auf den Tisch und brüllt: »Der Benefit fehlt, der Benefit fehlt, wo ist der Benefit?! Sie haben die werbliche Argumentation nur auf den Reason why abgestellt. Ohne Verbindung mit dem Benefit ist das Bullshit. Abgesehen davon hat der Claim eine vollkommen falsche Tonality, die komplett an unserer Target Group vorbeigeht. Da müssen Sie noch mal ran.« Betreten nicken die beiden Abgesandten der bekannten Kommunikationsagentur.

Verlassen wir diese unerfreuliche Szene. Vielleicht haben auch Sie schon einmal an einer ähnlichen Sitzung teilgenommen – entweder, weil Ihre eigenen Marketingspezialisten eine Idee vorgestellt haben oder weil es um das Gespräch mit einer Werbeagentur ging. Da Besprechungen mit »Kreativen« (zum Beispiel Texter und Gestalter Ihres Firmenauftritts) die Basis für eine überzeugende Präsentation darstellen, machen wir zunächst einen kleinen Auffrischungskurs in Marketingenglisch.

Marketingenglisch (Begriffe alphabetisch geordnet)	
Benefit	Unter diesem Begriff versteht man den Nutzen, den ein Abnehmer von einer Leistung oder einem Produkt hat – im Bildungsmarketing zum Beispiel durch die Entscheidung für einen bestimmten Bildungsträger oder dessen Angebot.
Branding	In der Unternehmenskommunikation wird darunter der Aufbau von Marken verstanden. Es geht also um die Strategie und die Instrumente, mit denen Sie Ihren Bekanntheitsgrad erhöhen, sich als Bildungsmarke etablieren und Ihr Bildungsangebot an den Mann und die Frau bringen möchten.
Briefing	Vorgaben, die Sie zum Beispiel einer Werbeagentur für die Gestaltung Ihrer Kommunikationsmedien (Internetauftritt, Seminarprogramm, Unternehmensdarstellung, Teilnehmerunterlagen ...) machen.
Claim	Slogan – eine Aussage, die in Verbindung mit Ihrem Logo und auf allen Werbemedien auftaucht. Diese Aussage wird von den Empfängern Ihrer werblichen Botschaft gedanklich mit Ihrem Bildungsinstitut oder Ihnen als Trainer verknüpft.
Corporate Communication (CC)	Die »Corporate Communication« fasst alle Kommunikationsmaßnahmen (intern und extern) zusammen. Die Corporate Communication ist Bestandteil der Corporate Identity.

Corporate Design (CD)	Als »Corporate Design« bezeichnet man das Erscheinungsbild eines Unternehmens nach außen. Dazu gehören die Gestaltung der Kommunikationsmedien wie zum Beispiel Logo, Geschäftspapiere, Broschüren, Seminarprogramme und Internetauftritt. Bei manchen Firmen werden dafür sogar Architektur, Innenausstattung und die Berufskleidung der Belegschaft einbezogen. Das Corporate Design ist Bestandteil der Corporate Identity.
Corporate Identity (CI)	Erscheinungsbild und Auftreten einer Organisation nach innen (Wie betrachten Mitarbeiter und Betriebsangehörige ihr Unternehmen?) und nach außen (das, was die Öffentlichkeit über das Unternehmen denkt). Jede Organisation hat eine eigene Identität – auch Ihre Bildungseinrichtung.
Impact	Ins Deutsche übersetzt, bedeutet »Impact« »Wirkung«, »Einwirkung«, »Aufschlag« und »Einfluss«. In der Kommunikationswissenschaft geht es um den Wissensstand des Empfängers vor und nach der Übermittlung einer Information. Der Begriff wird auch verwendet, um die Wirkung einer besonders »heißen« Nachricht zu kategorisieren.
Layout	Im Layout visualisiert der Grafiker seine Ideen (zum Beispiel Flyer, Internetseite, Seminarprogramm). Häufig wird das Layout in Form einer PDF-Datei zugeschickt, manchmal auch als Korrekturausdruck oder in Form einer Präsentation. Der Kunde gibt ein Feedback, sodass das Medium entweder geändert oder in Produktion gegeben wird.
Reason why	Der »Grund weshalb« enthält die Begründung für den Inhalt einer Werbeaussage. Beispiel: Wir legen großen Wert auf Qualität (Werbeaussage). Alle Dozenten verfügen über ein abgeschlossenes Hochschulstudium (Reason why). Folgerung: »Deshalb sollten Sie sich bei einem unserer Seminare anmelden.«
Screendesign	Grafische Entwürfe, die speziell für die Darstellung am Monitor geschaffen werden wie zum Beispiel Internetseiten.
Tonality	Beim Stichwort »Tonality« geht es um die sprachlichen und gestalterischen Mittel, mit denen Sie eine bestimmte Atmosphäre erzeugen und den Empfänger in eine gewünschte emotionale Stimmung versetzen.
Unique Selling Proposition (USP)	Alleinstellungsmerkmal: einzigartiges Nutzenversprechen, das den Kunden zur Annahme eines bestimmten Angebots (hier: Entscheidung für einen bestimmten Bildungsträger) veranlassen soll.
Target Group	Zielgruppe oder Wunschkundenkreis, den ein Bildungsträger für sich gewinnen möchte. Das Corporate Design und alle Kommunikationsmedien sollten in Text und Gestaltung auf die Zielgruppen des Bildungsträgers zugeschnitten sein.
Wording	Schlüsselbegriffe, die in Ihrem Außenauftritt und in Ihrer internen sowie externen Kommunikation vorkommen sollten.

Warum Ihnen ein bisschen Nachdenken im Vorfeld viel Geld sparen hilft

Legen Sie bitte einmal alle Ihre gedruckten Werbeträger (Visitenkarten, Seminarprogramm, Flyer, Imagebroschüren) aus den letzten Jahren vor sich auf den Tisch. Beantworten Sie nun folgende Fragen:

- Inwieweit sehen Sie über die Jahre eine positive Weiterentwicklung Ihrer Werbemedien?
- Wodurch unterscheiden sich die Informationsträger voneinander?
- Ist ein roter Faden – ein Wiedererkennungseffekt – zu sehen oder könnte jedes einzelne Medium von einem anderen Bildungsunternehmen stammen?
- Wenn die einzelnen Werbeträger stark unterschiedlich sind – worauf ist dieser Unterschied zurückzuführen?

Viele kleinere und mittlere Bildungsträger gehen zunächst mit selbst gemachten Unternehmensauftritten an den Markt. Klar: Die professionelle Gestaltung eines Unternehmensauftritts kostet Geld – und das muss erst einmal verdient werden. Im nächsten Schritt wird ein Grafiker engagiert, dem aber keine besonderen Vorgaben gemacht werden. Gefällt dessen Arbeit den Auftraggebern nicht, schalten sie einen anderen ein – und erhalten so mit jedem Auftrag ein Produkt, das in Qualität und Ausführung stark von seinen Vorgängern abweicht. Diese Vorgehensweise hat eine wichtige Gemeinsamkeit mit dem Glücksspiel: Es kann gut gehen – Sie können aber durch unbrauchbare Informationsträger auch ziemlich viel Geld in den sprichwörtlichen Sand setzen.

Businesskontakte im Bildungsbereich werden häufig über Visitenkarten, das Weiterbildungsprogramm oder über die Internetdarstellung hergestellt. Wenn Sie einen positiven ersten Eindruck bei einem potenziellen Kunden hinterlassen, wird er daraus ableiten, dass Sie eine qualitativ hochwertige Leistung für ihn erbringen können. Ein professionell gestaltetes und durchdachtes Erscheinungsbild (= Corporate Design) wirkt wesentlich überzeugender als ein »selbst gezimmertes«, das zu Hause mit dem Tintenstrahldrucker ausgedruckt wird. Der sprichwörtliche »rote Faden« muss sich dabei als Wiedererkennungseffekt durch alle Publikationen ziehen. Weil dies eine sehr fachspezifische Aufgabe ist, sollten Sie sich dafür lieber externe Unterstützung suchen.

Unabhängig davon, ob Sie seit Jahren mit einem Grafiker arbeiten oder eine Agentur nach der anderen verschleißen: Je ungenauer Ihre Vorgaben für die Fachleute sind, desto unterschiedlicher werden die Ergebnisse sein. Eine Redensart in der Marketingbranche lautet: »Ein Werbemedium ist immer so gut wie das Briefing.« Ein professioneller Gestalter oder Texter, der Sie noch nicht kennt, wird Ihnen deshalb in der Vorbesprechung und während des Gestaltungsprozesses Fragen stellen, auf die Sie sich unbedingt vorbereiten sollten. Beispielsweise folgende:

- Welche Zielgruppe/n möchten Sie ansprechen?
- Was ist/sind Ihre zentrale/n Werbebotschaft/en?
- Welchen Sprachstil haben die Menschen oder Unternehmen, die Sie mit Ihrem Angebot erreichen möchten?
- Wie sind Ihre Positionierung und Ihre Alleinstellungsmerkmale?
- Welche Vorteile haben Teilnehmer und Kunden bei Ihnen im Vergleich zum Wettbewerb?
- Wie »beweisen« Sie Ihre werblichen Versprechen?
- Was soll ein Seminarinteressent tun, um mit Ihnen in Kontakt zu treten?
- Wie soll das geplante Werbemedium eingesetzt werden?
- Inwieweit gibt es von Ihrer Seite aus Vorgaben, was zum Beispiel Farben und Schriften anbetrifft?
- Sind diese Vorgaben bereits an die vorhandene oder anvisierte Zielgruppe angepasst?
- Welche Art von Abbildungen und Fotos möchten Sie einsetzen?
- Haben Sie eigene Fotos oder soll auf eine Bilddatenbank zurückgegriffen werden?

Bleibt die Erfragung dieser Informationen vonseiten Ihres Dienstleisters aus, sollten Sie die genannten Punkte dringend von sich aus ansprechen oder sogar überlegen, jemand anderen zu beauftragen.

Sprechen Sie mit Ihrer Zielgruppe, statt sie aufs Geratewohl anzusprechen!

Haben Sie schon einmal beim Einkaufen fluchtartig ein Geschäft verlassen? Der Verkäufer zeigte Ihnen Produkte und bombardierte Sie mit Informationen, an denen Sie überhaupt nicht interessiert waren. Dieses Phänomen begegnet uns leider nicht nur im Einzelhandel, sondern auch in den Werbemedien von Bildungsträgern.

Wenn Sie selbst ein Seminar besuchen möchten, haben Sie eine ziemlich genaue Vorstellung davon, was Ihnen die Teilnahme bringen soll. Auf der Suche nach einem passenden Anbieter prüfen Sie vielleicht verschiedene Websites und Seminarprogramme, um sich einen ersten Eindruck zu verschaffen. Gibt es mehrere inhaltlich und preislich vergleichbare Angebote, entscheiden Sie sich für den Anbieter, bei dem Sie sich mit Ihrem Anliegen und als Person am besten aufgehoben fühlen.

Vielleicht wählen Sie ein Institut, das mit Blumen und Schmetterlingen wirbt, das einen »ganzheitlichen« Lehr- und Lernansatz hat und seinen Sitz hat in einem alten Bauernhof auf dem Lande. Sie werden dort möglicherweise auf Menschen treffen, die ihr Brot selbst backen, die Biogemüse und Kaffee aus fairem Handel kaufen und die gerne über gesellschaftspolitische Fragestellungen diskutieren. Kurz: Menschen, für die Lebensqualität etwas ganz anderes bedeutet als für einen aufstiegsorientierten Jungmanager aus einem Konzern. Identifizieren Sie sich mit solchen Wertvorstellungen, sind Sie genau richtig bei dieser Adresse, denn Sie gehören zur Zielgruppe.

Vielleicht wollen Sie aber ein »richtiges« Führungskräftetraining absolvieren. Denn Ihrer Vorstellung nach bringt eine Bildungsmaßnahme dann am meisten, wenn der Trainer die Teilnehmer richtig fordert – und Sie sind bereit, Ihr Bestes für Ihre individuelle Weiterentwicklung zu geben. Also melden Sie sich beim Rhetorikseminar eines Trainers an, der dafür bekannt ist, dass bei fast allen Seminaren eine Reihe von Teilnehmern diese Veranstaltungen verlässt. Sein Motto lautet: »Wenn die Weicheier weg sind, können wir loslegen.« Gehören Sie zur speziellen Zielgruppe dieses Trainers, werden Sie genau das von Ihm bekommen, was Sie sich versprechen.

Genau wie Sie bei Ihrer persönlichen Weiterbildung verhalten sich Ihre potenziellen Teilnehmer. Je besser es Ihnen gelingt, durch Ihre werbliche Kommunikation »Ihre« Leute anzusprechen, desto zufriedener sind die Teilnehmer am Ende. Sie finden bei Ihnen genau das, was sie erwarten. Versuchen Sie, sich vor der Erstellung von Werbemedien in Ihre Wunschteilnehmer hineinzuversetzen:

- Welche Wertvorstellungen haben sie?
- Wie drücken sie sich aus?
- Welche Begriffe sind positiv bei ihnen besetzt?
- Welche Farben und gestalterischen Formen wirken auf sie positiv?
- Mit welcher Art von Fotos identifizieren sie sich?

Geht es um Ihre Marketingstrategie, tauchen unter anderem folgende Fragen in Bezug auf Ihre Zielgruppe auf:

- Welche Gewohnheiten haben Ihre Zielpersonen?
- Welche Medien nutzen sie?
- Welche Zeitungen, Zeitschriften und Onlinepublikationen lesen sie?
- Welche Freizeitangebote nehmen sie in Anspruch?
- Wie ist das Informations- und Weiterbildungsverhalten?

Sind Sie unsicher, suchen Sie den Kontakt zu Ihren vorhandenen Teilnehmern. Vielleicht stellen Sie sich in einer Kaffeepause dazu, um sich ein Bild von diesen Menschen zu machen. Oder Sie wählen den direkten Weg und fragen offen – zum Beispiel durch eine Teilnehmerbefragung (s. S. 121 ff.)

Wer trifft die Entscheidung, Ihr Bildungsangebot anzunehmen?

Dies ist die zentrale Frage für Ihre Zielgruppenansprache. Insbesondere im Bereich der Firmenschulungen treffen entweder die Vorgesetzten oder die Personalentwicklungsabteilungen die Entscheidung, wer welche Bildungsmaßnahme absolvieren darf (oder muss). Deshalb kann es sein, dass Sie mit Ihrer werblichen Ansprache sowohl den Teilnehmer selbst als auch den eigentlichen Entscheidungsträger ansprechen müssen. Auf einen Blick:

Art des Bildungsangebots	Zielpersonen, die angesprochen werden müssen
Offene Seminare für Erwachsene im Privatkundenbereich.	Da das Bildungsangebot vom Teilnehmer selbst finanziert wird, ist er die einzige Zielperson.
Offene und geschlossene Seminare für Kinder und Jugendliche.	Hier müssen sowohl die jungen Teilnehmer selbst als auch deren Eltern angesprochen werden.
Offene und geschlossene Bildungsangebote für Firmenmitarbeiter.	Doppelte Zielpersonenansprache: der Mitarbeiter als Teilnehmer und sein Vorgesetzter als Entscheider.
Führungskräfte- und Unternehmerseminare.	Geht es um Maßnahmen für die oberen Hierarchieebenen, wird nur der Teilnehmer angesprochen (auch wenn er einen Chef hat).

Das klingt kompliziert, oder? Schließlich verbindet der Mitarbeiter oft andere Erwartungen und Wünsche mit einer Schulungsmaßnahme als sein Chef:

Entscheider/Finanzier	Teilnehmer
Ein Chef wünscht sich verbesserte Arbeitsabläufe, motivierte Mitarbeiter und eine höhere Produktivität.	Ein Mitarbeiter möchte es bei seiner Arbeit leichter haben und sucht konkrete Lösungen für bestimmte Probleme. Außerdem freut er sich über die Abwechslung vom Arbeitsalltag und möchte vielleicht auch Spaß auf dem Seminar haben und in einem schönen Hotel untergebracht sein (versteckte Motive).
Eltern möchten zum Beispiel, dass ihre Kinder bessere Schulnoten haben oder dass sie etwas anderes lernen, das nützlich für ihren Alltag ist.	Kinder und Jugendliche wollen gerne Spaß haben und etwas Schönes erleben. Reines Büffeln in den Ferien ist für sie eine Belastung.

Der Kongress- und Seminaranbieter IIR Deutschland (www.iir.de) hat einen überzeugenden Weg zur doppelten Zielpersonenansprache gefunden. In einem Flyer über ein Seminar für Officemanagerinnen (2007/2008) wird zunächst die Mitarbeiterin selbst in Form eines Anschreibens angesprochen:

»Sehr geehrte Dame,
kennen Sie das auch? Erst legt Ihr Chef Ihnen eine Unterlage auf den Tisch, die unbedingt sofort rausgeschickt werden soll, dann klingelt das Telefon im Minutentakt und zu guter Letzt steht ein Kollege mit dringenden Fragen vor Ihnen. Als Sekretärin stehen Sie permanent unter Hochdruck. Sie müssen die Termine Ihres Vorgesetzten managen, Reisen buchen, Unterlagen vorbereiten und, und, und.

Außerdem sind Sie die zentrale Ansprechpartnerin für Kollegen und Kunden. Stress und Konflikte bleiben da nicht aus. In unserem Praxistraining bekommen Sie Lösungen für die schwierigsten Situationen in Ihrem Arbeitsalltag an die Hand. Gemeinsam mit unserer erfahrenen Trainerin erarbeiten Sie wirkungsvolle Strategien für Ihren professionellen Umgang mit Konflikten. Sie erhalten praktische Tipps für die Kommunikation mit heiklen Gesprächspartnern. Und Sie erfahren, wie Sie unter Stress und Termindruck einen kühlen Kopf bewahren. Stellen Sie sich Ihren Herausforderungen – ich wünsche Ihnen viel Erfolg dabei!«

Hinter der eigentlichen Seminarausschreibung steht ein Extraabschnitt unter der Überschrift: »Und so profitiert Ihr Chef von diesem Seminar«.

- Sie vertreten Ihr Office und Ihren Vorgesetzten kompetent nach außen.
- Sie optimieren die Zusammenarbeit mit Kollegen.
- Sie erhöhen Ihre Belastbarkeit.
- Sie steigern Ihre Effizienz und entlasten Ihren Chef dadurch noch besser.
- Sie gehen mit frischer Motivation zurück in Ihren Arbeitsalltag und verbessern so Ihre Leistungen – damit Ihr Chef sich 100 Prozent auf Sie verlassen kann.

Sehr schön bei diesem Beispiel ist die direkte Anrede der Zielpersonen in Form von »Sie …«. Die direkte Anrede wird genutzt, um in angemessener Weise eine emotionale Nähe zur Zielperson herzustellen. Anders als in diesem Beispiel ist der folgende Auszug aus der Firmendarstellung:

»Die Anforderungen an Führungskräfte in international ausgerichteten Unternehmen werden immer größer. Der Bildungsträger XY hat sich auf Führungsseminare für Firmen mit Auslandskontakten spezialisiert.«

Der Kunde kommt in diesem Text nicht vor. Es wird über Anforderungen an Führungskräfte referiert und anschließend über den Bildungsträger gesprochen, als stamme diese Aussage von einer dritten Person.

Vor zu viel Nähe wie im folgenden Beispiel sei im Segment der Firmenseminare ausdrücklich gewarnt:

»Du willst AbteilungsleiterIn in einem internationalen Konzern werden? Tu was für deine Fremdsprachenkenntnisse und melde dich bei unserem Seminar an. Unsere DozentInnen stammen aus England, Spanien und China. Sie bringen dir alle sprachlichen Tricks und Kniffe bei, die du als Führungskraft auf Lager haben musst.«

Nur dann, wenn Sie als Zielgruppe Kinder oder Jugendliche haben, sollten Sie einen extrem lockeren Sprachstil und das »Du« als Anredeform wählen. In allen anderen Zusammenhängen ist das Duzen von Lesern einer Seminarbeschreibung meiner Meinung nach fehl am Platz. Das gilt auch, wenn Sie Ihren Teilnehmern im Seminar später das »Du« anbieten. Solange Sie einander noch nicht kennen und Sie nicht wissen, wer Ihre Beschreibung liest, ist das »Sie« die einzig vertretbare Anredeform. Vor dem sogenannten »Arbeits-Du« in Seminarbeschreibungen und anderen werblichen Texten sei also gewarnt …

Machen Sie es Ihren Kunden leicht, sich für Sie zu entscheiden: die Nutzenargumentation

Unabhängig davon, ob es um die Texte für Ihre Unternehmensdarstellung, Ihr Seminarprogramm, eine Anzeige oder ein Werbemailing geht: Eine »Nutzenargumentation« sollte unbedingt enthalten sein – der Köder, den Sie auswerfen, damit sich der Teilnehmer bei Ihnen anmeldet oder Sie bucht – und nicht zum Wettbewerber X geht.

Wenn Sie Ihr Kursangebot an die Bedürfnisse und den Bedarf Ihrer Wunschteilnehmer (beziehungsweise an den Entscheidungsträger für die Inanspruchnahme der Bildungsmaßnahme) anpassen, werden Sie erfolgreicher sein als bei einer Planung »über die Köpfe hinweg«. Allerdings müssen Sie den Menschen bewusst machen, dass ein bestimmter Kurs bei Ihnen genau das ist, was sie zur Befriedigung eines Bedürfnisses oder zur Lösung eines Problems brauchen. Kernfragen sind also:

- Welche auf Ihre Themen oder Ihr Fachgebiet bezogene Ausgangssituation, welche Wünsche oder welche Probleme haben Ihre Kunden und Teilnehmer, bevor sie zu Ihnen kommen?
- Inwieweit bieten Sie als Bildungsträger genau die Lösung dieses Problems oder erfüllen mit Ihrem Angebot diese Wünsche?

Als Text formuliert, könnte eine Nutzenargumentation so aussehen:

»Haben Sie in Ihrem Beruf viele Kundenkontakte oder üben Sie repräsentative Tätigkeiten aus? Einstudierte Phrasen und der Versuch, durch gezielten Einsatz von Gestik und Mimik Effekte zu erzielen, wirken auf die meisten Menschen abschreckend. Bringen Sie stattdessen Ihre Individualität angemessen ins Spiel und sammeln Sie genau dadurch Sympathie- und Kompetenzpunkte! In diesem Seminar erfahren Sie, welche Stärken Sie im Kontakt zu anderen einsetzen können. Durch ein Ihrer Persönlichkeit entsprechendes Kommunikationsverhalten gewinnen Sie mehr Überzeugungskraft: in Verkaufs- und Beratungsgesprächen, bei Pressekonferenzen und anderen öffentlichen Anlässen!«

Auch Ihre Positionierung und Ihre Alleinstellungsmerkmale werden in eine Nutzenargumentation »verpackt«. Nutzenargumente für Positionierungsmerkmale sind beispielsweise die folgenden:

- *Preis:* Die Ausbildung zum Rücken-Braining-Seminarleiter kostet 390 Euro. Das heißt, sie amortisiert sich bereits mit den ersten Seminarteilnehmern und hat somit ein außergewöhnliches Preis-Nutzen-Verhältnis! (www.wsd-gmbh.de).
- *Service:* Auch in diesem Jahr gehörte gleich zu Beginn des Seminars wieder eine Gesprächsrunde mit dem Präsidenten der Hamburgischen Bürgerschaft, Berndt Röder, zu aktuellen Aspekten rund um die Hamburger Politik dazu. … Darüber hinaus konnten sich die Seminarteilnehmer während eines Aufenthalts beim Bundesministerium der Verteidigung einen aktuellen Überblick über den Sachstand zum Transformationsprozess der Bundeswehr verschaffen (www.fueakbw.de).
- *Kundenorientierung:* Sie bestimmen den Inhalt des Seminars selbst. Nach einer kurzen Einführung werden Ihre Interessen abgefragt … Was die meisten Teilnehmer interessiert (Strichliste), wird am tiefsten behandelt. Dadurch wird jedes Seminar anders und auch für den Dozenten nach über 20 Karriereseminaren immer wieder spannend (www.nordakademie.de).
- *Gestaltung des Weiterbildungsangebots:* Vom 5. bis 12. Oktober 2008 findet das Seminar »Kreative Geister wecken – kreative Ideenfindung und Problemlösung« in der Türkei statt. An einem wunderschönen Strand, fernab des Massentourismus, habe ich ein kleines Dorf im Süden der Türkei entdeckt. Ein idealer Ort, um Erholung und kreative Arbeit miteinander zu verbinden. An allen Tagen wird neben der Seminararbeit auch Zeit sein, das Meer und die wunderschöne Landschaft zu genießen und sich zu erholen (www.zamyat-seminare.de).
- *Qualität:* Mit dem Knowledge Pulse® können Sie den Grad des Lernerfolges nicht nur jederzeit abrufen. Die erfolgreich absolvierten Lerneinheiten sind auch als Wissensbilanz belegbar. Damit gibt es eine gute Grundlage für die Zertifizierung der Lernenden und auch als Asset-Überblick im Unternehmen (www.knowledge-pulse.com).
- *Innovationskraft:* Sie haben die Möglichkeit, über das ADM Institut eine Reihe von innovativen Trainings-, Veränderungs- und Coachingtools zu nutzen. Als Kunden, Unternehmen mit internen Trainingsressourcen oder als Trainerpartner stehen Ihnen interessante Werkzeuge zur Verfügung. Unser COCPIT-System ermöglicht einen ganzheitlichen Ansatz für große Unternehmensstrukturen. Die Audio-Coaching-Box hilft Ihnen beispielsweise mit neuen Methoden der Transfersicherung (www.adm-institut.de).
- *Spezialisierung:* In unseren hochmodernen Werkstätten werden Kenntnisse und Fähigkeiten praktisch und theoretisch gelehrt, die nicht alle Handwerksbetriebe in gleichem Maße vermitteln können. Spezialisierung, neueste technische Entwicklungen, Technologietransfer – die überbetrieblichen Ausbildungsstätten haben hier die Nase vorn (www.handwerkskammer-ff.de).
- *Leitbild, Philosophie und Werte:* Pater Anselm Grün: »In zahlreichen Kursen und Vorträgen versuche ich, auf die Nöte und Fragen der Menschen einzugehen. So bin ich zum spirituellen Berater und geistlichen Begleiter von vielen Managern geworden« (www.anselm-gruen.de).

Die Wirkung von geschriebener und gesprochener Sprache

Birgit Lutzer

In diesem Kapitel geht es um Ihre Selbstpräsentation. Das Medium, mit dem Sie Ihre werblichen Botschaften übermitteln, ist Ihre Sprache. Die Art und Weise, wie Sie formulieren (also Ihr Sprachstil), wirkt sich direkt auf das Befinden des Empfängers Ihrer Äußerung auf – sei sie gesprochen oder geschrieben. Der Sprachstil setzt sich aus verschiedenen Elementen zusammen – wie etwa der Wortwahl und der Struktur des Satzgefüges. Damit der Leser oder Hörer Ihrem Anliegen folgen kann, muss er Sie zunächst verstehen. Denn: *Nur eine verständliche Botschaft kann ihr Ziel erreichen!*

Die Werbemedien einer Reihe von Bildungsanbietern wimmeln von Fremdwörtern und Fachbegriffen, obwohl sie sich an Personen mit laienhaftem Kenntnisstand richten. Solche Texte rufen bei potenziellen Teilnehmern oft Unlust, Frustration und den Gedanken hervor: »Wenn ich die Firmendarstellung oder die Beschreibung des Bildungsangebotes schon nicht verstehe – wie wird es mir erst im Seminar ergehen?«

Sie mögen jetzt antworten: »Wir richten uns an Führungskräfte mit akademischem Abschluss. Wenn unsere Texte zu einfach klingen, melden die sich gar nicht an.« Einverstanden – in Bezug auf Fachbegriffe und Fremdwörter sollten Sie sich an Ihre Zielgruppe anpassen. Verwenden Sie Fremdwörter, wenn es fachlich angemessen ist, und erklären Sie schwierige Begriffe im Zweifelsfall! Der goldene Weg liegt also in der Mitte und ist immer abhängig vom Thema des Bildungsangebots und den Personen, die Sie als Teilnehmer gewinnen möchten.

Zur Verständlichkeit gehört noch eine weitere Komponente: nämlich der Satzbauplan. Ein »einfacher« Sprachstil mit kurzen Sätzen und wenigen Fremdwörtern ist in den meisten Fällen verständlicher als solch ein komplizierter, wissenschaftlich anmutender Text mit Schachtelsätzen.

Ungeschickt	Besser
Im Zuge der irreversiblen Globalisierung und Expansion der internationalen Märkte – nicht zu vergessen eine hohe Pression durch Arbeitskräfte aus nahe gelegenen und auch weiter entfernten Billiglohnländern – sehen sich viele Entscheidungsträger und Führungskräfte aus Unternehmen der hiesigen Wirtschaft vor außerordentlich komplexe Anforderungen gestellt. Hier setzt die Akademie mit ihrem Angebot an.	Der globale Markt öffnet Ihrem Unternehmen neue Chancen. Gleichzeitig vergrößert sich der Wettbewerb – und Sie müssen sich einer scharfen Konkurrenz aus Billiglohnländern stellen. Das Bildungsangebot unserer Akademie hilft Ihnen und Ihren Mitarbeitern, sich den Herausforderungen des internationalen Wettbewerbs zu stellen.

Um die Verständlichkeit Ihrer werblichen (und sonstigen) Texte zu erhöhen, befolgen Sie am besten diese Ratschläge:

- Verwenden Sie kurze Sätze, die dennoch abwechslungsreich gestaltet sind.
- Aktivformulierungen sind stärker als Passivsätze.
- Reduzieren Sie Fremdwörter und Fachbegriffe.
- Verwenden Sie mehr Verben als Nomen.
- Liefern Sie konkrete Inhalte statt abstrakter Worthülsen.

Aktivieren Sie das Kopfkino Ihrer potenziellen Teilnehmer!

Ein Bild hat oft eine stärkere emotionale Wirkung als ein Text. Besonders in der Werbung wird deshalb viel mit Bildern gearbeitet. Beispiel: attraktive junge Liebespaare, ein Kind, das mit einem niedlichen Hund durch den Wald tollt, oder ein Mann mit einer roten Schnupfennase. Das Gezeigte erweckt Wünsche oder Ängste – und hat das Ziel, uns zu einer bestimmten Handlung zu bewegen (zum Beispiel eine Clubreise zu buchen, ein bestimmtes Hundefutter oder ein Nasenspray zu kaufen).

Auch durch Sprache kann man Bilder im Kopf des Gegenübers erzeugen – beispielsweise durch die Verwendung bestimmter Wörter, die Beschreibung von Szenarien und das Zitieren von Sprichwörtern. Denn bei den meisten Gedanken und Äußerungen erstellt unser Gehirn (vereinfacht ausgedrückt) ein inneres Bild. Sobald Sie an eine Zitrone denken oder über eine Zitrone sprechen, sehen Sie eine Zitrone vor sich. Manchmal spüren Sie sogar eine Reaktion Ihrer Mundschleimhaut bei dem Gedanken an eine Zitrone.

Sind Sie Kommunikationsspezialist, wissen Sie vielleicht: Unser Gehirn ist nur in der Lage, direkte und positive Aussagen bildlich darzustellen. Wenn Sie den folgenden Satz lesen, wird Ihr Kopfkino aktiviert, obwohl er eine Verneinung enthält: »Denken Sie jetzt <u>nicht</u> an ein Nilpferd mit roten Gummistiefeln!« Auch in den Werbemedien von Bildungsträgern begegnen uns viele Verneinungen:

 »Wir haben keine überteuerten Seminargebühren!«, behauptet ein Trainernetzwerk auf seiner Website. Eine Seite weiter steht: »Auch nach dem Workshop lassen wir Sie nicht im Stich.« Der werbliche Appell ist ebenfalls negativ formuliert: »Vergessen Sie nicht, uns Ihre Anmeldung zukommen zu lassen.«

Was bleibt möglicherweise im Unterbewusstsein hängen? Es handelt sich um einen Bildungsanbieter mit überteuerten Preisen, der seine Teilnehmer nach der Bildungsmaßnahme allein im Regen stehen lässt. Vergessen Sie's! Um die Fähigkeit des menschlichen Gehirns zur bildhaften Darstellung zu Ihrem Vorteil zu nutzen, formulieren Sie alle werblichen Texte unbedingt positiv.

Bildhafte Texte sind zudem einprägsamer und verständlicher als abstrakte. Wörter, die Bilder im Kopf Ihres Lesers hervorrufen, sind die Pfefferkörner, die Ihrem

Wortsalat die richtige Würze verleihen. Ein möglicher Einwand lautet: »Ich bin seriöser Buchhaltungstrainer. Wenn meine Eigendarstellung oder mein Bildungsangebot zu verspielt beschrieben wird, gewinne ich keine neue Kunden mehr.« Genau. Genauso, wie zu viel Pfeffer im Salat abschreckend wirkt. Lösung: Sie kombinieren bildhaft-journalistische Überschriften mit sachlicheren Fließtexten. Ein paar Beispiele bildhafter Seminarüberschriften für technisch orientierte Lehrgänge (www.dguv.de/bgag/de) sollen Ihnen dies verdeutlichen:

- Nichts anbrennen lassen – Qualifikation zum Brandschutzbeauftragten.
- Gutes Betriebsklima: Klimafaktoren am Arbeitsplatz.
- Wenn die Ohren sausen: Lärm am Arbeitsplatz messen und mindern.
- Wo gehobelt wird, fallen auch Späne: Sicherer Umgang mit Holzbearbeitungsmaschinen.
- On the road again: Intensivtraining für Transportfahrer und Außendienstmitarbeiter.

Die Überschrift ist der »Hingucker« – die Zeile, die neugierig zum Weiterlesen macht. Eine weitere Methode, innere Bilder zu erzeugen, besteht in der Beschreibung von Szenen, die der potenzielle Kunde und Leser Ihrer Werbebotschaft aus seiner eigenen Erfahrung kennt. Der folgende Auszug stammt aus dem Werbemailing eines Bildungsträgers, der Teilnehmer für ein Präsentationsseminar gewinnen möchte:

»Sehr geehrte Damen und Herren,
steht für Ihre Auszubildenden demnächst eine Prüfung mit mündlichem Vortrag an? Die beste Vorbereitung nützt wenig, wenn die Inhalte langweilig und eintönig präsentiert werden. Sorgen Sie dafür, dass Ihre Azubis die Prüfer durch einen packenden und ansprechenden Vortrag von ihrer Kompetenz überzeugen. In unserem Spezialseminar ›Souverän in die Prüfung: Erfolgreich präsentieren für Auszubildende‹ lernen die Teilnehmer …«

Im Einstieg des Briefs wird die Assoziation an eine mündliche Prüfung geweckt. Der Auszubildende steht vor einer Reihe streng dreinblickender Prüfer, die sein ödes Referat mit zusammengekniffenen Lippen quittieren. Das negative Bild und die daraus resultierende Spannung werden durch ein anderes Bild aufgelöst: den souverän vortragenden Prüfling, der das Gremium durch einen mitreißenden Vortrag für sich gewinnt und eine gute Note erhält.

Füllwörter, Leerphrasen und andere Satzungetüme

Der Inhalt vieler Äußerungen und Texte wird durch überflüssige Wörter und aussagefreie Satzteile verwässert. Die Lektüre zieht sich wie ein Kaugummi. Beim Leser entsteht Unlust und im schlimmsten Fall die Frage: »Was genau will uns der Verfasser dieser Zeilen sagen?« Typische Füllwörter sind:

- im Grunde genommen,
- sozusagen,
- fraglos,
- gewissermaßen,
- prinzipiell,
- eigentlich,
- wie gesagt,
- vom Ansatz her.

Damit Sie die Wirkung von Füllwörtern direkt am Beispiel sehen können, zwei inhaltsgleiche Texte – einmal mit und einmal ohne Füllwörter:

»Fraglos macht Institut X Sie fit für den Erfolg. Von Pressearbeit, Werbetexten und der überzeugenden Unternehmensdarstellung über Rhetorik- und Gesprächsführung bis zum Stimm- und Schauspieltraining *und Ähnlichem*: In unseren Seminaren rund um (Selbst-)Marketing und Öffentlichkeitsarbeit geht es *im Grunde genommen* darum, eigene Stärken *vom Ansatz her* zu erkennen, diese *möglichst* aktiv auszubauen und *gegebenenfalls* sinnvoll zu trainieren. *Wie gesagt:* Wir zeigen Ihnen, wie es geht: ein besserer Auftritt und mehr Überzeugungskraft in der Öffentlichkeit!«

»Institut X macht Sie fit für den Erfolg. Von Pressearbeit, Werbetexten und der überzeugenden Unternehmensdarstellung über Rhetorik- und Gesprächsführung bis zum Stimm- und Schauspieltraining: In unseren Seminaren rund um (Selbst-)Marketing und Öffentlichkeitsarbeit geht es darum, eigene Stärken zu erkennen, diese aktiv auszubauen und sinnvoll zu trainieren. Wir zeigen Ihnen, wie es geht: ein besserer Auftritt und mehr Überzeugungskraft in der Öffentlichkeit!«

Füllwörter in ihrer Gesamtheit abzulehnen ist der falsche Weg. Möchten Sie den Inhalt einer Aussage entschärfen, sorgen Füllwörter für die gewünschte Abmilderung. Es kommt also wieder auf den Einzelfall an.

> **Tipp:** Gehen Sie die Texte Ihrer werblichen Medien durch und eliminieren Sie (ab der nächsten Auflage) alle überflüssigen Füllwörter.

Viel Lärm um nichts: Leerphrasen

Während es sich bei Füllwörtern um einzelne Begriffe handelt, geht es bei den Leerphrasen um vollständige Sätze ohne Inhalt. Schalten Sie die Nachrichten ein und hören Sie zu, wie manche Politiker auf unangenehme Fragen reagieren. Die Antwort auf eine konkrete Frage wird dann etwa so eingeleitet: »Bevor ich Ihre wirklich sehr wichtige und fachlich außerordentlich fundierte Frage beantworte, lieber Herr XY, lassen Sie mich noch ein Stück ausholen, um Ihnen die gesamte Bandbreite der komplexen Sachlage an verschiedenen relevanten Fakten zu verdeutlichen. Bla … bla … bla.« Wenn der Kopf des Medienvertreters langsam auf dessen Brust sinkt und er die Augen zu einem Nickerchen schließt, hat der Interviewte sein Ziel erreicht.

Das Ergebnis einer solchen Antworttechnik ist fragwürdig: Wer sein Gegenüber und vielleicht sogar die Öffentlichkeit bei einem Fernsehauftritt durch gleichermaßen langatmige wie inhaltsleere Aussagen langweilt, wirkt unsympathisch. Die Strategie, verbale Luftblasen zu erzeugen, ist leicht durchschaubar. Manchmal kommt es jedoch unbeabsichtigt zu Formulierungen, die das Ende der Aussage unnötig strecken und zu Ungeduld oder Verunsicherung beim Gegenüber führen. Sie fragen vielleicht jetzt: Was hat das persönliche Gespräch mit der Präsentation des Bildungsangebots zu tun? Sehr viel – denn zum Außenauftritt eines Bildungsträgers gehört ebenso die individuelle Wirkung der Entscheidungsträger. Außerdem kommen erstaunlich viele Leerphrasen in den Kommunikationsmedien von Trainern und Bildungsinstituten vor. Ein aus Diskretionsgründen leicht abgewandeltes Beispiel:

»Die in Fachkreisen viel diskutierte These einer weiter zunehmenden Handlungsunfähigkeit der Politik unter den Bedingungen der Globalisierung greift im Wesentlichen zu kurz. Diverse Gestaltungsmöglichkeiten existieren nach wie vor über ein ganzheitliches Management des nationalen Innovationssystems und insbesondere über eine stärkere Transnationalisierung der Technologie- und Innovationspolitik.«

Das Institut bietet Innovationsseminare für Politiker an. Bevor dieses Angebot thematisiert wird, muss sich der Leser durch ein zähes Stück allgemeiner Informationen über die Auswirkungen der Globalisierung auf die Politik hindurchkauen. Wenn ihm nach einigen Zeilen der Appetit auf mehr vergeht, ist dies nur allzu verständlich.

Das doppelte Lottchen oder: Nutzen Sie Ihren gesamten Sprachschatz!

Im Kapitel »Die Sucht nach Synonymen« kann man in Sebastian Sicks »Der Dativ ist dem Genitiv sein Tod. Ein Wegweiser durch den Irrgarten der deutschen Sprache« (2004) nachlesen:

»Unter Journalisten ist ein Sport besonders beliebt: die Jagd auf Ersatzwörter. Gesucht werden einprägsame Stellvertreter und dynamische Platzhalter, die dem Text eine Extraportion Curry verleihen. Die Verwendung von Synonymen ist in manchen Ressorts so unverzichtbar wie der Reifenwechsel in der Formel 1 … Im Journalismus gibt es viele Absprachen und Regeln. Eine davon scheint zu sein, dass man den Namen der Person, um die es gerade geht, erst dann ein zweites Mal erwähnen darf, wenn man zwischendurch mindestens zwei Synonyme verwendet.«

Der Autor belustigt sich über das Bemühen der Redakteure, Ersatzwörter zu finden. Besonders verbreitet ist dieses Phänomen seiner Ansicht nach in Sport- und Wirtschaftsredaktionen. Ein typischer Dialog zwischen zwei Journalisten (S. 78 f.) lautet:

»He, sag mal schnell ein anderes Wort für Frankfurt!«

»Mainmetropole!«

»Mainmetropole hab ich schon. Sag noch mal was anderes.«

»Bankenstadt.«

»Steht bereits in der Bildunterschrift. Weißt du nicht noch was?«

»Wie wär's mit Mainhattan?«

»Ja, das ist hübsch, aber ›Main‹ hatte ich doch oben schon.«

»Dann schreibst du oben ›Hessenmetropole‹ und unten ›Mainhattan‹.«

»Hessenmetropole? Klingt das nicht irgendwie … provinziell?«

»Wenn du mal in Frankfurt gewesen wärst, dann wüsstest du: Frankfurt ist provinziell!«

»Also schön, dann eben Hessenmetropole. Klingt trotzdem komisch. Wie nackter Arsch im Persianer.«

Synonyme bringen zwar Abwechslungsreichtum, doch manchmal klingen sie komisch (wie gewollt und nicht gekonnt). Schauen wir uns einen Text über ein Bildungsangebot mit Wortdoppelungen an:

»*Marketing* bedeutet, etwas auf den *Markt* zu bringen oder es zu *vermarkten*. *Marketing* ist die Ausrichtung eines Unternehmens auf dessen *Markt*situation. *Marketing* hat zum Ziel, ein Produkt in den gewünschten *Markt* des Zielpublikums zu bringen. Eng mit dem *Marketing* verknüpft sind die Begriffe Kommunikation und PR, welche das *Marketing* oft begleiten. *Marketing* kann auch in eigener Sache erfolgen, wenn zum Beispiel eine Person in einer Job- oder Partnerschaftssituation versucht, sich von ihrer besten Seite zu zeigen, und versucht, sich entsprechend zu *vermarkten*. Ein Kurs oder Seminar im *Marketing* verfolgt das Ziel, ein Produkt einem zu bestimmenden Ziel*markt* zuzuführen.«

Der gleiche Inhalt, anders formuliert:

»Im Marketing geht es darum, eine oder mehrere Zielgruppen zur Abnahme von Leistungen oder Produkten eines Unternehmens zu bewegen. Dazu wird eine Marketingstrategie entwickelt, die sich an der Wettbewerbssituation des Anbieters und anderen Marktgegebenheiten orientiert. Eng damit verknüpft sind die Elemente ›Kommunikation‹ und ›Public Relations‹ als flankierende Maßnahmen. Auch Personen können sogenanntes ›Selbstmarketing‹ betreiben. Hier steht die überzeugende Präsentation in beruflichen Zusammenhängen oder einem Wunschpartner gegenüber im Zentrum der Aktivitäten. Sowohl für Marketingverantwortliche in Unternehmen als auch für interessierte Einzelpersonen besteht die Möglichkeit, ihre Vermarktungskompetenzen in einem Seminar auszuweiten.«

Entscheiden Sie selbst, welche Variante Sie mehr anspricht. Auf der Suche nach Synonymen können sowohl das Thesaurusprogramm als auch ein Synonymlexikon (beispielsweise »Sag es treffender. Ein Handbuch mit 25.000 sinnverwandten Wörtern und Ausdrücken für den täglichen Gebrauch« von M. A. Textor) helfen.

Verwandt mit den Wortdoppelungen ist die Neigung mancher Menschen, Sätze mit identischer Struktur aneinanderzureihen. Das Ergebnis ist ein langweiliger und wenig lesefreundlicher Text mit hypnotisch-einschläfernder Wirkung.

»Das Seminar richtet sich an Mitarbeiter von Laboratorien, Ingenieurbüros und Behörden, die mit Proben und im Bereich der Qualitätssicherung arbeiten. Die Umweltanalytik hat durch Ringversuche, Akkreditierung und Notifizierung einen hohen Qualitätsstandard erreicht. Genormte Untersuchungsverfahren ermöglichen die Vergleichbarkeit der Ergebnisse. Die Probenentnahme wird in das Seminar einbezogen.«

Nur einmal taucht ein Hauptsatz in Verbindung mit einem Nebensatz auf:

Hauptsatz: »Das Seminar richtet sich an Mitarbeiter von Laboratorien, Ingenieurbüros und Behörden …«,
Nebensatz: »… die mit Proben und im Bereich der Qualitätssicherung arbeiten.«

Die restlichen Sätze sind im Aufbau nahezu identisch:

Subjekt – Prädikat – Objekt/e – (Prädikatergänzung).
Die Umweltanalytik | hat …| einen hohen Qualitätsstandard | erreicht.
Genormte Untersuchungsverfahren | ermöglichen | die Vergleichbarkeit der Ergebnisse.
Die Probenahme | wird | in das Seminar | einbezogen.

> **Tipp:** Achten Sie auf einen abwechslungsreichen Satzbau. Kombinieren Sie einfache Hauptsätze mit Haupt-Nebensatz-Konstruktionen. Stellen Sie zur Abwechslung das Verb an den Satzanfang. Behalten Sie dabei im Blick, dass der Text trotzdem lesefreundlich ist. Sind Sie alleine, lesen Sie sich den Text laut vor. Dann fallen Ihnen Holprigkeiten und Unstimmigkeiten schneller auf.

In der Kürze liegt die Würze

Mancher Bildungsanbieter meint: Je mehr Informationen ich dem potenziellen Kunden über unser Trainings- oder Bildungsinstitut beziehungsweise mich als Trainer oder das Seminarangebot liefere, desto sicherer wird er sich dafür entscheiden. Leider hat eine Informationsflut oft den gegenteiligen Effekt: Der Teilnehmer wendet sich mit Grausen ab und einem anderen Anbieter zu. Wie ist diese Reaktion zu erklären? Je mehr er weiß, desto geringer ist doch das Risiko einer Fehlentscheidung für ihn!

Die meisten Menschen verfügen nur über ein begrenztes Zeitbudget. Aus diesem Grund kommt es den meisten potenziellen Kunden entgegen, wenn sie nur die Dinge erfahren, die für die Kaufentscheidung relevant sind. Ein lateinisches Sprichwort sagt: »Pars pro toto.« Übersetzt heißt das: »Ein Teil steht für das Ganze.« Und übertragen auf Ihre Informationspolitik bedeutet es: Ist das von Ihnen präsentierte Informationssubstrat überzeugend, schließt der Kunde daraus auf Ihr gesamtes Angebot. Liefern Sie einem potenziellen Kunden bitte auch im persönlichen Gespräch nur so viele Informationen, wie er sich wünscht. Ein leider schlechtes Beispiel, häufig beobachtet auf der Bildungsmesse didacta:

 Ein Mann nähert sich dem Messestand eines Trainingsunternehmens. Er studiert die Plakate, scheint aber noch unschlüssig zu sein. Die Standbesitzerin stürmt auf ihn zu. »Sie interessieren sich für unser Trainingsangebot?«, fragt sie. »Ja, ich bin Personalentwickler und wollte mich informieren, was es Neues auf dem Markt gibt.« Beim Stichwort »Personalentwickler« geht ein Ruck durch die Frau. Sie tritt einen Schritt näher an den Besucher heran und startet einen Kurzvortrag. »Unser Trainingsinstitut hat sich auf Rhetorikseminare spezialisiert. Wir arbeiten nach dem Bla-bla-Konzept und erreichen dadurch eine besondere Nachhaltigkeit. Alle unsere Trainer und Dozenten haben eine XY-Ausbildung. Wenn Sie sich speziell für mich als Trainerin interessieren, wird diese Broschüre über meine Person Ihnen alles liefern, was Sie wissen müssen.« Damit drückt sie ihm ein Druckerzeugnis in die Hand.

Wie dieses Gespräch weiter verläuft, können wir uns alle denken. Haben Sie bereits Erfahrung mit Messeauftritten, werden Sie vielleicht sagen: »So unprofessionell treten unsere Standmitarbeiter nicht auf.« Es geht hier um das Prinzip: Die Trainerin liefert ungefragt eine Information nach der nächsten. Sie wählt die Fakten aus, von denen sie meint, sie müssten den Personalentwickler interessieren. Sicher ist es für einen Kunden interessant, über welche Qualifikation die von ihm beauftragten Trainer verfügen. Doch so weit ist der Kontakt zwischen beiden noch lange nicht gediehen.

Halten Sie es im mündlichen und schriftlichen Kontakt mit potenziellen Seminarteilnehmern und Kunden besser nach dem KISS-Prinzip:

K eep
i t
s hort and
s imple

Das bedeutet: kurze Sätze, bildhafte, konkrete Sprache und nur den unbedingt notwendigen Inhalt übermitteln.

> **Tipp:** Wenn Sie einen Text (zum Beispiel für Ihre werbliche Kommunikation) verfassen, kürzen Sie ihn nach der Fertigstellung des ersten Entwurfs so weit wie möglich. Eliminieren Sie doppelte Aussagen und Füllwörter. So kommt Ihre Botschaft messerscharf heraus!

Wie werblich sollten Texte von Kommunikationsmedien sein?

Kommen wir nun zu einer speziellen Art von Texten – den werblich-emotionalen, die den Leser zu einer bestimmten Handlung (zum Beispiel Anmeldung bei einem Seminar oder Buchung eines Trainers) motivieren sollen. Auch hier ist es der Sprachstil, der jede Art von Ausprägung zwischen marktschreierisch als einem Extrem und trocken als anderem haben kann. Zunächst ist die Frage interessant, woran genau man einen werblichen Text erkennt. Ein Werbetext nimmt die positive Bewertung einer Person, eines Gegenstandes oder eines Sachverhalts vorweg. Beispiel für einen sehr werblichen Text mit zahlreichen positiven Wertungen (www.speakers-excellence.de/edgar-k-geffroy):

»Businessguru (managementbuch.de), Trendbrecher (Impulse) und Pionier mit Gespür für das Geschäft der Zukunft – international erfolgreich agierender Unternehmer, Berater, Top-Speaker und Bestsellerautor – Visionär, der aus Trends die Herausforderung für das Business von morgen erkennt und mit Kreativität und Konsequenz aus Ideen Geschäfte macht. Ideen, die nicht nur quergedacht, sondern auch sofort umsetzbar sind. Über 2.000 Auftritte vor mehr als 400.000 Menschen zu den Themen Clienting, Changement, Exnovation und Verkauf zeigen die Akzeptanz seiner Konzepte. Speaker Geffroy begeistert Menschen und regt mit seinem Ideenfeuerwerk zur persönlichen und unternehmerischen Veränderung an.«

Für einige Aussagen werden Zitate aus Medien herangezogen. Wenn jemand anders (hier: anerkanntes Internetportal und eine renommierte Wirtschaftszeitschrift) das Lob ausspricht, wirkt es noch glaubwürdiger. Der Text enthält darüber hinaus eine hohe Zahl emotional besetzter Ausdrücke – wie zum Beispiel »Businessguru«, »internationale erfolgreich agierender Unternehmer«, »Top-Speaker«, »begeistert Menschen« (um nur einige zu nennen).

Andere Bildungsträger wählen einen etwas zurückhaltenderen Weg, sich selbst beziehungsweise ihr Institut ins rechte Licht zu rücken (www.nordakademie.de):

»Qualifizierte Dozenten aus Wissenschaft und Praxis: Hochschullehrer aus dem In- und Ausland und namhafte Führungskräfte bilden einen international erfahrenen und mit hoher Fach- und Lehrkompetenz ausgestatteten Dozentenkreis. Dies bietet Ihnen die Gewähr, dass Ihnen die jeweils aktuellen Erkenntnisse aus Wissenschaft und Praxis fundiert vermittelt werden.«

Die Fachkompetenz des Dozententeams wird hier sogar mit einer Nutzenargumentation verknüpft: Die Teilnehmer haben die Gewähr, jeweils aktuelle Lehrinhalte und neueste Errungenschaften aus Wissenschaft und Praxis vermittelt zu bekommen. Auch in diesem Text tauchen wertende Begriffe auf wie zum Beispiel »namhafte Führungskräfte«, »erfahren«, »mit hoher Fach- und Lehrkompetenz ausgestattet«, »fundiert«. Im Gegensatz zum Beispiel des bekannten Redners, der einen Rundumschlag mit Begriffen aus allen möglichen Themenbereichen bis hin zur Religion macht, richtet sich die Argumentation hier auf die Qualifikation und die Fachkenntnisse der Dozenten.

Auch ein sehr sachlich-informativer Sprachstil begegnet uns in der Selbstdarstellung von Bildungsträgern. Hier die Seminarbeschreibung aus einem VHS-Programm:

»Das Seminar richtet sich an Frauen, die nach der Familienphase wieder in den Beruf der Officemanagerin einsteigen möchten. Die Teilnehmerinnen entwickeln zunächst ein eigenes Stärken-Schwächen-Profil. Im Anschluss daran geht es um Programme zur Textverarbeitung, zur Tabellenkalkulation und für die Finanzbuchhaltung.«

Die Fakten werden ohne ausschmückende Adjektive und Adverbien übermittelt – es handelt sich ganz klar um eine Beschreibung statt um eine Bewertung. Statt einer direkten Anrede der potenziellen Teilnehmerinnen mit Personalpronomina wird über diese geschrieben: »Die Teilnehmerinnen entwickeln …« Ein solcher Sprachstil wirkt durch seine Schmucklosigkeit manchmal wenig lebendig und ist daher nur eingeschränkt als werblicher Text geeignet. Sehr wohl geeignet ist er jedoch für eine Pressemeldung, die bewusst neutral formuliert werden sollte, um Akzeptanz bei Journalisten zu finden (s. S. 295).

Welchen Weg Sie in Bezug auf wertende Texte wählen, hängt wieder einmal mit Ihrer Absicht, Ihrem Selbstverständnis und mit Ihrer Zielgruppe zusammen. Kommt die laute Werbetrommel besser an als vornehmes Understatement, bleiben Sie dabei (Never change a running system!).

Willkommen in der Bleiwüste oder: Schaffen Sie Oasen in Ihrem Text!

Haben Sie sich schon einmal in einer Bleiwüste wie dieser verirrt?

Der Hunolsteiner Hof liegt ungefähr zwei Kilometer südwestlich vom Ort entfernt. Zu der Burg Hunolstein gehörte seit alters unter anderem der Hunolsteiner Hof, ein Bauerngut mit umfangreichem Land- und Wiesenbesitz. Mertens schreibt in seinen Beilagen: »Die ersten Vögte sollen nicht auf der Burg, sondern zuerst auf dem Hofe gesessen haben.« Mertens erhielt diese Notiz am 29. April 1893 von einem Vogt von Hunolstein. Mertens schreibt auf Seite 573: »In Hunolstein besaßen

die Vögte zuerst den Hof und als Burgmänner beziehungsweise Burgvögte ihren Sitz in der Burg. Innerhalb der Burg ein Haus mit zugehörigen Gärten, Wiesen und Äckern.« Erstmals 1276, deutlicher 1294, und zwar als Lehen der Grafschaft Nieder-Salm genannt. Von 1276 an im Besitze der Vögte von Hunolstein Toepfer I., Seite 39. Mehrfach soll das Gebäude abgebrannt sein. Letztmalig 1906 laut Angabe der Kunstdenkmäler der RP. Vorher im Jahre 1896, da bis zu diesem Zeitpunkt die Grafen von Hunolstein noch eine Wohnung dort hatten. Von 1487–1794 war er im Besitz der Kurfürsten von Trier.
(Gefunden unter www.hunolstein.de/Seiten/hof.html)

Na, konnten Sie den Text von Anfang bis Ende durchlesen? Ich habe es bis zur vierten Zeile geschafft. Dann haben sich meine Augen in der »Bleiwüste« verirrt. Das bedeutet für Sie:

- Wenn Sie lange Fließtexte verfassen, bilden Sie Absätze nach Sinneinheiten – möglichst mit einer Leerzeile dazwischen.
- Lockern Sie den Inhalt durch Zwischenüberschriften auf.
- Verwenden Sie Grafiken und Abbildungen, um den Sachverhalt zu verdeutlichen.

Der Leser kann sich so von Oase zu Oase hangeln – das Auge hat eine Orientierung, und auch komplexe Inhalte sind dadurch leichter aufzunehmen. Während im Internet und in Werbeflyern von allzu langen Texten abzuraten ist, sind sie in Geschäftsberichten, AGB, in Fachartikeln für die Presse und in Kapiteln für Bücher üblich.

Corporate Identity, Corporate Design & Co.

Birgit Lutzer

Die Basis für Ihren Außenauftritt ist Ihre »Corporate Identity« – also die Art und Weise, wie Sie sich selbst sehen und wie Sie von innen (Ihr Team) und von außen (Kunden, Medienvertreter, die Öffentlichkeit) gesehen werden. Es geht also um die passende Darstellung des realen »Unternehmenscharakters« nach innen und außen. Denn ähnlich, wie jeder Mensch eine Identität hat, verhält es sich mit Unternehmen. Ihnen wird eine Art menschlicher Persönlichkeit zugesprochen, die durch die Unternehmenskommunikation nach außen getragen werden soll. Oder andersherum: Durch die Unternehmenskommunikation werden imagebildende Fakten nach außen übermittelt, sodass die Firma als Persönlichkeit mit bestimmten Eigenschaften wahrgenommen wird. Was war zuerst da: das Huhn oder das Ei?

Sind Sie Einzeltrainer, ist Ihre individuelle Persönlichkeit gleichzeitig Ihre Corporate Identity. Es stellt sich jedoch die Frage, welche Charaktereigenschaften genau Sie in Ihre Firmendarstellung einfließen lassen sollten. Auch als größerer Bildungsträger lohnen die Fragen: Was zeichnet Sie als Unternehmen aus und welches Image möchten Sie übermitteln? (s. S. 113 ff.)

Kommen wir nun zum Corporate Design. Dazu gehören unter anderem Logo, Schriftgestaltung, Farbgebung und Papier. Mit diesen Elementen wird Ihr unverwechselbares Profil geschaffen. Der sprichwörtliche »rote Faden« muss sich dabei als Wiedererkennungseffekt durch alle Publikationen ziehen. Jeder, der etwas aus Ihrem Unternehmen in die Hände bekommt, liest oder sieht, soll am Corporate Design erkennen, dass es sich um einen Informationsträger Ihres Bildungsträgers handelt. Genau diese Idee hat der Bayerische Volkshochschulverband zwischendurch in einem Projekt umgesetzt, das leider nicht mehr weiterverfolgt wird: Die bayerischen Volkshochschulen hatten sich auf ein gemeinsames Marketingkonzept verständigt und landesweit ein Qualitätsmanagementsystem nach dem Modell der European Foundation for Quality Management (EFQM) eingeführt. In beiden ging es darum, qualitativ hochwertige Kursangebote bereitzustellen und sie durch gezielte Maßnahmen bekannt zu machen. Mit zum Projekt »VHS Bayern« gehörte neben den standardisierten Kursen ein gemeinsames Corporate Design, dessen Elemente alle Volkshochschulen des Bayerischen Volkshochschulverbandes nutzen konnten.

Während in anderen Bundesländern fast jede VHS ein eigenes Logo hat, stand für die bayerischen Bildungsanbieter zumindest für eine Weile ein gemeinsames zur Verfügung. Dadurch wird signalisiert: »In jeder bayerischen Volkshochschule erwarten Sie die gleichen Qualitätsstandards.« Die VHS wird dadurch als einheitliche Marke wahrgenommen. Nach dem gleichen Prinzip funktioniert das Marketing der bekannten und sehr erfolgreichen amerikanischen Schnellrestaurantketten: Unabhängig davon, in welcher Stadt und in welchem Land ich meinen Burger, meine Pizza oder meinen Salat bestelle – die Speisen schmecken überall gleich und ich bekomme die gleiche Art von Service.

Sehr gelungen sind die Icons, mit denen die einzelnen Programmbereiche der Volkshochschulen gekennzeichnet wurden. Sie tauchten im Programm und auf anderen Werbemedien wie zum Beispiel Plakaten oder Werbeflyern auf. Auch diese Icons wirkten nach dem Prinzip »Wiedererkennungseffekt«.

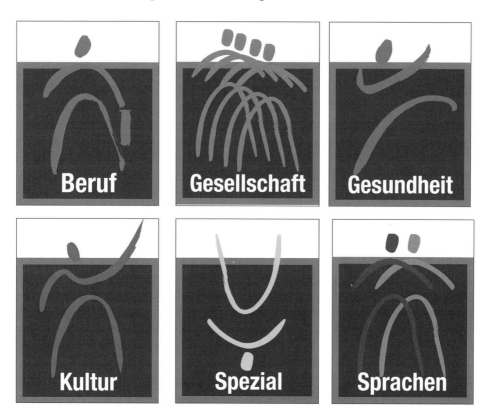

Im Frühjahr 2009 startete der Bayerische Volkshochschulverband eine Werbekampagne für verschiedene Bildungsangebote aus dem Bereich »Gesundheit«: »Mit Pilates im Gleichgewicht«, »Mediterrane Küche – Rezept(e) für Herz und Kreislauf« sowie »Rückentraining – sanft und effektiv«. Die dazugehörigen Kurse führte jeder Anbieter in der gleichen Weise durch. Alle Werbemedien für diese Kampagne wurden zentral entwickelt, sodass die einzelnen VHS einfach nur gegen eine überschaubare finanzielle Investition darauf zurückgreifen mussten.

Standardisierte Angebote des Bayerischen Volkshochschulverbandes

Die Vorteile der zentralen Marketingarbeit und Qualitätssicherung für die einzelnen VHS liegen auf der Hand:

- Sie konnten fertige Konzepte für hochwertige Kurse nutzen.
- Sie sparten viel Zeit für eigene Planungen: sowohl, was die Kursinhalte, als auch, was deren Vermarktung anbetrifft.
- Sie hatten Zugang zu pfiffigen und überzeugenden Werbemedien, die professionell von einer Agentur erstellt worden waren.

Volkshochschulen, die an diesem Konzept teilnehmen wollten, konnten sich zunächst dafür anmelden und erhielten ein Marketingstarterpaket. Anschließend orderten sie die Werbemedien zu einem festgesetzten Termin. Im letzten Schritt erfolgten Einweisung und Schulung der Dozenten für den Qualitätsstandard der vereinheitlichten Bildungsangebote – und dann begann die Durchführung der Kurse.

Übrigens: Das Projekt »VHS Bayern« ist damit gleichzeitig ein schönes Beispiel für gut abgestimmte »Corporate Communications«!

Die Grundausstattung

Kommen wir nun zu dem, was Sie als Grundausstattung benötigen, um nach außen als professioneller Bildungsanbieter wahrgenommen zu werden. Die Basis für einen individuellen »Auftritt« sind das Logo und die Geschäftspapiere – danach folgen in der Regel Seminarprogramm, Imagebroschüren und der Internetauftritt. Wollen Sie auf Nummer sicher gehen, lassen Sie sich Logo und Firmennamen als sogenannte »Wort-Bild-Marke« schützen. Ein Patentanwalt kann Ihnen bei der Anmeldung beim Patent- und Markenamt helfen.

Logo

Das Logo ist ein Zeichen, das für Ihr Unternehmen steht. Es kann aus einer Wort-Bild-Kombination, einem Bild oder einem besonders gestalteten Schriftzug (typografisches Logo) bestehen. Die meisten Logos im Bildungsbereich sind Wort-Bild-Marken oder typografischer Art.

Wort-Bild-Marke
(www.gesundheitskonzepte.de)

Typografisches Logo, ergänzt um einen
Slogan (www.activescript.de)

Das Logo ist reduziert und abstrakt, damit seine Wahrnehmung nur ein Minimum an Zeit erfordert. Es soll sich auch bei einem flüchtigen Blick unvergesslich in das Gehirn des Betrachters »einbrennen«. Wenn die Gestaltung eines Logos feststeht, bleibt es so, wie es ist. Deshalb ist von Veränderungen der Relationen oder Farben dringend abzuraten. Auch sollten nach Möglichkeit keine Teile des Logos losgelöst von den anderen als Logoersatz verwendet werden.

Geschäftspapiere

Zu Geschäftspapieren zählt alles, was in der Firma benötigt wird, um schriftliche Mitteilungen zu machen – also: Briefpapier und gegebenenfalls Folgebogen, Visitenkarten, Faxvorlagen, Vorlagen für Kurzmitteilungen und Notizblöcke. Die verschiedenen Papiere sollten unbedingt zueinander passen: Wenn Ihr Briefpapier zum Beispiel einen Naturton hat, dürfen die Visitenkarten nicht reinweiß sein. Die gründliche Papierauswahl ist eine Mühe, die sich lohnt. Sie sollten darauf achten, dass das Papier nicht nur schön aussieht, sondern sich möglichst auch angenehm anfühlt. Vor allem muss es sowohl für Inkjetdrucker als auch für Laserdrucker tauglich sein. Lassen Sie sich im Zweifelsfall von der Druckerei oder Ihrem Grafiker Muster zeigen.

Briefpapier und Folgebogen. Zum Thema »Textinformationen«: In Ihrem Briefkopf sollten auf jeden Fall Ihr Logo, Name, Ihre Adresse einschließlich Telefon, Fax und E-Mail-Adresse und URL aufgeführt sein. Zur E-Mail-Adresse: Sie sollte mit Ihrem Internetauftritt verknüpft sein. Beispiel: ihr.name@ihre.domain.de. Unprofessionell wirkt eine E-Mail-Adresse wie ihr-firmenname@t-online.de. Telefon- und Faxnummer sollten unterschiedlich sein, da es sonst so wirkt, als ob Sie sich kein separates Fax leisten könnten. Gar keine Faxnummer zu haben ist aus Sicht vieler Firmen indiskutabel. Wenn Sie die Bankverbindung fest eindrucken, müssen Sie das Briefpapier bei einem Bank- oder Kontenwechsel neu drucken lassen. Je nachdem, wie lang Ihre Korrespondenz ausfällt, benötigen Sie auch einen Folgebogen, der das Logo und – wenn vorhanden – Ihren Slogan tragen sollte. Ein Folgebogen wirkt wesentlich professioneller als ein weißes Blatt, das als 2. Seite hinzugefügt wird.

Die Visitenkarte. Die Visitenkarte ist eines der kostengünstigsten und gleichzeitig werbewirksamsten Instrumente bei der Selbstvermarktung. Sie übermittelt dem Empfänger auf einen Blick grundlegende Informationen über Ihr Unternehmen – wie das Logo, den Firmennamen, die vollständige Adresse sowie Ihren persönlichen Namen und Ihre Position. Die Rückseite Ihrer Visitenkarte können Sie zum Beispiel nutzen, um eine Wegbeschreibung oder eine Auflistung Ihrer Angebote zu übermitteln. Beachten Sie dabei aber: »Was nicht steigert, stört.« Das am meisten verbreitete Format für Visitenkarten ist das Scheckkartenformat. Andere Formate sind zwar auffällig, bergen aber ein gewisse Gefahr: Wenn der Empfänger die Karte nicht abheften oder in seiner Brieftasche verstauen kann, ärgert er sich. Einige Beispiele:

Beispiele für Visitenkarten – gestaltet von Lutzertrain

Denken Sie bei der Gestaltung Ihrer Visitenkarte daran, dass die wichtigsten Informationen auch dann noch auf einen Blick zu erfassen sind, wenn die Karte vom Empfänger in eine Hülle gesteckt oder in ein Visitenkartenrondell geheftet wird.

Stempel und Aufkleber

Stempel und Aufkleber werden da gebraucht, wo mit möglichst wenig Zeitaufwand die Kontaktmöglichkeit zu Ihrer Firma gesichert werden soll (zum Beispiel in Katalogen oder beim Postversand). Eine professionelle Gestaltung ist hier ebenfalls sehr wichtig, damit das Logo klar abgebildet ist und alle Daten gut lesbar sind.

Tipp: Die Größe des Stempels oder des Aufklebers sollte stets dem Verwendungszweck angemessen sein. Ein winziger Stempel auf einem riesigen Paket wirkt ebenso unpassend wie ein sehr großer auf einer Postkarte. Lassen Sie daher am besten verschiedene Ausführungen anfertigen.

Werbeflyer

Flyer setzen Sie gezielt dort ein, wo gedruckte Informationen über Ihr Seminarangebot oder Ihr Bildungsunternehmen gewünscht werden. Machen Sie sich bereits vor ihrer Herstellung Gedanken über die spätere Verwendung. Sind die gedruckten Informationen zur Auslage in Ihren Geschäftsräumen oder auf Messen und anderen Veranstaltungen gedacht, benötigen Sie Prospektständer, in denen sie besonders gut zur Geltung kommen. Möchten Sie die Werbeträger verschicken, achten Sie auf das Gewicht des Papiers: Ist es zu schwer, wird der Versand teurer. Sprechen Sie Ihren Grafiker darauf an, dass der Flyer und ein dazugelegtes einseitiges Anschreiben maximal die 20-Gramm-Marke erreichen.

Das kostengünstigste Format ist DIN lang, zweifach gefalzt (die noch einfachere Variante im Format DIN lang mit nur vier Seiten reicht in der Regel nicht aus, um alle Informationen unterzubringen). Nehmen Sie ein DIN-A4-Blatt und falten Sie es zweimal, dann haben Sie einen »Dummy« für einen solchen Flyer mit sechs Einzelseiten. Je nachdem, wie Sie die Informationen verteilen, kommt Wickelfalz oder Zickzackfalz infrage.

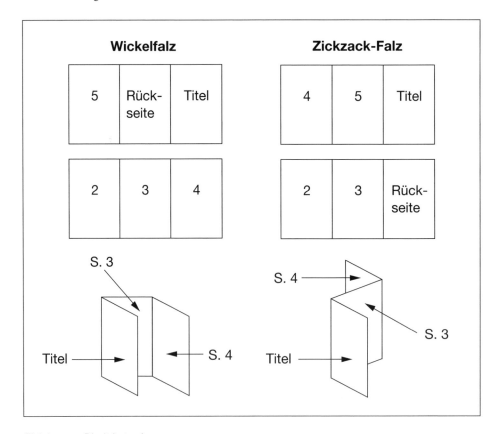

(Zeichnung: Birgit Lutzer)

Nehmen Sie den Dummy im Zweifelsfall in die Hand und falten Sie ihn auf. Dann achten Sie darauf, auf welche Seiten Ihr Blick zuerst fällt (links oder rechts). Auf dieser Seite sollte praktischerweise die Zielgruppenansprache stehen. Wo genau die Zielgruppe steht, hängt auch vom Inhaltskonzept des Flyers ab. Hier zwei Beispiele (Gestaltung: Lutzertrain):

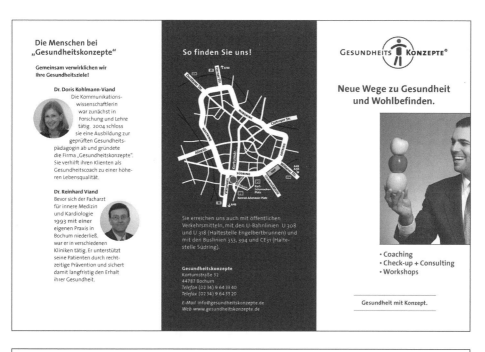

Damit der Empfänger leicht mit Ihnen Kontakt aufnehmen kann, sollte Ihre Adresse mit den Kommunikationsverbindungen leicht zu erkennen sein. Diese Informationen befinden sich oft auf der Rückseite von Flyern. Für die Gestaltung und den Inhalt gilt: Das gesamte Medium sollte in Ihrem Corporate Design gestaltet sein.

Zum Thema »Einlegeblätter«. Mancher Bildungsanbieter hat einen Flyer mit einer Kurzdarstellung seiner Firma. Das aktuelle Seminarprogramm wird auf einem Blatt im Format DIN lang ausgedruckt und eingelegt. Damit sind Sie flexibel und können immer wieder andere Informationen in den Flyer legen. Andererseits: Ein einfaches weißes oder farbiges Blatt, das im Homeoffice bedruckt wird, wirkt schäbig. Es passt meistens nicht zum Flyer. Lassen Sie sich Einlegeblätter gestalten, die zum Flyer passen und die ein Feld haben, in das Sie Ihre Informationen eindrucken können. Ein weiterer Nachteil besteht darin, dass das Blatt aus dem Flyer herausrutschen kann. Sorgen Sie dafür, dass wenigstens die Adresse Ihrer Internetseite auf dem Einlegeblatt angegeben ist.

Zur Idee, einen Teil des Flyers als Antwortfax zu nutzen. Überlegen Sie, wie Kunden und Teilnehmer normalerweise Kontakt mit Ihnen aufnehmen. Ein Anruf oder das Senden einer E-Mail geht meist schneller als das Abschneiden, Ausfüllen und Faxen eines Formulars. Außerdem ist der Flyer dann zerschnitten und wirkt ohne das Formular möglicherweise dünn und ärmlich.

Tipp: Ein Werbeflyer ist nur dann das richtige Medium für Sie, wenn Sie ihn per Post verschicken oder auf Veranstaltungen auslegen wollen. Und auch nur dann, wenn sich die darin enthaltenen Informationen nicht alle paar Monate ändern!

Merkmale von wenig überzeugenden Flyern sind:
- billiges, labberiges Papier,
- Verwendung von Clip-Arts, die jeder auf dem Rechner hat,
- zu viele verschiedene Schrifttypen (maximal zwei),
- Unterstreichungen zur Hervorhebung (wirkt altbacken – besser: fett/bold),
- Bleiwüste (= zu viel Text),
- Fotos passen in Hintergrund und Ausschnitt nicht zueinander.

Buchtipp: Quelle für den gesamten Abschnitt »Flyer« ist das Buch von Andres Dolle und Birgit Lutzer: »Besser erklären, mehr verkaufen. Ein Ratgeber für Techniker, Ingenieure und andere ›Fachchinesen‹« (2009).

Broschüren und andere aufwendigere Werbeträger

Manche Trainer und Bildungsinstitute investieren in besonders hochwertige Werbematerialen wie zum Beispiel gebundene Hochglanzbroschüren, fantasievolle Faltblätter oder aufwendig gestaltete Schachteln mit eingelegten Karten. Damit erregen diese Anbieter auf jeden Fall Aufmerksamkeit und heben sich vom Gros der anderen ab, die nur ein geringes Budget für Werbematerialien festgesetzt haben.

Ob es sich für Sie lohnt, eine Werbeagentur einzuschalten, die Ihnen einen beeindruckenden Außenauftritt erstellt, kommt auf Ihre Zielgruppe an. Möchten Sie zahlungskräftige Kunden und Großunternehmen für sich gewinnen, sollte Ihr Auftritt entsprechend hochwertig und einzigartig sein. Selbst ausgedruckte Blätter, Standardmappen vom Bürogroßhandel und ein Schnappschussfoto über Ihrem Profil wirken in der Regel unprofessionell auf Top-Entscheidungsträger – es sei denn, Sie verfügen über exzellente Kontakte in die Personalentwicklungsabteilung (oder Chefetage).

Die Frage, ob Sie in Bezug auf Ihren Außenauftritt in einen Maybach investieren sollten, ob ein 5er-BMW für Ihre Zielgruppe ausreicht oder ob Sie sich mit einem Golf wohler fühlen, hängt zum einen mit Ihrer Positionierung zusammen und zum anderen mit Ihrer Zielgruppe. Ein Beispiel:

 Trainer, Coach und Speaker René Borbonus unterhält gleich zwei Firmenauftritte: Er ist Mitgesellschafter des Trainingsinstituts »Communico« (www.communico-online.de). Dort heißt es auf der Startseite: »Wir sind ein Institut, das mit praxiserprobten Experten arbeitet. Unser Ziel ist es, mit Ihnen alle Seiten der sprachlichen Überzeugungskraft zu beleuchten, zu erproben und zu verinnerlichen.«

Will heißen: Es handelt sich um einen Bildungsträger mit mehreren Trainern – also weit mehr als eine »One-Person-Show«. Der Auftritt des Instituts ist von einer Werbeagentur erstellt worden. René Borbonus und sein Kompagnon Timo Off haben zudem in einen professionellen Fotografen investiert. Während andere Bildungsträger oft eine bunte Mischung verschiedener Fotos verwenden, wurde hier jeder der insgesamt neun Trainer einzeln in einem Studio fotografiert.

Timo Off   *Carmen Cronauer*

Alle Dozenten wirken durch die einheitliche Darstellungsweise als Team und nicht wie eine wild zusammengewürfelte Gruppe. René Borbonus erläutert, warum die Internetseite so wichtig für ihn ist: »Die Philosophie von Communico lautet: Je unaufdringlicher, desto besser. Maßnahmen des Direktmarketings wie Mailings und anschließende Nachfassaktionen kommen aus Sicht des Kunden oftmals ungefragt, werden mitunter als störend empfunden und nicht selten gänzlich ignoriert. Vor diesem

Hintergrund ist für mich die Unternehmenswebsite nach wie vor einer der wertvollsten Kommunikationskanäle im Bildungsmarketing.« Als weitere Kommunikationskanäle nutzt »Communico« eine hochwertige Broschüre und einen Flyer, die als Printmedium und zum Download auf der Internetseite zur Verfügung stehen. Die Zielgruppe des Instituts wird nur indirekt benannt, indem das Positionierungsmerkmal »Qualität« in den Vordergrund gerückt wird. Qualität hat ihren Preis – und den zahlen nur beruflich oder politisch bereits erfolgreiche Menschen.

Unter der URL www.rene-borbonus.de demonstriert der Trainer seinen persönlichen Expertenstatus: Er unterstützt Führungskräfte aus der Wirtschaft und Politiker beim überzeugenden Außenauftritt. Kunden können zwischen offenen Seminaren, Vorträgen und einem Einzelcoaching (Rhetorik im Dialog) wählen. Themenbereiche sind die freie Rede, die überzeugende Präsentation und geschickte Gesprächsführung. Mit 1.750 Euro Beitrag für ein Zweitagesseminar bewegt sich der Trainer passend zu seiner Außendarstellung in einem höheren Preissegment als viele andere Trainer und Bildungsinstitute.

Die beiden Unternehmensauftritte bedeuteten eine hohe Zeit- und Geldinvestition für René Borbonus. Hat sich der immense Aufwand für ihn gelohnt? Er ist sicher: »Bei einem Auftritt im Bereich der Weiterbildung entscheidet die Substanz. Auf die Substanz werden wir letztlich immer zurückgeworfen. Durch unseren Auftritt bekommen wir ja überhaupt erst die Chance – von Empfehlungen einmal abgesehen –, diese Substanz unter Beweis zu stellen. Von daher halte ich einen wirkungsvollen Auftritt schlicht für notwendig.«

Das Seminarprogramm

Das Seminarprogramm ist eines Ihrer wichtigsten Marketinginstrumente, denn auf seiner Basis fällt die Entscheidung für oder gegen Ihr Bildungsangebot. Ein typisches gedrucktes Seminarprogramm enthält:

- Grußwort des Geschäftsführers, Bürgermeisters oder einer anderen wichtigen mit dem Bildungsträger verbundenen Person,
- Erläuterungen zum Programm,
- Team oder Trainer,
- Inhaltsverzeichnis,
- Beschreibung der einzelnen Angebote,
- Orte, Termine und Preise,
- AGB sowie
- Anmeldeformular oder Kontaktdaten, um sich anzumelden.

Grußwort. Wenn Sie ein Grußwort verwenden, achten Sie auf konkrete Inhalte, die der Kommunikator übermittelt. Niemand liest gerne Blabla. Vielleicht könnte die Person auf Neuigkeiten oder Highlights in Ihrem Programm hinweisen?

Erläuterungen zum Programm. Zusätzliche Angaben zu einzelnen Bildungsgängen oder Schulungen sollten dem jeweiligen Thema zugeordnet sein. Beispiel: Die Erläuterungen zu den EDV-Schulungen stehen vor den Seminarbeschreibungen, genauso wie die Hinweise zum Fremdsprachenunterricht vor den einzelnen Seminaren.

Team oder Trainer. Bilden Sie das gesamte Team ab, lassen Sie das Foto bitte von einem Profi erstellen – selbst wenn der Freund eines Bekannten, der auch fotografiert, es kostenlos macht. Einzelfotos und Kurzprofile der Dozenten lockern das Programm auf. Wenn nur einige im Programm auftauchen und andere nicht, muss der Grund für die Auswahl erkennbar sein. Die Profile werden am besten gesammelt auf ein oder zwei Seiten zusammengestellt, weil viele Dozenten mehrere Veranstaltungen durchführen.

Geben Sie für die Fotos den Bildausschnitt und den Hintergrund vor, damit die Porträts einander ähneln. Fettig glänzende Haut und tiefe Falten des Abgebildeten kann man auf dem Foto mit einem Bildbearbeitungsprogramm abmildern! Erhalten Sie ein ungeeignetes Bild, weisen Sie den Dozenten auf den Nutzen hin, den er durch ein gutes Foto hat. Kommentiert er Ihr Anliegen mit einem »Ich hab halt kein anderes Bild!«, liegt die Antwort auf die Frage, was weniger schlecht aussieht: ein minderwertiges Foto oder gar kein Foto, in Ihrem Entscheidungsspielraum.

Wenn Sie Bilder von Teilnehmern im Seminar oder draußen bei einer Outdoorveranstaltung zeigen, sollten diese nach dem gleichen Prinzip gesetzt werden (zum Beispiel immer oben auf die Seite oder jeweils an den Anfang eines neuen Themenbereichs).

Inhaltsverzeichnis. Das Inhaltsverzeichnis muss übersichtlich und verständlich sein. Hilfreich können Icons (kleine, einem Logo ähnliche Abbildungen) sein, die unterschiedliche Themenbereiche kennzeichnen. Auch ein schlüssiges Farbkonzept erleichtert die Orientierung.

Ihr Seminarangebot im Internet

Unabhängig davon, ob Sie ein überschaubares Angebot an Seminaren präsentieren oder eine große Zahl an Seminaren mit unterschiedlichen Dozenten anbieten, sollten Sie bei Ihrem Onlineseminarprogramm auf folgende Punkte achten:

- Erleichtern Sie das Finden des passenden Seminars durch eine Sortierung Ihrer einzelnen Angebote in verschiedene Themenbereiche – zum Beispiel »Führung«, »Vertrieb«, »Management« …
- Eine einfache Suchfunktion mit Volltexteingabe ist gut. Manchmal öffnet sich diese jedoch ohne weitere Informationen. Besser: Ordnen Sie dem Suchfeld eine Übersicht Ihrer Themenbereiche zu. Dann kommt der User vielleicht auf die Idee, noch weitere Veranstaltungen bei Ihnen zu suchen (und zu buchen).

- Bieten Sie ein breites Spektrum von Seminaren in verschiedenen Städten an, sollte die Suchmaske auch eine Möglichkeit bieten, Ihre Angebote nach Thema, Postleitzahl und Termin sortieren zu lassen.
- Verwenden Sie ein Formular, mit dem sich interessierte Teilnehmer online anmelden können, lassen Sie dem Versender eine kurze Info zukommen, dass seine Anmeldung bei Ihnen eingegangen ist.
- Die Texte auf Ihrer Internetseite sollten nicht mehr als 1.000 Anschläge pro Bildschirmseite umfassen, damit der User nicht allzu viel nach unten scrollen muss.

Überprüfen Sie in jedem Fall, wie zweckmäßig und bedienerfreundlich Ihr Onlineseminarprogramm ist.

Die Seminarbeschreibung

Obwohl die Seminarbeschreibung ein immens wichtiges Element im Entscheidungsprozess des Kunden ist, vernachlässigen viele Bildungsanbieter dieses Detail. So begegnen uns schmucklose und hölzerne Beschreibungen wie:

Seminartitel:	Malkurs für Anfänger
Zielgruppe:	Alle Interessierten
Inhalte:	Zeichnen, Acryl, Öl, Aquarell, Kreide
Dozent:	Nomen Nescio

Anbieter, die mit verschiedenen Dozenten arbeiten und ein umfangreiches Programm zusammenstellen, lassen die Seminarbeschreibungen meist von den Dozenten selbst erstellen. Wenn überhaupt, erhalten diese nur ein grobes Raster für die Texterstellung und müssen selbst zusehen, wie sie diese mit ansprechenden Inhalten füllen. Und leider ist nicht jeder Trainer gleichzeitig ein begnadeter Texter. Das Ergebnis: Je nach Talent des Verfassers variieren die Seminarbeschreibungen in Hinsicht auf Qualität und Überzeugungskraft. Auch für einen sprachlichen Laien ist zu erkennen, dass die Texte von unterschiedlichen Personen stammen. Kann ein Seminarleiter nicht gut texten, wird sein Angebot vielleicht nicht angenommen, obwohl es sich um eine erstklassige Bildungsmaßnahme handelt.

Tipp: Setzen Sie einen sprachlich begabten Menschen daran, die Seminarbeschreibungen Ihres Dozententeams zu überarbeiten und aneinander anzupassen. So wirkt Ihr Bildungsprogramm wie aus einem Guss – und wesentlich ansprechender als Stückwerk.

Damit Sie eine gute Seminarbeschreibung erkennen beziehungsweise selbst erstellen können, lernen Sie nun einen Textaufbau in vier Schritten kennen, klassisch als AIDA bekannt:

A	=	Attention (Aufmerksamkeit gewinnen)
I	=	Interest (Interesse aufwecken)
D	=	Desire (Drang erzeugen)
A	=	Action (Aktionsaufforderung)

Dieser Aufbau lässt sich anhand eines Bonmots aus der Werbebranche nachvollziehen. Es lautet sinngemäß:

»Es reicht nicht, den Gaul zur Tränke zu bringen. Sie müssen seinen Kopf zum Wasser führen, damit er trinkt!«

Die Schritte, durch die das Pferd zum Trinken animiert wird, lassen sich auf die Seminarbeschreibung übertragen. Wenn die Pferde keinen Durst haben, besteht für sie kein Anlass, mit zur Tränke zu gehen. Die Aufgabe besteht darin, ihnen ihren Durst bewusst zu machen oder auf andere Weise ihr Interesse am kühlen Nass zu wecken. Genauso wird sich niemand »einfach so« zu einem Ihrer Seminare anmelden oder Sie als Trainer buchen. Im ersten Schritt geht es also darum, einen Bedarf zu wecken beziehungsweise die Aufmerksamkeit des Lesers auf einen Wunsch oder ein Bedürfnis zu lenken, das er in Zusammenhang mit Ihrem Bildungsangebot haben könnte.

Die Frage an Sie lautet also: Welchen Bedarf, welche Wünsche oder Vorstellungen haben die Mitglieder Ihrer Zielgruppe, die Sie mit Ihrem Angebot erfüllen können? Genau diesen Bedarf sollten Sie in der Überschrift beziehungsweise in den ersten Sätzen Ihrer Seminarbeschreibung thematisieren. Doch wie thematisiert man einen Bedarf?

- *Weg 1: Sie stellen in der Überschrift oder am Anfang des Fließtextes eine Frage.* Beispiel: Müssen Sie oft vor Publikum reden und andere von Ihren Anliegen überzeugen? *(A – wie Aufmerksamkeit)*
- *Weg 2: Sie beschreiben kurz eine Situation aus dem Alltag des Seminarinteressenten, in der sein Bedürfnis thematisiert wird.* Beispiel: Vielleicht kennen Sie die folgende Situation: Sie haben eine Rede vorbereitet und möchten diese halten. Plötzlich fällt Ihnen nicht mehr ein, was Sie sagen wollten.

So wecken Sie die Aufmerksamkeit Ihres Interessenten. Er beißt an und liest Ihre Beschreibung weiter. Damit ist der zweite Schritt erfolgreich getan (*I – wie Interesse*).

Gehen wir davon aus, dass das Interesse des Pferdes an einer Erfrischung geweckt ist. Nun zeigen wir ihm unsere Tränke. Übertragen auf Ihre Seminarbeschreibung bedeutet das: Im Anschluss an die Bedarfsansprache präsentieren Sie nun Ihr Angebot, das genau die richtige Lösung für den Bedarf Ihres Seminarinteressenten ist. Beziehen

Sie den Leser und die Leserin in Ihre Beschreibung mit ein, indem Sie schildern, was diese in Ihrem Seminar lernen, erarbeiten und umsetzen. Mit einem Satz wie »Gemeinsam mit den anderen Teilnehmern entwickeln Sie ein Grundkonzept für Ihre Rede« aktivieren Sie das bildhafte Vorstellungsvermögen des Lesers, auch »Kopfkino« (s. bildhafte Sprache, S. 208 f.) genannt. Er sieht sich selbst in einer Runde von Gleichgesinnten auf Ihrem Seminar.

Kommen wir zum dritten Schritt. Das Pferd möchte trinken und weiß auch, dass es in unserer Tränke Wasser findet. Doch zehn Meter entfernt steht noch eine andere Tränke; außerdem fließt ein kleiner Fluss mit kristallklarem Wasser in der Nähe vorbei. Wir müssen es nun davon überzeugen, dass in unserer Tränke das beste und schmackhafteste Wasser zur Löschung seines Durstes ist. Das klappt am besten, wenn wir es direkt an unsere Tränke führen.

Das Führen der Gäule an die Tränke ist vergleichbar mit einem wichtigen Element in Ihrer werblichen Argumentation: In Ihrer Seminarbeschreibung sollte eine sogenannte »Nutzenargumentation« vorkommen (s. S. 205 f.). Servieren Sie Ihrem Teilnehmer auf dem Silbertablett die Vorteile, die gerade Ihr Angebot für ihn hat. Die Nutzenargumentation folgt dem natürlichen Gedankenfluss eines Menschen, der Ihre Seminarbeschreibung durchliest. Sie ist die Antwort auf innerlich auftauchende Fragen wie

- »Was bringt mir das Seminar?«
- »Welchen Nutzen haben die gelernten Inhalte für meinen Alltag?«
- »Welche besonderen Vorteile habe ich bei diesem Anbieter?«

D – wie Drang erzeugen: Sie können sich mit Ihrer Nutzenargumentation von ihren Mitbewerbern abheben. Wenn Sie Ihr Seminar in einer besonderen Umgebung veranstalten oder Ihren Kunden einen Zusatzservice wie zum Beispiel telefonische Nachbetreuung anbieten, können Sie dies in Ihre Nutzenargumentation verpacken. Die Nutzenargumente würden beispielsweise lauten:

- *Fall »Hotel«:* »Das exklusive Seminarhotel bietet Ihnen ein perfektes Umfeld, um gezielte Weiterbildung mit Wellness und Entspannung zu verbinden.«
- *Fall »Zusatzservice«:* »Wenn im Nachhinein noch Fragen zur Umsetzung der Seminarinhalte auftauchen, nutzen Sie einfach unsere Telefonhotline – und ich bin sofort für Sie da.«

Das Ziel ist nun fast erreicht: Das Pferd steht genau vor der Tränke und möchte trinken. Es weiß aber nicht genau, wie es an das kühle Nass gelangen soll. Wir müssen im vierten Schritt seinen Kopf nun ganz sanft zum Wasser führen, damit es endlich durch seine Kehle rinnen kann. Machen wir wieder den Wechsel zur Seminarbeschreibung: In vielen Anzeigen von Bildungsträgern und Seminarprogrammen fällt auf, dass eindeutige Angaben dazu fehlen, was der Interessent denn tun soll, wenn er sich anmelden möchte. Sicher sind eine Telefonnummer oder ein Anmeldecoupon selbsterklärend, doch wir wollen es potenziellen Kunden so einfach wie möglich machen, unser Angebot anzunehmen. Aus diesem Grund geben wir ihnen eine Anweisung, welche Handlungen erforderlich sind, um an unserem Seminar teilzunehmen. Diese Anweisung bezeichnen Marketingfachleute als »werblichen Appell« (*A – wie Aktionsaufforderung*). Es geht um ein bis drei Sätze, die beispielsweise lauten können:

 »Melden Sie sich mit dem beiliegenden Antwortfax zu meinem Seminar an.« Oder: »Bitte nehmen Sie Kontakt mit unserer Geschäftsstelle auf, um weitere Unterlagen anzufordern.«

Darüber hinaus gehören in jede Seminarbeschreibung natürlich Angaben zu Termin, Ort, Preis und Geschäftsbedingungen. Diese formuliert jeder Anbieter individuell (s. Teilnahmebedingungen, S. 133 ff.).

Seminarunterlagen – ein wichtiges Marketinginstrument

Da die Teilnehmerunterlagen meistens nach dem Seminar weiterhin benutzt werden beziehungsweise auf dem Schreibtisch der Teilnehmer herumliegen, haben sie Visitenkartencharakter. Daher sollten sie ebenfalls in Ihrem Corporate Design gestaltet sein. Sind Sie als Dozent für mehrere Bildungsanbieter tätig, werden Sie oft gebeten, Ihre Unterlagen in Form einer Word-Datei zu schicken, sodass Ihr Auftraggeber sie dann mit seinem Logo versieht und an seine Gestaltungsrichtlinien anpasst.

Mancher Trainer arbeitet mit Standardunterlagen, die – einmal erstellt – an alle Teilnehmer seiner Seminare herausgegeben werden, wenn das Thema halbwegs passt. Besser als diese leicht erkennbare Dutzendware kommen individuell auf das Seminar und die Teilnehmer zugeschnittene Unterlagen an.

Zur Variante, Teilnehmerunterlagen ausschließlich in digitaler Form zu verwenden (PDF-Datei oder PowerPoint-Datei): Es ist preiswert und praktisch, diese Art von Unterlagen zu gestalten und per Mausklick an alle Teilnehmer zu versenden. Auf dem Bildschirm mögen die Unterlagen noch gut aussehen, doch beim Ausdruck durch den Teilnehmer selbst müssen Sie mit großen Qualitätseinbußen rechnen. Dann sind die Unterlagen nicht mehr als Werbeträger geeignet, sondern dienen schlimmstenfalls später als Schmierzettel.

Geben Sie viele Seminare oder Vorträge, kann das Erstellen von Unterlagen sehr zeitaufwendig sein. Fast jeder Trainer hat schon einmal mehrere Stunden lang am Kopierer gestanden, Seiten sortiert und zusammengeheftet. Unterrichten Sie eine hohe Zahl von Teilnehmern, kann darüber hinaus der Transport der Unterlagen lästig sein. Doch es gibt eine Lösung: Der Bielefelder Dienstleister »*documenteam*« bietet Trainern und Bildungsanbietern mit seinem Produkt »activescript« eine internetbasierte Lösung für das Erstellen und Beschaffen von Schulungsunterlagen an (www.activescript.de). Sie erstellen die Inhalte Ihrer Seminarunterlagen als druckfertige Dateien oder nutzen den activescript-Gestaltungsservice. Anschließend übergeben Sie die Dateien per Webportal, per E-Mail oder Datenleitung an den Dienstleister, der Ihre Daten in einem persönlichen, geschützten Druckdatenarchiv für Ihren späteren Zugriff speichert. Sie bestellen Ihre Unterlagen für ein anstehendes Seminar komfortabel über das activescript-Webportal oder per E-Mail oder Telefon. Sie legen Liefermenge, -ort sowie -zeitpunkt fest und können individuell die Ausstattung Ihrer Unterlagen bestimmen (Titelblatt, Individualisierung, Druck- und Bindeoptionen, Zusatzartikel). So werden zu Fixpreisen jederzeit individuelle, aktuelle Schulungsunterlagen für den bedarfsgerechten Einsatz erstellt und an einen Ort nach Wunsch geliefert.

Die folgende Liste wurde uns freundlicherweise von Torsten Bischof, Geschäftsführer der Firma documenteam, zur Verfügung gestellt:

- Überzeugende und ansprechende Seminarunterlagen sind didaktisch durchdacht unter der Frage: »Was soll transportiert werden?«
- Sie haben den Zweck, die Chronologie des Seminars unterstützen.
- Sie sprechen den Teilnehmer mit einem personalisierten Deckblatt direkt an.
- Sie sind nur einseitig bedruckt und bieten den Teilnehmern genug freie Flächen für individuelle Notizen.
- Sie enthalten Querverweise auf weitere Quellen und Referenzen, wenn sie als Kompendium dienen.
- Sie haben einen ausreichend breiten Rand, eine gute Typografie, aussagekräftiges Bildmaterial und gegebenenfalls Farbigkeit – sind also lesefreundlich gestaltet.
- Sie passen in Gestaltung, Bindung und Inhalt zu Anspruch und Kosten der Bildungsmaßnahme.
- Sie enthalten die Kontaktdaten des Trainers und/oder Anbieters für eine spätere Kontaktaufnahme.
- Sie können dezent für die (Eigen-)Werbung genutzt werden.

Bei Vorträgen und in manchen Seminaren ist es üblich, den Versand der Teilnehmerunterlagen oder einer PowerPoint-Präsentation als PDF-Datei gegen Gabe einer Visitenkarte anzubieten. Diese Vorgehensweise bietet Vor- und Nachteile: Sie erhalten dadurch Adressen von Interessenten, die Sie durch geschickte Werbung vielleicht noch für ein anderes Angebot gewinnen können. Genau das ist gleichzeitig der Nachteil: Viele Menschen befürchten, nach Abgabe ihrer Visitenkarten mit unerwünschten Newslettern und anderen Werbeofferten überschwemmt zu werden. Deshalb verzichten sie auf die Seminarunterlagen und behalten ihre Visitenkarten für sich.

Wenn Sie Visitenkarten zu diesem Zweck einsammeln, weisen Sie bei der Veranstaltung darauf hin, dass es Ihnen nur um das Zustellen der Seminarunterlagen geht. Erst in der E-Mail, mit der Sie die Datei verschicken, bieten Sie die Möglichkeit, eine Einverständniserklärung anzuklicken, in Ihren Verteiler aufgenommen und regelmäßig mit aktuellen Informationen versorgt zu werden. Klüger ist es nach der Erfahrung vieler Trainer, Teilnehmerunterlagen während, vor oder nach der Veranstaltung zu verteilen – und zugleich weiterführendes Material jenen zu versprechen, die Ihnen die Visitenkarte überlassen.

Immer erreichbar: Professionelle Rufumleitung für Trainer und kleine Institute

Birgit Lutzer und Hanspeter Reiter

Auch Ihr Backoffice gehört zum Außenauftritt. Wenn zur besten Zeit immer ein Anrufbeantworter die Anrufe entgegennimmt, ist dies ein typisches Phänomen im Trainerberuf. Schließlich muss ein Trainer Seminare geben und ist deshalb oft unterwegs. Die meisten Unternehmen haben Verständnis dafür und würden Ihnen keinen Strick daraus drehen. Dennoch: Aus Marketingsicht wirkt es professioneller, wenn ein Mensch Ihre Anrufe annimmt.

Immer mehr Trainer schalten aus diesem Grund ein Callcenter oder einen anderen Dienstleister ein, der sich auf Telefonservice spezialisiert hat. Preise und Qualität der einzelnen Anbieter schwanken stark. Es gibt die Möglichkeit, sehr preisgünstige Angebote komplett online zu ordern. Dabei wird in der Regel zwischen reduzierten Paketpreisen für »Einsteiger« und »Profilösungen« für Firmen unterschieden, die beispielsweise rund um die Uhr erreichbar sein müssen.

Bei den meisten Dienstleistern zahlen die Kunden ein monatliches Fixum und einen Preis pro angenommenen Anruf. Wer nur wenige Telefonate annehmen lassen muss, sollte sich deshalb für eine Lösung mit niedrigen Fixkosten und höheren Preisen pro angenommenen Anruf entscheiden. Das entscheidende Kriterium für die Auswahl des passenden Anbieters ist die Qualität. Doch der Preis alleine ist kein ausreichendes Indiz dafür, wie die Qualität der Leistung ist. Ein Beispiel:

 Anruf bei Klaus K., Kommunikationstrainer. Eine freundliche Dame meldet sich. Auf die Frage, ob er Trainer K. sprechen könne, erhält der Anrufer die Auskunft, Herr K. sei »nicht erreichbar«, und wann er zurückkomme, darüber liege ihr keine Information vor. Sehr freundlich wird ein Rückruf angeboten. Der Anrufer erkennt sofort, dass es sich um ein Callcenter handelt, da die Dame keinerlei weitergehende Informationen über Herrn K. hat (oder er wundert sich über die desinformierte Mitarbeiterin). Gerade weil Klaus K. sich auf das Thema »Kommunikation« spezialisiert hat, ist er aus Marketingsicht mit dieser Art von Service schlecht bedient. Die Telefondamen und -herren sind zwar extrem freundlich und rhetorisch versiert, haben aber ganz offensichtlich keinen persönlichen Bezug zu ihren Auftraggebern.

Ein Blick hinter die Kulissen von großen Callcentern und Telefondienstleistern zeigt, dass die Mitarbeiter gar nicht in der Lage sein können, sich Detailinformationen über einzelne Auftraggeber zu merken. Sie nehmen die Anrufe für eine Vielzahl von Auftraggebern an und arbeiten zudem in wechselnden Schichten. Geht ein Anruf ein, erscheint der Name des Kunden auf einem Bildschirm sowie ein Hinweis, wie sich der Callcentermitarbeiter zu melden hat. Ausführliche Informationen über das Unternehmen, komplizierte Sonderfälle und umfangreiche Hinweise über das Melden können in der kurzen Zeit überhaupt nicht aufgenommen und umgesetzt werden, auch wenn viele Anbieter damit werben. Vorteile der Großanbieter liegen in ihren oft umfangreichen Zusatzservices wie zum Beispiel 24-Stunden-Erreichbarkeit und Telefonmarketing.

Neben den großen Telefondienstleistern gibt es kleinere Firmen, die weitere Leistungen wie zum Beispiel das Mieten von Büroräumen, Kopier- und kompletten Sekretariatsservice anbieten. Sie arbeiten in der Regel mit einem kleineren Team, sodass sich immer die gleichen Personen am Telefon melden. Die Kundenzahl ist meistens nicht so hoch und eher regional angesiedelt, sodass aus dieser Perspektive betrachtet ein persönlicherer Service möglich sein müsste. Doch auch hier kann es vorkommen, dass der Anrufer die gleichen Erfahrungen macht wie bei einem Großanbieter: Es sind zwar weniger Kunden, aber gleichzeitig auch weniger Mitarbeiter, auf die sich diese Kunden verteilen. Die technischen Strukturen sind ähnlich: Geht ein Anruf ein, öffnet sich eine Maske auf dem PC-Bildschirm mit den Kundendaten. Interessieren Sie sich für die Leistungen eines Businesscenters, gehen Sie am besten auf die Website des Bundesverbandes Business Center e. V. unter www.business-centers.de.

Eine optimale persönliche Betreuung bieten »kleine« Telefondienstleister, die sich auf diesen Service spezialisiert haben. Um den besten Anbieter für Ihren Bedarf zu finden, achten Sie bitte dringend auf folgende Punkte: Die Mitarbeiter müssen regelmäßig extern geschult werden und mindestens über Grundkenntnisse in der Gesprächsführung verfügen. Ein Indiz für eine möglicherweise schlechte oder nicht erfolgte Schulung ist die Verwendung von Phrasen wie »Ich habe keine Ahnung, wann/wie/was …«, »Herr XY ist nicht zu erreichen und ich weiß auch nicht, wann er zurückkommt« oder »Rufen Sie doch später noch mal an«. Diese Negativformulierungen fallen auf Sie und Ihr Unternehmen zurück. Ist der Dienstleister nicht willens oder in der Lage, seine Mitarbeiter zu positiven Formulierungen wie »Frau Z. ist gerade auf einem Termin und wird Sie nach ihrer Rückkehr gerne anrufen« anzuhalten, wählen Sie besser einen anderen.

So oder so empfiehlt es sich, klar abzusprechen, was Sie von Ihrem Partner erwarten. Briefen Sie die dortigen Mitarbeiter: Geben Sie Formulierungen vor, wächst die Chance, dass die Betreuung Ihre Erwartungen erfüllt, genauer: die der Anrufenden. Wählen Sie aus den folgenden Vorschlägen die für Sie passenden und gleichen Sie sie Ihrem Wording an, also Ihrem sonstigen Auftreten, sei es im Prospekt, im Internet oder im persönlichen Gespräch:

- *Meldeformel:* Via Telefonanlage sollte erkennbar sein, welche Nummer der Anrufer gewählt hat. Optimal ist es, wenn für den Empfänger auf dem Display der Name jenes Unternehmens (oder Trainers) erscheint, der angerufen wird. Entsprechend kann die vertretende Person sich melden: mit Tagesgruß, Vorname/Name, Unternehmen, Ort. Eine komplette Meldeformel könnte also lauten:

»Guten Tag, Sie sprechen mit Hanspeter Reiter, SALE Dialog Buchversand in München.« Ergänzen Sie auf Wunsch ein »Was kann ich für Sie tun?« oder eine Variante davon wie »Ganz Ohr für Sie!«. Damit signalisiert Ihre Vertretung, sich nun voll und ganz auf den Anrufer zu konzentrieren. Variieren Sie den Tagesgruß auch landsmannschaftlich, im Süden Deutschlands etwa mit »Grüß Gott!«, wenn das zu Ihnen passt.

- *Wann erreichbar?* Vereinbaren Sie konkrete Sprechzeiten für alle Beteiligten: Wann kann ein Anrufer Sie unter welcher Nummer direkt erreichen? Wann sind Sie persönlich in diesem Büro? Zu welchen Zeiten kann Ihre Vertretung Sie erreichen, um Sie über Anrufe zu informieren oder von Ihnen ein Update zu erhalten, etwa weitere Termine – und unter welcher (Handy-)Nummer? Vielleicht vereinbaren Sie auch einen kurzen Bericht via E-Mail oder SMS – oder einen ausführlichen Bericht (wer hat wann angerufen, aus welchem Grund, mit welchem Ergebnis, unter welcher Nummer?) als Mail-Anhang oder per Fax.

- *Wie erreichbar?* Hier geht es darum, für die Vertretung systematisch Kontaktmöglichkeiten zu erstellen: Wie sind Sie »im Notfall« erreichbar? Zu welchen Tageszeiten unter welcher Nummer? Sei es generell, sei es Tag für Tag, wenn Sie sehr flexibel unterwegs sein müssen. Wie erreichbar heißt auch: Telefon? Mail? Instant Messanger? Und letztlich: Für wen unter welchen Voraussetzungen!

- *Wo erreichbar?* Das ist wichtig für die Abstimmung mit Anrufern: Ist Ihrer Vertretung bekannt, an welchen Orten Sie sich zu welchen Zeiten aufhalten, kann sie eine andersartige Auskunft über mögliche Kommunikation geben als bei Nichtkenntnis. Immer vorausgesetzt, Sie wünschen dies – doch kann es ja sehr sinnvoll sein, einen potenziellen Kunden zu treffen, wenn er versucht, Sie telefonisch zu erreichen – und Sie gerade in der Nähe seines Standorts sind. – Mehr und mehr Vielreisende gehen dazu über, Zeiten in der Bahn oder im Auto für Telefonate zu nutzen!

- *Was wird erfragt?* Schließlich ist es ein erheblicher Unterschied, ob Ihre Vertretung nur Name und Uhrzeit des Anrufs notiert oder den Kontakt nutzt, um mehr zu erfahren: Grund des Anrufs? Rückruf zu welchen Zeiten unter welcher Nummer erwünscht und/oder möglich? Möchte der Anrufer die Zielperson auf dem Handy erreichen (wenn Sie dies erlauben) – wie dringend ist die Angelegenheit denn? Beachten Sie dabei, dass Ihre Rechnung höher wird, wenn Sie mit dem Dienstleister zeitbezogen abrechnen, also etwa minutengenau aufgrund der Gesprächsdauer und der erforderlichen Nachbearbeitungszeit. Allerdings lohnt es sich in aller Regel absolut, gleich mehr zu erfahren: So können Sie sich beim Rückruf gut vorbereitet zeigen …

- *Was wird versprochen?* Achten Sie sehr darauf, dass Ihre Vertretung nur verspricht, was Sie (ebenso wie die Vertretung!) einhalten können, damit die Erwartung des Anrufers wirklich erfüllt wird statt enttäuscht! Das klappt besonders gut dann, wenn die bisher dargestellten Punkte wirklich gut abgesprochen sind, am besten in einer Checkliste festgehalten. Das ist besonders wichtig, wenn Sie sich von einem Dienstleister (Callcenter) vertreten lassen, der im Laufe eines Tages unterschiedliche Mitarbeiter (Agents) einsetzt oder eingehende Gespräche auf mehrere Personen verteilt. – Die Checkliste kann in Papierform vorliegen und ist etwa über einen Tischbutler einsehbar – oder poppt auf dem Monitor auf, neben Hinweisen wie »Meldeformel« und den diversen Telefonnummern, unter denen Ihre Vertretung Sie erreichen kann.

- *Was ist zu tun?* Vereinbaren Sie klar, in welchen Situationen Sie welches Verhalten Ihrer Vertretung erwarten: Aus welchem Grund darf (und soll!) sie Sie via Handy auch außerhalb der vorgegebenen Zeiten stören, sodass Sie einen Hinweis (trotz Stummschaltung oder über SMS lesbar) erhalten? Welche Informationen sollen gebündelt auf welchen Wegen zu welchen Zeiten an Sie gehen? An welche Anrufer darf sie welche Telefonnummern geben, wem welche Informationen über Ihren Aufenthaltsort?

Klingt das aufwendig für Sie? Das ist es – doch wie so oft gilt auch in dieser Situation, dass vorher investierte Zeit meist viel Zeit im späteren Geschehen spart – und Ärger vermeiden hilft. Sie kennen das sicherlich: Ihr potenzieller Kunde meldet sich gerade dann hektisch per Telefon, wenn Sie im Seminar stecken – nachdem er sich vorher einige Monate Zeit gelassen hat. Und nun muss »gestern« der lange angedachte Workshop durchgeführt werden. Wieso sind Sie jetzt nicht ansprechbar? Schließlich ist sein Auftrag der wichtigste überhaupt … Oder Ihr Kollege benötigt dringend Ihre Unterstützung aus der Ferne, damit er eine Hängepartie in der Nachbesprechung mit dem Auftraggeber erfolgreich beendet. Ihr (freier) Mitarbeiter (in seinem Homeoffice) findet eine wichtige Information nicht, die er zur Erstellung der Teilnehmerhandouts für ein Seminar benötigt, das morgen stattfindet – Sie wissen doch sicher, wo …?! In solchen und ähnlichen Situationen zeigt sich, wie gut die einmalig investierte Zeit angelegt war!

Tipp: Wenn Sie eine solche externe Dienstleistung nutzen, testen Sie von Zeit zu Zeit, was Ihre Anrufer erleben. Auf diese Weise entdecken Sie mögliche Schwachstellen und können korrigierend eingreifen. Alternativ lassen Sie gelegentlich eine Person Ihres Vertrauens anrufen und sich dann deren Eindrücke schildern. Für umfangreiche Tests gibt es die Dienstleistung »Mystery Call«, die von manchen Telefonmarketingunternehmen angeboten wird. Dann wird systematisch nach klaren Vorgaben getestet, wie gut – oder weniger gut – die versprochene (und von Ihnen erwartete) Leistung erfüllt wird.

Je komplizierter Ihr Seminargeschäft ist und je stärker Sie im Alltag auf sich selbst gestellt sind, weil Sie auf ein gut gepolstertes Backoffice verzichten, überlegen Sie alternative Lösungen: Manches Mal bietet sich die Chance, dass sich mehrere Kollegen zusammentun und gemeinsam einen Mitarbeiter beauftragen, etwa in einer Bürogemeinschaft nicht konkurrierender Freiberufler. Damit sind Sie stärker am Ball und haben direkt(er)en Einfluss auf das, was im Telefondialog besprochen wird. Auch dadurch, dass meist zumindest einer der Beteiligten neben der »Telefonzentrale« anwesend ist und im Fall des Falles eine kompetente(re) Vertretung bietet.

Wording: Sprache ist mehr als verbaler Text

Hanspeter Reiter

Nochmals zum Wording, ob in der gesprochenen oder geschriebenen Sprache: Letztlich haben Ihre Kontakte zu einem hohen Prozentsatz das Ziel eines persönlichen Gesprächs – und schon tritt zur geschriebenen oder gesprochenen Sprache das Nonverbale hinzu:

- *Mimik:* Wie bewegen wir unseren Gesichtsbereich – vor allem die Augen, doch auch die Gesichtsmuskeln: Stirn runzeln, Lippen zu einer Linie, lächeln …?
- *Gestik:* Was passiert mit Armen und Beinen? Verschränken wir die Arme, kann das Konzentration bedeuten, auch Ablehnung. Beim Interpretieren hilft, zugleich die Mimik zu beachten.
- *Körperhaltung:* entspannt oder angespannt stehend? Gerade und konzentriert – oder ablehnend nach hinten gedrückt, entgegenkommend nach vorne gebeugt?
- *Bewegung:* nervös tänzelnd oder gerade stehend? Dynamisch den eigenen Text verstärkend oder lasch, bewegungslos dem eigenen Monolog lauschend?

Dies sind einige provokant polarisierende Momente der Körpersprache; aus Ihrer Arbeit als Weiterbildner kennen Sie weitere Interpretationen – bewusst oder zumindest unbewusst. Vieles davon ist übrigens durchaus über das Telefon zu hören. Überzeugen Sie sich davon, indem Sie im persönlichen Gespräch bewusst die Augen schließen und aus den Geräuschen sowie veränderten Stimmlagen auf die Mimik, Gestik und Körperhaltung des oder der anderen Gesprächspartner(s) schließen. Es empfiehlt sich, diesen Test in Ihrer internen Runde oder im privaten Kontakt durchzuführen …
Wer Kommunikationstrainer ist, kennt diese und die folgenden Aspekte wohl in- und auswendig; gerade dann sollten Sie sie vor einer Präsentation aufs Neue verinnerlichen und umso bewusster anwenden. Wer eher in der Wissensvermittlung denn in Verhaltenstrainings unterwegs ist, liest vielleicht das eine oder andere Neue.
Im Neurolinguistischen Programmieren (NLP) findet die Körpersprache vielfältige Anwendung, ob beim Beobachten des Klienten oder dabei, ihn zu beeinflussen und so einem angestrebten Lernerfolg näherzubringen. Ausgewählte NLP-Stichworte sind:

- *Spiegeln, Rapport:* Sie beobachten Ihren Gesprächspartner und »spiegeln« seine Körperhaltung, etwa Hände/Arme oder Beine. Nach einer gewissen Zeit stellt sich »Rapport« ein, Sie sind auf einer Wellenlänge.

- *Pacing, Leading:* Wenn Sie mit Ihrem Gesprächspartner durch Rapport in gutem Einklang stehen, gehen Sie dazu über, bewusst Ihre Körperhaltung zu ändern, um ihn selbst zu veranlassen, Ihnen zu folgen, indem er seine an die Ihre anpasst. So prüfen Sie, ob tatsächlich Rapport besteht.
- *»Augenanalyse«:* Offenbar bewegen wir unsere Augen in unterschiedliche Richtung, je nachdem, wie wir gerade denkend suchen: nach oben, wenn wir etwas sehen; vom Betrachter aus links, wenn das Geschehen in der Vergangenheit liegt; rechts, wenn »konstruierend«; mittig, wenn wir hören; im unteren Bereich, wenn wir fühlen. Als Betrachter können Sie Ihr Gegenüber passend ansprechen, dazu kommen wir gleich.

Wenn Sie mehr über Neurolinguistisches Programmieren erfahren möchten, werfen Sie einen Blick auf die Literaturliste, die ausgewählte Titel beinhaltet. Der große Berufsverband ist der DVNLP (www.dvnlp.de); dort finden Sie Kontakte und vertiefende Hinweise. Auch der folgende Aspekt spielt im NLP eine große Rolle, wie in der Augen-»Analyse« bereits angedeutet.

Kleine Typologie der Sinne

Das kennen Sie wahrscheinlich aus Ihren eigenen Trainings oder haben davon jedenfalls als Lerntyp gehört: Unsere fünf Sinne spiegeln sich in der Sprache wider! Differenziert werden:

- **V**isuell: was wir mit den Augen aufnehmen, der Sehsinn.
- **A**uditiv: was wir hören, über die Ohren.
- **K**inästhetisch: was wir fühlen, be-greifen; dazu gehören auch auch Temperatursinn, Gewichtssinn.
- **O**lfaktorisch: was wir riechen – via Nase.
- **G**ustatorisch: was wir schmecken – Gaumen & Co.

Die beiden zuletzt genannten Sinne haben wir bewusst optisch zurückgenommen: Sie spielen in aller Regel eine geringe Rolle, es sei denn, Sie haben es mit ausgesprochenen Genussmenschen zu tun. Das kann natürlich gut und gerne in Kochkursen passieren, bei denen Dozenten ihre Sprache automatisch anpassen, weil sie sich in das entsprechende semantische Umfeld begeben. Damit ist gemeint, den Wortschatz eines bestimmten Sinnestyps mehr oder weniger häufig zu verwenden. In der folgenden Übersicht finden Sie Beispiele, wie ein und derselbe Begriff sich in den Sinneswelten widerspiegelt, dort klingt oder sich niederschlägt:

Thema = »neutral«	Visuell (Sehen)	Auditiv (Hören)	Kinästhetisch (Fühlen)
Ein Thema bearbeiten	Hinschauen	Reinhören	Begreifen
Umsatzentwicklung positiv	Erfolg zeigt sich	In der Kasse klingeln	Umsatzsprung, Rubel rollt
Kontrollfrage	Sieht gut aus, oder?	Wie klingt das für Sie?	Was für ein Gefühl haben Sie dabei?
Etwas positiv darstellen	Vielfarbig ausmalen	In den höchsten Tönen loben	Passt in alle Richtungen!
Harmonisch	In allen Regenbogenfarben	Wohlklingend	Voll im Griff
Hochintensiv	Grell	Schrill	Schlagend
Ablehnung signalisieren	Durchsichtiges Manöver	Findet wenig Anklang	Abschlägig beschieden

Diese drei Hauptsinne werden als »VAK« zusammengefasst und abgekürzt. Seltener werden die beiden weiteren der insgesamt fünf Sinne einbezogen; hier passende Beispiele:

Thema = »neutral«	Olfaktorisch (Riechen)	Gustatorisch (Schmecken)	Was davon gefällt Ihnen selbst gut?
Ein Thema bearbeiten	Reinschnüffeln	Reinschmecken	
Umsatzentwicklung positiv	Das riecht nach mehr!	Schmeckt dem Controller	
Kontrollfrage	Wonach duftet das für Sie?	Hat Würze, oder?	
Etwas positiv darstellen	Angenehmes Lüftchen um die Nase	Läuft das Wasser im Munde zusammen	
Harmonisch	Riecht angenehm	Zergeht auf der Zunge	
Hochintensiv	Beißend	Scharf	
Ablehnung signalisieren	Das riecht ja unappetitlich!	Auf den Geschmack bringen Sie uns nicht!	

Wie sollten Sie damit umgehen?

Wenn Sie diese Erkenntnisse aktiv für Ihre Präsentation nutzen möchten, empfiehlt sich ein Vorgehen Schritt für Schritt:

- Zunächst eigenen Typ herausfinden. Stellen Sie fest, was Sie überwiegend verwenden.
- Dann sollten Sie die fremden Typen erkennen.
- Schließlich können Sie bewusst Ihr eigenes Wording verändern.

Dafür gibt es zwei Möglichkeiten:

- Gewandt auf die anderen eingehen oder
- generell alle drei Haupttypen anwenden.

Was ist damit gemeint? Die Grundlage schaffen Sie, indem Sie sich selbst analysieren oder eine andere Person bitten, dies für Sie zu übernehmen. Am besten nehmen Sie eine Unterhaltung auf, etwa ein Telefonat per Band oder Voicebox – oder Sie schauen einen Ihrer Texte, eine Präsentation genauer an und zählen aus, wie viele Begriffe welchem Sinn zuzuordnen sind. Sind Sie bei einem Wort eher unsicher, lassen Sie es beiseite! Verben (Zeitwörter – also blinzeln, zuhören, begreifen) zählen genauso wie Substantive (Hauptwörter – Helligkeit, Klingel, Gewicht) und Adjektive (Eigenschaftswörter – also leuchtend, lautstark, schwerwiegend). Abstrakte Begriffe sind als neutral zu werten, zum Beispiel denken, Klugheit, neutral …

Das gleiche System übertragen Sie auf den aktiv gebrauchten Wortschatz anderer Personen, etwa Ihrer Teilnehmer im Seminar oder der Gesprächsrunde. Wenn Sie genügend Routine darin haben, hören Sie rasch heraus (!) zu welchem Sinnestyp die jeweilige Person hauptsächlich tendiert – und können Ihren eigenen Wortschatz anpassen. Je mehr Teilnehmer eine Runde hat, desto schwieriger wird das: zum einen das Erkennen, zum anderen das Variieren. Deshalb empfiehlt sich die Variante, alle drei Haupttypen anzuwenden: Sie gewöhnen sich nach und nach an, bewusst aus allen drei Basistypen V-A-K-Wörter zu benutzen. Annähernd gleich viel ist wunderbar. Es geht aber kaum darum, exakt je ein Drittel für den visuellen, den auditiven und den kinästhetischen Typ zu formulieren. Je länger Sie bewusst damit arbeiten, desto routinierter passiert das – und irgendwann natürlich unbewusst.

Bildhafte Sprache

»Wording« kann auch heißen, möglichst das gesamte Hirn angesprochener Personen einzubeziehen. Primär erreichen Sie die linke Hirnhälfte, wobei Sprache in Arealen beider Hälften verarbeitet wird: linkshemisphärisch in den Broca- und Wernicke-Arealen, in der rechten Hemisphäre zudem die Sprachmelodie. Das lässt sich zusätzlich verstärken: Konkreter wird Text dann, wenn er sofort ein Bild entstehen lässt. Bilder verarbeiten wir eher in der rechten Hirnhälfte. Bestimmte häufig wiederkehrende Begriffe erhalten dort ihren Platz – und werden rascher verstanden:

- Grundfarben nach allgemeinem Verständnis (Rot, Schwarz, Weiß).
- »Greifbare« Begriffe wie Liebe, Herz und Seele, auch: »neu« oder »sparen«.
- »Geflügelte Worte« – allseits bekannte Sprichwörter sind sehr bildhaft! Beispielsweise: Zwei Fliegen mit einer Klappe schlagen. Was du heute kannst besorgen …
- Metaphern: schlau wie ein Fuchs, das Unternehmen als Körper, das Team als Fußballmannschaft und viele mehr.

Wie Sie bildhaftes Sprechen anwenden, dazu mehr auf Seite 273 ff.

Machen Sie Ihr Angebot be-greifbar: Haptik kommt ins Spiel!

Alles, was der Mensch »be-greifen« kann, wird im Gehirn leichter und schneller verarbeitet. Wer etwa Gehörtes mitschreibt, wird das Notierte in aller Regel kaum mehr lesen müssen – er hat es sich durch das Mitschreiben besser gemerkt. Verbal schaffen Sie das, indem Sie über bildhaftes Sprechen hinaus verstärkt kinästhetische Wörter verwenden. So verschaffen Sie dem Gesagten besonderes Gewicht, erwärmen die Zuhörer für Ihre Gedanken und machen es besser begreifbar für sie. Prinzip nachvollziehbar? Wie Sie diese Idee dann in konkrete Werbemaßnahmen und Vertriebsverhandlungen »übersetzen«, darauf kommen wir in den Kapiteln *P 5 Promotion* (Beispiel Direktmarketing, zum Beispiel das Mailing von Willi Kreh) und *P 6 Platzierung* beim persönlichen Präsentieren zurück.

Ihre Leistungspräsentation: So gewinnen Sie Kunden!

Eingangs des Buches haben wir erläutert, dass die Dienstleistung Weiterbildung eine eher abstrakte ist, im Vergleich zu konkret greifbaren Waren. Umso wichtiger ist es, sie nach außen ganz konkret darzustellen. Das bedeutet den Einsatz von:

- *Grafiken*: beispielsweise Aufstieg durch Weiterbildung = Treppe, Berg …
- *Farben*: Als Beispiele sei hier genannt die Farbveränderung beim GABAL e.V. Logo-Redesign – hier wurde Farbpsychologie berücksichtigt –, wie Sie diese vielleicht auch bei Ihrer Seminarraumgestaltung einsetzen.
- *Metaphern*: Bergsteigen, Segeln – Team/Outdoor (Seil: Klettern, Seilziehen …).
- *Weiterführend »Sinne überschreiten«*: bewegte Bilder einsetzen wie beispielsweise persönlicher Kontakt (auch per Telefon) und Haptisches als Verstärker nutzen, das sind etwa dreidimensionale Gegenstände aller Art.

Absurde oder paradoxe Bilder wirken unmittelbar und lösen häufig ein befreiendes Lachen aus, weil sie sehr drastisch sind. Beispiele dieser Art kennen Sie *sicher*:

»… als würden Sie einen Pudding an die Wand nageln …«
»… sich am eigenen Schopfe aus dem Sumpf ziehen …«
»Reden ist Silber, Schweigen bringt Geld.«

Achten Sie darauf, solche Bilder *situationsbezogen* und zu Ihren Zuhörern passend einzusetzen!

Ihr »Schaufenster« im Internet – Punkten mit der Homepage!

Die folgende Übersicht als komprimiertes »Reinhören« ins World Wide Web fußt auf eigenen Erlebnissen beim Erstellen(lassen) von Homepages und basiert zugleich auf mündlichen und schriftlichen Hinweisen von Spezialisten rund ums Internet. Ich beziehe mich dabei neben anderen vor allem auf

- Dr. Hector B. Epelbaum, www.veqtor.com,
- Dr. Torsten Schwarz, www.absolit.de, sowie
- Marco Ripanti, www.ekaabo.de,

ohne diese für das »in die Pflicht zu nehmen«, was ich hier zusammenfasse, in einer Art »Dos & Don'ts« einer Website. Zum »Onlinemarketing« im Sinne von aktiver Kontaktaufnahme zu bestehenden und potenziellen Kunden mithilfe von Anzeigen auf anderen Websites, Newslettern, E-Mailings sowie Web-2.0-Applikationen finden Sie mehr im Kapitel *P 5 Promotion* (s. S. 257 ff.). Hier geht es nun konzentriert um die Stichworte

- Usability einer Website,
- Suchmaschinenoptimierung sowie
- Providerwahl und Spam.

Usability einer Website. Der Begriff ist einzudeutschen etwa mit »Wie nutzerfreundlich ist Ihre Website?«. Bestimmte Formen der Darstellung haben sich durchgesetzt, weil sie von den Nutzern bestens beurteilt werden. Dazu gehört auch das »Durchklicken« von der Einstiegsseite in einer Art Baumstruktur, jedoch ebenfalls eine Suchfunktion mit Volltextsuche ab einer umfangreicheren Präsentation im Web, die in der Struktur sehr tief ist. Sobald Sie ein Archiv hinterlegen und häufig Ihre Inhalte aktualisieren, ist das der Fall.

Welche Inhalte Sie einstellen, hängt von Ihrem Ziel ab: Wollen Sie schlicht für bereits bestehende Kontakt auffindbar sein, um rasch kontaktiert werden zu können? Dafür gibt es inzwischen Web-2.0-Plattformen, die als Aggregatoren fungieren, also Daten zu einem Thema sammeln – und zugleich eine Art mobiles Adressbuch sind. Dazu gehören www.yasni.de und www.plaxo.com. Wollen Sie vertiefende Inhalte bieten, etwa eine Publikationsliste oder ein Trainerprofil, gibt es dafür ebenfalls alternative Websites. Tatsache ist, dass Teilnehmer und Kunden erwarten, dass ein Bildungsanbieter mit einer Website vertreten ist, in welcher Form auch immer.

Einen schönen guten Tag

Home
Unternehmensberatung
Philosophische Praxis
und Psychologische
Beratung
Publikationen
Links
Aktuelles

Dr. Regina Mahlmann

Hochstrasse 11a
D-86542 Türkheim

Tel: ++49 8245 966 341
Fax: ++49 8245 966 342
info@dr-mahlmann.de

Büro München:
Gautinger Str. 1
82061 München-Neuried

Die Wahrscheinlichkeit erhöhen, dass wir wissen, was wir warum tun!

Stehen Sie vor Veränderungen, persönlich und/oder Ihr Unternehmen?

Halten Sie Ausschau nach Wegen, Ihre Zukunftsfähigkeit zu sichern?

Klingt „persönliche Entwicklung" für Sie nach einem weiterführenden Thema?

Wenn Sie mehr erfahren möchten, in welcher Weise Sie sich in Ihren Überlegungen unterstützen lassen können, dann klicken Sie bitte **hier**.

Dr. Regina Mahlmann

(MA phil., Dipl. soz.)
Unternehmensberatung
Coaching Beratung Training &
Vorträge / Ghostwriting

„Jeden Tag habe ich den Eindruck, etwas weiter zu sehen." (Giacometti)

Möchten Sie über Facetten des menschlichen Lebens grundlegend diskutieren, also „philosophieren"? Beschäftigt es Sie, wie Sie tiefe Überzeugungen und psychologische Prozesse in Ihrem Leben zusammen führen können? Oder belastet Sie ein akutes Problem, eine „Lebenskrise"?

Wenn Sie für diese und ähnliche Situationen einen seriösen, kompetenten und einfühlsamen Gesprächspartner suchen, dann klicken Sie bitte **hier**.

Dr. Regina Mahlmann

(MA phil., Dipl.soz.)
Philosophische Praxis &
Psychologische Lebensberatung

Dr. Regina Mahlmann präsentiert sich mit einer Ausgangswebsite, die beide Unternehmensbereiche einführt: das Coaching und die sonstige Betreuung von Führungskräften in Unternehmen sowie »Philosophische Praxis und Psychologische Beratung« für private Klienten.

Achten Sie darauf, dass Sie bei Ihrer Websitegestaltung nicht »in Schönheit sterben«. Denn das würde bedeuten, dass Sie zwar viel Zeit und Geld in das optische Design investieren, mit strikt durchgezogener Corporate Identity, die Inhalte als solche allerdings für einen Besucher wenig attraktiv sind. Das kann an der Usability liegen – der Besucher findet sich nur schwer durch die Angebotsstruktur hindurch. Meist kommt dazu, dass als Folge falscher Strukturierung die Website kaum gefunden wird. Womit wir beim nächsten Punkt sind, dem alles entscheidenden.

Suchmaschinenoptimierung. Hier sind wir beim eigentlichen Kern, vorausgesetzt, Sie möchten von potenziellen Nachfragern Ihrer Leistung im Internet gefunden werden: Was können Sie tun, um für Suchmaschinen relevante Inhalte zu bieten und so von potenziellen Kunden gefunden zu werden? Hierfür sind Texte relevant, die auf der jeweiligen Site gefunden werden: der Titel und der Metatext, Keywords in herausgehobener Form. Welche findbaren Wörter bei Ihnen hinterlegt sind, können Sie prüfen: Gehen Sie auf Ihre Homepage, bewegen den Curser mitten auf die Seite und drücken dann die rechte Maustaste. Im aufpoppenden Menü finden Sie die Zeile »Quelltext«, den Sie anklicken. Es poppt ein Fenster auf, das Ihnen in Programmiersprache zeigt, welche Wörter die Suchmaschine dort vorfindet.

Achtung: Bilder wertet die Suchmaschine im Allgemeinen nicht, dazu zählen etwa Texte im PDF-Format. Entsprechend werden übrigens Textlinks höher gewertet als ein Logo, das wiederum als Bild erscheint. Hier reagiert eine Suchmaschine ähnlich wie ein Verbraucher, der einen Pressetext höher wertet als eine Anzeige: Was dritte Personen über einen Anbieter sagen, ist vertrauenswürdiger als eigene Aussagen »pro domo« ...

Sie entscheiden, bei welchen Begriffen Sie gefunden werden möchten. Eine Auswahl von für Sie vielleicht relevanten Wörtern:

- Training, Beratung, Coaching, Begleitung,
- Führung, Team, Führungskräfte, Entwicklung,
- Verhalten, Veränderung, Change,
- Ayurveda, Massage, Entspannung,
- Ernährung, Vollwert, Energie,
- EDV, Excel, Word, Office, Outlook,
- Basis, Fortgeschrittene, Master,
- Kommunikation, Gesprächsführung, Rhetorik, Fragetechnik,
- Service, Kundenservice, Kundenorientierung,
- Helpdesk, Callcenter, Communicationcenter,
- Vertrieb, Verkauf, Verhandlung,
- Marketing, Marktforschung, Market Research,
- Medien, Verlage, Zeitungen, Zeitschriften, Buch, Bücher,
- Sprache, Übersetzung, Translation, Lokalisierung, simultan,
- Lernen, entwickeln, weiterbilden,

Das sind nur einige Vorschläge für Sie zum Weiterentwickeln: Wählen Sie am besten gleich für Sie passende und ergänzen Ihre Liste; Sie erhalten das Formular »Stichwörter für die Suchmaschinenoptimierung« als Download

---

Tipp: Am höchsten in der Hierarchie steht bei Suchmaschinen, was Sie bereits in Ihrer URL nennen, und zwar am besten in einzelne Wörter unterteilt. Deshalb finden Sie mehr und mehr Websites mit »minus« in der URL, so geht etwa www.telefon-verkauf-training.de vor www.telefonverkaufs-training.de und erst recht vor www.telefonverkaufstraining.de. Überlegen Sie am besten gleich, welche URLs Sie sich noch sichern sollten, von denen aus Sie direkt auf Ihre eigentliche Homepage verlinken. Folgende Beispiele können Sie bereits im Web finden:

- www.mehr-erfolg-im-verkauf.de (www.coactive.de)
- www.erfolg-durch-ausstrahlung.de (www.resch-ebinger.de) .

Wie eine Suchmaschine (Google, Yahoo und andere) letztlich aktuell funktioniert, wie ihr »Algorithmus« zum Finden und Zuordnen von Inhalten aufgebaut ist, bleibt das Geheimnis des jeweiligen Anbieters, so zum Beispiel der legendäre Google Page-Rank. Die genannten Hinweise können Ihnen helfen, in der Hierarchie der Darstellung nach oben zu wandern – damit Sie zumindest auf der ersten Seite erscheinen.

Providerwahl und Spam. Es existieren eine Menge sogenannter Hosts, manche nennen sich sogar entsprechend (s. www.hoststar.at). Dort werden Sie mit Ihrer Website für mehr oder weniger Geld »gehostet«. Was konkret an Serviceleistung damit gemeint ist, sollten Sie erfragen: Nur Speicherplatz auf Servern? Unterstützung bei Anpassungen? Regelmäßige Aktualisierung? Onlinemarketing-Tools für Newsletter und Ähnliches? Ansprechpartner rund um die Uhr – auf normaler Telefonleitung oder nur via teurer Hotlines (mit 01805er- oder gar 0900er-Nummer). Einfachste Versionen sind jene, die Sie über Telefon- und Internetprovider angeboten bekommen, häufig in Verbindung mit Flatrates (s. www.t-online.de oder www.gmx.de – und »natürlich« www.google.com).

Digital Natives – also die jüngere Generation, die bereits von klein auf mit Internet aufwächst – entwickeln zum Beispiel mithilfe ihrer Blogsoftware auch den eigenen Webauftritt. Bekannt ist da etwa Wordpress (www.wordpress.com). Achten Sie auf jeden Fall darauf, möglichst wenig Anlass für Spammails zu schaffen, also Massenmailings, die dann Ihre Mailbox verstopfen. Eine Folge ist, dass Ihr Sender eine Information erhält, die so oder ähnlich lautet: Ihre Nachricht ist unzustellbar. Zwar erreicht diese Sie in aller Regel trotzdem, häufig auf einer Ziel-Mail-Adresse, die Sie eingestellt haben. Der Absender jedoch wird verwirrt und ist unsicher, was er tun soll. Die Spamflut können Sie beispielsweise durch folgende Maßnahmen verringern:

- Immer mal wieder die Mailadresse(n) ändern, die Sie auf Ihrer Website nennen, zum Beispiel von info@xxx → kontakt@xxx → gl@xxx (für Geschäftsleitung).
- Oder Sie machen aus vorname.name@xxx → hpr@xxx (also ein Kürzel für Vorname/Name).
- Statt info@xxx → info(at)xxx – wobei viele Crawler dies auch schon erkennen, also Spamsuchmaschinen, die automatisch bestehende Websites nach Mailadressen absuchen und diese »ernten«.
- Wählen Sie völlig willkürliche Kombinationen aus Buchstaben und/oder Ziffern, sodass jegliche Systematik entfällt. Das erschwert das Auffinden.

Spam völlig auszuschalten ist wohl unmöglich. Stellen Sie jedenfalls sicher, dass Ihr Mailclient – also Ihr Programm für den Empfang von E-Mails – so eingestellt ist, dass Spam erkannt und in einen eigenen Ordner eingefügt wird. Sie entscheiden dann, wann Sie diesen Ordner durchschauen. Das sollten Sie allerdings tun, denn auch »echte« Mails landen schon mal dort, wenn sie einen verdächtigen Absender oder eine verdächtige Betreffzeile haben. Verzichten Sie auf das Öffnen von Mails, die Ihnen verdächtig vorkommen, auch wenn Sie im normalen Empfangsordner gelandet sind:

Häufig wird als Absender oder im Betreff ein Vorname genannt, zu dem Sie eine Person (oder auch mehrere) kennen – oder im Betreff ein Stichwort, das zum Öffnen anregt ...

PowerPoint & Co.: Präsentieren Sie interaktiv!

Als Trainer beherrschen Sie die volle Klaviatur des Medieneinsatzes als Bestandteil von Methodik und Didaktik, als da sind:

- Die klassische schriftliche Visualisierung mithilfe von Flipchart und Pinnwand.
- Einsatz von Overheadprojekter (OHP) oder anderer Durchsichtgeräte; Dias werden heutzutage eher selten verwendet.
- Kartenmoderation, um den Outcome der Teilnehmer zu fokussieren.
- Tafel mit Kreide oder Whiteboard mit Stiften, nach Abwischen wieder zu beschreiben (bis hin zu elektronischen Tafeln, die zugleich dokumentieren).
- Poster – etwa für Lernlandkarten oder in der Suggestopädie.
- Farben – beim Gestalten des Seminarraums je nach erwünschtem Effekt (zum Beispiel Ruhe oder Dynamik) oder fürs Zuordnen und/oder Differenzieren von Gruppen.
- Musik, Audiotexte, bewegtes Bild als Video.
- Einsatz von PowerPoint-Folien.

Meist gilt: Je abwechslungsreicher Sie präsentieren, desto besser halten Sie die Aufmerksamkeit Ihres Publikums bei sich und Ihren Inhalten. Natürlich ist die Situation in einer 30- bis 60-minütigen Verkaufspräsentation eine andere als bei einem mehrtägigen Seminar: Während Sie dort vielleicht alle halbe Stunde das Medium oder die Methode wechseln, tun Sie das in der Kurzform alle fünf bis zehn Minuten. Bei einem Dreitagesseminar kommt schon mal die (fast) komplette Palette zum Einsatz. Ähnlich wie oben aufgeführt, nutzen Sie bei der (Verkaufs-)Präsentation drei bis vier Varianten, die sich zum Teil wiederholen können: Ein bewegtes Bild zum Einstieg macht aufmerksam; einige (Stand-)Bilder danach, sei es als Folie oder Chart; Haptisches beschäftigt das Publikum und bezieht es mit ein; ein Arbeitsblatt oder Zettelarbeit macht es zu Beteiligten – und so weiter.

Welche Wahl Sie auch treffen, vermeiden Sie auf jeden Fall »Folienschlachten«, das gilt beim Vorstellen Ihrer Dienstleistung ähnlich strikt wie beim Einsatz von PowerPoint in Vortrag und Seminar. Dieser Aussage werden Sie zustimmen: Der interaktive Dialog ist immer besser als eine monologische Frontaldemonstration, wenn Sie sich überzeugend als Bildungsanbieter präsentieren wollen. Überlegen Sie also gut, was Sie zu welchem Zweck einsetzen: Wir sind beim Thema »Marketing«, das heißt, Sie präsentieren sich, Ihr Unternehmen, Ihre Seminare. Was wirkt wie auf Ihre Teilnehmer? Ermitteln Sie im Vorfeld des Gesprächs, was Sie auch für Ihre Seminarveranstaltung klären:

- Wer wird dabei sein, in welcher Funktion? Wie viele Personen insgesamt – wichtig für Ihre Art der Präsentation. Ändert sich die Zusammensetzung der Gruppe, weil etwa der Chef als oberster Entscheider nur kurz dazustößt?
- Welcher Raum steht zur Verfügung? Welche »Sitzordnung«? Eventuell variierbar? Welche Medien und sonstige Ausstattung? Was ist mitzubringen?
- Wie viel Zeit haben Sie? Gibt es nach dem »offiziellen Teil« Gelegenheit für eine lockere Fortsetzung bei einem Mittagessen – oder zumindest ein Nachgespräch mit Ihrem zentralen Gesprächspartner?

Wenn Sie – zum Beispiel neben Flipchart und Pinnwand – auch PowerPoint-Folien einsetzen wollen, beachten Sie dringend die nun folgenden Hinweise.

PowerPoint sinnvoll einsetzen

Überlegen Sie, wie Sie alle Sinne ansprechen (s. VAK und Haptik, S. 241 ff.). Seien Sie besonders kritisch sich selbst gegenüber und investiv, was Vorbereitungszeit angeht, wenn Sie mithilfe von PowerPoint präsentieren sollen und wollen:

Foliendesign: Farbe, Fond; Logo.
- *Farbflächen:* eher hell denn dunkel – die Schrift soll (positiv schwarz) gut darauf lesbar sein. Zudem gilt farbpsychologisch, dass »grau in grau« oder gar Schwarz negativ auf den Betrachter wirkt.
- *Farbdichte:* zurückhaltend, vor allem: gleichbleibend statt hektisch abwechselnd.
- Ihr *Logo:* dezent, klein, am Rand – es geht weniger um Selbstdarstellung via Etiketten …
- *Empfängerlogo:* einmal – dort, wo Sie konkret auf das einladende Unternehmen eingehen, zum Beispiel auf der ersten Folie (nach der Titelfolie – oder direkt dort).
- *Inhalt:* viel Platz bietend für die komprimierte Darstellung!

Foliengestaltung: Farbe, Schriftgrößen und -arten.
- *Schriftfarben:* Achten Sie auf Kontraste – deshalb: Schwarz auf hellem Untergrund. Wenn Sie variieren möchten, wählen Sie eine zweite Farbe zum Hervorheben, zum Beispiel Rot. Vermeiden Sie Negativschrift (Weiß auf dunklem Untergrund), diese ist jedenfalls schlechter lesbar.
- *Schriftgrößen:* mindestens 28, besser 32 oder 36 Punkt (finden Sie im Menü Ihres Textverarbeitungsprogramms, zum Beispiel Word); eine weitere für hervorgehobene Passagen, etwa Überschriften.
- *Texthintergrund:* Vermeiden Sie Schattierung oder Outline – es sei denn, Sie bieten Schreib- und Schriftkurse an. Denn ein Effekt ist klar: Der Text wird schlechter lesbar!

- *Schriftarten:* Serifenschriften (wie Times) sind leichter lesbar, da das Auge mithilfe der »Füßchen« der einzelnen Buchstaben eine Linie findet und dieser folgen kann. Serifenlose wie Arial sind dann in Ordnung, wenn Sie sich strikt an geringe Textmengen halten, denen das Auge auch ohne Serifenführung gut folgen kann. – Vermeiden Sie es, mehrere Schriftarten zu mischen, das stört beim Lesen und lässt das Textbild unruhig erscheinen.

Anzahl und Befüllung.

- *Folienzahl:* abhängig von der Dauer; am besten je eine Folie für je zwei bis drei Minuten Präsentationsdauer, also bei 30 Minuten ungefähr 10 bis 15 Folien.
- *Bilder:* Sinnvolle Illustrationen sind auch solche, die den prägnant getexteten Inhalt visualisieren. Natürlich auch Clip-Arts, die häufig den Charakter von Piktogrammen haben, während Echtfotos durch ihre Informationsfülle eher ablenkend wirken könnten! Bildunterschriften vermeiden, das wäre wie einen Witz zu erklären.
- *Schriftmengen:* Probieren Sie – aus der Vorgabe der Schriftgröße ergibt sich bereits, dass Sie nur etwa fünf oder sechs Zeilen – unter einer Überschrift – unterbringen. Am besten Stichwörter anstatt kompletter Sätze: Das Auge des Betrachters soll einen Haltepunkt haben und ein zentrales Stichwort erkennen, statt einen Gedanken neu denken zu müssen …

Pausen und Fragezeiten.

- *Optischer Schnitt:* Schalten Sie das Gerät aus. Oder besser: Bauen Sie eine schwarze Folie ein, um Aufwärmzeiten zu vermeiden.
- *Optisches Signal:* Alternativ halten Sie eine »Fragezeichenfolie« bereit, mit der Sie das klare optische Signal setzen, dass jetzt (zwischendurch) Fragen möglich sind.
- *Pausenzeiten:* Bei längeren Präsentationen gibt es echte Pausen – fürs Bewegen, Voicebox-Abhören, Mails anschauen, Händewaschen, Getränke besorgen …

Präsentationsverhalten.

- *Ihre »Anmoderation«:* Machen Sie von vornherein klar, wie Sie präsentieren – siehe: Fragen jederzeit? Nur Stichworte auf der Folie!
- *Ihre Struktur:* dramaturgisch gut aufgebaut, halten Sie die Spannung von einem gelungenen Einstieg über prägnante Aussagen im Hauptteil bis hin zum auffordernden Schluss.
- *Ihre Haltung:* Sie stehen (oder sitzen) natürlich Ihren Gesprächspartnern zugewandt, setzen Mimik und Gestik unterstützend ein.
- *Ihre Hinweise:* Wenn nötig, ziehen Sie den Blick Ihrer Zuhörer auf die Folie an der Wand, etwa durch eine entsprechend Geste. Setzen Sie eher einen Periskop-Zeigestab ein, den Sie auseinanderziehen, statt mit Kugelschreiber an die Wand zu treten. Beim OHP ist es möglich, einen Stift auf die Folie zu legen, beim Notebook-PowerPoint können Sie den Mauszeiger einsetzen.

- *Ihr Mitlesen:* Wenn, richten Sie Ihren Blick auf die Leinwand oder Zimmerwand, auf die Sie die Folien »werfen«, statt auf die Auflage des OHP oder den Laptopmonitor: Ihre Zuschauer folgen Ihrem Blick ...
- *Ihr Beobachten:* Sie halten Blickkontakt zu Ihrem Publikum und nehmen entsprechend Signale auf – und reagieren!

Andere Art von Teilnehmeraktivierung – mit konzipieren lassen in der Verkaufspräsentation.

- Arbeitsblätter, Moderationskarten,
- Brainstorming,
- Bitte um Feedback,
- Fragerunde,
- Rechenbeispiele,
- Minirollenspiel,
- Interview.

Ihre grundsätzliche Rolle.

- Präsentieren Sie alleine oder sind Sie zu mehreren Personen? Je mehr Personen Ihr Publikum umfasst, desto eher sollten Sie den alleinigen Auftritt vermeiden, wenn dies möglich ist. Als Einzeltrainer bringen Sie einen »Assistenten« mit, selbst wenn Sie normalerweise keinen haben. Das kann ein guter Freund sein, der Ihr Geschäft kennt, oder ein nicht konkurrierender Kollege, der für den Tag in diese Rolle schlüpft. Bei nächster Gelegenheit tun Sie selbst ihm diesen Gefallen.
- Ist Ihre »Vorstellung« eingebettet in weitere? Vielleicht gibt es beim »Pitch« (s. S. 264) vorher und/oder nachher andere Anbieter, was sich auf Lust und Laune Ihres Publikums auswirken kann – und auf den Empfang Ihrer Botschaft, durch Halo-Effekte im Erleben vorheriger Anbieter und Erwartungen an die nachfolgenden.
- Betrachten Sie sich als Präsentator mit starken Anteilen von »Demonstration«, also Darstellung – oder eher als Moderator, der sich stark zurücknimmt, etwa wenn Sie zu mehreren Personen auftreten – oder als Trainer, der tatsächlich eine Art »Mini-Workshop« aus der Präsentation macht?

Alles in allem gilt »Weniger ist mehr« – eine Quintessenz auch des Ratgebers von Matthias Pöhm »Präsentieren Sie noch oder faszinieren Sie schon?« zum »Irrtum PowerPoint«: »Die Botschaft einer Folie muss in maximal zwei Sekunden zu erfassen sein«, ähnlich jener einer Zeitungs- oder Zeitschriftenanzeige. Wenn Sie möglichst viele der genannten Hinweise beherzigen, erreichen Sie genau das – und damit hohe, intensive und ständige Aufmerksamkeit Ihrer Zuhörer.

Buchtipp: Viele weitere Anregungen erhalten Sie in dem Buch »100 Tipps & Tricks für Overhead- und Beamerpäsentationen« (2006) von Thorsten Schildt und Peter Kürsteiner.

Handout & Co.

Wie halten Sie es mit Teilnehmerunterlagen? Auch hier ist es hilfreich, auf Ihr Vorgehen in Seminar und Workshop zurückzugreifen:

Wann verteilen Sie die Unterlagen?

- Wenn Sie ein »Handout« vorab verteilen, lenken Sie die Aufmerksamkeit der Teilnehmer Ihrer Präsentation auf diese Unterlagen statt auf sich.
- Informieren Sie Ihre Zuhörerschaft vorab, dass sie (zum Beispiel) die Folien gesammelt als Printout zum Abschluss erhalten. Das bedeutet, nur zusätzliche Informationen über den PowerPoint-Inhalt hinaus sind auf Wunsch zu notieren.

Welche Inhalte bieten Sie zum Mitlesen und/oder Mitnehmen?

- Alle Folien 1:1 überreicht unterstützen das spätere Erinnern; zugleich können Sie in Telefonaten sich darauf beziehen.
- Ein »Mitlesen« ist im Grunde dadurch gesichert, dass Sie Ihre Folien an die Wand werfen (oder in der Kleingruppe am Laptopmonitor zeigen): So verfolgen die Teilnehmer aufmerksam, was Sie darstellen.

Differenzieren Sie zwischen Arbeitsblättern und Informationen?

- Kennen Sie noch den klassischen Lückentext? Hier verbinden Sie Basisinformationen mit der Aufforderung, aufmerksam auf das zu achten, was Sie zusätzlich einbringen.
- Dazu kommt, dass für viele Menschen das Mitschreiben deutlich positiv auf das Merken wirkt.
- Bieten Sie stattdessen einzelne Blätter jeweils zum aktuellen Punkt, aktivieren Sie Ihre Zuhörer stärker. Es empfiehlt sich, diese Blätter gelocht mitzubringen, damit sie jeweils in einem Ordner (oder Hefter) gesammelt werden können.

Was wird klar im Seminar erarbeitet und mithilfe welcher Hilfsmittel?

- Kreativgruppen: Brainstorming, jedoch auch Methoden wie 6-3-5, für die Sie Vorlagen mitbringen.
- Einzel- und Gruppenarbeiten, deren Ergebnisse handschriftlich dokumentiert und am Flipchart und/oder mit Karten an der Pinnwand präsentiert werden.
- Einsatz von modernen Tools, die im Entstehen auch die Dokumentation sichern, sodass später wieder darüber verfügt werden kann, siehe e-Board als Beispiel.

Tatsächlich sind wir mitten »im Marketing«: Natürlich erweist es sich als überzeugender, wenn Sie in der Präsentation beim Kunden, auf der Messe oder beim Netzwerke-Event jene Mittel einsetzen, die Sie auch in der Bildungsmaßnahme nutzen! Sie selbst gewinnen einen Zusatznutzen, wenn Sie mit einem Anbieter besonderer Tools vereinbaren, dass er Ihnen diese kostenlos leiht, etwa für einen Messeeinsatz. Sie sparen einen hohen Aufwand durch Transport und Abnutzung, bieten ihm eine interessante

Plattform, die er sich sonst als Aussteller teuer sichern müsste: Sprechen Sie zum Beispiel mit Neuland-Moderation (www.neuland.com) oder Legamaster (www.legamaster.de).

Überschneidungen Ihrer Präsentationsformen

Als Trainer oder Dozent präsentieren Sie im Grunde genommen Ihre Leistung gleichermaßen im Seminar wie im Vorgespräch mit einem potenziellen Kunden. Viele Weiterbildner trennen allerdings strikt ihre Rollen je nach Situation, wenn sie mehrere in einer Person vereinen:

- *Gestalten:* welche Inhalte zum gefragten Thema in welcher Form? In der Verhandlung mit dem Entscheider.
- *Organisieren:* welche Unterlagen zu welchem Zeitpunkt für wen? – Teilnehmer oder Entscheider?
- *Durchführen:* Hier ist die Persönlichkeit des Trainers am stärksten gefordert, im Wirken mit den Teilnehmern – auch als Moderator, Begleiter, Beobachter …
- *Evaluieren:* Transfer sichern und nachweisen – mit Teilnehmern, Führungskräften, Geldgebern.
- *Verkaufen:* Aus welchen Gründen soll der Auftrag an Sie gehen statt an einen anderen Anbieter?

Sie begründen das damit, dass »Verkaufen« etwas völlig anderes sei als die eigentliche Trainertätigkeit und auch jene »Kernkompetenz« sich auf unterschiedliche Kontaktpartner verteilt:

- Gestalten, Organisieren, Durchführen – Entscheider und auch Teilnehmer, in unterschiedlichen Phasen der Weiterbildungsmaßnahmen.
- Verkaufen und Evaluieren – meist nur die Entscheider.

Dabei spielt für viele Trainer eine mehr oder weniger große Rolle, möglichst wenig von Inhalten und Vorgehen, Didaktik und Methoden außerhalb (bezahlter) Auftritte zu »verraten«. Eifersüchtig wird alles vermieden, was in irgendeiner Form zum »Kupfern« führen könnte. Somit ist auch klar, dass Inhalte und Formen der Präsentation bei Verkauf und Seminar meist deutlich differenziert werden, bis hin zum Auftreten unterschiedlicher Personen, jedenfalls bei mittleren und größeren Bildungsinstituten. Die Praxis zeigt, dass dieses Vorgehen eher fragwürdig und für Einzeltrainer sowieso kaum durchzuhalten ist: Wirklich neu und eigenständig können Inhalte und deren Vermittlung gar nicht sein, da wir alle mit unseren Seminaren, Workshops und anderen Veranstaltungen auf gleichen Grundlagen fußen. Entscheidend ist die Persönlichkeit im Zusammenwirken mit den jeweiligen Teilnehmern.

Die Konsequenz daraus zeigen stark verkaufsorientierte Kollegen in der Branche, die weiterführende Angebote gleich in ihre Seminar- oder Vortragspräsentation integrieren:

- Fortsetzungsseminare zum gleichen oder Ergänzungsworkshops zu einem anderen Thema.
- Medien zur Vertiefung oder Transfersicherung – CDs, CD-ROMs, DVDs; gedruckte Bücher, Newsletter (bezahlt, auch elektronische), E-Learning-Tools.
- Abonnements für weiterführende Tipps und Techniken zur andauernden Begleitung des Teilnehmers aus der Veranstaltung heraus.
- Analysetools: Tests, Typologien, Programme – deren Ergebnisse als Basis fürs weitere Arbeiten an sich selbst dienen – oder innerhalb des Unternehmens.

Auf dieses Cross- oder Upselling kommen wir in Kapitel *P 6: Platzierung* zurück. Naturgemäß wird dieses »Verkaufen innerhalb einer bezahlten Trainingseinheit« beim Publikum unterschiedlich gut aufgenommen, abhängig davon, wie hartnäckig oder einfühlsam Gedächtnistrainer Straub oder Unternehmensberater Knoblauch oder Limbictypologe Damm die möglichen Zusatzleistungen in seinen Vortrag oder Workshop integriert. Sie kennen das, auch wir selbst reagieren durchaus unterschiedlich, wenn wir in die Teilnehmerrolle schlüpfen, weil jeder Mensch eben ein anderer Typ ist – ob als Anbieter oder als Konsument von Weiterbildung. Tatsache ist, dass Kollegen wie die genannten gute Erfolge haben, wenn auch mancher Teilnehmer die Nase rümpft ob der erlebten Penetranz des Angebots – häufig übrigens Mitmenschen, die selbst in der Weiterbildung tätig sind … Auch hier gilt: Tun Sie, was sich für Sie »gut anfühlt« – dann werden Sie auch authentisch wirken. Probieren Sie allerdings dringend ein anderes Vorgehen aus, wenn Sie mit den eigenen Umsätzen weniger zufrieden sind und gerne mehr Trainingstage oder verkaufte Bücher hätten!

> **Fazit:** Wenn Sie all dies optimal berücksichtigen, schaffen Sie exzellente Grundlagen für Ihren Vertriebserfolg, sei es auf Messen, beim Besuch eines potenziellen Kunden oder in der Kurzpräsentation der Infoveranstaltung Ihres vermittelnden Bildungsträgers wie VHS!

P 5: Promotion – Werbung und Öffentlichkeitsarbeit von Weiterbildnern

Einführung

Hanspeter Reiter

Häufig wird unter »Marketing« (fast) ausschließlich der Bereich der Marketingkommunikation verstanden. Somit befinden Sie sich mit diesem Kapitel im Zentrum: Die Basis der Marketingkommunikation ist bereits geschaffen, wenn Sie *P 2: Positionierung* geleistet haben. Eine erste Umsetzung in Details ist in *P 4: Präsentation* erfolgt. Nach der Promotion folgt noch *P 6: Platzierung*, wo es um die konkrete Umsetzung in der Vertriebsarbeit geht, klassisch Distribution, also jenseits der schieren Kommunikation. Zentrale Bestandteile dieses Kapitels sind:

- *Klassische Werbung:* Printwerbung (Anzeigen und Beilagen in Zeitungen und Zeitschriften) und FFF, also Film (Kino), Funk (Radio) und Fernsehen – auch »Werbung above the line« genannt.
- *Werbung below the line – Direktmarketing:* Heute meist Dialogmarketing genannt. Dazu gehören Mailingaktionen, Events, Sponsoring.
- *Onlinemarketing:* Internet, Suchmaschinen- und E-Mail-Marketing.
- *Öffentlichkeits- oder Pressearbeit:* die sogenannte Medienarbeit.

Eine umfassende Aufgabe also, bei der sich rasch die Frage stellt: Do it yourself oder besser »Outsourcing« an die Werbespezialisten unter den Kreativarbeitern? Dies ist im Augenblick der am schnellsten wachsende Dienstleistungsbereich, zu dem eigentlich auch die Weiterbildner zählen. Wer selbst anpacken möchte, stößt allerdings spätestens dann an Grenzen, wenn es darum geht, entstandene Konzeptionen zu realisieren. Denn dies sind die inhaltlich zu unterscheidenden Bereiche:

- *Kreation:* Idee, Konzept Ihrer Aktion – sei es Anzeige, Prospekt, Website. Details finden Sie in *P 2: Positionierung* und *P 4: Präsentation* (s. S. 87 ff. und 197 ff.). Es entstehen die Vorlagen Ihrer Werbemittel, wozu etwa auch Storyboard oder Drehbuch für Audio- und Videoproduktionen zählen.
- *Herstellung Ihrer Werbemittel:* Druckvorbereitung, Druck, buchbinderische Verarbeitung. Die Details klären Sie mit einem Drucker. Gilt übrigens entsprechend im elektronischen Bereich, wo das Ergebnis statt auf Papier auf dem PC-Monitor erscheint – oder in Film, Funk und Fernsehen mit Standbild, Bewegtbild oder Audiodatei.
- *Streuung:* Werbewege, auf denen Ihre Werbemittel die Zielperson erreichen. Sei es durch Zeitunge, Zeitschriften, Anzeigen oder Beilagen; sei es Haushaltsverteilung oder Auslage in Geschäften. Die Post brauchen Sie für Ihre Mailings, das Fernsehen für Ihre TV-Spots, den Internetprovider für Ihre Onlineaktivitäten …

Selbst wenn Sie sich (oder Kollegen, Mitarbeitern) die Kreation zutrauen – wovor aller Erfahrung nach zu warnen ist –, brauchen Sie jedenfalls Externe für Herstellung und Streuung – und spätestens dann müssen Sie Geld in die Hand nehmen, das außerhalb von internen Personalkosten zu planen ist: Ihr Marketingbudget.

Budget

Bevor Sie daran gehen, Geld für Marketingkommunikation auszugeben, müssen Sie zunächst klären, wie hoch der dafür planbare Etat überhaupt ist. Meist wird ein »Jahresbudget« geplant, das im laufenden Prozess angepasst wird, je nachdem, wie sich der Umsatz innerhalb des betreffenden Jahres entwickelt. Was ist das nun überhaupt, dieses »Budget«? Einige gängige Definitionen bietet das Gabler Wirtschaftslexikon:

»*Budgetierung … Es wird … von den einzusetzenden Ressourcen ausgegangen, häufig an den Erfahrungswerten aus der Vergangenheit orientiert*« oder »*… an den zu erreichenden Zielen angesetzt; das Maßnahmenbündel zu deren Erreichung wird geplant. Die benötigten Ressourcen werden hier erst abgeleitet.*«
»*Budget … Die von den einzelnen mittelbewirtschaftenden Stellen einzubehaltenen Sollzahlen des B. müssen laufend mit den Istzahlen (laut Buchhaltung) verglichen und abgestimmt werden.*« (14. Auflage, 1997, Band A–E, S. 710)

Konkret bedeutet das zum Beispiel (alle Werte netto, also exklusive Mehrwertsteuer; setzen Sie gegebenenfalls Ihre eigenen Zahlen ein):

- Sie haben im Vorjahr einen Umsatz 150.000 Euro erreicht. Sie haben 30.000 Euro für Werbung ausgegeben, Pressearbeit und Internet inklusive. Das entspricht 20 Prozent des Umsatzes. Dieser Wert innerhalb Ihrer Kalkulation (s. *P 3: Preis*) ermöglicht Ihnen, einen Gewinn zu erwirtschaften.
- Für das laufende Jahr (oder besser: für das kommende Jahr) planen Sie einen Umsatz von 200.000 Euro, also einen Zuwachs um ein Drittel. Das liegt an bereits gebuchten Seminaren und anderen Bildungsmaßnahmen, für die Sie zudem zusätzlich höhere Kosten zu planen haben, etwa für einen weiteren freien Trainer, der einen Teil des Programms übernimmt. Ein Teil des Planumsatzes hat auch damit zu tun, dass Sie offensiv planen, also mit weiteren Kunden rechnen. Deshalb bleiben Sie bei 20 Prozent Marketingbudget und rechnen damit, 40.000 Euro ausgeben zu können.
- Die vorsichtige Rechnung bleibt trotz höherer Umsatzerwartung beim Budget des Vorjahres von 30.000 Euro – mit dem Risiko, die 200.000 Euro zu verfehlen.
- Ein Mittelweg könnte sein, zwar 40.000 Euro zu budgetieren, zunächst jedoch nur mit 30.000 Euro zu kalkulieren und entsprechende Werbe- und Öffentlichkeitsmaßnahmen zu planen. Je nach Erfordernis greifen Sie auf die 10.000 Euro »Puffer« zurück.

Entsprechendes gilt natürlich für den Fall, dass ein Bildungsträger für das Planjahr mit geringeren Umsätzen rechnet als für das Vorjahr. Wobei dann eine mögliche Konsequenz heißen kann, bewusst offensiv ein höheres Budget für Marketingkommunikation zu kalkulieren, um voraussichtlich geringere Umsätze doch noch zumindest aufs Vorjahresniveau zu heben – dies zulasten des Gewinns.

Ihr Budget für Marketingkommunikation bildet zugleich die Grundlage für Ihre Werbeerfolgskontrolle, auf die wir später zurückkommen werden (s. S. 348 ff.).

Die Zusammenarbeit mit Agenturen und »Einzelkämpfern«

Birgit Lutzer

In der Marketingbranche tummelt sich eine unüberschaubare Zahl an Agenturen und Freiberuflern, die Firmen und Einzelpersonen in Hinsicht auf die Vermarktung ihres Angebots unterstützen. Es gibt beispielsweise

- Marketing-, Werbe- und Public-Relations-Agenturen,
- Marketing-, PR- und Kommunikationsberater,
- Texter, Grafiker, Webdesigner, Programmierer, Fotografen,
- Direkt- und Dialogmarketing-Dienstleister (haben sich auf Maßnahmen zur direkten Kommunikation mit Kunden spezialisiert),
- Druckereien, Lettershops (fertigen und versenden Mailings und andere Massen-Printerzeugnisse) und
- viele andere mehr.

Hier gelten ähnlich schwammige Zugangsvoraussetzungen wie beim Trainer-, Dozenten- oder Coachberuf: Jeder, der sich dazu berufen fühlt, kann sich zum Beispiel »Marketingspezialist«, »Texter« oder »Grafiker« nennen. Das Ergebnis: Niemand blickt mehr durch. Sowohl die Preise als auch die Qualität der Anbieter schwanken enorm. Daher gleich zu Anfang der Tipp: Holen Sie immer Angebote mehrerer Dienstleister ein und lassen Sie sich unbedingt Arbeitsproben und Referenzen zeigen! Die Erfahrung zeigt, dass Einzelkämpfer oft einen geringeren Kostenapparat haben als schicke Agenturen mit Sitz in Düsseldorf oder in der Medienmetropole Hamburg. Die Übersicht auf der nächsten Seite zeigt Ihnen die Vor- und die Nachteile von Agenturen oder Freiberuflern.

> **Tipp:** Achten Sie bei der Auswahl der Agentur oder des Freiberuflers auf Sympathie und gleiche Wellenlänge. Wenn Sie keinen Draht zu geschniegelten »Marketingfuzzis« haben, suchen Sie sich eine bodenständigere Agentur (das Gleiche gilt natürlich auch umgekehrt).

Natürlich ist das Honorar ein wichtiges Entscheidungskriterium. Finden Sie zwei gleich sympathische, kompetente Dienstleister, nehmen Sie den günstigeren. Ein paar Richtwerte, was Honorare von Freiberuflern anbetrifft, sollen Ihnen einen ersten Überblick verschaffen:

- Stundensatz von Textern und Grafikern: zwischen 40 Euro und 120 Euro
- Stundensatz für Marketing- und PR-Beratung: ab 120 Euro
- Tagessatz für einen Profifotografen: zwischen 800 und 1.500 Euro

Agentur oder Freiberufler?

Agentur		Freiberufler	
Vorteile	**Nachteile**	**Vorteile**	**Nachteile**
Bei einer Agentur mit guten Referenzen können Sie davon ausgehen, dass Sie eine hochwertige Leistung erhalten.	Je bekannter die Referenzkunden, desto tiefer müssen Sie wahrscheinlich in die Brieftasche greifen.	Auch ein Einzelkämpfer kann hochwertige Arbeit für Sie leisten – oft zu günstigeren Konditionen.	Arbeitet der Experte ganz für sich alleine, fehlt ihm das Feedback durch Kollegen. Auch lassen Geschäftsgebaren und Zuverlässigkeit mancher Freiberufler zu wünschen übrig.
Sie erreichen fast immer jemanden, der Ihnen Auskunft geben oder Ihren Anruf vermerken kann.	Je hektischer der Arbeitsalltag in der Agentur, desto länger müssen Sie zuweilen auf einen Rückruf warten.	Er ist Ihr einziger Ansprechpartner und kann Ihnen in der Regel sofort weiterhelfen.	Ist er auf einem Kundentermin, müssen Sie meist eine Nachricht auf einem Anrufbeantworter hinterlassen.
Sie erhalten alle Leistungen aus einer Hand. Geht es um eine Teamarbeit, sitzen alle Beteiligten unter einem Dach und können sich optimal abstimmen.	Haben Sie mehrere Ansprechpartner für ein Projekt, sind diese manchmal nur zu unterschiedlichen Zeiten zu erreichen. Sie müssen Ihre Rückmeldung zur Agenturarbeit also in diesen Fällen wiederholen.	Auch Freiberufler arbeiten bisweilen in Netzwerken zusammen. Sie erhalten das gleiche Ergebnis wie bei einer Agentur, rechnen aber mit allen Beteiligten einzeln ab.	Hat der Freiberufler kein Netzwerk, erhalten Sie nur eine Teilleistung (zum Beispiel Werbetext). Sie selbst müssen sich ergänzende Dienstleister (zum Beispiel Webdesigner) suchen und die Abstimmung in Eigenregie vornehmen.
Auch wenn einer Ihrer Ansprechpartner zum Beispiel wegen Krankheit ausfällt, kann sofort ein Kollege einspringen.	Vielleicht hat der »Ersatzmann« einen anderen Stil und eine andere Art von Kreativität als der Vorgänger.	Buchen Sie einen bestimmten Freiberufler, erhalten Sie die Leistung nur von ihm.	Fällt Ihr Dienstleister zum Beispiel durch Krankheit aus, müssen Sie mit Verzögerungen rechnen.

Weitere Sätze – auch die von Agenturen – können Sie nachschauen unter: www.ccvision.de/de/etat-kalkulator.

Natürlich finden Sie bei der hohen Zahl an Anbietern immer jemanden, der es günstiger macht – oder jemanden, der weit über diesen Sätzen liegt. Meist erhalten Sie ohnehin ein Festpreisangebot für eine Leistung (Konzept, Logoentwicklung, Internetauftritt), sodass Sie den zugrundeliegenden Aufwand nur schätzen können. Der Preis ist sicherlich von zentraler Bedeutung für Ihre Entscheidung, an wen Sie den Auftrag erteilen. Teuer bedeutet jedoch nicht immer gut. Das, was für Sie zählen sollte, sind Arbeitsproben und Ergebnisse, die der Anbieter für andere Kunden erzielt hat.

Bei einem professionellen Dienstleister können Sie davon ausgehen, dass er genau wie Sie selbst mit Diskretion arbeitet und keine vertraulichen Informationen aus Ihrem Geschäft an andere Agenturkunden weitergibt, zum Beispiel Ihre Konkurrenz – wenn er für weitere Bildungsanbieter arbeitet. Ein solcher Vertrauensbruch würde sich schnell herumsprechen und kann Rechtsanwälte auf den Plan rufen.

Auf die Frage »Was können wir selbst machen und für welche Maßnahmen benötigen wir externe Unterstützung?« kann ich nur antworten: »Das hängt von Ihren eigenen Kompetenzen oder von denen Ihrer Mitarbeiter ab.« Typische Marketing- und PR-Tätigkeiten, die von vielen Bildungsträgern trotz hoher Qualitätsabstriche selbst gemacht werden:

- Logoentwicklung (Motto: Hier ein Dreieck, da eine optimistische Kurve nach oben – fertig!).
- Erstellung von Texten (oftmals wissenschaftlich anmutend, wenn der Verfasser ein Hochschulstudium absolviert hat – oder auch voller Rechtschreibfehler).
- Flyer, die mit dem Programm »Word« erstellt, mit Clip-Arts vom eigenen Rechner versehen und selbst ausgedruckt werden.
- Seminarunterlagen, die zum x-ten Male umkopiert werden.
- Werbebriefe und Anschreiben an die Kunden.
- Pressetexte nach dem Muster von Wettbewerbern.

Natürlich kann sich ein begabter Autodidakt in manches Softwareprogramm »einfrickeln«. Auch ein Mensch mit gutem Sprachgefühl ist sicher in der Lage, einen ansprechenden Text zu verfassen. Doch insbesondere dann, wenn es um Ihre Marketingstrategie und um das Erstellen Ihres Unternehmensauftritts geht, sollten Sie besser auf Experten vertrauen, die sich ihre Kenntnisse in einer fundierten Ausbildung oder durch lange Berufserfahrung in vielen erfolgreichen Projekten angeeignet haben. Folgende Aktivitäten und Maßnahmen eignen sich am ehesten dazu, diese in Eigenregie durchzuführen:

- Akquise- und Nachfasstelefonate bei Kunden (Callcenter wirken oft zu anonym und arbeiten nach »Schema X«; s. S. 236 ff.).
- Anrufe in Redaktionen in Zusammenhang mit Pressearbeit (s. S. 296 ff.).
- Konzeption und Zusammenstellung Ihrer Seminarunterlagen (s. S. 234 f.).

- Eigene Ausdrucke und Kopie der Unterlagen nur dann, wenn Ihr Bildungsangebot ein sehr günstiges Preis-Leistungs-Verhältnis hat.
- Persönliche Kontaktpflege mit Kunden, Medienvertretern und anderen Multiplikatoren.

Um einen passenden Anbieter zu finden, veranstalten manche Bildungsträger sogenannte »Pitches« – Ausschreibungswettbewerbe. Alle Beteiligten erhalten eine kleine Aufgabe, die meist honorarfrei oder gegen eine Art Taschengeld (nennt sich »Aufwandsentschädigung«) erledigt und präsentiert wird. Derjenige, der die Aufgabe am überzeugendsten löst, erhält schließlich den Zuschlag für einen größeren Auftrag. Sehr häufig kommen Pitches bei Großunternehmen zur Anwendung, die komplette Etats in Höhe von Millionen Euro zu vergeben haben.

Geht es um einen überschaubaren Auftrag, sind nur wenige Agenturen bereit, viel Zeit »für lau« und mit ungewissen Erfolgsaussichten zu investieren. Auch für den Ausrichter bedeutet der Pitch einen hohen Aufwand. Sie müssen einen Ansprechpartner für die Agenturen bereitstellen und erhalten oft Ergebnisse, die sich kaum vergleichen lassen. Und der Anbieter, der vielleicht gerade für Ihre Fragestellung der richtige wäre, hat sich nicht am Wettbewerb beteiligt.

Die Zusammenarbeit mit externen Dienstleistern

Das Zusammenwirken mit externen Marketing-, PR- und Werbeexperten verläuft immer nach einem ähnlichen Schema:

- Recherche und Kontaktaufnahme durch Sie.
- Vorbesprechung.
- Angebotserstellung durch die kontaktierten Dienstleister.
- Das Briefinggespräch.
- Die Korrektur- und Optimierungsphase.
- Freigabe und Produktion.

Recherche und Kontaktaufnahme durch Sie. Sie suchen im Internet und in Branchenverzeichnissen nach passenden Dienstleistern. Vielleicht fragen Sie auch Ihre Kunden oder Geschäftspartner, ob diese Ihnen jemanden empfehlen können. Schauen Sie sich die Internetseiten der Anbieter gut an. Nicht nur der Auftritt der Agentur oder des Grafikers selbst zählt, sondern auch Referenzprojekte, die man sich oft unter dem Links wie »Referenzen« oder »Arbeitsproben« anschauen kann.

Achtung: Die Internetseiten von Textern und reinen Presseagenturen haben oft ein miserables Corporate Design, obwohl die Anbieter gut in ihrem Fach sind. Das Gleiche gilt umgekehrt für Websites, die von Grafikdesignern erstellt sind: Sie brillieren in der Gestaltung, während die Texte nur wenig überzeugend sind und kaum auf Suchmaschinen wirken. Jeder macht das gut, was er kann. Internetauftritte von Full-Service-Agenturen sollten sowohl in der Gestaltung als auch im Text ansprechend sein. Genauso sollte aus dem Auftritt eines Marketingberaters hervorgehen, was ihn von anderen unterscheidet und an welche Zielgruppe genau er sich wendet.

Nach einiger Recherche haben Sie nun mehrere Anbieter gefunden, die Ihnen geeignet erscheinen. Sie rufen in der Agentur oder beim Freiberufler an und erläutern kurz Ihre Wünsche. Verläuft das Telefonat zu Ihrer Zufriedenheit (der Ansprechpartner ist Ihnen sympathisch und er ist auf Sie eingegangen), wird meist ein Termin für eine Vorbesprechung anberaumt. Diese ist bei manchen Anbietern kostenlos, bei anderen fällt sofort ein Beratungshonorar (meist auf Stundenbasis) an.

Vorbesprechung. Damit Sie sich ein Bild von den Menschen und ihrer Arbeitsweise machen können, besuchen Sie die Agentur oder den Freiberufler nach Möglichkeit in deren Firmenräumlichkeiten. Ausnahme: Ein-Personen-Firmen haben ihren Sitz genau wie Trainer oft im Homeoffice. Besteht der andere nachdrücklich darauf, zu Ihnen zu kommen, sollten Sie diesen Wunsch respektieren (ohne ihn bloßzustellen mit Worten wie:»Haben Sie etwa kein vernünftiges Büro?«).

Sind Sie vor Ort, verschaffen Sie sich einen gründlichen Eindruck: Welche »Schwingungen« nehmen Sie wahr? Wie ist Ihr Eindruck von den dort beschäftigten Personen? Welchen Umgangston pflegen die Teammitglieder untereinander? Und in Bezug auf Ihren Gesprächspartner: Geht er auf Sie und Ihre Fragen ein oder spult er wie ein Tonband Erfolgsgeschichten und andere Informationen ab, obwohl Sie keinerlei Interesse daran bekunden?

Zur finanziellen Situation der Agentur, die auch eine Rolle für Ihre Entscheidung spielen kann: Ein dicker Firmenschlitten und beeindruckende Räumlichkeiten allein sagen wenig aus. Sicher kann es der Agentur gut gehen, weil sie viele und zahlungskräftige Kunden betreut. Und dazu gehört ebenso ein gewisses »Standing« inklusive repräsentativen Firmenwagens. Es soll aber auch Menschen geben, die ihr gesamtes Geld in Äußerlichkeiten stecken, während sie zu Haus am Hungertuch knabbern.

Angebotserstellung durch die kontaktierten Dienstleister. Haben Sie sich für Dienstleister entschieden, die Sie nur mit Reiseaufwand erreichen, bitten Sie vor dem ersten Treffen um die Zusendung eines beispielhaften Angebots. Wenn Sie die Angebote erhalten haben, vereinbaren Sie einen Termin mit den Firmen, deren Preisstruktur Ihren Vorstellungen entspricht. So ersparen Sie sich überflüssige Fahrten.

Bei Anbietern in Ihrer Nähe erfolgt die Angebotserstellung meist nach dem Vorgespräch. Denn erst dann ist klar, welche Maßnahmen genau Sie in Auftrag geben möchten. Wichtig: Damit Sie vergleichbare Angebote erhalten, sollten Ihre Vorgaben möglichst detailliert sein. Definieren Sie konkrete Maßnahmen – beispielsweise:»Text und Gestaltung für einen DIN-A4-Flyer, zweifach gefalzt auf Format DIN lang« – also passend für einen portogünstigen Standardbrief. Oder:»Werbanschreiben an einen Kunden, Umfang eine DIN-A4-Seite«.

Anhand der Angebote und des persönlichen Eindrucks, den Sie sich verschafft haben, treffen Sie nun Ihre Entscheidung. Sie erteilen den Auftrag und vereinbaren einen Termin, bei dem Sie Hintergrundwissen zur konkreten Aufgabestellung übermitteln.

Das Briefinggespräch. Das sogenannte »Briefing« sollte alle Informationen enthalten, die Agentur, Grafiker und/oder Texter für eine maßgeschneiderte Arbeit in Ihrem Auftrag benötigen – möglichst in Schriftform. Die beste Kombination besteht in einem mündlichen Gespräch und der Herausgabe von Unterlagen. Die Art und Weise des Projektes bestimmt Inhalt und Verlauf des Briefinggesprächs. Ein Messebauer wird Ihnen andere Fragen stellen als ein Eventspezialist. Ermitteln Sie daher schon am Telefon, auf welche Fragen Sie sich vorbereiten sollen!

Damit sich Ihr Dienstleister ein genaues Bild von Ihrem Unternehmen machen kann, sollte das Briefinggespräch bei Ihnen stattfinden. Auch er muss eine Vorstellung davon erhalten, wie Sie als Bildungsträger auf ihn selbst und nach außen wirken.

Fragen, die Sie bei der Produktion von Kommunikationsmedien (Print und Online) beantworten sollten, sind:

- Was wollen Sie mit der geplanten Maßnahme erreichen?
- An welche Zielgruppe richtet sich Ihre Maßnahme? Wie verhält sich diese Zielgruppe bezüglich des gewählten Mediums (zum Beispiel nutzen jüngere Leute das Internet im Durchschnitt mehr als Senioren)?
- Was möchten Sie mit dem Kommunikationsmedium erreichen? Soll es zum Beispiel eine Imagebroschüre oder eine Produktdarstellung sein? Möchten Sie nur informieren oder auch das Abschließen von Geschäften ermöglichen (zum Beispiel mithilfe eines Webshops)?
- Wie treten Mitbewerber auf? Was gefällt Ihnen daran und was nicht?
- Welche Farben sollen verwendet werden?
- Welche Inhalte möchten Sie übermitteln? Welche Themenpunkte sind Ihnen wichtig?
- Welcher Sprachstil und welche Schlüsselwörter sollen verwendet werden?
- Bei Printerzeugnissen: Farbigkeit (für den Druck), Umfang und Auflage.
- Von welchen anderen Maßnahmen soll das Projekt begleitet werden?
- Legen Sie bitte bereits vorhandene Printerzeugnisse aus Ihrem Unternehmen bei – eventuell auch das Corporate-Design-Manual.
- Stellen Sie Ihr Logo und andere Corporate-Design-Elemente in digitaler Form zur Verfügung. Wenn ein Designer das Logo »nachbauen« muss, wird die Sache teurer für Sie.

Was die Arbeit von Marketing- und PR-Agenturen oder von Beratern mit entsprechendem fachlichem Schwerpunkt anbetrifft, gibt es keine einheitlichen Regeln. In manchen Fällen kommt der Berater zu Ihnen ins Unternehmen oder in Ihr Trainingsinstitut, um sich vor Ort ein Bild von den Gegebenheiten zu machen. Er sichtet Ihre Unterlagen und berät zu den Punkten, die seiner Ansicht nach verbessert werden müssen. In anderen Fällen werden Recherchen für Sie durchgeführt oder ein Konzept für Sie erstellt. Das Briefing für ein Marketing- oder Kommunikationskonzept verläuft dann unter Fragestellungen, die sich um Marketingziele, Positionierung, Alleinstellungsmerkmale, Marketingstrategie und Maßnahmen drehen (s. S. 21 ff., 31 ff.).

Die Korrektur- und Optimierungsphase. Angebotserstellung durch die kontaktierten Dienstleister. Beim oder nach dem Briefinggespräch fragen Sie Ihren Ansprechpartner, wann Sie mit den ersten Entwürfen rechnen können. Denn zu einer guten Betreuung gehört eine exakte und für Sie nachvollziehbare Terminplanung – insbesondere bei langfristigen Projekten und zeitintensiven Aufträgen. Mit in diesem Plan enthalten sein müssen genaue Angaben, welche Informationen Sie bis wann liefern müssen (zum Beispiel Fotos, digitalisierte grafische Elemente, Stichpunkte zu Texten).

Sehr nützlich für die Abstimmung sind Kurzprotokolle nach wichtigen Besprechungen zum Projektstand. Sie werden von der ausführenden Kraft (oder Ihrer Kontaktperson) formlos per E-Mail verschickt und dienen der beiderseitigen Absicherung, dass alle Beteiligten von gleichen Voraussetzungen ausgehen. Kommt es im Verlauf der Auftragsabwicklung zu Differenzen, können die Mitschriften schnell zur Klärung von Verantwortlichkeiten beitragen. Melden Sie sich daher sofort, wenn ein Sachverhalt Ihrer Ansicht nach falsch wiedergegeben ist. Achtung: Das Versenden von Protokollen ist *kein* Standard, da viele Kreativdienstleister diesen zeitlichen Zusatzaufwand scheuen. Wollen Sie auf Nummer sicher gehen, verfassen Sie selbst ein Kurzprotokoll!

Die meisten Agenturen, Gestalter und Texter bieten ein bis zwei Korrekturschleifen an. Auch wenn ein Zwischenergebnis anders ist, als Sie es sich gewünscht haben: Versuchen Sie, Ihre Kritik konstruktiv vorzutragen. Ein Profi leistet natürlich auch für einen Kunden, von dem er sich verletzt fühlt, gute Arbeit. Doch vielleicht ist noch ein bisschen mehr Engagement dabei, wenn er sich von Ihnen fair behandelt und geschätzt fühlt, obwohl er eine Arbeit präsentiert hat, an der es aus Ihrer Sicht noch einiges zu ändern gibt.

Bei Gestaltungs- und Textaufträgen erhalten Sie oft ein bis zwei »angestaltete« Vorschläge – zum Beispiel in Form von Skizzen, auch »Scribbles« genannt, oder als Textauszüge, beispielhafte Überschriften und Ähnliches. Nun ist Ihr Feedback gefragt. Welche Entwürfe oder welche Richtung gefallen Ihnen? Diese werden dann weiter ausgearbeitet. Sagen Sie dem Gestalter oder Texter jeweils ganz genau, was er ändern soll. Hilfreiche Fragen dabei sind:

Gestaltung:
- Entspricht der Gesamteindruck Ihren Erwartungen?
- Inwieweit sagen Ihnen die Farben und deren Kombination zu?
- Wenn Ihnen die Gestaltung zu starr, zu kantig oder zu abstrakt ist: Wünschen Sie sich dynamische, rundere oder geschwungene Elemente?
- Sind Ihnen die Gestaltung oder einzelne Elemente (Blümchen, Bienen, Schmetterlinge oder Ähnliches) zu verspielt-kindlich?
- Sollen Schrift(en) oder deren Größe geändert werden?

- Müsste der Schriftsatz durch Zwischenüberschriften und Absätze aufgelockert werden?
- Wünschen Sie sich ein anderes Verhältnis von Textmenge zu Grafikelementen?
- Ziehen Sie andere Fotos oder Abbildungen vor als die, die der Grafiker eingebaut hat? Wie müssten diese aussehen?

Text:
- Möchten Sie den gesamten Text ändern oder nur bestimmte Formulierungen?
- Soll der Text kürzer oder länger sein?
- Welche Inhalte sollten ergänzt oder gestrichen werden?
- Welche sprachlichen Bilder und emotionalen Begriffe sollten unbedingt vorkommen?
- Ist Ihre Botschaft klar und zu Ihrer Zielgruppe passend formuliert?
- Wie müsste der Sprachstil sein, damit er zu Ihnen als Bildungsinstitut oder Trainer passt? (Zum Beispiel sachlicher, gehobener, emotionaler, einfacher …)

Konzept:
- Welche Teile des Konzeptes sollen geändert werden?
- Müsste das Konzept verständlicher formuliert werden?
- Fehlen Ihnen konkrete Inhalte?
- Aus welchem Grund halten Sie bestimmte Vorschläge für unrealistisch?
- Wie müsste die vom Konzeptersteller vorgeschlagene Vorgehensweise geändert werden, damit sie Ihnen zusagt?

Manche Dinge klären sich durch die Kommunikation. Vielleicht erscheint Ihnen ein Entwurf im Nachhinein schlüssiger, wenn Sie die Gedanken des Erstellers besser nachvollziehen können (s. Lutzer 2005, S. 332)!

Damit der Kreativaufwand innerhalb des angebotenen Rahmens bleibt, nennen Sie Ihre Änderungswünsche bitte gebündelt. Ständige Anrufe, weil Ihnen noch etwas eingefallen ist, verzögern den Arbeitsprozess unnötig, was sich irgendwann auch auf der Rechnung an Sie niederschlagen wird. Sie sind absolut zufrieden? Auch wenn Sie die Einstellung haben »Kein Tadel ist Lob genug«: Eine positive Rückmeldung wirkt sich förderlich auf die gute Beziehung zwischen Ihnen und den Agenturmitarbeitern aus!

Freigabe und Produktion. Zu einem Zeitpunkt X ist das Werk nun so weit gediehen, dass es in die Produktion gegeben oder veröffentlicht werden kann. Die meisten Dienstleister bitten Sie nun um die schriftliche Freigabe. Der Hintergrund ist folgender: Entdecken Sie später Fehler, liegt die Verantwortung bei Ihnen. Nehmen Sie sich deshalb bitte die Zeit und überprüfen Sie die letzte Variante gründlich – auch in Hinsicht auf Rechtschreibfehler. Der beste Texter übersieht zuweilen ein Detail (»Ehrlich – der Fehler in der Headline war eben noch nicht da!«) ,weil er sein eigenes Erzeugnis wieder und wieder liest.

Liegen weitere Wegstrecken zwischen Ihnen und den Gestaltern, bekommen Sie die meisten Entwürfe als PDF-Dateien zugesandt. Und die haben eine Tücke: Die Farbdarstellung ist von Bildschirm zu Bildschirm unterschiedlich. Auch wenn Sie die PDF-Datei farbig ausdrucken, kann das spätere Druckerzeugnis stark davon abweichen. Bitten Sie deshalb um einen farbverbindlichen Probeausdruck, der per Post zu Ihnen geschickt oder persönlich vorbeigebracht wird.

Ein sorgfältig arbeitender Grafiker bietet Ihnen eine Druckbetreuung an. Das bedeutet: Wird Ihr Erzeugnis gedruckt, prüft er den ersten Andruck und kann im Bedarfsfall dafür sorgen, dass die Maschine noch anders eingestellt wird. Diese Kontrolle dient Ihrer Sicherheit. Verzichten Sie aus Preisgründen darauf, riskieren Sie, dass die gesamte Auflage farblich haarscharf neben dem ist, was Sie sich vorgestellt haben.

Wichtig ist im Zusammenhang mit der Produktion das Nutzungsrecht. Bitte überprüfen Sie in Ihrem Angebot, ob Sie die kreative Leistung nur für den in Auftrag gegebenen Zweck (zum Beispiel »Text für einen Flyer«) oder nach eigenem Ermessen (= umfassendes Nutzungsrecht) verwenden dürfen. Abgesehen davon, dass es einen schlechten Eindruck macht, einen Flyertext eins zu eins ins Internet zu stellen, könnte der Dienstleister juristisch gegen Sie vorgehen. Je weitläufiger das Nutzungsrecht, desto höher ist der Preis, den Sie dafür zahlen müssen. Die dahinterstehende Begründung lautet: Je mehr Menschen Sie mit Ihrer Botschaft erreichen, desto höher ist die Wahrscheinlichkeit, dass Sie viele Aufträge dadurch an Land ziehen.

Wenn Sie Vorschläge, die Sie vorher abgelehnt haben, trotzdem verwenden, begeben Sie sich juristisch gesehen auf dünnes Eis. Beispiel: Ein Trainer erteilt einer Texterin den Auftrag für ein Kundenanschreiben. Sie erstellt zwei Texte für ihn, von denen er einen akzeptiert (»Der andere Vorschlag ist für die Tonne!«). Der Bildungsanbieter bezahlt entsprechend dem Angebot *einen* Text. Als die Texterin herausfindet, dass er die andere Variante in einer zweiten Aktion an seinen Kunden verschickte, sendet sie ihm eine Rechnung in gleicher Höhe.

Konzepte erhalten Sie entweder ausgedruckt in einer Mappe oder als Datei – manchmal auch beides. Die Datei bietet Ihnen folgende Vorteile: Sie können den Text auf Ihr eigenes Papier ziehen und das Konzept in Ihrem Corporate Design gestalten.

Die Künstlersozialkasse

Leider Pflicht bei allen Aufträgen an Kreative: die Abgabe an die Künstlersozialkasse. Die Künstlersozialkasse (www.kuenstlersozialkasse.de) sorgt dafür, dass selbstständige Künstler und Publizisten einen ähnlichen Schutz der gesetzlichen Sozialversicherung genießen wie Arbeitnehmer. Sie ist selbst kein Leistungsträger, sondern sie bezuschusst die Beiträge ihrer Mitglieder zu einer Krankenversicherung freier Wahl und zur gesetzlichen Renten- und Pflegeversicherung. Der Staat fördert mit der Künstlersozialversicherung die Künstler und Publizisten, die erwerbsmäßig selbstständig arbeiten, weil diese Berufsgruppe sozial meist deutlich schlechter abgesichert ist als andere Selbstständige.

Zur Berufsgruppe der Künstler im Sinne des Gesetzes gehören zum Beispiel

- Werbetexter,
- Grafikdesigner,
- Journalisten
- Marketing- und Pubic-Relations-Fachleute,
- Musiker und Schauspieler (zum Beispiel für das Betriebsfest),
- Maler sowie
- Fotografen.

Alle Unternehmen, die durch ihre Organisation, besondere Branchenkenntnisse oder spezielles Know-how den Absatz künstlerischer Leistungen am Markt fördern oder ermöglichen, gehören grundsätzlich zum Kreis der künstlersozialabgabepflichtigen Personen. Beispielsweise Verlage, Bildungsträger wie Musik- und Kunstschulen, Journalistenakademien.

Außerdem sind alle Unternehmen abgabepflichtig, die regelmäßig von Künstlern oder Publizisten erbrachte Werke oder Leistungen für das eigene Unternehmen nutzen, um im Zusammenhang mit dieser Nutzung (mittelbar oder unmittelbar) Einnahmen zu erzielen.

Das bedeutet für Sie: Für jeden Auftrag, den Sie an eine Werbeagentur oder einen Freiberufler erteilen, der Sie bei Ihrem Marketing und beim Absatz Ihrer Leistungen unterstützt, müssen Sie eine prozentuale Abgabe an die Künstlersozialkasse leisten – und zwar unabhängig davon, ob der Dienstleister selbst Mitglied der Künstlersozialkasse ist oder nicht. Die Höhe der Abgabe wird jedes Jahr neu festgesetzt. Ein Erfahrungswert aus den letzten Jahren: Sie pendelte immer zwischen vier und sechs Prozent.

Zunächst müssen Sie sich auf der Internetseite der Künstlersozialkasse als abgabepflichtiges Unternehmen anmelden. Einmal im Jahr geben Sie die Umsatzhöhe für Aufträge wie Texte und Gestaltung für Internetseiten, Mailings, Gestaltung von Anzeigen etc. an. Dann erhalten Sie von der Künstlersozialkasse ein Schreiben, in dem man Sie um Überweisung der Summe X (jeweiliger Prozentsatz) bittet. Die Künstlersozialabgabe setzt, wie der Arbeitgeberanteil in der allgemeinen Sozialversicherung, die Zahlung an eine natürliche Person voraus. Unerheblich ist dabei, ob die selbstständigen Künstler als einzelne Freischaffende oder als Gruppe, wie zum Beispiel als Gesellschaft bürgerlichen Rechts, oder unter einer Firma (Einzelfirma, aber auch OHG, KG) beauftragt werden. Nicht abgabepflichtig sind dagegen Zahlungen an juristische Personen wie zum Beispiel eine GmbH.

Was kann passieren, wenn Sie Ihrer Abgabepflicht nicht nachkommen? Früher hatte die Künstlersozialkasse kaum personelle Kapazitäten, um wirtschaftlich Tätige zu überprüfen. Inzwischen ist auch die Deutsche Rentenversicherung berechtigt, die korrekte Entrichtung der Künstlersozialabgabe zu kontrollieren. Im »Fall der Fälle« müssen Sie alle von der Künstersozialkasse geforderten Aufzeichnungen vorlegen. Kommt heraus, dass Sie die Abgabe unterschlagen haben, müssen Sie mit Nachzahlungen für die vergangenen vier Jahre rechnen. Lediglich in ganz wenigen Fällen, in denen die Abgabe vorsätzlich oder grob fahrlässig hinterzogen wurde, werden auch für die davorliegenden Jahre Abgaben nachgefordert und gegebenenfalls Säumniszuschläge erhoben (monatlich ein Prozent) oder Bußgelder festgesetzt. (Stand der Information: Oktober 2008.)

Anzeigen und Anzeigenkampagnen

Birgit Lutzer

Anzeigen (Inserate, Annoncen) werden meist aus werblichen Gründen veröffentlicht. Privatanzeigen wie zum Beispiel Traueranzeigen dienen lediglich der Information. Im Marketing unterscheidet man je nach Zielrichtung der Einzelanzeige oder Kampagne Image- oder Produkt- beziehungsweise Dienstleistungswerbung. Imageanzeigen werden den »Public Relations«, Produktanzeigen der klassischen Werbung und die Couponanzeige wegen ihrer Responsemöglichkeit dem Direktmarketing zugerechnet. Anzeigen begegnen uns in vielen Formen: ganzseitig in einem Hochglanzmagazin, als Couponanzeige, als Kleinanzeige in einer Rubrik wie zum Beispiel »Aus- und Weiterbildung« und vieles mehr.

Eine interessante Kombination aus klassischer Anzeige und Internetpräsenz bietet etwa die Wochenzeitung DIE ZEIT mit ihrem Seminarplaner. Dort veröffentlichen Bildungsinstitute und Trainingsanbieter ihre Leistung in wenigen Worten mit Verweis auf die jeweils genannte Website. So wird mit wenig Platz der potenzielle Teilnehmer angesprochen und ins Internet »gelockt«. Sie finden diese Rubrik übrigens auch im Web unter www.diezeit.de.

Ob Sie in eine einzelne Anzeige investieren oder über einen längeren Zeitpunkt eine Kampagne mit aufeinander abgestimmten Inseraten durchführen, hängt von Ihren Marketingzielen und von Ihrem Budget ab. Eine einzelne Anzeige, die immer wieder geschaltet wird, wirkt durch Wiederholung. In regelmäßigen Abständen wird immer wieder die gleiche Botschaft verkündet. Eine Anzeigenkampagne setzt sich entweder aus jeweils für sich stehenden, wechselnden Einzelanzeigen zusammen oder die Werbebotschaft wird durch aufeinander Bezug nehmende Anzeigen übermittelt. Der Aufwand für eine Anzeige setzt sich aus zwei Komponenten zusammen:

- Kreativleistung (Gestaltung, Text, Aufbereitung der Daten für den Druck) und
- Schaltkosten (Veröffentlichung des Inserats in Print- und Onlinemedien).

Kreativleistung

Nachfolgend lernen Sie einige Faustregeln für die Gestaltung und den Text von Anzeigen kennen. Die Hinweise sollen Ihnen helfen, die Professionalität einer Anzeige zu beurteilen, und erleichtern Ihre Kommunikationen mit Grafikern und Textern. Denn eine Anzeige der Marke »Eigenbau« schadet Ihnen mehr, als dass sie Ihnen nützt.

Im schlimmsten Fall zieht der Betrachter die Schlussfolgerung: »Denen geht es so schlecht, dass sie nicht einmal das Geld für eine vernünftige Anzeige haben!«

Die Anzeige ist ein Blickfang, bei dem es auf die ansprechende Verbildlichung von Inhalten ankommt. Vor der Konzeption einer Anzeige sollte man die Reihenfolge kennen, nach der visuelle Reize wahrgenommen werden:

- Bewegte Inhalte werden vor unbewegten wahrgenommen,
- Personen vor Tieren vor Sachen,
- Einzelperson vor Gruppe vor Massen,
- Porträt (Passbild) mit deutlich sichtbaren Augen vor Ganzkörperaufnahme,
- primäre vor den sekundären Bedürfnissen (zum Beispiel Nahrung vor Spendenaktion),
- auffällig vor neutral (zum Beispiel verfremdete Gegenstände) sowie
- visuell vor verbal (zum Beispiel rotes Schild schneller als Wort »Verbot«).

Zunächst muss das Inserat im Corporate Design Ihrer Einrichtung oder Ihres Trainingsunternehmens erstellt sein. Wenn Sie einen Grafiker oder eine Agentur für die Logoentwicklung und die Konzeption Ihres Unternehmensauftritts engagiert haben, ist es am einfachsten, auch den Anzeigenauftrag in die gleichen Hände zu geben (vorausgesetzt, Sie sind mit der bisherigen Arbeit zufrieden). So sind alle Kommunikationsmedien aus einem Guss und lassen in ihrer Gestaltung einen professionellen Charakter erkennen.

In Marketing, Werbung und Public Relations werden emotionale Inhalte präsentiert, um Gefühle und eine daraus resultierende Handlung hervorzurufen. Dies geschieht etwa durch die Verwendung bestimmter Wörter und/oder Bilder.

Begriffe	Gefühl
Freude, Spaß, Lebenslust, Genuss	Positiv
Freiheit, Grenzenlosigkeit, Weite	Positiv
Selbstverwirklichung, Individualität, Charakter	Positiv
Sicherheit, Vertrautheit, Geborgenheit, Nähe	Positiv
Liebe, Erotik, Leidenschaft,	Positiv
Sex	Je nach Darstellungsform positiv oder negativ
Angst, Beklemmung	Negativ
Krankheit, Altern, Tod, Sterben	Negativ
Problem, Schwierigkeit, Zwang	Negativ
Hunger, Durst, Entbehrung	Negativ

Abbildung oder Foto	Gefühl
Babys, Kleinkinder, junge Tiere	»Kindchenschema« weckt zärtliche Gefühle
Erotische Reize	Starke Emotionen, sexuelle Erregung
Gesichter, Augen	Aktivierung, Blick und Aufmerksamkeit werden gefangen
Raubtiere in Angriffsstellung, bedrohlich aussehende (zum Beispiel maskierte) Personen	Angst, Unwohlsein

Wichtig: Es kommt immer auf die Wertvorstellungen und die Lebenssituation der Zielperson an. Ein karriereorientierter BWL-Student wird kaum auf die Darstellung einer glücklichen Familie mit wohlgeratenen Kindern reagieren, da er sich mit komplett anderen Themen befasst. Der Fokus kann sich im Lauf des Lebens natürlich ändern.

Zum Thema »Sex sells«: Die Zeiten, in denen ausschließlich Frauen als Blickfänge im Anzeigendschungel herhalten mussten, sind vorbei. Auch gut gebaute, knapp oder figurbetont bekleidete Herren sind aus der Werbung nicht mehr wegzudenken. Mit sexuellen Reizen lässt sich zwar viel verkaufen, doch ist es wichtig, dass die Erotik zum beworbenen Produkt oder der Leistung passt. Es spricht möglicherweise einiges dafür, dass Sie in einer Anzeige für Kochkurse einen gut aussehenden Mann als Hauptattraktion abbilden. Doch die Erotik muss wohldosiert sein und darf auf keinen Fall ins Zwielichtige abgleiten (wenn der Mann zum Beispiel *nur* mit einer Schürze bekleidet ist). Selbst wenn Sie Tantrakurse anbieten, ist von der direkten Darstellung sexuell anmutender Handlungen abzuraten. Denn sonst bekommen Sie von der Anzeigenredaktion die Rückmeldung, Ihr Inserat passe nicht in das Konzept und zur Zielgruppe des Mediums. Zudem ist Ihr Ziel zwar, durch »Eye-catcher« den Betrachter auf Ihr Angebot aufmerksam zu machen, sodass er es zur Kenntnis nimmt – doch sollte er danach auch wissen, wessen Angebot er eben gesehen hat. Häufig wird in sogenannten Anzeigen-Posttests allerdings nur erinnert, dass ein sexy Model zu sehen war – doch wer war gleich der Anbieter? – Auswüchse versucht die Werbebranche mit einem internen Kontrollsystem zu vermeiden, reguliert über den Zentralausschuss der Werbewirtschaft ZAW (www.zaw.de.). Dorthin wenden sich Verbraucher, Medien oder auch Mitbewerber, wenn sie der Meinung sind, es handle sich um einen Verstoß gegen guten Geschmack oder gar um eine eindeutig sexistische Darstellung.

Text, Abbildungen und Gestaltungselemente der Anzeige bilden eine Einheit. Die Aussage der Bilder sollte zum Text passen oder einen gezielten Kontrast dazu bilden, um die Aufmerksamkeit zu wecken. Auch das bewusste Verfremden von Abbildungen bis zur Unkenntlichkeit kann ein gestalterisches Stilmittel sein. Die folgenden Anzeigen sind Beispiele für unterschiedliche gestalterische Stilmittel:

Diese Anzeige wirkt in erster Linie durch die Abbildung, die sich stark von den Fotos in Inseraten anderer Bildungsträger unterscheidet. Man blickt hochkant auf die Spitzen einer grünen Wiese. Text ist kaum vorhanden. Der Betrachter erfährt nur, dass es sich um einen Outdoor-Trainingsfirma handelt, die (der Erwartung entsprechend) draußen arbeitet. Der Firmenname »Tour extrem« lässt darauf schließen, dass es sich um Maßnahmen mit hohen Anforderungen an die Teilnehmer handelt. Um Kontakt mit dem Anbieter aufzunehmen, muss der Interessent auf die Internetseite des Unternehmens gehen.

 Geschäftsführer und Marketingleiter Marc Iori erläutert das Konzept der Anzeige: »Unsere Kernbotschaft ›Wir gehen raus!‹ wird mit dem von Sonne durchleuchteten, frischen Grün verbunden. Die Anzeige soll die Zielgruppe auffordern, sich zusammen mit uns in die Natur zu begeben. TE-X nimmt seine Kunden mit heraus in das Lern- und Erfahrungsfeld der Natur, um Körper und Geist zu erfrischen. Die Natur dient als Spiegel und Entwicklungsquell für die eigene Persönlichkeit – als Mensch und als Funktionsträger im Unternehmen und in der Wirtschaft. Als Anbieter von erlebnis- und handlungsorientierten Projekten in der Natur fokussiert und befähigt TE-X den Teilnehmer, seinen Ausdruck für sich selbst zu finden und aus sich herauszugehen.«

Das Format Ihrer Anzeige muss variabel sein. Ihr Grafiker sollte ein Basiskonzept entwickeln, das an verschiedene Formate angepasst werden kann. Eine ganze Seite Anzeige mit gleichen Inhalten wie in diesem Beispiel müsste modifiziert werden. Es reicht nicht aus, die Anzeige einfach nur zu vergrößern.

Ein ungewöhnliches Bild in Kombination mit einer an gesprochener Sprache orientierten Aussage ist das Key-Visual (= Blickfang) dieser Annonce. Bild und Text passen zueinander: Der Sprung des Anzugträgers durch die Luft wird in der Vorstellung des Betrachters von dem Ausruf »weeeeeiter« begleitet. Das Weiterkommen ist gleichzeitig der Nutzen des Angebots: Wer sich bei den Curricula anmeldet, sichert sich damit einen (Wissens-)Vorsprung.

Wolfgang Hemmerich von der next-level-consulting-Medienagentur K25 (www. k25.at) beleuchtet den Hintergrund des Anzeigenkonzepts: »Der Nutzen, den wir als am tragfähigsten identifiziert haben, ist der, dass das Unternehmen und die Mitarbeiter von professionellem Projektmanagement profitieren, da zum einen die Wettbewerbsfähigkeit gesteigert wird und andererseits die Mitarbeiter mit unseren Ausbildungen ihren Marktwert steigern. Das Sujet versucht beide Vorteile (für Unternehmen und Mitarbeiter) gleichermaßen zu transportieren. Der Markenkern von next level consulting ist daher rund um das Thema ›Fliegen‹ aufgebaut. Als Beispiel springen unsere Mitarbeiter, oder ›ihre Projekte heben ab‹ oder ›starten durch‹. Das Sujet für die next level academy zeigt ohne Erklärungsbedarf, dass man mit einer Ausbildung von next level einfach weiter kommt, auf witzige und intelligente Art, und passt so perfekt zum Markenkern.«

Abbildungen einer Anzeige werden intensiver wahrgenommen als der Text. Trotzdem ist entscheidend für den Erfolg des Inserates, dass Ihre Botschaft leicht lesbar ist. Denn das, was schlecht oder überhaupt nicht zu entziffern ist, wird definitiv nicht erfasst. So ist weißer Text auf schwarzem Hintergrund (sogenannte »Negativschrift«) schlechter zu lesen als schwarzer auf weißem. Bei der Verwendung von Farben darf die Schrift nicht »flimmern« – was manchmal bei zu kleiner Schrift oder bei bestimmten Farbkombinationen vorkommt. Große Headlines in auffälligen Farben sind für das Auge meist leicht zu erfassen. Allerdings sollte bei längeren Fließtexten Farbe nur dann verwendet werden, wenn der Kontrast groß genug ist – wie beispielsweise dunkelblaue Schrift auf hellgelbem Hintergrund. Verstärkt gelten diese Empfehlungen für die Ziel-

gruppe der Älteren: Möchten Sie mit Ihrer Anzeige Senioren für die Inanspruchnahme Ihres Bildungsangebotes gewinnen, muss der Text gut lesbar sein. Starke Kontraste sorgen ebenfalls dafür, dass die Annonce auch für Menschen mit »schwachen«
Augen gut zu erkennen ist.

Eine professionell gestaltete Anzeige sollte übersichtlich und logisch gegliedert
sein. Wichtiges wird vor Unwichtigerem wahrgenommen – wie beispielsweise die
Überschrift vor dem Fließtext. Die Headline ist auf einen Blick zu erkennen und zu
erfassen – ebenso wie der Zusammenhang der einzelnen Textblöcke mit Fließtext.
Sind zwischen den einzelnen Zeilen zu große Abstände, löst sich dieser Zusammenhang auf. Abzuraten ist davon, eine Anzeige mit zu vielen Informationen zu überfrachten. Auch hier gilt: Was nicht steigert, stört.

In vielen Anzeigen wird der Leser durch die Schrift geführt – beispielsweise durch
deutliche Größenabstufungen. Eine professionell gestaltete Anzeige sollte in der Regel
nicht mehr als zwei bis drei verschiedene Schrifttypen und -größen enthalten, sonst
entsteht der Eindruck eines unübersichtlichen Schriftsalats. Schrift und Schriftgröße
müssen zum Inhalt der Anzeige passen. Haben Sie eine besondere Hausschrift (zum
Beispiel eine gekaufte Designerschrift), sollte diese im Sinne des Wiedererkennungs-
effekts auch für die Anzeige verwendet werden.

> **Tipp:** Schriften unter 24 Punkt mit Schatten zu ergänzen, wirkt billig und unpro-
> fessionell – ebenso wie die Verwendung von Versalien (Großbuchstaben) in län-
> geren Fließtexten, die dadurch außerdem deutlich schlechter lesbar sind.

Andere Strukturierungshilfen sind Liniensysteme, Einzüge, Textblöcke, Schmuckele-
mente wie Sternchen, Pfeile oder Piktogramme. Diese sollten Sie eher sparsam verwenden, sonst verpufft die Wirkung! Sogenannte »Stopper« ziehen den Blick des Lesers auf sich und zwingen ihn zum kurzen Verweilen – zum Beispiel roter Stern, in
dem das Wort Top-Preis steht. Stopper sollten sehr dezent eingesetzt werden, da sie
häufig marktschreierisch wirken.

Es gibt verschiedene Möglichkeiten, um Abwechslung zu erzeugen – zum Beispiel
mit Kontrasten wie: klein – groß, hell – dunkel, gerade – schräg, flächig – gemustert,
rund – eckig. Farbverläufe als Hintergrund verleihen der Anzeige eine räumliche Tiefe.
Achtung bei strukturierten Hintergründen: Der harte Wechsel von Hell und Dunkel
im Hintergrund macht den Text unlesbar.

Die Zeilenlänge sollte bei zusammenhängenden Textblöcken etwa gleich sein.
Lange und kurze Zeilen in einem Textblock wirken instabil. Der »Treppeneffekt«
(oben kurze und nach unten hin immer längere Zeilen) sollte nur bewusst eingesetzt
werden und nicht »aus Versehen« entstehen. Breite Spalten lassen sich nur vertikal
verschieben, während schmalere in allen Richtungen verschoben werden können.
Schmale Spalten ermöglichen also eine größere Gestaltungsvielfalt und Flexibilität.
Verwenden Sie bei schmalen Spalten bitte nur Flattersatz, da der Text durch große
Wortabstände »Löcher« bekommt.

Ist der Satz der Anzeige an der Mittelachse orientiert, kann die Spannung verloren gehen. Dennoch gilt: Bei Orientierung an der Mittelachse (zentriert) darf im Sinne der Harmonie keine Mischung mit anderen Ausrichtungen erfolgen. Die folgenden Beispiele sollen Ihnen das Genannte verdeutlichen:

Diese Textverteilung wirkt

unästhetisch.

Der
Gesamteindruck
der Anzeige sollte
symmetrisch sein,
wenn Sie mit
der Funktion »zentriert«
arbeiten!

Sehr viel
harmonischer,
doch vielleicht
ein bisschen
langweilig
wirkt diese
Lösung!

Zwei Spalten, die gegeneinander flattern, wirken manchmal sehr unvorteilhaft.

Wenn zwei Spalten
gegeneinander
flattern, ist kein klarer
Weißraum und damit
keine saubere Trennung
zu erkennen!

Wenn zwei Spalten
gegeneinander
flattern, ist kein klarer
Weißraum und damit
keine saubere Trennung
zu erkennen!

Besser: Rücken an Rücken!

Bei dieser Lösung
fällt die Satzkante
optisch mit
dem Formatrand
zusammen!

Bei dieser Lösung
fällt die Satzkante
optisch mit
dem Formatrand
zusammen!

Wichtige Aussagen einer Anzeige kann man in ein Kästchen stellen. Bei dessen Umrandung gibt es viele Varianten wie etwa andere Formen wie Ellipsen, Kreise oder Vielecke, ausgefranster Rand, Füllung mit Farbe, Schatten oder dicke Linie. Tabu ist die Verwendung der dicken schwarzen Linie, denn sie erinnert an eine Traueranzeige.

Bei Couponanzeigen ist die Frage zunächst, inwieweit ein solches Konzept sinnvoll ist. Schließlich muss der potenzielle Kunde erst zur Schere greifen, dann die gewünschten Stellen ausfüllen, das Papierstück auf eine Karte kleben und zurücksenden. Aus diesem Grund arbeiten die meisten Bildungsträger mit der Angabe ihrer Kontaktdaten in Inseraten. Seminarinteressenten rufen an oder senden eine E-Mail, was einen vergleichsweise niedrigen Zeitaufwand bedeutet. Fällt Ihre Entscheidung dennoch zugunsten einer Couponanzeige, dann sollten Sie Folgendes beachten: Trennen Sie den Coupon optisch mit einer gestrichelten Linie ab. Die einzelnen Linien sollten im Verhältnis lang und ihre Abstände zueinander kurz sein. Zu empfehlen sind zwei Scheren als visuelles Symbol, mit einem doppelten Effekt: Mancher Leser fühlt sich tatsächlich zum Ausschneiden aufgefordert und greift zur Schere. Für andere, die zum Telefon greifen oder via Internet reagieren, ist die Schere ein Symbol, das sie schlicht zum Reagieren bringt: Aus »zurückschicken« wird schlicht »antworten« …

> **Tipp:** Der Coupon muss genug Raum zum Eintragen bieten, wenn Sie davon ausgehen, dass er tatsächlich zurückgeschickt wird. Wenn man seine Adresse nicht eintragen kann, weil die Zeilen kurz und eng sind, ist der Ärger darüber vorprogrammiert.

Schaltkosten

Am Anfang des Schaltprozesses (oder früher – nämlich bei der Erstellung Ihres Marketingkonzeptes, s. *Konzept*, S. 31 ff.) steht die Frage, in welchen Print- und Onlinemedien Sie inserieren sollten. Das wichtigste Auswahlkriterium ist die Frage, inwieweit das Medium von Ihrer Zielgruppe gelesen wird. Bieten Sie zum Beispiel Bildungsmaßnahmen für Senioren an, ist das Internet ein ungünstiges Medium, um diese zu erreichen. Auch wenn viele ältere Menschen inzwischen einen PC mit Internetzugang haben, verwendet eine hohe Zahl von ihnen primär andere Informationsquellen.

Printmedien

Kommen wir zunächst zu Anzeigen in Printmedien: Je nach Auflagenstärke, Erscheinungszeitraum Bekanntheitsgrad und Verbreitungsgebiet variieren die Kosten sehr stark und können in beträchtliche Höhe gehen. Ein Durchschnittsvergleichswert für gedruckte Medien:

Die Veröffentlichung einer zweifarbigen, viertelseitigen Anzeige kostet ungefähr	
450 – 600 Euro	bei einem monatlich erscheinenden Stadtmagazin
950 – 1.200 Euro	bei einer monatlich erscheinenden, regionalen Wirtschaftszeitung (zum Beispiel IHK-Zeitschrift)
1.350 – 1.500 Euro	bei einem monatlich erscheinenden Fachmagazin (zum Beispiel mit dem Schwerpunkt »Weiterbildung« oder »Personalentwicklung«)

Bei Tageszeitungen werden die Anzeigenpreise in Millimetern berechnet, sodass hier kein Durchschnittswert angegeben werden kann. Und: Die Statistik sagt nichts über den Einzelfall aus. Die genauen Anzeigenpreise Ihrer Wunschmedien ermitteln Sie in den »Mediadaten« oder in der »Anzeigenpreisliste«, die online heruntergeladen werden können. Oder Sie fragen den Mediaberater, der dort mit Telefonnummer und Mailadresse genannt wird – beziehungsweise lassen sich von Ihrer Werbeagentur beraten. Je länger Ihre Anzeige in der Zeitung steht und wahrgenommen werden kann, desto besser.

Die Frage, wie viele Menschen Sie mit einer Anzeige erreichen, lässt sich am besten durch die Auflage einer Zeitschrift beantworten. Hier ist jedoch zu unterscheiden zwischen der Zahl, die im Impressum angegeben ist und der tatsächlich verkauften Auflage. Und die können Sie auf der Internetseite der »Informationsgemeinschaft zur Feststellung der Verbreitung von Werbeträgern« (www.ivw.de) ermitteln. Die Institution stellt sich so vor: »Seit 1949 ermittelt und prüft die IVW neutral und objektiv die Verbreitung von Werbeträgern. Sie liefert mit ihren Arbeitsergebnissen zuverlässige Daten für Verbraucher, professionelle Werbungtreibende und für den Leistungswettbewerb der Medien untereinander. Damit haben sich Medienanbieter, Werbungtreibende und Werbeagenturen ein effektives Kontrollsystem geschaffen, das unter ihrer gemeinsamen Aufsicht steht.« Die Aufgaben der IVW sind folgende:

- Die IVW ermittelt, publiziert und kontrolliert die Auflagenhöhe von Zeitungen, Zeitschriften und weiteren periodisch erscheinenden Presseerzeugnissen. Bei der Tagespresse und den Fachzeitschriften erhebt sie zudem deren geografische Verbreitung.
- Im Bereich der Onlinemedien stellt die IVW die Gesamtanzahl der Seitenabrufe und der einzelnen zusammenhängenden Nutzungsvorgänge von Webangeboten fest.
- Für die Kinowerbung kontrolliert die IVW die korrekte Einschaltung der Werbefilme. Darüber hinaus ermittelt die IVW die Jahresbesucherzahlen der deutschen Filmtheater.
- Schließlich wird auch für das Sponsoring von Sport-, Kultur- und sonstigen Veranstaltungen von der Prüfgemeinschaft die Anzahl von Eintrittskarten und Besuchern festgestellt.

Anhand der IVW-Zahlen können Sie das Preis-Leistungs-Verhältnis für die Schaltung von Anzeigen in verschiedenen Medien vergleichen. Möglichkeiten, um Geld zu sparen:

- Bei größeren oder mehrfachen Anzeigenaufträgen gibt es in der Regel Rabatte.
- Regionale Tageszeitungen oder Anzeigenblätter gewähren sogenannte Ortspreise, die um die übliche Agenturprovision (»AE-Provision«) von 15 Prozent gekürzt sind – wenn Sie die Anzeige selbst schalten.

- Oftmals besteht ein (kleiner) Verhandlungsspielraum.
- Sie schalten eine kostengünstigere Verbundanzeige zu mehreren Partnerinstituten oder Anbietern mit gleicher Zielgruppe, die nicht im Wettbewerb mit Ihnen stehen.

Was zusätzlich zu den Anzeigenpreisen interessant für Sie ist, sind die Themenpläne der Medien. Monatlich erscheinende Zeitschriften haben meist einen bestimmten inhaltlichen Schwerpunkt. Passt dieser zu Ihrem Angebot, sollten Sie in der entsprechenden Ausgabe inserieren. Manche Zeitschriften produzieren Spezialbeilagen oder Sonderausgaben zu jeweils unterschiedlichen Schwerpunkten. Fragen Sie im Zweifelsfall bei der Anzeigenabteilung nach.

Eine Anzeige oder eine Anzeigenkampagne lebt von der Wiederholung. Das einmalige Schalten eines Inserates bringt höchstens dann etwas, wenn Sie gleichzeitig einen redaktionellen Beitrag über Ihr Bildungsangebot oder Ihr Unternehmen unterbringen können. Leider gilt oft das Prinzip »Mit der Wurst nach dem Schinken schmeißen«. Sie investieren in eine Anzeige – dafür werden Sie im redaktionellen Teil berücksichtigt (s. *Pressearbeit*, S. 285 ff.).

Zum zeitlichen Ablauf der Anzeigenschaltung in einem Printmedium: Ist die Anzeige fertig gestaltet, erfolgt die Versendung der Daten an die Zeitung(en), in der/denen sie erscheinen soll – in der Regel durch den Grafiker oder die Werbeagentur. Fragen Sie bei der Zeitung nach, welche anderen Inserate noch auf der Seite Ihrer Anzeige stehen werden. Denn wenn Sie Pech haben, verpufft die Wirkung Ihrer Anzeige, weil sie zwischen den zahlreichen anderen Annoncen untergeht. Dann sollten Sie über eine Verschiebung des Erscheinungsdatums nachdenken.

Lassen Sie sich nach Möglichkeit von der Zeitung vorher noch einmal einen Korrekturauszug schicken oder faxen, damit Sie sicher sein können, dass die Anzeige auch so aussieht, wie sie soll. Manchmal kommt es zu Fehlern, weil eine Datei beschädigt ist oder versehentlich eine alte Datei (einer früheren Anzeige) verwendet wird. In diesem Fall: Hat man Ihnen keinen Korrekturauszug geschickt und Sie stellen erst nach Erscheinen der Anzeige fest, dass sie fehlerhaft ist, handeln Sie einen Rabatt oder als Entschädigung eine (je nach Schaden auch mehrere) Freianzeigen heraus.

Onlineanzeigen

Da sich die Internettechnologie ständig weiterentwickelt, werden hier exemplarisch zwei Anzeigenformen behandelt: Bannerwerbung und Google AdWords.

Bannerwerbung. Werbebanner werden als Grafik oder Flashdatei entweder fest in eine Internetseite integriert oder legen sich als sogenannter »Power layer« für einige Sekunden über die Website. Das am weitesten verbreitete Format ist die Standardgröße von 468 x 60 Pixel. Klickt der Internetuser auf das Banner, gelangt er über einen Link direkt zur Website des Anbieters. Die Abrechnung erfolgt entweder anhand der

Klickrate oder anhand der Zahl der Einblendungen. Heutzutage (2008) gibt es zahlreiche verschiedene Bannerarten – und sicher bald viele mehr:

- statische Banner (fixe, in der Regel viereckige Grafiken),
- animierte Banner (bewegte Texte und Bilder),
- HTML-Banner (interaktives Banner – zum Beispiel mit Pull-down-Menü oder einer Auswahl-Box),
- Nano-Site oder Microsite-Banner (eigene Mini-Website in Bannergröße, die auf die eigentliche Homepage verweist),
- Rich-Media-Banner (multimediales Banner mit Audio- und Videofiles oder 3D-Animationen),
- Transactive-Banner (ein mit anderen Websites korrespondierendes Banner)
- Streaming-Banner (Durchlauf-Banner mit Audio- und Videospots, News, Trailern, Filmchen, Musikstücken und vieles andere mehr).
- Pixel-Bannern (Buchung einer Werbefläche für beliebig viele Banner im Rahmen der geordneten Pixelzahl).

Um sich die Besucher ihrer Internetseiten gegenseitig weiterzuleiten, nehmen viele kleinere Firmen an Partnerprogrammen teil. Anbieter mit größerem Budget kaufen gezielt Werbeflächen bei hoch frequentierten Websites mit passender Zielgruppe ein. Manchmal wird auch eine Mediaagentur mit der Suche und Buchung passender Werbemöglichkeiten beauftragt.

Zur Wirksamkeit von Bannerwerbung: Der Provider Adtech hat in einer Studie die Entwicklung der Klickraten europäischer Internetbesucher auf Banner in den Jahren 2004 bis 2007 untersucht. Auf der Internetseite www.marketingcharts.com/interactive/click-through-rates-falling-in-europe-354 heißt es:

»Just two out of a thousand viewed banners are clicked on by European internet users, according to browser analysis by ad server technology provider ADTECH. The current click-through rate of 0.18% is the lowest since ADTECH began its banner analyses in 2004, when the average was 0.33%.«

Übersetzt heißt das sinngemäß:

»Nur zwei von tausend betrachteten Bannern werden von europäischen Internetusern angeklickt. … Die aktuelle Klickrate von 0,18 Prozent im Jahr 2007 ist die niedrigste, seit ADTECH 2004 mit der Banneranalyse begann. Damals betrug der Wert 0,33 Prozent.«

Inwieweit diese Studie repräsentativ ist, sei dahingestellt. Sie zeigt jedoch klar eine Tendenz auf: Wegen der großen Informationsflut im Internet hat sich unter den Usern eine Bannermüdigkeit verbreitet. Nach Aussage der Studie müssen immer ausgeklügeltere Technologien aufgefahren werden, damit sich die Aufmerksamkeit des übersättigten Betrachters auf eine Bannwerbung richtet. Und angeschaut heißt noch lange nicht darauf geklickt.

Insbesondere Pop-up-Fenster, die sich über die eigentlich besuchte Internetseite legen, gehen den meisten Benutzern auf die Nerven. Deshalb nutzen viele User bereits Softwareprogramme (zum Beispiel einen Pop-up-Blocker), die Bannerwerbung und andere Onlinewerbemaßnahmen mehr oder weniger erfolgreich unterdrücken.

Google AdWords. Die folgenden Hinweise wurden uns freundlicherweise von Thomas Kiehl-Fruh (www.tipping-methode.de) zur Verfügung gestellt.

Google, die meistgenutzte Suchmaschine, bietet seit einiger Zeit eine interessante Möglichkeit, die eigenen Seiten zu bewerben. Mit »AdWords« können Sie Anzeigen schalten, die rechts neben den Suchergebnissen erscheinen. Im Gegensatz zu einer Printanzeige zahlen Sie aber für die Schaltung dieser Anzeige nichts – erst wenn jemand darauf klickt und damit zu Ihren Seiten geleitet wird, wird eine Zahlung an Google fällig. Bei welchen Suchbegriffen Ihre Anzeige erscheint, bestimmen Sie selbst durch die Eingabe entsprechender Stichworte bei der Einrichtung Ihrer AdWords-Anzeige.

Konkurrieren mehrere Anzeigen um einen Platz, bestimmt die Höhe des von Ihnen festgelegten Preises die Position Ihrer Anzeige. Neben den »Kosten pro Klick« (also die Gebühr, die anfällt, wenn jemand auf Ihre Anzeige klickt) bestimmen Sie das maximale Tagesbudget – dadurch erhalten Sie Planungssicherheit über die Gesamtkosten.

Sie können mehrere Anzeigen gleichzeitig schalten, die zu unterschiedlichen Stichworten erscheinen. Wenn Sie neben Coaching auch Teamentwicklung anbieten, ist es sinnvoll, eine entsprechende Anzeige zu formulieren, die sich direkt auf diesen Begriff bezieht. Auf der www.google.de finden Sie einen Link »Werbung«, der Sie zu den AdWords führt. Das »Tutorial zur Anmeldung« informiert Sie über alle Schritte.

Nutzen Sie unbedingt die Hilfefunktionen, die Google dazu anbietet. Neben den allgemeinen Erläuterungen kann Google Ihnen eine Schätzung des zu erwartenden »Traffic« (der Zahl der Klicks) geben und eine Empfehlungen zu einem angemessenen Tagesbudget. Ist Ihr Budget erreicht, wird die Anzeige an diesem Tag nicht mehr geschaltet. Stichworte, die nicht oder nur schlecht passen, werden nach einiger Zeit automatisch deaktiviert und gelöscht. Damit möchte Google sicherstellen, dass es einen sinnvollen Bezug zwischen den von den Nutzern eingegebenen Suchbegriffen und den Anzeigen gibt.

In Ihrem Kundenmenü können Sie verschiedene regelmäßige Berichte anfordern, die Ihnen per E-Mail zugesendet werden. Gehen Sie dazu am Ende der Berichtseinrichtung auf »E-Mail-Einstellungen«, dort können Sie »Bericht als E-Mail-Anhang einfügen« aktivieren.

Speziell der Keyword-Bericht gibt Ihnen Aufschluss darüber, welche Stichworte gut funktionieren und welche geändert werden sollten. Wenn Ihre Anzeige zwar oft gezeigt (Impr. = Impression), aber nur selten angeklickt wird, kann das sowohl an den Stichworten als auch an der Formulierung der Anzeige liegen. Überlegen Sie, mit welchen Begriffen Sie selbst suchen würden und überprüfen Sie, ob Ihr Anzeigentext dazu passend ist. Experimentieren Sie ruhig mit mehreren Anzeigenvariationen, bis Ihr Ergebnis zufriedenstellend ist. Kommen dann Interessenten per Mausklick auf Ihre Website, haben Sie ein wichtiges Ziel erreicht und Ihre Chancen auf einen Auftrag beziehungsweise eine Seminarbuchung gesteigert.

Conversion rate: Die Umwandlung

Für welche Internetwerbeform Sie sich auch entscheiden, letztlich ist entscheidend, wie viele der »Klicker« oder »Betrachter« Ihre Website kontaktieren. Deshalb gibt es immer mehr Anbieter, mit denen Sie jedenfalls auf cpi- oder sogar auf cpo-Basis abrechnen: cost per interest meint eine konkrete Anfrage, cost per order eine Buchung bei Ihrem Institut. Betreiber von Fachportalen bieten die Chance, White Papers einzustellen, also inhaltlich wertvolle Beiträge. Diese können von Usern kostenlos gelesen oder heruntergeladen werden, die sich allerdings qualifizieren müssen. Sie erhalten dann diese »leads« gegen eine vorher vereinbarte Bezahlung.

PR- und Öffentlichkeitsarbeit: Die Presse macht Arbeit, die sich lohnt!

Birgit Lutzer

Ein wichtiges Instrument, um bekannt zu werden und neue Teilnehmer für Ihr Angebot zu gewinnen, ist die Pressearbeit. Sie hat das Ziel, Journalisten zum Verfassen oder Produzieren eines Berichtes über Sie als Bildungsträger zu veranlassen. Sie haben sich vielleicht auch schon gefragt: »Wieso steht über den Trainer dauernd etwas in der Zeitung?«, »Wieso wird Bildungsinstitut X in einem Fernsehbericht vorgestellt und nicht wir?«. – Zunächst ein paar Fakten über Pressearbeit:

- Pressearbeit ist ein Instrument, das auf Langzeitwirkung angelegt ist. Steigen Sie neu ein, müssen Sie etwas Geduld haben.
- Schalten Sie gleichzeitig Anzeigen, steigt die Quote Ihrer Veröffentlichungen.
- Ein Pressebericht kann Ihnen neue Kunden und Teilnehmer bringen oder auch nicht – die genaue Wirkung ist nicht vorhersehbar.

Mögliche Zielmedien für Ihre Pressearbeit sind:

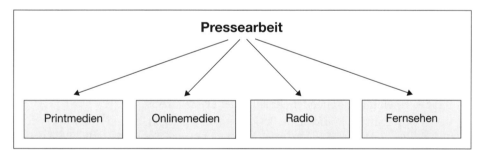

Sie erhalten zu Beginn Hinweise zur Pressearbeit, die für alle Medien gelten. Anschließend wird aufgeschlüsselt in Print- und Onlinemedien sowie in Radio und Fernsehen. Die Entscheidung, an welche Art von Medien Sie Ihr Pressematerial versenden, hängt von zwei Fragen ab:

- Welche Medienart wird von der Zielgruppe Ihrer Presseaktion genutzt? Beispiel: Möchten Sie Senioren erreichen, sind gedruckte Medien besser geeignet als das Internet.
- Zu welchen Medien passt Ihr Thema am besten? Ein für das Fernsehen geeignetes Thema muss starke visuelle Aspekte haben. Ein Radiobeitrag wird dann erstellt, wenn sich Ihre Idee gut vertonen lässt.

Haben Sie das Instrument »Pressearbeit« noch nie eingesetzt, gehen Sie am besten so vor: Zunächst sammeln Sie ein paar zündende Ideen, mit denen Sie sich an die Presse wenden möchten. Bei der Themenfindung kommt es natürlich auf das Ziel Ihrer Presseaktion an:

● Möchten Sie an Ihrem *positiven Image* als Bildungsträger arbeiten, bietet sich ein Thema an, bei dem Sie in positiver Weise von sich reden machen. Beispiele sind etwa Spendenaktionen, soziale Projekte oder ein besonderes Engagement bei wichtigen gesellschaftlichen Problemen.
● Geht es Ihnen um den *Ausbau Ihres Expertenstatus* (zum Beispiel wenn Sie Trainer, Coach oder »Speaker« sind), ist die Veröffentlichung von Fachartikeln zu Ihrem Expertenschwerpunkt der richtige Weg.
● Besteht Ihr Ziel darin, *Ihren Bekanntheitsgrad zu erhöhen,* verwenden Sie eine aktuelle Meldung zu einem Ereignis oder einer Veranstaltung in Ihrem Bildungs- oder Trainingsunternehmen.

Verfolgen Sie alle drei Ziele, stellen Sie als Themenplan eine gute Mischung von Pressetexten aus allen drei Bereichen zusammen. Dabei ist zu beachten: Die Medien berichten am liebsten über Dinge, Ideen oder Ereignisse, die neu, einmalig oder brisant sind. Deshalb benötigen Sie einen aktuellen »Aufhänger« oder Anlass. Auch Fachbeiträge aus Ihrem Kompetenzbereich, die für die Leser der Zeitung einen Nutzen haben, werden gerne genommen. Meinungsäußerungen zu bildungspolitischen Entscheidungen oder die allgemeine Vorstellung des Kursprogramms reichen häufig nicht aus, um das Interesse von Journalisten zu wecken. Bei der Themenauswahl durch die Redakteure können zahlreiche Faktoren eine Rolle spielen:

● Passt das Thema zur Ausrichtung und zu den Lesern/Hörern/Zuschauern?
● Hat das Thema einen Bezug zu den Konsumenten des Mediums?
● Ist das Thema aktuell?
● Birgt es einen überraschenden Verlauf oder etwas Kurioses?
● Wenn es brisant ist: Würde eine Berichterstattung gegen die Interessen von wichtigen Auftraggebern (zum Beispiel Anzeigenkunden) verstoßen? In diesem Fall wird sich die Redaktion gegen eine Veröffentlichung entscheiden, Ihnen auf Nachfrage aber eine andere Begründung liefern.
● Ist der Absender der Presseinformation Inserent bei dem Medium?
● Erfordert das Thema weiteren und vielleicht hohen Rechercheaufwand vonseiten des Medienvertreters?

Sie erkennen an dieser sicher noch erweiterbaren Liste, dass es bei der Pressearbeit viele Unsicherheiten gibt. Manches können Sie gar nicht beeinflussen, weil Sie nur sehr begrenzt hinter die Kulissen der Redaktionen blicken. Wenn also ein Bericht über Ihr Thema abgelehnt wird, kann das 1.001 Gründe haben. Vielleicht auch den, dass der Chefredakteur einen ziemlich guten Draht zu Ihrem schärfsten Wettbewerber hat. Entsteht in Ihnen ein solcher Verdacht, behalten Sie diese Einschätzung bitte für sich.

Denn Journalisten vertreten nach außen den Anspruch, »neutral« zu sein. Konfrontieren Sie einen Medienvertreter mit dem Gedanken, er lasse sich in der Auswahl seiner Themen von persönlichen Beziehungen leiten, wird er schon gar nicht zum Stift greifen und positiv über Sie schreiben. Er wird Sie vielleicht sogar mit einem schlechten Bericht »in die Pfanne hauen«, um Ihnen einen Denkzettel für Ihr undiplomatisches Gequatsche zu verpassen. Und dann haben Sie den Salat und müssen sich um Krisen-PR (s. S. 301 ff.) bemühen.

Haben Sie eine Reihe von Ideen gesammelt, bringen Sie diese in eine sinnvolle Reihenfolge und erstellen daraus einen Jahresplan. Wenn Sie alle sechs bis acht Wochen mit einer Presseaktion von sich reden machen, reicht diese Frequenz aus. Bombardieren Sie die Redaktionen jede Woche mit einer neuen Meldung, riskieren Sie, dass Ihr Pressematerial gar nicht mehr gesichtet wird, sondern sofort in hohem Bogen in der Ablage P (Papierkorb) landet. Die folgenden Beispiele sollen als Anregung für Ihre eigene Themenfindung dienen:

- Sie führen eine gemeinsame Presseaktion mit einem bekannten und prominenten Kunden oder Geschäftspartner durch. Beispiel: Sie haben ein spektakuläres Outdoortraining in einem Konzern durchgeführt.
- Sie stellen einen Dozenten Ihres Instituts mit einem ausgefallenen Hobby vor. Beispiel: Der Tierkundedozent hält zu Hause Vogelspinnen und Skorpione.
- Sie führen einen kostenlosen Deutsch-Schnupperkurs für Türkinnen eines bestimmten Wohnviertels durch.
- Teilnehmer eines Steinmetzkurses versteigern Skulpturen zugunsten von Behinderten.
- Sie organisieren eine öffentlichkeitswirksame Veranstaltung, zu der Sie die Presse einladen – wie zum Beispiel eine Podiumsdiskussion mit Politikern und/oder Fachleuten oder den Auftritt eines Prominenten in Ihrem Bildungs- beziehungsweise Trainingsinstitut. Achten Sie darauf: Das Thema sollte etwas mit Ihrem Bildungsangebot zu tun haben.

Ihr Plan für Presseaktivitäten sollte auf Jahreszeiten und wiederkehrende Ereignisse angepasst sein. Beispiele:

- Januar: »Wie Sie Ihre guten Vorsätze länger als nur drei Wochen umsetzen«: Fachartikel eines Trainers, der sich auf Zielfindungsseminare und -coachings spezialisiert hat.
- März/April: »Wenn der Osterhase einen Seminargutschein bringt«: Presseaktion eines größeren Bildungsinstituts, das Seminargutscheine zu Ostern verlost.
- Mai: »Alles neu macht der Mai!«: Ein Bildungsträger kündigt in der Presse einen Vortrag über das Thema »berufliche Umorientierung« an.
- Oktober: »Fit in den Herbst«: Fachartikel einer Gesundheitstrainerin.

Zwischendurch ergeben sich immer wieder aktuelle Ereignisse, auf die Sie in Ihrem Pressethema Bezug nehmen können. Beispiel: Eine führende Politikerin gerät wegen

Wortbruchs nach den Wahlen in die Negativschlagzeilen. Daraus lassen sich verschiedene Themen ableiten:

- Überzeugend sprechen.
- Werteorientierung und Glaubwürdigkeit.
- Umgang mit Medien und Öffentlichkeit.

Schaffen Sie eine überzeugende Verbindung zwischen Ihrem Bildungsschwerpunkt beziehungsweise Ihrer Fachkompetenz und dem aktuellen Thema, erhöhen Sie die Chance auf Veröffentlichung. Ihr Jahresplan sollte also immer noch so offen sein, dass Sie auf einen fahrenden Zug in der Medienberichterstattung aufspringen können!

> **Tipp:** Lesen Sie aufmerksam die Tagespresse und nehmen Sie sich die Zeit, regelmäßig Nachrichten zu sehen oder zu hören. Welche Themen eignen sich für eine Integration in Ihre Medienarbeit? Welche Anlässe finden Sie, den Kontakt mit den Medien (wieder) aufzunehmen?

Welche Medien möchten Sie kontaktieren? Der Presseverteiler

Als »Presseverteiler« bezeichnet man die Zusammenstellung der Medien, die Sie bei einer oder mehreren Presseaktionen kontaktieren möchten. Je nach Thema und Zielgruppe einer Presseaktion kann dieser Verteiler unterschiedlich zusammengesetzt sein. Aus diesem Grund bietet sich die Arbeit mit einer Adressdatenbank an. Zu jedem Medium, das Sie in die Datenbank aufnehmen, speichern Sie ein Stichwort ab – zum Beispiel »Technikerfachzeitschrift«, »Wirtschaftszeitung« oder »Frauenillustrierte«. Gleiche Arten von Medien erhalten das gleiche Stichwort. So können Sie Ihren Presseverteiler flexibel an Ihren jeweiligen Bedarf anpassen.

Doch woher bekommen Sie Medienadressen? Zunächst gibt es gedruckte Verzeichnisse, die natürlich ihren Preis haben. Weil sich die Medienlandschaft und die Zusammensetzung der Redaktionen häufig ändern, verliert das Druckerzeugnis rasch seine Aktualität. Der beste Weg ist das Internet – zum Beispiel über die Presse-Website www.fachzeitschriften-portal.de. Hier finden Sie die meisten wichtigen Printmedien. Um den geeigneten Ansprechpartner für Ihr Thema zu finden, schauen Sie ins Impressum. Insbesondere größere Medien sind in unterschiedliche Ressorts eingeteilt.

Die Anschriften von Radio- und Fernsehsendern finden Sie in fast jeder Programmzeitschrift. Die Kontaktaufnahmen mit Radio- und Fernsehjournalisten läuft über die einzelnen Sendungen. Beispiel: Wenn Sie ein Thema anbieten, das mit dem Ort Ihres Firmensitzes zusammenhängt, kontaktieren Sie das Lokalradio. Würde ein Beitrag über Sie in eine bestimmte Fernsehsendung passen, setzen Sie sich mit der Redaktion dieser Sendung in Verbindung. Presseinfos ohne weitere Angabe an den Sender zu schicken (zum Beispiel »RTL«) bringt Ihnen nichts. Dann landet Ihr Material meist im Papierkorb.

Zum effektiven Einsatz der Datenbank: Als sehr praktisch hat sich die Formularfunktion im Vergleich zur Übersichtstabelle erwiesen. Jedes Medium hat ein Datenblatt, in das Sie Kommentare und Änderungen sofort einfügen können. Folgende Rubriken eignen sich für die Verwaltung von Medienadressen:

- Name des Mediums,
- Art des Mediums, Zielgruppe (Leser, Hörer, Zuschauer),
- Kontaktdaten Zentrale,
- E- Mail und Webadresse,
- Verbreitungsgebiet,
- Auflage,
- Ansprechpartner, deren Funktion (zum Beispiel »Chefredakteur«) und deren Kontaktdaten (Durchwahl, E-Mail-Adresse),
- Aktionsdaten: Welche Infos wann erhalten, auf welchem Weg?
- Kontaktverlauf: Wann mit wem worüber telefoniert oder persönlich gesprochen?
- Kommentare.

So gesehen, betreiben Sie gegenüber den Medien ähnlich CRM (Customer Relationship Management) wie mit Ihren Kunden (s. S. 375). Ihre Datenbank sollten Sie regelmäßig aktualisieren – beziehungsweise im Zweifelsfall noch einmal recherchieren, ob sich die Kontaktdaten Ihrer Zielmedien geändert haben.

Arten von Pressetexten

Eng verknüpft mit Ihren Themen ist die Frage, welche Art von Pressetext am besten geeignet ist.

Die Presseinformation. Am bekanntesten ist die sogenannte »Presseinfo«, die von Medienvertretern oft scherzhaft als »Waschzettel« bezeichnet wird. Sie wird verschickt, um die Redaktionen für ein bestimmtes Thema zu gewinnen. Der Redakteur soll überzeugt werden, auf Basis der Presseinfo einen Bericht zum vorgeschlagenen Thema zu verfassen oder zu produzieren – oder ein Interview mit Ihnen durchzuführen. Die Presseinfo umfasst maximal eine DIN-A4-Seite und enthält Antworten auf die »5 W« (manchmal können es auch mehr sein): **Wer**? **Was**? **Wie**? **Wann**? **Warum**? oder **Wie** oft? **Wie** lange?

Die Reihenfolge ist variabel und abhängig von der Wichtigkeit der Informationen. Auch für die Form der gedruckten Presseinformation gibt es Empfehlungen, die sich in der Praxis bewährt haben.

- Umfang maximal eine DIN-A4-Seite.
- Zeilenabstand 1,5 Punkt, also 1 ½-zeilig.
- Breiter Rand von zirka 7 cm (für Notizen des Redakteurs).
- Kontaktdaten und Ansprechpartner in Ihrem Hause.

Die Druckvariante wird meistens auf dem normalen Geschäftspapier ausgeduckt. Manche Unternehmen arbeiten allerdings mit speziell für Presseinfos konzipierten Bögen. Die Übermittlung des Waschzettels erfolgt durch persönliche Übergabe (zum Beispiel bei einem Pressetermin), durch das Fax oder den Postweg.

Zu elektronischen Formen von Presseinfos: Verschicken Sie eine PDF mit fest eingebundenem Text, sieht diese Datei gut auf dem Bildschirm aus. Möchte der Journalist jedoch einzelne Textteile übernehmen, ist das Herauskopieren manchmal umständlich. Daher verschicken Sie besser eine Word-Datei, sodass die Weiterverarbeitung Ihrer Inhalte möglichst einfach für den Empfänger wird. Weil manche Redaktionen Angst vor Viren haben, können Sie Ihren Pressetext auf Wunsch auch formlos direkt in eine E-Mail kopieren. Achten Sie in diesem Fall darauf, dass Ihre Kontaktdaten mit in der Mail stehen (Signatur und/oder elektronische Outlook-Visitenkarte).

Der Fachartikel. Der Fachartikel dient dazu, Sie als Experten mit Ihrem Kompetenzschwerpunkt bekannt zu machen. Im Optimalfall erscheinen Sie als Autor mit einem Porträtfoto und allen Kontaktdaten über oder unter dem Fachartikel.

Das Prinzip des Fachartikels ist so einfach wie wirkungsvoll: Sie geben etwas von Ihrem Know-how und gießen dieses in eine journalistische Form. Ihr Beitrag enthält außer den vom eigentlichen Text separierten Autoreninfos keinerlei Angaben über Sie und Ihr Trainings- oder Bildungsinstitut. Er konzentriert sich auf die Übermittlung von praktischem Wissen, das die Leser der Zeitung sofort umsetzen können. Beispiele:

- Ein Spezialist für Zeitmanagement gibt Hinweise zur sinnvollen Strukturierung komplexer Aufgaben.
- Eine Sprachtrainerin stellt die wichtigsten Redewendungen für ein Bewerbungsgespräch auf Englisch zusammen.
- Ein Führungstrainer stellt verschiedene Kommunikationsstile vor und erläutert deren Vor- und Nachteile im Umgang mit Mitarbeitern.
- Eine Kreativitätsspezialistin zeigt Methoden, um schnell Ideen zu entwickeln.

Sie mögen jetzt einwenden: »Die Leute sollen doch in meine Seminare kommen. Wenn ich einen Fachbeitrag veröffentliche, wissen sie schon alles, was ich ihnen beibringen möchte!« Darauf antworte ich: »Warum meldet sich dann überhaupt jemand zu einem Seminar an? Schließlich kann er doch ein Fachbuch zum Thema lesen und sich alles selbst erschließen!« Eine Weiterbildungsmaßnahme mit einem Dozenten ist eine komplett andere Form der Wissensübermittlung als die Lektüre eines Textes. Ein Fachbeitrag von zwei Seiten kann keinen Seminarbesuch ersetzen.

Im Gegenteil: Der Fachartikel ist das Appetithäppchen, das Sie potenziellen Teilnehmern hinwerfen, damit diese mit Ihnen Kontakt aufnehmen. Wer Ihren Beitrag liest, erkennt:

- Der Verfasser hat Ahnung von der Sache und ist kompetent, sich zu diesem Thema zu äußern.

- So einfach kann ich die Inhalte alleine leider nicht umsetzen.
- Deshalb melde ich mich zu seinem Seminar an.

Gehören Sie zu einem Institut mit mehreren Trainern, können Sie Ihre Pressearbeit mit Fachartikeln verschiedener Teammitglieder anreichern. In einem Monat versenden Sie zum Beispiel einen Fachartikel von EDV-Dozentin X zum Thema »Kleine Netzwerkprobleme selbst lösen«, im nächsten einen Text über »Verkaufsrhetorik«. Liegen die Fachgebiete Ihrer Trainer weit auseinander, weil Sie in Bezug auf Ihre Seminarthemen breit aufgestellt sind, ergeben sich daraus vielleicht unterschiedliche Zielmedien.

Journalisten mögen am liebsten Fachartikel, die komplizierte Sachverhalte vereinfachen. Auch Checklisten und überschaubare Punkte mit Tipps werden gerne genommen. Mit einer knackigen Headline haben Sie schon viel gewonnen. Beispiele:

- Zehn Tipps, mit denen Sie Zug in Ihr Marketing bringen.
- Alte Hüte und moderne Kopfbedeckungen: So bringen Sie Ihre Geschäftskorrespondenz auf den neuesten Stand.
- Die sieben schlimmsten Tricks der Einkäufer: Wie Sie Schnäppchenjägern und Preisdrückern Paroli bieten.

Ist Ihr Fachbeitrag sehr lang, ist es manchmal besser, den ausführlichen Text um eine Zusammenfassung zu ergänzen. Denn Journalisten haben oft wenig Zeit und möchten nach kurzem Überfliegen entscheiden, ob der Beitrag interessant ist oder nicht. Manchmal kann es sein, dass Sie einen Anruf bekommen mit der Bitte, Ihren Beitrag an das Medium anzupassen – ihn entweder zu erweitern oder zu kürzen. Auf diesen Wunsch sollten Sie im eigenen Interesse eingehen.

Für die Veröffentlichung Ihres Fachbeitrags bekommen Sie in der Regel kein Honorar, da Sie ihn verschiedenen Medien zur Verfügung stellen. Tritt eine Redaktion an Sie mit der Bitte heran, exklusiv für sie einen Artikel zum Thema XY zu verfassen, sollten Sie nach dem Honorar fragen. Vielleicht ist man bereit, Ihnen einen kleinen Obolus zu zahlen. Ihre Auftraggeber werden jedoch wahrscheinlich so argumentieren: »Wenn Ihr Beitrag bei uns veröffentlicht wird, ist das kostenlose PR für Sie. Daher zahlen wir keine Honorare an Gastautoren.«

Manchmal wird Ihr Beitrag von der Redaktion verändert. Damit Ihre Botschaft richtig übermittelt wird, lassen Sie sich dann eine »Korrekturfahne« schicken. So bezeichnet man einen Ausdruck oder eine PDF-Datei, die das endgültige Layout Ihres Fachbeitrags zeigt. Dies ist Ihre letzte Chance, kleine (Rechtschreib-)Fehler zu beseitigen. Was nicht mehr möglich ist, sind grundlegende Änderungen zum Beispiel in der Struktur des Textes.

> **Tipp:** Achten Sie darauf, dass Ihre Kontaktdaten und Ihre Website korrekt angegeben sind. Richtige Angaben erleichtern Lesern den Weg zu Ihnen!

Die Presseeinladung. Eine Presseeinladung wird dann versandt, wenn Sie ein besonderes Event veranstalten – einen Kongress, eine Tagung, einen Tag der offenen Tür
oder ein Fest. Die Presseeinladung enthält neben freundlichen Worten die wichtigsten
Fakten zur Veranstaltung – und ein Responseelement (Karte, Fax), mit dem sich der
Medienvertreter anmelden kann. Wenn Sie keine Antwort erhalten, rufen Sie ruhig einen Tag vor der Veranstaltung noch einmal in den Redaktionen an. Wer wann zu welchem Termin geht, wird oft kurzfristig entschieden.

Bei manchen Anlässen ist es offen, wann Sie Besuch von der Presse bekommen –
beispielsweise bei einem Tag der offenen Tür. Anders sieht es aus, wenn es ein festes
Programm gibt. Fügen Sie dieses Programm Ihrer Einladung bei und weisen Sie darauf hin, dass zum Beispiel der Hauptredner um soundsoviel Uhr spricht. Wenn Sie
Glück haben, kommen die Journalisten rechtzeitig. Manchmal drückt sich aber auch
mitten im Vortrag noch ein verspäteter Medienvertreter in den Saal.

Laden Sie zu einer Pressekonferenz oder zu einem Pressegespräch (Medienvertreter und Sie in kleiner Runde) ein, sollten Sie ausdrücklich um Anmeldung bitten. Eine
einleuchtende Begründung ist: »Weil wir eine persönliche Pressemappe für Sie bereit-
halten, bitten wir Sie um eine Antwort bis zum …« (s. *Pressekonferenz*, S. 297 f.).

Tipp: Die Erwartung, dass ein Redakteur die ganze Zeit an Ihrem Event teilnimmt, ist meistens unrealistisch. Er verschafft sich einen Überblick, schießt ein
paar Fotos und redet kurz mit den wichtigsten Personen. Dann rauscht er ab
zum nächsten Termin. Manchmal ruft er nach Ende der Veranstaltung noch einmal bei Ihnen an und fragt, wie es gelaufen ist. Das ist eine gute Gelegenheit für
Sie, noch einmal die wichtigsten Fakten zu betonen, die Ihnen am Herzen liegen.

Die Stellungnahme. Die Stellungnahme wird meistens in Zusammenhang mit Krisen-PR veröffentlicht. Sie nehmen darin Bezug zu einem Ereignis oder zu einer Person, die in Zusammenhang mit Ihnen stehen – und die in die Negativschlagzeilen ge-
raten sind. Eine Stellungnahme dient dazu, die Wogen zu glätten, Fehler zu erklären
und das Vertrauen der Öffentlichkeit wiederherzustellen. Sie wird auf der unterneh-
menseigenen Internetseite veröffentlich, an Medienvertreter geschickt und persönlich
an Journalisten sowie andere anwesende Interessengruppen verteilt. Beim Verfassen
einer Stellungnahme kommt es auf den richtigen Weg zwischen Ehrlichkeit und
Schönrederei an (s. *Krisen-PR*, S. 301 ff.).

Der Leserbrief. Auch der Leserbrief ist ein Medium, eine Meinung zu einem bereits
veröffentlichten Bericht oder zu einem Vorfall publik zu machen. Manche Menschen
machen sich regelrecht einen Sport daraus, die Redaktionen mit Leserbriefen zu bombardieren. Davon ist in jedem Fall abzuraten. Sie wirken dann wie jemand, der ein
starkes Geltungsbedürfnis hat – und der über viel Zeit verfügt. Natürlich werden Sie
und Ihr Brief – wenn er veröffentlicht wird – wahrgenommen – doch leider haftet

ihm das Image der Parteilichkeit an. In Krisenzeiten kann ein Leserbrief helfen, das Vertrauen in Sie als Bildungsträger wiederherzustellen – nämlich dann, wenn sich ein *anderer* (zum Beispiel ein bekannter Bildungsspezialist mit gutem Ruf) positiv im Brief über Sie äußert.

Die Redaktion distanziert sich von den Inhalten der Leserbriefe (»Die hier veröffentlichten Briefe geben ausschließlich die Meinung des Verfassers wieder«) und behält sich das Recht vor, diese zu kürzen – oder sich gegen den Abdruck zu entscheiden. Genauso wie Presseinformationen werden Leserbriefe nach ihrem Nachrichtenwert ausgewählt – zum Beispiel Aktualität, Prominenz des Absenders, Originalität, Brisanz des Themas ... Als Verfasser sind Sie selbst juristisch für Ihren Brief verantwortlich. Die publizistische und presserechtliche Verantwortung liegt jedoch bei der Zeitung oder dem Onlinemedium. Da Leserbriefe in Zusammenhang mit Rechtsstreitigkeiten überprüft werden müssen, werden diese Schreiben oft gar nicht erst veröffentlicht. Denn keine Redaktion kann den Wahrheitsgehalt jedes Schreibens prüfen.

Wenn Sie also ein solches Schreiben aufsetzen, fassen Sie sich kurz und nennen Sie die wichtigsten Punkte am Anfang. Nennen Sie bitte auch Ihren vollständigen Namen und Ihre Anschrift, denn anonyme Leserbriefe landen im Papierkorb. Der Schreibstil Ihres Briefes sollte verständlich sein, damit Ihre Botschaft richtig ankommt. Das bedeutet: kurze Sätze, wenig Fremdwörter und gegebenenfalls Beispiele zur Erläuterung schwieriger Sachverhalte. Achten Sie darauf, Ihr Anliegen sachlich und begründet vorzutragen. Polemik wirkt sich schlecht auf Ihr Image aus: Sie verärgern damit unnötig bestimmte Personen – oder Sie machen sich mit Ihrer Emotionalität lächerlich. Der Leserbrief wird per E-Mail, über den Postweg oder per Fax verschickt.

> **Tipp:** Möchten Sie zu einem aktuellen Ereignis Stellung nehmen, reagieren Sie bitte so schnell wie möglich. Sonst ist Ihr Schreiben »Schnee von gestern«.

Übrigens: Manche Redaktionen veröffentlichen leider auch Leserbriefe, die von den Journalisten selbst verfasst sind. Dadurch wird den Lesern vorgegaukelt, dass das Medium reges Interesse hervorruft.

Pressefotos

Wenn Sie Ihrer Presseinfo ein interessantes Foto zum Thema beilegen, steigt die Chance auf einen Bericht. Warum? Der Text wird verständlicher und der Redakteur kann sich leichter »ein Bild« von den Vorkommnissen machen. Das Zeitungslayout kann in manchen Fällen besser mit einem Foto gestaltet werden. Zur Veröffentlichung eines Fachartikels gehört meist auch ein Porträtfoto des Autors. Aber Vorsicht: Kein Foto um jeden Preis! Es gibt Themen, zu denen sich kein vernünftiges Foto machen lässt. Und besser kein Foto als ein schlechtes oder peinliches, welches krampfhaft versucht, die Inhalte passend darzustellen. Das Gleiche gilt für ein »Fahndungsfoto« zu einem Fachartikel, auf dem Sie so wirken, als hätten Sie bereits Jahre in einer »Pension auf Staatskosten« verbracht.

Die besten Bilder erhalten Sie natürlich, wenn Sie einen Fotografen engagieren. Das ist zwar teuer, aber möglicherweise eine lohnende Investition. Wodurch erklären sich die Tagessätze von Fotografen? Kein professioneller Fotograf macht in kurzer Zeit einfach mal ein paar Schnappschüsse. Das Foto wird gründlich geplant und ebenso gründlich umgesetzt. Der Fotograf bringt sein Equipment mit, damit jedes Detail stimmt. Ein Fototermin kann deshalb mit Vorbereitung mehrere Stunden dauern.

Wenn Sie selbst ein Foto machen, sollte es klare Kontraste haben und möglichst lebendig sein. Das Fotografieren der neuen Räumlichkeiten ohne Menschen darin oder die Abbildung des Gebäudes von außen wirkt schnell langweilig. Besser ist es, wenn das Abgebildete oder die Art der Abbildung die Fantasie des Betrachters anregt. Das Foto sollte spannend sein und eine eigene kleine Geschichte erzählen. Das verkrampfte »Gruppenbild mit Damen« vor dem Firmenlogo wirkt langweilig und künstlich. Ein besseres Beispiel: Das Foto vom Tag der offenen Tür im Bildungszentrum zeigt den Bürgermeister an einer Töpferscheibe. Er formt eine Vase und ist von den lachenden Teilnehmern des Kurses »Töpfern mit Pfiff« umringt.

> **Tipp:** Sollen Sie und Ihre Belegschaft bei einem Pressetermin fotografiert werden, überlegen Sie sich vorher, wie Sie sich am besten aufstellen. Vielleicht fällt Ihnen eine originelle und trotzdem passende Darstellungsform ein. Achten Sie auch auf einen ruhigen Bildhintergrund und ausreichendes Licht!

Alles in einer: Die Pressemappe

Pressemappen werden auf Kongressen, Messen und anderen größeren Veranstaltungen an die Medienvertreter ausgegeben. Sie dienen der Aufbereitung komplexer Informationen und bieten dem Journalisten alles, was er zum Erstellen eines Berichtes benötigt. Typische Inhalte sind:

- Pressefotos (Abzüge oder auf einer CD abgespeichert),
- Presseinformation zum Anlass,
- Liste von Redner/innen und deren Kurzprofile,
- Zusammenfassungen von Vorträgen,
- Statements von Entscheidungsträgern,
- Flyer oder Broschüren mit einer Firmendarstellung sowie
- das aktuelle Seminarprogramm.

Bildungsträger, die besonders professionell auftreten und viel in ihr Erscheinungsbild investieren, lassen Pressemappen im firmeneigenen Corporate Design erstellen. In vielen Fällen reicht eine zweckmäßige und hochwertige Mappe aus der Schreibwarenabteilung aus, die ansprechend aussieht und genügend Einsteckfächer hat. Die Farbe der Mappe sollte an Ihr Corporate Design angepasst sein. Ihre genaue Beschaffenheit ist abhängig von den Materialien, die Sie darin unterbringen möchten.

Die journalistische »Schreibe«

Eine Presseinformation oder ein Fachartikel, die/der zu werblich, zu kompliziert geschrieben ist oder gar von Rechtschreibfehlern wimmelt, erweckt den Unwillen von Journalisten. Möchten Sie Medienvertreter für Ihr Anliegen gewinnen (Bericht über Ihr Bildungsinstitut und/oder Ihre Veranstaltung, Interview mit Ihnen, Veröffentlichung Ihres Fachartikels oder Ihrer Stellungnahme), sollte der Text sachlich formuliert sein. Lediglich die Überschrift einer Pressetextes kann und sollte unterhaltsam-bildhaft sein, denn sie ist das Lockmittel, damit der Medienvertreter weiterliest.

> **Tipp:** Fallen Ihnen mehrere gute Überschriften ein, nennen Sie diese. Der Journalist kann dann bei einem Mangel an eigenen Ideen die auswählen, die ihm am besten gefällt!

Der Fließtext unter der Headline sollte sachlich sein. Im Gegensatz dazu sind wertende Texte emotional und zielen darauf, den Empfänger zu einer positiven Meinung einem Sachverhalt oder einer Person gegenüber zu bewegen. »Wir schreiben keine Werbeartikel über einzelne Unternehmen! Wir berichten nur über Fakten, die für die Allgemeinheit interessant sind!«, ist ein häufig geäußerter Kommentar von Journalisten, wenn sie einen solchen Text erhalten. Es kommt beim Formulieren der Presseinfo darauf an, ihr den Anschein von neutraler Informationsübermittlung zu verleihen und sie trotzdem abwechslungsreich zu formulieren. Adjektive und wertende Ausdrücke sollten sparsam eingesetzt werden, um nicht den Eindruck eines Werbetextes zu erwecken. Wie bekommt man diesen »Spagat« hin? Präsentieren Sie die Fakten so, dass der Leser selbst die positive Wertung als Schlussfolgerung zieht:

Platter Werbetext	Präsentation von Fakten, die indirekt zur gleichen Schlussfolgerung führen
Unser Bildungswerk ist so großartig, weil wir die Teilnehmerzahl im letzten Jahr verdoppeln konnten. Dieser positive Trend wird sich mit Sicherheit fortsetzen. Ein Grund dafür sind unsere hoch qualifizierten Dozenten, die zu den Spitzenkräften ihres Faches zählen!	Der Erfolg des Bildungszentrums zeigt sich schon an den Zahlen: Im letzten Jahr wurde die Teilnehmerzahl verdoppelt. Geschäftsführer Heribert Schön vermutet: »Bei unseren Dozenten legen wir großen Wert auf die Qualifikation. Und das spüren auch die Teilnehmer unserer Seminare!«

Verständlichkeit

Kommen wir nun zu einem zweiten, ebenfalls wichtigen Aspekt Ihrer Pressetexte. Der Grad der Verständlichkeit ist abhängig von den Medien, an die Sie Ihren Text schicken. Je breiter und allgemeiner die Print- oder Onlinezeitung beziehungsweise die Radio- oder Fernsehsendung, desto laiengerechter sollten Sie komplexe Informationen aufbereiten. Anders sieht es aus, wenn Sie in Fachzeitschriften publizieren: Dann ist eine bestimmte Wortwahl erforderlich, um die Erwartungen der ebenfalls spezialisierten Leserschaft zu erfüllen. Doch auch hier gilt: Kurze Sätze sind angenehmer zu lesen und wesentlich verständlicher. Welche Fachbegriffe Sie einsetzen, hängt von Thema und Ziel Ihres Textes ab (s. auch S. 286).

Die folgenden Eigenschaften sollte Ihr Text darüber hinaus haben:
- logischer Aufbau,
- gegebenenfalls Zwischenüberschriften sowie
- gegebenenfalls Abbildungen zur Verdeutlichung.

Abläufe in Redaktionen und Durchführung einer Presseaktion

> **Tipp:** Konkrete Beispiele aus der Lebenswelt des Lesers erleichtern die Aufnahme und das Verstehen Ihrer Information!

Der journalistische Alltag ist oft von Hektik geprägt. Jeder Redakteur erhält pro Tag einen großen Stapel von Presseinformationen, von denen mindestens die Hälfte ins Altpapier wandert. Deshalb kommt es darauf an, sich mit seiner Meldung positiv von der Masse der anderen abzuheben und den Journalisten neugierig auf mehr zu machen.

Klären Sie also vor Versenden Ihrer Info durch einen Anruf in der Redaktion, wer Ihr Ansprechpartner ist. Viele größere Zeitungen oder auch die Programmabteilungen von Funk und Fernsehen sind in bestimmte Ressorts (beispielsweise Wirtschaft, Politik, Kultur usw.) eingeteilt. Sprechen Sie ein paar nette Worte mit dem Redakteur und erklären Sie kurz (!), worum es in Ihrer Presseinfo geht. Dann fragen Sie, ob Sie die Info zuschicken oder faxen dürfen. So bauen Sie eine positive Beziehung auf und vermeiden bei Desinteresse unnötige Fax- und Portokosten.

Wenn Sie einen Ansprechpartner ermittelt haben, senden Sie Ihr Informationsmaterial direkt an ihn. In vielen Redaktionen gibt es allerdings keinen festen Ansprechpartner und Sie werden gebeten, die Info »an die Redaktion« zu schicken. Von einer Überflutung der Medien mit unnötigen oder langweiligen Presseinfos sollten Sie absehen. Damit erreichen Sie nur das Gegenteil – nämlich den Gedanken »Ach – das Bildungswerk X nervt schon wieder!«. Wenn sich nicht gerade ein dringender Anlass ergibt, dann reicht eine Presseaktion alle ein bis zwei Monate aus.

Häufig arbeiten die Redaktionen mit der Anzeigenabteilung zusammen, sodass beim Schalten einer (größeren) Anzeige eher eine Bereitschaft besteht, einen positiven Artikel über Sie zu schreiben. Wenn Sie dieses Zusammenspiel für sich nutzen möchten, ist Diplomatie gefragt. Denn nur wenige Journalisten würden öffentlich zugeben, bei ihrer Berichterstattung externen Einflüssen zu unterliegen. Eine Möglichkeit besteht darin, in der Redaktion anzurufen und zunächst die Presseinfo vorzustellen. Am Schluss des Gespräches bitten Sie den Journalisten darum, mit der Anzeigenabteilung verbunden zu werden – mit dem Hinweis: »Unser Bildungszentrum möchte diese Aktion auch mit einer Anzeige unterstützen!«

Die Anrufe in den Redaktionen können von einer rhetorisch versierten Kraft durchgeführt werden. Ein großes Callcenter ist ungeeignet für Medientelefonate, denn die Mitarbeiter dort (»Agents«) gehen in der Regel kaum auf Fragen ein. Die von Ihnen beauftragte Person sollte eine nette Telefonstimme und ein »dickes Fell« haben, denn manche Medienvertreter reagieren unfreundlich und desinteressiert. Andere Journalisten wiederum sind sehr nett und es ergibt sich ein angenehmes Gespräch. Reagiert eine Redaktion auf Ihren Pressetext oder hat Fragen dazu, ist deren Beantwortung Chefsache.

Geben Sie die Pressearbeit an eine Agentur, sollten Sie klären, wie sich Ihr Ansprechpartner in den Redaktionen meldet. Die meisten Agenturen rufen entweder unter ihrem eigenen Namen an oder sie melden sich mit dem Firmennamen des Kunden. Da PR-Agenturen in manchen Redaktionen einen schlechten Ruf haben (diensteifrige Propagandisten im Auftrag zahlungskräftiger Kunden – um ein Klischee zu nennen), wirkt ein direkter Anruf aus Ihrem Bildungs- oder Trainingsunternehmen vielleicht sympathischer und vertrauenerweckender.

Pressegespräch und Pressekonferenz

Das Pressegespräch ist eine Art Mini-Pressekonferenz. Sie laden etwa eine Woche im Voraus eine Handvoll Medienvertreter ein und führen mit ihnen ein Gespräch zu einem Thema. Zum Beispiel: Ihr neues Kursprogramm enthält einige wichtige Neuigkeiten im Vergleich zu den Vorjahren. Rufen Sie zunächst in der Redaktion an, ermitteln Sie den zuständigen Redakteur und lassen Sie ihm dann die Einladung per Fax oder Mail zukommen. Sitzen am »Tag X« alle in gemütlicher Runde beisammen, liefern Sie den Presseleuten Informationen. Jeder Medienvertreter kann Ihnen Fragen stellen. Für eine gute Stimmung sorgen heiße und kalte Getränke sowie Kekse.

Eine Pressekonferenz bietet sich dann an, wenn Sie ein komplexes Thema (möglicherweise mit mehreren Vertretern Ihres Institutes) übermitteln möchten. Eine Pressekonferenz ist zudem ein guter Anlass, den persönlichen Kontakt zu den Medienvertretern zu pflegen.

Die Einladung sollte etwa drei Wochen vor dem Termin verschickt werden. Sie sollte Antworten auf die »5 W« (s. S. 289) enthalten und kurz den Anlass sowie Referenten nennen. Eine Faxantwort oder Karte liegt bei, damit sich die Journalisten anmelden können. Den Absagenden kann man darauf die Option anbieten, die auf der Konferenz ausgegebenen schriftlichen Unterlagen nachträglich per Post anzufordern.

Die Pressekonferenz sollte ungestört von Lärm und Telefonanrufen bleiben und ist eine Veranstaltung ausschließlich für die Medienvertreter. Legen Sie den Beginn nach Möglichkeit auf den Morgen, denn dann haben Sie die Chance, sofort am nächsten Tag mit einem Artikel in der (Tages-)Zeitung erwähnt zu werden. Die Pressekonferenz sollte nicht länger als eine Stunde dauern, denn viele Journalisten stehen unter Zeitdruck. In den ersten 20 Minuten geben die Vortragenden ein kurzes Statement ab, das aber nicht länger als fünf bis acht Minuten dauern sollte. Im Anschluss an die Statements haben die Journalisten die Möglichkeit, Fragen zu stellen.

Anschließend erhält jeder Medienvertreter eine Pressemappe. Darin befinden sich Fotos, eine Liste aller Redner (Name, Titel und Funktion im Bildungsinstitut) mit Kurzfassung des Statements, eine ausformulierte Presseinfo zum Thema der Konferenz und eventuell eine Broschüre über Ihr Bildungsinstitut. So hat es der Pressevertreter leichter, einen Bericht zu schreiben oder zu produzieren. Wenn Sie möchten, können Sie noch ein kleines Büfett mit belegten Brötchen und dazu Kaffee, Tee, Säfte und Mineralwasser anbieten.

Ein Interview steht an

 Als die Sprech- und Stimmtrainerin Christine X. die Zeitung aufschlägt, um das mit ihr geführte Interview zu lesen, bleibt ihr das Frühstücksbrötchen im Halse stecken. Der Journalist hat ihre Antworten aus dem Zusammenhang gerissen. Manche Inhalte sind sogar komplett falsch wiedergegeben! Wutentbrannt greift sie zum Telefonhörer.

Leider wird dieser Anruf nicht viel nützen. Denn das Interview ist so veröffentlicht – und auch eine nachträgliche Richtigstellung bringt nicht den gleichen Effekt, als wenn die Fakten sofort korrekt übermittelt worden wären.

Was können Sie tun, um das Ergebnis eines Interviews in Ihrem Sinne zu beeinflussen?

Wenn Sie eine Anfrage bekommen, gibt es zwei Möglichkeiten: Entweder soll das Interview sofort am Telefon beziehungsweise per E-Mail stattfinden oder es wird ein Termin vereinbart – für ein persönliches Gespräch oder ein Telefonat.

Die Frage, ob der Redakteur Ihnen das Interview noch einmal »zur Korrektur« vorlegt, bevor es veröffentlicht wird, führt bei jedem Journalisten zum zornigen Anschwellen der Halsschlagadern. Das Reizwort ist der Ausdruck »Korrektur«. Sie unterstellen ihm damit, dass er weder gut zuhören noch richtig schreiben kann. Außerdem erinnert ihn Ihre Formulierung vielleicht unbewusst an seine Deutschlehrerin, die ihm seinen Aufsatz voll roter Anmerkungen und einem »Mangelhaft« auf den Tisch geknallt hat.

Formulieren Sie Ihr Anliegen diplomatischer, geht er vielleicht darauf ein: »Das Thema ist sehr komplex und mir ist es wichtig, dass meine fachlichen Hinweise genau so übermittelt werden, wie ich sie meine. Wäre es vielleicht ausnahmsweise möglich, dass Sie mir das Interview vor dem Abdruck noch einmal zukommen lassen – für eventuelle inhaltliche Anmerkungen meinerseits.«

Variante	Was tun?
Anruf mit der Bitte, »ganz schnell« ein paar Fragen zu Ihrem Fachgebiet am Telefon zu beantworten.	Lehnen Sie dieses Ansinnen ab, ruft der Redakteur vielleicht bei Ihrem wichtigsten Wettbewerber an. Beantworten Sie die Fragen so gut wie möglich und bieten Sie dem Journalisten dann an, ihm Ihre Antworten zeitnah (sofort nach dem Telefonat) noch einmal per E-Mail zu schicken. Ergebnis: Er wird die schriftlichen Antworten zur Grundlage seines Berichtes machen.
Anruf mit der Bitte um ein Interview per Mail	Fragen Sie nach dem Abgabetermin und dem Umfang, den Ihre Antworten haben dürfen. Schicken Sie dem Redakteur Ihre Statements so schnell wie möglich zu. Diese Variante ist die sicherste, wenn Sie beim Formulieren auf folgende Punkte achten: Bringen Sie Ihre Botschaft auf den Punkt und drücken Sie sich verständlich aus (kurze Sätze und ein an das Medium angepasster Einsatz von Fremdwörtern).
Vereinbarung eines Telefon- oder Gesprächs-termins	Bitten Sie den Journalisten, Ihnen die Fragen vorher zukommen zu lassen (»Damit ich Ihnen kurze und prägnante, an Ihr Medium angepasste Antworten geben kann, …«). Lehnt er dies ab, bleibt Ihnen folgende Möglichkeit: Sie überlegen sich selbst Fragen, die er Ihnen zum vereinbarten Thema stellen wird. Berücksichtigen Sie dabei auch kritische Fragen und legen Sie sich Antworten zurecht. Achtung: Manche Journalisten sind hinterhältig. Sie reichen Ihnen vorher leicht zu beantwortende Fragen ein und stellen hinterher andere (unangenehme). Bereiten Sie sich deshalb insbesondere auch auf kritische Fragen vor. Und: Geben Sie den Medienvertretern nach dem Gespräch Ihre Antworten noch einmal schriftlich an die Hand.

Nachfassen und Auswerten

Damit Sie einen Überblick erhalten, in welchen Medien ein Bericht auf Basis Ihrer Presseinfo erschienen ist, sollten Sie die kontaktierten Redaktionen etwa eine Woche nach Versand Ihres Pressematerials noch einmal anrufen. Manche Zeitungen schicken bei Verwendung einer Presseinfo oder Abdruck eines Fachartikels automatisch ein Belegexemplar zu, aber leider nicht alle. Fragen Sie Ihren Ansprechpartner (der, an den Sie auch die Presseinfo geschickt haben) höflich, ob er die Info verwenden konnte und welche Fragen Sie dazu beantworten können. Leider müssen Sie sich darauf einrichten, von manchen Journalisten auf diese Frage hin unfreundlich behandelt zu werden. Möchten Sie diese Reaktion umgehen, fassen Sie per E-Mail nach. Nachteil: So bekommen Sie selten überhaupt eine Antwort.

Natürlich können Sie auch einen Ausschnittdienst mit der Sammlung der über Sie erschienenen Berichte beauftragen. Doch leider übersehen die professionellen »Schnippler« den einen oder anderen Beitrag.

> **Fazit:** Der sicherste und gleichzeitig unangenehmste Weg ist das telefonische Nachfassen.

Bei Radio- und Fernsehaufnahmen gilt: Fragen Sie die Journalisten sofort bei der Produktion, in welcher Form Sie einen Beleg bekommen können. Melden Sie sich im Nachhinein bei einem Sender, muss dort erst recherchiert werden. Und das kostet Geld. Beispiel von der WDR-Internetseite (Version vom 26.11.2008):

Mitschnittservice

Grundsätzlich gilt: Alle Sendungen und Beiträge im Fernsehen sind urheberrechtlich geschützt. Jede Aufnahme einer Fernsehsendung auf Videokassette oder DVD ist eine Vervielfältigung, die in der Regel der Zustimmung des Urhebers bedarf. Eine Ausnahme ist die Verwendung für ausschließlich private Zwecke (innerhalb der Familie). Dafür (Paragraf 53 Abs. 1 UrhG) dürfen Fernsehsendungen aufgenommen und abgespielt werden. Für den Fall, dass die Technik versagt hat oder Sie eine WDR-Sendung verpasst haben, können wir Ihnen nachträglich eine Kopie erstellen. Die Kopierkosten (inkl. MwSt. und Versandkosten) für diese Einzelanfertigung richten sich nach der jeweiligen Sendelänge:

bis 15-Minuten-Sendung:	30 Euro
bis 30-Minuten-Sendung:	34 Euro
bis 45-Minuten-Sendung:	43,50 Euro
bis 60-Minuten-Sendung:	47,50 Euro
bis 90-Minuten-Sendung:	50,50 Euro

Anschließend kann der interessierte Zuschauer ein Onlineformular ausfüllen, um seinen Mitschnitt zu bestellen. Die aktuellen Mitschnittbedingungen aller Sender ermitteln Sie also am besten im Internet oder durch einen Anruf.

Zur Auswertung einer Presseaktion: Manche Unternehmen rechnen die erschienen Berichte in Schaltpreise für Anzeigen um. Wie bitte? Ganz einfach. Erscheint ein halbseitiger Bericht über Sie in einer Wirtschaftszeitung, ermitteln Sie den Preis für eine halbseitige Anzeige in diesem Medium. Das soll dann ungefähr der Gegenwert der Veröffentlichung sein. Diese Gegenwerte verrechnen Sie wiederum mit den Kosten der Presseaktion. Das Ergebnis kann schwarz (Aktion hat sich den Zahlen nach gelohnt) oder rot sein (Aktion war teurer als das dadurch erzielte Ergebnis).

Dazu ist zu sagen: Ein redaktioneller Bericht hat eine höhere Glaubwürdigkeit als eine Anzeige. Aus diesem Grund kann man diese beiden Instrumente nicht gleichsetzen. Außerdem: Die Wirkung eines Presseberichtes kann schlecht vorausgesagt werden. Gewinnen Sie dadurch einen neuen Kunden, hat sich Aktion gelohnt – auch wenn die imaginären Schaltkosten niedriger sind als der finanzielle Aufwand für die Presseaktion. Und: Pressearbeit hat immer eine Langzeitwirkung, die sich schlecht in Geld umrechnen lässt. Richten Sie bei der Auswertung Ihrer Presseaktion Ihren Blick daher auch auf folgende Fragen:

- Wenn kein Medium Ihr Thema aufgegriffen hat: Woran könnte es liegen? Hilfreich sind hier die Kommentare der Redakteure, die Sie angerufen haben.
- Wie wichtig sind die Medien, in denen Ihr Bericht erschienen ist?
- Inwieweit lohnt die Investition in eine Anzeige bei wichtigen Medien, um redaktionell berücksichtigt zu werden (»Mit der Wurst nach dem Schinken schmeißen«)?
- Welche Medien können Sie aus Ihrem Verteiler streichen, weil sie keinerlei Interesse an Pressemeldung aus Ihrem Hause bekundet haben?
- Welche thematischen Interessen haben Journalisten am Telefon bekundet, die Sie vielleicht bei einer nachfolgenden Presseaktion berücksichtigen könnten?

Integration von Presseveröffentlichungen in Ihre PR-Arbeit

Veröffentlichungen in den Medien beeinflussen Ihren Ruf positiv – und sie helfen Ihnen, neue Kunden und Teilnehmer zu gewinnen.

Gedruckte Pressemeldungen heften Sie am besten in einer Mappe ab. Diese können Sie dann im Kundengespräch »hervorzaubern«. In eine Website lassen sich Presseveröffentlichungen sehr gut integrieren. Möchten Sie Ihre Beiträge zum Download anbieten, haben Sie folgende Möglichkeiten: Um eine PDF-Datei von Ihrem Bericht zu bekommen, nehmen Sie möglichst schnell nach Erscheinen Kontakt mit der Redaktion auf. Manche Medien bieten den Service an, von Artikeln nach Wunsch PDF-Dateien zuzuschicken. Alternativ können Sie den Artikel oder Fachbeitrag auch einscannen. Achten Sie darauf, dass die Schrift lesbar ist. Die dritte Alternative ist eine Word-Datei mit dem Fließtext des Beitrags – und der Angabe, wann dieser Text in welchem Medium erschienen ist. Fernseh- und Radiobeiträge lassen sich in Form von Video- und Audiodateien abspeichern und zur Verfügung stellen.

Exkurs: Ein Ausflug in die Krisen-PR

Besonders wichtig ist die Pressearbeit im Krisenfall. Manche Unternehmen machen den Fehler, erst dann mit der Pressearbeit zu beginnen und hektisches Krisenmanagement zu betreiben, wenn etwas passiert ist. Wer vorher schon bei den (Lokal-)Journalisten bekannt ist und ein positives Verhältnis zu den Medienvertretern aufgebaut hat, kann davon profitieren.

Welche Krisen können in einem Bildungsinstitut auftreten? Eine Krise kann beispielsweise ökonomischer Art sein. Ihre Einrichtung hat finanzielle Probleme und muss Lehrpersonen entlassen beziehungsweise Kurse aus dem Programm streichen. Wenn Ihre Organisation für die Menschen aus der Umgebung entweder als Arbeitgeber oder als Anbieter bestimmter Seminare wichtig ist, kann das Durchsickern von Informationen über die schlechte wirtschaftliche Lage schnell die Presse auf den Plan rufen.

Eine Krise kann auch dann auftreten, wenn das Bildungsinstitut durch das Verhalten Einzelner (zu Recht oder auch zu Unrecht) in Verruf gerät. Beispielsweise wird ein Dozent verdächtigt, mehreren Kursteilnehmerinnen zu nahe getreten zu sein. Problematisch wird es auch dann, wenn eine Bildungseinrichtung in den Ruf kommt, bestimmte ideologische Inhalte zu übermitteln. Beispiel: In verschiedenen Medien wurde gemutmaßt, dass einige Nachhilfeeinrichtungen in Ostwestfalen-Lippe zur Scientology-Organisation gehören.

Was reagiert man am besten auf eine Krise? Behalten Sie als Erstes die Nerven. Es gibt kein Patentrezept, denn jede Krise ist anders und erfordert das flexible Reagieren mit wirkungsvollen Maßnahmen. Was im einen Fall gut und richtig ist, kann im anderen die Krise verschlimmern. Manchmal sagen das eigene Gefühl und der gesunde Menschenverstand mehr als ein starres Regelwerk, das nicht auf den Einzelfall anwendbar ist.

Es gibt allgemein gesprochen zwei Reaktionsmöglichkeiten: entweder defensiv oder offensiv. Ganz gleich, für welchen Weg Sie sich entscheiden: Zunächst müssen alle Mitarbeiterinnen und Mitarbeiter über die Kommunikationsstrategie der Bildungseinrichtung informiert und darin einbezogen werden. Denn es nützt Ihnen nichts, wenn Sie als Geschäftsführer der Presse gegenüber ein Statement abgeben, das von einem Ihrer Mitarbeiter in einem Interview widerlegt wird. Im Sinne einer möglichst objektiven Berichterstattung versuchen Journalisten natürlich, nicht nur mit dem Chef, sondern auch mit den Mitarbeitern zu sprechen.

Der defensive Weg

Der defensive Weg ist der reaktive Weg. Hier haben Sie verschiedene Möglichkeiten:

Abwarten (und Tee trinken). Sie warten einfach ab, bis sich die Wogen von alleine geglättet haben. Wecken Sie keine schlafenden Hunde und sitzen Sie das Problem aus. Diese Methode kann funktionieren und in bestimmten Fällen der richtige Weg sein. Sie führt oft zum gewünschten Erfolg – wie beispielsweise der Blick in die Politik zeigt.

Gegendarstellung. Sie reagieren auf bestimmte Anschuldigungen oder Unterstellungen mit einer Gegendarstellung in der Zeitung. Problem: Der Gegendarstellung wird in der Regel nicht geglaubt, weil die Zeitungen verpflichtet sind, sie unabhängig vom Wahrheitsgehalt im Wortlaut abzudrucken.

Vertuschen. Sie versuchen, bestimmte Sachverhalte zu vertuschen – in der Hoffnung, dass niemand sie herausfindet. Wenn Sie es geschickt anstellen, können das Vertuschen und Verschleiern von Sachverhalten klappen. Aber die Krise kann umso schlimmer werden, wenn im Nachhinein »Mauscheleien« ans Tageslicht kommen. Dadurch verlieren Sie Ihre Glaubwürdigkeit und alle Sympathien komplett!

Sich abschotten. Sie wehren alle Presseanfragen ab und geben keine Interviews – nach dem Motto: »Sollen die doch schreiben, was sie wollen.« Auch das kann buchstäblich ins Auge gehen. Ob es der Wahrheit entspricht oder nicht: Es wird automatisch unterstellt, dass Sie etwas zu verbergen haben (vielleicht noch weitere Skandale?). Denn sonst könnten Sie ja getrost vor die Presse treten.

Juristischer Pfad. Sie reagieren mit einer Verleumdungsklage. Abgesehen davon, dass Gerichtsverfahren oft sehr lange dauern und viel Geld kosten, wird sich das Image Ihrer Einrichtung dadurch nicht verbessern. Sie erscheinen als rabiat und wenig dialogfähig.

> **Tipp:** Der defensive Weg überlässt das Agieren der Gegenseite. Deshalb birgt er in manchen Fällen ein hohes Risiko, denn das Image Ihrer Einrichtung kann irreparabel beschädigt werden. Im schlimmsten Fall verlieren Sie nicht nur Teilnehmer, sondern Ihre Mitarbeiter gleich dazu. Aber es gibt Krisen, in denen dieser Weg der klügere ist.

Der offensive Weg

Beim offensiven Weg geht es um verantwortungsvolles Verhalten Betroffenen gegenüber und eine glaubwürdige Kommunikation, die das Vertrauen der Öffentlichkeit in Ihr Bildungsinstitut wiederherstellt.

Wenn es Personen gibt, die durch Ihr Bildungsinstitut »Opfer« geworden sind, kümmern Sie sich um diese, und wenn notwendig, auch um deren Angehörige. Beispiel: Mehrere junge Mädchen sind nachweislich von einem Dozenten Ihrer Einrichtung belästigt worden. Entlassen Sie den Mitarbeiter fristlos und laden Sie Eltern und Betroffene zu einem Gespräch ein. Bieten Sie an, eine Psychologin zu engagieren, die sich um die Mädchen kümmert. Ergreifen Sie Maßnahmen für die Zukunft, um solche Vorfälle zu vermeiden.

Informieren Sie die Presse über diese Schritte und veranstalten Sie eine Pressekonferenz. Wenn Sie sich offen mit den Anschuldigungen auseinandersetzen und zeigen, dass Sie sich um eine Wiedergutmachung des Schadens bemühen, haben Sie eine größere Chance, das Vertrauen der Öffentlichkeit und Ihrer Kundschaft wiederzugewinnen.

Onlinepressearbeit

Gastbeitrag von Jürgen Fleig, Wirtschaftsingenieur, Geschäftsführer der b-wise GmbH in Karlsruhe, Redaktionsleiter von www.business-wissen.de und Trainer für das Thema Online und Präsenz

Online-PR: Die Besonderheiten des Mediums Internet beachten

Vordergründig erscheinen die Onlinemedien im Internet (World Wide Web) nur als ein weiterer Kanal für die allgemeine Pressearbeit. Eine Presseinformation oder ein Fachbeitrag lässt sich an die Redaktion eines Onlinemediums genauso versenden wie an eine Zeitschrift oder Zeitung. Bei genauerem Hinsehen wird aber deutlich, dass Onlinemedien und deren Nutzung sehr vielgestaltig sind – und entsprechend sollten Sie bei der Pressearbeit im Internet auch differenziert vorgehen. Das lohnt sich, wenn Ihre *Zielgruppe* das Internet nutzt, um sich zu informieren – über das, was sich am Bildungsmarkt tut, über Kursangebote oder genau über Ihre Einrichtung, Ihr Unternehmen oder Sie als Trainer. Zahlreiche Studien zeigen auf, dass gerade im beruflichen Umfeld das *Internet als Informationsquelle* stark genutzt wird. Hier machen sich die Nutzer und Leser gezielt auf die Suche nach Informationen, die sie im Beruf brauchen. Das bedeutet: Sie wollen mehr über Sie und Ihre Leistungen erfahren.

Dazu wird Ihr potenzieller Kunde bei Google Ihren Namen als Suchbegriff eingeben und sich die Trefferliste anschauen. Gibt es nur wenige Einträge zu Ihnen, entsteht der Eindruck: Der hat wohl eher eine geringe Bedeutung. Wenn die Trefferliste lang ist und dabei auch Fachartikel oder Vorträge erscheinen, dann wird sichtbar: Das ist ein allgemein anerkannter Experte. Wenn der Internetnutzer sich über ein Fachthema oder über Seminarangebote informieren will, sollten Sie mit Ihren Kompetenzen unter den Top 10 der Trefferliste erscheinen.

Aus diesem Grund kann es sich kein Bildungsanbieter oder Trainer mehr leisten, nicht im Internet vertreten zu sein. Eine Binsenweisheit, die seit vielen Jahren verkündet wird; die aber gerade vor dem Hintergrund der Pressearbeit eine besondere Bedeutung gewinnt. Denn der eigene Webauftritt im Internet reicht meistens nicht mehr aus. Vielmehr sollten Sie mit Ihren Kompetenzen und Leistungen auf möglichst vielen Webseiten vertreten sein. Diese müssen zu Ihrem Themenfeld und Angebotsspektrum passen, und Sie sollten dort ein positives Bild von sich hinterlassen. Wie erreichen Sie das? Wie gehen Sie am besten vor?

Ziele setzen: Was wollen Sie erreichen?

Wer kein Ziel hat, kommt nirgendwo an, weiß der Volksmund. Was für die Pressearbeit insgesamt gilt, ist auch Voraussetzung für die Pressearbeit im Internet. Ausgangspunkt sind zunächst *die allgemeinen Ziele* wie positives Image herstellen, Expertenstatus entwickeln oder Bekanntheit erhöhen. Doch wie erreichen Sie das im Internet? Dazu braucht es spezifische Ziele für die Online-PR.

Erster Schritt, um diese wichtigen Ziele zu bestimmen: Legen Sie fest, wen Sie mit Ihrer Pressearbeit erreichen wollen. *Wer ist Ihre Zielgruppe?* Wer soll von Ihnen lesen? Oder hören oder sehen? Denn auch das funktioniert inzwischen im Internet. Versetzen Sie sich dann, so gut es geht, in diese Personen: Wofür und in welcher Form nutzen sie das Internet? Beispiele sind:

- Ihr potenzieller Kunde kennt Sie bereits und informiert sich auf Ihrer Webseite über Sie und Ihr Leistungsprofil.
- Er recherchiert auch andere Quellen, um mehr über Sie zu erfahren.
- Er nutzt das Internet sporadisch, um Informationen zu finden, die er aus beruflichen Gründen braucht.
- Er nutzt das Internet regelmäßig, um sich über die Themen zu informieren, die ihn beruflich interessieren. Er besucht Informations- oder Nachrichtenwebseiten und liest Newsletter, die ihn per E-Mail erreichen.
- Er recherchiert im Internet nach kompetenten Anbietern, wenn er ein Seminar buchen oder eine Qualifizierungsmaßnahme planen will.

> **Tipp:** Wenn Sie Personen aus Ihrer Zielgruppe persönlich ansprechen und befragen können, nutzen Sie dies. Fragen Sie nach: Wofür und wie nutzen sie das Internet? Welche Webseiten besuchen sie? Welche fachspezifischen Webseiten? Welche Newsletter wurden abonniert? Lesen sie Blogs oder hören oder sehen sie Podcasts?

Denken Sie bei »Zielgruppe« nicht nur an Ihre bestehenden oder potenziellen Kunden. In manchen Fällen spielen auch *Multiplikatoren als Empfehler* eine wichtige Rolle. So recherchieren inzwischen viele Journalisten und Redakteure im Internet, wenn sie einen Beitrag zu einem spezifischen Thema schreiben. Sie können dabei auf Sie als Experten stoßen und Sie so indirekt in die Presse bringen.

Ein entscheidender Unterschied zwischen den klassischen Medien (Print, Fernsehen, Radio) und den Onlinemedien ist: Im beruflichen Kontext wird das Internet fast ausschließlich genutzt, um Informationen zu bekommen; einfach nur Lesen oder Unterhaltung spielt eine sehr untergeordnete Rolle. Die Internetnutzer wollen zu bestimmten Themen auf dem Laufenden bleiben; oder sie suchen ganz spezifische Informationen, um eine Aufgabe zu erfüllen. Vor diesem Hintergrund gibt es zwei wesentliche *Ziele für die Pressearbeit im Internet:*

- Wenn sich Ihr potenzieller Kunde allgemein zu einem Thema informiert, wollen Sie, dass er auch von Ihnen liest, dass ihm Ihr Name immer wieder einmal über den Weg läuft und er Sie so nach und nach als Experten für das Thema wahrnimmt.

- Wenn Ihr potenzieller Kunde gezielt nach Anbietern für ein bestimmtes Thema sucht, wollen Sie, dass er Sie findet und von Ihrem Leistungsangebot und Ihrer Kompetenz beeindruckt ist.

Dazu müssen Sie im Internet an den richtigen Stellen sichtbar sein. Je mehr, desto besser. Aber auch im passenden Umfeld, das heißt auf Webseiten, die zu Ihrem Thema passen und wo die Zielgruppe nach entsprechenden Informationen suchen würde.

Wenn Sie wissen, dass Ihre Zielgruppe bestimmte Webseiten immer wieder nutzt, um sich über ihre Themen zu informieren, dann sollten Sie genau dort mit Beiträgen vertreten sein. Wenn Ihre Zielgruppe *Suchmaschinen* nutzt, dann müssen Sie bei den für sie relevanten Themen und Schlagworten (Schlüsselbegriffe) bei Google unter den Top 10, besser noch unter den Top 3 der Suchergebnisse zu finden sein. Positiv ist: Beides hat viel miteinander zu tun. Denn eine Suchmaschine bewertet es als positiv, wenn Sie mit Ihren Beiträgen auf möglichst vielen Webseiten vertreten sind, die für das Thema relevant sind. Dann landen Sie auch bei den Suchergebnissen weit oben.

> **Tipp:** Onlinepressearbeit hat viel mit Suchmaschinenmarketing zu tun. Ein wichtiger Teilaspekt dabei: Suchmaschinenoptimierung oder Search Engine Optimization (SEO). Fokussieren Sie sich dabei auf die Suchmaschine Google. Im deutschsprachigen Raum sind alle anderen allgemeinen Suchmaschinen fast irrelevant.

Kriterien für eine erfolgreiche Pressearbeit im Internet sind demnach:
- Sie sind mit möglichst vielen Beiträgen auf möglichst vielen Webseiten vertreten, die Ihre Zielgruppe kennt, besucht, liest und für die Informationsversorgung und Recherche nutzt.
- Diese Webseiten sind inhaltlich auf die Themen ausgerichtet, die für die Zielgruppe wichtig sind; zum Beispiel: Weiterbildung allgemein oder Fachinformationen zu Ihren Seminar- oder Beratungsthemen.
- Durch diese Form der Pressearbeit werden Sie allgemein sichtbar im Internet; bei wichtigen Schlagworten finden Googlenutzer Sie ganz oben gelistet.

> **Tipp:** Machen Sie eine Liste mit den Schlagworten, die für Sie wichtig sind und bei denen Sie im Internet gefunden werden wollen. Prüfen Sie, an welcher Position der Fundstellen und in welchem Umfang Sie bei Google dann auftauchen. Beispiel: Geben Sie einmal die Suchbegriffe »Kundenloyalität« oder »Empfehlungsmarketing« bei Google ein und stellen Sie fest, welche Person bei den ersten 10 Fundstellen am häufigsten genannt wird. Diese hat durch regelmäßige Online-PR diese Themenfelder besetzt.

Das Internet ist vielgestaltig: Welche Onlinemedien wollen Sie nutzen?

Es gibt eine Fülle von Onlinemedien und Webseiten, die Sie für Ihre Pressearbeit nutzen können. Ob und wie gut das gelingt, hängt auch von deren Typ ab. Es lassen sich mehrere Kategorien unterscheiden:

- *Onlineableger überregionaler oder regionaler Tageszeitungen oder Wochenzeitungen* wie spiegel-online.de, handelsblatt.com, faz.net oder zeit.de: Diese Medien haben eigene, mehr oder weniger große Redaktionen, die ähnlich arbeiten wie ihre Kollegen aus dem Printbereich. Entsprechend ist es schwierig, sich dort zu platzieren. Meistens gelten die gleichen Regeln zum Vorgehen wie bei den Printmedien. Wenn Sie es schaffen, hier mit Ihrem Namen genannt zu werden, oder wenn ein Beitrag von Ihnen hier veröffentlicht wird, trägt das vor allem zur Imagebildung bei; Sie können es als Referenz nutzen (»Ich schreibe für handelsblatt.com«). Offen ist, ob Ihre Zielgruppe eine Veröffentlichung in diesen Medien unmittelbar wahrnimmt.
- *Fachbezogene Webseiten,* auf denen Informationen zu ausgewählten Themen veröffentlicht werden wie projektmagazin.de, absatzwirtschaft.de, controlling-portal.de, computerwoche.de oder business-wissen.de: Teilweise sind das ebenfalls Ableger von Fachzeitschriften, teilweise gibt es sie nur im Internet. Oft haben sie nur ein kleines Redaktionsteam, das dann mit externen Autoren und Experten zusammenarbeitet. Daher fällt es leichter, mit geeigneten Beiträgen auf diesen Webseiten zu erscheinen. Das sind auch die Webseiten, die für Ihre potenziellen Kunden besonders interessant sind, denn dort informieren sie sich über Fachthemen und konkrete Fragen aus dem Berufsalltag.
- Es gibt eine Fülle von *Presseportalen,* auf denen jeder Pressemeldungen veröffentlichen kann. Manche sind kostenlos, manche kostenpflichtig. Beispiele sind: newsaktuell.de, pressebox.de, openpr.de, firmenpresse.de, online-artikel.de oder pressrelations.de. Journalisten oder Experten informieren sich nur auf wenigen regelmäßig. Die guten Presseportale sind kostenpflichtig. Für eine gute Presseinformation kann sich diese Investition lohnen. Wenn die Pressemeldung mit der eigenen Webseite verlinkt wird, ist das hilfreich für das Suchmaschinenmarketing.
- Um Seminartermine bekannt zu machen, gibt es zahlreiche *Seminarkalender.* Manche Webseiten haben sich ausschließlich darauf spezialisiert wie seminarmarkt.de, seminus.de, semigator.de oder seminar-shop.com. Sie sind meistens kostenpflichtig. Hier recherchieren diejenigen, die ein spezifisches Seminar oder Trainingsangebot suchen. Einige Webseiten mit Seminarkalendern bieten zusätzlich die Möglichkeit, Artikel oder Presseinformationen zur Weiterbildung allgemein oder zu einzelnen Seminarthemen einzustellen.
- Unter dem Schlagwort Web 2.0 sind in jüngster Zeit weitere Internetangebote aufgetaucht, die für die Pressearbeit eine Bedeutung haben können. An erster Stelle stehen hier sogenannte *Blogs,* von denen es Tausende im Internet gibt.

Die meisten sind für die seriöse Pressearbeit irrelevant, einige wenige haben sich aber in der Fachszene einen guten Ruf erarbeitet. Wenn Sie den Eindruck haben, dass Ihre Zielgruppe dieses Informationsangebot nutzt, können Sie sich dort ebenfalls einbringen. Das können Kommentare, Tipps oder kleinere Fachbeiträge sein. Sie vernetzen sich so im Internet.

- Alle diese Onlinemedien basieren ausschließlich auf Wort und Text (gegebenenfalls ergänzt um Grafiken oder Fotos). Die schnellen Internetverbindungen haben dazu beigetragen, dass auch multimediale Inhalte an Bedeutung gewinnen: Gesprochene Worte oder Filme werden als sogenannter *Podcast* (Audiocast oder Videocast) veröffentlicht. Das lässt sich mit Radio- oder Fernsehbeiträgen vergleichen. Wenn Sie einen Podcast produziert haben, gibt es viele Möglichkeiten, diesen zu veröffentlichen. Dafür gibt es wieder unterschiedliche Plattformen wie beispielsweise youtube.com, podcast.de oder dopcast.de. Auch hier sollten Sie prüfen, ob Ihre Zielgruppe entsprechende Angebote im Internet nutzt.

Tipp: Fokussieren Sie sich im Internet auf solche Webseiten, die von Ihrer Zielgruppe genutzt werden, wenn sie sich zu Ihren Themen informiert. Verzetteln Sie sich bei der Fülle an Angeboten nicht. Planen Sie ein monatliches Zeit- und Geldbudget ein, das Sie für Onlinepressearbeit investieren wollen. Prüfen Sie regelmäßig, was die einzelnen Aktionen einbringen (zum Beispiel Klicks auf Ihre Webseite), und optimieren Sie Ihre Aktivitäten.

Erstellen Sie Ihren Verteiler und eine Linksammlung für Ihre Public-Relations-Arbeit

Recherchieren Sie regelmäßig im Internet, welche Webseiten für Ihre Zielgruppe und für Ihre Themen interessant sein könnten, und stellen Sie sich einen spezifischen Presseverteiler zusammen. Das ist insofern vergleichsweise einfach, da jede seriöse Webseite eine Kontakt- oder Impressumseite hat; für gewerbliche Webseiten ist das Pflicht.

Wenn Sie *Presseportale* nutzen wollen, stellen Sie einfach die Links zusammen, über die Sie Pressemeldungen einstellen können. Vermerken Sie Ihre Zugangsdaten (Benutzername, Passwort) und informieren Sie sich über die Kosten. Wenn möglich, stellen Sie auch die Informationen zusammen, die deutlich machen, wie wirksam das Presseportal für Sie sein kann: Zielgruppe, Themen und Kategorien, Anzahl der Besucher pro Monat, Seitenabrufe. So haben Sie eine Sammlung relevanter Presseportale, die Sie für die Verbreitung von Presseinformationen nutzen können.

Wenn Sie *Webseiten mit Seminarkalendern* nutzen wollen, können Sie in gleicher Weise vorgehen. Halten Sie dabei fest, wie die Eingabe der Seminare erfolgt.

Manche Betreiber bieten an, Seminare automatisch zu importieren. Das lohnt sich je nach Anbieter und Preis, wenn Sie viele Seminare eintragen und pflegen wollen.

Redaktionell betreute Webseiten haben ebenfalls einen konkreten Ansprechpartner. Im Impressum finden Sie Kontaktdaten aus der Redaktion. Stellen Sie die gleichen Informationen zusammen, wie Sie es bei anderen Medien auch tun. Darüber hinaus sollten Sie auf Folgendes achten und dies entsprechend festhalten:

- Möglichkeiten, auf weitere Leistungen hinzuweisen (zum Beispiel Veranstaltung oder Buch),
- Möglichkeiten, in einem begleitenden Newsletter zu erscheinen,
- Anforderungen an die Exklusivität der Beiträge (das wird bei vielen Webseiten nicht so restriktiv gesehen),
- wichtige Termine oder Schwerpunktthemen auf den Webseiten (Redaktionsplan),
- Mediadaten (Besucher, Page-Impressions, Newsletter-Empfänger; IVW-geprüft oder ungeprüft).

Da Sie im Internet sehr viel mehr Möglichkeiten haben, Ihre Pressemeldungen oder Fachbeiträge zu verbreiten, sollten Sie dokumentieren, wem Sie welche Beiträge angeboten haben, was erschienen ist, wo Sie Pressemeldungen oder Seminartermine eingestellt haben, wann diese zu aktualisieren sind und welche Wirkungen Sie damit erzielt haben.

Was haben Sie zu berichten?

Für viele ist es ein schwieriges Unterfangen, eine interessante Presseinformation oder einen Fachartikel zu schreiben. Nicht nur die Themenauswahl, sondern auch das Schreiben selbst sind eine Kunst für sich. Das gilt für alle Medien. Anders als bei Tageszeitungen, Fernsehen oder Radio wollen sich Internetnutzer meist gezielt informieren. Sie suchen also keine Unterhaltung oder allgemeine Information, sondern spezifische Information mit einem besonderen Nutzwert. Was dabei einen Nutzen stiftet, hängt vom Interesse des Lesers ab. Das macht die Themenauswahl und das Schreiben manchmal etwas leichter. Wenn Sie also auf der Suche nach einem guten »Stoff« für Ihre Internetpressearbeit sind, versetzen Sie sich wieder in die Situation Ihrer Zielgruppe und die Nutzer des jeweiligen Mediums. Mögliche Beiträge sind:

- Aktuelle Presseinformationen und Neues aus Ihrem Haus (zum Beispiel neue Leistungsangebote, neue Mitarbeiter oder Trainer, Jahresabschluss, Umzug).
- Informationen zu Ihren Leistungen oder Seminaren wie Inhalte, Methoden, Termine, Trainer, Preise (insbesondere für Webseiten mit Seminarkalendern).
- Berichte über Studien oder Befragungen, die Sie durchgeführt haben.

- Fachartikel zu spezifischen Themen, zum Beispiel Inhalte aus Seminaren oder Methoden und Werkzeuge.
- Anwenderberichte, die beschreiben, wie ein Kunde Ihre Leistungen nutzt.
- Interviews mit einem Experten, der beispielsweise ein Thema erklärt, Tipps gibt oder auf Risiken hinweist.

Tipp: Schauen Sie sich die Schlagworte an, zu denen Sie bei Google gefunden werden wollen. Erstellen Sie genau dazu Presseinformationen, Berichte oder Artikel.

Achten Sie beim Verfassen der Beiträge darauf, dass die *Schlagworte,* bei denen Sie gefunden werden wollen, oft vorkommen – am besten im Titel und zu Beginn Ihres Beitrags. Im Text sollten die Schlagworte immer wieder einmal genannt werden. Das ist wichtig für die Suchmaschinen. Auch für den Leser: Denn der will schon beim Titel schnell erkennen, worum es geht.

Anregungen für interessante *Themen* bekommen Sie auch, wenn Sie sich auf den Webseiten selbst umschauen. Worüber wird häufig berichtet? Welche Informationen könnten den Besucher besonders interessieren? Welche Themen werden kaum behandelt, würden aber gut zur Webseite passen? Berücksichtigen Sie Art und Umfang der vorhandenen Informationen bei dem Medium, das Sie kontaktieren möchten. Fragen Sie im Zweifelsfall in der Redaktion nach. Je »passgenauer« Ihr Beitrag ist, desto größer die Chance, dass er aufgegriffen wird.

Bei Presseportalen können Sie selbst entscheiden, was Sie dort einstellen. Hier gibt es nur wenige Regeln, die von den Betreibern überprüft werden. Sind die Portale kostenpflichtig, hängt es nur von Ihrem Budget ab, wie viele Beiträge Sie einstellen wollen. Damit sich der Aufwand lohnt, sollten Sie prüfen, wer die Zielgruppe des Portals ist und welche thematische Ausrichtung das Portal hat. Das erkennen Sie schnell, wenn Sie sich die inhaltlichen Rubriken genauer anschauen. Nutzen Sie diese Portale, um kurze Informationen zu Ihren Themen und Schlagworten zu platzieren.

Tipp: Werbung und werbliche Texte gibt es im Internet millionenfach. Gerade deshalb freuen sich die Besucher einer Webseite, wenn sie sachliche und nützliche Informationen erhalten. Die meisten Redaktionen achten bei der Auswahl von Beiträgen vor allem auf den Nutzwert für ihre Leser.

Bieten Sie einen Zusatznutzen

Sie können den *Nutzwert* verstärken, wenn Sie zu Ihrem Beitrag noch weitere nutzwerthaltige Elemente ergänzen. Hier bietet gerade das Internet eine Fülle von Möglichkeiten. Besonders beliebt: die Checkliste zum Herunterladen. Das kommt bei vielen Redaktionen gut an, denn sie können diesen Vorteil an ihre Leser weitergeben und binden diese stärker an ihr Medium.

Solche Angebote können Tipps und Tricks enthalten, die zehn wichtigen Regeln zum Thema ..., eine Schritt-für-Schritt-Anleitung oder Fallen und Risiken und wie sie vermieden werden. Gerade Trainer und Seminaranbieter haben hier einen großen Fundus, aus dem sie schöpfen können. Ein kleiner Auszug aus einem Seminar verrät meistens noch keine Betriebsgeheimnisse – sondern unterstreicht im Gegenteil die Kompetenz des Anbieters auf diesem Themenfeld. Wenn Sie ein Buch geschrieben haben, freuen sich Leser beispielsweise über ein Probekapitel, das es kostenlos zum Herunterladen gibt. Bieten Sie dies auch den Redaktionen an.

> **Tipp:** Locken Sie mit solchen Zusatzangeboten die Leser Ihrer Beiträge auf Ihre Webseite und geben Sie die Möglichkeit, dass sie bei Ihnen ihre Kontaktdaten hinterlassen. Dann können Sie die Wirkung Ihrer Beiträge erkennen und direkt Kontakt mit den Interessenten aufnehmen. Die Pressearbeit im Internet wird direkt zum Akquisitionsinstrument.

So sprechen Sie die Redaktionen an

Während Sie bei Presseportalen und bei Seminarkalendern sowie bei den meisten Blogs und Podcasting-Plattformen Ihre Beiträge selbstständig eintragen können, sind Sie bei redaktionell betreuten Webseiten darauf angewiesen, dass die Redaktion Ihre Beiträge aufgreift und veröffentlicht. Sie müssen diese also aktiv ansprechen. Unterscheiden Sie dabei, ob Sie eine Presseinformation verbreiten oder ob Sie einen Fachartikel veröffentlichen wollen.

Eine Redaktion erhält täglich mehrere Dutzend, oft Hunderte *Pressemeldungen.* Wenn jeder Versender anruft, ob die Meldung angekommen und interessant ist, bricht die Redaktionsarbeit zusammen. Solche Anrufe sind also nicht angebracht. Sie würden sich damit unbeliebt machen. Nutzen Sie zum Versand E-Mail (Textformat). Brief und Telefax sind für Internetredakteure ein Medienbruch und deshalb nicht gern gesehen. In jedem Fall müssen Sie darauf vertrauen, dass Ihre Meldung interessant genug erscheint, sodass ein Redakteur sie aufgreift und veröffentlicht. Wichtig dabei ist:

- Formulieren Sie im Betreff der E-Mail klar, worum es geht: Presseinformation von ... für ... Thema: Studie zeigt Verbesserungspotenziale bei ... auf.
- Sprechen Sie den Empfänger persönlich an: Sehr geehrte Frau ...
- Geben Sie einen Hinweis, in welche Rubrik des Mediums Ihre Presseinformation vielleicht passen würde.
- Nennen Sie die Art (Studienergebnisse, Interview) und den Titel Ihrer Pressemeldung und fassen Sie in zwei Sätzen zusammen, worum es geht.

- Der eigentliche Pressetext ist in der E-Mail oder kann über einen Link von einer Webseite bezogen werden. Eventuell ist es auch möglich, den Text in geeigneten Dateiformaten an Ihre E-Mail anzuhängen. Das kann aber von Spam-Filtern blockiert werden!
- Bieten Sie an, Fragen zu beantworten, ausführliche Informationen oder Bildmaterial zu ergänzen, für ein Interview zur Verfügung zu stehen.
- Bedanken Sie sich persönlich für die Aufmerksamkeit und die Berücksichtigung der Meldung.
- Vergessen Sie nicht Ihre Kontaktdaten (E-Mail-Signaturen sind Pflicht) – insbesondere ein Link auf Ihre Webseite.

Wenn Sie einen *Fachartikel* veröffentlichen wollen, können Sie genauso vorgehen. Allerdings: Hier können Sie vorher auch anrufen, um abzuklären, wie ein entsprechender Artikel aussehen kann. Gerade, wenn Sie als Autorin oder Autor der Redaktion unbekannt sind, empfiehlt sich solch ein klärendes Gespräch. Fragen Sie nach Themen oder bieten Sie ein konkretes Thema an, für das Sie als Experte stehen. Fragen Sie nach Umfang (Zeichenzahl), ob Grafiken oder Fotos erwünscht sind, welche Autoreninformationen benötigt werden und was es außerdem zu beachten gilt. Wenn Sie den Artikel zudem woanders veröffentlichen wollen, klären Sie, ob die Redaktion auf Exklusivität besteht.

Dann sollten Sie den versprochenen Text bald liefern, am besten per E-Mail. Fragen Sie dabei gleich nach, ob der Fachartikel so passend ist, und bitten Sie um eine kurze Rückmeldung, ob und wann er erscheinen wird. Manche Autoren bauen so eine regelmäßige Beziehung zu Redakteuren auf. Dann kann die Kommunikation auch schon mal schneller gehen. Ein Anruf ist nicht in jedem Fall notwendig.

Tipp: Vermeiden Sie den Eindruck, dass Sie Ihre Presseinformation oder Ihre Fachartikel per Rundmail an viele Redaktionen senden. Je persönlicher Sie anschreiben und ansprechen, desto eher erwecken Sie den Eindruck, dass Sie für die Redakteure etwas Besonderes haben. Kopieren Sie bei einer Rundmail niemals alle E-Mail-Adressen der Empfänger in das »An-Feld«; dann sind die Empfänger für alle sichtbar.

So bereiten Sie Ihre Informationen für die Webseite und die Redakteure auf

Redaktionen von Onlinemedien sind immer sehr knapp besetzt. Das hat den Vorteil, dass die Redakteure oft aufgeschlossen sind, wenn ihnen gute und passende Beiträge angeboten werden. Der Nachteil ist: Wenn die Beiträge viel Bearbeitungsaufwand für sie bedeuten, dann werden sie schneller übergangen. Bereiten Sie deshalb Ihre Presseinformationen oder Fachartikel so auf, dass sie in den Redaktionen leicht genutzt werden können.

Im Internet sind zwei Elemente eines Beitrags ganz entscheidend: *Titel und Teaser.* Denn auf den meisten Webseiten kann der Besucher selten den gesamten Beitrag lesen; er bekommt als Appetithäppchen Titel und (oft, aber nicht immer) Teaser serviert. Dann muss er in Sekundenbruchteilen entscheiden, ob er diesen Beitrag anklickt, um ihn zu lesen – oder nicht. Für Internetredakteure ist dieser Klick sehr wichtig. Formulieren Sie Titel und Teaser so, dass sie für das jeweilige Medium passen. Schauen Sie sich Beispiele auf der jeweiligen Webseite an.

Titel und Teaser müssen klar und eindeutig aussagen, worum es in Ihrem Pressetext geht. So können Sie auch sicherstellen, dass wichtige Schlagworte auftauchen, mit denen Sie bei Google gefunden werden wollen. Vermeiden Sie Zweideutigkeiten oder Sprachspiele. Die führen meistens nur zu Verwirrung. Der Leser weiß nicht, worum es geht – und will doch möglichst wenig Zeit bei seiner Informationsrecherche verschwenden. Im Zweifelsfall geht er über Ihren Beitrag hinweg.

Im *Text* selbst sollten die Schlagworte ebenfalls öfter vorkommen. Das ist wieder wichtig für die Suchmaschine. Gliedern Sie den Text so, dass er auch am Bildschirm lesbar ist. Die meisten Internetnutzer überfliegen Texte zunächst und suchen nach Ankern (Schlagworten oder Hervorhebungen), die sie interessieren. Arbeiten Sie also mit Zwischenüberschriften, Fettauszeichnungen, Punktaufzählungen oder Grafiken und Fotos.

Grafiken und Fotos können einen Beitrag ergänzen. Legen Sie diese Ihrem Text gesondert bei, am besten im Format JPG (Fotos) oder GIF (Grafiken). Im Internet genügt eine Auflösung von 72 DPI. Achten Sie darauf, dass Sie die erforderlichen Nutzungsrechte an den Materialien haben. Wenn Sie eine *Checkliste* oder Ähnliches zum Herunterladen ergänzen wollen, legen Sie diese ebenfalls gesondert bei. Alle Texte sollten im Word- oder Textformat geliefert werden, möglichst nicht umständlich formatiert.

Wenn Sie einen Fachartikel einreichen, fügen Sie Ihre *Autorenangaben*, ein kurzes Profil, Kontaktadresse, Link zu Ihrer Webseite, Foto und eventuell ein Logo Ihres Unternehmens an. In manchen Fällen ist es außerdem möglich, im Rahmen eines Fachbeitrags auf ein Buch oder ein Seminar hinzuweisen. Eine einfache und wirkungsvolle Werbemöglichkeit. Was davon veröffentlicht wird, hängt von der jeweiligen Redaktion ab.

Sichern und kontrollieren Sie die PR-Wirkung

Pressearbeit im Internet macht Arbeit, braucht Zeit und kostet bisweilen ein wenig Geld. Umso wichtiger ist es, zu prüfen, ob Ihre Investitionen erfolgreich sind. Das ist im Internet vergleichsweise einfach. Denn jeder Klick lässt sich messen. Werten Sie die Aktionen zur Online-PR aus.

Wenn Sie Presseinformationen auf *Presseportalen* einstellen, weisen die meisten aus, wie oft Ihre Meldung von Besuchern angeklickt wurde. Vergleichen Sie diese mit den Klickzahlen auf Ihre eigene Webseite und vergleichen Sie die Presseportale untereinander. Achten Sie dabei auch darauf, welche Zielgruppe vom jeweiligen Portal erreicht wird und ob diese zu Ihnen passt. Oft bedienen sich Journalisten oder Redakteure bei diesen Presseportalen, sodass Ihre Meldungen auch auf anderen Webseiten erscheinen. All das trägt dazu bei, dass Sie im Internet stärker vernetzt sind und immer häufiger gefunden werden.

Sie können auch bei *Redaktionen* nachfragen, wie oft ein Fachartikel oder eine Presseinformation dort angeklickt wurde und wie dies zu bewerten ist. Manche geben gerne Auskunft. Vielleicht bekommen Sie auch direkt Anfragen von Lesern. Sammeln Sie in jedem Fall alle Links, unter denen Ihre Beiträge erschienen sind, als Beleg. Bei renommierten Internetmedien sind dies auch gute Referenzen, die Sie in einen Pressespiegel auf Ihrer Webseite aufnehmen können (Nutzungsrechte klären).

Manchmal ist es möglich, durch einen Beitrag *interessierte Leser und potenzielle Kunden* direkt auf Ihre Webseite zu locken. Am besten erreichen Sie dies durch eine besonders nützliche Information (Datei zum Download), die es kostenlos nur bei Ihnen gibt. Eventuell gelingt es Ihnen so, die Kontaktadresse (E-Mail) des Interessenten zu bekommen, um diesen dann zielgerichtet zu informieren und für Ihre Angebote zu gewinnen.

> **Tipp:** Im Idealfall gelingt es Ihnen, durch einen Pressebericht im Internet unmittelbar neue Kunden zu gewinnen. Fragen Sie also Kunden immer, wie diese auf Sie aufmerksam geworden sind.

Prüfen Sie etwa jedes halbe Jahr, ob sich Ihre *Position bei Google* verbessert hat. Suchen Sie nach Ihren Schlagworten und Themen und ermitteln Sie, an welcher Stelle und in welchem Umfang Sie in der Ergebnisliste auftauchen und welchen Eindruck dies auf Ihre Zielgruppe macht.

Was muss der PR-Arbeiter im Internet alles leisten?

Sie können schon mit geringem Aufwand viel Wirkung im Internet erzielen. Wichtig ist, dass Sie kontinuierlich Zeit investieren und sich auf die Webseiten konzentrieren, die für Sie und Ihre Zielgruppe wichtig sind. Hier fasse ich noch einmal die wichtigsten Aufgaben zusammen, die ein PR-Arbeiter im Internet leisten sollte:

● Klären Sie für Ihre Zielgruppe, wie diese das Internet nutzt und welche Webseiten und Informationen von ihr gelesen werden.

- Stellen Sie 10 bis 20 Schlagworte für jedes Themenfeld zusammen, unter denen Sie bei Google gefunden werden wollen.
- Finden Sie heraus, welche Webseiten bei diesen Begriffen häufig auftauchen. Nehmen Sie sich die redaktionell betreuten für Ihre Pressearbeit vor.
- Versorgen Sie die Redakteure dieser Webseiten regelmäßig mit Presseinformationen zu den Themen und Schlagworten.
- Bieten Sie Ihnen Fachartikel an und schreiben Sie diese zeitnah abgestimmt auf das jeweilige Medium. Machen Sie dabei Ihre Kompetenzen sichtbar, aber seien Sie nicht werblich.
- Ergänzen Sie Fachartikel um ein Element (Checkliste zum Herunterladen), das die Leser zu Ihnen führt; idealerweise erhalten Sie so Kontaktdaten für die Kundenakquisition.
- Verbreiten Sie Presseinformationen regelmäßig auf Presseportalen; konzentrieren Sie sich auf diejenigen, die die meisten Klicks erzeugen.

Radio und Pressearbeit

Interview mit Martin Falk, Rundfunkredakteur, Moderator und Sprecher beim ARD-Hörfunk

Für welche Trainer und Bildungseinrichtungen ist speziell das Radio ein geeignetes Zielmedium für Pressearbeit?
Das Radio orientiert sich in seinen erfolgreichen Formatprogrammen (zum Beispiel SWR 3, NDR 2, Bayern 3, Radio NRW, Antenne Bayern und Radio Schleswig Holstein) an nutzwerten, serviceorientierten Themen mit einer hohen Popularitätsstufe. Das bedeutet: Die Themen müssen Relevanz im Alltag des Hörers haben und über einen hohen Gesprächswert verfügen – also eher in die Breite als in die Tiefe gehen. Autoren und Trainer, die die Themen Persönlichkeitsentwicklung, Kommunikation, Motivation, Karriere sowie sämtliche Soft-Skill-Bereiche abdecken, haben hier sehr gute Chancen. Auch Vortragserfahrungen auf Workshops und Kongressen sind hilfreich, um in den Radioredaktionen zu punkten.

Aufhänger können ein allgemein gesellschaftliches Thema, der Bereich »Bildung und Wissenschaft« oder auch ein Kongress beziehungsweise Seminar sein. In den Kultur- und Informationsprogrammen (SWR 2, WDR 5, NDR Kultur und Bayern 5 aktuell) sind eher die Fachorientierung und der Expertenstatus gefragt. Hier steht mehr Sendezeit für spezifische Bildungsinhalte zur Verfügung, meist in Form von Expertenrunden und Diskussionsforen.

Journalisten nutzen meistens das Internet, um zu recherchieren. Sie besuchen Foren und lesen Beiträge – dadurch finden sie interessante Themen. Sehr gute Aussichten auf redaktionelle Berücksichtigung haben daher Trainer, die als Buchautoren aktiv sind oder viele Fachartikel veröffentlicht haben – bekannte

Beispiele sind Cay von Fournier, Anja Förster und Peter Kreuz, Sabine Asgodom und andere.

Für die Neuvorstellung eines Buches oder eines Seminars ist ein drei- bis fünfminütiges Autoreninterview im Radio ein idealer Weg, sich einer breiten Zielgruppe vorzustellen. Radio ist Kino im Kopf – mit dem Sie sich nachhaltig im Bewusstsein Ihrer Zielgruppe verankern. Gute Interviewbeispiele finden Sie auf der Website www.ingovogel.de.

Welche Kriterien haben Radiojournalisten bei der Auswahl von Beiträgen?
Auswahlkriterien sind Aktualität, Serviceorientierung, Trends im Buchmarkt, Gesprächswert in der Gesellschaft. Hier orientieren sich Journalisten an Weblogs, Internetrecherche über Suchmaschinen, Verlagsnewslettern – und generell an Bewertung und Stellenwert der Themen in Leitmedien wie Hörfunk, Fernsehen, Fachzeitschriften und überregionalen Tageszeitungen. Hilfreich im Radio sind eine adäquate stimmliche Inszenierung und die Begabung, komplexe Sachverhalte pointiert und komprimiert zu »verkaufen«. Wenn die eigene Adresse hier zu gewissen Themen in der Kartei des Redakteurs abgelegt ist, hat man immer wieder die Gelegenheit, zu seinem speziellen Thema befragt zu werden.

In welchen Formen verläuft die Aufnahme von Beiträgen und was ist dabei zu beachten?
Bei kurzen Statements in Begleitprogrammen wird häufig das Telefon genutzt. Auch hier muss man wissen, dass diese Gespräche oft vorproduziert werden und eine Bearbeitungsmöglichkeit in der Redaktion nachträglich gegeben ist. Dies entspannt den nicht so versierten Interviewpartner. Räuspern und inhaltliche Dopplungen werden »herausgeschnitten«, die Aussage wird verkürzt und somit attraktiv fürs Hören aufbereitet. Dies ist auch für den Interviewten von Vorteil.

Bei längeren Studiogesprächen mit mehreren Gästen ist es für den Einzelnen einfacher, sich direkt vis-à-vis mit den anderen Gesprächspartnern und dem Moderator zu präsentieren.

Der Redakteur und Moderator der Sendung bemüht sich in einem Vorgespräch um eine lockere Atmosphäre für alle Beteiligten. So entstehen Vertrauen und Sicherheit im Umgang mit dem Mikrofon. Vor einem Telefoninterview wäre dies ein vorbereitender Einstieg in die professionelle Radioarbeit. Man lernt auch technisch die Umfeldbedingungen kennen und gelassen einzuschätzen. Auch diese Aufzeichnungen werden anschließend bearbeitet und gekürzt, Versprecher entfernt.

Was ist, wenn ich eine piepsige Stimme habe?
Eine piepsige Stimme lässt sich durch einen langsameren Sprechrhythmus, durch entsprechende Pausen zwischen den Sätzen und durch eine gezielte Modulation in der Stimme positiv verändern. Hier lohnt ein Coaching von einigen Stunden bei einem Sprechtrainer, um die nötige Routine und Selbstsicherheit zu erlangen.

Und was, wenn ich mit stark ausgeprägtem Dialekt spreche?
Grundsätzlich gilt: Keine Angst vor Dialekt. Dieser gehört selbstverständlich zu Ihrer Persönlichkeit. Man verpflichtet Sie für dieses Interview wegen Ihrer fachlichen Qualifikation, nicht wegen eines schöngefärbten aalglatten Tons. Auch Ecken und Kanten gehören zum rhetorischen Profil und schärfen entsprechend die Authentizität und Glaubwürdigkeit. Also hier bitte nicht verstellen. Stehen Sie zu sich selbst!

Wie komme ich an die Aufnahme des Beitrags, um sie zum Beispiel als Audiodatei in eine Website einzubinden?
Nach dem Interview kann man darum bitten, die Audiodatei in Form eines MP3-Files oder einer CD von der Redaktion zu erhalten. Dies wird gerne auf Anfrage gemacht. Scheuen Sie sich nicht, darum zu bitten. Rechtlich bestehen keine Probleme, diese Dateien auf Ihrer Website zu verwenden, da es sich um Wortaufzeichnungen handelt. Im Falle von integrierter GEMA-pflichtiger Musik sieht das allerdings anders aus. Aber dies ist selten Praxis.

Achtung, Rotlicht! In sechs Schritten zum Fernsehauftritt

Gastbeitrag von Dr. Katrin Prüfig, Journalistin, Moderatorin und Medientrainerin

Ihr Telefon klingelt. Es ist der Redakteur des Regionalfernsehens. Er möchte Sie zu Ihrem Schwerpunktthema als Trainer interviewen. Endlich! Sie haben ja auch systematisch darauf hingearbeitet. Endlich? Wahrscheinlich steigt schon in den ersten Sekunden des Gesprächs Ihr Adrenalinpegel. Und das ist auch gut so. Denn schon diesen ersten Kontakt können Sie für sich nutzen. Er kann der Grundstein für einen erfolgreichen und souveränen Fernsehauftritt sein.

Schritt 1: Absprachen am Telefon

Klären Sie so bald wie möglich folgende Fragen:

- Was genau ist der Anlass, dass mich die Redaktion einlädt? Also: Steht mein Interview in Zusammenhang mit dem aktuellen Geschehen – und wenn ja: Muss ich über dieses aktuelle Geschehen Bescheid wissen? (Beispiel: Wahlkampf – von Ihnen wird eine Analyse der Körpersprache der Kandidaten gewünscht.)
- Ist ein Interview im Studio geplant oder möchte die Redaktion nur ein Statement (O-Ton), das später in einen Bericht einfließt?

- Wie lang soll das Interview oder das Statement sein?
- Auf welchen Aspekt kommt es der Redaktion an? (Nicht alle Redakteure wissen darauf schon zu diesem Zeitpunkt eine Antwort. Ihre Frage zwingt sie jedoch, darüber genauer nachzudenken.)
- Wer sind die Zuschauer?
- Bei Einladungen ins Studio: Wer ist noch da?
- Ist eventuell ein Streitgespräch geplant?
- Findet es im Sitzen oder im Stehen statt?
- Und schließlich – für den Adrenalinpegel: Handelt es sich um eine Livesendung oder wird das Gespräch aufgezeichnet?

All das können Sie offen mit dem zuständigen Redakteur klären. Sie outen sich dabei weniger als Anfänger denn als jemand, der vom Fernsehen schon ziemlich viel begriffen hat. Erwarten Sie jedoch nicht, dass man Ihnen konkrete Fragen für das Interview nennt. Journalisten geben ihre Fragen in aller Regel nicht preis. Unter anderem deshalb nicht, damit die Gesprächspartner ihre Antworten nicht zu akribisch vorbereiten oder gar auswendig lernen.

Schritt 2: Ihre Vorbereitung

Fernsehen ist ein flüchtiges Medium. Und ein Medium, in dem Zeit kostbar ist. Eine der größten Herausforderungen ist also, Ihre Botschaften und Inhalte zu beschränken und kurz zu halten. Versuchen Sie erst gar nicht, fünf Aspekte, Probleme oder Vorteile zu einem bestimmten Thema in eine Antwort zu packen. Im Fernsehen geht es nicht um Vollständigkeit, sondern um den *wichtigsten* Aspekt, das *drängendste* Problem, den *größten* Vorteil.

Versuchen Sie auch bitte nicht, mit dem Statistischen Bundesamt zu konkurrieren! Begrenzen Sie die Zahlen, die Sie nennen möchten, auf ein Minimum. Mischen Sie nicht Jahreszahlen, Prozentangaben, absolute Zahlen und die dritte Stelle hinter dem Komma.

Überlegen Sie sich Beispiele oder Anekdoten, die Ihre Botschaft veranschaulichen. Die Zuschauer lieben Beispiele, weil sie ihnen, wenn sie gut gewählt sind, das Verständnis erleichtern. Überlegen Sie, wie Sie Fachbegriffe anschaulich umschreiben. Geizen Sie mit Fremdwörtern und Fachchinesisch! In den meisten Fällen grenzen Sie damit zu viele Zuschauer aus.

In praktisch allen Interviews erwartet man Ihre eigene Meinung und/oder Analyse. Reine Faktenfragen sind eher selten, sie gehören für Journalisten ins Vorgespräch beziehungsweise in die journalistische Vorbereitung. Sie müssen für sich entscheiden, ob sie zum geplanten Thema eine klare Meinung haben und diese auch glaubhaft vertreten können.

Schritt 3: Was ziehe ich an?

Sie tragen als Frau gern bunte Tücher und großen auffälligen Schmuck? Tun Sie sich selbst den Gefallen und legen sie beides für das Fernsehinterview ab. Denn: Nicht Ihr Schmuck, sondern Sie und Ihre Botschaft sollen wirken!

Für die Kleidungsfrage gibt es ein paar Grundregeln: Kein Weiß (Hemdkragen unter einem Jackett oder Streifen in der Krawatte sind okay), kein knalliges Rot (das überstrahlt in der Kamera), kein Schwarz (das macht Falten und Schatten im Gesicht). Außerdem nichts Kleinkariertes (das flimmert – Fachwort: Moirée-Effekt), keine allzu dominanten Muster, die lenken nur ab. Am besten sind einfarbige Kleidungsstücke, die von der Farbe her zu Ihrem Typ passen.

Grundsätzlich gilt: Ihre Kleidung sollte Ihrem Thema angemessen sein. Sind Sie Kreativitätstrainer, müssen es sicher nicht Anzug und Krawatte sein. Trainieren Sie Topmanager für Krisensituationen, dann ist eine Krawatte wohl selbstverständlich. Grundsätzlich gilt: Sie sollten sich nicht »verkleiden«, sondern sich in Ihrer Kleidung wohlfühlen. Ein Tipp für alle: Ruhig zwei Outfits zum Auftritt mitbringen. Die Kameraleute wissen schon, was am besten »rüberkommt«.

Im Fall einer Einladung ins Studio ist die Frage zu klären, ob das Interview vor einer »Blue Box«, also in einem virtuellen Fernsehstudio stattfindet. Dann gilt Alarmstufe Blau – keine hell- oder mittelblauen Sachen tragen, am besten auch keine Krawatte mit blauen Streifen.

Darüber hinaus ist es bei Studiointerviews selbstverständlich, dass Sie geschminkt werden. Das Licht im Studio kann gnadenlos und unvorteilhaft sein, deshalb sollten Sie dieses Angebot unbedingt annehmen. Vertrauen Sie dem Können und der Erfahrung der Maskenbildner.

Schritt 4: Kurz vor der Aufzeichnung

Entweder kommt das Kamerateam zu Ihnen oder Sie sind zum Gespräch im Studio eingeladen. In beiden Fällen werden Sie vor dem Interview noch etwas Zeit haben, mit dem Interviewer zu sprechen. Nutzen Sie diese Zeit! Klären Sie die richtige Schreibweise Ihres Namens und Ihre Berufsbezeichnung beziehungsweise den Namen Ihrer Firma. Beides ist wichtig, da es bei der Ausstrahlung eingeblendet wird, sobald Sie zu sehen sind.

Versuchen Sie herauszufinden, wie das Gespräch beginnt. Eventuell gibt der Journalist seine erste Frage preis. In jedem Fall hilft es Ihnen, einen guten Einstieg zu finden. Ich persönlich informiere offensichtlich unerfahrene oder nervöse Gäste kurz vor dem Gespräch immer über die erste Frage.

Wenn seit Ihrem ersten Telefonat wichtige Aspekte hinzugekommen sind, die Sie gern ansprechen möchten: Dies ist die letzte Gelegenheit, den Journalisten darauf anzusprechen. Argumentieren Sie dabei nicht aus Ihrer Sicht (»Mir wäre noch wichtig, dass Sie dies und jenes fragen«), sondern aus der Sicht der Zuschauer (»Die Zuschauer wird sicherlich noch interessieren, wie sich dies und jenes auswirkt ...«).

Widmen Sie einen Teil Ihrer Aufmerksamkeit auch den Menschen hinter der Kamera, also Kameraleuten, Ton- und Lichtingenieuren. Begrüßen Sie sie (durchaus mit Handschlag!) und vermitteln Sie Wertschätzung gegenüber der Arbeit hinter der Kamera. Denn die Ton-, Licht- und Kameraleute sind es, die Sie ins »rechte Licht setzen« – die Sie gut oder auch schlecht aussehen lassen können.

Wenn Sie etwas mitgebracht haben, das Sie während Ihres Interviews zeigen möchten, besprechen Sie dies vorher mit dem Reporter oder Moderator und dem Kameramann. Aber lassen Sie Stapel von Dokumenten mit sicherlich wichtigen Zahlen und Fakten lieber in der Maske liegen: Es wird in aller Regel keine Zeit sein, darin während des Interviews zu blättern und etwas rauszusuchen.

Achten Sie selbst darauf, dass Sie weder auf den Gesprächspartner hinunter- noch zu ihm hinaufschauen. Das eine wirkt auf die Zuschauer »von oben herab«, das andere lässt Sie kleiner und unglaubwürdiger wirken. Die meisten Studios haben Minipodeste, mit denen man Größenunterschiede zwischen Ihnen und dem Moderator ausgleichen kann.

Beim Interview im Stehen: Belasten Sie gleichmäßig beide Beine, die etwa hüftbreit auseinanderstehen sollten. Knicken Sie nicht mit einem Bein und in der Hüfte weg. Sonst gehen Ihre Sprechspannung und ein Teil Ihrer Präsenz verloren!

Beim Interview im Sitzen: Suchen Sie sich eine bequeme Position und klären Sie mit dem Kameramann, ob die Position auch optisch gut »rüberkommt«.

Schritt 5: Ihr Auftritt

Wahrscheinlich werden Sie aufgeregt sein. Das gehört dazu! Nervosität hilft Ihnen im Vorfeld, sich gründlich vorzubereiten. Und vor der Kamera muss ein bisschen Spannung sein, damit Sie richtig »funktionieren«. Akzeptieren Sie sie einfach als Randerscheinung, der Sie nicht zu viel Aufmerksamkeit widmen sollten. Wahrscheinlich wird man Ihnen zum Auftritt ein Glas Wasser anbieten. Das sollten Sie in jedem Fall annehmen.

Atmen Sie in den Sekunden vor Beginn des Interviews betont ruhig und langsam ein und aus. Bitte nicht tief und übermäßig einatmen, das signalisiert dem Körper: Es wird stressig!

Beim Interview schauen Sie nicht direkt in die Kamera, sondern halten Sie Blickkontakt mit dem Reporter/Moderator. Auch wenn dieser vermutlich immer mal auf seine Unterlagen guckt, sollten Sie sich dadurch nicht irritieren lassen.

Besinnen Sie sich auf Ihre Kernbotschaften, auf eine einfache Sprache, auf klare Aussagen. Denken Sie an Beispiele, die Sie sich vielleicht zurechtgelegt haben. Wenn Sie kurze, passende Beispiele einfließen lassen, wird der Moderator Sie auch nicht unterbrechen!

Gute Moderatoren und Reporter fragen nach, vertiefen einzelne Aspekte im Interview und helfen Ihnen so, bestimmte Aspekte noch klarer zu vermitteln. Das ist der Job eines Journalisten – und Sie sollten es nicht als persönlichen Angriff werten.

Kleine Versprecher oder Stolperer sind menschlich – ärgern Sie sich nicht darüber!

Schritt 6: Nach dem Interview

Sie werden sich wundern, wie kurz vier oder fünf Minuten sein können! Kaum haben Sie die ersten Sätze gesagt, so scheint es, ist es auch schon wieder vorbei.

Wenn Sie mit sich und dem Gesagten völlig unzufrieden sind, dann gilt bei einer Livesendung: Dumm gelaufen! Bitten Sie die Redaktion um einen Mitschnitt der Sendung oder des Interviews und analysieren Sie Ihren Auftritt zu Hause in Ruhe. Und wahrscheinlich werden Sie feststellen, dass es gar nicht so schlimm herüberkam, wie Sie meinen. Um einen Mitschnitt können Sie übrigens in jedem Fall bitten, auch wenn alles gut gelaufen ist.

Haben Sie dagegen bei einer Aufzeichnung gepatzt, vielleicht falsche Zahlen genannt oder sich zu oft versprochen, dann werden Sie mit großer Wahrscheinlichkeit eine zweite Chance bekommen – oder die kritische Stelle wird herausgeschnitten. Sie müssen diesen Wunsch allerdings vernünftig und sachlich begründen. Denn im Normalfall gilt, dass das Aufgenommene unverändert gesendet werden darf. Jeder Sonderwunsch Ihrerseits kann als Einmischung oder gar Zensur verstanden werden. Das sollten Sie wissen und damit sensibel umgehen.

Erwarten Sie nicht, dass die Redaktion oder der Moderator ausführlich auf Ihren Auftritt eingeht. Dafür ist im journalistischen Alltag einfach keine Zeit. Aber um ein kurzes Feedback sollten Sie bitten, durchaus mit dem Hinweis, dass Sie ja noch kein Medienprofi sind und gerne an sich arbeiten möchten. Die größte Anerkennung ist ohnehin, wenn Sie wieder eingeladen werden! Und noch größer ist der Erfolg, wenn auch andere Sender und Redaktionen auf Sie aufmerksam werden! Dann heißt es: Zurück zum Beginn dieses Kapitels. Viel Erfolg!

Als Coach und Trainer im Fernsehen

Interview mit Dr. Jens Tomas, Dr. Tomas Speaking | Training | Consulting

Welche Art von Fernsehauftritten hatten Sie?
In den letzten drei Jahren hatte ich diverse Arten von Fernsehauftritten. Mein erster und einziger Liveauftritt war im Frühstücksfernsehen eines Privatsenders. Ich wurde dort vom Moderator zu meinem damals neuen Buch »Mein Chef macht, was ich will« interviewt. Im Jahr 2007 hatte ich dann ein eigenes, tägliches TV-

Coachingformat mit rund 15 Minuten Sendezeit auf Pro Sieben mit dem Titel »Schwer vermittelbar«. Seit 2008 helfe ich Unternehmen mit wirtschaftlichen Schwierigkeiten in der Sendung »Hilfe vom Profi«, wieder auf Pro Sieben und diesmal als 60-Minuten-Format.

In welcher Form und wie lange betreiben Sie Pressearbeit?
Pressearbeit ist ein wichtiger Bestandteil meines Marketings. Wer regelmäßig in der Presse auftaucht, bekommt einfach ein anderes Standing bei Kunden und potenziellen Auftraggebern. In den Augen des Marktes wird man zum »prominenten Experten« und geht damit den Weg vom Bittsteller zum gefragten Trainer und Referenten. Ich selbst habe vor etwa fünf Jahren mit konsequenter Pressearbeit begonnen. Insbesondere zu meinen Büchern und zu meiner derzeitigen Fernsehsendung habe ich regelmäßig Pressemitteilungen versandt. Ich arbeite insoweit mit spezialisierten Anbietern zusammen, die die Pressemitteilungen nach meinen Vorgaben verfassen und anschließend an ausgewählte Verteiler versenden. In meiner Wahrnehmung führt Pressearbeit nicht ad hoc zum Erfolg. Positive Wirkungen stellen sich erst nach einiger Zeit ein, Kontinuität ist deshalb ein entscheidender Erfolgsfaktor.

Wie sind die TV-Redakteure auf Sie gekommen?
TV-Redakteure recherchieren heute meistens im Internet. Wenn ein aktuelles Thema anliegt, googeln sie nach Experten. Genau so bekam ich erste Kontakte. Hilfreich waren insoweit meine zahlreichen Google-Treffer und meine Veröffentlichungen, insbesondere meine Bücher zu den gefragten Themen. Wer eine regelmäßige TV-Präsenz anstrebt, sollte sich aber nicht auf die Redakteure der TV-Sender verlassen. Jeder Sender lässt heute produzieren. Bessere Ansprechpartner sind deshalb die Redakteure, die für eine Produktionsfirma arbeiten. Nach Aussage der Redakteure meiner Produktionsgesellschaft Good Times ist aber auch hier das Internet die Hauptquelle der Recherche.

Was haben Sie gemacht, um sich auf die Auftritte vorzubereiten?
Wenn ich zu einem TV-Interview eingeladen werde, schickt mir die Redaktion normalerweise im Vorfeld den Fragenkatalog. Insoweit gibt es an sich eine gute Vorbereitungsmöglichkeit. In der Praxis läuft es dann aber meistens komplett anders.

In meinen Coachingsendungen bekomme ich im Vorfeld nur das erste Castingvideo, das ungefähr drei bis fünf Minuten lang ist. Ich bekomme dann einen ersten Eindruck von den Akteuren, mehr nicht. Oberstes Gesetz in diesen Formaten ist die »Realität« der Aktionen. Deshalb lerne ich die Akteure persönlich erst vor der Kamera kennen, und alles, was dann passiert, ist »live« und wird nicht gestellt. Die Zuschauer wollen Authentizität und echte Emotionen.

Insofern ist eine spezielle Vorbereitung nicht möglich. Zwischen den Drehs arbeite ich ständig an meiner Persönlichkeit als Coach und Trainer, um keine Maske aufzusetzen und wirklich »ich« zu sein, wenn die Kamera läuft. Aber das ist eigentlich nichts Spezielles, da ich diese persönliche Weiterentwicklung als wesentlichen Erfolgsfaktor ansehe, wenn es um meine Tätigkeit als Trainer und Sprecher geht.

Inwieweit haben Ihnen die TV-Auftritte Prestige und neue Kunden gebracht?
Die Frage lässt sich schwer beantworten. Aber meiner Meinung nach bringt ein einziger Fernsehauftritt relativ wenig. Entscheidend ist Kontinuität. Immer wieder in der Presse und im Fernsehen aufzutauchen führt mittelfristig zu einer gewissen »Prominenz«, die sich dann sicher durch vermehrte Anfragen bezahlt macht. Zudem erlangt man durchs Fernsehen einen höheren Status bei den Auftraggebern. Vor einem Jahr war ich zum Beispiel als Keynotesprecher auf einem Forum eingeladen. Das eigentliche Highlight war am Vorabend der deutsche Astronaut Ulf Merbold. Am Morgen und nach langer Nacht für die Teilnehmer sollte ich dann mein Keynote halten, so nach dem Motto »Na ja, was soll nach Merbold noch kommen, aber nett, dass er da ist«. Drei Tage vor der Veranstaltung rief mich dann meine Auftraggeberin an. Sie hatte über das Internet erfahren, dass ich eine Fernsehsendung habe. Ganz aufgeregt sagte sie dann zu mir folgenden Satz: »Wissen Sie, Herr Dr. Tomas, da haben wir Sie wohl total unterschätzt, Sie sind ja im Fernsehen.« Sie machte dann unglaubliche Werbung für mich bei den Teilnehmern mit der Folge, dass morgens der Saal zu meinem Referat brechend voll war. Diese Erfahrung hat mir deutlich gezeigt, wie massiv das Massenmedium Fernsehen die Wahrnehmung von Auftraggebern positiv beeinflusst.

Was empfehlen Sie Bildungsanbietern, die gerne vom Fernsehen berücksichtigt werden möchten?
Ich empfehle kontinuierliche Pressearbeit, auf der eigenen Homepage einen professionellen Pressebereich und wahrscheinlich das Wichtigste: Geduld.

Ihr eigenes Buch – auch ein Marketingtool

Hanspeter Reiter

Einen Fachartikel zu platzieren schaffen die meisten Trainer und Bildungsinstitute mehr oder weniger häufig. Wer ihn nicht selbst schreibt, bittet einen Kollegen oder Bekannte – oder beauftragt eine PR-Agentur, die dann auch dafür sorgt, dass der Artikel veröffentlicht wird. Bei einem Buch sieht das schon wieder anders aus, bräuchte es dafür schon einen Ghostwriter. Deshalb sollten Sie sich zunächst über Ihre Ziele und Möglichkeiten klar werden:

- Ist der Inhalt im Grunde bereits fertig, weil Sie umfangreiche Seminarunterlagen oder bereits eine Reihe von Artikeln parat haben? Hier ist zu prüfen, inwieweit das Geschriebene »buchfähig« ist.
- Möchten Sie »mehrere Fliegen mit einer Klappe schlagen«, indem Sie das Buch an Teilnehmer ausgeben oder verkaufen – und zugleich ein Marketingtool zur Kundengewinnung haben?
- Legen Sie Wert darauf, über den Buchverkauf zumindest so viel Honorar einzunehmen, dass Sie sich einigermaßen gut entlohnt fühlen – oder ist das sekundär?
- Verfügen Sie über Kontakte – etwa über Ihre Netzwerke – zu relevanten Verlagen? Wer könnte helfen?
- Wäre eine Alternative, das Buch im Selbstverlag zu veröffentlichen und zu finanzieren?
- Benötigen Sie überhaupt eine Printausgabe als klassisches gedrucktes und gebundenes Buch – oder käme alternativ ein E-Book infrage? Manche Onlineverlage bieten inzwischen Software, in die Sie Ihren Text direkt eingeben können und bei denen Sie auch den Preis bestimmen, für den Abruf per Internet.

Je nach Ziel und Zweck Ihrer Buchveröffentlichung ist auch zu überlegen, in welcher Ausstattung es erscheinen sollte:

- Wichtiges Know-how in Kurzform bieten etwa die 30-Minuten-Bücher, die im GABAL-Verlag erscheinen. Je nach Titel wird vom Autor eine mehr oder weniger große Auflage abgenommen und dann für Eigenwerbung und für Teilnehmer verwendet – vielleicht sogar mit eigenem Umschlag, möglich ab einer Mindestauflage (meist 1.000 Stück).
- Mancher Speaker wählt für eine Teilauflage eine Sonderausstattung, mit der er sein Buch zur PR-Edition macht. Ein solches Exemplar wird als wertvolles Sammlerstück nur ausgewählten Empfängern überreicht, während die normale Hardcoverausgabe über den Buchhandel verkauft wird.

- Anstelle eines Hardcovers ist gerade für Arbeitsbücher eine Paperbackausgabe denkbar, in der Herstellung günstiger als das fest gebundene Buch. Trotz exzellenter Bindung ist ein solches Buch allerdings meist für häufige Wiedernutzung weniger geeignet.

Manche Verlage verlangen einen Druckkostenzuschuss oder die Abnahme einer garantierten Mindestauflage, um so das eigene Risiko zu minimieren. Sie erhalten dafür die komplette Dienstleistung inklusive des Marketings, etwa über einen eingeführten Buchhandelsvertrieb, bis hin zu den Onlinebuchhändlern, also amazon & Co. Gelistet sind Sie – mit ISBN – auch in den üblichen Verzeichnissen und beim Zwischenbuchhandel, Barsortiment genannt. Auch dies ist wichtig, da Verlage in aller Regel nur größere Buchhandelsaufträge direkt ausführen. Wie leicht Sie einen Verlag motivieren können, hat zum einen mit Ihrem Thema zu tun, dazu gleich mehr. Einen Unterschied macht es meist auch, ob das Buch Ihr erstes oder bereits eine x-te Veröffentlichung ist, Sie als Autor also schon eingeführt sind. Wünschenswert ist es, dass »Ihr Verlag« seine Autoren vielseitig unterstützt, wie das etwa Beltz praktiziert: Auf www.beltz.de finden Sie Veranstaltungen der Autoren.

Den positiven Effekt gelungener PR mithilfe eines Buches zeigt ein Praxisbeispiel, wie das zum Beispiel der GABAL-Verlag exzellent zelebriert – mithilfe einer PR-Agentur:

- Interview in einer Frauenzeitschrift, 1/3 Seite
- Interview bei einem Radiosender, fünf Minuten
- Veröffentlichung im Trainerkontaktbrief des TTD (Trainertreffen Deutschland)
- Rezensionen über das übliche Maß hinaus, etwa auf www.businesswissen.de
- Auftrag eines österreichischen Verbandes für eintägigen Workshop

Andere Verlage wie der Fachverlag Dr. Rosenberger bemühen sich intensiv um Abdrucke bei professionellen Rezensenten. Gelingt das bei businessbestseller summaries, hat dies hoffentlich erhöhte Nachfrage zur Folge, weil einige Leser der Zusammenfassung Appetit auf das komplette Buch bekommen. Und hoffentlich einen PR-Effekt für den Autor, weil der eine oder andere Leser ihn als Trainer oder Berater buchen möchte … (www.business-bestseller.com, www.rosenberger-fachverlag.de).

Was investieren Sie an Zeit?

Da ist einmal das Schreiben als solches, doch dazu ist auch zu berücksichtigen:

- Wie stark stimmt »Ihre Schreibe« mit der Erwartung des Lektorats überein, das sozusagen den Leser vertritt?
- Was ist an Korrekturläufen erforderlich, wie viel müssen Sie nochmals schreiben?
- Für wann passt Ihr Buch in den Erscheinungsrhythmus des Verlags, meist Frühjahr und Herbst eines Jahres?

● Wie stark sind Sie als Trainer, als Dozent, als Berater ausgebucht? Welche »Frei-Zeiten« stehen Ihnen zur Verfügung, Ihr Buch zu schreiben?

Wer kann zu Ihrem Buch beitragen? Eventuell schreiben Sie es mit einem Kollegen zusammen, wie das bei dem Buch der Fall ist, das Sie gerade aufmerksam lesen. Oder das Team im Bildungsinstitut verteilt Teilthemen untereinander, schon geht das Schreiben rascher von der Hand. Nehmen wir das Beispiel Coaching Concepts: Der Unternehmer Peter Josef Senner aus Türkheim fungiert als Herausgeber von inzwischen drei Fachbüchern. Zum Schreiben hat er seine Lizenznehmer motiviert, die auch für die Abnahme einer Teilauflage sorgen, einzusetzen als Akquisetool; erschienen sind die Titel im GABAL-Verlag (Verkäufercoaching, strategischer Verkauf). Zudem hat eine Beteiligung am BDVT-Internationalen-Trainingspreis zu Silber 2006 geführt. Diese Auszeichnung nutzt Senner, weitere Lizenznehmer zu gewinnen – und für diese dann weitere Kunden zu akquirieren (www.coaching-concepts.de).

Welches Thema haben Sie im Auge – wie gut ist das bereits besetzt?

Recherchieren Sie im Netz, am besten bei www.amazon.de oder via Suchmaschinen wie www.yahoo.de; hilfreich ist auch www.buchkatalog.de, allerdings nur für noch lieferbare Titel. Wenn Sie dann von der schier endlosen Anzahl bereits verfügbarer Bücher »erschlagen« werden, was ist dann zu tun? Statt aufzugeben, überlegen Sie, wie können Sie es fokussieren oder erweitern, um es so interessant(er) zu machen? Wenn Sie eine Schwerpunktbranche haben, kann es dort zum Bestseller werden, weil es für diesen Teilmarkt noch nichts gibt – und Sie vielleicht den Branchenverband motivieren können, es herauszugeben: Erfolg schon programmiert? Oder aus der Sicht der Privatkunden wird die Perspektive von Businesspeople? Nutzen Sie Ihre kreativen Werkzeuge, alternative Inhaltskonzepte zu finden …

Mailingaktionen

Birgit Lutzer

Als Mailingaktion bezeichnet man die Versendung von Briefen oder Drucksachen mit werblichem Inhalt an eine größere Zahl von Empfängern. Man kann sich mit einer Mailingaktion sowohl an Bekannte (Teilnehmer, Mitglieder, Kunden) als auch an eine anonyme »Masse« wenden, um neue Kunden oder Teilnehmer zu gewinnen. Typische Anlässe sind in der Bildungsbranche:

- Versand eines neuen Seminarprogramms,
- Weihnachtsgrüße an alle Kunden und Teilnehmer oder
- Werbung für ein spezielles Weiterbildungsangebot (zum Beispiel Seminar, Lehr- oder Ausbildungsgang).

Bei jeder Mailingaktion kommt es auf das genaue Abwägen von Kosten und Nutzen an, denn die Rücklaufquote ist besonders bei Fremdadressen (zum Beispiel gekaufte Anschriften von Empfängern, die Sie als Bildungsanbieter noch nicht kennen) oft sehr gering – manchmal nur ein bis zwei Prozent, abhängig primär von den eingesetzten Adressen (s. *Zielgruppenzwiebel*, S. 111). Diese Quote ist allerdings auch abhängig von der Empfängerbranche und vom Anlass des Mailings. Häufiges Problem: Die Aussendung hebt sich nicht genug von den Werbebriefen ab, die meistens im Papierkorb landen. Wenn Sie eine Mailingaktion für Ihr Bildungsinstitut durchführen, sollten Sie sich positiv von den unbeliebten Massensendungen abheben. Der Erfolg Ihres Mailings steht und fällt mit einer pfiffigen Idee und einem schlüssigen Konzept (s. S. 31 ff.). Die wichtigsten Kostenfaktoren bei Mailingaktionen sind:

- Die kreative Arbeit (zum Beispiel einer Werbeagentur).
- Herstellung (Druck, Konfektionierung).
- Versand.

Und dieser Aufwand entsteht mehrmals im Jahr. Denn: Wer eine einmalige Mailingaktion durchführt und dann nie wieder etwas von sich hören lässt, darf sich nicht über den ausbleibenden Erfolg wundern. Eine Mailingaktion sollte vier bis fünf Mal im Jahr durchgeführt werden. Es kann nämlich sein, dass der Empfänger den ersten Brief zunächst zur Seite legt und dann auf den zweiten oder dritten reagiert. Bei anonymen Adressen lohnt das mehrfache Anschreiben in aller Regel nur dann, wenn Sie bei der ersten Aktion eine hohe Rücklaufquote von deutlich über einem Prozent erzielt haben.

Bei mehrfachen Mailingaktionen unterscheidet man zwischen einstufigen oder mehr-stufigen Mailings. Bei einstufigen Mailings hat jede Aussendung ein eigenes Konzept und steht für sich. Mehrstufige nehmen Bezug aufeinander – sind also mit einer Serie vergleichbar. Häufig wird unter »mehrstufig« verstanden, im ersten Schritt nur un-verbindliche Informationen anzubieten, um in Schritt 2 (oder 3) dann in konkrete Kaufverhandlungen einzutreten. Der Vorteil ist, dass deutlich mehr Empfänger posi-tiv reagieren. Nachteilig kann sein, dass zu viele Antworten mit geringerem Interesse eintreffen, die viel Nacharbeit erfordern. Deshalb empfiehlt es sich, zwischen dem Einsatz von Filtern und Verstärkern sorgsam abzuwägen (s. S. 334 f.).

Selbst machen oder Dienstleister beauftragen?

Die Frage, ob Sie Ihre Mailingaktionen in Eigenregie durchführen oder externe Dienstleister einschalten, ist abhängig von

- Ihrem Budget,
- dem Maß angestrebter Professionalität in der Gestaltung der Aussendung sowie
- der Zahl der Adressen.

Direktmarketing-Agenturen (heute meist »Dialogmarketing-Agenturen« genannt) sind Dienstleister, die Ihnen die komplette Durchführung der Mailingaktion abneh-men können: Sie bieten den kompletten Service inklusive Druck, Falz, Kuvertieren, Adressieren, Frankieren bis hin zum Versand. Oft liefern diese Agenturen auf Wunsch auch den Text und die grafische Gestaltung Ihres Mailings. Die reine Lettershop-Dienstleistung beschränkt sich auf die technische Durchführung wie Kuvertieren und Postaufgabe. Adressen dieser Anbieter finden Sie in Branchenverzeichnissen oder Gel-ben Seiten unter dem Stichwort »Direktwerbung«.

Möchten Sie Ihre Serienbriefe selbst erstellen, können Sie die Empfängeranschrif-ten mit einer Datenbank verwalten – beispielsweise durch Einordnung in die Katego-rien »Postleitzahlen« oder eine alphabetische Reihenfolge. Komplexere Inhalte und Zusatzinformationen erfordern eine Datenbanklösung, für die Sie einen Softwareent-wickler hinzuziehen müssen. Eine Datenbank unterstützt Sie bei der Durchführung von Mailingaktionen. Damit können Sie nicht nur Adressen verwalten, sondern Zu-satzinformationen zu den einzelnen Personen beziehungsweise Unternehmen spei-chern. Eine Datenbank sollte Informationen über Adressen (Name, Vorname, Titel), Profildaten (zum Beispiel Alter, Geburtsdatum, Schulbildung, Familienstand, Kinder, Wohngebiet), Aktionsdaten (Kontakte, Besuche, Einladungen zu Veranstaltungen) und Reaktionsdaten (gebuchte Kurse und besuchte Veranstaltungen) enthalten.

Sie können mit der Datenbank Adressen nach bestimmten Kriterien zusammen-stellen lassen (zum Beispiel nach bestimmten Bildungs- oder Einkommensprofilen, Listen von Personen, die sich für bestimmte Kurse interessiert haben etc.). Somit er-höht sich die Zielgenauigkeit Ihrer Mailingaktion und der Streuverlust verringert sich.

Die Adressen Ihrer Datenbank sollten regelmäßig auf Aktualität überprüft und ergänzt werden, denn sonst kann es zu hohen Retouren durch »unbekannt verzogen«, »Annahme verweigert«, »verstorben« oder »Adressänderung« kommen. Dienstleister wie die Posttochter »Postadress« unterstützen Sie mit Umzugsadressenservice und ähnlichen Angeboten, erfragbar auch in Ihrer Postfiliale.

Adressmaterial

Am Anfang der Mailingaktion steht die Frage, an wen Sie sich damit richten möchten und was Ihr Ziel dabei ist. Man unterscheidet kalte, warme und heiße Adressen. Kalte Adressen sind gekaufte oder gemietete anonyme Adressen von Personen oder Unternehmen, die noch nie in Kontakt mit Ihrem Institut oder mit Ihnen als Trainer gestanden haben und die Ihre Einrichtung vielleicht noch gar nicht kennen. Zu den Inhabern warmer Adressen hatten Sie schon einmal Kontakt, beispielsweise, wenn jemand ein Kursprogramm, Ihr Leistungsprofil oder Ihr Verzeichnis angefordert hat. Die heißen Adressen gehören zu Unternehmen oder Teilnehmern, die schon einmal eine Ihrer Leistungen (einen Kurs oder ein Training) in Anspruch genommen haben. Die positive Reaktion auf ein Mailing ist bei den warmen und heißen Adressen wahrscheinlicher als bei den kalten (s. Zielgruppenzwiebel, wie ursprünglich von Professor Dr. Siegfried Vögele entwickelt, S. 111).

Bei größeren Mailingaktionen mit einer hohen Zahl von Empfängern empfiehlt sich ein Testlauf, um die Reaktion und den Rücklauf zu überprüfen. Getestet werden beispielsweise Adresslisten, Versandzeitpunkte, ausgewählte Regionen, der Inhalt oder die Gestaltung des Mailings. Im Testlauf wird eine bestimmte Anzahl von Adressen mit verschiedenen Versionen angeschrieben.

Beispiel: Wenn Sie eine Aussendung von 10.000 Mailings planen, testen Sie zunächst 1.000. Das ist zwar teurer in der Herstellung, am teuersten in Ihrer Kostenkalkulation einer solchen Aktion ist allerdings das Porto. Zwischenergebnis: Stellen Sie fest, dass eine große Gruppe von Fremdadressen »floppt«, sparen Sie eventuell die Hälfte und schreiben nur 5.000 Adressaten an. Oder Sie entdecken, dass eine von Ihnen als Kontrollgruppe integrierte Branche exzellent reagiert, weshalb Sie diese statt einer anderen Gruppe kontaktieren.

Wer riesige Aussendungen in Millionenhöhe durchführt, wie das etwa Kosmetikversender wie Yves Rocher oder Buchanbieter wie Weltbild tun, testet meist bis zu 50 Gruppen und inhaltliche Varianten à 10.000 Auflage: Beobachten Sie einfach mal, was Sie, Ihre Verwandten, Bekannten, Kollegen und Mitarbeiter an Werbepost gerade von solchen Anbietern erhalten und analysieren Sie bewusst, welche Unterschiede bei gleichem Absender Sie finden!

Wie ist das in der Bildungsbranche? Nur andeutungsweise in solche Zahlenregionen kommen Fernstudienanbieter wie die Studiengemeinschaft Darmstadt (SGD), die naturgemäß sehr intensiv schriftlich mit ihren potenziellen und ehemaligen Teilnehmern kommunizieren.

Der sogenannte »Adress- oder Listentest« bietet sich an, wenn eine große Zahl von Fremdadressen für das Mailing verwendet werden soll. Zunächst werden kleinere Mengen unterschiedlicher Adressenpools getestet, um dann für die »richtige« Mailingaktion weitere Adressen aus den Pools mit der höchsten Rücklaufquote zu erwerben. Der Gestaltungstest wird durchgeführt, um zu überprüfen, wie sinnvoll ein aufwendig gestaltetes Mailing ist. Getestet werden zum Beispiel das Design (Farben, Fotos, Gestaltungselemente), das Papier (hochwertig oder kostengünstig) oder die Incentives (zusätzliche Anreize). Im Inhaltstest werden Varianten mit unterschiedlichen Formulierungen versendet. Manchmal kann es statt eines groß angelegten Testlaufes auch reichen, einen Mailingentwurf im Freundes- und Bekanntenkreis zu zeigen und die Reaktionen auf diese Weise zu überprüfen – der scherzhaft so genannte »Putzfrauentest«.

Für den Aufbau einer eigenen (kostenlosen) Adressliste gibt es verschiedene Möglichkeiten:

- Fragen Sie im Bekanntenkreis, bei Kooperationspartnern und bei zufriedenen Teilnehmern nach, ob sie weitere Interessenten für Ihr Seminarangebot kennen. Nehmen Sie die genannten Adressen in Ihren Pool auf; Empfehlungen zählen dazu.
- Veranstalten Sie ein Preisausschreiben (per Anzeige oder auf Messen an Ihrem Stand). Verlosen Sie attraktive Preise (zum Beispiel kostenlose Teilnahme an einem Ihrer Kurse oder eine Wochenendreise, dann ist der Respons hoch. Die Adressen der Teilnehmer können Sie später für Mailingaktionen verwenden. Je geringer die Teilnahmeschwelle, desto geringer allerdings im Allgemeinen die spätere Wandlung zu Kunden (s. *Filter und Verstärker*, S. 334 f.).
- Sammeln Sie Adressen von Gästen und Besuchern Ihrer Veranstaltungen, etwa auch von Schnupperkursen und ähnlichen Events mit geringer Eintrittsschwelle.

Neben der Verwendung eigener warmer und heißer Adressen können Sie Adressen kaufen oder zur einmaligen Verwendung mieten. Es gibt spezielle Adressverlage (zum Beispiel AZ Bertelsmann Direct GmbH, Hoppenstedt, Schober und andere) die sich auf diese Dienstleistung spezialisiert haben und die Sie durchaus kostenlos beraten, Ihnen konkrete Vorschläge und Angebote unterbreiten. Weitere finden Sie, wenn Sie zum Beispiel bei »Google« Stichwörter wie »Adressverlage« oder »Adressbroker« eingeben. Zu empfehlen sind auch Branchendatenbanken wie jene von Ad Hoc Data (www.adhocdata.de), die in einer Basisversion auf Fachmessen durchaus schon einmal gratis erhältlich ist, siehe die Mailingtage in Nürnberg (www.mailingtage.de).

Die Adressen werden von den Anbietern meist aus öffentlich zugänglichen Quellen wie Telefonbüchern, Handelsregister oder auch durch direkte Befragung gewonnen. Wenn Sie Adressen zum Dauergebrauch kaufen oder für einmaligen Einsatz mieten, können Sie diese nach bestimmten Kriterien sortiert (zum Beispiel Berufsgruppen, Privat- oder Geschäftsadressen, bestimmte Branchen und Ähnliches) ordern. So wird der Streuverlust möglichst gering und Sie erreichen gezielt die Empfänger Ihres Mailings. Bei der Adressmiete erhalten Sie eine Anzahl von Adressen zur einmaligen Nutzung. Die Adressen, bei denen eine Reaktion erfolgt, dürfen Sie in Ihren Bestand übernehmen – die anderen nicht. Wer die Adressen widerrechtlich mehrmals benutzt, muss mit juristischen Konsequenzen rechnen. Die Adressverlage überprüfen die korrekte Nutzung mit Testadressen.

Die Robinsonliste ist eine Adressaufstellung von allen Personen und Unternehmen, die keine werblichen Schreiben per Post erhalten möchten. Diese Liste sollten Sie bei einer Mailingaktion nach Möglichkeit beachten, um Ärger zu vermeiden. Sie selbst können sich dort eintragen lassen, wenn Sie keine Werbebriefe erhalten möchten. Die Robinsonliste bietet weitgehenden Schutz vor Mailings, die der Neukundengewinnung dienen. Sie gilt allerdings nur für personalisierte Werbebriefe. Diese freiwillige Einrichtung der Werbewirtschaft wird vom Deutschen Direktmarketing Verband (DDV) e.V. geführt. Es gibt sie inzwischen auch für unerwünschte Telefonanrufe und Onlinenewsletter. Inwieweit diese Listen tatsächlich einen wirkungsvollen Schutz bieten, bleibt offen.

Das Konzept für ein Mailing

Eine Mailingaktion sollte unbedingt in Ihr vorhandenes Marketing- oder Kommunikationskonzept integriert werden, denn alle Maßnahmen sind aufeinander abzustimmen. Beispielsweise schalten Sie eine auffällige Anzeige in Ihrer regionalen Tageszeitung. Danach – oder auch davor – führen Sie eine Mailingaktion an Privathaushalte durch und nehmen im Schreiben Bezug darauf. Eine gründlich geplante Mailingaktion benötigt eine Vorlaufzeit von mindestens acht Wochen. Zunächst werden die Inhalte und die grafische Gestaltung festgelegt und umgesetzt. Auch die Adress-Selektion muss im Vorfeld erfolgen. Wen wollen Sie anschreiben? Haben Sie genug eigene Adressen? Möchten Sie Adressen kaufen oder mieten?

Der Werbebrief

Zum Werbebrief selbst: Die Entscheidung, einen Brief zu öffnen oder ihn sofort ungelesen zu entsorgen, fällt in den ersten drei Sekunden. Der Umschlag und die Aufmachung des Briefes müssen deshalb zum Öffnen und weiteren Lesen einladen. Blickfänge beziehungsweise »Aufreißer« (englisch »teaser«) können beispielsweise das Abdrucken eines Bildes oder Symbols oder eines Slogans sein (die Gestaltung sollte dem Corporate Design Ihrer Organisation entsprechen). Auch die Verwendung eines (teil) transparenten Umschlags kann die Aufmerksamkeit wecken. Wichtig: Umschlag und Inhalt eines professionellen Mailings müssen aufeinander abgestimmt werden. Was nützt Ihnen ein schön gestalteter Werbebrief, der wegen des langweiligen Umschlags ungeöffnet im Altpapier landet? Der Direktmarketingspezialist Professor Dr. Siegfried Vögele spricht hier von Papierkorbphasen – die erste vor dem Öffnen, eine zweite nach dem Öffnen eines Werbebriefes.

Tipp: Achten Sie in der nächsten Zeit gezielt auf Ihre Werbepost, die Sie selbst erhalten – und bitten Sie auch Personen Ihres Vertrauens darum, ihre Briefkastenwerbung für Sie zu sammeln, ob beruflich oder privat. Anschließend begutachten Sie Ihre Sammlung: Was fällt Ihnen daran auf? Wie ist Ihr eigenes Verhalten? – Welche Kuverts öffnen Sie? Welche werfen Sie gleich in den Papierkorb? – Was lernen Sie für sich daraus? Was wollen Sie bewusst vermeiden? Was könnten Sie für Ihre Mailings übernehmen?

Manche Unternehmen verwenden mit der Hand beschriebene Umschläge, die wie ein persönlicher privater Brief aussehen. Von einer solchen Mogelpackung ist abzuraten, denn an die erwartungsvolle Freude auf das Schreiben eines lieben Menschen schließt sich die Enttäuschung über das Serienerzeugnis an. Ein solcher Brief wird mit Sicherheit weggeworfen – und der Empfänger ärgert sich über Sie. Natürlich gibt es Ausnahmen von der Regel, beispielsweise Ihre Werbebriefe an Empfänger, mit denen Sie bereits (länger) in Kontakt stehen, ehemalige Teilnehmer etwa, und gerade bei Grüßen, sei es zu Weihnachten, zum Geburtstag oder einem anderen Anlass! Mancher Anbieter achtet sorgsam darauf, dass der Lettershop (also der Versanddienstleister) die Werbebriefe mit Briefmarken frankiert, statt den Freistempler zu verwenden. Das Signal für den Empfänger ist: Aha, da hat sich jemand die Mühe gemacht … Obwohl natürlich auch die Briefmarken per Automat aufgespendet wurden.

Ein gutes – also zielgerechtes – Mailing enthält mindestens ein Responsemittel – wie beispielsweise ein Anmeldeformular für einen bestimmten Kurs oder eine Karte beziehungsweise Faxantwort, mit der man das Kursprogramm oder Ihre Firmendarstellung anfordern kann. Machen Sie es dem Empfänger so einfach wie möglich, auf Ihr Mailing zu reagieren und Sie zu erreichen! Dazu gehört auch das Hinzufügen eines frankierten Antwortumschlags mit Ihrer Adresse, wenn Sie den Empfänger auffordern, ein ausgefülltes und unterschriebenes Formular an Sie zurückzusenden. Hier empfiehlt sich ergänzend mindestens zweierlei:

- Ins Kuvert rechts oben auf der Vorderseite ein Rechteck einzudrucken, also dort, wo sonst die Briefmarke klebt, mit einem Text wie diesem: »Bitte Porto 0,55 Euro, falls Briefmarke zur Hand« – dann wird von (unterschiedlich) vielen Absendern eine Marke aufgeklebt. Achtung, das ist allerdings ein Filter! Ein Verstärker wäre etwa: »Das Porto übernehmen wir für Sie!« Eine Frage der Kalkulation natürlich auch …
- Ihre Adresse wird eingedruckt. Darüber sollte fett gedruckt »Antwort« stehen. Das bedeutet, Sie zahlen deutlich weniger Strafporto an die Post, wenn ein solches Antwortkuvert unfrankiert an Sie verschickt wird. Bei größeren Mengen spart das viel Geld! (Aktuellen Stand erfragen Sie bitte bei der Post.)

Es gibt Mailings, die wie ein Standardbrief aussehen und ohne besondere Gestaltung und Beigaben auf dem Briefpapier der Firma ausgedruckt und verschickt werden. Im Unterschied dazu sind anderen Mailings zusätzliche Anreize beigefügt, damit der Empfänger positiv auf das Schreiben reagiert. Diese »Incentives« haben (wenn sie gut gemacht sind) einen positiven Effekt auf die Rücklaufquote. Ein Anreiz kann durch besondere Gestaltung oder Verarbeitung geschaffen werden. Beispiel: Ein Mailing wird als Klappkarte konstruiert, aus der beim Öffnen eine Pappfigur hervortritt.

Eine andere Variante ist das Beifügen von kleinen Geschenken (»Gimmicks«) wie Aufklebern, Kalendern, Postkarten, Gutscheinen und Ähnlichem. Wichtig ist bei den Incentives der Bezug zu Ihrem Unternehmen: Ein Handwerksbildungsinstitut, das als Werbegeschenke Gewürztütchen verschickt, muss sich schon eine besondere Begründung dafür einfallen lassen, sonst ruft diese Gabe Unverständnis hervor. Die kleine Beigabe sollten Sie unbedingt mit Ihrem Logo versehen, damit man auch ohne das Anschreiben erkennt, von wem das Präsent stammt.

 Steuerberater und BankStrategieBerater Willi Kreh mit Büros in Rosbach bei Frankfurt und Bad Wildbad hat folgende Idee für ein Mailing umgesetzt. Er verschickte eine Karte, mit deren Hilfe der Empfänger künftig alle seine PINs im Kopf hat – ein einziges Merk-Wort genügt! Natürlich fällt diese »PIN-Tresor-Karte« auf, alleine schon, weil sie »aus dem Rahmen fällt« und dann zugleich zur Visitenkarte des Coaches wird. Er und seine Kollegen im »arbeitskreis marktorientierter steuerberater« haben sehr gute Erfahrungen mit klassischen »White Mails«, also ausgedruckten Papiermailings per Post, »besonders auch bei der jüngeren Unterneh-

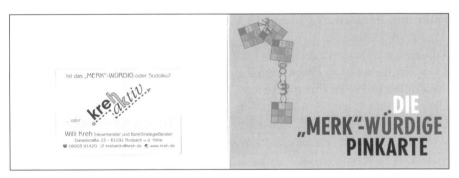

mergeneration«, wie er hervorhebt. Und wer dieses Mailing öffnet und näher betrachtet, wird die Visitenkarte jedenfalls künftig mit sich tragen … Die Karte gibt es zum Beispiel bei TYPOfactory (www.hypofactory-stuttgart.de) und kostete 2008 bei 10.000 Auflage je 0,47 Euro netto inkl. Versandkosten.

Um sich von den typischen Weihnachtsaussendungen zu unterscheiden, hat die Firma »Lutzertrain« im Jahr 2008 einen Halloweengruß verschickt. Aufhänger war das Motto »Gute Geister für Ihr Marketing«. Als Gimmick wurde ein Lesezeichen in der Form eines Gespenstes auf die Karte aufgebracht. Das Mailing spielt mit der Doppeldeutigkeit: »Geist« bezieht sich einerseits auf das Plastikgespenst und andererseits auf die Teammitglieder, die auf der Rückseite mit Kompetenzbereich aufgeführt wurden und dort mit einem schwarzen Stift unterschrieben.

Filter und Verstärker

Nur wenige Sekunden entscheiden über die Wirkung Ihres Werbemittels. Das ist bei einer Zeitungsanzeige, einem Fernsehspot oder Internetbanner schon fatal genug; doch dort kann es zu einem weiteren Blickkontakt kommen. Anders beim Mailing: Findet der Empfänger Ihr Angebot, Ihre Botschaft uninteressant, wirft er den Werbebrief weg – das war's dann. Deshalb ist es hier noch wichtiger als bei Ihren sonstigen Werbeauftritten, dass Ihr Leser immer wieder ansprechende Elemente findet, die ihn sozusagen »gefangen nehmen« – und möglichst wenige, die zu einer ablehnenden Haltung führen. Die Fachwelt spricht hier von Filtern und Verstärkern: Filter führen dazu, dass bestimmte Menschen das Mailing wegwerfen. Beispielsweise sind das:

- Preise nennen,
- Porto verlangen,
- »Textwüsten«,
- lange Sätze, F-Wörter (Fach-, Fremd-, Füllwörter und Floskeln),
- Zeitwörter werden Hauptwörter: -ung, -keit, -heit,
- Negationen (nein, nicht, un- …) sowie
- der Verzicht auf Verstärker.

Verstärker erhöhen den Drang, das Mailing zu öffnen. Dazu gehören:

- Sie-Ansprache,
- Bildsprache,
- positiv besetzte Begriffe,
- Testimonials,
- kurze Sätze,
- aktiv(ierend)e Zeitwörter, die auffordern: »Greifen Sie nun zum Stift …«,
- Bilder,
- Teaser (Ankündigung des Inhalts) auf dem Kuvert,
- persönliche Ansprache und Anrede der Zielperson,
- der Unterschreibende ist mit Vorname und Nachname genannt.

Ein ausschließlich positiv formulierter, mit Bildern optimierter Auftritt kann schon wieder übertrieben künstlich wirken. Dennoch sollten Sie darauf achten, die richtige Waage finden:

- Wenn Ihr Mailing mehr Filter als Verstärker enthält, sinkt die Responsequote
- Je mehr Verstärker Sie verwenden, desto höher steigt die Responsequote

Eine hohe Rücklaufquote allein garantiert noch keinen Erfolg. Im Allgemeinen gilt die Regel: Je höher der Respons, desto geringer die Qualität der Antworten – also die spätere Wandlung von Interesse in Buchung. Und umgekehrt: Reagieren nur wenige, haben die meist ein ernsthaftes Interesse.

Definieren Sie also zunächst Ihre Ziele klar und deutlich:

- Wenn Sie möglichst viele Kontakte generieren möchten, um die Datenbasis zu erweitern (und später diese Interessenten auch auf andere Themen ansprechen oder ihnen Medien verkaufen zu können): Viele Verstärker einbauen! Hier brauchen Sie ein gutes CRM-System und Kapazitäten für Nachfassaktionen, etwa per Telefon.
- Wünschen Sie sich neue Aufträge und nur wenig Arbeit im Nachhinein – einige Filter mehr einbauen! Wappnen Sie sich hier vor der Enttäuschung geringer Responsquoten, bei Mailings durchaus im Promillebereich, also 0,2 Prozent zum Beispiel – das wären bei 10.000 gerade mal 20 Antworten … Hier geht Ihnen Qualität vor Quantität.

Text und Gestaltung

Um ein Anschreiben richtig aufzubauen, sollte man wissen, in welcher Reihenfolge die Informationen vom Leser aufgenommen werden. Das wird schon seit Jahrzehnten mit einer Augenkamera in Testlabors beobachtet, eingeführt seinerzeit von Professor Siegfried Vögele. Erkennbar wird, wohin die Testperson blickt, die in der Rolle des

Empfängers eines Mailings oder Betrachter einer Zeitschriftenanzeige agiert. Wie lange weilt der Blick dort? Wie rasch und wie weit springt das Auge, die sogenannten Saccaden?

Der Einstieg erfolgt in der Regel links oben beim Briefkopf des Absenders. Danach wandert der Blick häufig sofort zur Unterschrift. Wer einen persönlich adressierten Brief erhält, liest (oft noch vor der Adresse des Absenders) den eigenen Namen. Fehler werden als störend und sogar ärgerlich zur Kenntnis genommen (»Können die nicht mal meinen Namen richtig schreiben?«). Auch das Datum kann den Blick auf sich ziehen. Liegt das Datum auf dem Brief sehr weit zurück, können große Zweifel an der Aktualität des Schreibens aufkommen.

Als Nächstes liest der Empfänger häufig den »Betreff« als Überschrift des Briefes durch. Ist diese ansprechend und bringt sie den Inhalt »auf den Punkt«, wandert der Blick zur Anrede und dann zu den hervorgehobenen Elementen im Fließtext. Fast immer wird das PS am Schluss direkt nach dem Erfassen der Betreffzeile gelesen – erst danach der eigentliche Text des Briefes. Deshalb sollte das Postscriptum nicht länger als drei Zeilen sein und nur wichtige Informationen enthalten. Auch deshalb ist das PS so wichtig, weil der Leser in aller Regel ein zweites Mal dorthin blickt, nämlich nach dem Durchschauen des Textes.

Wer einen an sich adressierten Brief mit persönlicher Anrede erhält, hat das Gefühl: »Ich als Person bin gemeint.« Nur in Ausnahmefällen können Kostengründe die Entscheidung für die unpersönliche Variante rechtfertigen. Besonders brisant ist die Wahl der unpersönlichen Anrede, wenn sich Absender und Unterschreiber des Briefes persönlich kennen. Reaktion des Empfängers: »Wir duzen uns schon seit Jahren – und jetzt bekomme ich einen Standardbrief!« Tipp: In diesem Fall über die Anrede handschriftlich etwa »Lieber Klaus, viele Grüße!« schreiben. In der heutigen Zeit ersetzt immer häufiger ein »Schönen guten Tag, Herr …« das fast antiquierte »Sehr geehrter Herr …«.

Persönlich (höhere Responsequote)	**Unpersönlich (allenfalls aus Kostengründen)**
Firmen: Firma Schmidt Frau Karin Schmidt Talstraße 3 99999 Musterstadt Anrede: Sehr geehrte Frau Schmidt	Firmen: Firma Schmidt Talstraße 3 99999 Musterstadt Anrede: Sehr geehrte Damen und Herren
Privatpersonen: Frau Karin Schmidt Talstraße 3 99999 Musterstadt Anrede: Sehr geehrte Frau Schmidt	Privatpersonen: Frau Karin Schmidt Talstraße 3 99999 Musterstadt Anrede: Sehr geehrte Damen und Herren

Der Brief sollte nach werbepsychologischen Grundsätzen aufgebaut werden. Fangen Sie nicht bei sich an, sondern bei dem, was den Empfänger des Mailings interessiert: bei ihm selbst und seinen Bedürfnissen. Er muss sofort erkennen, dass die weitere Lektüre des Anschreibens und die Handlung, zu der er darin aufgefordert wird, einen Nutzen für ihn haben. Zudem enthält ein gutes Mailing die Antworten auf die »5 W«: Wer? Was? Wann? Wie? Warum? Der Text sollte einen Umfang von maximal einer DIN-A4-Seite haben und gut zu lesen sowie in überschaubare Abschnitte eingeteilt sein. Zur besseren Verständlichkeit eignen sich kurze Sätze und die sparsame Verwendung von Fachbegriffen. Passen Sie Ihren Sprachstil und die Wortwahl an den Empfänger an.

 Ein Frauenbildungswerk möchte mit einem Mailing verschiedene Firmen als Sponsoren gewinnen. Die Entscheidungsträger in Unternehmen sind (leider) auch heute noch überwiegend männlich. Deshalb ist es besser, im Anschreiben beispielsweise auf das Wort »feministisch« zu verzichten. Dieses Wort ist zwar im Frauenbildungswerk positiv besetzt, könnte bei den Empfängern aber negative Assoziationen und damit eine Ablehnung des Anliegens bewirken.

Als Anschauungsbeispiel soll auch der folgende Auszug aus dem Mailing eines Bildungsinstituts dienen:

Zusammen trainieren – doppelt Spaß haben!

Bedürfnis des Empfängers: fit sein und mit anderen Spaß beim Sport haben.

Sehr geehrter Herr Fieder,

als regelmäßiger Teilnehmer unserer Sportkurse wissen Sie, wie gut Bewegung für Ihre Gesundheit und Ihr Wohlbefinden ist. Zusammen mit dem Partner oder Freunden macht Sport bekanntlich noch mehr Spaß. Bringen Sie doch das nächste Mal interessierte Freunde oder Bekannte mit!

Angeboten werden die Erfüllung des Bedürfnisses und der Zusatznutzen »Geld sparen«

Für jeden Teilnehmer, den Sie in den nächsten fünf Wochen für unser Sportangebot gewinnen, erhalten Sie zehn Prozent Rabatt auf den Preis für den nächsten Kurs, den Sie bei unserem Institut belegen! Diese Sonderaktion ist bis zum 10. März befristet, deshalb zögern Sie nicht lange und melden Sie sich und Ihre Freunde noch heute an!

Mit freundlichen Grüßen

((Unterschrift))
Vorname, Name

Zusatzinfo mit dem Ziel, den Empfänger für ein weiteres Angebot zu gewinnen.

P.S. Am Samstag, dem 12. Februar findet erstmals unser Lauftreff statt. Start: 10:00 Uhr am Bildungsinstitut! Laufen Sie mit?

Erst der Versand – und dann?

Nun stellen wir uns vor, dass die einzelnen Teile Ihres Mailings konzipiert, textlich und grafisch umgesetzt sowie produziert sind. Jetzt geht es daran, diese Teile zusammenzuführen und zu kuvertieren:

- Prospekt oder Flyer, schon gefalzt oder noch zu falzen.
- Werbebrief, meist personalisiert; eventuell auch zu falzen.
- Responselement – ob als Karte im passenden Format (DIN-lang oder A6, also Postkartenformat) oder als FAX-Vorlage, meist A4 oder A5 – zu falzen.
- Vielleicht ein Antwortkuvert.
- Das Kuvert, in das alle anderen Teile einzulegen sind.

Führen Sie Ihre Mailingaktion in Eigenregie durch, kommt je nach Anzahl von Adressen eine Menge Fleißarbeit auf Sie zu. Statt sich selbst hinzusetzen, kann es sich lohnen, Studenten dafür zu engagieren. Oder Sie verwenden eine Kuvertiermaschine. Diese Geräte sind in kleiner Ausführung jedoch oft nur in der Lage, Standardaussendungen zu bearbeiten. Sobald Sie ein Mailing versenden, das in besonderer Weise gefalzt und/oder mit einem Gimmick versehen ist, müssen Sie auf »ehrliche Handarbeit« zurückgreifen. Aufwendige Katalogaussendungen, wie bei größeren Bildungsanbietern üblich, können nur durch Dienstleister sinnvoll umgesetzt werden, siehe Haufe (www.haufe.de) oder auch Axel Rusch (www.ruschverlag.com), der ein breites Programm audiovisueller Medien verbreitet.

Planen Sie beim Versand zwei bis drei Tage Pufferzeit ein. Beachten Sie, dass Massenpost (Infobrief, Infopost) deutlich länger unterwegs ist als ein normaler Brief und dass größere Kuverts in aller Regel ebenfalls eine längere Laufzeit haben. Manchmal benötigt die Post mehr Zeit, als man denkt (insbesondere zu Stoßzeiten wie zum Beispiel Weihnachten). Etwa zwei bis drei Tage nach dem vermutlichen Eingang beim Empfänger erfolgt ein Anruf durch Sie. Wenn Sie die telefonische Kontaktaufnahme bereits im Schreiben ankündigen, treffen Sie die angerufene Person nicht unvorbereitet.

Schönen guten Tag, Frau Schmidt,

im letzten Jahr haben Sie einen Kurs zum Thema »Elektrotechnik« in unserem Institut besucht. Dafür vielen Dank!

Deshalb möchten wir Sie auf ein zusätzliches Angebot aufmerksam machen: Vom 1. bis zum 3. August (Freitag bis Sonntag) findet ein Ergänzungslehrgang zu diesem Thema statt. Wenn wir Sie auch bei diesem Kurs als Teilnehmerin begrüßen dürfen, freuen wir uns!

Ein Anmeldeformular haben wir für Sie vorbereitet: Ankreuzen genügt und ab die Post! In den nächsten Tagen rufen wir Sie an, damit Sie auf mögliche Fragen kompetente Antworten erhalten.

Mit freundlichen Grüßen

((Unterschrift))
Vorname Name

PS: Lassen Sie sich überraschen: Ein Dankeschön für »Wiederholungstäter« liegt schon für Sie bereit!

Tipp: Durch professionelles Nachtelefonieren können Sie die Responsequote vervielfachen – die Praxis zeigt, auf bis zu sechsfach!

Prospektverteilung

Ein Mailing zu entwerfen, zu entwickeln und herzustellen ist aufwendig. Wenn Sie im Rahmen einer solchen Aktion einen Prospekt (oder Flyer, also kleinen Prospekt) schaffen, empfiehlt es sich, diesen auch auf anderen Wegen einzusetzen. Denn eine höhere Auflage verbilligt wahrscheinlich den Preis des einzelnen Prospekts deutlich. Und wenn der Inhalt wenig zeitkritisch ist, können Sie dieses Werbemittel über einen längeren Zeitraum einsetzen. So wird häufig der Seminarplan mit konkreten Terminen als Einleger extra aktualisiert. Prima, sagen Sie, und wie soll der Flyer nun verteilt werden? Folgende Varianten bieten sich an:

- *Auslegen:* Bei welchen anderen Veranstaltungen von nicht konkurrierenden Kollegen, in welchen Geschäften, auf Kongressen oder Messen, Treffen von Verbänden und Netzwerken sollten Ihre Flyer sinnvoll liegen? Vielleicht sogar gratis, weil im Austausch mit deren Werbemittel?
- *Beilage:* Welche Zeitungen in der Region, welche Fachmagazine oder Verbandszeitschriften kommen infrage, parallel zu einer Anzeige oder statt einer solchen? Dort kostet meistens das Beilegen extra, je nachdem, ob mechanisch möglich oder per Hand zu erledigen.
- *Haushaltsverteilung:* Für größere Bildungsträger wie Volkshochschulen ist eine regionale Verteilung in die Briefkästen durchaus sinnvoll. Das leisten neben der Post auch private Verteilerorganisationen, die sonst Prospekte von Discountern und anderen Anbietern verteilen. Wer Firmen anspricht, kann mit der Post Verteilung an Postfächer vereinbaren. Gezielte Aktionen lassen sich auch mithilfe von Schülern preiswert durchführen, die sich so ein Taschengeld verdienen.

● Welche weiteren Möglichkeiten kommen Ihnen in den Sinn?

....

....

....

....

(Diese punktierte Linie ist übrigens zugleich ein Beispiel für einen »visuellen Tea-ser«: Sie soll Sie animieren, sich Gedanken und dann gleich Notizen zu machen – meist außerhalb des Buches, wo auf extra Blättern oder einem Notizbuch natür-lich sehr viel mehr Platz vorhanden ist als oben auf dieser einen Linie …)

Überlegen Sie am besten gleich, welche Medien Sie sinnvoll einsetzen können. Die fol-gende Tabelle finden Sie natürlich auch als Download.

Einsatzplan Printwerbung					
Aktion	Zielgruppe**				Summe
Mailing *					
Auslegen					
Beilage					
Haushaltsverteilung					
Summe					

* Achtung, hier benötigen Sie noch weitere Mailingteile zum Prospekt: Werbebrief, Responselement, Versandkuvert.

** Adressgruppe: Quelle/Herkunft; Branche; Region … Printmedium: Zeitung, Fach-magazin und anderes mehr.

Erweitern Sie dann diese Liste anschließend um die zeitliche Dimension, um die Ver-teilung über einen Zeitraum X zu planen – etwa zwölf Monate.

Online-Mailingaktionen

Birgit Lutzer

Besonders kostengünstig ist eine Mailingaktion über das Internet. Per E-Mail können ein gestaltetes Anschreiben und »Attachments« versendet werden. Die Antwort ist für den Empfänger denkbar einfach: Er oder sie muss nur auf »Reply« klicken. Das World Wide Web gewinnt auch in Privathaushalten zunehmend an Bedeutung, sodass immer mehr Personen durch eine elektronische Mailingaktion zu erreichen sind. Bei Onlineaussendungen unterscheidet man grob in

- *Newsletter:* Sie haben den Charakter einer Kundenzeitung oder Pressenachricht.
- *Kundeninformationen:* Sie können sowohl Nachrichtencharakter als auch eine werbliche Ausrichtung haben.
- *E-Mailings:* Hier handelt sich meist um werbliche Anschreiben, die ein bestimmtes Angebot publik machen sollen.

Die Übergänge zwischen diesen Formen sind fließend. Speziell für Newsletter gibt es eine Reihe von meist kostenpflichtigen Softwarelösungen. Ihr Preis ist abhängig von der Leistung wie zum Beispiel Möglichkeit der Personalisierung und Geschwindigkeit. Auch mithilfe des Adressbuchs von Outlook oder Thunderbird können Newsletter, Kundeninformationen und Mailings verschickt werden. In jedem Fall sollten Sie die Mail an sich selbst adressieren und alle Empfänger aus Diskretionsgründen ins BCC-Feld setzen. Setzen Sie die E-Mail-Adressen in das normale Empfängerfeld, kann jeder alle Adressaten erkennen.

Der Onlineversand erfolgt als Text in der Mail, als gestaltetes HTML-Dokument oder als PDF-Datei. Alle Versionen haben Vor- und Nachteile:

Art	Vorteil	Nachteil
Text in der E-Mail – gegebenenfalls mit Links zum Anklicken	Geht durch den Spamfilter.	Schmucklos, Text wirkt nur selbst.
HTML-Dokument	Kann das eigene Logo und andere Gestaltungselemente enthalten.	Grafiken werden je nach Einstellung des Empfängers unvollständig dargestellt oder ganz ausgeblendet.
PDF-Datei	Kann frei gestaltet werden – als Anschreiben mit Firmenbriefpapier oder sogar als digitale Broschüre.	Sie muss erst geöffnet werden – außerdem bleiben Anhänge manchmal im Spamfilter hängen.

Je nach Software können das Öffnen der E-Mail und ihre Weiterleitung registriert werden. Diese Informationen helfen Ihnen bei der Auswertung.

Viele Trainer und Bildungsträger versenden Newsletter und Werbe-E-Mails an elektronische Adressen, die sie aus Websites von Verbänden, Online-Communities und Zeitungsartikeln gewonnen haben. Die Gefahr einer solchen Vorgehensweise liegt im Ärger, den die Absender damit hervorrufen. Der Newsletter wird möglicherweise als Spam markiert und landet das nächste Mal sofort auf der elektronischen Müllhalde.

Da solche Formen von Mailingaussendungen immer auch den beschriebenen Belästigungsaspekt haben, hat der Gesetzgeber im »Gesetz gegen den unlauteren Wettbewerb« (UWG) folgende Regelung getroffen:

---

§ 7 Unzumutbare Belästigungen

(1) Unlauter im Sinne von § 3 handelt, wer einen Marktteilnehmer in unzumutbarer Weise belästigt.

(2) Eine unzumutbare Belästigung ist insbesondere anzunehmen
1. bei einer Werbung, obwohl erkennbar ist, dass der Empfänger diese Werbung nicht wünscht;
2. bei einer Werbung mit Telefonanrufen gegenüber Verbrauchern ohne deren Einwilligung oder gegenüber sonstigen Marktteilnehmern ohne deren zumindest mutmaßliche Einwilligung;
3. bei einer Werbung unter Verwendung von automatischen Anrufmaschinen, Faxgeräten oder elektronischer Post, ohne dass eine Einwilligung der Adressaten vorliegt;
4. bei einer Werbung mit Nachrichten, bei der die Identität des Absenders, in dessen Auftrag die Nachricht übermittelt wird, verschleiert oder verheimlicht wird oder bei der keine gültige Adresse vorhanden ist, an die der Empfänger eine Aufforderung zur Einstellung solcher Nachrichten richten kann, ohne dass hierfür andere als die Übermittlungskosten nach den Basistarifen entstehen.

(3) Abweichend von Absatz 2 Nr. 3 ist eine unzumutbare Belästigung bei einer Werbung unter Verwendung elektronischer Post nicht anzunehmen, wenn
1. ein Unternehmer im Zusammenhang mit dem Verkauf einer Ware oder Dienstleistung von dem Kunden dessen elektronische Postadresse erhalten hat,
2. der Unternehmer die Adresse zur Direktwerbung für eigene ähnliche Waren oder Dienstleistungen verwendet,
3. der Kunde der Verwendung nicht widersprochen hat und
4. der Kunde bei Erhebung der Adresse und bei jeder Verwendung klar und deutlich darauf hingewiesen wird, dass er der Verwendung jederzeit widersprechen kann, ohne das hierfür andere als die Übermittlungskosten nach den Basistarifen entstehen.

(Quelle: http://bundesrecht.juris.de/uwg_2004/__7.html vom 28.11.2008)

Was will uns der Verfasser damit sagen? Streng genommen, muss das Einverständnis des Empfängers vorliegen – oder es muss eine hohe Wahrscheinlichkeit bestehen, dass er mit dem Empfang der Sendung einverstanden ist, in der Sprache der Juristen »konkludent« genannt. Auf der sicheren Seite sind Sie immer, wenn bereits ein Kontakt zum Empfänger besteht – zum Beispiel durch Übergabe einer Visitenkarte oder dadurch, dass er bereits eine Bildungsmaßnahme bei Ihnen absolviert hat.

Besonders kritisch ist der Gesetzgeber bei elektronischen und automatisierten Werbemaßnahmen (Newsletter, Faxe, E-Mails, automatisierte Anrufe). Der Empfänger muss bei allen Aussendungen die Möglichkeit haben, dem Empfang zu widersprechen – entweder durch einen Brief, ein Fax oder auf elektronischem Weg. Kosten für den Widerspruch dürfen Ihrerseits nicht erhoben werden. Aus diesem Grund muss Ihre Adresse vollständig angegeben sein.

Durch die schwammige Formulierung der Gesetzesnorm ist gleichzeitig erkennbar, dass wir uns in einer Grauzone bewegen. Viele Firmen agieren nach dem Motto: »Wo kein Kläger, da kein Richter.« Ob Sie das Risiko einer Abmahnung oder eines Imageschadens eingehen möchten, müssen Sie selbst entscheiden. Auf der sicheren Seite sind Sie immer, wenn Sie Ihre Aussendung nur an vorhandene Geschäftskontakte und Abonnenten schicken. In jedem Fall empfiehlt es sich, das »Double-opt-in«-Verfahren anzuwenden. Das bedeutet, Ihr Interessent meldet sich aktiv für den Newsletter an und erhält von Ihnen eine Bestätigungsmail an die von ihm angegebene Mailadresse. Aufgrund Ihrer Mail bestätigt er über einen Link erneut, dass er den Newsletter bestellt hat. Erst dann nehmen Sie ihn (über Ihr Newsletterprogramm) in den Verteiler auf. So sind Sie rechtlich auf der sicheren Seite – wie auch über den »Disclaimer«, mit dem Sie bei jedem Newsletter abschließend dem Empfänger die Chance bieten, mit einem einfachen Klick auf einen angegebenen Link sich wieder aus dem Verteiler abzumelden. Kompliziert?

 Unternehmensberater Nikolaus Böhle (www.nbc-consulting.de) verschickt zwölfmal im Jahr eine sehr erfolgreiche Kundeninformation, die er bewusst von typischen Newslettern abgrenzt. Das Prinzip ist einfach: Der Empfänger erhält eine E-Mail, in der verschiedene Themen »angerissen« werden. Erst am Schluss tritt der Unternehmensberater kurz in Zusammenhang mit seiner eigenen Kernkompetenz auf. Er unterstützt Freiberufler und Firmeninhaber bei Bankengesprächen. Weitere Leistungen liegen in den Bereichen »Finanzierung«, »Rating«, »Sanierung« und »Unternehmensnachfolge«. Klar ist, dass die im Newsletter behandelten Themen aus genau diesen Feldern stammen und auf das Interesse von Chefs zugeschnitten sind. Neben eigenen Beiträgen verwendet der Unternehmensberater auch Fremdbeiträge anderer Experten – natürlich mit Quellenangabe und externer Verlinkung.

KURZ & WICHTIG von Nikolaus Böhle NB!C

Die CHEF-INFORMATION für Unternehmer & Freiberufler!

Inhalt

1. Wissen Sie eigentlich, welchen Wert Ihr Unternehmen hat?
2. Für KfW-Kredite wird Schufa-Abfrage ab 1. September Pflicht
3. Legen Sie überschüssige Liquidität als Tages- oder Monatsgeld an
4. Übersetzungstool überträgt Ihre Homepage in viele Sprachen
5. Tipps zur Führung von Kreditgesprächen

1. Wissen Sie eigentlich, welchen Wert Ihr Unternehmen hat?

Wenn Sie den Wert Ihres Unternehmens kennenlernen wollen, machen Sie den kostenlosen und anonymen Kurzcheck auf impulse.de. Dafür sind nur wenigen Angaben notwendig. Achten Sie bei der Eingabe besonders darauf, dass Ihr Gewinn vor Zinsen und Steuern anzugeben ist.
Nähere Einzelheiten finden Sie unter der URL:
http://www.impulse.de/finanzierung/1004012.html

2. Für KfW-Kredite wird Schufa-Abfrage ab 1. September Pflicht

Ab dem 1. September d. J. müssen alle Unternehmer, die keine Bilanz erstellen, der Schufa-Auskunft zustimmen. Diese Regelung trifft Gründer, Freiberufler, Kleingewerbetreibende, GbR-Gesellschafter und natürliche Personen, die Gewerbeimmobilien vermieten oder verpachten. Schon seit Anfang 2008 holt die KfW-Förderbank beim Startgeld eine Schufa-Auskunft von Gründern und Jungunternehmern ein.
Wie die Erklärung hierzu aussieht, finden Sie unter der URL:
http://www.kfw-mittelstandsbank.de/DE_Home/Service/Kreditantrag_und_Formulare/140991_StartGeld_Einwilligung.pdf

3. Legen Sie überschüssige Liquidität als Tages- oder Monatsgeld an

In letzter Zeit beobachten wir im Rahmen unserer Beratungen, dass einige Unternehmen zeitweise über sehr hohe Liquidität verfügen. Die Ursachen sind Anzahlungen auf Aufträge, die noch abzuarbeiten sind, oder aber auch gute Gewinne, die gemacht worden sind. Die Gelder liegen auf den laufenden Geschäftskonten und bringen keine beziehungsweise nur geringe Zinsen.
Ändern Sie dieses Verhalten unbedingt und eröffnen Sie bei Ihrem Kreditinstitut Tages- oder Monatgeldkonten. Sie erhalten zurzeit sehr attraktive Zinssätze.
Damit Sie sehen können, welche zusätzlichen Zinsen Sie erhalten, können Sie den Tagesgeldrechner unter der nachstehenden URL benutzen:
http://www.zinsen-berechnen.de/tagesgeldrechner.php

4. Übersetzungstool überträgt Ihre Homepage in viele Sprachen

Möchten Sie Ihre Homepage oder auch ein Schreiben an Ihre ausländischen Geschäftsfreunde ins Japanische, Englische oder eine andere Sprache übersetzen, damit sie Ihre Produkte und Dienstleistungen in ihrer jeweiligen Muttersprache lesen können, dann ist das natürlich möglich.
Mit dem Übersetzungstool von Google ist das kein Problem. Probieren Sie es unter der nachstehenden URL aus: http://www.google.de/language_tools

---

5. Tipps zur Führung von Kreditgesprächen

Meine lieben Leser,

manche Unternehmer reden sich im Kreditgespräch beim Banker »um Kopf und Kragen«. Ich rate Ihnen daher:
Machen Sie sich einen Ziele-Fahrplan, abgestimmt auf Ihre Themen in einer Ihnen richtig erscheinenden Reihenfolge.
Überlegen Sie, welche Infos Sie pro Thema geben und welche Unterlagen Sie pro Thema überreichen wollen.
Was sollte das Ergebnis sein?
Welche Entscheidungsbandbreite definieren Sie aus Ihrer Sicht für Ihre Ziele?

Ganz wichtig:
Machen Sie sich Notizen im Gespräch.
Fragen Sie nach, wenn Sie etwas nicht verstanden haben. Der Banker spricht »Bankerdeutsch«.
Gehen Sie nie alleine ins Bankgespräch; nehmen Sie einen Fachmann oder eine Vertrauensperson mit. Vier Ohren hören mehr als zwei. Außerdem können Sie später das Gespräch nochmals gemeinsam reflektieren.

Wir stehen Ihnen gerne als fachlich versierter Spezialist zur Verfügung und führen Kredit-/Bankgespräche gerne mit Ihnen gemeinsam beziehungsweise bereiten Sie darauf vor. Rufen Sie uns unter der **Telefon-Nr. 0 52 34 / 20 32 80** an und vereinbaren Sie einen Besprechungstermin.

Ihr
Nikolaus Böhle
Diplom-Betriebswirt
Bankkaufmann/Bankvorstand a. D.
geprüfter Rating-Advisor IHK

Der Unternehmerbegleiter im finanzwirtschaftlichen Bereich!

P.S. »Zuverlässige Informationen sind unbedingt nötig für das Gelingen eines Unternehmens.« Christoph Kolumbus
http://www.nbc-consulting.de/bankgespraeche/

IMPRESSUM:
Dieses ist ein Projekt der NB!C Strategie-Consulting GmbH, Lönsweg 8, 32805 Horn – Detmold – Lippe, HR AG Lemgo HRB 4578, Telefon: 0 52 34 / 20 32 80,
Geschäftsführer Nikolaus Böhle – www.nbc-consulting.de – info@nbc-consulting.de
Klicken Sie hier, um sich von diesem Newsletter abzumelden oder Ihre Einstellungen zu ändern.

Diese Art der Kundeninformation ist deshalb so vorbildlich, weil sie als Schwerpunkt Themen präsentiert, die für die Zielgruppe des Herausgebers von Interesse sind. Der Leser selbst entscheidet durch Mausklick, welche Artikel er lesen möchte. Im folgenden Interview erläutert Nikolaus Böhle das Konzept seiner Kundeninformation.

Was eine Onlineaussendung erfolgreich macht

Interview mit Nikolaus Böhle

Der Unternehmensberater und Ratingspezialist Nikolaus Böhle (www.nbc-consulting.de) verschickt zwölfmal im Jahr eine sehr erfolgreiche Kundeninformation, die er bewusst von typischen Newslettern abgrenzt.

Was ist die Grundidee Ihrer Aussendung?
Wichtig ist für mich, dass der Newsletter *nicht* Newsletter, sondern »Kurz & wichtig« heißt (Newsletter hat ein schlechtes Image) und dass die Aussendung wirklich auch nur maximal zwei Seiten umfasst. Alles andere überfordert den Leser. Ein weiterer Punkt ist für mich bei der Erstellung, dass es eine Mischung zwischen Fachinformationen und »emotionalen« Themen gibt. Ich muss das Stammhirn der Leser erreichen. Nur reine sachliche Informationen sind zu wenig, um in der Erinnerung der Leser zu bleiben. Das grenzt mich auch ab von der Masse der vielen sonstigen Informationen, die im »E-Mail-Orbit« kreisen. Das macht meine Informationen relativ singulär.

Welche Erfahrungen machen Sie mit der Akzeptanz von »Kurz & wichtig«?
Da ich die E-Mail-Adressen fast nur aus bestehenden persönlichen Kontakten im Rahmen von besuchten Veranstaltungen (zum Beispiel BVMW, IHK, Handwerkskammer, Marketingclubs, Bankveranstaltungen etc.), anlässlich von mir gehaltener Seminare und Vorträge sowie von Gesprächen erbeten habe, sind die Treue und Akzeptanz äußerst hoch. Ich habe fast keine Abmeldungen und inzwischen einen Bestand von rund 1.200 Lesern nun schon über Jahre hinweg. Einige Leser schreiben mir auch zurück und kommentieren meine Beiträge.

Wie kommen Sie an die Inhalte (Sie verwenden ja auch Fremdbeiträge)?
Auf die Inhalte komme ich durch Anregungen aus Gesprächskontakten mit meinen Kunden, aber auch durch das Lesen von diversen Zeitungen, Zeitschriften, »Käseblättern«, Fachzeitschriften und Fernsehberichte. Auch frage ich mich oft nach dem »Zeitgeist« und ziehe gedankliche Vernetzungen. Ich denke dann dabei: Interessiert dieses Thema meine Kundenzielgruppe ebenfalls? Und nur die! Ich versetze mich gedanklich in diese Zielgruppe und überlege: Welche größten »Schmerzen« oder »Wünsche« könnte ich bei dieser meiner Zielgruppe lindern oder auch sie weiterbringen. Dabei lege ich mir eine Art »Zettelkasten« mit unterschiedlichen Themen an und irgendwann schreibe ich dann dazu und versehe jeden Hinweis mit einer entsprechenden Internetadresse, damit der Leser dann gegebenenfalls dort zum Thema weiterlesen kann beziehungsweise sich gegebenenfalls auch etwas herunterladen kann.

Inwieweit haben Sie durch den Newsletter schon Kunden gewonnen und Aufträge generiert?
Ob ich durch meinen Newsletter schon Kunden gewonnen habe oder Aufträge generiert habe, kann ich so direkt nicht sagen, aber was ich sagen kann, dass ich auf den verschiedensten von mir besuchten Veranstaltungen immer wieder auf die »Mischung meiner Informationen« angesprochen worden bin. Die potenziellen Kunden sagen nicht, dass Sie nur durch den Newsletter auf mich zugekommen sind, aber ich merke, dass ich durch die Themenvielfalt bei meiner Zielgruppe im Gedächtnis haften bleibe.

Mein Ziel für meinen Newsletter ist und bleibt: Es gibt da einen Berater, mit dem kann ich über finanzwirtschaftliche, aber auch persönliche Themen reden, wenn ich diesen Bedarf im Moment oder aber später mal haben sollte. Es gibt da jemanden, der mir als Mensch und Selbstständiger einen »Mehrwert oder Nutzen« gibt.

Welches Programm empfehlen Sie Personen, die einen Newsletter versenden möchten?
Ich kenne nur mein Newsletterprogramm von Webmart (www.webmart.de). Das ist für meine Zwecke »gut & günstig«.

Wie viel Zeit pro Monat investieren Sie in Ihren Newsletter?
Ich benötige für die Informationsbeschaffung und Erstellung so ca. 1 Tag pro Monat. Teilweise sind das aber auch »Abfallprodukte« meines Leselebens. Erstellt wird das Produkt gerne auch sonntags, wenn ich innerlich »langwellig« denken kann.

Wenn Sie einen Newsletter oder eine Kundeninformation verschicken, achten Sie bitte auf folgende Punkte:

- Ihr Newsletter benötigt ein Impressum.
- Jedenfalls erforderlich der »Disclaimer« zum Abmelden.
- Statt die gesamten Inhalte zu verschicken, arbeiten Sie besser mit Zusammenfassungen und Links zu den ausformulierten Beiträgen.
- Beachten Sie bei Fremdtexten das Copyright und holen Sie gegebenenfalls das Einverständnis des Verfassers ein.
- Glänzen Sie durch wenig Werbung und viele Inhalte!

Tipp: Partnerschaften mit anderen Unternehmen helfen Ihnen, Ihre Fachbeiträge oder auch Werbung auf Basis der Gegenseitigkeit in anderen Newslettern zu platzieren.

Werbeerfolgskontrolle:
Die Auswertung Ihrer Aussendung

Birgit Lutzer

Ein hilfreiches Instrument zum Auswerten einer Mailingaktion ist eine Datenbank, als Excel- oder Outlookdatei, CRM-System oder aufwendiges Marktforschungstool. Legen Sie darin ein Feld an, in dem Sie die Reaktion der Adressaten dokumentieren können. Sie unterscheiden hier vier Varianten, die Sie dort mit 1–4, A–D oder ähnlich markieren, sodass es für das Programm möglich ist, aufgrund Ihrer Wahl die Empfänger zu sortieren, zu zählen oder auch für Folgeaktionen auszuwählen.

Gruppe 1	Gruppe 2	Gruppe 3	Gruppe 4
Alle Empfänger, die gar nicht reagiert haben.	Alle Empfänger, die zwar reagiert, doch das Angebot bisher ausgeschlagen haben. Beispiel: Bestellung des Seminarprogramms, doch noch keine Anmeldung.	Empfänger, die das Angebot angenommen und hinterher wieder storniert haben (zum Beispiel die Anmeldung zu einem Seminar).	Alle Empfänger, die auf Basis Ihrer Aussendung tatsächlich Kunden oder Teilnehmer geworden sind.

Die Gruppe 4 – und insbesondere die Zahl ihrer Mitglieder – gibt Ihnen eine Rückmeldung über den wirtschaftlichen Erfolg Ihrer Aussendung. Vom Umsatz, den Sie durch Ihre Mailingaktion generieren, ziehen Sie die Kosten ab und haben damit den Gewinn.

Auch die anderen Adressen sollten Sie behalten und wieder verwenden. Gruppe 1 sollte wenigstens noch einmal angeschrieben werden. Kommt dann immer noch keine Reaktion, können Sie diese Empfänger guten Gewissens bei weiteren Aussendungen vernachlässigen. Gruppe 2 hat immerhin ein Interesse an Ihnen und Ihrem Bildungsangebot bekundet. Diesen Personen können Sie in regelmäßigen Abständen weiteres Infomaterial zusenden. Das Gleiche gilt für Gruppe 4: Ihre neu gewonnenen Kunden und Teilnehmer. Mehr Sensibilität ist bei Gruppe 3 – den Stornierern – gefragt. Vielleicht bietet sich ein persönlicher Anruf an, aus welchen Gründen das Seminar wieder abgesagt wurde – und ob trotzdem noch Interesse an weiteren Informationen besteht. Bei einer Onlineaussendung sollten Sie unbedingt ein Tool buchen, mit dem Sie das Öffnen und Weiterleiten Ihrer Mail nachverfolgen können. Fragen:

- Gibt es Gemeinsamkeiten zwischen den Personen und/oder Unternehmen, die Ihre Mail geöffnet haben?
- Newsletter: Welche Ihrer Themen wurden besonders gut angenommen? Und welche zogen keinerlei Interesse auf sich?
- Welche Gründe könnten zu diesem Ergebnis geführt haben?

Tipp: Auch eine persönliche Nachfrage bei einem Empfänger, den Sie kennen, kann helfen, Ursachen für den Misserfolg einer Aussendung zu ermitteln!

Spezielle Vorgehensweisen

Birgit Lutzer

Events

Mehrfach haben wir dieses Thema bereits angedeutet; ausführlich diskutiert ist es in *P 6: Platzierung*, wenn es um Messen geht (s. S. 436 ff.), da dies ein ausgesprochenes Vertriebsthema ist. Darüber hinaus können »Events« in Zusammenhang mit Weiterbildung bedeuten:

- *Eine Veranstaltung für potenzielle Teilnehmer zum Kennenlernen.* Beispielsweise in folgenden Fällen:
  - VHS oder Hochschule bietet eine Informationsveranstaltung, um einen neuen Kurs einzuführen. Dabei stellen sich einige der beteiligten Dozenten vor und präsentieren ihr Konzept respektive Auszüge.
  - Schnupperworkshops von Einzeltrainern. Beliebt ist zum Beispiel ein langer Abend an einer Autobahnraststätte, die für potenzielle Teilnehmer verkehrsgünstig erreichbar ist.
- *Eine Festivität als Incentive für Mitarbeiter und/oder Kunden:*
  - Infotag oder Tag der offenen Tür.
  - Jährlicher Kundentag, zu dem bestehende, ehemalige und neue Kunden eingeladen werden.
  - Jubiläumsevents, etwa zum fünf- oder zehnjährigen Bestehen des Unternehmens.
  - Weihnachtsfeier, verbunden mit informierenden Elementen, etwa Kurzvorträgen von Kunden zu übergreifenden Themen.
- *Ein messeähnliches Treffen der relevanten Branche:*
  - Kongress oder Forum im Rahmen einer Messe: Sie präsentieren sich über einen Vortrag oder Workshop.
  - Konferenz eines Bildungsveranstalters, als öffentliche Veranstaltung ausgeschrieben.

Natürlich sind derartige Events im Rahmen Ihres Marketingetats zu planen und zu budgetieren (Näheres dazu s. S. 39 f.). Achten Sie auch bei kleineren Events – etwa in Ihren eigenen Schulungsräumen – auf rasch ins Geld gehende Nebenkosten, als da sind Catering (also die Bewirtung mithilfe Externer), Betreuung (durch Hostessen und Kellner), Unterlagen und Teilnehmergeschenke. So gehören Events meist zu jenem Bereich der Marketingkommunikation, der als Erstes zusammengestrichen wird, sobald es »eng wird«. So zum Beispiel geschehen beim Springerkonzern, der Anfang Dezember 2008 ankündigte, große Veranstaltungen für 2009 zu streichen. Veröffentlicht wurde dies sogar jenseits der Fachpresse in Tageszeitungen wie Süddeutsche, Stuttgarter, Financial Times Deutschland (8. beziehungsweise 9.12.2008).

Eine PR-Veranstaltung können Sie zu verschiedenen Zwecken durchführen und damit »mehrere Fliegen mit einer Klappe schlagen«. Denn ein gelungenes »Event« kann folgende Ergebnisse haben:

- *Ergebnis 1: Die Bindung Ihrer Mitarbeiter* an Ihr Institut sowie untereinander wird verstärkt. Man hat ein Projekt gemeinsam verwirklicht und selbst dabei Spaß gehabt – ein solcher Erfolg verbessert in der Regel den Zusammenhalt im Team. Noch Wochen später ist die Feier Gesprächsstoff – und jeder, der daran mitgewirkt oder teilgenommen hat, ist zu Recht stolz darauf. Die Arbeitsmotivation, das Betriebsklima und die Stimmung im Institut schwingen in ungeahnte Höhen!
- *Ergebnis 2: Kundenbindung:* Sie haben Ihren Teilnehmern und Kunden eine schöne Feier beschert – dadurch verstärkt sich auch die emotionale Bindung Ihrer Kunden an Sie und Ihr Institut. Denn wenn Sie nur ein Bildungsinstitut oder Trainer unter vielen mit ähnlichem Angebot sind, geben die »weichen« Fakten wie Sympathie und andere positive Gefühle den Ausschlag für die Entscheidung, Ihre Offerte anzunehmen. Der Spaß, den Ihre Kunden auf der Feier bei Ihrem Institut hatten, wird mit Ihrem Unternehmen verknüpft – das ist eine hervorragende Basis für die zukünftige Zusammenarbeit!
- *Ergebnis 3: Neue Kunden:* Sie sind durch Ihr Event auf Sie aufmerksam geworden. Wenn Sie eine Veranstaltung im öffentlichen Rahmen durchgeführt haben, bringen Sie sich damit ins Gespräch. Für neue Kontakte und weitere Kunden/Teilnehmer lohnt die Investition in ein PR-Event.
- *Ergebnis 4: Medienberichte:* Je nach Art des Events wird im Vorfeld und danach über das Ereignis in den Medien berichtet (zum Beispiel bei einem Tag der offenen Tür und bei einem Diskussionsforum). Sie können die Veranstaltung nutzen, um den Kontakt zu den Journalisten zu pflegen und die Berichterstattung über Sie positiv zu beeinflussen. Wichtig ist auf medienwirksamen PR-Events die Abstellung eines (eventuell externen) Mitarbeiters, der sich ausschließlich um die Medienvertreter kümmert. Er versorgt diese mit Informationsmaterial, sorgt dafür, dass Fotos gemacht werden können und verschafft Kontakte zu gewünschten Interviewpartnern. Der reibungslose Ablauf ist besonders bei Anwesenheit von Pressevertretern wichtig (s. *Pressearbeit*, S. 285 ff.)!

Wichtige Hinweise gültig für alle Events

Achten Sie bei der Terminplanung auf Ferien, Feiertage oder bedeutsame Ereignisse (zum Beispiel Fußballbundesligaspiele, Konzerte und andere Veranstaltungen), die in Konkurrenz zu Ihrem Event stehen können.

Wichtig ist ein Anlass oder aktueller »Aufhänger«, beispielsweise die Präsentation neu ausgebauter Räumlichkeiten, die Aufnahme eines zusätzlichen Themenbereichs in Ihr Kursprogramm oder ein aktuelles (politisches) Ereignis.

Die Anzahl und Zusammensetzung der Gäste sind abhängig von Art und Thema des Events. Das Programm Ihrer Veranstaltung sollte auf deren Interessen zugeschnitten sein. Wenn Sie als Kunden und Gäste hochkarätige Wirtschaftsvertreter und Politiker in festlichem Rahmen eingeladen haben, eignet sich ein Kabarettist mit geistvollem Witz sicher besser als ein lustiger Clown, der sich selbst eine Sahnetorte ins Gesicht klatscht. Ein Tipp zum Thema »Künstler«: Kaufen Sie die Katze nicht im Sack. Sie sollten nur einen Künstler oder Musiker engagieren, den Sie oder eine Person Ihres Vertrauens vorher selbst bei einem Auftritt erlebt haben. Eine Hochglanzbroschüre oder eine gelungene Website sind noch keine Garantie dafür, dass der Künstler und sein Programm für Ihr Event geeignet sind. Wenn Sie mit einer Künstleragentur zusammenarbeiten, kommt es auf Ihre Vorgaben an. Je genauer Ihre Angaben sind, desto sicherer können die Eventfachleute einen passenden Künstler für Sie finden. Lassen Sie sich verschiedene Angebote machen, denn die Honorare variieren stark. Bei Künstlern, die einen langen Reiseweg haben, kommen noch Fahrt- und Hotelkosten hinzu.

Reden und Fachvorträge werden oft in das Programm von PR-Veranstaltungen mit eingebunden. Achten Sie neben der fachlichen Eignung auch auf den Unterhaltungswert des Redners. Ein hochkarätiger Wirtschaftsvertreter verfehlt seine Wirkung, wenn er das Publikum langweilt, und zwar mit einem rhetorisch schlecht aufbereiteten Vortrag – noch dazu über ein Thema, das nur ihn selbst interessiert. Wenn möglich, geben Sie den Rednern ein Thema und die Vortragszeit vor. Bei einem Unterhaltungsevent mit Erlebnischarakter sollte Letztere nicht mehr als zehn Minuten betragen, bei einer Kundenfeier maximal 20 Minuten, denn länger hört niemand aufmerksam zu. Sie haben vielleicht schon einmal das geflügelte Wort gelesen: »Sie können über alles reden – nur nicht über eine Viertelstunde …«

Die Einladung muss spätestens vier Wochen vorher schriftlich verschickt werden – und sollte neben der Aufstellung der Programmpunkte bei Bedarf eine Wegbeschreibung enthalten. Eine im Corporate Design Ihres Instituts gestaltete Einladung wirkt ansprechender als eine auf normalem Geschäftspapier ausgedruckte. Um den Gästen die Antwort so einfach wie möglich zu machen, fügen Sie eine »Responsemöglichkeit« wie zum Beispiel ein Antwortfax oder eine Postkarte bei, mit der sie sich anmelden können. Wichtige und prominente Gäste (die Medienvertreter in jedem Fall) sollten Sie auch bei einer Zusage einen Tag vorher noch einmal unter einem Vorwand anrufen, um sicherzustellen, dass die Personen wirklich kommen. Wie können Sie geschickt ermitteln, ob Ihr Gast kommt? Zum Beispiel so: »Guten Tag, Frau Schmidt, Sie möchten ja morgen zu unserem Tag der offenen Tür kommen. Haben Sie noch Fragen zur Wegbeschreibung/zum Ablauf/zu den Örtlichkeiten?«

Speisen und Getränke wählen Sie am besten so aus, dass alle Anwesenden etwas für ihren Geschmack finden. Nicht jeder mag alkoholische Getränke – und nicht nur Vegetarier freuen sich, wenn sie eine fleischlose Speisenalternative finden. Wenn unter den Gästen Kinder sind, sollte auch für deren kulinarische Interessen gesorgt werden – viele Kinder essen gerne Pommes frites oder frisch gebackene Waffeln. Die Bewirtung muss zum Anlass passen: Gulaschkanone und Würstchenbude passen eher zu einem Tag der offenen Tür als ein Büfett mit Häppchen, das man den Gästen auf einer Kundenparty oder einem Diskussionsforum anbietet.

Zum Thema »Kosten«: Setzen Sie ein Budget fest und überprüfen Sie zwischendurch regelmäßig, ob die Kosten im geplanten Rahmen bleiben. Wenn Sie für bestimmte Dienstleistungen wie beispielsweise das Catering oder den Partyservice verschiedene Angebote einholen, können Sie Kosten sparen. Aber für alle Fremdleistungen gilt: Qualität ist das wichtigste Kriterium. Wenn Sie beispielsweise einen schlechten Partyservice oder Künstler engagieren, fallen Fehlleistungen auf Sie zurück.

Begrüßen Sie die Gäste, die Sie kennen, persönlich und mit Namensanrede (bei einem Tag der offenen Tür kennen Sie möglicherweise nicht jeden Gast). Wenn Sie Medienvertreter einladen, sollten diese als Minimalanforderung gleichermaßen höflich behandelt werden, auch wenn Sie sich nicht für jeden gleich viel Zeit nehmen können. Negativbeispiel: Der Leiter einer Kunsthalle begrüßte die Medienvertreter je nach Wichtigkeit der Zeitung unterschiedlich herzlich: Der Chefredakteur der Tageszeitung bekam einen warmen Händedruck und ein Glas Sekt vom Chef persönlich, während der Mitarbeiter eines kleinen Stadtmagazins mit einem kurzen Nicken aus der Ferne gerade einmal registriert wurde. Auch »unwichtige« Mitarbeiter können Karriere machen – und allzu offensichtlicher Opportunismus kommt bei den meisten Menschen nicht gut an.

Jedes Event ist anders. Im Folgenden erhalten Sie allgemeine Hinweise und jeweils einen beispielhaften Programmablauf für verschiedene Events.

Hinweise für die Kundenfeier

Wenn Sie Ihren Kunden beziehungsweise Teilnehmern eine Unternehmenspräsentation in festlichem Rahmen bieten möchten, ist die Kundenfeier ein passender Anlass. Die Einladung von Medienvertretern zu einer Kundenfeier ist abhängig von der Ausrichtung. Wenn Sie als »Bonbon« für die eingeladenen Kunden bekannte Politiker, prominente Trainer und bedeutsame Wirtschaftsvertreter einladen, sind diese VIPs sicher auch für die Medienvertreter interessant. Zu einer Kundenfeier ohne Prominenz in sehr kleinem Rahmen kommen die Journalisten meist nicht. Damit man noch lange gern an die gelungene Veranstaltung zurückdenkt, erhalten alle Gäste am Schluss ein mit Ihrem Logo versehenes kleines, aber feines Präsent, das einen Bezug zur Feier hat.

Namensschilder mit Firmenangabe erleichtern den Gästen die Kontaktaufnahme untereinander. Eine Kundenfeier lebt auch von den Kontakten, die dort geknüpft werden. Wenn Sie eine überschaubare Zahl von Gästen eingeladen haben, können und sollten Sie bestimmte Personen gezielt miteinander bekannt machen. Man wird es Ihnen durch gute Stimmung danken.

Beispielhafter Programmablauf

- Sektempfang (auch an Wasser und Orangensaft denken) oder Fruchtcocktails (mit und ohne Alkohol).
- Kurze (!) Begrüßungsrede (maximal zehn Minuten).
- Eventuell Auflockerung durch einen Künstler, der die Gäste in Kontakt bringt.
- Kurze Rede eines Politikers oder Prominenten, der etwas mit Ihrem Institut zu tun hat, über ein möglichst für alle Gäste interessantes Thema.
- Eröffnung des Büfetts/Essens.
- Danach: Musik, Tanz oder künstlerische Darbietung.

Checkliste für eine Kundenfeier			
Was?	**Wann?**	**Wer?**	**erledigt**
Planungsphase: Festlegung von Termin, Programm und Aufgabenverteilung	Ungefähr 6 Monate vor dem Termin. Die Umsetzung sollte sofort nach der Aufgabenverteilung beginnen!		
Gästeliste aufstellen	3 Monate vorher		
Festlegung eines Festredners	3 Monate vorher		
Festlegung eines Künstlers	3 Monate vorher		
DJ und Musik	3 Monate vorher		
Reisekosten und Übernachtungen klären	3 Monate vorher		
Bei Bedarf Anmieten eines Festsaals	3 Monate vorher		
Abstimmung mit Partyservice oder Gastronomie und Bedienungen	Spätestens 2 Monate vorher		
Beschaffung von Ton- und Lichtanlage (Rücksprache mit Künstler)	Spätestens 2 Monate vorher		
Gestaltung der Einladung	6 Wochen vorher		
Versand der Einladung	4 Wochen vorher		
Telefonisches Nachfassen	1 Tag vorher		
Dekoration, Aufbau, Überprüfen von Anlage und Equipment	1 Tag vorher		

Die Checkliste finden Sie natürlich auch als Download.

Tag der offenen Tür

Ein Tag der offenen Tür ist von seiner Tendenz her ein Instrument für die *Öffentlichkeitsarbeit im Nahbereich*. Sie signalisieren mit dieser Art von Veranstaltung Offenheit, Leistungsfähigkeit und Dialogbereitschaft. Der Tag der offenen Tür dient der Erschließung von (neuen) Zielgruppen vor der Haustür. Zudem wird die Bindung von bestehenden Kunden und Teilnehmern an Ihr Institut gestärkt. Wenn Sie die Presse zu diesem Event einladen möchten, sollten Sie sich ein medienfreundliches Programm einfallen lassen und einen Mitarbeiter als Medienansprechpartner abstellen.

Die Planung. Ein Tag der offenen Tür muss von langer Hand vorbereitet werden (vier bis fünf Monate im Voraus). Informieren Sie vorab Ihre Kollegen, Mitarbeiter und Dozenten über die geplante Veranstaltung, denn sie repräsentieren an diesem Termin Ihre Einrichtung. Beziehen Sie die Mitarbeiter mit in die Planung ein – aber achten Sie darauf, dass das eigentliche *Vorbereitungsteam* nicht zu groß ist (denn zu viele Köche verderben den Brei). Wie kann man diesen Rat umsetzen? Bitten Sie zunächst alle Beschäftigten, bis zu einem festgesetzten Termin Vorschläge für Aktionen schriftlich einzureichen. Stellen Sie danach ein Team von ausgewählten und motivierten Mitarbeitern zusammen, die die Veranstaltung planen, organisieren und durchführen. Wenn Sie nicht genug Personen haben, greifen Sie auf externe Fachleute (Eventspezialisten oder -agenturen) zurück. Die eingereichten Ideen sind eine gute Basis für die Planung.

Bevor Sie das Programm zusammenstellen, überlegen Sie mit Ihrem Team, was Sie präsentieren möchten. Welche Kurse sollen wie vorgestellt werden? Wie kann man der Veranstaltung einen *Erlebnischarakter* verleihen? Welche Räume sind repräsentativ und sollen für die Öffentlichkeit zugänglich sein – und welche nicht? Legen Sie die Streckenführung für den Besucherstrom durch Schilder und Streckenposten fest. Ein paar Ideen:

- Zeigen Sie Produkte aus Kursen in einem Ausstellungsraum (zum Beispiel Malereien, Skulpturen, handwerkliche Arbeiten).
- Wenn Sie einen Musik- oder Theaterbereich haben, inszenieren Sie kleine Konzerteinlagen oder Theatervorführungen (zum Beispiel jede Stunde).
- Richten Sie in einem Raum ein internationales Café ein, in dem Speisen aus anderen Ländern gereicht werden (so werben Sie indirekt für Ihre Sprachkurse).
- Führen Sie einen Videospot vor, in dem Sie Ihr Institut und Ihr Programm präsentieren (maximal zehn Minuten).
- Bieten Sie den Gästen zweistündige Schnupperkurse und Workshops zu verschiedenen Themenbereichen, in denen sie sich einen Eindruck verschaffen können. Wenn möglich, geben Sie den Teilnehmern des Schnupperkurses am Schluss etwas mit nach Hause (zum Beispiel eine selbst getöpferte Vase, ein Muffin mit englischer Fahne aus dem Englischkurs, ein Gedicht aus einem Literaturworkshop).

- Damit sich die Erwachsenen ungestört über Ihr Angebot informieren können, stellen Sie eine qualifizierte Kinderbetreuung zur Verfügung, die sich um die kleinen Gäste kümmert (zum Beispiel Bastelnachmittag, Hüpfburg, Kinderschminken).
- Künstler können durch kleine Darbietungen für weitere Abwechslung sorgen.
- Wenn Sie ein Institut haben, in dem Sie Businesskurse für Manager und Führungskräfte anbieten, können Sie bei einem Tag der offenen Tür kurze Fachvorträge von Dozenten oder auch ein Diskussionsforum veranstalten.

Die *Gäste* beim Tag der offenen Tür sind bunt zusammengesetzt, denn ein Tag der offenen Tür ist eine Veranstaltung, die öffentlich bekannt gemacht wird – beispielsweise durch Handzettel, Plakate, Anzeigen und redaktionelle Vorankündigungen in den lokalen Medien. Auch ein Spot im Lokalradio, der eine Woche vorher in Abständen gesendet wird, hat eine große Wirksamkeit. Deshalb werden möglicherweise Personen aus der Umgebung zu Ihrer Veranstaltung kommen, die Sie bisher nicht persönlich kennengelernt haben. Zusätzlich laden Sie bestimmte Personengruppen persönlich und schriftlich ein, und zwar

- alle Dozenten und Mitarbeiter Ihres Institutes sowie ehemalige Mitarbeiter,
- Teilnehmer und ehemalige Teilnehmer/Kunden (zur Auffrischung der Erinnerung an Ihre Einrichtung),
- Anwohner und Unternehmen aus der Umgebung,
- Ämter und Behörden, mit denen Sie zu tun haben (zur Beziehungspflege),
- Honoratioren (= Ehrenträger) und Prominente (Bürgermeister, Stadtrat, Künstler) sowie
- Journalisten.

Gerade dann, wenn Ihnen Personen besonders wichtig sind, sollten Sie diese zunächst anrufen und mündlich einladen. Dann lassen Sie ihnen die eigentliche Einladung per Post zukommen. Reagieren die Angeschriebenen nicht, rufen Sie eine Woche vorher nochmals an. Wichtig: Sprechen Sie direkt mit demjenigen, den Sie sich als Gast wünschen. Auch wenn die Vorzimmerdame (oder der Vorzimmerherr) noch so freundlich anbietet, Ihr Anliegen auszurichten!

Die folgende Checkliste (gibt es auch als Download) gilt für einen Tag der offenen Tür im kleineren Rahmen (bis 500 Gäste). Für Großveranstaltungen sollte eine entsprechend längere Vorbereitungszeit eingeplant werden.

Buchtipp: Viele Ideen für Events finden Sie auch im Buch »Info-, Lern- und Change-Events« von Hermann Will, Ulrich Wünsch und Susanne Polewsky (2009).

Checkliste für einen Tag der offenen Tür

Was?	Wann?	Wer?	erl.
Vorlauf und Planung			
Planungsphase: Festlegung von Termin, Programm und Aufgabenverteilung	Sechs Monate vor dem Termin. Bei Großveranstaltungen mindestens ein Dreivierteljahr vorher.		
Gäste und Einladungen			
Gästeliste aufstellen	4–5 Monate vorher		
Art und Form der Einladung festlegen (schriftlich, mit oder ohne Nachfasstelefonat, per Anzeige oder Radiospot und Ähnlichem)	4–5 Monate vorher		
Einladung gestalten	2 Monate vorher		
Einladungen versenden	4–6 Wochen vorher		
Telefonisches Nachhaken (bei VIPs und Medienvertretern)	1–2 Tage vorher		
Öffentliche Bekanntmachung und Pressearbeit			
Anzeige gestalten	2 Monate vorher		
Anzeige bei lokalen Zeitungen schalten	mehrmals, die erste 4 Wochen vorher		
Spot für das Lokalradio produzieren lassen	4–6 Wochen vorher		
Spot senden	mehrmals, den ersten 1 Woche vorher		
Presseverteiler erstellen	4–5 Monate vorher		
Presseinformation für redaktionelle Vorankündigung schreiben und versenden (Einladung wird unabhängig davon versandt)	1–2 Wochen vorher		
Ansprechpartner für die Medien abstellen (Mitarbeiter oder externer Freiberufler)	Festlegung 4–5 Monate vorher, bereitstehen sollte die Person ab Versendung der Einladungen an die Pressevertreter		
Handzettel gestalten	6 Wochen vorher		
Handzettel auslegen	4 Wochen vorher		

Programm				
Organisation eines Festredners	Spätestens 3 Monate vorher			
Organisation eines Künstlers	Spätestens 3 Monate vorher			
DJ und Musik	3 Monate vorher			
Kinderbetreuung	Spätestens 4 Wochen vorher			
Hüpfburg	Spätestens 3 Monate vorher			
Reisekosten und Übernachtungen von Gästen, Künstlern und Rednern klären	Spätestens 4 Wochen vorher			
Abstimmung des Caterings	Spätestens 2 Monate vorher			
Beschaffung von Ton- und Lichtanlage	Spätestens 2 Monate vorher			
Organisation				
Streckenführung und Räume festlegen	4–5 Monate vorher			
Gegebenenfalls Führer verpflichten (Mitarbeiter)	4–5 Monate vorher			
Sanitätsstation einrichten	Spätestens 1 Woche vorher alle Modalitäten abklären			
Toiletten ausschildern	Spätestens 1 Tag vorher			
Dekoration, Aufbau, Überprüfen von Anlage und Equipment	2 Tage vorher			
An- und Abfahrtswege ausschildern	Spätestens 1 Tag vorher			
Parkplätze bereitstellen	Spätestens 1 Tag vorher			
Gegebenenfalls Versicherungen abschließen	Sobald das Programm feststeht			
Gastgeschenke bereitstellen	Spätestens 1 Woche vorher			
Resonanzkontrolle				
Eigene Stärken-und-Schwächen-Analyse	1–2 Wochen danach			
Erschienene Presseberichte sammeln und dokumentieren	1–2 Wochen danach			
Meinungen von Mitarbeitern, Gästen und Anwohnern einholen	1–2 Wochen danach			

Diskussionsforum (Podiumsdiskussion)

Das Ziel eines Diskussionsforums ist die Inszenierung eines medienwirksamen politischen oder sozialen Ereignisses. Mit einem Diskussionsforum zeigen Sie der Öffentlichkeit: »Wir sind politisch interessiert und setzen uns für gesellschaftliche Belange ein!« Wenn Sie hochkarätige Redner präsentieren können, ist die positive Medienresonanz schon vorprogrammiert. Damit die Diskussion nicht aus dem Ruder läuft, sollten Sie – sofern Sie nicht selbst entsprechende Erfahrung haben – einen professionellen *Moderator* engagieren. Es kann auch ein prominenter (Fernsehjournalist) sein, der in seinem Beruf oft Diskussionsrunden leitet.

Das *Thema* sollte Zündstoff haben, aktuell sein und etwas mit Ihrem Institut zu tun haben. Es kann sich an bildungspolitischen Entscheidungen orientieren, sollte aber für eine breitere Allgemeinheit von Interesse sein. Beispiele für Themen aus dem Weiterbildungsbereich, die schon diskutiert worden sind: Ausländerfragen (Sprachproblematik, Kopftücher bei Lehrerinnen), Verkürzung von Ausbildungszeiten, Scientology, Rechtsradikale als Dozenten beziehungsweise Lehrer.

Eine durchaus provokative *Headline* eignet sich gut, um eine breitere Öffentlichkeit auf die Veranstaltung aufmerksam zu machen und Gäste sowie Medienvertreter anzulocken. Beispiele: »Ist das Abi nichts mehr wert?«, »Deutschkurs per Verordnung – Pflichtsprachkurse für Ausländer?« oder »Meinungsfreiheit oder Meinungsmache – politische Arbeit in der Weiterbildung«.

Als Diskussionspartner wählen Sie maximal sechs möglichst prominente Fachleute, die kontroverse Standpunkte vertreten. Alle sollten nach Möglichkeit ähnlich stark in ihren rhetorischen Fähigkeiten sein. Sonst riskieren Sie, dass einer oder mehrere Partner nicht zum Zuge kommen oder bloßgestellt werden, weil sie sich nicht wehren können. Falls es starke Unterschiede in der Wortgewandtheit gibt, weisen Sie den Moderator vorher darauf hin. Denn für die Wahrung der *Fairness* bei der Diskussion ist in erster Linie der Moderator zuständig. In jedem Fall notwendig ist das öffentliche Benennen der »Spielregeln« (beispielsweise Redezeit begrenzen oder nur der Moderator darf unterbrechen) vor Beginn der Diskussionsrunde. Im Zuge der Gleichberechtigung sollten als diskutierende Fachleute (wenn es geht) Männer *und* Frauen eingeladen werden.

Die Diskutierenden sitzen auf einem gut sichtbaren Platz oder auf einer Bühne – in lockerer Runde, die nach vorne offen ist. Wenn Sie die Veranstaltung in einer großen Halle durchführen, bietet sich eine große Leinwand an, auf der das Geschehen in Großaufnahme zu sehen ist (Beamer). Für Ihre eigene Dokumentation sollten Sie die Diskussionsrunde per *Videokamera* aufzeichnen. Damit das Video professionell wird, engagieren Sie am besten einen entsprechenden Dienstleister. Adressen finden Sie in den Gelben Seiten. Sie können ebenso bei einem lokalen Fernsehsender anrufen und die Journalisten um Rat fragen. Dort kann man Ihnen sicher einen freiberuflichen Kameramann(-frau) nennen, der sich um die Aufzeichnung kümmert. Auch für die spätere Stärken-und-Schwächen-Analyse nach der Veranstaltung kann das Video wertvolle Hinweise liefern.

Die Zahl der *Gäste* ist abhängig von den Räumlichkeiten, in denen Sie das Diskussionsforum durchführen. Fügen Sie Ihrer Einladung unbedingt ein Anmeldeformular bei, damit Sie wissen, wer kommt. Als Gäste kommen infrage:

- Zielgruppe des Themas,
- Journalisten,
- Multiplikatoren,
- alle Dozenten und Mitarbeiter Ihres Institutes sowie ehemalige Mitarbeiter,
- Teilnehmer und ehemalige Teilnehmer/Kunden (zur Auffrischung der Erinnerung an Ihre Einrichtung),
- Unternehmen und Wirtschaftsrepräsentanten aus der Umgebung,
- Ämter und Behörden, mit denen Sie zu tun haben,
- Ehrenträger und Prominente (Bürgermeister, Stadtrat, bekannter Trainer).

Für ein exklusives Ambiente und gute Stimmung sorgen Sie vorab mit einem Sektempfang. Danach werden alle Gäste in den Raum gebeten, in dem die eigentliche Veranstaltung stattfindet. Diskutiert werden sollte etwa eine Stunde lang, denn sonst lässt die Konzentration der Zuhörer nach. Im Anschluss daran sollten Sie alle Gäste und Diskussionspartner (eventuell in einem anderen Raum) mit einem Büfett bewirten. Stehtische lockern auf und sorgen dafür, dass die Gäste leicht miteinander ins Gespräch kommen und ihre Meinung zu dem erörterten Thema austauschen können. Auch das Diskussionsforum ist bei diesem »gemütlichen Teil« eine *Kontaktbörse* – deshalb machen Sie es Ihren Gästen leicht und verteilen Sie Namensschilder mit Firmenbezeichnungen. Wer sich nicht rechtzeitig angemeldet hat oder unangemeldet teilnimmt (dieser Fall kommt häufig vor), kann sich selbst ein Schild mit Kugelschreiber beschriften. Am besten legen Sie die Blankoschilder mit Stiften auf einem Tisch aus, sodass sich die Gäste selbst bedienen können.

Die folgende Checkliste erhalten Sie ebenfalls als Download.

Checkliste für ein Diskussionsforum			
Was?	**Wann?**	**Wer?**	**erledigt**
Vorlauf und Planung			
Planungsphase: Festlegung von Termin, Programm und Aufgabenverteilung	6 Monate vor dem Termin. Bei Großveranstaltungen mindestens ein Dreivierteljahr vorher. Die Aktivitäten sollten sofort nach der Aufgabenverteilung beginnen!		
Diskussionspartner festlegen und einladen	4–5 Monate vorher		

Gäste und Einladungen			
Gästeliste aufstellen	4–5 Monate vorher		
Einladung gestalten	2 Monate vorher		
Einladungen versenden	4–6 Wochen vorher		
Telefonisches Nachhaken (bei VIPs und Medienvertretern)	1–2 Tage vorher		
Pressearbeit			
Presseverteiler erstellen	4–5 Monate im Voraus		
Presseinfo über die Veranstaltung schreiben und versenden (Einladung wird separat versandt)	1–2 Wochen vorher		
Ansprechpartner für die Medien abstellen (Mitarbeiter oder externer Freiberufler)	Festlegung 4–5 Monate vorher, bereitstehen sollte die Person ab Versendung der Einladungen an die Pressevertreter		
Programm			
Reisekosten und Übernachtungen von Diskussionspartnern und wichtigen Gästen klären	Spätestens 4 Wochen vorher		
Abstimmung mit Partyservice und Gastronomie	Spätestens 2 Monate vorher		
Ggf. Ton- und Lichtanlage organisieren	Spätestens 1 Monat vorher		
Videoaufzeichnung, Beamer, Kameramann organisieren	2 Monate vorher		
Dekoration, Aufbau, Überprüfen von Anlage und Equipment	2 Tage vorher		
An- und Abfahrtswege ausschildern	Spätestens 1 Tag vorher		
Parkplätze bereitstellen	Spätestens 1 Tag vorher		
Resonanzkontrolle			
Eigene Stärken-und-Schwächen-Analyse	1–2 Wochen danach		
Erschienene Presseberichte sammeln und dokumentieren	1–2 Wochen danach		
Meinungen von Gästen und Teilnehmern einholen	1–2 Wochen danach		

Ein solches Diskussionsforum eignet sich auch gut als tragendes Element bei einem der anderen geschilderten Events oder bei einer Messe, einem Kongress, dann in aller Regel »Podiumsdiskussion« genannt.

Sponsoring

Sponsoren sind aus dem Fußball wohlbekannt. Tatsächlich ist diese Werbeform gerade im Sport weit verbreitet. Scheinbar geht es da um Millionenbeträge – wie kann dann diese Art der Marketingkommunikation für Trainer und Bildungsträger überhaupt interessant und relevant sein? Und was hat das mit diesem Sponsoring im Fernsehen zu tun, kommt ein Weiterbildner vielleicht gar in den Ruch von Schleichwerbung? Nun, tatsächlich vermischen sich gerade hier einige an sich unterschiedliche Werbeformen, Grenzen werden verwischt. Versuchen wir eine Definition:

> **»Sponsoring«** ist die Bezeichnung für ein öffentlichkeitswirksames Geschäft, das auf Leistung und Gegenleistung beruht. Unternehmen unterstützen Personen, Organisationen oder Veranstaltungen durch Sachmittel, Dienstleistungen oder Geld. Als Gegenleistung treten diese Unternehmen öffentlich als Sponsor auf und verbessern so ihr »Corporate Image«.

Deshalb überlegen die Entscheidungsträger in Unternehmen sehr genau, ob die Veranstaltung oder Institution, die sie sponsern sollen, zum eigenen Image passt. Beispielsweise werden die Betreiber eines Atomkraftwerkes kaum eine Veranstaltung mit dem Thema »Atomkraft – nein danke!« unterstützen. Betrachten wir nun konkrete Arten von Sponsoring:

- *Kultursponsoring:* Unternehmen unterstützen Museen, Bühnen, Galerien oder Künstler persönlich durch Beiträge, die häufig von extra eingerichteten Stiftungen aus deren Vermögen geleistet werden. Dieses Stiftungskapital kann steuersparend geleistet werden, eine wichtige Motivation für die Unternehmer, die sich zugleich als Kunstmäzen gerieren und so öffentlichkeitswirksam Marketing betreiben.
- *Sportsponsoring:* Jenseits reiner Bannerwerbung (ja, von hier kommt der Begriff ursprünglich!) zahlen Unternehmen viel Geld, um die hohe Anziehungskraft großer Sportereignisse zu nutzen. Dabei ist der millionenfache Zuschauereffekt über das Fernsehen weitaus wichtiger als die paar Tausend oder Zehntausend Zuschauer, die real anwesend sind, sei es in den Ballsportarten, bei der Leichtathletik oder im Wintersport.
- *Gesellschaftliches Sponsoring:* Umweltprojekte oder öffentliche Projekte wie Kindergärten oder Behindertenwerkstätten werden unterstützt. Der Begriff für dieses auch durch persönliches Engagement von Mitarbeitern (die dafür freigestellt werden) forcierte Agieren lautet Corporate Social Responsibility (CSR).

- *Spenden* aller Art gehören in die gleiche Kategorie – hier gibt es ein unendliches Feld an Unterstützungsmöglichkeiten für Beträge jeglicher Art.

Breit wirkt Sponsoring einerseits durch Medienberichte, andererseits durch das Auftreten des Logos eines Sponsors, etwa auf Trikots oder im Rahmen der Werbung für eine Veranstaltung. Aus dem Bereich von Bildungsmessen kennen Sie Auftritte relevanter Medien oder auch Software- und Trainerausstatter, die als Bronze-, Silber-, Gold- oder gar Platinsponsor auftreten. Manches Mal wird auch zwischen Haupt- oder Exklusivsponsor und Nebensponsoren unterschieden.

Welche konkreten Beispiele sind für Weiterbildner denkbar?

- *Regional:* Überlegen Sie, welche Vereine infrage kommen – das können Sport- oder Trachtenvereine sein; mancherorts gibt es Theater- oder Forstvereine, die schon für geringe Zuschüsse dankbar sind.
- *Überregional:* Was passt an Theater- oder Musicalaufführungen zu Ihren Themen, wie steht es mit Museen? Häufig ist mit einem Sponsoring verbunden, dass Sie eine Anzahl Eintrittskarten erhalten, die Sie an verdiente Mitarbeiter oder wichtige Kunden weitergeben oder intern verkaufen können.
- *Ehrenamtlich:* Im weitesten Sinne ist unter Sponsoring auch zu subsumieren, wenn Sie persönlich oder Mitarbeiter Ihres Bildungsanbieters Projekte durch Mitarbeiter unterstützen – oder Sie schlicht kostenlose (oder von Ihnen bezuschusste) Seminare für ausgewählte (bedürftige?) Gruppen abhalten.

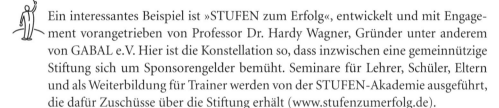 Ein interessantes Beispiel ist »STUFEN zum Erfolg«, entwickelt und mit Engagement vorangetrieben von Professor Dr. Hardy Wagner, Gründer unter anderem von GABAL e.V. Hier ist die Konstellation so, dass inzwischen eine gemeinnützige Stiftung sich um Sponsorengelder bemüht. Seminare für Lehrer, Schüler, Eltern und als Weiterbildung für Trainer werden von der STUFEN-Akademie ausgeführt, die dafür Zuschüsse über die Stiftung erhält (www.stufenzumerfolg.de).

Wenn es auch für Sie interessant ist, eigene Veranstaltungen via Sponsoren (mit) finanzieren zu lassen, etwa eines der genannten Events, gehen Sie Schritt für Schritt so vor, wie im Kapitel *P 6 Platzierung* beschrieben (s. S. 400 ff.) – dort geht es um vertriebliche Aspekte.

Wenn Sie selbst als Sponsor auftreten und so »Promotion« für Ihre Dienstleistung betreiben, gelten die dort aufgeführten Hinweise praktisch in umgekehrter Form. Überlegen Sie, ob das gesponserte Projekt oder die Organisation zum Image Ihres Bildungsinstitutes passt. Erreichen Sie durch das Sponsoring Ihre Zielgruppen? Treten die Partner professionell auf? Beteiligen sich weitere Sponsoren an dem Projekt, die möglicherweise in Konkurrenz zu Ihrem Institut stehen? Welche Form von Unterstützung können Sie neben oder statt finanzieller Zuwendung bieten?

Achten Sie darauf, dass die Öffentlichkeitsarbeit vom Sponsoringnehmer so durchgeführt wird, wie es abgesprochen beziehungsweise im Sponsoringvertrag festgehalten wurde. Lassen Sie sich Kopien der versendeten Presseinformationen oder Handzettel, die Reprovorlagen von Anzeigen und auch den Presseverteiler zusenden. Bei Zweifeln sollten Sie ruhig durch einen Anruf in der Zeitungsredaktion kontrollieren, ob Ihr Firmenlogo auch wirklich auf allen Presseinformationen platziert wurde. Schließlich sollten Sie Ihr Sponsoringprojekt auch für die eigene Öffentlichkeitsarbeit nutzen und beispielsweise Ihre Kunden in einem Mailing darauf hinweisen oder diese zur gesponserten Veranstaltung einladen.

Andere Kommunikation per Web

Grundsätzliche Hinweise für Ihren Internetauftritt finden Sie in Kapitel *P 4 Präsentation* (s. S. 245 ff.). Über das Vorhandensein einer Website (»Homepage«) und die ausführlich dargestellten Onlinemarketingmaßnahmen hinaus können Sie über Web-2.0-Tools aktiv werden. Beispielgebend greifen wir drei aktuelle Themen heraus: Communitys, Blogging und Podcasts.

Fazit: Fühlen Sie sich angeregt, die zum Zeitpunkt Ihrer Lektüre gängigen Wege der Onlinepräsenz auszuprobieren. »User generated content« erlaubt durchaus, dass Sie selbst aktiv werden, statt abzuwarten, was andere Nutzer des Internets über Sie und Ihre Angebote formulieren. Sei es in Blogs, Foren oder Communitygruppen: Was hindert Sie daran, zum Beispiel auf »Xing« eine eigene Gruppe für die Teilnehmer Ihrer öffentlichen Seminare oder der Kurse Ihres Bildungsinstituts einzurichten und so mehrere Fliegen mit einer Klappe zu schlagen? Nämlich den Transfer des Erlernten zu verstärken, indem Teilnehmer untereinander (und mit Ihnen) in Kontakt bleiben – die Chance zu erhöhen, »Wiederholungstäter« zu generieren –, und zugleich Öffentlichkeitsarbeit zu betreiben. Dies geschieht, indem Sie Ihre Gruppe für andere Communitymitglieder öffnen, wie das etwa auf Xing möglich ist.

Communitys als Kommunikationsmittel – Präsenz zeigen und auffallen

Gastbeitrag von Miriam Godau, Head of Communication, Ekaabo GmbH

Eine Community bezeichnet eine virtuelle Gemeinschaft bestehend aus Internetnutzern, die ähnliche Hobbys, Interessen oder Ideen verbinden. Diese Definition lässt darauf schließen, dass sich auf dem Markt immer neue Interessengruppen zu Communitys zusammenschließen und dabei fast kein Interessenbereich mehr offen bleibt. Demnach stehen nun auch Trainer nicht mehr im Leeren, sondern finden eine Vielfalt an Plattformen, auf denen sie sich präsentieren können, beispielsweise BDVT, Berater.de, DozentenScout, GABAL oder Trainertreffen. Trainer, die mit der Zeit gehen, sind dort schon längst registriert.

Es handelt sich nicht mehr nur um Einzelpersonen, die in solchen Communitys vertreten sind. Eine breite Masse beteiligt sich Tag für Tag am Communitygeschehen und muss sich auf dem Trainermarkt aufs Neue durchsetzen. Communitys bieten Trainern eine ungewohnt neue Plattform. Nirgendwo sonst sprechen sie eine breitere Masse an und stehen derart im Mittelpunkt. Jedoch ist oft alles eine Frage der richtigen Darstellungen und des Abhebens aus der Masse. Sonst verschwindet ein Trainer ganz schnell in der Unbekanntheit der Massencommunity und sein Profil findet keine Beachtung im Meer der anderen Trainerkollegen.

Im heutigen Zeitalter des Internets und des Web 2.0 ist es nicht mehr ausreichend, ein Profil mit einigen wenigen Kontaktdaten auszufüllen und sich dann gemütlich zurückzulehnen. Vor zehn Jahren zog man genug Aufmerksamkeit auf sich, indem man überhaupt im Web vertreten war. Heute bedarf es etwas mehr Arbeit und Pflege, um auf sich aufmerksam zu machen. Communitys sind eine erstklassige Anlaufstelle für alle, die auf der Suche nach potenziellen Kunden sind. Jedoch muss man dafür etwas tun. Das Zauberwort lautet *der Mensch als Marke*. Genauso, wie jedes Unternehmen seine Produkte vermarkten muss, ist in Trainercommunitys und Karrierenetzwerken jeder Benutzer selbst gefragt, sich als Person mitsamt allen Leistungen zu vermarkten. Ziel ist es in jedem Fall, sich nicht hinter einem mehr als unscheinbaren, ungepflegten Profil zu verstecken, sondern sich individuell aus der Masse hervorzuheben. Potenzielle Kunden müssen davon überzeugt werden, bei Ihnen an der richtigen Adresse zu sein. Ihre Überzeugungskraft lässt sich mit einem aussagekräftigen Communityeintrag erheblich steigern. Hier gibt es drei goldene Regeln.

Regel 1: Füllen Sie Ihr Profil vollständig aus. Nichts lässt potenzielle Kunden schneller wieder von Ihrer Profilseite verschwinden als ein schlecht ausgefülltes Profil. Geben Sie Ihre vollständigen Kontaktdaten an. Das erweckt Vertrauen bei Ihren Kunden. Unvollständige Kontaktdaten wirken unseriös und schrecken Kunden ab.

Das Vertrauen wird zusätzlich gestärkt, wenn Sie ein Profilfoto von sich einstellen. Kunden wissen dann, mit wem sie es zu tun haben, und können sich eine Vorstellung von Ihnen machen. Sie verleihen Ihrem Profil eine persönliche Note. Schreiben Sie etwas Persönliches über sich. Erläutern Sie beispielsweise Ihren Lebenslauf oder Ihren beruflichen Werdegang. Betrachter Ihres Profils können sich gegebenenfalls mit Ihnen identifizieren und haben die Möglichkeit, sich ein Bild von Ihnen zu machen. Scheuen Sie sich nicht davor, zu zeigen, was Sie schon geleistet haben. Ihre persönlichen Leistungen lassen Sie aus der Masse der Trainerkollegen hervorstechen. Jeder Vortrag, jede Veröffentlichung und jeder Arbeitgeber können von Bedeutung sein.

Beschreiben Sie Ihre Leistungen möglichst genau und präzise. Einige wenige Schlagwörter sind nicht ausreichend, denn diese sind bei all Ihren Konkurrenten

ebenfalls zu finden. Nur eine exakte Beschreibung bestätigt Betrachter in der Annahme, dass Sie das bieten, was gesucht wird. Heben Sie ganz besonders Ihre
Stärken hervor.

Regel 2: Pflegen Sie Ihr Profil und halten Sie es auf dem aktuellen Stand.
Stellen Sie sich vor, ein Betrachter Ihres Profils fühlt sich angesprochen und entscheidet sich dafür, Ihre Dienste in Anspruch zu nehmen. Nun nimmt er das Telefon in die Hand und wählt Ihre Nummer. Es ist Ihre ehemalige Geschäftsnummer.
So telefoniert er mit Ihrem ehemaligen Unternehmen, muss dort aber erfahren,
dass Sie für dieses gar nicht mehr tätig sind. Glauben Sie, diese Person wird nun
versuchen, Ihre aktuelle Nummer herauszufinden, oder eine andere von Ihnen angegebene Nummer wählen? Nein, wird sie mit großer Wahrscheinlichkeit nicht.

Es ist demnach von großer Bedeutung, das eigene Profil zu pflegen. Merkt ein
Interessent, dass er es mit veralteten Informationen zu tun hat, haben Sie ihn
als Kunden verloren. In der heutigen Zeit ist es nicht mehr ausreichend, einmal ein
Profil auszufüllen und dieses dann nie wieder zu besuchen. Jede berufliche Veränderung, jeder Adresswechsel, jede neu erbrachte Leistung kann bei der Vermarktung des eigenen Profils und der eigenen Person ausschlaggebend sein.

Regel 3: Zeigen Sie sich und agieren Sie innerhalb der Community. Communitys im Allgemeinen haben die Eigenschaft, den User als Einzelnen und die Kommunikation untereinander in den Mittelpunkt zu stellen. Mit Ersterem haben sich
Regel 1 und 2 bereits ausgiebig beschäftigt. Regel 3 widmet sich nun der Kommunikation untereinander innerhalb einer Community. Haben Sie keine Angst vor
der Community, sondern trauen Sie sich, die Community zu erkunden. So können
Sie entdecken, was die jeweilige Community Ihnen zu bieten hat. Communitys
bieten ihren Mitgliedern neben dem Profil oft noch mehr Möglichkeiten, sich zu
präsentieren.

Ein Beispiel dafür sind Gruppen. Gruppen kann man gründen oder man kann
einer Gruppe beitreten. Hier erfolgt communityintern eine erneute Spezifizierung.
In Gruppen schließen sich beispielsweise bestimmte Interessengruppen oder Berufsgruppen innerhalb einer Community zusammen. Meist reicht es, eine Gruppe
zum eigenen Fachgebiet zu suchen und dieser beizutreten. Dort können Sie sich
nicht nur mit Kollegen austauschen oder mit ihnen diskutieren. Auch User, die
sich für das jeweilige Gebiet interessieren, werden auf Sie aufmerksam. Sie können sich selbst in einer Gruppe vorstellen und auch noch einmal die eigenen Leistungen in den Vordergrund rücken. User, die sich mit Fragen an die Gruppe wenden, können Sie mit qualifizierten Antworten von sich überzeugen. Interessenten
können von einer Gruppe aus immer direkt auf Ihr Profil gelangen.

Ein Beispiel für eine Community mit solchen Funktionen ist Xing. Dort können
Sie nach Gruppen suchen. Geben Sie beispielsweise *Training* als Gruppensuch-
begriff ein und Sie erhalten mehr als 100 Ergebnisse. Finden Sie heraus, was Ihnen Ihre Community zu bieten hat.

Nutzen Sie die Möglichkeiten, die Ihnen Communitys zu bieten haben. Gehen Sie die modernen Wege des Internets und gewinnen Sie diese für sich. Nehmen Sie aktiv am Communitygeschehen teil und stechen Sie aus der Masse der ungepflegten, unscheinbaren Profile heraus. So werden Sie von potenziellen Kunden gefunden und gebucht. Ihren ersten Erfolgserlebnissen steht nichts mehr im Wege.

Blogs – Die virtuelle Darstellung Ihres Lebens

*Gastbeitrag von Marco Ripanti, Founder & CEO ekaabo GmbH,
Blogger aus Leidenschaft*

Sind Sie bereits ein begeisterter Blogger? Nein? Dann haben Sie aber etwas verpasst. Sie versäumen eine wichtige Chance, auf sich und Ihr Können aufmerksam zu machen. Es gibt keine andere Möglichkeit, sich so persönlich und detailliert zu präsentieren. Machen Sie sich mit dem Medium Blog vertraut und entdecken Sie die Perspektiven, die Ihnen dieses Trendmedium eröffnet. Blogs stellen Sie und Ihre Anliegen in den Mittelpunkt.

Ein Blog ist eine Art Tagebuch, das auf einer Website geführt wird. Im Normalfall besteht er aus einer Liste von Einträgen, die chronologisch geordnet sind. Der neueste Eintrag befindet sich immer ganz oben auf einer Seite. Es gibt themenspezifische Blogs, aber auch allgemeine Blogs. Mithilfe von bekannten Blog-Softwaresystemen wird das Erstellen eines eigenen Weblogs zu einer einfachen Angelegenheit. Zu diesen Softwaresystemen gehören WordPress, Livejournal oder Blogger.de. Sinn und Zweck eines Blogs ist es, Aspekte des eigenen Lebens und damit verbundene Meinungen, Erfahrungen und Gedanken für die gesamte oder eine eingeschränkte Öffentlichkeit darzustellen. Das Design wird dabei eher schlicht gehalten und ist nur zweitrangig. Es kommt in erster Linie auf den Inhalt an.

Für viele Menschen sind Blogs mittlerweile alltäglicher Bestandteil der Netzkultur. Blogs geben Ihnen die Möglichkeit, sich persönlich auszutauschen und Themen bereitzustellen, die Ihnen wichtig sind. Andere User können anschließend Kontakt mit dem Blogger aufnehmen oder einfach zurückbloggen. Blogs sind interaktiv und fördern die Kommunikation untereinander.

Ein Blog ermöglicht es Trainern, sich auf individuelle und sehr persönliche Weise potenziellen Kunden vorzustellen. Das macht auf alle Leser des Trainerblogs einen höchst professionellen und seriösen Eindruck. Trainer können ihren Berufsalltag beschreiben und somit die Betrachter ihres Blogs darüber informieren, wo sie momentan tätig sind und welche Leistungen sie dabei erbringen. Andere Menschen erhalten einen persönlichen Eindruck von den Trainern und das vermittelt zusätzliches Vertrauen in die jeweilige Person. Die Blogleser haben somit bereits vor der Kontaktaufnahme das Gefühl, die Persönlichkeit eines Trainers ein Stück weit zu kennen.

Achten Sie darauf, Ihre Stärken zu betonen. Versuchen Sie, Ihre Einträge so zu verfassen, dass Ihre Leser sich ein möglichst präzises Bild von Ihnen machen können. Mit der Hilfe von Blogs können Sie sowohl potenzielle als auch ehemalige Kunden aktuell informieren und auf dem neuesten Stand halten. So bauen Sie sich einen Kreis von Interessenten auf, die Ihre Aktivitäten ständig verfolgen. Selbst kurzfristige Termine oder Änderungen können dann schnellstmöglich die gefragten Personen erreichen und stellen kein Problem mehr dar. Das Informationsbedürfnis einer interessierten Zielgruppe kann durch Ihren eigenen Blog auf einfache Weise gestillt werden.

Auch wenn Blogs relativ einfach gehalten sind, gibt es einige hervorragende Möglichkeiten, einen Blog auszugestalten. Es gibt die einfache Option, Bilder mit dem Text zusammen einzustellen. Damit erhält der gesamte Blog beziehungsweise die einzelnen Blogeinträge ein ansprechendes Äußeres und beschränkt sich nicht nur auf den schlichten Text. Die Aufmerksamkeit der Leser ist dem Blogger damit sicher. Einträge mit Bildern werden auf Seiten, die Blogeinträge von unterschiedlichen Bloggern zusammen auflisten, eher gelesen als Einträge ohne Bilder. Auch wenn Sie einen eigenen Blog haben, werden Ihre Einträge mit Bildern sicherlich häufiger gelesen als Ihre Texteinträge.

Sind Sie bereit, die moderneren Wege des World Wide Web zu gehen, binden Sie Podcasts in Ihren Blog mit ein. Als Podcasts werden Audiodateien bezeichnet, die im Internet publiziert werden. Am verbreitetsten sind Podcasts in Form von Interviews. Sie können von den Betrachtern eines Blogs direkt beim Betrachten der Website angehört werden. Interessierte Menschen können Podcasts auch speichern und auf Computern, iPods oder Handys abspielen. Demnach bieten Podcasts Usern eine größere Vielfalt an als die herkömmlichen Textbeiträge.

Erstellen Sie sich einen kleinen Fragebogen oder eine Mindmap und erzählen Sie etwas zu dem Thema, das Sie beschäftigt oder potenzielle Kunden interessieren könnte, beispielsweise über Ihren Beruf, Ihre Veröffentlichungen oder Ihre aktuellen Aufträge. An einem gut ausgerüsteten Computer mit Mikrofon oder Headset ist das Erstellen eines Podcasts ganz einfach. Mit entsprechender Software können Sie Ihre Podcasts auch zusammenschneiden. Wenn Sie Ihren eigenen Podcast in Ihrem Blog publizieren, drängt es den Besucher förmlich dazu, sich diese Audiodatei anzuhören. Hören ist einfacher als Lesen. So erfährt der Betrachter Ihrer Website ohne viel Aufwand, was Sie ihm zu sagen haben. Und Sie können sich sicher sein, dass die Botschaft bei Ihren »Hörern« ankommt, schließlich haben sie Ihr Interesse schon darin bekundet, dass sie Ihren Podcast angeklickt haben.

Die aussagekräftigere Version des Podcasts ist der Vodcast. Im Gegensatz zu Podcasts sind Vodcasts Videodateien, die in Ihren Blog geladen werden. Da Webcams mittlerweile weit verbreitet sind, hat sich diese Art von Beitrag schnell verbreitet. Spätestens seit Plattformen wie YouTube, Sevenload und Seesmic gelten

Internetvideos als Medium der Zukunft. Mit Vodcasts ist man im Zeitalter der personalisierten Massenkommunikation angekommen.

Für die Unterhaltung sind Vodcasts ideal. Sie bieten Ihnen die Möglichkeit, sich audiovisuell zu präsentieren und sich von Ihrer trendbewussten Seite zu zeigen. Stellen Sie sich und Ihre Leistungen in einem geeigneten Rahmen dar. Was liegt näher als bei der Arbeit? Oder veröffentlichen Sie einen entscheidenden Ausschnitt aus einem Ihrer Vorträge. So können sich Ihre potenziellen Kunden von Ihrem Können überzeugen. Sie können sich sicher sein, dass ein Vodcast in Ihrem Blog Neugier weckt und viele Betrachter auf sich zieht. Nutzen Sie diese Möglichkeit, um sich und Ihre Leistungen bekannt zu machen. Die Chancen für die Kundengewinnung stehen sehr günstig. Überzeugen Sie Ihre Kunden und machen Sie die Betrachter Ihres Blogs darauf aufmerksam, was Sie Ihnen anbieten und warum genau dieses Angebot für jeden von großer Bedeutung sein kann.

All diese neuen Medien, die Sie innerhalb eines Blogs einsetzen können, eröffnen Ihnen neue Perspektiven. Jedoch sollten Sie darauf achten, dass Ihre Beiträge, in welcher Form auch immer, inhaltlich und stilistisch passend sind. Achten Sie darauf, den Beruf und das Privatleben insofern zu trennen, als keine Informationen über Sie auftauchen, die Ihre potenziellen Kunden abschrecken könnten. So bieten Blogs die perfekte Möglichkeit, neue Kunden zu werben und an sich zu binden. In Blogs verleihen Sie Ihrer Professionalität Ausdruck.

Podcasts, Hörbücher & Co – auditive Marketinginstrumente

Gastbeitrag von Martin Falk, Rundfunkredakteur, Moderator und Sprecher beim ARD-Hörfunk

Seit über 20 Jahren veranstaltet Martin Falk neben seiner Rundfunkpraxis Rhetorik- und Mikrofontrainings für Journalisten, Vorstände und Führungskräfte. Außerdem ist er als Sprecher für Hörbücher und Multimediaproduktionen tätig. Mit der Agentur Audiotrainer (www.audiotrainer.de) führt er Audiostrategieberatungen für Fachverlage, Weiterbildungsinstitutionen und Trainernetzwerke durch. Schwerpunkte sind Podcastproduktionen und Contentbroking für Internetplattformen im Businessbereich.

Der Begriff »Podcasting« ist ein Kunstwort, zusammengesetzt aus Apples weitverbreitetem MP3-Player »iPod« und dem englischen Wort für Radiosendung (»Broadcast«). Hierbei handelt es sich um akustische und visuelle Inhalte, die kostenlos abonniert und dann automatisch über das Internet empfangen werden können. Medienforscher sprechen mittlerweile von einem zukünftigen Massenmedium, das den klassischen Medien »Radio« und »Fernsehen« Marktanteile wegnehmen wird.

Wie Audiobotschaften wirken

Der Klang der Stimme, das Charisma und das Ausdruckspektrum des Sprechers bringen ein breites Spektrum von Inhalten ins Wahrnehmungszentrum des Gehirns. Die Stimme wird im Podcast oder Hörbuch direkter und unmittelbarer aufgenommen als geschriebene Inhalte in einem Newsletter oder Buch. Die Emotionalisierung über Stimmklang und Ausdruck erhöht die Wirkung der Botschaft. Speziell Podcasting als auditive Mitteilung vom Sender zum Empfänger sorgt also für einen hohen Identifikationsprozess mit den angebotenen Inhalten.

Sogar Lerninhalte können über Audioproduktionen interaktiv vermittelt werden. Als individuell und zeitunabhängig bereitgestellter Content entscheidet der Nutzer beziehungsweise Kunde über seine Form der Rezeption. Er gestaltet den Lernprozess aktiv und individuell. So profitiert er von speziell auf ihn zugeschnittenen Weiterbildungsinhalten wie Softskills, Verkaufs- und Kommunikationstrainings bis hin zu Themen wie Karriere, Motivation, Work-Life-Balance und Stressbewältigung. Professionell und marktgerecht produzierte Audioinhalte machen Lust auf mehr, präsentieren die Kompetenz des Anbieters und heben sich positiv von der Konkurrenz ab.

Für Podcasts und Hörbücher gibt es eine riesige Zielgruppe

»In 41 Prozent aller Haushalte in Deutschland befindet sich mindestens ein MP3- oder ein MP4-Spieler«, so konstatiert eine aktuelle Untersuchung des Hightech-Verbandes Bitkom in Zusammenarbeit mit Roland Berger Strategy Consultants. Allein 2008 wurden etwa sieben Millionen Abspielgeräte verkauft. Und der Markt für Mobiltelefone mit Internetzugang wie zum Beispiel das »iPhone« wächst rasant. Für die Anzahl der Podcastnutzer gehen die Berechnungen unterschiedlicher Marktforscher von weltweit bis zu sechzig Millionen Podcastnutzern im Jahr 2010 aus. Generell ist die Kernzielgruppe für auditive Kommunikation über Hörbuchdownloads und Podcastangebote zwischen 30 und 50 Jahre alt.

Mit einem starken Zuwachs um fast fünf Prozentpunkte ist zudem die Bevölkerungsgruppe der Internetnutzer in den letzten zwölf Monaten um drei Millionen Menschen gewachsen und überschreitet somit die 65-Prozent-Marke. Nach den aktuellen Ergebnissen des (N)Onliner-Atlas 2008 sind demnach 42,2 Millionen Personen über 14 Jahren online. Dabei ist ein Wachstum in allen Altersgruppen zu beobachten, besonders auch in der Generation 50plus, einer für Marketingaktivitäten sehr kaufkräftigen Zielgruppe.

Eine wachsende Zahl inzwischen verfügbarer Podcasts von Unternehmen, sogenannter Corporate Podcasts, bestätigt, dass hier Kunden und Zielgruppen mit professionell und spannend aufbereiteten Inhalten regelmäßig angesprochen werden können. Dies sind schnell mehrere Tausend Hörer, die Podcasts eines Anbieters auf Ihren PC herunterladen oder entsprechend mobil hören. Die Nutzung von Audioangeboten findet bevorzugt auf Reisen im Auto, Flugzeug oder in der Bahn statt, denn »Leerzeit ist Lernzeit«.

Praktischer Einsatz von Audiokommunikation in der Weiterbildung

Immer mehr Weiterbildungsanbieter entdecken die Vorteile der Audiokommunikation. Trainer und Coaches haben durch den Einsatz von Podcasts und Hörbüchern eine effiziente Plattform der Selbstdarstellung. Der Autor entscheidet gemeinsam mit einer beratenden Produktionsleitung über Dramaturgie und Aufbereitung der Texte für seine Hörproduktion. Inhalte aus Büchern, E-Books, Fachartikeln, Seminaren und Vorträgen lassen sich so für eine höraffine Zielgruppe attraktiv aufbereiten. Dies lässt sich mit der eigenen Stimme im Alleingang, besser aber professionell in Interviewform oder vom Radiosprecher als »Audio-Abstract« oder »Hörfeature« mit aufbereiteten Inhalten im Studio produzieren.

Verkauf und Vertrieb

Das Ergebnis einer Aufnahme kann zum Beispiel eine CD sein, die der Bildungsanbieter im Rahmen von Seminaren, Coachings und Vorträgen verkauft. Der Vorteil des Selbstvertriebs: Inhalteanbieter sind Lizenzinhaber und unabhängig von Verlagsrechten. Sie können somit den Direktvertrieb über themenspezifische Internetportale sowie Downloadplattformen (zum Beispiel www.audible.de, www.claudio.de, www.soforthoeren.de) individuell steuern. Auch strategische Kooperationen mit Netzwerkpartnern und Fachmedien-Webshops bieten eine Möglichkeit, das Audioangebot zu platzieren.

Podcasts können darüber hinaus über die eigene Website und über Internetplattformen wie iTunes, www.podcast.de oder www.podster.de verbreitet und popularisiert werden. Durch Audioangebote wird der Internetauftritt von Bildungsanbietern attraktiver. Die Verweildauer auf der Website steigt, das heißt, der Interessent beziehungsweise zukünftige Kunden und Teilnehmer werden an den Bildungsträger gebunden.

Audioprodukte – wirkungsvolle und flexible Marketinginstrumente

Die Kombination von Podcasts und Hörbüchern mit klassischen Marketing- und PR-Instrumenten wie Mailings, Zeitschriftenartikeln oder Werbebriefen ist eine Chance, Märkte zu stabilisieren sowie Ihr Portfolio für neue Zielgruppen Ihres Unternehmens zu erweitern. Das individuelle »Audio-Branding«, der auditive Imagetransfer als »Corporate Sound« des Weiterbildungsunternehmens im Web 2.0, setzt sich im Ohr des Kunden fest und erhöht den Erfolg in der Vermarktung Ihres Angebots.

Nutzen auch Sie als Weiterbildner das Internet als relevantes Kommunikationsmedium. Die entscheidenden strategischen Schritte in diesem Markenführungsprozess sollten Sie in den nächsten drei Jahren gehen, um sich als »Leuchtturm mit Alleinstellungsmerkmal« langfristig von den Mitbewerbern abzusetzen. Stellen Sie sich mit Podcasts und Hörbüchern innovativ auf und positionieren Sie sich zielgruppengenau!

P 6: Platzierung – Runden Sie mit persönlichem Vertrieb Ihr Marketing ab!

Platzieren Sie Ihre Leistung im Markt!

Hanspeter Reiter

Mit dem »denglischen« Begriff »Placement« wird häufig zusammengefasst, was unter »Vertrieb« so alles verstanden wird:

- *Distribution:* alles, was mit dem »Produkt« auf dem Weg vom Hersteller zum End-gebraucher geschieht – etwa das Verpacken von Teilnehmerunterlagen bis zum Überreichen beim Seminar.
- *Logistik:* der Transport des Gutes, heute durchaus auch körperlos über das Inter-net, etwa einer E-Learning-Einheit.
- *Standort:* der Moment der Übernahme durch den Käufer; Nachhilfeinstitute ver-fügen über entsprechende Niederlassungen, Volkshochschulen ebenfalls, oder über Räume in öffentlichen Schulen.
- *Akquisition,* heute häufig »*Sales*« genannt: das eigentliche aktive Verkaufen an po-tenzielle, identifizierte Kunden – im persönlichen Gespräch oder am Telefon.

Auf das Letztgenannte konzentrieren wir uns in diesem Kapitel: das Akquirieren von Teilnehmern durch persönliches Verkaufen. Unterstützt wird das natürlich durch all die anderen Aktivitäten, die Sie in den Kapiteln P 1 bis P 5 bereits kennengelernt und für sich umgesetzt haben: Es braucht ein Produkt, Ihr Seminar also, zu einem markt-gerechten Preis (P 3). Ihre Positionierung (P 2) ist Voraussetzung für sinnvolles Wer-ben (P 4 Promotion) sowie parallel eine eingängige Präsentation (P 5), auch in Me-dien, die Sie im Verkaufen einsetzen. Darin geschieht Akquise »so nebenbei«, weil Sie mithilfe von Werbemitteln auf verschiedensten Werbewegen Anfragen generieren. Doch nicht immer ist die Arbeit damit getan. Wie »aus Kontakten dann Kontrakte werden« ist eines unserer Themen. In welcher Form viele Weiterbildner Messen für sich nutzen und wie Sie das für sich tun könnten, ein Weiteres. Tatsächlich »nebenbei« sollten Sie akquirieren, wenn Sie sich in Netzwerken bewegen. Dort ist direktes Ver-kaufen eher verpönt. Doch auch dafür gibt es Ausnahmen!

Und wie ist das mit Verkaufen innerhalb der Maßnahme? Damit haben wir uns bereits in *P 4: Präsentation* beschäftigt (s. S. 197 ff.). Die Fachbegriffe dafür sind – wie-der einmal in »Marketingdeutsch« – Cross-Selling und Up-Selling, also: Querverkauf und Verkaufen von Höherwertigem. »Zusatzverkäufe« wird gelegentlich als zusam-menfassender Oberbegriff gewählt, drückt aber nur teilweise aus, was gemeint ist. Der Vorteil dieses »Mitverkaufens« liegt darin, dass Sie den Kontakt zu einem bestehenden Kunden nutzen, der – so hoffen wir doch? – positiv gestimmt ist, also bereits über-zeugt. Neue Kunden zu gewinnen ist eine etwas größere Herausforderung, nämlich den häufig sogenannten »kalten Kontakt« anzuwärmen, ihn »heiß zu machen« auf Ihre exzellente Trainingsleistung. Dabei sind die folgenden Grenzen zu beachten.

Penetranz versus Sensibilität

Im Grunde genommen sollte der darin liegende Gegensatz vermieden werden. In gewissem Maße brauchen Sie von beidem etwas, um Ihr Produkt erfolgreich an den Mann, an die Frau zu bringen:

- Penetranz, indem Sie an Ihrem Kontakt dranbleiben, immer wieder das Gespräch suchen, aufs Neue Informationen bieten.
- Sensibilität, indem Sie aktiv hinhören und erfragen, was den Gesprächspartner bewegt – und abwarten, bis der richtige Moment gekommen ist …

Selbstbewusste Vertriebler sprechen bei solchen Gelegenheiten vom 3H-System, das steht für »Hartnäckige Höflichkeit hilft«. Gemeint ist: Wer dranbleibt, statt aufzugeben, dabei jedoch immer freundlich und höflich agiert, wird irgendwann einfach Erfolg haben – müssen! Leichter gesagt als getan? Tatsächlich tun sich viele Weiterbildner schwer, mit dem Thema »Vertrieb/Sales« aktiv umzugehen. Sei es bei der Aktion als solcher (was wann tun?), sei es in der Kommunikation (wie mit wem tun?).

Weiterbildner verkaufen »sich selbst«: ein Paradoxon?

Viele Trainer und Dozenten sehen sich selbst in einer klaren Rolle: Als Dienstleister oder Lieferanten von Weiterbildungsinhalten, die sie didaktisch aufbereitet methodisch bestens vermitteln. Häufig bereiten sie die Inhalte auch auf und kümmern sich um das »Nachher« inklusive eines wie auch immer gearteten Lerntransfers. Sie beteiligen sich schon mal an der Evaluation, wenn es die Umstände erfordern. Umstände oder Kontext bedeuten vor allem: Ist dieser Weiterbildner selbstständig oder angestellt, als Einzelperson, im Verbund oder für einen größeren Bildungsträger tätig – unterwegs mit öffentlichen Seminaren oder Inhousemaßnahmen bei Unternehmen? Dazu mehr vor allem im Kapitel *P 1: Produkt/Programm* (s. S. 43 ff.). So oder so bleibt in aller Regel der Vertrieb dieser Angebote außen vor: Wer in eine Organisation eingebunden ist, überlässt diese Aufgabe gerne anderen. Wer auf sich alleine gestellt ist, verdrängt das Thema – meistens jedenfalls.

Der Seitenblick auf klassische Persönlichkeitsmodelle und -typologien verstärkt ein solches Verhalten durchaus, da sich Trainer und Dozenten ebenso wie Berater in den meisten Profilen durch andere Ausprägungen auszeichnen als etwa Verkäufer und Vertriebler, jedenfalls auf den ersten Blick. Genauer betrachtet, überlappen sich allerdings doch viele Verhaltensweisen gerade bei diesen Gruppen. Als Beispiel ein Blick auf Insights MDI (in vereinfachter Darstellung). Wir setzen voraus, dass Leser sich »im Prinzip« mit diesem Thema auskennen, jedenfalls oberflächlich.

Typologie: zum Beispiel Insights MDI ® (ähnlich Insights Discovery ®, DISG ® oder DISC ®)	
Typisches Profil Trainer, Berater	**Typisches Profil Verkäufer**
Bei der Vorbereitung	
Gelb-Blau-Dominanz (weiter Rot-Grün)	Grün-Blau-Dominanz (weiter Rot-Gelb)
In Aktion	
Grün-Rot-Dominanz (weiter Gelb-Blau)	Rot-Grün-Dominanz (weiter Gelb-Blau)

Einige vertiefende Ansatzpunkte zur Erinnerung:

- *Rot = »Macher«:* dominant, zielgerichtet, praktisch/pragmatisch, temporeich, tough, durchsetzungsfreudig, beherrschend/direktiv, entscheidungsfreudig; eher extravertiert.
  Sensual orientiert: Was ich sehen/hören/fühlen … kann, das existiert.
  Denken und Handeln sind an Fakten und Erfahrungen, Erlebnissen orientiert und überprüfbar.
- *Blau = »Beobachter«:* gewissenhaft, analytisch, strukturiert, methodisch, detailorientiert, genau-akkurat-korrekt, nüchtern, durchsetzungsschwach, Hang zum Perfektionismus – daher lange Entscheidungswege, eher intravertiert.
  Tüftler, Denken und Handeln an der Sache orientiert, sachlich.
- *Gelb = »Motivator«:* initiativ, kreativ, experimentier-, risikofreudig, gesellig, unbekümmert, genießend, neue Wege/Blickwinkel probierend, spielerisch, extravertiert. Ganzheitlich, das große Ganze sehend, visionär, intuitiv und emotional, begeisternd.
  Beziehungsorientiert mit Fokus auf »Ich muss mich dabei gut fühlen«.
- *Grün = Berater:* stetig, unterstützend. Empfänger- und duorientiert, moderierend, harmonisierend, konstant, nachgiebig, Kompromisse suchend, zurückhaltend (eigene Bedürfnisse).
  Teamorientiert, alle einbeziehend, für alle das Beste wollend. Beziehungsorientiert mit Fokus auf gutes Klima und Alter Ego.

Diese Darstellung ist, wohlgemerkt, eine sehr grobe. Für Details wenden Sie sich an die Anbieter oder orientieren sich anhand von »Typologiekatalogen«, wie sie beispielsweise im GABAL-Verlag erschienen sind. Denn natürlich sind Aspekte wie Branche, Thema, Anlass, Individualität des Verhandlungspartners oder Teilnehmers und Ähnliches zu beachten. Für die Differenzierung von Einstellung und Verhalten Trainer/Berater versus Verkäufer belassen wir es bei der dargestellten Grobskizze, die wie viele andere auch auf C.G. Jungs Typologie zurückzuführen ist. Machen Sie sich bitte klar, dass Ihr Erfolg bei Training oder Beratung besonders viel mit Ihrem Umgehen mit Menschen zu tun hat: Empathie, zuhören, auf den anderen eingehen, steuern,

Ziele im Blick behalten und gemeinsam verfolgen, Feedback geben und vieles mehr. Und wie ist es beim Verkaufen? Es geht darum, Zugang zur anderen Person zu finden und zusammen mit dieser Person ein gemeinsames Ziel anzusteuern. Ergo braucht es eine Menge überschneidender Skills, oder? Tatsächlich liegen Verhalten und Vorgehen bei Trainern und Verkäufern durchaus nahe beieinander, das zeigt der folgende Vergleich: Wann immer ich mithilfe dieser Matrix Teilnehmer anrege, sich mit dieser Art von »Positionierung« auseinanderzusetzen, ergeben sich sehr ähnliche Werte für alle drei Rollen, jedenfalls als Gesamtschnitt einer Runde. Wie eine Vergleichsmatrix einzusetzender Vorgehensweisen aussehen könnte, sehen Sie auf Seite 378 mit entsprechender Gewichtung.

Entscheidend ist bei diesem Ergebnis, dass es keine deutlichen Abweichungen gibt wie etwa »Trainer ++ / Verkäufer ○ / Berater --«. Die Logik der Kriterien haben Sie sicher schon durchschaut: Eher zutreffende wechseln mit weniger zutreffenden (für alle drei Rollen) immer mal wieder ab, um zu viel Routine beim Ausfüllen zu durchbrechen. Dazu sind die hier betrachteten Rollen Trainer und Berater bewusst getrennt, indem »Verkäufer« dazwischengeschoben wurde. Wenn Sie für sich und Ihr eigenes Business Ihre individuelle Tabelle erstellen möchten, greifen Sie auf die um die Spalte »Sich selbst« ergänzte Blankotabelle als Download zurück!

Tatsächlich liegen also das Vermitteln von Wissen oder das Heranführen an (Verhaltens-)Veränderung dem Vermitteln von Nutzen und Heranführen an den Kauf einer Leistung näher beieinander, als viele Trainer und Dozenten denken und fühlen. Wer sich das bewusst macht, tut sich leichter, das Verkaufen der eigenen Trainingsleistung beschwingt anzugehen, konkret zu planen und in die Praxis umzusetzen.

Wie sieht es mit der Akquise im Markt der Weiterbildner derzeit aus? Dem hat sich Professor Michael Bernecker (Deutsches Institut für Marketing DIM) in einer Studie gewidmet; hier einige Eindrücke aus seiner Auswertung »Marketing im Weiterbildungsmarkt 2008/2009« (Bernecker u.a. 2008, S. 49 ff.):

> *»Distributionspolitik … Wie akquirieren Trainer und Berater …, wo sie überwiegend doch Einzelkämpfer sind und größtenteils alleine arbeiten? … der Markt, also in erster Linie potenzielle Kunden plus die gesamte Öffentlichkeit, bleiben meistens außen vor. … So gelangen Bildungsanbieter oftmals über Zwischenhändler beziehungsweise Dienstleister an potenzielle Kunden, der indirekte Vertrieb … Die Methode der direkten Akquise beim Unternehmen … hat den Vorteil, dass sie ihre Kundenansprache selbst gut steuern können: Die Häufigkeit steuern und schließlich selbst die konkreten Verkaufsargumente formulieren … Die Neukundengewinnung seitens der Anbieter wird durchaus strukturiert angegangen und nicht dem Zufall überlassen.«*

Interessante Detailergebnisse liefert die Studie zu diesen Fragen:

- *Wer wird angesprochen?* Geschäftsführung (knapp 90 Prozent), Personalentwickler (knapp zwei Drittel), Marketing/Vertrieb (gut jeder Zweite; Mehrfachnennungen möglich).

Wichtige Vorgehensweisen verschiedener Berufe

++ besonders wichtig   + wichtig   ○ neutral   - weniger wichtig   -- unwichtig

Kriterium	Trainer und Dozenten	Verkäufer	Berater
Ziel ansteuern	+	++	++
Präsentation strikt durchziehen	-	-	-
Kommunizieren	++	++	++
Auf eigener Erfahrung beharren	-	--	--
Gespräch führen	++	++	+
Methodisch vorgehen	++	++	++
Auf eigene Meinung bestehen	--	--	-
Didaktisch vorgehen	++	+	+
Empathie	++	++	++
Druck ausüben	--	-	-
Aktiv zuhören	++	++	+
Feedback geben	++	++	+
Einwände ignorieren	--	-	--
Feedback einholen	++	++	+
Wiederholen (lassen)	+	+	+
Unterbrechen für Eigenbeitrag	--	-	-
Zusammenfassen	+	++	++
Visualieren	++	++	++
Möglichst lange selbst reden	--	--	-
Möglichst viele Sinne ansprechen	++	+	+
Konkrete Beispiele vermeiden	++	++	++
Fragen stellen	+	++	++
Auf Argumente rein sachlich reagieren	○	○	○
Aussagen begründen	++	++	++
Nonverbale Signale ignorieren	--	--	--
Freundlich lächeln	++	++	+

- *Wie viel Geld investieren Sie?* »Etwa 8,5 Prozent Ihres Umsatzes für Marketingaktivitäten« – darin sind dann jedenfalls Ausgaben für P 2, P 4, P 5 enthalten, allerdings kein kalkulatorischer Unternehmerlohn für die selbst eingesetzte Zeit.
- *Wie viel Zeit investieren Sie im Durchschnitt monatlich?* Mehr als die Hälfte der Antwortenden nennen zwei bis drei beziehungsweise vier bis fünf Tage, je ein Viertel mehr oder weniger, sodass grob ein geschätzter Mittelwert von vier Tagen pro Monat zu errechnen ist.
- *Wie gewinnen Sie überwiegend Neukunden?* Hier nur die (für persönliche Akquise) relevanten Antworten: ein Viertel über Messen, knapp die Hälfte bei Veranstaltungen, durch Networking drei Viertel (Mehrfachnennungen möglich).
- *Wie halten Sie es mit Telefonmarketing?!* Fast jeder Zweite nutzt Telefonakquise.
- *Wie lange dauert der Akquisevorgang?* Im Durchschnitt rund 15 Wochen, also länger als ein Vierteljahr, wobei immer jeder Siebte mit mehr als einem halben Jahr rechnet, bei jedem 14. dauert die Akquisition eines Neukunden vom Erstkontakt bis zum Auftrag sogar länger als ein Jahr!
- *Wie viele Kontakte benötigen Sie für einen Auftrag?* Fast jeder Zweite kalkuliert mit »weniger als fünf Kontakten«, mehr als ein Viertel konstatieren fünf bis zehn und 10–15 beziehungsweise mehr als 15 Kontakten. Wohlgemerkt, in der Phase eines konkreten persönlichen Kontakts, wir sprechen nicht von Anfragen via Internet …

Wichtig für Ihre Interpretation ist die Zusammensetzung dieser Stichprobe: Ziemlich exakt 70 Prozent der Antworten stammen von haupt- und nebenberuflichen Einzeltrainern (und -beratern), die restlichen 30 Prozent verteilen sich auf Hochschuldozenten, Inhousetrainer von Unternehmen und (17,9 Prozent) Trainings- und Bildungsinstitute. Unabhängig davon können Sie die genannten Werte als ein Benchmark für ihre persönliche Situation nehmen und Vergleichswerte für sich oder Ihr Bildungsinstitut ermitteln, wenn Sie mögen. Konsequenzen daraus können sein, dass Sie vertrieblich erheblich besser (oder – hoffentlich nicht – schlechter) aufgestellt sind oder feststellen, etwa im statistischen Mittel zu liegen. Daraus entsteht dann Ihr Veränderungswunsch in die eine oder andere Richtung. Dazu finden Sie hier nun diverse Ansätze mit konkreten Empfehlungen und Hilfen!

Kontakte zu Kontrakten machen

Hanspeter Reiter

Mehrstufig akquirieren mit direkten Kontakten

Beste Voraussetzungen für Ihre drei kommunikationsorientierten Ps (also *P 4: Präsentation*, *P 5: Promotion* und *P 6: Platzierung*) schaffen Sie durch ein systematisches Customer Relationship Management. Dafür können Sie Software einsetzen. CRM-Programme gibt es zuhauf, in unterschiedlichsten EDV-Lösungen. Oder Sie arbeiten mit Excel-Listen, Outlook und Wordtabellen – entscheidend für Ihren Erfolg damit ist Ihre Einstellung: Der Kunde steht im Mittelpunkt Ihrer Gedanken, Sie wollen ein Bildungsprodukt schaffen, das er abnehmen soll. Diese Kundenorientierung spiegelt im Volksmund »Tante Emma« bestens wider, der kleine Laden an der Ecke mit einem Inhaber, der sich (noch) für seine Kunden interessiert; heute kaum mehr vorhanden oder häufig auf andere Kulturen beschränkt ... Oder der altbekannte Außendienstler, der auf Karteikarten Hobbys, Urlaubsträume und (durchaus liebevoll gemeint!) »Marotten« seiner Geschäftskunden festhält, damit er sie beim nächsten Besuch darauf ansprechen kann. Wenn ein Geschäft wächst, entsprechend viele Kontakte zu pflegen sind, braucht es bald Instrumente, diese Informationen im Griff zu behalten. Darum geht es hier in diesem Kapitel.

Klassische Strategien

Hier geht es um vorhandene Kunden- und Interessentenkontakte. Zielgruppenauswahl, um neue Kontakte zu schaffen, sprechen wir auf Seite 35 f. an. Wichtig für Sie sind diese Bewertungsstrategien auch dafür, die richtigen Zielgruppen zu forcieren: Sie lernen, welche Kriterien jene Kontakte ausmachen, mit denen Sie bereits im Gespräch sind, mehr oder weniger eng.

ABC-Analyse. Eine einfache Form, Ihre Kontakte zu differenzieren. A sind die am höchsten bewerteten, B mittelgut, C die »schwächeren«, zum Beispiel so:

- *A-Kontakte:* Teilnehmer des laufendes Jahres, Aufträge der letzten zwölf Monate, Interessierte aus Aktionen der letzten sechs Monate. Umsatz ab X Euro jährlich im Durchschnitt, mindestens ... Teilnehmer bei öffentlichen Seminaren aus diesem Unternehmen.

- *B-Kontakte:* Teilnehmer aus dem Vorjahr und Vorvorjahr, Aufträge aus der Zeit vor dreizehn bis 36 Monate, Interessenten aus Aktionen, die sieben bis zwölf Monate zurückliegen. Umsatz ab Y Euro, mindestens … Teilnehmer.
- *C-Kontakte:* Teilnehmer länger als drei Jahre zurück, entsprechend Aufträge, Interessenten länger als ein Jahr her. Umsatz unter Y Euro. Dazu Newsletterbezieher, die bislang keine Maßnahme gebucht haben und ähnliche Kontakte.

Natürlich verschieben sich die Kontakte: Wer länger nicht mehr bei Ihnen bucht, wird von einem A-Kunden zunächst zum B- und schließlich zum C-Kunden. Andererseits wandert ein Erstkunde von »C« bei wiederholtem oder verstärktem Umsatz über »B« schließlich hoch zu »A«. Das Prinzip ist klar. Doch was bedeutet das nun für Sie vertrieblich? Ihre Konsequenz könnte so aussehen:

- *A-Kontakte:* regelmäßige Telefonate, Newsletter, Einladung zu Events, mindestens viermal jährlich persönlicher Kontakt (unabhängig von Teilnahme an Maßnahme)
- *B-Kontakte:* wie oben, allerdings geringere Frequenz bei den Telefonaten, nur zweimal jährlicher Kontakt
- *C-Kontakte:* Newsletter, jährlich ein Telefonat, Information über Events ohne spezielle Einladung.

Das wäre die defensive Strategie: Wer schon viel bringt, wird intensiver betreut als die schwächeren Kunden. Die offensive Variante könnte bedeuten, dass Sie bewusst in C-Kontakte investieren, weil Sie diese aktivieren möchten – oder Sie setzen zunächst bei den »B« an, weil daraus mit offenbar geringerem Aufwand rascher ein »A« entstehen kann. Hier gilt, wie bei Ihren Maßnahmen zu Werbung und PR (s. *P 5: Promotion*, S. 257 ff.), dass Sie testen sollten und so »am eigenen Leibe erfahren«, womit Sie am besten fahren. Wichtig ist, dass Sie sich einen Überblick verschaffen, um gezielt und strukturiert vorzugehen – damit Sie besser wissen, warum Sie was tun, anstatt im Nebel zu stochern.

RMRF-Punkte. Mithilfe dieses Systems wird eine Beziehung hergestellt zwischen

- dem Datum der letzten Buchung = Recency,
- dem Umsatz dieses Kunden, etwa pro Jahr = Monetary Ratio – und
- der Häufigkeit, mit der dieses Unternehmen oder der Privatteilnehmer Ihre Dienste in Anspruch nimmt.

Übersetzen Sie das in eine Formel, die Sie leicht auch in Excel definieren und entsprechend Werte je Kunde errechnen können, zum Beispiel so:

(Umsatz der letzten zwölf Monate in 1.000 Euro mal Teilnehmer/Teilnahme in den letzten 24 Monaten)/Monate, die seit der letzten Buchung vergangen sind.

Eine Musterrechnung kann so aussehen:

Unternehmen 1:					
25.000 Euro x 40 Buchungen/5 Monate	=	1.000/5	=	200	
Unternehmen 2:					
100.000 Euro x 200/10	=	20.000/10	=	2.000	
Unternehmen 3:					
50.000 Euro x 60/1	=	3.000/1	=	3.000	

Bezogen auf das ABC-System läge Unternehmen 1 wohl im Bereich C, während sich 2 und 3 unter A tummeln dürften. Überlegen Sie, wie Sie diese Formel für Ihre Kunden anwenden können und übertragen Sie sie am besten gleich in ein Excelsheet. Eine Vorlage dafür finden Sie als Download unter www.beltz.de/material.

Scoringbewertung. Dafür sind aufwendigere EDV-Programme erforderlich. Sinnvoll ist dieses Vorgehen dann, wenn Sie mit einer hohen Anzahl von Kunden, Interessenten und Seminarthemen jonglieren: Reaktion auf Werbeaktionen werden ebenso integriert wie das Zahlungsverhalten oder gar Weiterempfehlung an zusätzliche Teilnehmer. Kosten aus Werbeaktionen werden zugeordnet, sodass eine feinere Bewertung entsteht.

Moderne Strategien

Customer Relationship Management. Dies ist die moderne Form, Kalkulation und Kommunikation besser in den Griff zu bekommen. Dabei ist entscheidend, dass dieses CRM vor allem als Kultur zu verstehen ist statt ausschließlich als Technik, etwa mithilfe ausgeklügelter EDV-Programme! Die liefern Ihnen Allrounder wie SAP und Spezialisten wie Siebel oder Salesforce. Mehr dazu erfahren Sie im Artikel »Customer Relationship Management für Verlage«, der als Download zur Verfügung steht.

CRM wird also dann gute Ergebnisse bringen, wenn dabei der Kunde im Mittelpunkt steht: Was muss geschehen, damit unsere Kunden sich noch besser bedient fühlen, sie zufriedener sind? Denn daraus entstehen automatisch ein Folgeauftrag nach dem anderen, eine Weiterempfehlung und die nächste! Ein CRM-System soll Sie also darin unterstützen, besser und einfacher zu erkennen, welche Kunden warum welche Themen in welcher Form bei Ihnen buchen. Und zwar unabhängig davon, ob es sich um A-, B- oder C-Kunden handelt: Vielleicht schaffen Sie sich bewusst weiter Kunden aller Klassen, statt nur darauf zu schielen, Neukunden gleich als A's zu gewinnen sowie B's und C's zu entwickeln – oder C's gar abzustoßen?

Wirklich strategisch gehen Sie dann vor, wenn Sie Ihrer Dienstleistung entsprechend Kunden gezielt so suchen, wie Sie sie bestens bedienen können. Dazu gehören unter anderem folgende Aspekte:

- Welche Kunden verschaffen Ihnen ein *Entree* in bislang brachliegende Märkte? Das kann eine Branche sein, das kann ein kleiner Ortsverein mit privaten Teilnehmern sein, vielleicht auch ein erster Auftrag einer öffentlichen Institution mit einer Menge Potenzial: Durchaus auch via C-Kunden!
- Welche Kunden sind »*Cash Cows*« (s. S. 25) und deshalb hochinteressant? Obwohl sie vergleichsweise geringe Umsätze bringen, sind dort die Deckungsbeiträge besonders hoch.
- Welche Kunden sind ausgesprochene *Potenzialkunden*? Nehmen Sie Start-ups mit hohen Wachstumsraten, die Ihnen treu bleiben, wenn mit steigenden Umsätzen auch der Weiterbildungsbedarf steigt.

Kundenwert. Große Unternehmen gehen sogar so weit, eine lebenslange Kundenbewertung zu errechnen, den sogenannten *Customer Life-time Value* CLTV, etwa in der Automobilindustrie oder bei PC-Herstellern – wie könnten Sie das auf (Weiter-)Bildung übertragen? Immerhin geht es in unserer Branche um »lebenslanges Lernen«, als Schlagwort oft bemüht wie auch von vielen Marktteilnehmern ernst und ehrlich gemeint. Möglich wäre eine solche CLTV-Beobachtung etwa für solche Situationen und Anbieter:

- Bildungsträger mit entsprechend breitem und tiefem Themenspektrum, die potenzielle Teilnehmer diverser Kurse sozusagen »von der Wiege bis zur Bahre« begleiten könnten, konkret mit Angeboten, die zunächst schulbegleitend, dann berufsbegleitend und schließlich seniorengerecht gestaltet sind. Volkshochschulen könnten ihr bundesweites Netzwerk nutzen, um häufig umziehende Personen weiter zu betreuen, soweit das mit dem Bundesdatenschutzgesetz vereinbar ist.
- Trainer und Berater mit entsprechendem Portfolio und Netzwerk, die »ihre Unternehmen« dauerhaft begleiten, somit deren Mitarbeitende, alle Schwellen wie wechselnde Entscheider oder Personalentwickler kühn überwindend.
- Jeder Weiterbildner – Person wie Institut – ist in der Lage, Teilnehmer ab der ersten Maßnahme an sich zu binden, indem er ihnen – ob privat oder beruflich, direkt oder via Unternehmen – ein Tool andient. Das kann der Profilpass sein, mit dessen Hilfe sich Aus- und Fortbildung aller Art dokumentieren lassen, oder eine Bildungscard, wie sie etwa Semigator anbietet (s. S. 192).
- Wer flexibel auf die Bedürfnisse und den Bedarf seiner Kunden reagiert, vermeidet das »automatische Entschwinden« dadurch, dass irgendwann das eigene Angebot für diese Kunden uninteressant wird – durch Anpassen im positiven Sinne. Stichworte dazu können sein, etwa zum Gebiet »Sprachen«: Einzelpersonen, Schule, Firmengruppe, Einzelkonversation, Reisen und Begleitung, Übersetzungsservice, (Simultan-)Dolmetschen.

Für welches Vorgehen Sie sich auch entscheiden, letztlich lernen Sie aus sorgsamer, strukturierter Analyse Ihrer Kunden, wer sonst künftig Ihr (Neu-)Kunde werden sollte – und genau darum geht es jetzt:

Zielgruppenzwiebel. Sehen Sie für mögliche Zielgruppen auch die »Zielgruppenzwiebel« (s. S. 111) und überlegen Sie, wer für Sie relevante potenzielle (Neu-)Kunden sind – ob nun als Teilnehmer oder als Entscheider für eine Weiterbildungsmaßnahme:

Z 0   Aktuelle Kunden, für die zusätzliche (ergänzende, andersartige …) Maßnahmen sinnvoll wären, bis hin zum Verkauf innerhalb der aktuellen Maßnahme: Kundenansprache.

Z 1   Aktuell Interessierte, etwa aus Werbeaktivitäten heraus – Anfragen aufgrund Ihrer Internetauftritte, Empfehlungskunden, Gesprächspartner bei Netzwerktreffen: Aktivierung.

Z 2   Ehemalige Teilnehmer, die nach längerer Zeit eine Maßnahme wiederholen oder eine Fortsetzung sinnvoll gebrauchen könnten: Reaktivierung.

Z 3   Frühere Interessierte, die seinerzeit sich anderweitig entschieden haben oder zunächst darauf verzichtet haben, an einer Weiterbildung teilzunehmen: Aktivierung, Qualifizierung.

Z 4   Persönlich bekannte (Selbst-)Entscheider, etwa durch Funktion/Position in Unternehmen infrage kommende Spezialisten und Führungskräfte für berufliche Fortbildung verschiedenster Themen und Art: Qualifizierung, Marktforschung.

Diese Zielgruppen kommen für eine Ansprache per Telefon und spätestens im nächsten Schritt persönlich infrage. Bei den weiteren – also Z 5 potenziell Interessierte, Z 6 relevanter Gesamtmarkt – erfolgt erst einmal für eine Erstansprache via Werbung verschiedener Art, seien es Directmailings (s. S. 327 ff.) oder Anzeigen in relevanten (Fach-)Medien, s. S. 272 ff. Und womit begründen Sie, dass Sie die Person X kontaktieren? Nehmen wir dazu den Blickwinkel des Anbieters ein, das sind Sie.

Zielfächer. Ein Zielfächer, wie ihn Trainer, Berater und Institute langsam aufklappen, Schritt für Schritt, eventuell auch Telefonat für Telefonat, enthält die folgenden Teile – zunächst die Pflicht, wenn es darum geht, neue Kunden zu gewinnen:

● Mindestanforderung: Nähere Informationen einholen – Marktforschung.
● Alternativ: Qualifizieren der Person – was macht sie konkret in welcher Funktion oder Position?
● Alternativ: Bedarfsermittlung – welche Maßnahmen kämen innerhalb welchen Zeitraums für welche und wie viele Personen mit wie hoher Investition überhaupt infrage – und welche weiteren Voraussetzungen sind nötig?

Die Kür erfolgt spätestens in einem weiteren folgenden Schritt:

● Termin für ein persönliches Gespräch zum Kennenlernen vereinbaren.
● Alternativ: Präsentation der Dienstleistung vor einem Gremium, zugleich als Unterstützung für Ihren Gesprächspartner, sein Anliegen im Haus voranzubringen.

- Alternativ: Platzieren von aussagefähigen Unterlagen, vielleicht sogar als Power-Point-Präsentation, die Ihr Ansprechpartner dort für sich nutzen kann, womit er Zeit und anderen Aufwand spart.
- Alternativ: Schnupperworkshop beispielsweise kompakt in zwei Stunden mit einigen Elementen Ihres Trainings für ausgewählte (Mit-)Entscheider (dies gegen Erstattung der Kosten, etwa für eine erforderliche Reise).
- Alternativ: Analysegespräch mit relevanten Partnern im Unternehmen.
- Konkretes Angebot für eine Bildungsmaßnahme nach Absprache.

Das »Sahnehäubchen« in aller Regel als Nachfassaktion:

- Abklären noch offener Fragen, möglicher Hindernisse beim Erhalten des Auftrags
- Preis- und Terminverhandlung, wenn ein Auftrag so gut wie festliegt
- Einbeziehen weiterer Personen wegen des Budgets (weitere Entscheider) oder wegen der Termine (Teilnehmer)
- »Handschlag« per Telefon (oder persönlich), der dann schriftlich zu bestätigen ist.

Schön, wenn Sie für diese oder ähnliche Situation vor einem Auftrag sogar einen Obolus erhalten, siehe Präsentation oder Schnupperworkshop. Das macht Ihre (Vor-)Leistung wertvoller und den Kontakt verbindlicher. Die genannten Elemente können übrigens in unterschiedlicher Reihenfolge auch nach und nach eingesetzt werden. Die Zeiträume sind ebenfalls unterschiedlich: manchmal Tage oder Wochen, bis hin zu Monaten, manches Mal dauert es auch Jahre bis zu einem Auftrag. Hier liegt die Kunst darin, durchzuhalten und die Portionen zum Reinschmecken für Ihren neuen Kontakt so klein wie möglich zu halten – und doch so intensiv wie nötig! Außerdem müssen die erforderlichen Voraussetzungen erfüllt sein. Das bedeutet: Unterlagen, die Sie schicken (per Post oder per E-Mail), sollten komplett vorhanden sein und Ihr Workshopkonzept muss stehen.

Lose Kontakte zu »Bekannten« machen

Überhaupt Kontakt herzustellen, dafür gibt es eine Menge Möglichkeiten (s. *P 4: Promotion*, S. 197 ff.). Doch damit ist erst der erste Schritt getan. Bis zum Auftrag braucht es einige mehr, in aller Regel ist ein persönliches Kennenlernen – mindestens per Telefon – entscheidende Voraussetzung dafür. (Anders ist übrigens häufig die Situation beim Bildungsträger: Dort verlässt sich ein Teilnehmer schlicht auf den guten Namen des Anbieters und überträgt diesen auf den Dozenten etwa für den Sprach-, EDV-, Koch- oder Handarbeitskurs. Für umfangreichere Maßnahme bietet allerdings auch eine VHS oder ein Nachhilfeanbieter Schnupperabende und Kennenlernsprechstunden!)

Die konkreten Kontaktpunkte, mit denen wir uns gleich näher befassen werden, sind dann:

- Vermittler: Portale und mehr (s. S. 388 ff.),
- Messe, Hausmesse, Kongressausstellung (s. S. 399, 435 ff.),
- Telefonmarketing begleitend, unterstützend, zielführend (s. S. 409 ff.),
- persönliches Verkaufsgespräch bei vielen Gelegenheiten (s. S. 418 ff.) sowie
- Netzwerken verschiedenster Art, mehr oder weniger professionell (s. S. 442 ff.).

Doch lassen Sie uns vorher sehen, wie Sie Ihre Maßnahmen gut im Griff behalten, damit Sie nur planen, was Sie auch wirklich handhaben können!

Controllen Sie Ihren Vertrieb

»You only should measure, what you can manage!« ist ein vielfach zitierter Grundsatz, dessen ursprüngliche Quelle schwer feststellbar ist – jedenfalls steckt eine Menge Wahrheit drin! Es macht wenig Sinn, eine CRM-Software von Grutzeck (www.grutzeck.de) oder Cobra (www.cobra.de) einzukaufen, die Beteiligten darauf zu schulen und regelmäßig Analysen auswerfen zu lassen, wenn Sie auf Konsequenzen daraus verzichten. Deshalb führen wir einige Vorschläge auf, die Ihnen im Alltag helfen können:

- Wenn Sie andere/mehrere Personen im Vertrieb aktiv haben/führen, sollten Sie diese regelmäßig gemeinsam treffen, um sich mit ihnen auszutauschen über »E3« (= Erlebnisse – Ergebnisse – Erstrebnisse). Das sollte selbsterklärend sein. Mit diesem Vorgehen können Sie im Abstimmungsmeeting gute Erfahrungen machen, vorausgesetzt, Sie führen (straff)!
- Führen Sie ein erfolgsbezogenes Honorar (neu) ein, zahlen Sie Provisionen auf vermittelte Aufträge oder jedenfalls Boni, bezogen auf bestimmte Ergebnisse (s. dazu *P 3: Preis*, S. 125 ff.)? So gesehen, behandeln Sie Ihren Vertrieb wie Ihre Kunden!
- Überprüfen Sie Ihre Kalkulation (s. S. 151 ff.) und Ihre Werbeerfolgskontrolle (s. S. 348 ff.), um so zu eruieren, welche Messwerte relevant für Ihren Vertrieb sind.
- Je nach Umfang Ihrer Organisation – also Mitarbeiter, Kunden, Kontakte – setzen Sie eines der angeführten Systeme ein. Dabei kann Ihnen Outlook wie auch Excel dienlich sein – oder eines der CRM-Programme.

Das sind Hinweise vor allem für größere Organisationen. Doch wie gehen Sie vor, wenn Sie als »Einzelkämpfer« Ihren Vertrieb alleine verantworten? Weiterbildner setzen dann ein, was sie selbst anderen empfehlen:

- Tools, auf Papier oder elektronisch. Selbst Ihr Buchhaltungsprogramm liefert Ihnen Daten, wenn Sie – oder Ihr Steuerberater – Einzelkonten für Aufwände und Erträge anlegen, die auf einzelne Kunden oder bestimmte Kundengruppen ausgerichtet sind.
- Andere fragen neutrale Dritte, Kollegen oder Partner: Wer hat welche Erfahrungen womit, die Sie übernehmen könnten?
- Sie konzentrieren sich auf den Erfolg einer konkreten Vertriebsaktion, wie Sie ihn auch für eine Werbeaktion messen. So gesehen, entspricht Telefonmarketing, Messe oder Seminarportal Ihrer Anzeige im Fachmagazin oder dem Internetbanner.
- Konkrete Messwerte selbst entwickeln: Kunde A = Umsatz, Aufwand, Marketing; Kunde B = Umsatz, Aufwand, Marketing.

Das ist genau der Punkt, an dem es meistens hapert: Woran messen Sie, ob Sie mehr oder weniger erfolgreich waren? Ihr »Cockpit« kann zum Beispiel so aussehen:

Vertriebscockpit Basis				
Kriterium	**Bewertung**	**Bewertung**	**Bewertung**	**Bewertung**
Umsatz				
Aufwand direkt zuzurechnen				
Marketinginvestition				
Usw.				
	Summe:	Summe:	Summe:	Summe:

So haben Sie eine gute Basis, den Vertrieb Ihrer Weiterbildungsleistungen voll im Griff zu behalten! Wenn Ihnen das alles zu aufwendig erscheint und Sie dazu tendieren, es sollten sich andere darum kümmern, Ihre Dienste im Markt zu platzieren, haben Sie dafür mehrere Möglichkeiten: neben dem Outsourcing an einen Mietaußendienst oder eine Handelsvertretung auch eine Vermittlung:

Lassen Sie sich vermitteln!

Hanspeter Reiter

Auch dies eine interessante Erkenntnis der Bernecker-Studie (2008, hier sinngemäß zitiert S. 50; s. auch Ausführungen auf S. 160 f.): Für ihre Promotion setzen Weiterbildner externe Dienstleister offenbar eher zurückhaltend ein, nämlich Werbeagenturen nur jeder Dritte (33,1 Prozent), für Marketingberatung jeder Fünfte (21,4 Prozent) und PR-Berater nur jeder sechste Trainer (17,2 Prozent). Ein völlig anderes Bild ergibt sich dagegen für Externe, die eindeutig eine vermittelnde Funktion haben, also dem Bereich Vertrieb (Distribution, Sales, Placement …) zuzuordnen sind:

- Trainerplattformen exakt drei von fünf (60,0 Prozent) und
- Referentenagenturen fast jeder Zweite (46,2 Prozent)!

Selbst wenn wir die Werte jeweils zusammenrechnen – Mehrfachnennungen waren möglich –, liegt das Verhältnis bei 71,7 gegenüber Nennungen von 106,2 Prozent; die Vermittler werden um die Hälfte häufiger genannt! Was ist darunter nun konkret zu verstehen, an wen könnten Sie sich wenden, um dieses Instrument zu nutzen?

Trainer- und Coachvermittlung

Für Einzelpersonen und Trainerkooperationen stellen diese Vermittler eine interessante Variante. Einige seien hier vorgestellt, ohne Garantie bezüglich Qualität oder Vollständigkeit.

Semigator. Dieser Anbieter wird hier aufgeführt, da er anders arbeitet als die »normalen Portale«. Zwar wird das Internet genutzt, siehe www.semigator.de; entscheidend ist ein aggressiver Marktauftritt via Printmedien, in aller Regel als Beilage in relevanten Fachmagazinen, durchaus auch als Beikleber oder mehrseitige Anzeige. So gesehen, ist das eine sehr aktive Vorgehensweise, für die beteiligten Bildungsanbieter Kontakte zu knüpfen – ergo: Vertrieb! Eine enge Kooperation mit Verbänden wird gesucht und wurde zum Beispiel mit dem BDVT auch erzielt. Als Instrument der Kundenbindung gibt es die Bildungscard, mit der je nach Version Einzelpersonen wie Unternehmen als Auftraggeber erheblich günstigere Teilnahmegebühren erreichen.

Speakervermittlungen und Expertenagenturen. Sie sind aus den schon lange bekannten Rednervermittlern hervorgegangen, wie diese heute noch Topleute wie Bill Clinton oder Joschka Fischer für Veranstaltungen managen. Doch von deren Honoraren von einigen 10.000 Euro oder $ pro Auftritt sind selbst die Topspeaker weit entfernt, zu denen Lothar Seiwert oder Klaus J. Fink gehören. Diese werden meist über mehrere Plattformen vermittelt. Eine Exklusivität erreichen auch die Großen unter den Agenturen kaum.

Speakers Excellence. Dies ist wohl der bekannteste Vermittler dieser Art und inzwischen auch mit »Trainers Excellence« sowie mit Ablegern in der Schweiz und in Österreich unterwegs (s. www.speakersexcellence.de). Die Leistung umfasst nach unserer Kenntnis etwa Folgendes: Einzelpersonen werden nach vorheriger Prüfung ihres Hintergrunds und ihrer Erfahrung in das Verzeichnis der »Top 100« aufgenommen, gegen eine Gebühr von rund 2.000 Euro netto. Dafür erhalten Teilnehmer 1/1 Seite im Jahreskatalog, der mit einer Auflage von 20.000 gestreut wird. Bei Buchung über Speakers Excellence wird eine weitere prozentuale Gebühr fällig. Wiederholte Teilnahme wird günstiger dann, wenn im Vorjahr noch keine Vermittlung erfolgt war. Dargestellt sind Teilnehmer zudem auf der Website von Speakers Excellence, Videosequenzen können dazukommen, die dann auch auf die eigene Website des Speakers oder Trainers übernommen werden können. Klären Sie aktuell gültige Absprachen und Details bitte direkt mit dem Anbieter, wenn eine solche Investition für Sie infrage kommt. Besprechen Sie dann auch, ob eventuell ein Einsatz in den eigenen Veranstaltungen des Hauses Kulhavy möglich ist, beispielsweise Wissensforen und ähnliche Veranstaltungen, die über Deutschland verteilt im Laufe eines Jahres stattfinden: Hier kommen einige Hundert oder teils weit über Tausend Teilnehmer zusammen, um mehrere Speaker in kurzen Sequenzen zu erleben.

> **Tipp:** Seien Sie eher zurückhaltend, was diese Art von Vermittlern angeht. Die allgemeine Erfahrung ist: Sie werden bestens vermittelt, wenn Sie bereits bekannt sind. Einen Bekanntheitsgrad schaffen Sie auf diesem Weg (alleine) nicht! Da bleibt abzuwägen, inwieweit sich die Investition lohnt.

Eher konzentriert auf wenige Vertretene sind kleinere Agenturen tätig. Zwei seien beispielhaft genannt:

● Wibke Regenberg vertritt zum Beispiel Dr. Stefan Frädrich (»Pigdog-Consulting«, der Mann mit Günter, dem »inneren Schweinehund«, GABAL Verlag). www.agentur-regenberg.de – und bezeichnet sich als »Die Expertenagentur«.
● Ute Röhl – auch im GABAL-Netzwerk als Regionalgruppenleiterin Hannover tätig – bietet Trainer- und Coachvermittlung an, wobei sie laut eigener Aussage stark darauf achtet, Qualität zu bieten. Das bedeutet, dass sie sich in der Zahl betreuter Trainer bewusst beschränkt. Mehr zu ihrer Dienstleistung siehe www.roehl-trainer.de.

Suchen Sie nach weiteren möglichen Vermittlern in Ihrer Region zum Beispiel auf www.xing.de, statt zu googeln: Auch dort ist Volltextsuche in der gesamten Datenbank möglich, siehe etwa »trainer vermittlung plz«, wobei Sie für Ihre Postleitzahl zum Beispiel die ersten beiden Stellen eingeben können – oder anstelle der PLZ ein Bundesland.

Verbände

Viele Gründe gibt es für Weiterbildner, sich einem der Branchen- oder Berufsverbände anzuschließen: Austausch mit Gleichgesinnten, Dranbleiben an bestimmten Methoden, Kontakte finden. Wo auch immer Sie sich anschließen, dort wird stark auf die Qualität geachtet, was in aller Regel bedeutet, dass zugunsten von Informationsfluss und persönlichem Wachstum aggressives Ansprechen von Teilnehmern vermieden wird, ob bei persönlichen Treffen oder im Internet. Dennoch lässt sich eine Verbandsmitgliedschaft auch vertrieblich verwerten:

- Qualitätsnachweis, bis hin zur Zertifizierung – siehe Forum Werteorientierung in der Weiterbildung (www.forum-werteorientierung.de) oder DVWO (www.dvwo. de); entsprechend werden Siegel oder schlicht das Verbandslogo von den Mitgliedern auf der eigenen Website gezeigt.
- Kooperationen entwickeln, aufgrund gemeinsamer Basis – etwa mit nicht konkurrierenden Trainern oder regional anderweitig aktiven Instituten.
- Anfragen interessierter »Bildungshungriger« an den Verband werden an relevante Mitglieder weitergereicht, in aller Regel an alle, die infrage kommen; bekannt ist das etwa für den BDVT, bei dem es spezielle Train-the-Trainer-Kreise gibt.
- Viele Verbände bieten ihren Mitgliedern die Chance, im Rahmen der Verbandswebsite sich und ihre Leistung zu präsentieren, siehe etwa die Links zu Mitgliedern bei GABAL e.V. – oder das »verbandseigene Xing«, wie der geschäftsführende Vizepräsident das Netzwerk auf www.bdvb.de nennt, nur für Mitglieder.
- Jedenfalls finden Mitglieder eines Verbandes dort die Möglichkeit, eigene News zu präsentieren und so auch neue Kontakte zu finden, als Beispiel sei genannt der Wuppertaler Kreis (www.wuppertaler-kreis.de).

Natürlich ist dann der Weiterbildner selbst gefragt, durch weitere Schritte im Vertrieb einen Auftrag daraus zu akquirieren. Das spielt eine stärkere Rolle in klar betriebswirtschaftlich orientierten Netzwerken (s. S. 442 ff.) oder in verbandsnahen Kreisen.

»Zwischengelagerte« Organisationen. Irgendwie »so ähnlich« wie Berufsverbände agieren manche Zusammenschlüsse, in denen sich Trainer, Speaker und ähnlich auftretende Weiterbildner tummeln. Zu nennen sind hier vor allem die GSA und der »Klassiker« TTD.

German Speakers Association. Sie kommt zwar als Verband daher, bietet ihren Mitgliedern für einen vergleichsweise hohen Jahresbeitrag aber einen intensiven Marktzugang: Ähnlich wie bei Speakers Excellence als eindeutig den Vermittlern zuzuordnendem Anbieter sind Mitglieder in einem Katalog mit recht ausführlicher Selbstdarstellung abgedruckt und auch auf der Website entsprechend promoviert. Die Organisation ist Mitglied in der internationalen Speakers Association. Kontakt gibt es via www.germanspeakers.org.

Trainertreffen Deutschland. Dies ist eine der größten Organisationen in Deutschland und schon seit vielen Jahren im Markt aktiv. Hier treffen sich ausschließlich Trainer unterschiedlichster Couleur, organisiert in Regionalgruppen mit ehrenamtlich tätigen Leitern. Nachfragen für Trainer bestimmter Themen, Kooperationen und freie Stellen bei Bildungsanbietern wie Unternehmen sind exklusiv Mitgliedern von TTD vorbehalten und nur für diese im Web zugänglich, promoviert durch auszugsweise Veröffentlichung im Trainerkontaktbrief, dem Printmedium. Die Organisation ist Mitglied im DVWO – und sogar (in Person des Machers Bernhard Siegfried Laukamp) seit langen Jahren eine seiner tragenden Säulen, wie auch im Forum Werteorientierung in der Weiterbildung. Viele Mitglieder beim TTD sind zugleich Mitglied in einem der Berufs- und Branchenverbände oder sogar in mehreren.

Trainerversorgung e. V. Eine andere Facette in diesem Markt ist dieser Anbieter: Mitgliedschaft ist Voraussetzung dafür, von günstigen Versicherungsprämien via Gruppenverträgen zu profitieren, von Edit Frater und ihren Mitstreitern mit namhaften Versicherungen auf den Weg gebracht. Enge Kooperation mit diversen Verbänden bringt deren Mitgliedern zusätzliche Vorteile (weitere Informationen s. www.trainerversorgung.de). Die Gründerin Edit Frater ist zugleich Leiterin eines entsprechenden Arbeitskreises im Dachverband DVWO.

Seminarportale: Marktplatz für Weiterbildungsmaßnahmen im Web

Für Bildungsinstitute eher geeignet sind Anbieter von Plattformen, die im Grunde genommen Suchmaschinen für (öffentliche) Weiterbildungsangebote darstellen. Hier finden Nachfrager in Volltextsuche Themen, Termine, Orte und Preise, können relevante Angebote direkt vergleichen und vertiefende Informationen abfordern. Gefunden werden nur jene Anbieter, die sich kostenpflichtig eintragen. Die Abonnementmodelle dieser Plattformen variieren je nach Abodauer, Anzahl der eingetragenen Termine und eventuell Umfang der Anbieterinformation sowie möglicher Extraleistungen wie Präsentation im Newsletter oder herausgestellt als »Angebot der Woche« oder dergleichen mehr. Einige uns Ende 2008 bekannte Plattformen haben wir hier zusammengestellt. Inwieweit ein Angebot für Sie mehr oder weniger interessant ist, hängt unter anderem von den Zugriffszahlen ab – wobei diese keine Garantie bezüglich Ihres Angebots geben, geschweige denn bezüglich der Wandlung von Kontakt zu Buchung. Klären Sie am besten gleich, wie weitgehend Ihr Zugriff auf Klicker ist – gibt es die Chance, »Leads« zu erhalten, also qualifizierte Interessierte, die Sie dann wiederum vertrieblich für sich nutzen können, etwa durch telefonischen Nachfass?

Seminarshop. Dieses Portal war als eines der ersten im Markt aktiv und hat zeitweise – neben elektronischen Newslettern – ein begleitendes Printmagazin erstellt, das monatlich erschien. Volkmar Iro sitzt in Salzburg (www.seminar-shop.com).

Seminarmarkt. Der Ableger des Verlags managerSeminare ist mit dem Printmagazin, der Magazinwebsite und dem Kongress Petersberger Trainertage verschränkt (s. www.seminarmarkt.de).

Die Bildungsgruppe. Hier ist eine Reihe von Webaktivitäten von Marco Ripanti vereint, darunter als Blog www.ekaabo.de sowie die Seminarplattform www.dozentenscout.de. Er war auch Initiator der Plattform www.dozentenboerse.de, die inzwischen von anderen betrieben wird.

Seminus. Dieser Anbieter zeichnet sich dadurch aus, dass umfassende ergänzende Dienstleistungen offeriert werden, etwa aktives Telefonmarketing an die – nach eigenen Angaben exzellent gepflegte – Adressdatei mit Personalverantwortlichen (www.seminus.de).

Seminarportal. Hier wird ein enger Kontakt zu Verbänden gesucht, deren Mitglieder dann vergünstigte Teilnahmegebühren offeriert bekommen, so etwa bei Veranstaltungen von GABAL e.V. Den Eigner Lutz Lochner (www.seminarportal.de) haben wir um einen Gastbeitrag gebeten.

Vermittler und Seminarportale – was man darüber wissen sollte

Gastbeitrag von Lutz Lochner, Gründer von Seminarportal.de

Lange schon geht es beim Thema Weiterbildung nicht mehr nur um die nächsten Karriereschritte. Vielmehr steht heute das Motiv der Arbeitsplatzsicherung für den weiterbildungswilligen Mitarbeiter im Vordergrund. Die immer weiter steigenden Anforderungen an die fachlichen und persönlichen Fähigkeiten sind dabei keine Frage der Hierachieebene im Unternehmen – selbst Topmanager unterliegen dem Druck, ihre Fähigkeiten ständig auszubauen und an Verbesserungspotenzialen zu arbeiten.

Dem gegenüber steht ein kaum noch zu überschauendes Meer an diversen Trainings- und Coachingmaßnahmen der verschiedensten Trainer aus jeder Preisklasse und Qualität. Wer die Fragen nach den eigenen Voraussetzungen, der richtigen Zielgruppe und der eigenen klaren Positionierung für sich bereits beantwortet hat, sollte im nächsten Schritt – der Auswahl geeigneter Vertriebskanäle – die folgenden Punkte unbedingt beachten.

Traineragenturen

Traineragenturen und/oder -vermittler sind Personen beziehungsweise Firmen, deren Geschäftsmodell die Vermittlung von Trainern gegen Provision (vom Kunden, vom Trainer oder sogar von beiden) ist. Hier fangen die Unterschiede schon an: Wer will welchen Provisionssatz und von wem?

Praxistipp: Beginnen Sie in jedem Fall (bevor Sie sich binden) eine eigene und umfangreiche Marktrecherche zu den – auf Sie zukünftig zukommenden – Kosten für die Vermittlung Ihrer Person durch einen Dritten. Leider ist dieser simple Tipp einer der am wenigsten beachteten Hinweise in der Praxis – die mögliche Folge: teures Lehrgeld!

Meist wird der Trainer verpflichtet, unter der Marke des Vermittlers aufzutreten. Gerade wenn Sie neu am Markt sind und noch keinen Namen im Markt haben, sollten Sie in jedem Fall den harten Weg des Aufbaus einer eigenen Trainermarke gehen. Das ist allerdings die Ochsentour, die sich dann lohnt, wenn Sie den externen Vermittler wechseln oder eine Abhängigkeit von diesem verhindern wollen.

Praxistipp: Prüfen Sie genau, ob es Ihnen möglich ist, unter eigenem Namen und Logo beim Kunden aufzutreten. Ein gutes Indiz kann die Antwort auf die Frage sein, wer dem Endkunden die Leistung fakturieren darf.

Sie haben lange mit sich gerungen und haben nun endlich Ihre eigene Positionierung am Markt gefunden? Prima – Glückwunsch! Ab jetzt ist eigentlich erst der Einsatz einer Traineragentur sinnvoll. Wie soll man ein Produkt verkaufen, das man am Markt nicht unterscheidbar präsentieren und wahrnehmen kann?

Praxistipp: Wenn Sie nun Ihre Positionierung festgesetzt haben, sollten Sie in jedem Fall diese mit dem Marktsegment, der Zielgruppe und dem vorhandenen Stammkundenpotenzial der Traineragentur vergleichen. Wer weiße Trüffel kaufen will, geht auch nicht zu Aldi!

Referenzen sind nicht nur für Sie das A und O bei der Gewinnung neuer Kunden, auch die Traineragenturen am Markt tragen diese meist vor sich her. Anhand der präsentierten Referenzen bekommen Sie schnell ein umfassendes Bild über die Hauptklientel und den Grad der professionellen Arbeitsweise des Trainervermittlers.

Lassen Sie sich unbedingt mehrere Referenzen vorlegen und hinterfragen Sie die Aussagen der jeweiligen Kunden.

Was immer im Leben gilt, gilt auch bei externen Trainervermittlern: Das Kleinge-druckte hat es in sich. In der ersten Euphorie unterschreibt man – in Erwartung eines schnellen Kundenzustroms – die vermeintlichen Nebensächlichkeiten. Wichtige Fragen vor Abschluss einer Vertragsbindung an einen externen Dienst-leister sind daher unbedingt vorab zu klären. Vor allem sind dies:

- Eintrittsgebühren,
- Werbekostenzuschüsse (zum Beispiel für Katalogproduktion oder pauschale Kostenumlagen),
- Wettbewerbsklauseln sowie
- Vertragslaufzeiten und Kündigungsmöglichkeiten

Selbst wenn diese Punkte klar sind, ist der Weg noch nicht frei für eine Vertrags-unterschrift. Kennen Sie den Fall: Zwei Personen malen ein und denselben Son-nenuntergang – werden die Bilder gleich sein? »Nein!«, werden Sie sagen – und Sie haben recht!

> **Praxistipp:** Machen Sie sich ein genaues Bild von den Leistungen, die Sie vom externen Dienstleister beziehungsweise der Traineragentur erhalten. Fragen Sie hier genau nach einmaligen (zum Beispiel Fotoshooting für Wer-bematerial) und wiederkehrenden Leistungen (zum Beispiel Präsentation Ih-res Profils auf Messen). Darüber hinaus ist es – für einen seriösen Kaufmann – selbstverständlich, die versprochenen beziehungsweise zugesicherten Leistungen Ihnen auch schriftlich zu bestätigen.

Seminarportale

Diese Marktplätze für Weiterbildungen sind seit dem Bestehen des Internets zahl-reich und mit den unterschiedlichsten Schwerpunkten entstanden. So gut wie keine Trainerbuchung geht heute mehr ohne eine vorgeschaltete Internetrecher-che vonstatten. Die erfolgreiche Präsenz in diesem Medium des 21. Jahrhunderts ist für jeden Weiterbildungsanbieter heute einer der wichtigsten Erfolgsfaktoren. Leider ist es nicht einfach, den Überblick zu behalten sowie die Entscheidung über den Nutzen für die eigenen Ziele zu bewerten.

> **Praxistipp:** Vergleichen Sie Ihre Positionierung mit dem Marktsegment, der Zielgruppe und dem vorhandenen Userpotenzial des Seminarportals. Grund-sätzlich gilt hier: Je besser ein Seminarportal auf eine Zielgruppe spezialisiert ist und je besser diese zu Ihrer Marktpositionierung passt, umso besser wer-den Sie Ihre Zielgruppe erreichen.

Neben der Zielgruppe ist die tägliche oder monatliche Besucherfrequenz wichtig. Schließlich wollen Sie Buchungen generieren. Dies geht nur, wenn eine ausreichend große kritische Masse von Besuchern das jeweilige Seminarportal besucht. Wenn Sie diesen und den ersten Praxistipp kombinieren, dann werden Sie schon ein grobes Raster für Ihre Entscheidung zur Auswahl von Seminarportalen haben.

> **Praxistipp:** Bitten Sie den Betreiber des Seminarportals um Zahlenmaterial zur Nutzung der jeweiligen Plattform. Achtung: Hier ist ein häufiges Missverständnis am Markt zu beobachten – viele Besucher (auch auf Ihrer Internetseite über das jeweilige Seminarportal) sind zwar nett, aber eigentlich ist Ihr Angebot nicht das, was die Besucher wollen. Als Inserent beziehungsweise Kunde eines Seminarportals besteht Ihr Nutzen letztlich in echten Seminaranfragen beziehungsweise Buchungen. Die Besucherfrequenz ist ein Indiz – aber kein alleiniges Entscheidungskriterium. Geben Sie Ihr Geld nur für echte Kundenkontakte aus – nicht für ungenügend personalisierte und schlecht messbare Klicks.

Einer der wichtigsten Gründe – neben der Möglichkeit des direkten Kundenkontakts – für die Nutzung von Seminarportalen sind die Erhöhung der Sichtbarkeit Ihrer Präsenz im Internet und die deutliche Verbesserung der Suchmaschinenpositionierung. Nur die Seminarportale, die diesem Punkt gesteigerte Aufmerksamkeit schenken, werden dauerhaft erfolgreich am Markt arbeiten können.

> **Praxistipp:** Fragen Sie den Betreiber des jeweiligen Seminarportals konkret nach seinen Aktivitäten zur Verbesserung Ihres eigenen Suchmaschinenrankings. Der Umfang dieser Tätigkeiten und die Art und Weise, wie der Betreiber auf Ihre Anfrage reagiert, signalisieren Ihnen seine Professionalität und Ihre Erfolgsaussichten. Übrigens: Ein kleiner Selbsttest kann hier nicht schaden. Geben Sie bei Google doch einfach einmal eine Recherche ein. So können Sie zum Beispiel eines Ihrer Themen und das Wort »Seminar« suchen lassen. Die Portale mit der besten SEO (= Suchmaschinenoptimierung) liegen natürlich dann auf den ersten Plätzen.

Geld regiert die Welt und spielt hier ebenfalls eine Rolle. Neben den eigentlichen Preisen sind die Abrechnungsmodelle der am Markt tätigen Seminarportale sehr unterschiedlich. Wichtig ist in jedem Fall eine einfache und transparente Preisgestaltung. Einige wenige Seminarportale bieten verschiedene Flatratemodelle an, die auf die Größe des jeweiligen Bildungsanbieters angepasst sind.

> **Praxistipp:** Prüfen Sie das Preismodell auf Transparenz und versteckte Kosten. Vor allem sollten Sie stets den Betreiber eines Seminarportals vor einer Buchung kontaktieren und nach Flatratetarifen befragen. Diese sind unter dem Strich deutlich günstiger und sichern Sie vor weiteren Kosten ab. Direkt im Zusammenhang mit den Preisen ist die Frage in jedem Fall anzusprechen, ob beziehungsweise welche Kündigungsfristen für Sie – im Falle einer Zusammenarbeit mit einem bestimmten Seminarportal – bestehen. Wenn Sie nach Preisen beim Seminarportalbetreiber fragen, dann denken Sie daran, die Kosten in einmalige und in wiederkehrende Posten einzuteilen – hier wird Ihnen als Kunden oft nur die halbe Wahrheit gesagt.

In vielen Fällen kommt es vor, dass die Betreiber eines Seminarportals einen anderen Hauptzweck verfolgen, als Trainer und Seminare zu vermarkten. Sie wollen vielmehr für den gleichen Markt andere Produkte vertreiben. Das können zum Beispiel Printprodukte oder Beratungsleistungen sein. Eine solche Anbieterabhängigkeit eines Seminarportalbetreibers kann Ihnen signalisieren, dass der Kernnutzen, den Sie sich vom Seminarportal versprechen (= neue Kunden), eventuell nur mit angezogener Handbremse verfolgt wird.

> **Praxistipp:** Klären Sie vor dem Einstellen Ihrer Daten in ein Seminarportal ab, welches Geschäftsmodell hinter der Plattform steht und welchen wirtschaftlichen Hauptzielen der Betreiber verpflichtet ist. Scheuen Sie sich auch nicht, beim Betreiber diesen Punkt direkt anzusprechen – er ist sehr wichtig. Denn die Präsentation Ihrer Leistungen in der ausgesuchten Plattform hat einen zentralen Einfluss auf Ihre Außenwirkung.

Weitere wichtige Punkte bei Seminarportalen sind:

● Gibt es für größere Datenmengen eine professionelle Schnittstelle zum Import Ihrer Daten?
● Wie benutzerfreundlich ist das Seminarportal gestaltet; wie schnell (mit wie vielen Klicks) kommt der User zur gewünschten Ergebnisliste?
● Ist das Seminarportal frei von störender und zusätzlich ablenkender Werbung seitens Dritter?
● Schwierig im Vorfeld zu klären, aber dennoch wichtig: Wie schnell bekomme ich persönlichen Support am Telefon zu allen meinen Fragen?
● Wer von Ihren Wettbewerbern ist schon auf dem Seminarportal vertreten?

So – nun sind Sie am Drücker, den richtigen Mix aus verschiedenen Vertriebskanälen zu finden, um erfolgreich zu sein. Letztlich hat Erich Kästner recht: »Es gibt nichts Gutes – außer man tut es!«

Web 2.0: Bewertungsportale

»Wir sind eine Einkaufshilfe für PE'ler«, positioniert sich Siegfried Haider (HTMS, s. S. 158) etwa in der Zeitschrift wirtschaft + weiterbildung (1/2009, S. 12) im Interview zu seinem www.trainer-ranking.com, auf dem Teilnehmer und Auftraggeber eine Bewertung zu Trainern und ihrer Leistung abgeben können. Dabei »verschweigt« er, dass dieses Portal durchaus »eine Vertriebshilfe für Weiterbildner« sein kann: Sie selbst als Trainer oder Dozent haben es in Ihren Händen, auf diese Weise Empfehlungen (s. S. 446) zu erhalten – neudeutsch »Testimonials«!

Blogs, Wikis & Co. »reloaded«?

Diskussions- und Wissensbeiträge von Weiterbildungsinteressierten finden sich auch in diversen Foren, zum Beispiel auf Xing. Diese sind vertrieblich durchaus relevant, da Sie hieraus mögliche Kontakte gewinnen können. Der Blog von Jochen Robes www.weiterbildungsblog.de geht über reine Seminarthemen hinaus. Zur Zeit des Redaktionsschlusses zu diesem Buch spielt zudem Twitter (www.twitter.com) eine wachsende Rolle auch für Weiterbildner. Wenn Sie diesen Weg gehen wollen, sich via Web bekannter zu machen, melden Sie sich an und kontakten Sie mich gerne unter der Nutzerkennung reiterbdw!

> **Tipp:** Wer öffentliche Seminare anbietet, ist sicher gut beraten, die Kombination aus Web und Print zu prüfen, wie Sie sie bei klassischen Anbietern wie manager-Seminare oder wirtschaft + weiterbildung finden, teils bereits thematisch oder regional differenzierbar. Das haben die Portale wie die Vermittler erkannt und sind selbst mehr und mehr auch per Print aktiv, das Webportal ergänzend – es sei denn, sie sind den umgekehrten Weg gegangen …

Zwischenfazit: Es gibt also viele Möglichkeiten für Weiterbildner, den eigenen Vertrieb mithilfe externer Helfer zu forcieren. Doch was tut der Trainer oder jener Inhaber eines Bildungsinstituts, der zwar gezielt persönliche Kontakte schaffen und diese in Kontrakte wandeln möchte, dafür jedoch keine eigene Arbeitskraft einzusetzen vermag – oder schlicht dies nicht tun möchte?

Outsourcing

Wer für sich entscheidet, das Vertrieblich-Verkäuferische von sich fernzuhalten, um sich auf die Kernkompetenzen eines Weiterbildners zu konzentrieren, kann den Vertrieb auch komplett auslagern, über die Vermittlung hinaus. Ob dann die in Berneckers Studie genannten 8,5 Prozent aus dem Umsatz genügen, sei dahingestellt. Jedenfalls gibt es mehrere Vorgehensweisen per Outsourcing, die so oder ähnlich auch von Weiterbildnern angewandt werden:

- *Telefonkontakt outsourcen:* Die Telefonkontakte einem Callcenter zu überlassen kann einen hohen Vorbereitungsaufwand bedeuten; für – größere – Bildungsinstitute kann das aber durchaus ein erfolgsträchtiger Weg sein, werden doch hier größere Kontaktmengen bedient. Für kleinere Anbieter oder Einzelkämpfer gängiger ist das Modell, eine versierte Person extern zu beschäftigen, die »in Teilzeit« zum Beispiel Termine legt oder Nachfasstelefonate durchführt, um aus Kontakten zumindest annähernd Kontrakte zu machen. Eine andere mögliche Lösung ist, dass mehrere nicht konkurrierende Anbieter eine Person gemeinsam auslasten. Nicht konkurrierend kann heißen entweder unterschiedliche Themen und/oder regional auseinanderliegend. Tipp: Suchen Sie via Xing!
- *Vertrieb outsourcen:* »Rent a sales rep« ist zwar in Deutschland noch eher selten, doch wie es Einzelpersonen gibt, die Telefonmarketing als Dienstleistung anbieten, tut dies auch mancher frei tätige Außendienstler, eventuell als Handelsvertreter (Rechtsfragen beachten!). Im Übrigen existieren Organisationen in der Art von Callcentern, die anbieten, potenzielle Kunden zu besuchen und Aufträge zu gewinnen.

In aller Regel ist ein solches Outsourcing mit Fixkosten verbunden, die unabhängig vom Erfolg anfallen. Dazu kommen Provisionen aufgrund erzielter Umsätze oder generierter Teilnehmer für eine Weiterbildungsmaßnahme.

Hausmesse, Infotage & Co.

Hanspeter Reiter

Besondere Aufmerksamkeit gewinnen Sie für Ihr Angebot, wenn Sie alleine auftreten, ohne Ablenkung durch viele, vielleicht Hunderte, ähnlicher Mitbewerber, wie sie im Allgemeinen auf einer Fachmesse anzutreffen sind. Gerade Bildungsinstitute verfügen häufig über geeignete Räumlichkeiten, sich zu präsentieren. Einzelpersonen sollten überlegen, gemeinsam mit anderen Trainern aufzutreten. Ob das Event Hausmesse heißt oder öffentlichkeitswirksamer »Tag der offenen Tür« oder »Infotag«, vielleicht verbunden mit einem Jubiläum, hängt von Ihrer Situation ab. Entscheidend für den Erfolg ist Ihre Antwort auf die Frage: Warum sollten potenzielle Besucher ausgerechnet Ihr Event heimsuchen? Orientieren Sie sich an Aspekten von Positionierung (P 1) oder auch Präsentation (P 4) und Promotion (P 5), um möglichst viele Kontakte zu schaffen, die Sie entweder sofort oder später in Kontrakte wandeln können. Beachten Sie vor allem dies:

- Passt die Zeit? Ferien, konkurrierende Termine, Bereitschaft zum Reisen …
- Passt der Ort? Ist genügend Platz vorhanden, sind die Anreisewege kurz, sind Parkplätze und Catering vorhanden …
- Passt das Thema? Schaffen Sie Anlässe wie Jubiläum, Neuheit, Special Guests …
- Passt das Umfeld? Sorgen Sie dafür, dass Ihr Besucher weiß, die Kinder werden betreut, es gibt ein Partnerprogramm, davor/danach wird Weiteres geboten. So wird aus der Fachveranstaltung ein Event.

So finanzieren Sie Ihr Event leichter

Erweitern Sie Ihre Möglichkeiten, indem Sie sich mit Partnern zusammentun. Eine Variante ist es, Sponsoren zu finden, die dazu beitragen, Ihren Messeauftritt, Ihre Hausmesse oder Ihren Kongress finanziell oder anderweitig zu unterstützen. Sponsoring könnte auch für diverse andere Events (s. *P 5: Promotion*, S. 257 ff.) infrage kommen.

Das Gewinnen von Sponsoren

Birgit Lutzer

Gleich vorneweg ein wichtiger Hinweis: Alle Mittel, die Sie durch einen Sponsor erhalten, werden steuerrechtlich als betriebliche Einnahmen behandelt. Entsprechend sind die Ausgaben des Sponsors betriebliche Kosten, die er steuerlich geltend machen kann. Ein ziemlich verbreitetes Vorurteil (auch bei Unternehmen) lautet: »Sponsoring ist auf Geldmittel beschränkt.« Tatsächlich unterscheidet man beim Sponsoring zwischen

- Waren,
- Equipment,
- Personal,
- Dienstleistungen,
- PR-Unterstützung und
- Geldmitteln.

Wenn Geld fließt, handelt es sich möglicherweise auch um eine Spende, die steuerlich anders behandelt wird. In diesem Fall sollten Sie jedenfalls auf einer Spendenbescheinigung bestehen, damit Sie die Ausgaben steuerwirksam verbuchen können. Je nach der Höhe gilt es besondere Vorschriften zu beachten; hier sind die Fachleute zu befragen (Steuerberater und Juristen).

So gehen Sie Schritt für Schritt vor

Für staatliche Bildungseinrichtungen gibt es in jedem Bundesland teilweise voneinander abweichende Bestimmungen, die das Suchen von Sponsoren regeln. Bevor Sie in diesem Fall auf Sponsorensuche gehen, erkundigen Sie sich bitte bei einem entsprechend spezialisierten Juristen oder auch bei einer regionalen Sponsoringagentur über die Vorgaben, die bei Ihrer Einrichtung zum Tragen kommen. Private Bildungseinrichtungen sind in dieser Hinsicht unabhängiger. Zum Sponsoring gehört ein Sponsoringvertrag (Dienstleistungsvertrag), der die Einzelheiten der Geschäftsbeziehung regelt.

Das A und O beim Sponsoring ist eine positive Beziehung zu (potenziellen) Sponsoren. Deshalb nimmt nicht nur das eigentliche Sponsoringprojekt Zeit in Anspruch, sondern auch die Beziehungsarbeit und Kontaktpflege. Damit Sponsoren und interessierte Unternehmen in Ihrem Institut nicht von Pontius zu Pilatus geschickt werden, sollten Sie einen festen Ansprechpartner für den Bereich Sponsoring abstellen, der sich um die regelmäßige Kontaktpflege bemüht und der den Überblick über das gesamte Projekt hat. Wenn Sie selbst persönliche Beziehungen zu Unternehmen haben, die als Sponsoren infrage kommen, nutzen Sie diese Beziehungen (auch wenn der eigentliche Ansprechpartner ein anderer Mitarbeiter ist).

Die Frage nach Sponsoren taucht auf, wenn Unterstützung für ein einzelnes Projekt oder für Ihr Institut als Ganzes benötigt wird. Am Anfang der Sponsorensuche steht die genaue Definition des Verwendungszweckes. Meist kommen als Sponsoren Wirtschaftsunternehmen oder einzelne Unternehmer infrage – und diese werden sich kaum für eine allgemeine Grundfinanzierung gewinnen lassen. Der potenzielle Sponsor möchte genau wissen, für welchen Zweck seine Unterstützung verwendet wird.

Die Interessen von Wirtschaftsunternehmen beziehen sich überwiegend darauf, neue Abnehmer für ihre Produkte oder Kunden/Mandanten für ihre Dienstleistungen zu gewinnen. Zudem sind Firmen immer daran interessiert, ihr Image in der Öffentlichkeit zu verbessern. Und genau an diesen zwei Bedürfnissen können Sie ansetzen, um Sponsoren zu gewinnen.

Die Wahrscheinlichkeit, dass ein Unternehmen Sie mit einer Leistung unterstützt, steigt, wenn die Zielgruppen Ihres Institutes oder der Veranstaltung mit denen des Unternehmens übereinstimmen.

 Beispiel: Ihr Institut ist ein Jugendbildungswerk. Sie planen ein großes Sportfest für Jugendliche, für das Sie Sponsoren suchen. Infrage kommen ein Musikgeschäft (dort werden Musik-CDs verkauft), ein Sportartikelhersteller (sportinteressierte Jugendliche benötigen für bestimmte Sportarten eine Ausrüstung), ein Computerhändler und alle anderen Unternehmen, die sich mit ihrem Angebot (zumindest teilweise) an Jugendliche richten. Wenn Sie mehrere Unternehmen aus der gleichen Branche kontaktieren und als Sponsoren gewinnen, ist Sensibilität gefragt, denn manchmal entstehen Spannungen durch Konkurrenz. Vermeiden Sie auf jeden Fall Formulierungen wie »Ihr Mitbewerber hat aber mehr gegeben!« oder »Firma X aus Ihrer Branche ist Hauptsponsor unserer Veranstaltung. Sie können aber trotzdem als Nebensponsor auftreten!«.

Auch der Ort beziehungsweise Firmensitz sollte eine Rolle bei der Auswahl spielen. Wenn es Ihnen um ein lokales Projekt geht, kommen eher Unternehmen aus der Region als Förderer infrage. Konzerne und Großunternehmen sponsern eher, wenn der Zweck eine überregionale Bedeutung und Ausstrahlung hat.

Erstellen Sie eine Liste von möglichen Förderern. Die Liste sollte mindestens 100 Adressen umfassen, denn eine Faustregel besagt: Bei 40 Anfragen kommen Sie meist auf eine Zusage. Ziehen Sie Branchenbücher, die Gelben Seiten, IHK-Verzeichnisse oder öffentlich zugängliche Handbücher über Unternehmen (zum Beispiel »Hoppenstedt«) zurate. In Universitätsbibliotheken finden sich solche Verzeichnisse meist im Fachbereich Wirtschaft. Aber auch das Internet bietet Möglichkeiten der gezielten Recherche nach Unternehmen, die als Sponsoren geeignet wären.

Ihr Institut hat eine eigene Kultur und eine ganz spezielle Corporate Communication (s. auch *CI*, S. 218 ff.). Bestimmte Begriffe tauchen in Ihrer Alltagskommunikation auf und werden von allen Mitarbeitern verstanden. In den Firmen, die Sie für Ihr Projekt gewinnen möchten, wird möglicherweise ganz anders kommuniziert. Versuchen Sie, die Sprache Ihres Sponsors und seine Eigenheiten zu berücksichtigen und sich darauf einzustellen.

 Beispielsweise wird an der Universität vorwiegend eine wissenschaftlich geprägte Sprache verwendet. Wenn ein Handwerksbetrieb als Sponsor gewonnen werden soll, ist es ratsam, auf die Verwendung von hochgestochenem Fachchinesisch zu verzichten.

Grundlage Ihres Projektes ist ein schlüssiges Sponsoringkonzept, das dem Unternehmen verdeutlicht: »Es lohnt sich, diesen Zweck zu sponsern.« Das Konzept sollte folgende Punkte enthalten:

- Projektskizze (Idee, Zielgruppenbeschreibung, PR-Maßnahmen, Nutzen für den Sponsor).
- Terminplanung, Zuständigkeiten, Ansprechpartner in Ihrem Institut.
- Gewünschte Leistung des Unternehmens und Gegenleistung durch Sie.

Die Projektskizze

Die Projektskizze sollte nicht länger als maximal drei bis vier DIN-A4-Seiten sein. Bei der Beschreibung Ihrer Idee kommt es darauf an, das Neue und Einzigartige herauszustellen. Denn der Sponsor möchte sich durch die Unterstützung des Projektes in der Öffentlichkeit darstellen – und das gelingt nur, wenn das Projekt auffällt und auch von den Medien und der Öffentlichkeit beachtet wird. Ebenfalls aus der Projektskizze hervorgehen sollte, ob Sie mit einem oder mit mehreren Sponsoren arbeiten möchten.

Die Zielgruppenbeschreibung sollte dem Sponsor verdeutlichen, dass er durch seine Unterstützung eigene Zielgruppen erreicht beziehungsweise neue Zielgruppen für seine Produkte oder Dienstleistungen gewinnen kann. Sehr überzeugend wirkt in diesem Zusammenhang die dosierte Verwendung von statistischem Material, das Ihre Argumente untermauert. Die Daten sollten einen direkten Bezug zum Angebot des Unternehmens haben.

 Zum Beispiel soll eine Kfz-Werkstatt für die Unterstützung eines Autoreparaturkurses für Frauen gewonnen werden. Zahlen über Autofahrerinnen und den Anteil der Kundinnen von Autowerkstätten überzeugen den Werkstattinhaber mehr als pauschale Behauptungen.

Das Hauptinteresse Ihres Sponsors richtet sich auf die das Projekt begleitende Öffentlichkeitsarbeit. Ein allgemeiner Hinweis auf PR-Maßnahmen reicht nicht aus – es kommt auf die genaue Nennung und Beschreibung der Aktivitäten an. Ein Beispiel aus dem Sponsoringkonzept für einen »Tag der offenen Tür« eines kirchlichen Familienbildungswerkes:

PR-Maßnahmen im Vorfeld

Um den »Tag der offenen Tür« bei möglichst vielen Einwohnern der Region bekannt zu machen, wird er vorab über mehrere Kanäle beworben:

- Außenwerbung mit 100 Plakaten, die 14 Tage vor der Veranstaltung an Haltestellen von öffentlichen Verkehrsmitteln und an Stellen mit viel Publikumsverkehr aufgehängt werden.
- Verteilung von Handzetteln in Kindergärten und Schulen eine Woche vor dem Termin.
- Schaltung von insgesamt zwei Anzeigen in der regionalen Tagespresse.
- Vorankündigung durch einen redaktionellen Beitrag in der Tageszeitung.
- Ankündigung der Veranstaltung im Lokalradio unter »Tipps und Termine«.

PR-Maßnahmen während und nach der Veranstaltung

Auch während und nach der Veranstaltung wird für eine gezielte Öffentlichkeitsarbeit gesorgt:

- Aufstellung von Infosäulen und Verteilung von Programmheften mit Hintergrundinformationen.
- Einladung der regionalen Medienvertreter/innen.
- Pressekonferenz mit Anwesenheit aller Sponsoren.
- Nachfassaktion bei allen Medien, die keinen Vertreter geschickt haben (Versand einer Presseinformation mit Foto).

In der Beschreibung des Sponsornutzens wird dem potenziellen Unterstützer der eigene Vorteil durch die Zusammenarbeit mit der gesponserten Organisation verdeutlicht, und zwar möglichst konkret. Nicht ausreichend ist beispielsweise das Aufhängen eines überdimensionalen Sponsorlogos, was auf die Zielgruppe wie »platte Werbung« wirken könnte. Dezente Selbstdarstellung auf positiv-originelle Weise ist bei vielen Sponsoren Trumpf. Beispielsweise werden auf dem Fest eines sozialpädagogischen Bildungsinstitutes die Sahnekaramellen eines regionalen Süßwarenherstellers verteilt. Wie kann man im Konzept den Sponsornutzen verdeutlichen? Ziehen wir wieder das Beispiel des Familienbildungswerks zurate (s. folgende Seite):

Sie können sich an unserem »Tag der offenen Tür« in verschiedener Weise beteiligen:

Auftritt als Hauptsponsor

Als Hauptsponsor werden Sie in alle Aktivitäten vor und während der Veranstaltung integriert. Das heißt:

- Ihr Logo erscheint auf allen Plakaten, in den Anzeigen, auf Handzetteln, auf den Infosäulen und in den Programmheften. So prägt sich Ihr Logo bei Ihren Zielgruppen (Kinder, Jugendliche und Familien) über verschiedene Kanäle ein und wird mit einem positiven Erlebnis (Besuch des Tags der offenen Tür) in Verbindung gebracht.
- Sie werden in allen unseren Presseinformationen als Hauptsponsor erwähnt.
- Sie nehmen als einziger Sponsor an der Pressekonferenz teil und haben so die Möglichkeit, eigene Kontakte zu den Medienvertretern zu knüpfen.
- Wenn Sie möchten, können Sie ein Grußwort sprechen – denn der direkte Kontakt zu Ihrer Zielgruppe kann sich sehr positiv auf Ihr Firmenimage auswirken.
- Für persönliche Gespräche und die Auslegung von Informationsbroschüren mit Ihrem Leistungsspektrum können Sie auf der Veranstaltung einen Stand in unserem Bildungsinstitut platzieren.

Teilsponsoring

In diesem Fall übernehmen Sie Teilleistungen. Wie sich Kosten oder andere Unterstützungsleistungen staffeln, sehen Sie im Anhang. Sie treten am Tag der offenen Tür auf Wunsch in folgender Weise in Erscheinung:

- Wir nennen bei unserer Pressearbeit den Namen Ihres Hauses – so intensivieren Sie Ihren Bekanntheitsgrad bei den Medienvertretern und in deren Publikationen.
- Ihr Firmenlogo wird gut sichtbar auf den Infosäulen und im Programmheft platziert.
- Sie haben die Möglichkeit, einen Infostand auf der Veranstaltung zu errichten. Dort können Sie persönliche Kontakte zu den Besuchern der Veranstaltung knüpfen und Informationsmaterial über Ihr Unternehmen auslegen.

Die Einzelheiten und weitere Möglichkeiten klären wir gerne in einem persönlichen Gespräch!

Für die Transparenz des gesamten Projektes sollten Sie die genaue Terminplanung, Zuständigkeiten sowie die Ansprechpartner in Ihrem Institut nennen. Ihr Sponsor muss erkennen, dass er es mit Profis zu tun hat und nicht mit planlosen Amateuren, die durch eine verpatzte Veranstaltung seinem Unternehmen schaden.

Die im Konzept genannten Leistungen des Sponsors sollten an die Unternehmensgröße angepasst sein, sich auf dessen Produkte und/oder Dienstleistungen richten oder gestaffelt aufgeführt werden, damit der Entscheider sich eine Geldsumme oder Leistung aussuchen kann, die er bereit ist, zu geben. Wichtig ist die genaue Abschätzung der Kosten vorher: Sollten Sie sich verkalkuliert haben, sind Nachforderungen in der Regel nicht möglich.

Sponsorenleistungen können folgendermaßen erfolgen:

- Finanzielle Unterstützung, zum Beispiel direkte Geldzahlungen, Stiftung von Geldpreisen für einen Wettbewerb, Stipendien oder Finanzierung einer Ausbildung.
- Sachleistungen, zum Beispiel werden technische Geräte, Möbel, Raumausstattung, Lehrmaterial zur Verfügung gestellt.
- Dienstleistungen, zum Beispiel Bereitstellung von Räumen für Veranstaltungen, Transport von Personen oder Gegenständen, Bewirtung, Übernachtungsmöglichkeiten, Personal.
- Unterstützung der Öffentlichkeitsarbeit, zum Beispiel Druck und Versand von Werbematerialien, Anzeigen schalten, Presseinformationen schreiben und an die Medien vertreiben, Organisation von Presseempfängen oder Podiumsdiskussionen, Vermittlung von öffentlichkeitswirksamen Rednern.

Dem Sponsor ist bei Ihren Gegenleistungen wichtig, dass sein Engagement öffentlich sichtbar gemacht wird. Übliche Gegenleistungen von Sponsoringempfängern sind:

- Nennung des Sponsors und Abdruck seines Logos auf allen Printerzeugnissen wie zum Beispiel Plakaten, Eintrittskarten, Programmheften, Katalogen, Broschüren.
- Integration des Sponsors in die eigene Pressearbeit, zum Beispiel durch Nennung im Presseinfo oder auf Pressekonferenzen, Platzieren einer Firmenbroschüre des Sponsors in der Pressemappe.
- Persönliches Auftreten (Grußwort, Fachreferat) oder Erwähnung des Sponsors auf Veranstaltungen.
- Werbe- und Ausstellungsflächen werden bereitgestellt.
- Kleidungswerbung, zum Beispiel T-Shirts, Trikots, Mützen.
- Verteilen von Werbemitteln mit dem Logo des Sponsors, zum Beispiel Luftballons, Fähnchen, Aufkleber.
- Gemeinsame Veranstaltungen und Aktionen werden durchgeführt.
- Beteiligung an Veranstaltungen, die der Sponsor für seine eigenen Kunden durchführt.
- Akzeptieren, dass der Sponsor die Unterstützung Ihres Institutes in seiner eigenen Öffentlichkeitsarbeit erwähnt.

> **Buchtipp:** Quelle für diese Ausführungen ist das Buch von Marita Haibach »Handbuch Fundraising: Spenden, Sponsoring, Stiftungen in der Praxis« (2006).

Die Ansprache von Sponsoren

Der Erstkontakt mit dem Unternehmen kann telefonisch, durch ein persönliches Gespräch, mit einem Brief oder über eine Sponsoringagentur erfolgen. Schon bestehende Kontakte und Beziehungen sollten auf jeden Fall genutzt werden. Wenn noch kein Kontakt bestanden hat, ist die Kombination von zwei Telefonaten mit einem Brief sinnvoll: Im ersten Telefonat ermittelt man den Ansprechpartner im Unternehmen (bei größeren Unternehmen häufig ein Mitarbeiter aus der Abteilung für Öffentlichkeitsarbeit, bei kleinen der Chef selbst) und fragt ihn nach einer kurzen Beschreibung des Projektes, ob man ihm das Konzept zusenden darf. Bei Mitarbeitern, die wenig Erfahrung im professionellen Telefonieren haben, sollten Sie vorab einen Telefonleitfaden erstellen und das Telefonat einüben, denn sympathisches Auftreten und Professionalität des Anrufers entscheiden über den weiteren Verlauf des Gespräches.

Der anschließende Versand des Sponsoringkonzeptes erfolgt mit einem persönlichen Anschreiben, in dem auf das Telefonat Bezug genommen wird. Wichtig ist auch das Herausarbeiten des Nutzens, den das Sponsoring für das Unternehmen hat. Am Schluss des Briefes bitten Sie um ein persönliches Gespräch und kündigen ein Folgetelefonat an. In diesem Anruf klären Sie endgültig, ob das Unternehmen interessiert ist, und vereinbaren im positiven Fall einen persönlichen Gesprächstermin zur Projektpräsentation. Beispiel für einen Sponsoringbrief:

Firma X

Sponsoring eines Computerlehrgangs für Mädchen

– Unser Telefonat vom 3. März –

Sehr geehrter Herr Obermann,

anbei senden wir Ihnen wie abgesprochen das Sponsoringkonzept für unseren neuen Computerlehrgang für Mädchen.

Gerade für Sie als Computerhändler sind Mädchen und Frauen eine wichtige Zielgruppe, die Sie mit Ihrer Unterstützung direkt erreichen könnten. Zudem planen wir eine große Presseaktion, in die unsere Sponsoren integriert werden.

Sie als Sponsor zu gewinnen würde uns sehr freuen! Um offene Fragen zu klären und gegebenenfalls einen persönlichen Gesprächstermin zu vereinbaren, werden wir Sie in den nächsten Tagen anrufen.

Mit freundlichen Grüßen

Michael Klarholz
Geschäftsführer

PS: Wer zuerst kommt … – unter diesem Motto bieten wir Ihnen einen »Upgrade« in der Gegenleistung, wenn uns Ihre grundsätzliche Zusage bis zum 15. März vorliegt!

Tipp: Der Sponsoringbrief sollte nicht von einem beliebigen Mitarbeiter, sondern möglichst von der Geschäftsleitung unterschrieben werden.

Das Sponsoringgespräch

Bei dem persönlichen Gesprächstermin entscheidet sich letztlich, ob das Sponsoring für beide Seiten infrage kommt. Auch hier spielen Sympathie und Antipathie oft die entscheidende Rolle; deshalb sollte man versuchen, sich mit Kleidung und Auftreten an die Erwartungen des Unternehmens anzupassen. Beispielsweise wird ein bunt gekleideter Freak mit blau gefärbten Haaren bei einer Bank vermutlich weniger erreichen als ein adrett gekleideter, seriös wirkender Mitarbeiter Ihres Instituts. Der Entscheider muss das Gefühl haben: »Wenn ich diese Einrichtung unterstütze, wird das Sponsoring dem Image unseres Unternehmens nützen.« Und eine Bank wird nun einmal nicht gerne mit Personen in Verbindung gebracht, deren Auftreten ihrer Auffassung nach unseriös wirkt.

Bevor Sie (oder einer Ihrer Mitarbeiter) in das Gespräch gehen, ist eine gründliche Recherche über das Unternehmen und Ihren Ansprechpartner erforderlich. Welches sind die Produkte oder Dienstleistungen? Wie viele Mitarbeiter sind dort beschäftigt? Gibt es andere Filialen? Wer sind die Mitbewerber/Konkurrenten? Welche Position hat Ihr Gesprächspartner im Unternehmen? Ist er überhaupt entscheidungsbefugt oder wird er vom eigentlichen Entscheider vorgeschoben?

Ein Sponsoringgespräch kann entsprechend der Stimmung Ihres Gesprächspartners stark unterschiedlich verlaufen. Wenn Sie es schaffen, in der Eröffnungsphase einen positiven Kontakt aufzubauen, haben Sie schon viel gewonnen. Wenn der Gesprächspartner einen entspannten Eindruck macht, kann man den Einstieg beispielsweise auch über Gegenstände im Büro suchen, die Rückschlüsse auf Hobbys oder private Interessen Ihres Gesprächsteilnehmers zulassen. Steht zum Beispiel in einer Vitrine ein Modellboot, dann können Sie zu Ihrem Gesprächspartner sagen: »Das ist ja interessant. Haben Sie das selbst gebaut?« Die Frage sollte aber einem echten Interesse entspringen und nicht aufgesetzt oder heuchlerisch-anteilnehmend wirken. Sie können auch über unverfängliche Themen aus der Tageszeitung oder bei persönlicher Bekanntschaft über das Befinden beziehungsweise die Familie sprechen. Wenn der Gesprächspartner schnell »zur Sache« kommen möchte, sollten Sie sofort zu Ihrem eigentlichen Anliegen kommen.

Die Überleitung zu Ihrem Anliegen kann durch Fragen geschehen wie »Was halten Sie generell von unserer Arbeit?«, »Haben Sie unser Bildungsinstitut schon einmal besucht?«. In diesem Zusammenhang sollten Sie sich für ein eventuelles früheres Sponsoring des Unternehmens bedanken. Jetzt wird Ihr Gesprächspartner möglicherweise kritische Fragen stellen, auf deren Beantwortung Sie vorbereitet sein sollten. Es gilt, möglicherweise vorhandene Bedenken auszuräumen.

Im nächsten Schritt erfolgt Ihre Projektpräsentation, die nicht länger als maximal 20 Minuten dauern sollte. Zu vermeiden ist ein längerer Monolog. Sie sollten Ihren Vortrag auflockern durch Visualisierungen wie Bilder oder Grafiken. Wichtig ist hierbei die Hervorhebung des Nutzens, den das Sponsoring für das Unternehmen mit sich bringen kann. Sehr professionell wirkt es, wenn Sie Ihrem Gesprächspartner am Schluss noch ein Handout mit den wichtigsten Punkten der Präsentation übergeben.

Diese Unterlagen sollten ansprechend gestaltet sein und dem Corporate Design Ihrer Einrichtung entsprechen.

In der Schlussphase kommen Sie auf die vom Sponsor gewünschte Leistung und Ihre Gegenleistung zu sprechen. Wenn sich beide Parteien einig sind, sollten Sie Leistung und Gegenleistung sowie alle Rahmenbedingungen in einem Sponsoringvertrag festhalten. Dieser Vertrag dient der Absicherung beider Seiten und hilft, Konflikte zu vermeiden. Um kein Risiko einzugehen, sollten Sie für das Aufsetzen des Vertrags die Hilfe eines Juristen in Anspruch nehmen. Nach Abschluss des Vertrags beginnt das eigentliche Sponsoringprojekt.

Wenn das Projekt oder die Sponsoringaktion abgeschlossen ist, sollte eine kritische Auswertung unter folgenden Gesichtspunkten erfolgen:

- Welche Aktivitäten liefen gut, welche schlecht? Was wird in Zukunft anders beziehungsweise besser gemacht werden?
- Wie hoch ist die Zahl der erreichten Zielpersonen (zum Beispiel Gäste auf einer Veranstaltung)?
- Wie sind die Erfolge der Presse- und Öffentlichkeitsarbeit (zum Beispiel erschienene Berichte in den Medien, Anzahl der Journalisten bei der Pressekonferenz)?

Die Dokumentation sollten Sie allen Sponsoren zukommen lassen. So schaffen Sie Vertrauen und die Bereitschaft, Sie oder Ihre Einrichtung auch in Zukunft zu unterstützen.

Die Zusammenarbeit mit Sponsoringagenturen

Wenn Sie sehr wenig Erfahrung mit Sponsoring haben, können Sie eine professionelle Sponsoringagentur oder einen entsprechend spezialisierten Freiberufler dafür engagieren. Diese Dienstleister erstellen ein Sponsoringkonzept und organisieren die Öffentlichkeitsarbeit sowie die Durchführung der Veranstaltung für Sie. Geeignete Agenturen finden Sie beispielsweise über den Fachverband für Sponsoring und Sonderwerbeformen in Hamburg (www.faspo.de) oder über die europäische Sponsoringbörse (www.esb-online.com).

Telefonmarketing

Hanspeter Reiter

Fast jeder zweite Trainer nennt in der Berneckerstudie (2008; s. S. 160 f.) »Telefonakquise« als eine eingesetzte Methode zur Neukundengewinnung, 47,5 Prozent sind es genau. Die Autoren kommentieren dies wie folgt (S. 53):

 »Überraschenderweise betreibt fast die Hälfte der Trainer das Instrumentarium der Telefonakquise. Diese Variante der Neukundengewinnung ist nicht nur kostenintensiv, sondern vor allen Dingen auch sehr zeitintensiv, da die Akquirierung jedes einzelnen potenziellen Neukunden separat erfolgt und individuell angepasst werden muss. Allerdings scheint die Erfolgsquote dementsprechend hoch zu sein, da gezielte Nachfassaktionen ihr Übriges dazu tun.«

Den Begriff »Instrumentarium« an dieser Stelle zu wählen ist absolut berechtigt. Mag im Vertrieb von wenig erklärungsbedürftigen Produkten und Dienstleistungen im eher niedrigpreisigen Bereich der direkte Verkauf am Telefon gang und gäbe sein, sprechen wir beim Angebot von (Weiter-)Bildung eher davon, einen Kontakt

- anzubahnen,
- zu qualifizieren (Marktforschung),
- zu (re)aktivieren,
- anzuwärmen,
- zu einem Besuchstermin zu wandeln,
- zur Messe einzuladen,
- zu einer Schnupperveranstaltung einzuladen sowie
- auf eine interessante Information aufmerksam zu machen.

So gesehen, ist der Eindruck zu relativieren, es handle sich bei der »Telefonakquise« um ein kosten- und zeitintensives Instrument. Vielmehr erleichtert der Telefonkontakt den persönlichen Verkauf erheblich, indem er ihn begleitet und unterstützt – und somit hilft, dort Zeit und Geld zu sparen! Dass viele Trainer offenbar »auf dieser Klaviatur spielen«, freut uns zu hören. Unser Praxiserleben ist ein anderes. Häufig gilt es innere Widerstände zu überwinden, begründet unter anderem durch Folgendes:

- Am Telefon fehlt der visuelle wie der kinästhetische Kontakt – und somit weitestgehend der nonverbale Teil der Kommunikation.
- Entsprechend tun sich sogar viele eigentlich exzellente Verkäufer schwer(er), weil sie am Telefon ihre Botschaft weder mimisch noch gestisch unterstützen und ihr Gegenüber schwerer einschätzen können.

- Die eigenen Trainings- und Kursthemen sind völlig andere als Verkaufen und/
oder Kommunikation, beispielsweise Wissensvermittlung in den Bereichen EDV,
Sprachen, Natur – und so fehlt jeglicher Bezug zum Verkaufen.

Der Gedanke, mithilfe eines Telefonats neue Kunden zu finden, liegt deshalb manchen Kollegen genauso ferne, wie dieses »Tele-fonat« ja ein »Fern-gespräch« ist …
Doch bevor Sie aktiv zum Hörer greifen (lassen), um vorhandene Kontakte und potenzielle Kunden anzurufen, nutzen Sie zumindest eingehende Telefonate für Ihren
Vertrieb.

Reaktives Telefonmarketing

Auch wenn Sie den Anruf Ihres Kunden oder eines Interessenten annehmen, ist dieses
Businesstelefonat bereits »Telefonmarketing«, jedenfalls sollte es in diesem Sinne professionell geführt werden. Das beginnt bei Ihrer Meldeformel, geht weiter zum Text
Ihrer Voicebox (»Anrufbeantworter« oder T-Net-Box) bis hin zur Vertretung
(s. S. 236 ff.). Immer gut erreichbar zu sein, dabei hilft auch eine Rufweiterleitung, wie
sie von den Telekommunikationsfirmen angeboten wird. Beachten Sie dabei, dass bei
Weiterschaltung – zum Beispiel auf Ihr Handy, wenn Sie unterwegs erreicht werden
wollen – eine Gebühr sowie die Gebühr Ihres Netzbetreibers fällig werden: Da Ihr Anrufer nicht weiß, dass er auf eine Weiterleitung trifft, darf ihm der Mehrpreis nicht
aufgebrummt werden … Erkundigen Sie sich bei Ihrem Anbieter. Es gibt inzwischen
Modelle, bei denen Festnetz- und Handynummern zusammengeschaltet werden und
Sie ohne Mehrpreis hier oder dort erreichbar sind, je nach Ihrem derzeitigen Aufenthaltsort!

Wenn Sie sich vertreten lassen oder wenn größere Unternehmen bundesweit für
Anrufer günstig erreichbar sein wollen, sind 0180-Nummern hilfreich: Zentral von
überallher gilt der gleiche Preis für den Anrufer, egal ob Sie direkt oder Ihre Vertretung erreicht werden, schlicht durch vorgegebene Schaltung zu bestimmten Zeiten.
Das kann dann zum Beispiel so aussehen:

- Montag bis Freitag 9–12 und 15–18 Uhr: Ihre normale Telefonnummer.
- Montag bis Freitag 8–9, 12–15 und 18–20 Uhr: Ihr Dienstleister.
- Außerhalb dieser Zeiten Anrufbeantworter (Voicebox) mit Text entsprechend Ih-
ren Vorgaben, also täglich 20–8 Uhr sowie samstags und sonntags ganztägig.

Fragen Sie die Deutsche Telekom nach den aktuellen Tarifen für die unterschiedlichen
Nummern, die via fünfte Stelle gesteuert werden, also etwa 0180er- bis 01805er-Num-
mern, im Internet erfahren Sie mehr unter www.t-com.de.

Gerade größere Unternehmen leisten sich 0800er-Nummern, die für den Anrufer
gratis sind. Das bedeutet, Sie übernehmen die Kosten des Anrufers, wenn Sie eine solche Nummer nennen. Warum kann sich das lohnen? Sie haben jedenfalls zufriedene(re)
Kunden, wenn diese – gerade im Reklamationsfall oder bei einem ersten Interessen-

tenkontakt – gratis telefonieren können. Auf diese Weise provozieren Sie mehr eingehende Anrufe, die Sie selbst wieder vertrieblich nutzen können: Jeder persönliche Kontakt zusätzlich ist wertvoll, auch via Telefon!

Einen Mix aus Vertrieb und Inhaltsvermittlung stellen Beratungs- und Trainingshotlines via 0900er-Nummern dar: Hier erhalten Sie als Betreiber einen mehr oder weniger großen Anteil der von der Telekom kassierten zeitabhängigen Gebühr. Die Zulassungsbestimmungen dafür sind in der letzten Zeit deutlich verschärft worden, um so Abzocker ähnlich den Sexhotlines ausschließen zu können. Zu derlei Mixangeboten zählen wir auch Minitrainings für PC und/oder Handy, wie sie etwa von Frohmut Menze (www.studymobile.de) angeboten werden (s. S. 71). In Japan ist das längst gang und gäbe – wie das Lesen und Hören kleiner Belletristikeinheiten via Handy. Hier hat Deutschland noch Nachholbedarf: Orientieren Sie sich jetzt, um rechtzeitig mit »auf den Zug zu springen«, wenn die Nachfrage steigt!

Zusatzverkäufe: Cross-Selling und Up-Selling

Wann immer ein (Telefon-)Gespräch stattfindet, sollte »nebenbei« ein möglicher Mehrumsatz angedacht sein. Ob Sie versuchen, unabhängig vom Anrufgrund Ihres Gesprächspartners ein Verkaufsgespräch aus diesem Kontakt zu machen, hängt von verschiedenen Umständen ab. Dazu gehören jedenfalls:

- Haben Sie das Gefühl, der Anrufer steht unter Zeitdruck oder ist eher »locker«? Das hören Sie heraus, etwa durch Luftholen des anderen, während Sie sprechen – oder er hat es Ihnen gleich eingangs des Telefonats gesagt.
- Ist der Angerufene (Sie, Ihre Telefonzentrale, Ihre Vertretung) darauf vorbereitet, ein Angebot ins Gespräch zu bringen – oder wüsste er gar nicht so recht, worauf er den Anrufer ansprechen sollte?
- Können Sie sich selbst die (überschaubar kurze!) Zeit nehmen und das Telefonat um eine »Angebotseinheit« verlängern? Wenn Sie eben einen Besucher um Verständnis gebeten haben, den Anruf entgegenzunehmen, vermeiden Sie, dessen Bereitschaft über Gebühr in Anspruch zu nehmen.

Und wieso ist der Verkaufsaspekt beim »Inboundtelefonat« unabhängig vom Anrufgrund? Werfen Sie einen Blick auf die folgende Liste möglicher Anlässe Ihres Anrufers:

- *Information:* Da erwartet Ihr Anrufer geradezu, umfassend informiert zu werden – erfüllen Sie Ihre Pflicht!
- *Reklamation:* Zunächst müssen Sie natürlich das regeln, was der Anlass für den Anrufer war, zum Telefon zu greifen. Danach ist seine Bereitschaft hoch, wieder bei Ihnen zu kaufen – und zwar höher, als wenn er keinen Reklamationsgrund gehabt hätte. Das beweisen Untersuchungen immer wieder. Nochmals: Voraussetzung ist, seine Beschwerde ist aufgelöst, er ist bestens zufrieden.

- *Kontakt halten:* Wenn jemand interessiert ist, diese geschäftliche Beziehung auf-rechtzuerhalten, aufzufrischen oder gar zu vertiefen, gehören »Geben und Neh-men« dazu. Natürlich möchte ich als Ihr Anrufer wissen, was Sie Neues zu bieten haben. Ob ich Ihnen »das abkaufe« (im positiven Sinne der penetrant-vergnügli-chen Fernsehspots vom Media-Markt, die im Herbst 2008 liefen), ist dann ein zweiter Schritt!
- *Beratung gewünscht:* Hier kommt es besonders gut an, wenn Sie die Chance nut-zen, Ihrem Gesprächspartner mal ein »Downselling« bieten zu können, also ein günstigeres Angebot, als er das eigentlich erwarten konnte – siehe dazu »Nach-lässe« im Kapitel *P 3: Preis.* So schaffen Sie eine exzellente Basis für einen darauf folgenden Mehrverkauf!
- *Angebot erwünscht:* Auch hier gilt es, die Wünsche des Anrufers umfassend zu er-füllen – und die berühmte »Meile mehr« zu gehen. Wem die Information über ein neues Seminar ABC fehlt oder über den Kurs BDE, der endlich wieder durchge-führt werden kann, wird später vielleicht perplex bis unwirsch sein, dass ihm diese Info vorenthalten worden ist. Ablehnen kann er immer noch …
- *Falsch verbunden:* Ja, das meinen wir ernst! Denn aufgrund der erhaltenen Infos hat der Anrufer »wieder etwas gelernt«, statt umsonst falsch gelandet zu sein. Und was ist schon alles aus Zufallskontakten entstanden …

Sie sehen, »Darf es ein bisschen mehr sein?« ist eine Frage, die Sie im Grunde immer stellen können, wenn auch möglichst anders formuliert als beim Tante-Emma-Metz-ger an der Ecke. Etwa in dieser Art:

- »Danke dafür, Herr XYZ! Wenn wir gerade im Gespräch sind – kennen Sie denn schon unser neuestes Seminar für ABC? … In welcher Form soll ich Sie dazu näher informieren? … Mache ich gerne! Einverstanden, wenn ich Ihnen ein paar Sätze gleich noch am Telefon dazu sage? …«
- »Vielen Dank für Ihr Verständnis, Herr XYZ! Ich bin froh, dass ich das so für Sie regeln konnte – das passt jetzt so für Sie? … Da fällt mir ein Stein vom Herzen, sage ich Ihnen! Hmm – vielleicht kann ich Ihnen gleich noch etwas Gutes tun: Wir haben jetzt neu ABC im Programm, das könnte für Ihre … doch interessant sein, oder? … Dann würde ich Ihnen als ›Goodie‹ einen spürbaren Nachlass geben, so-zusagen als kleinen Ausgleich – wollen Sie es sich überlegen? Muss ja nicht gleich morgen sein … Soll ich Ihnen nähere Informationen dazu mailen? …«
- »Schön, mal wieder von Ihnen gehört zu haben, Herr XYZ! Und damit es bis zum nächsten Mal weniger lang dauert, überlege ich gerade – das könnte Sie interessie-ren: Jetzt gibt es bei uns auch ABC, davon hatte ich noch nichts erzählt, oder? Soll ich Ihnen …?«
- » … Was sonst kann ich für Sie tun? … Könnte ein Thema ABC für Sie interessant sein – oder für wen sonst in Ihrem Hause?«
- … und in jedem Fall abschließend: » … Dann machen wir das wie vereinbart: Sie erhalten von mir … Dann melde ich mich wieder – sagen wir am … – so um die Uhrzeit wie jetzt, was meinen Sie?« usw.

Aktives Telefonmarketing

Was uns letztlich zum nächsten Schritt führt, dem »Outbound-Telefonmarketing«: Wenn Sie alle diese Wege gehen und die Chancen eines Telefonats nutzen, ist der Weg vom reaktiven (Inbound-)Telefonat zum aktiven (Outbound-)Anruf ein kurzer: Wenn Sie sich vor Augen führen, was alles in einem solchen Dialog besprochen und letztlich zu Ende geführt werden kann, sollten Sie möglichst rasch tun, was laut Berneckerstudie (s. S. 160 f.) ungefähr jeder zweite Trainer bereits tut: das Telefon als wertvoll(st)es Vertriebsinstrument nutzen! Denn das alles sind Vorteile für *alle* Beteiligten:

- In kurzer Zeit im Dialog wechselseitig Angebot und Nachfrage klären.
- Frei von Reisewegen und langfristiger Planung eines Termins.
- Rasch wieder aufgreifbar, wenn der aktuelle Termin dem Angerufenen gerade weniger passt – und ein konkreter Termin kann sofort vereinbart werden.
- Weitaus kostengünstiger als ein persönliches Gespräch, sei es im Haus eines der beiden Gesprächspartner, sei es auf einer Messe.

Klar ist, dass bei einem in aller Regel erklärungsbedürftigen und eher hochpreisigen »Produkt« wie einer Weiterbildungsmaßnahme irgendwann im Laufe der Entscheidungskette ein persönlicher Kontakt stehen wird. Doch mit gut geplanten und in angenehmer Gesprächsatmosphäre zielgerecht geführten Telefonaten lässt sich vieles klären:

Ziele (s. auch *Zielfächer*, S. 348 f.).
- *Marktforschung:* Welches Unternehmen hat zu voraussichtlich welchem Zeitpunkt Bedarf zu welchen Themen für wie viele Mitarbeiter welcher Funktion und Position?
- *Qualifizieren:* Mit wem konkret über was sprechen? Wie ist dieser Mensch ins Unternehmen eingebunden?
- *Aktivieren:* Aus einer lockeren Internet-/Mailanfrage einen »heißen« Interessenten machen – etwa eine Privatkundin, die sich für den VHS-Kurs »Zurück ins Berufsleben für Frauen ab 40« interessiert, der auch von der Bundesagentur für Arbeit gefördert wird.
- *Reaktivieren:* Der ehemalige Teilnehmer am Excelkurs könnte doch interessiert sein, die Fortsetzung zum neuen Softwarerelease (also der aktuelleren Version, brandneu upgedatet) näher kennenzulernen.
- *Terminieren:* Besuch, Messe, Infotag …
- *Verkaufen:* kleine Schnuppereinheit, Teilnahme eines Mitarbeiters beim öffentlichen Seminar, ein Seminarmedium.
- *Beziehungspflege:* Welcome-Ecke, Service-Qualitäts-Abfrage, Gratulation zu Geburtstagen und anderen Gelegenheiten.

»*Kundenzufriedenheit*«. Die ist zum Beispiel ein Thema, aus dem Weiterbildner sehr viel für ihre Vertriebsarbeit ziehen können. Hier haben Sie ein Instrument an der Hand, das Ihnen mit geringem Aufwand viele Informationen liefert: Im Rahmen von Evaluation oder Bildungscontrolling lassen sich günstig Fragen einbauen, mit deren Hilfe Sie besser für künftige Angebote planen können. Doch Vorsicht, es ist ein differenzierendes Betrachten erforderlich, um die Kosten-Nutzen-Relation für Ihre Investition in die Kundenzufriedenheit zu bewerten:

- Erfüllen Sie die Basisanforderung? Ansonsten entsteht extreme Unzufriedenheit – also ein absolutes Muss! Das ist sozusagen die »Pflicht« Ihrer Dienstleistung.
- Erfüllen Sie die Leistungsanforderung? Sollkriterien entsprechen dem, was Ihr Kunde als bewusste Erwartung hegt. Je mehr davon erfüllt ist, desto höher die Kundenzufriedenheit! Jetzt geht es um die »Kür« …
- Erfüllen Sie die Begeisterungsanforderung? Die berühmte »Meile mehr« ist das, was Ihr Kunde gar nicht erwartet, jedoch höchst erfreut zur Kenntnis nimmt. Somit sind Sie bei der »Ehrenrunde« angelangt, im positiven Sinne!

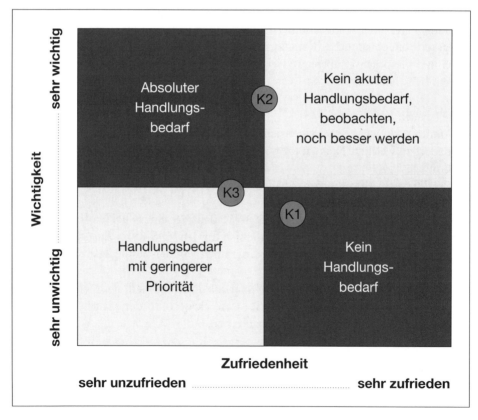

Leistungserreichung und -erfolg

Renate Vochezer (Unternehmensberaterin im Allgäu und Hochschuldozentin unter anderem in Berlin, dazu Vizepräsidentin »Forum Werteorientierung in der Weiterbildung«, www.forum-werteorientierung.de) schrieb im Trainerkontaktbrief (1/09, S. 30): »Kundenzufriedenheit ist mehr als ein gutes Feedback.« Sie arbeitet sehr schön heraus, dass es zwei Dimensionen dieses Maßstabs gibt: zum einen, wie zufrieden Ihr Kunde mit der gebotenen Leistung ist, zum anderen, wie wichtig (oder weniger wichtig) dieses Kriterium für ihn ist. Sie entwickelt eine Tabelle, die ein direktes Ablesen des Zusammenhangs ermöglicht – und eine Matrix als Kombination aus Zufriedenheit (horizontal) und Wichtigkeit (vertikal).

Die Matrix auf der gegenüberliegenden Seite bildet direkt ab, ob Handlungsbedarf besteht – was jedenfalls dann der Fall ist, wenn sich für einen Kunden der Status im Quadrat links oben ergibt, also »sehr wichtig« verbunden mit »sehr unzufrieden«. Am wenigsten dann – je nach Ihrer Interpretation –, wenn ein Kundenfeedback im Quadrat rechts unten »landet«, also in der Kombination »sehr zufrieden« und »sehr unwichtig«, da passt alles! Allerdings könnten Sie auch der Meinung sein, dass es sich hier um eine Fehlinvestition handelt. Dann wäre Ihre mögliche Konsequenz, den Aufwand zurückzuschrauben – und das Feld »kein Handlungsbedarf« nach rechts oben zu verschieben … (mehr dazu können Sie erfragen unter rv@vochezer-trilogo.de).

Aktionsbeispiel: Seminaranbieter qualifiziert neue Kontakte

Das ist vielleicht eine Situation, wie Sie sie gut kennen: Ein Trainingsformat hat »eingeschlagen«. Im konkreten Beispiel hat der Anbieter – ein Consultingunternehmen – sehr gute Erfahrungen mit einem niedrigpreisigen Tagesseminar gemacht, das für bestehende Kontakte öffentlich wie auch bei größeren Firmen inhouse abgehalten wird. Das Ziel hierbei: aus dem Tagesseminar heraus mehrtägige Inhouseseminare sowie Beratungsaufträge zu generieren, erreichbar durch Problemfindung und Lösungsansätze, die beim »Testtag« entwickelt werden. Bisher kamen drei Trainerinnen zum Einsatz, jedoch nur in größeren Abständen: Die weiteren Aktivitäten wurden durch Seniortrainer oder Seniorberater ausgeführt. Das Ziel war, dieses Einstiegsformat »auszurollen« und zum Selbstläufer zu machen. Laut Briefing sollten primär »kleinere KMUs« angesprochen werden, konkret: Selbstständige, Freiberufler, Firmen mit bis zu 50 Mitarbeitern, zunächst an Adressaten »in einem 50-km-Radius ausgehend vom Sitz des Unternehmens, zugleich Seminarort«. Im Test kam der umseitige Gesprächsleitfaden (s. S. 416 f.) zum Einsatz (hier im Original, allerdings anonymisiert), der in mehreren Stufen optimiert wurde:

Das Ergebnis: Die Ausweitung auf einen »Massenmarkt« in dieser Form scheiterte. Zwar wurden »genügend« Interessierte motiviert und gefiltert, doch hätte die Umsetzung auf konkrete Teilnahme am Seminar offenbar zu lange gedauert. Da dies nur einen Zweitnutzen für das Consultingunternehmen dargestellt hätte, wurde die Aktion gestoppt – bedauerlich für die damit weiterhin nur unregelmäßig eingesetzten Trainerinnen.

Leitfaden Bildungsanbieter

Phase	Schlüsselformulierung	Vertiefung
Einstieg	Schönen guten Tag, Vorname/Name für die Firma ABC in XYZ. (Anrede/Name), wenn es um die Weiterbildung vor allem Ihrer Führungskräfte geht – also Abteilungsleiter zum Beispiel – spreche ich darüber mit Ihrem Geschäftsführer – oder wer sonst im Haus ist dafür verantwortlich? (Name, Funktion, Durchwahl)	Für wen in Ihrem Haus käme das infrage? Wen würden Sie schicken? Wer von Ihren Leitenden ist öfter auf Fortbildung?
Anknüpfen	Schönen guten Tag, Herr (Frau) …, Ihre Frau (Ihr Herr) … hat mir empfohlen, mit Ihnen darüber zu sprechen: Es geht um die einmalige Chance für Ihre Führungskräfte, vom Know-how internationaler Großkonzerne zu profitieren. Wem Ihrer Leitenden würden Sie eventuell einmal ein solches Dreitageseminar gönnen?	Weiterbildung für Führungskräfte, die bisher ausschließlich bei Großkonzernen hausintern durchgeführt wurde
Nutzen (Bedarf)	Lassen Sie mich fragen: Ist denn die externe Weiterbildung Ihrer Leitenden grundsätzlich ein wichtiges Thema für Sie? Welchen Wert würden Sie ihr einräumen, auf einer Skala von 1 (kaum) bis 5 (äußerst wichtig) – 1, 2, 3, 4 oder 5?! (…) Aha – da folgt natürlich die Frage, wie viele Euro geben Sie denn im Durchschnitt je Führungskraft monatlich für Weiterbildung aus? Manche Unternehmen machen das über ein 14. Gehalt – andere frei nach Wahl. Würden Sie sagen, eher unter 500 Euro im Monat je Leitenden – oder 500–1.000 oder mehr als 1.000 Euro? Nun, dann wäre das Kernseminar mit drei Tagen für Ihre Führungskräfte das Investment von … Monaten.	(Passt es Ihnen jetzt, einige Minuten … – oder wann in der nächsten Stunde?!) Käme für Sie dann eher noch der Termin im (April) infrage – oder eher der im … – vorausgesetzt, ich kann Sie überzeugen?!
Antworten (auf Einwandfragen)	Welche Fragen darf ich Ihnen beantworten? (Wer ist ABC?) ABC ist die international tätige Unternehmensberatung, deren Partner einige Jahre intensiv mit dem amerikanischen Schulungsguru xy gearbeitet haben. ABC schult unter anderem die Führungskräfte der PQR international (Wer steckt dahinter?) Vorname, Name und weitere Partner in Augsburg, Brüssel, Boston.	… die meisten meiner Gesprächspartner möchten einige weiterführende Informationen vorab – zum Beispiel: (dann ganz kurz »präsentieren«). Danke für die Frage! Ich sehe, Sie sind am Thema interessiert – soll ich Ihnen die aktuelle Kurzinfo zukommen

Antworten (auf Einwand- fragen) (Forts.)	(Wer trainiert?) Erfahrene Trainer der ABC, die unter anderem selbst in den USA ausgebildet wurden	lassen und wir sprechen dann sofort wieder, wenn Sie die vier Seiten gele- sen haben? (Lieber per Fax, Post oder E-Mail?) (Daten!) (Wiederanruf)
	(Was kostet das?) Abhängig vom Semi- narthema und -umfang beginnt das bei 310 Euro netto. Das Kernthema »…« mit drei Tagen liegt bei 1.140 Euro inklusive Material und Mittagessen – pro Tag umge- rechnet 380 Euro. Das kostet eine Stunde Coaching …	
	(Was ist der Inhalt?) Ziel ist, das Handeln von Unternehmen und Menschen bewusst zu machen. Daraus die Ziele des Unter- nehmens abzuleiten, die eigenen zu defi- nieren und beides in Einklang zu bringen.	
	(Welche anderen Seminare bieten Sie an?) (Liste bereitliegen haben!)	
Vereinbarung und Abschied	Dann machen wir das wie vereinbart: (Ich schicke/faxe/maile Ihnen • Prospekt ABC • Termine • Bestätigung) (Ich rufe Sie wieder an am … ungefähr um … Uhr.) Vielen Dank für das Gespräch, schönen Tag noch!	Im Sonderfall = wenn gegebenenfalls mehre- re Führungskräfte zum Seminar: Geschäftsführer oder Entscheider Gratis- teilnahme (nur Essen ist zu bezahlen) oder ähnli- che Vergünstigungen.
Danach: Notizen, to do, Wieder- vorlage		Beachten: Adressen nur »Ihrer« Branche! Termine prüfen, ob Gratisbesuch möglich; gegebenenfalls … Teilnehmer?

Die Konsequenz: Das Unternehmen konzentrierte sich auf die auf anderen Wegen ge- wonnenen Kontakte. Was zeigt: Nicht immer ist das Telefon optimal geeignet, in ei- nem engen Zielgruppenkonzept funktionierende Aktionen massenhaft auszuweiten. Was auch dafür spricht, mindestens eine weitere Möglichkeit in der Hinterhand zu haben … – Später setzte dann einer der Gesellschafter (nach seinem Ausscheiden) ein ähnliches Konzept erfolgreich um, indem er sich zwar auf das Seminargeschäft kon- zentrierte, jedoch bei Thema wie Zielgruppe eine klare Nischenstrategie fuhr.

Tipp: Als Sonderleistungen finden Sie zum Download einen ausführlichen Artikel zum Thema »Seminare per Telefon verkaufen« als PDF-Datei sowie ein Radio- interview als mp3-Datei von Radio Salü, das Klaus Dittrich mit Hanspeter Reiter zum Thema »Effektiv telefonieren« führte.

Ihr Verkaufsgespräch

Hanspeter Reiter

So gehen Sie vor, um Ihr Gespräch zu führen. Zielgerichtet und voller Empathie!

Die konkreten Hinweise nehmen im Grunde all das auf, was Sie hoffentlich in Ihren Trainings bereits anwenden, in Ihrer Rolle als Trainer, Dozent, Berater. Wie eingangs des Kapitels diskutiert, findet sich vieles davon eben in der Rolle des Verkäufers, in seinem Verhalten wieder. Auch wenn Sie primär Wissen vermitteln, statt Verhaltenstrainings zu geben, nutzen Sie die folgenden Methoden erfolgreich, die Sie sich auch für Ihre Verkaufsverhandlungen bewusst machen können:

- Lernen Sie Ihren Gesprächspartner kennen – und seine Bedürfnisse! Fragen stellen. Stichworte: Fragestrukturen und wie Sie sie anwenden.
- Stellen Sie sich vor – so, wie es Ihrem Gegenüber hilft! Argumente einsetzen. Stichworte: Argumentenkoffer wird Argumentenfächer – für gezielten Einsatz.
- Begründen Sie Ihre Aussagen! So werden Sie glaubhafter und wirken überzeugender.
- Geben Sie Feedback! Einwandfragen beantworten. Stichworte: Warum Einwände so wichtig und hilfreich sind. Wie Sie Übergänge schaffen – und weiterführende Antworten geben.
- Hören Sie (aktiv) zu! (Kauf-)Signale aufnehmen. Stichworte: Zum richtigen Zeitpunkt nach dem Auftrag fragen; sich selbst zurücknehmen; Zauderer und Zögerer aktivieren; Zu-viel-Redner bremsen.
- Kleiden Sie Ihre Botschaft in Geschichten! Storytelling im Verkauf. Stichworte: Erzählen von Geschichten ist wie PR – lassen Sie andere für sich sprechen und werden Sie so glaubwürdig(er).
- Machen Sie Ihre Leistung be-greifbar! Haptik aktiv einsetzen. Stichworte: Wie Sie Kinästheten ins Boot holen; so wird auch abstrakte (Weiter-)Bildung erlebbar.

In den nächsten Kapiteln diskutieren wir diese Bereiche im Einzelnen. Nehmen Sie auf, was Sie für sich und Ihre Vertriebsarbeit einsetzen möchten, um (noch mehr) Erfolg zu haben. Und überlegen Sie, was Sie konkret einsetzen können, weil die eine oder andere Vorgehensweise Ihrem »Typus« entspricht. Wenn Sie sich selbst in diesen Themen als fachlich bestens versiert erleben, überspringen Sie entweder das entsprechende Teilkapitel – oder prüfen kritisch, inwieweit diese Tools, Tipps und Gesprächstechniken dem entsprechen, was Sie bisher erlebt haben!

Ihr Verkaufsgespräch: Fragen stellen – und aktiv hinhören!

Die ersten Sekunden entscheiden über den Gesprächsablauf, ob vis-à-vis oder am Telefon: »Für den ersten Eindruck gibt es kaum eine zweite Chance«, sagt der Volksmund, von uns ein wenig abgeschwächt. Stellen Sie deshalb sicher, »unausgesprochene Hörerfragen« sofort zu beantworten, vor allem am Telefon; dazu gehören:

- Wer ist das? Von wo ruft er an? Welche Firma?
- Wieso mich? Was ist der Grund?
- Was habe ich davon? Meine Firma?

In einer solchen Formel zum Gesprächseinstieg ist alles enthalten: »Schönen guten Tag, Herr ABC – ich bin Vorname Name Firma in Ort. Bin ich bei Ihnen richtig, wenn es um XYZ geht – oder mit wem sonst sollte ich darüber sprechen?« Passen Sie den Satz an, »wie Ihnen der Schnabel gewachsen ist«. Sie können ihn ähnlich durchaus auch dann einsetzen, wenn der erste Kontakt ein persönlicher ist, etwa auf einer Messe. Bei Netzwerktreffen und anderen eher unverbindlichen Runden dauert das Anwärmen etwas länger.

Womit wir beim Small Talk wären: Eher zuletzt als Ausklang einer Verhandlung oder doch gleich zu Anfang eines Gesprächs? Welche Themen? Entscheiden Sie das situativ. Natürlich fällt das Kennenlernen leichter, wenn zunächst über »Unverdächtiges«, Nichtfachliches gesprochen wird, ähnlich dem Beschnüffeln von Tieren. Wie lange ein solches »Vorgeplänkel« dauert, hängt immer von beiden (oder mehreren) Beteiligten ab, ebenso die Themen. Auch und gerade in der Kennenlernphase hilft es, zu fragen.

Fragestrukturen

Lassen Sie uns kurz beleuchten, welche Art von Fragen je nach der Situation am ehesten zielführend ist.

Mit W-Fragen öffnen. Die deutsche Sprache hat Fragewörter, die alle mit einem »w« beginnen – und einen kompletten Satz, eine ausführliche Aussage zur Folge haben – meistens jedenfalls. Sie finden diese Fragen im PR-Kapitel (s. S. 285 ff.) als hilfreiche Struktur, welche Fragen von Lesern ein Artikel oder ein Bericht in den Medien rasch beantworten sollte, um wirklich gelesen zu werden. Dies sind die Ziele für den Einsatz von W-Fragen:

- Sie möchten Ihrem Gesprächspartner vermitteln, dass Sie ihn ernst nehmen und wertschätzen. Ein Dialog entsteht.
- Sie möchten eine ehrliche Aussage erhalten, auf die Sie mit Ihrem Angebot aufbauen können.

- Ihr Ziel ist es, Informationen zu bekommen, die Sie – und den anderen – in dieser Verhandlung voranbringen.

Dann setzen Sie Fragewörter dieser Liste ein:

- Was …? »Was hat Sie bewogen …?« – auch: »Welche Themen …?«
- Wie …? »Wie gehen Sie bisher vor, um …?« – auch »Auf welche Art …?«
- Wann …? »Immer mal vorausgesetzt, Sie möchten Ihren Führungskräften … – wann wäre aus Ihrer Sicht der richtige Zeitpunkt …?« – auch: »Wie lange …?«
- Wer …? »Schön, dass Sie …! Wer sonst …?« – auch: »Für wen …?« oder »Wen sollten wir …?«
- Wo …? »Wo finden denn üblicherweise Ihre Fortbildungen statt – hier im Haus – oder wählen Sie eine externe Tagungsstätte, um so …?« – auch: »Welche Räume …?« oder »In welcher Region …?«.

Selbst bei einer eigentlich kurzen Antwort fühlt sich Ihr Gegenüber in aller Regel bemüßigt, die Gründe zu erläutern, etwa zu »wo?«: »Ach, wir bleiben immer im näheren Umkreis. Das hat den Vorteil, dass wir erheblich an Reisekosten sparen – und an Reisezeiten. Da sind die Teilnehmer vergleichsweise kurz von ihrem Arbeitsplatz weg …« Fehlt die Begründung – etwa, weil Ihr Gesprächspartner vom Typ her eher zurückhaltend ist –, fragen Sie nach: »Aha, darf ich fragen: Was ist der Grund dafür?« Vermeiden Sie »Warum-Fragen«!

Nun, lieber Leser, welche W-Fragen wollen Sie konkret stellen, in Ihren nächsten Verkaufsgesprächen, passend zu Ihrem Vorgehen und Ihrem Angebot? Was wird Ihnen helfen, möglichst viele Informationen zu erhalten und so im Gesprächsdialog zielführend rasch voranzukommen?

Was .... ?

Wie .... ?

Wann .... ?

Wer .... ?

Wo .... ?

Welche, welcher, welches .... ?

»Ja« durch schließende Fragen erreichen. Wenn Sie eine klare und kurze Aussage wünschen – möglichst ein »Ja« für einen Schritt näher zum Auftrag –, stellen Sie eine Frage ohne Fragewort. Im Deutschen wird das durch ein doppeltes Signal (»Marker«) deutlich: die Satzstellung – das Verb am Satzanfang –, und weil das auch beim Imperativ – der Aufforderung – der Fall ist, durch eine hebende Intonation am Satzende, in der Schrift durch das Fragezeichen. Beispielsweise:

- »Wünschen Sie …?« oder »Möchten Sie …?«
- »Ist es für Sie interessant …?« oder »Wäre es für Sie eher machbar …?«
- »Setzen Sie auch … ein?« oder »Lösen Sie es zum Beispiel dadurch, dass Sie …?«
- »Kommt für Sie infrage …?« oder »Nehmen wir mal an, Sie … – sollte dann …?«
- Kontrollfragen: »Habe ich Sie richtig verstanden: …?« oder »Verstehe ich richtig, Sie möchten …?«
- Alternativfragen: »Passt es Ihnen besser am … um … Uhr – oder sollten wir lieber einen Termin am Nachmittag finden?«

Viele weitere Varianten fallen Ihnen dazu ein. Notieren Sie sich auf einen Zettel einige aus Ihrer Praxis, damit Sie sich so eine Fülle von Möglichkeiten bewusst machen.

»*Fragwürdige*« Fragen. Dazu gehören solche, die einen dialogischen Austausch eher stören als ihn zu fördern – und jene, die zwar zu einem (scheinbaren) kurzfristigen Erfolg führen, langfristig jedoch negativ wirken. Das sind die wichtigsten:

- *Warum-Fragen:* Diese Art der W-Frage wird gelegentlich als »investigativ« erlebt, also wie bei einem Verhör durch die Polizei. Ersetzen Sie dieses Fragewort durch »wozu« oder »wodurch«, schon ist das Gefühl Ihres Gesprächspartners positiv oder zumindest neutral!
- *Suggestivfragen:* Haben Sie bestimmt schon gehört, etwa in Talkshows – zum Beispiel: »Sie sind doch bestimmt auch der Meinung wie ungefähr drei Viertel der Branche, dass … – oder?!« Auf diese Frage kommt meist ein »Ja«, doch spätestens nach einigen Minuten merkt der Angesprochene, dass er manipuliert worden ist. Aus solchen Situationen entsteht dann etwa ein Widerruf für einen am Telefon abgeschlossenen Vertrag – wenig sinnvoll … Also lieber eine echte Antwort fordern, etwa so: »Eine Umfrage hat ergeben, dass etwa drei von vier Entscheidern der Branche meinen, dass … Wie geht es Ihnen denn damit?«, oder so ähnlich.
- *»Ja-Straße«:* In klassischen Verkaufsseminaren wurde empfohlen, durch eine Kette von schließenden (»geschlossenen«) Fragen eine Ja-Antwort des Verhandlungspartners an die vorherige anzuschließen – und abschließend eine Frage zu stellen wie »Dann möchten Sie also XYZ Ihr Eigen nennen?!« Die Hoffnung – und Erwartung – war: Da kommt jetzt das finale Ja! Hmm – wenn das Ganze zu lange dauert, was rasch passieren kann, ist Ihr Gesprächspartner schon unwirsch, bevor Sie zur entscheidenden Frage gelangen … Ergo: Immer mal wieder öffnend fragen, dann fühle ich mich als Ihr Gefragter ernst genommen!

Fragen in Gesprächsphasen. Und wie steht es nun damit, unterschiedliche Fragearten im Laufe eines Gesprächs zielführend einzusetzen? So wirken Sie fragend am besten, weil den Dialog voranbringend:

- *Einstieg:* schließend, um so auf den Punkt zu kommen, etwa: »Bin ich bei Ihnen richtig, wenn es um XYZ geht – oder wer sonst …?!«

- *Bedarfsanalyse:* Mix aus schließend und öffnend; schließend zur Bestätigung, öffnend für weiterführende Informationen, etwa: »Wie gehen Sie vor, wenn es darum geht, Ihre Führungskräfte …?«
- *Präsentation:* schließend, als Kontrollfragen: »Ist das so in Ihrem Sinne?«
- *Einwandantworten:* öffnend, um den Dialog wieder aufzunehmen: »Wie klingt das für Sie?«
- *Abschluss:* eher schließend, um sicherzugehen: »Dann haben wir also vereinbart: … – ist das so in Ihrem Sinne?«

Das ist stark strukturiert, um Ihnen einen »roten Faden« an die Hand zu geben. Beachten Sie dabei, dass natürlich je nach Gespräch Fragen auch anders platziert sein können! Und immer geht es darum, die Antworten des Gesprächspartners auf- und damit wahrzunehmen. Wie manche Berater und Verkäufer erfolgreich »weghören«, indem sie schlicht jenes Hauptziel verfolgen, das im Kopf haben, das ihnen vielleicht »dringend nahegelegt worden« ist, zeigt die folgende Geschichte, die meine (damals knapp 80-jährige) Mutter erlebt hat (außerhalb der Bildungsbranche):

Situation: Ältere Dame kommt nach längerem Warten am Bankschalter an die Reihe und lässt sich Bargeld auszahlen.
Beraterin: So bitteschön, Frau R. – die Scheine so, wie von Ihnen gewünscht: … Übrigens können Sie jederzeit Bargeld vorne aus dem Automaten holen, dann sparen Sie Wartezeit – und können auch außerhalb der Schalteröffnungszeiten kommen!
Frau R.: Jaa, das weiß ich, dankeschön. Aber damit komme ich weniger gut zurecht …
Beraterin: Hmm, dann sollten Sie vielleicht unseren Telefonbankingservice nutzen, das würde Ihnen viel Lauferei ersparen …
Frau R.: ???

Eine interessante »Lösung« für das zunächst angesprochene »Problem«, das letztlich nur die Beraterin hatte … Dies als Beispiel für das, was Anbieter (und somit Verkäufer!) von Weiterbildung vermeiden sollten. Wenn Sie dagegen gut zuhören und die passenden Fragen gestellt haben, können Sie Ihre Argumente gezielt einsetzen.

Ihr Verkaufsgespräch: Argumente zielgerecht einsetzen

Natürlich haben Sie sich längst Gedanken gemacht und wissen genau, welche Gründe es gibt, Sie bei der Auswahl einer bestimmten Weiterbildung zu berücksichtigen und letztlich zu buchen. Haben Sie diese Argumente, mit denen Sie sich gegenüber Mitbewerber A einerseits, B oder C andererseits differenzieren, bereits in eine Struktur gebracht? Damit Sie situativ die passenden parat haben, empfiehlt es sich, sie zumindest aufzulisten.

Ihr Argumentenkoffer ist wohlgefüllt und in Schubladen unterteilt. Schließlich sollen Sie parat haben, was Sie zeigen wollen:

- *Produkt:* Themenfülle, spezielle Methode und einiges mehr.
- *Service:* Tools für Transfer, Extras inklusive, exzellente Räume …
- *Preis:* günstig durch …, im Vergleich zu …, Paketpreis …
- *Qualität:* Erfahrung, Zertifizierung, Feedbackergebnisse …
- *Innovation:* in dieser Form einmalig, verändert neu …

Wenn Sie Ihren Gesprächspartner vor der eigentlichen Verhandlung kennenlernen, tun Sie sich leichter, die passenden Schubladen griffbereit zu haben: Gespräche beim Netzwerken oder auf einem Kongress, Informationen über eine Empfehlung, Small Talk beim persönlichen Besuch zum Anwärmen … Aber auch das Web 2.0 bietet heute viele Chancen, den anderen vorab besser einzuschätzen: beispielsweise Blogs, Profil auf Xing und Beiträge in dortigen Foren, Äußerungen in Interviews als Podcast. Oder in den klassischen Medien, wie zum Beispiel Artikel in Fachmagazinen.

Ihr Argumentenkoffer wird zum Argumentenfächer. Statt eine Schublade nach der anderen zu ziehen und somit einen »Bauchladen« auszupacken, klappen Sie den Fächer nach und nach weiter auseinander. In diesem Bild wird deutlich, dass Sie so vermeiden, Ihren Interessenten zu überfrachten: Ein Koffer voller Argumente, der noch ausgepackt sein soll, um Himmels willen! Beim Fächer sehe ich die Argumente immer nach und nach, ohne zu ahnen, dass da noch ein Dutzend folgen könnte. Zugleich ist es einfacher, einen Fächer wieder nach und nach zuzuklappen und so erneut ein früher genanntes Argument zu zeigen: Ein passendes Bild!

Individualisieren Sie Ihre Argumente. Dies ist bedeutsam, denn diese sind je nach Gesprächspartner unterschiedlich wichtig! Was zu Herrn Oberhuber passt, dem es primär um ein günstiges Angebot geht, kann bei Frau Niedermaier völlig verkehrt sein: Bei ihr sind Qualität und Flexibilität entscheidend. Dazu finden Sie ausführliche Hintergrundinformationen in *P 2: Positionierung* (s. S. 87 ff.) oder auch in *P 3: Preis* (s. S. 125 ff.). Wie auch immer Sie Ihre Argumente auflisten, es gilt so oder so: Platzieren Sie gezielt maximal drei! Diese drei kann Ihr Verhandlungspartner gut verarbeiten. Alles was (deutlich) darüber hinausgeht, verwirrt, lenkt ab und führt eher zur »Qual der Wahl«. Deren Effekt kennen Sie: Die Entscheidung wird auf später verschoben – »Ich muss noch eine Nacht darüber schlafen, das verstehen Sie doch!« – und damit auf den Sankt-Nimmerleins-Tag.

Nehmen Sie Ihrem Kunden die Sorge, es könnte eine lange Tirade kommen, indem Sie ihm gleich den Umfang Ihrer Argumente ankündigen: »Hmm, Herr ABC, ich denke, für Sie sind vor allem folgende drei Aspekte wichtig: erstens … (Stichwort), zweitens … (Stichwort), drittens … (Stichwort). Denn erstens (Stichwort) bedeutet für Sie …«, und so weiter.

Das Nachfrage-Sog-System. Eine ähnliche Empfehlung gibt das Nachfrage-Sog-System: NFS-Tools. Dieses Werkzeug, von Anton Dostal entwickelt innerhalb des Strategieforums, basierend auf dem EKS-System (Engpass Konzentrierte Strategie), beinhaltet die sogenannte »Drei-Vorschläge-Methode«. Sie dient dazu, dem Gesprächspartner zwar die Entscheidung zu überlassen, jedoch gesteuert auf jene Variante, die für alle Beteiligten – aus der Sicht des Verkäufers – das Win-win-Ergebnis darstellt (vgl. nach StrategieJournal 04-08, S. 21 ff.):

 Lassen Sie Ihrem Kunden die Qual der Wahl!
»Immer« mindestens drei Vorschläge zur Auswahl erstellen:
Vorschlag 1 – Minimal
Vorschlag 2 – Optimal
Vorschlag 3 – Maximal
Gut sichtbar alle drei Vorschläge im Vergleich gegenüberstellen
Ergebniserfahrung … in vielen Branchen:
Vorschlag 1 – 7 Prozent
Vorschlag 2 – 55 Prozent
Vorschlag 3 – 38 Prozent
… bei 93 Prozent der Aufträge ein Mehrwertverkauf!

Was will der Kollege damit sagen? Im Allgemeinen tendieren Menschen dazu, den mittleren von drei Vorschlägen zu bevorzugen. Um diesen Effekt zu umgehen, wird in der Marktforschung häufig eine gerade Anzahl von Antworten vorgegeben (zum Beispiel vier statt drei oder fünf). Wenn Sie allerdings eben diesen mittleren Vorschlag präferieren, tun Sie genau das: Sie präsentieren drei Vorschläge und platzieren den gewünschten in die Mitte … (mehr dazu s. www.dialog-partner.com).

Sprechen Sie dabei Ihren Gesprächspartner an, statt von »man« oder »wir« zu reden. Dafür bietet die deutsche Sprache vielerlei Ansätze; die wichtigsten:

- »Sie« – also »Sie haben die Chance …« statt »… ~~hat man~~ die Möglichkeit«; natürlich geht auch »… bieten wir Ihnen …«.
- »Herr ABC« als direkte Anrede – der eigene Name ist jenes Wort, auf das wir alle unmittelbar aufmerksam reagieren! Achtung: Statt zu oft den Namen zu wiederholen, »Sie« einsetzen!
- Nutzen Sie die Funktion oder eine andere Gruppenzugehörigkeit, etwa in dieser Art: »Viele XYZ …« oder »Wer als XYZ vor der Situation steht …«. Vorsicht vor zu dickem Auftragen wie etwa »Viele XYZ ~~wie Sie~~ …« – das weiß der andere durchaus selbst, und sei es unbewusst.

Dabei hilft es schon, schlicht die Wörter im Satz umzustellen, um so die andere Person rascher einzubeziehen, zum Beispiel wird aus »Im Rahmen einer Aktion bieten wir nun Kunden und Interessenten die Möglichkeit, sich ohne Risiko kostenlos zu informieren. Auch Sie …« der Satz »Sie haben die Möglichkeit, sich unverbindlich gratis zu informieren. Das ist eine Aktion …«.

Bewusst anders gehen Sie vor, wenn Sie eine neutrale dritte Person ins Spiel bringen, also zitieren.

Storytelling. »Kleiden Sie Ihre Argumente in eine Geschichte!«, empfehlen gewiefte Verkaufstrainer ihren Teilnehmern. Die Idee dahinter ist ganz einfach: Mithilfe einer (kurzen!) Geschichte versteht der Zuhörer direkter, was gemeint ist – Abstraktes wird konkreter, damit fassbarer. »Geschichten erzählen« hat den Weiterbildungsmarkt als Methode inzwischen gut im Griff, siehe etwa Doug Stevenson »Die Storytheater-Methode: Strategisches Geschichtenerzählen im Business« (2008). Dazu kommen wir gleich nochmals ausführlicher, in einem eigenen Unterpunkt (s. S. 430 f.).

Den Typ Ihres Gesprächspartners berücksichtigen. Typologien gibt es eine Menge, auch für Ihr Marketing nutzbar, das klingt an mehreren Stellen in diesem Buch an. Sehr viel einfacher als manche komplizierten Systeme ist es, auf Kleinigkeiten zu achten:

- *Weichmacher einsetzen*: dann, wenn der andere zögert; direkte Kaufaufforderung würde ihn abschrecken.
- *Auffordern zum Tun*: passend zu einem »Entscheider«, dessen Sprache eine sehr direkte ist.
- *Beschleunigen*: Wenn Sie dem anderen »die Würmer aus der Nase ziehen« müssen, können Sie durch wiederholte öffnende Fragen das Gespräch beschleunigen.
- *Bremsen*: Einen Vielredner stoppen Sie, indem Sie sich bewusst zurückhalten, anstatt ihn durch Signale aktiven Zuhörens immer wieder aufzufordern, also sind Sie still. Oder Sie sprechen ihn mitten im Satz mit seinem Namen an: »Herr Schmidt!«

– er wird stoppen – und fahren mit einigen Worten fort, die er selbst gerade gesagt hatte. Auf diese Weise vermeiden Sie, dass er sich unterbrochen fühlt.

● *VAK:* Wie im NLP erarbeitet (s. S. 241 f.), die Schwerpunktsinne visuell, auditiv und kinästhetisch einsetzen, wenn Sie rasch auffangen, wie der andere »tickt«.

Dabei hilft Ihnen im persönlichen Gespräch neben verbalen Äußerungen auch die Körpersprache.

Körpersprache (Kinästhetik) gezielt einsetzen. Sie kennen das typische »Ja«-Signal – mit dem Kopf nicken. Zum einen lesen Sie daran ab, ob Ihr Gegenüber dazu tendiert, Ihnen zu folgen. Zum anderen können Sie selbst Einfluss nehmen, indem Sie bekräftigend mit dem Kopf nicken, während Sie sprechen. Der Trainerkollege Michael Kramer hat daraus ein Tool gemacht, das er zum Beispiel im Trainerkontaktbrief (1/09, S. 16), dem Mitgliedsmedium des Trainertreffens Deutschland TTD, vorstellt (s. auch www.trainertreffen.de): »Richtig nicken – ein unbekanntes Trainerwerkzeug«. Was er dort für den Einsatz im Training darstellt, lässt sich natürlich erst recht im Verkaufsgespräch einsetzen, etwa zu seinem »3R-Nicken« (runter-rauf-runter). Nun zu seinen Ausführungen:

● »Langsam ausgeführt heißt es: ›Sprich weiter.‹
● Schnell ausgeführt heißt es: ›Du hast recht, ich stimme dir zu.‹ …
● Mehrfach wiederholt, bedeutet es: ›Komm doch endlich auf den Punkt.‹ …
● Mit tiefem Ausatmen verbunden heißt es: ›Ich verstehe dich und weiß genau, wie es dir geht.‹
● Verständnis ausdrücken, meinen Standpunkt deutlich machen, Zustimmung einholen – es gibt viele Nutzen, die wir aus dem richtigen Nicken ziehen können.«

… und damit auch aus der Beobachtung des Nickens eines Verhandlungspartners! Zum Beispiel bedeutet »mehrfach wiederholtes Nicken« Ihres Gesprächspartners möglicherweise dies: »Das kenne ich schon alles, es langweilt mich.« – Er ist also eher ungeduldig. Darauf stoßen Sie besonders dann, wenn Sie zu viele Argumente bringen oder etwas bereits Ausgesprochenes einmal (zu viel) wiederholen (mehr s. www.kramer-trainings.de/nicken).

Empathie zeigen! »Unterm Strich zähl ich!« war 2008 der Leitslogan von Postbank und Ablegern. Jenseits dieser strikten Ego-Orientierung machen Sie mit den oben dargestellten Vorgehensweisen Ihrem Gesprächspartner vor allem eines deutlich: Es geht um *ihn* statt um Sie! Aktives Zuhören, Fragen stellen und verständliches Aufzeigen – etwa durch Geschichten – lassen ihn erleben: Ich bin gefragt! Das öffnet ihn am ehesten für Ihr Angebot.

Auch die folgenden weiteren Verhaltensweisen öffnen den Kunden für Ihr Angebot.

Ihr Verkaufsgespräch: Einwandfragen zielgerecht beantworten

Überzeugte Verkäufer freuen sich über jeden Einwand und verstehen kaum die Sorge mancher Mitmenschen, ein solcher könnte kommen: »Erst mit einem Einwand beginnt das Verkaufen!«, so ein versierter Vertriebskollege. Was meint er damit?

- Ein Einwand zeugt von grundsätzlichem Interesse – sonst könnte Ihr Gesprächspartner sich die Reaktion sparen.
- Jeder Einwand beinhaltet eine wertvolle Information – jetzt wissen Sie, worüber Sie mit dem anderen sprechen sollten, welches Argument ziehen könnte.
- Der Einwand erspart Ihnen Arbeit – Sie müssten sonst mühsam erfragen, womit Sie Ihren Kunden in den Dialog ziehen können.

So erfahren Sie also, welches Argument Sie auffächern sollten! Doch Vorsicht, Einwände erfordern, dass Sie auf den anderen eingehen, statt einfach ein Argument »dagegenzustellen«: Übergänge bestellen den Boden dafür, dass Ihre Argumente auf fruchtbaren Boden fallen! Wer einen Einwand bringt, möchte dafür wertgeschätzt werden.

Wertschätzende Worte wählen. Lesen Sie hier einige Vorschläge, wie Sie zunächst auf der Beziehungsebene reagieren sollten, um es »menscheln zu lassen«:

- »Aah, danke, dass Sie das so offen sagen!« oder »Oh ja, eine sehr berechtigte Frage!«
- Sie wiederholen in gleichen oder ähnlichen Worten, was der andere gesagt hat: »ABC und XYZ sind also wichtig für Sie!« oder »Sie meinen also, über ABC sollten wir uns genauer unterhalten?«
- Beziehen Sie ihn in eine Gruppe mit ein: »Diese Frage höre ich häufig« oder »Interessant, dass auch Sie danach fragen!«
- Oder fokussieren Sie die Einzelperson, gerade wenn Sie ein Gegenüber mit einem starken Ego haben, erkennbar beispielsweise durch viele Aussagen mit »Ich …«: »Das ist jetzt mal eine interessante Frage, die Sie stellen!« oder »Das wird eher selten angesprochen …«

Es fallen Ihnen bestimmt noch weitere wertschätzende Worte ein! Notieren Sie am besten gleich auf einem Blatt Papier, was Ihnen spontan in den Sinn kommt.

Welche wertschätzenden Worte als Übergang zu Ihrem Antwortargument Sie auch wählen, denken Sie an Folgendes:

- Manches Mal genügen kleine verbale Signale wie das Wörtchen »Danke!«.
- Eine »Gegenfrage« ist durchaus zulässig, siehe »Verstehe ich Sie richtig?«.
- Vermeiden Sie zu starkes Bestätigen wie »~~Da haben Sie schon recht – aber~~ …«.
- An die Stelle eines solchen »~~Ja – aber~~« tritt eher schon »Ja – und genau deshalb …«.
- Oder Sie geben ein neutral(isierend)es Signal, beispielsweise indem Sie sagen »Interessant …« oder »Aha …«.

Einwände vorziehen? Der eine oder andere Verkäufer ist stolz darauf, schon vorher gewusst zu haben, was der Verhandlungspartner bringen wird. Ist er ein »guter Verkäufer«, wird er sich allerdings hüten, dem anderen diesen Punkt »wegzunehmen«: »Bestimmt möchten Sie wissen …?!«, vielleicht noch mit Triumph in der Stimme. Auf diese Weise würde der Gesprächspartner enttäuscht sein – und sich gleich noch etwas anderes einfallen lassen. Folge: Der Verkäufer muss mühsam eine längere Gesprächsstrecke gehen, als wenn er abgewartet hätte. Geduld ist manchmal hilfreich, siehe das Till Eulenspiegel zugeschriebene Zitat: »Willst du schneller ans Ziel kommen, gehe langsam!« – oder für diese Situation: »Lass dir Zeit und höre zu!«

Kontrollfragen! Die wiederum unbedingt stellen, denn wie häufig entstehen Missverständnisse, weil der eine meint, dass der andere meint … Denkste! Also fragen Sie, ob Sie richtig verstanden haben, übrigens auch anstatt zu sagen: »Das haben Sie jetzt missverstanden!« – »Habe ich Sie richtig verstanden, Sie meinen, dass …?« oder »Verstehe ich Sie richtig, Ihnen geht es darum, …?«.

Zusammenfassen. Auch das ist ein wichtiges Gesprächstool, eigentlich höchst einfach, dennoch häufig vergessen: Am Ende eines Gesprächs oder auch als Zwischenfazit in wenigen Worten das (bisherige) Ergebnis zu resümieren hat mehrere Effekte:

- *Kontrollfunktion:* wechselseitig Gleiches verstanden?
- *Auffangfunktion:* Wenn der Gesprächspartner unsicher ist, kann er jetzt nachhaken.
- *Beschleunigungsfunktion:* statt längeren Drumherumredens rascher »auf den Punkt kommen«.

> **Tipp:** Wenn Sie einen Einwand hören, achten Sie darauf, einen möglichen Vorwand zu identifizieren. Ihr Gesprächspartner führt einen Grund an, mit dem er Sie »aufhalten« möchte. Er unterstellt, dass Ihnen eine Antwort schwer(er) fällt – oder will Zeit gewinnen, über einen anderen Grund nachzudenken, den wahren Grund für sein Zögern nämlich. Eine mögliche Kontrollfrage dafür kann sein: »Herr Oberhuber, wenn ich dafür eine Antwort finde, die Ihnen zusagt, sind wir dann miteinander im Geschäft?«, oder ähnlich, wie situativ für Sie passend.

Mögliche Einwandantworten. Nach einem gleitenden Übergang mit wertschätzenden Worten bringen Sie Ihre Argumente (s. S. 442 ff.), die auf der sachlichen Ebene funktionieren. Schließen Sie am besten mit einer Kontrollfrage ab, mit der Sie erneut signalisieren, einen Dialog führen zu wollen: »Wie klingt das für Sie, Frau ABC?« oder »Was meinen Sie dazu, Herr XYZ?« sind zwei mögliche Varianten. Daraus erhalten Sie möglicherweise gleich ein »Kaufsignal« und können so zum Abschluss übergehen.

Ihr Verkaufsgespräch: Kaufsignale erkennen und nutzen

Wer selbst Kommunikations- und/oder Vertriebs-/Verkaufsseminare gibt, weiß verbale und nonverbale Signale bestens einzuschätzen. Für viele andere lohnt es sich, besonders auf solche Reaktionen bewusst zu achten, um künftig mehr und mehr unbewusst darauf reagieren zu lernen:

- Ihr Gesprächspartner sagt »Ja« (oder okay, einverstanden, in Ordnung).
- Er nickt, vielleicht sogar mehrfach.
- Er hebt den Kopf und/oder neigt sich Ihnen entgegen.
- Er fragt nach dem Preis – und sofort danach, was genau er nun dafür bekomme.
- Er fragt nach Details dessen, was er von Ihnen zu erwarten hat.
- Er fragt nach einem Entgegenkommen (Rabatt oder anderer Nachlass, frühere Lieferung, veränderte Inhalte …).
- Er fragt nach einer Referenz (Garantie, Vertrauensbeweis).
- Er hat einen konkreten Einwand, den er begründet.
- Er vergleicht Ihr Angebot mit einem anderen.
- Er nennt Termine (oder andere Rahmenbedingungen).
- Er fasst zusammen, was Sie beide besprochen haben.
- Er greift zu einem Stift und ist sozusagen »unterschriftsbereit«.
- Sie hören Zustimmungssignale wie »aha – hmm – so! – ach, ja …«.

Wenn Sie mögen, notieren Sie jetzt auf einem Blatt Papier, was Ihnen spontan an Kaufsignalen einfällt. Aufgrund der obigen Liste – in Erinnerung an einige Ihrer letzten Telefonate oder persönlichen Gespräche – passend zu Ihrem persönlichen Angebot, für das Sie Nachfrage erzielen möchten. Schärfen Sie sozusagen Ihr Ohr, damit Sie jederzeit bereit sind, auf ein solches Signal zu reagieren, gerade weil Sie Schritt für Schritt geduldig aus Kontakten Kontrakte machen. Wobei Sie für Ihren Akquisealltag beachten sollten: Manches Mal kann die Geduld eines Akquisiteurs arg strapaziert werden. Ich erinnere mich an eine interessante Situation bei einem Coaching on the Job:

 Nach Abschluss des Gesprächs sagte ich zu dem Kollegen und auch gleich zu seinem Chef, der just dazustieß: »Dieses Gespräch hätte ich gerne aufgezeichnet zur Verfügung – als Muster für die anderen im Team! Gratuliere zu diesem geduldigen Mitmachen: Länger als 20 Minuten von einem Kaufsignal zum nächsten gehangelt und exakt im richtigen Moment die entscheidende Frage gestellt: ›Ist es denn in Ordnung für Sie, wenn ich jetzt die … fertig mache und Ihnen zuschicke? Dann haben Sie noch …‹« – Der Gesprächspartner erwies sich nämlich als unsicherer Zauderer, der sehr bedächtig alle für ihn wichtigen Fragen durchging. Und erst als inhaltlich für ihn wirklich alles klar und er bereit war, die vorgeschlagene Lösung zu akzeptieren, verbunden mit der Chance, sich immer noch für eine Alternative zu entscheiden. Für eine Alternative, also letztlich zwischen dem einen »Ja« und einem anderen »Ja« zu entscheiden, jedoch nicht mehr »Nein« zu sagen. Erkennbar war dieser Zögerliche übrigens an seiner bedächtigen, sehr ruhigen Art, zu sprechen, auf die der Kollege entsprechend ähnlich langsam sprechend reagierte.

Was ich damit sagen will? Auch bei Kaufsignalen gilt es, blitzschnell zu entscheiden, ob der richtige Moment gekommen ist, den Gesprächspartner zum Ja zu bewegen – oder weiterhin geduldig zuzuhören und auf den richtigen Moment zu warten. Oder zu entscheiden, dass eine Pause angebracht ist. Bei der persönlichen Verhandlung eine tatsächliche Pause, um das Gespräch danach wieder aufzunehmen – oder beim Telefonat das Vereinbaren eines neuen Gesprächs zu einem anderen Zeitpunkt …

Übrigens empfehlen wir Ihnen, eher soft an dieses Thema heranzugehen. »The Closer« heißen im stark salesorientierten Nordamerika jene abschlussstarken »Sales Reps«, die jede noch so kleine Gelegenheit ergreifen, den Verhandlungspartner zu packen und den Abschluss zu machen – ihm sozusagen die Hand mit dem Kugelschreiber zu führen. Dieses Vorgehen ist in deutschsprachigen Ländern eher verpönt – erst recht, wenn es darum geht, (Weiter-)Bildung an den Mann und an die Frau zu bringen. »Diskussion gewonnen – Kunde verloren« passt als geflügeltes Wort gut an dieser Stelle: Wenn Sie – oder Ihr interner oder beauftragter Vertriebspartner – in einer Situation ein Abschlusssignal übersehen, wird er (wahrscheinlich) später zum Erfolg kommen. Zieht er ihn dagegen »über den Tisch«, bleibt es beim Einmalerfolg. Hinterlassen wird – wieder ein Sprichwort – »verbrannte Erde«: Aus diesem Auftrag entsteht eher ein unzufriedener Kunde, selbst bei bester Seminarleistung, der kaum erneut kaufen wird.

Ihr Verkaufsgespräch: Storytelling

Damit machen Sie PR für sich selbst, weil Sie »neutrale Dritte« für sich sprechen lassen, Testimonials ist der Fachausdruck dafür. Erzählen Sie Geschichten, die Sie kennen von oder erlebt haben mit …:

- *Kunden:* »Erst letzte Woche hat mir eine interessierte Führungskraft gesagt: …«
- *Kollegen:* »… ist letztens gerade einem Kollegen doch tatsächlich das passiert: …«
- *Öffentlichen Personen:* »… habe ich am Rand eines Kongresses zufällig gehört, dass …« oder »… wie der XYZ kürzlich sagte: …« (Politiker, Sportler, Wissenschaftler).
- *Medien:* »… stand vor einigen Tagen in der …« oder »… ist ja kürzlich als Meldung durch die Medien gegangen …«.

Zusätzlich wird Ihre Botschaft vom Zuhörer oder Vis-à-vis-Gesprächspartner einfacher verarbeitet, wenn Sie sie »in eine Erzählung kleiden«. Das ist das klassische Storytelling, das sich in den letzten Jahren mehr und mehr in der Weiterbildung und im Führungsverhalten verbreitet hat. Dabei ist eines sehr entscheidend: Ihre Geschichten sollten kurz sein! Anders als von mir bei einer Weihnachtsfeier eines Verbands erlebt, bei der extrem lange Geschichten erzählt wurden, zwischen den Gängen; jedenfalls kam mir das so vor. Vermeiden Sie das unbedingt, im Sinne des Klassikers »Sie können über alles reden, bloß nicht über X Minuten!«. Im Verkaufsgespräch sind das – anders als bei der Rede oder einem Vortrag – vielleicht gerade mal ein oder zwei Minuten … Auch diesen Klassiker unter Verkäufern kennen Sie wahrscheinlich: Der Sprechanteil sollte zu mindestens zwei Dritteln beim Kunden liegen, nur zu einem Drittel beim Verkäufer!

Wenn Sie Ihre(n) Gesprächspartner allerdings gut beschäftigt halten, stört es weniger, wenn Sie zwischendurch etwas länger sprechen.

Ihr Verkaufsgespräch: Haptik aktiv einsetzen

Eine Dienstleistung in der Weiterbildung ist ein eher abstraktes »Produkt«, das ist eine Tatsache. Doch gerade Trainer und Dozenten sollten ihr Handwerk über das Vermitteln von Inhalten hinaus gut beherrschen. Was letztlich zudem bedeutet, möglichst viele Sinne der Beteiligten anzusprechen, auch und gerade im Verkaufsgespräch (s. auch S. 241 ff.).

Telefon. Am Telefon mag das auf den ersten Blick etwas schwieriger sein, doch gibt es dort ebenso zahlreiche Chancen, Ihr Angebot »be-greifbar-er« zu machen. Wie es gelingen kann, eine »dritte Dimension« ins Gespräch einzuführen, mögen die folgenden Beispiele aus der Praxis zeigen.

- *Postsendung ankündigen.* »Sie haben vielleicht schon von XYZ gehört oder gelesen? Nun, dazu möchten wir Ihnen etwas zeigen: Damit Sie selbst etwas in die Hand nehmen können, habe ich ausführliche Informationen an Sie auf den Weg gebracht …«
- *Vergleichbares in Umgebung finden.* »Hmm, lassen Sie mich überlegen – wie wird das konkreter für Sie … Sagen Sie, was steht denn bei Ihnen auf dem Schreibtisch, wenn ich fragen darf? … Aah, der Korb für Ihre Eingangspost! Wenn Sie sich den geschlossen vorstellen …«
- *Etwas zur Hand nehmen lassen.* »Schön, dass Sie noch einen Briefbeschwerer auf Ihrem Schreibtisch haben, Herr/Frau …! Nehmen Sie den doch bitte mal in die Hand … Dieses Gewicht dürfte in etwa dem von ABC entsprechen …«
- *Give-away ins Angebot einbinden.* »Dann danke ich Ihnen für die Gelegenheit, Ihnen XYZ detailliert anzubieten! Mit der ausführlichen Beschreibung erhalten Sie die Produktbroschüre – und außerdem ein nützliches Dankeschön: Den …, mit dem Sie … Bin schon ganz gespannt, wie Ihnen der gefällt!«
- *Muster begreifbar beschreiben.* »Stellen Sie sich bitte vor, Sie hätten eine Box in der Größe von – hmm, etwa einer Schuhschachtel. Also eher länglich rechteckig, der Deckel abnehmbar. Wenn Sie diese Box nun hochkant stellen und zwei nebeneinander, dann haben Sie in etwa die Dimension …«

- *Unterlagen ins Gespräch integrieren.* »Hmm, am besten nenne ich Ihnen die konkreten Stellen im Katalog, den ich Ihnen geschickt habe. Ich bin jetzt auf Seite 93 – wenn Sie freundlicherweise … Dort sehen Sie das Gerät in einer möglichen Lösung im Arbeitsraum dargestellt. Käme das für Sie so infrage? …«
- *Ausfüllen und Unterschrift am FON begleiten.* »Vorschlag: Nehmen Sie doch einfach die Unterlagen zur Hand, dann gehen wir die gemeinsam durch … Sie brauchen nur noch ausfüllen, was angekreuzt ist – einen Stift haben Sie greifbar, Herr/Frau …? … Dann gibt es noch zwei Stellen, an denen Sie unterschreiben müssten …«
(Quelle: Effektiv telefonieren, Gabal 2008, S. 46)

Sie verfügen sicher über schriftliche Unterlagen zu Ihrem Angebot, die Sie per Telefon ankündigen und auf die Sie dann im Folgetelefonat zurückkommen können. Was sonst könnten Sie Ihren Kontakten per Post schicken, um dem anderen etwas »zum Spielen« an die Hand zu geben?

Give-aways. Sie sind jedenfalls etwas zum Anfassen: Nützliche Gegenstände für den Schreibtisch oder für die Hosentasche, vom Stift (mit dem auch ausgefüllt und unterschrieben werden kann …) über die Figur, den Schlüsselanhänger bis hin zum USB-Stick oder zum Mousepad, Ihrer Fantasie ist kaum eine Grenze gesetzt. Wenn es ein wenig höherpreisig – und damit höherwertig! – sein darf und kann, etwa als Gewinn für Wettbewerbe oder Preisverleihungen, kommen Skulpturen unterschiedlicher Größe und Ausstattung infrage, ähnlich den bekannten Pokalen bei vielen Sportwettbewerben. Gut eingeführt für »exklusive Prämien, edle Geschenke und Auszeichnungen aus feinster Bronze« ist beispielsweise Graf Motivationskunst (www.graf-motivationskunst.de).

Orientieren Sie sich dort und bei anderen Anbietern über die Preise, die natürlich abhängen von diesen Kriterien:

- Größe und Umfang,
- Material und Verarbeitung,
- vorliegendes Design oder Sonderwunsch, etwa nach eigenem Corporate Design,
- Auflage und Terminwunsch.

Sehr beliebt sind inzwischen Broschen und Sticker, die mehr oder weniger groß und aufwendig vom Material her von Verbänden, Organisationen und Instituten eingesetzt werden: ein visuelles Signal nach außen, zu diesem »Verein« zu gehören. So verleiht etwa die IHK an ihre ehrenamtlich tätigen Prüfer zu Jubiläen Ansteckenadeln in Silber und Gold. In der Weiterbildung kennen wir zum Beispiel Sticker von der Köppel Akademie (www.koeppel-akademie.de) und dem BDVT (www.bdvt.de).

Persönliches Verkaufsgespräch. Hier ist es sehr viel einfacher, Gesprächspartnern etwas »an die Hand zu geben«, bis hin zum Kugelschreiber, mit dem diese etwas ausfüllen sollen, lassen wir das Unterschreiben eines Auftrags mal beiseite:

- *Fragebogen:* Meinung zu einer aktuellen Umfrage in der Weiterbildung, etwa Lerntransfer; Teilnehmer erhalten eine Auswertung und vielleicht sogar ein Dankeschön (s. Give-aways) oder nehmen an einem Gewinnspiel teil.
- *Gewinnspiel:* beispielsweise auf einer Messe, verbunden mit Teilnahme an einer Verlosung, bei der es etwa ein Tagesseminar (einen Platz oder sogar ein Inhouseseminar) zu gewinnen gibt, oder dem Versprechen eines Garantiegewinns (Give-away).
- *Bedarfsanalyse:* schon ein Schritt weiter – um ein konkretes, maßgeschneidertes Angebot vorbereiten zu können.
- *Persönlichkeitsprofil:* Auch das kann auf einer Messe erfolgen, zum Beispiel als Angebot zum Sonderpreis (erlebt mit MBTI). Das dient zugleich als Grundlage, Weiterbildungsmaßnahmen anzudienen. Voraussetzung dafür ist natürlich, dass mithilfe eines EDV-Programms auf dem Notebook gleich ausgewertet werden kann. Dann darf der Proband vielleicht auch gleich seine Antworten direkt ins Notebook eingeben.

Gehen Sie nun zur Tabelle auf Seite 416 f. zurück, die Sie beim Thema »Telefonieren« finden. Notieren Sie auf einem Zettel, was Ihnen spontan für das persönliche Gespräch gut gefällt.

Als Download finden Sie die Tabelle »Was ist an Ihrem Programm einzigartig?« als Word-Datei mit Blankozellen, in die Sie konkrete Umsetzungsideen dazu eintragen und ausdrucken können!

»VLIEGT« Ihnen der Erfolg zu? Sicher mit Ihrem Angebot, also dem *Was* Ihrer Verhandlung. Doch ähnlich dem Telefonat ist natürlich auch im persönlichen Gespräch das *Wie* weitaus entscheidender. Sie haben sicher von der Erfolgsformel schon gehört oder gelesen: Mit über 90 Prozent wirken Sie mit Stimme und Körpersprache – übrigens auch über den Telefonkanal, der Mimik und Gestik durchaus mit überträgt! Das bedeutet: Nur mit weniger als zehn Prozent überzeugen Sie durch den Inhalt. Achten Sie deshalb unbedingt auf Ihren Stimmeinsatz. Entscheidend sind die Wirkkriterien, die mit dem Kürzel VLIEGT beschrieben sind:

- **V**erständlich: Sprechen Sie deutlich? Dazu gehört eine fast dialektfreie Akzentuierung, wobei dialektale Anklänge eher natürlich klingen und gerne gehört werden, während »Bühnendeutsch« eventuell als zu aufgesetzt empfunden wird. Beachten Sie, dass einige Dialekte besser ankommen als andere: Bayerisch zum Beispiel gut, Schwäbisch und Sächsisch dagegen weniger.
- **L**autstärke: Wie laut oder leise klingen Sie? Ein mittlerer Wert macht Sie gut verständlich; berücksichtigen Sie, wie gut der Kanal ist, gerade am Telefon – und wie gut der andere hört.
- **I**ntonation: Statt monotonen Sprechens lieber mal rauf, mal runter mit der Tonhöhe, das bringt Dynamik ins Gespräch und lässt den anderen aufmerksam zuhören. Monotonie wirkt einschläfernd!

- Emphase: Sprechen Sie begeisternd? Neben einem Wechsel in der Intonation gehört auch die Intensität, der Sprechdruck, dazu: Klingen Sie zu sanft, zu zurückhaltend, kann das Zweifel an Ihrem Engagement in der Sache übertragen.
- Geschwindigkeit: Wie schnell oder langsam sprechen Sie? Mittlerer »Speed« passt meistens; eher schnelleres Sprechen wird mit Kompetenz verbunden, eher langsames mit nachdenklich.
- Tonhöhe: Sprechen Sie eher hoch oder tief? Tiefere Tonlagen werden als angenehmer empfunden, und die gibt es durchaus auch bei weiblichen Sprechern. Zu hohes Sprechen verbindet der Hörer oftmals mit Unsicherheit.

»Spiegeln« Sie dabei durchaus Ihren Gesprächspartner. Das bedeutet, sprechen Sie zum Beispiel eher schnell, wenn er dies tut – oder eher langsam bei einem Langsamredner. Ähnlich wie bei der Körpersprache können Sie auch über Ihre Stimme den anderen »mitnehmen«: Wenn Sie möchten, dass er schneller spricht, erhöhen Sie im Laufe des Gesprächs das Tempo. Ihr Ziel könnte dabei sein, ihn zu einem Entschluss zu bringen.

Pausen. Sie sind ein starkes Thema in der Kommunikation. Da gibt es einmal »Mach mal Pause« in eher kritischen Situationen, gerade in einer persönlichen Runde. Dazu kommt, dass – auch kleine, kurze – Denkpausen eben Gesagtes besser verarbeiten lassen. Was für den Hörer gilt, gilt entsprechend für den Sprecher: Fehlt Ihnen als handelnder Person gerade eine Antwort, ein Argument, ein Anknüpfungspunkt, verschaffen Sie sich Luft zum Nachdenken:

- »Welche Frage haben Sie eventuell dazu?«
- Sie wiederholen einen Gedanken mit anderen Worten.
- Sie bitten um eine kurze Pause: »Entschuldigung, ich werde gerade gestört – ich bin sofort wieder bei Ihnen!« – oder: »… kann ich Sie gleich zurückrufen?«

Denn es gibt Situationen, in denen Sie sich schlicht festfahren, wenn Sie einfach weiterreden. Da ist eine Auszeit häufig hilfreich! – Und bei welchen Gelegenheiten wenden Sie nun Ihre zielführende Gesprächsführung an?

Neue Kontakte gewinnen im persönlichen Gespräch: Messen, Kongresse & Co.

Hanspeter Reiter

Messen und Kongresse zu einem bestimmten fachlichen Thema bieten eine exzellente Plattform, sich mit seinen Leistungen potenziellen Abnehmern zu präsentieren. Für manche größere oder themenübergreifende Bildungsanbieter kann sogar die eine oder andere Verbrauchermesse relevant sein, auf denen Kontakt zu Nachfragern von Bildungsmaßnahmen in ihrer privaten Rolle herzustellen ist. Dabei hat es schon seinen Grund, dass Veranstalter wie zum Beispiel das spring Messe Management oder der Didacta Verband mit den meisten ihrer Personal- und Bildungsmessen inzwischen wechselnde Ballungsgebiete nutzen statt immer an derselben Stelle zu bleiben:

- Die PERSONAL wechselt jährlich zwischen Stuttgart und München, während die Schwestermesse Zukunft Personal regelmäßig in Köln stattfindet und so im gewaltigen Ballungsraum Rhein-Ruhr.
- Die didacta-Bildungsmesse tourt zwischen Stuttgart, Köln und Hannover und erreicht so alle drei Jahre den Süden, Westen und Nordosten Deutschlands.
- Ablegermessen in der Schweiz und in Österreich kommen den dortigen Ausstellern und Besuchern entgegen.

Somit haben Sie die Möglichkeit, sich geografisch nach Ihrem eigenen Verbreitungsgebiet zu orientieren und jene Messen mit einem Messestand zu bedienen, die in Ihrer Nähe liegt. Einfach deshalb, weil das Gros der Messebesucher aus dem entsprechenden Großraum kommt, das zeigt die Erfahrung. Eine Ausnahme bilden Messe und Kongress der Deutschen Gesellschaft für Personalführung (DGFP) »Personal und Weiterbildung«, die regelmäßig ausschließlich in Wiesbaden stattfindet. Wobei auch das dortige Publikum seinen regionalen Schwerpunkt in der »Mitte Deutschlands« hat.

Für wen kommt überhaupt eine Messe oder Kongressausstellung als Vertriebsform infrage? Neben den anzusprechenden Besuchern geht es stark um das erforderliche Budget, und da ist eine Menge zu planen, wie der nachfolgende Gastbeitrag zeigt:

Acht Punkte für Ihren Messeerfolg

Gastbeitrag von Christiane Wittig, Werbekauffrau, Trainerin und Coach

Messen kosten viel Geld. Nutzen Sie also alle Möglichkeiten für einen optimalen Messeerfolg durch gut geplante Vorbereitung, reibungslosen Ablauf und fundierte Erfolgskontrolle. Immer noch sind Messen die effektivste Möglichkeit, Kontakte zu knüpfen und sich Ihrer Zielgruppe persönlich zu präsentieren. Aber welche Messe ist die richtige, gibt es ein konkretes Messeziel, wie sieht die Werbung im Vorfeld aus, machen Messeaktionen Sinn und rechnen sich die Kosten einer Messebeteiligung? Ziele sind wichtig für eine spätere Erfolgskontrolle und für die Motivation der Mitarbeiter. Ohne Ziele ist keins von beiden möglich. Daher ist es wichtig, die folgenden Punkte zu beachten:

- Messeziele,
- Messeauswahl,
- Messewerbung,
- Standpersonal,
- Messeorganisation,
- Pressearbeit,
- Messenacharbeit sowie
- Erfolgskontrolle.

Definieren Sie ein konkretes Messeziel. Dabei lassen sich folgende Ziele unterscheiden:

- *Kundenorientierte Messeziele:* Anzahl der Neukunden; Pflegen und Vertiefen des Kundenkontaktes – was soll der Kunde tun?
- *Produktorientierte Messeziele:* Präsentation von Neuheiten, Verbesserungen, Anwendungsvorteilen; Erschließung neuer Märkte und Zielgruppen; Verkauf; Gewinnung neuer Handelspartner.
- *Kommunikationsziele auf Messen:* Steigerung des Bekanntheitsgrades um … Prozent; Präsentation eines neuen Unternehmenserscheinungsbildes (CD); Kunden und Interessenten für den Kauf von Produkten und den Nutzen von Dienstleistungen motivieren.

Messeauswahl. Beurteilungskriterien für Messeveranstalter: Anzahl und Qualität der führenden Weltmarktmessen; Marktstellung der Messen; Infrastruktur und Funktionalität des Messegeländes; Image des Veranstalters; Qualität der Werbung und Pressearbeit für die einzelnen Veranstaltungen; Servicequalität.

Verlassen Sie sich nicht allein auf die Daten, die Ihnen ein Messeveranstalter liefert. Verschaffen Sie sich bei einem persönlichen Gespräch einen Eindruck und fragen Sie bisherige Aussteller nach ihrer Meinung. Dazu können Sie entweder einen alten Messekatalog nutzen oder die geplante Messe erst einmal als Besucher testen und dabei Gespräche mit Ausstellern führen; zum Beispiel, ob die erwarteten Zielgruppen auch tatsächlich diese Messe besuchen.

Messewerbung. Egal, wie gut die Werbung der Messegesellschaft im Vorfeld ist, Ihre eigene Werbung ist trotzdem notwendig. Sie verschenken sonst die Möglichkeit, Kunden, Interessenten und Presse gezielt einzuladen. Wen Sie schwerpunktmäßig ansprechen, ergibt sich aus Ihrer Messezielsetzung. Gestalten Sie die jeweilige Einladung sehr sorgfältig. Nur wenn Sie sie mit den Augen Ihrer Empfänger konzipieren, werden Sie damit auch Erfolg haben.

Standpersonal. Der Messebesucher kennt drei Plagen: trockene Luft – schmerzende Füße – das Standpersonal. Durch gut vorbereitetes Standpersonal könnten Aussteller die beiden ersten Qualen vergessen machen. Denn 100 Prozent Messeerfolg setzen sich zusammen aus:

- 40 Prozent Messedesign,
- 40 Prozent Messepersonal sowie
- 20 Prozent Unternehmensaffinität (Erfahrungswerte).

Messen sind Kommunikationsveranstaltungen und das direkte Gespräch ist eine unerlässliche Voraussetzung für den Messeerfolg. Die physischen und psychischen Anforderungen an die Standmitarbeiter sind häufig – im Vergleich zur Tagesarbeit – außerordentlich hoch. Sie müssen den ganzen Tag unter erschwerten Bedingungen wie Lärm, Wärme, Beleuchtung und verbrauchter Luft in den Hallen besondere Leistungen erbringen: auf fremde Menschen zugehen – kollegial im Team arbeiten – mit den Leistungen des Wettbewerbs vertraut sein – perfekt präsentieren – gute Zuhörer sein – das richtige Maß zwischen Einfühlsamkeit und Selbstbewusstsein haben – den ganzen Tag gepflegt und »gut zu riechen« sein – mit Stresssituationen souverän umgehen – immer freundlich, hilfsbereit und offen sein – zum hundertsten Mal die gleiche Frage kompetent beantworten – belastbar und »standfest« sein.

Das Standpersonal sollte unbedingt den USP Ihres Unternehmens oder Ihrer Produkte und Dienstleistungen kennen und kurz und knapp formulieren können (»Elevator Pitch«). Gönnen Sie auch den »alten Hasen«, die alles »schon immer so gemacht haben«, eine Auffrischung ihres Verhaltens und zum Beispiel den »Luxus« einer individuellen Besucheransprache. Auf jeden Fall sollte die Floskel »Kann ich Ihnen helfen?« aus ihrem Sprachgebrauch verbannt werden. Besser hingegen wirken offene Fragen:

- Wofür interessieren Sie sich besonders? – Was kennen Sie bereits aus unserem Programm?
- Was halten Sie von …? – Woher kommen Sie? – Welches ist Ihr Verantwortungsbereich?

Messeorganisation. Arbeiten Sie bei der Vorbereitung der Messe so viel wie möglich mit Checklisten. Dadurch stellen Sie sicher, nichts zu vergessen. Außerdem muss das Rad nicht für jede Messe neu erfunden werden, und auch eventuell neue Mitarbeiter haben eine Orientierungshilfe. Legen Sie eindeutige Zuständigkeiten fest.

Messeaktionen. Präsentieren Sie Ihre Produkte anders als andere. Versetzen Sie sich in die Gedankenwelt Ihrer Besucher. Worauf würden diese ansprechen? Präsentieren Sie auch sich anders als die anderen. Das gilt ebenso für die Messeeinladungen. Lassen Sie Ihre Kunden spüren, dass Sie sie wertschätzen. Je nachdem, auf welcher Messe Sie ausstellen, welche Zielgruppe Sie ansprechen und welches Messeziel Sie haben, können Messeaktionen auf dem Stand stattfinden oder in externer Umgebung. Auf einer Messe, die bereits an allen Ständen Aktion bietet, kann ein separates Abendessen in ruhiger Umgebung mit ausgewählten Kunden sinnvoll sein. Wenn Sie neue Zielgruppen ansprechen wollen, ist vielleicht ein Gewinnspiel mit einer Rahmenaktion am Stand zweckdienlich.

Messearbeit ist auch Pressearbeit! Messe als Chance für die Öffentlichkeitsarbeit nutzen: Eine positive öffentliche Meinung zu bilden, zu erhalten und zu verbessern ist das Ziel jeder PR-Arbeit. »Tue Gutes und lasse darüber reden« ist immer noch PR-Regel Nummer 1. Die Gestaltung des Messestandes und das Auftreten der Unternehmensrepräsentanten stellen gute Möglichkeiten dar, CI-Elemente im Bewusstsein der Öffentlichkeit zu verankern. Stellen Sie Ihre Pressemitteilung rechtzeitig ins Internet oder verschicken Sie sie an die Redaktionen. Aber überschwemmen Sie nicht alle Redaktionen, die Sie kennen, mit Ihrer Pressemitteilung, sondern nur die, die wichtig für Sie sind und die Ihr Beitrag interessiert. Legen Sie einen Presseverteiler an.

Sollten Sie die Vorbereitung etwas vernachlässigt haben, machen Sie es durch die Nacharbeit wieder wett. Machen Sie zum Beispiel ein Foto von Ihrem Stand, Ihrer Produktpräsentation oder von einer Aktion an Ihrem Stand und schicken Sie dieses mit einer Pressemitteilung an die Redaktionen, die für Sie relevant sind. Nutzen Sie eventuell auch die Möglichkeit der Pressefächer auf der Messe. Hierbei ist Folgendes zu beachten: Nur Pressemappen in die Fächer legen, keine Werbeprospekte – nicht wahllos Pressematerial zusammentragen, sondern nur Messeinfos auslegen – Hinweisblatt auf Halle und Standnummer ins Pressefach legen oder auf die Pressemappe kleben.

Messenacharbeit. Professionalität beweisen Sie, wenn der Besucher sofort nach der Messe die versprochenen Unterlagen oder den zugesagten Anruf erhält. Schicken Sie ein Dankschreiben an die Besucher, die Ihrer Messeeinladung gefolgt sind. Einen nachhaltigen Eindruck hinterlassen Sie bei den Interessenten und Kunden, die Sie nicht besucht haben und denen Sie ein Schreiben schicken: »Wir haben Sie vermisst …«

Erfolgskontrolle. Nur wenn ein überprüfbares Messeziel definiert war, kann hinterher eine Erfolgskontrolle stattfinden. Dazu sind die leserlich ausgefüllten und aussagekräftigen Gesprächsberichte eine unverzichtbare Grundlage. Damit erhalten Sie gewünschte Informationen zum Beispiel über

- Zahl der in- und ausländischen Kontakte,
- Auftragseingänge, gegliedert nach Produktgruppen,
- Besucherstruktur (Position, Branchen),
- Zahl der Neukunden,
- Vereinbarung von Besuchsterminen,
- eingeleitete Angebote oder Musteranforderungen.

Da sich viele Ergebnisse vielleicht erst nach längerer Zeit herausstellen, sollten Sie eine längerfristige Kontrolle der Messeergebnisse einplanen. Zum Beispiel: Wie viele Besuchstermine sind aus dem Prospektversand und der Nachfassaktion entstanden? – Welche Ergebnisse haben sie gebracht (Verkäufe, Abschlüsse)? – Wie viele Neukunden haben Sie innerhalb von drei Monaten nach der Messe gewonnen?

Damit ist die Messe messbar geworden. Alle diese Nacharbeiten als Follow-up Ihrer Messebeteiligung sind messbare Schritte zum Messe- und damit Unternehmensziel.

All dies schlägt zu Buche, und durchaus gewaltig, wie die folgende Auflistung zeigt:

- *Messestandplatz buchen:* Rechnen Sie mit locker 80 Euro je m² oder auch mehr.
- *Messestand:* Ausstattung müssen Sie leihen oder selbst mitbringen. Professionelle Messestände kosten einige 1.000 Euro, große Anbieter mit Großständen rechnen mit bis zu 100.000 Euro.
- *Messepersonal:* Für die reine Kontaktbetreuung eventuell Leihpersonal, das freundlich sein sollte, nett aussieht und sprachbegabt ist; für »echte« Gespräche sind Sie selbst und Ihre Kollegen oder Mitarbeiter gefragt.
- *Reise und Unterbringung:* Je weiter entfernt von Ihrem Standort das Event stattfindet, desto höher der Aufwand für diesen Punkt.
- *Catering, Verpflegung:* Was Sie Ihren Besuchern anbieten, was Sie selbst benötigen; in aller Regel erheblich teurer als außerhalb der Messe – und häufig nur von dort zulässig.
- *Nebenkosten:* Strom, Wasser, Internet …
- *Anlockkosten:* seien es Gebühren für Vorträge, die Sie auf Foren halten dürfen, um Zuhörer zum Besuch Ihres Stands zu motivieren, oder für Einträge in die Messewerbemittel.
- *Vor- und Nacharbeit:* Informieren und Kontaktieren von bestehenden und potenziellen Kontakten; Give-aways für Besucher; Nachfassaktionen bei Besuchern.

Selbst ein kleiner Messestand von wenigen Quadratmetern (vier, sechs oder acht sind meist die Mindestgrößen) kostet Sie als Einzelperson also rasch 2.000 Euro (alle Beträge netto ohne MwSt. als Schätzung genannt) oder auch deutlich mehr, gerade als größerer Anbieter. Aktuelle Preise sollten Sie bei der jeweiligen Messe oder dem Kongress anfragen! Günstiger sind in aller Regel regionale Verbrauchermessen oder auch Weiterbildungsmessen, wie sie von vielen IHKs veranstaltet werden, meist im Zwei- oder Dreijahresrhythmus. Fragen Sie dort nach.

Nutzen Sie Messen für Ihr »Walk and Talk«

Eine versierte Trainerkollegin arbeitet gern damit, Ziele und Wege umzudrehen. So hat sie für sich entschieden, keine Messen oder Kongresse mehr als Aussteller zu nutzen – sie führt erfolgreich Akquisegespräche als Besucherin. Erstmals berichtete sie anlässlich eines Gesprächs, das wir bei ihrem Besuch unseres Messestandes bei der DGFP-Messe »Personal und Weiterbildung« 2006 geführt haben: »Warum sollte ich einen teuren Messestand haben? Ich gehe von Stand zu Stand, finde immer Gesprächspartner und kann en passant meine Angebote ins Gespräch bringen. Bei geringerem Zeitinvestment und weitaus geringeren Kosten ist das viel interessanter für mich …« Braucht das einen Kommentar? Welche Schlüsse ziehen Sie für sich? Übrigens gilt auch hier »das eine tun, ohne das andere zu lassen«: Gerade Bildungsanbieter mit mehreren Personen am Stand sollten die Gelegenheit nutzen, in ruhigeren Zeiten herumzugehen und Gespräche mit anderen Ausstellern zu führen. Über das Handy erreichbar, können sie jederzeit zurückgerufen werden.

Kontakte auf die Messe locken: Terminieren, Einladen, Appetit machen

Wer auf einer Messe – oder auf einem Kongress als Sponsor – ausstellt, erwartet natürlich viel Laufpublikum: Das ist ja das Versprechen des Veranstalters, passendes Fachpublikum anzuziehen, auch durch viel Werbung im Vorfeld und durch Eintrag in den Messekatalog und andere Werbemittel. Ergänzend empfiehlt es sich, möglichst viele eigene Kontakte auf den Messestand einzuladen. Die Chance ist gut, schlagen diese Besucher doch gleich »mehrere Fliegen mit einer Klappe«: Sie können sich über Forumsvorträge (oder durch die Kongressteilnahme) »rundum« informieren und zugleich Konkurrenzvergleiche anstellen. Das ist wiederum ein gewisses Risiko für Sie, doch Sie sind doch von Ihrem Angebot überzeugt, oder? Abgesehen davon, dass ein versierter Interessent – sei er nun in der Rolle des Teilnehmers, privat oder geschäftlich, oder in jener des Entscheiders – sowieso auf diese Messe käme. Wenn Sie ihn dazu einladen, haben Sie »einen Stein im Brett«. Als Aussteller erhalten Sie ein Kontingent Eintrittstickets als Gutschein in aller Regel gratis oder für einen geringen Obolus. Viele Messen bieten sogar eine Rückvergütung je Besucher, der sich mit Ihrem Gutschein anmeldet, da Sie auf diese Weise ja Gäste anziehen!

Was versprechen Sie für den Messebesuch? Je lukrativer es für Ihren Kontakt wird, zur Messe zu reisen, desto wahrscheinlicher wird es, dass er auch kommt. Damit können Sie sicherer planen, was Ihre Termine, das weitere Standpersonal oder das Catering angeht. Überlegen Sie also, welche nützliche Investition Sie einsetzen wollen:

- Geschenk (beispielsweise Give-aways, Buch), Verlosung, Gewinnspiel …,
- Gespräch, besonderer Gesprächspartner, Talkrunde …,
- Bewirtung, Restaurantgutschein, »was Flüssiges« zum Mitnehmen …,
- Nachlass, Gratisticket und Ähnliches für Weiterbildungsmaßnahmen.
- Was haben Sie selbst bereits geplant oder eingesetzt?

Geben ist seliger denn Nehmen: Netzwerken und Verbandsarbeit

Hanspeter Reiter

Etwa jeder zweite Bundesbürger ist in einem Verein aktiv, so sagt die Statistik. Wobei die Zahlen verschiedener Quellen stark voneinander abweichen, alleine schon, was die Anzahl der Vereine angeht. Und zum anderen ist klar, dass viele »Vereinsmeier« durchaus in mehreren Organisationen vertreten sind – typisch deutsch? –, andere dagegen in gar keiner. Ein wahrscheinlich typisches Bild bieten die Weiterbildungsorganisationen, selbst wiederum organisiert in Dachverbänden wie dem DVWO (www.dvwo. de, die Trainerverbände) oder im Wuppertaler Kreis (www.wuppertaler-kreis.de – die größeren Bildungsorganisationen). So vereinen die DVWO-Mitgliedsverbände (Ende 2008 deren 13) rund 12.000 Mitglieder in ihren Reihen – allerdings als Summe aller Mitgliedszahlen. Zum Teil erhebliche Überschneidungen durch Mehrfachmitgliedschaft dürften diese Zahl deutlich reduzieren. Beispielsweise für GABAL und BDVT wird die Zahl auf etwa fünf Prozent geschätzt, für DGSL und GABAL dagegen auf ungefähr zwanzig Prozent.

Wer dort aktiv tätig ist, bringt sich in den Austausch der Mitglieder untereinander ein – oder trägt diesen vielleicht sogar, als ehrenamtlicher »Funktionär« auf regionaler oder gar Bundesebene. Die Arbeit dieser Verbände wäre ohne Ehrenamtliche kaum denkbar, selbst wenn es in der Regel hauptamtliche Geschäftsstellen gibt, die zumindest zu bestimmten Zeiten garantiert ansprechbar sind. In diesem Sinne sorgen die Vorstände und Regionalgruppenleiter (oder wie immer diese Positionen im jeweiligen e.V. definiert sind) für ein Umsetzen von Corporate Social Responsibility im Kleinen, was CSR-Abteilungen in Großunternehmen leisten: erheblich zum gesellschaftlichen Leben beizutragen und so etwas »zurückzugeben«, im Sinne des Satzes von John F. Kennedy, frei übersetzt: »Frage nicht, was dein Land für dich tun kann – frage vielmehr, was du für dein Land tun kannst!«

Esoterisch-spirituell angehaucht dieses geflügelte Wort: »Was immer du gibst, ohne eine Gegenleistung zu erwarten, wird sich irgendwann für dich auszahlen!« Das ist im Grunde die Haltung von Netzwerkern, die bereit sind, sich einzubringen: Natürlich ist es angenehm, etwas zurückzubekommen – Informationen, Unterstützung oder gar einen Auftrag. Doch das ist sekundär, es wird quasi automatisch geschehen. Auch wer vor den doch sehr sektennahen Botschaften von Publikationen und Filmen à la »Secret« oder wie sie heißen mögen, eher zurückschreckt, kann dem Kern folgen: »Geben ist seliger denn Nehmen.« Darauf basieren die meisten Netzwerke; zu Ausnahmen mit konkreten »Nehmen-fürs-Geben-Avancen« kommen wir auch noch!

Wer in einem Verband, in einem Netzwerk, bei einem Stammtisch aktiv ist, erhält jedenfalls mindestens Folgendes zurück (zu betonen ist »aktiv ist«):

- Eine Plattform, um Präsenz zu zeigen – damit bringen Sie sich in Erinnerung und lernen neue Menschen kennen, die Sie vielleicht schon per E-Mail oder Telefon »kannten«.
- Informationen, die Sie sonst später oder überhaupt nicht aufgenommen hätten; wertvoll für Entscheidungen, Planungen oder kreative Überlegungen.
- Empfehlungen durch wechselseitiges Vorstellen im Kreis, was natürlich wertvoller ist als »nur« ins Gespräch zu kommen.
- Einladungen zu anderen Kreisen oder für einen Impulsvortrag oder Ähnliches.

Netzwerk … Netzwerken … Erfolg!

Gastbeitrag von Karin Ruck, Trainerin, Beraterin und Fachbuchautorin

Netzwerken Sie schon oder arbeiten Sie noch? Spaß beiseite, dass heute Netzwerken – oder auch neudeutsch: »Networking« – an der Tagesordnung, ja aus dem Geschäfts- und Privatleben nicht mehr wegzudenken ist, hat sich herumgesprochen. Und das ist gut so. Gerade in instabilen Zeiten, in Zeiten, in denen räumliche und persönliche Flexibilität Voraussetzung für die Karriere ist und lukrative Aufträge nicht mehr einfach so locker an Land gezogen werden können, brauchen Weiterbildner mehr denn je stabile Netzwerke. Alles logisch, alles klar. Doch sobald hinter die Kulisse von Netzwerken & Co. geschaut wird, tauchen die ersten Fragen auf: Was bringt mir Netzwerken denn wirklich? Welches Netzwerk ist das richtige für mich? Was sollte ich in ein Netzwerk investieren? Wie komme ich an die richtigen Kontakte? Kann ich mit Netzwerken schnell an Aufträge kommen? Was sollte ich tun, um weiterempfohlen zu werden? Die Antworten sind vielfältig, weil Netzwerken eine höchst individuelle Angelegenheit ist. Was bei dem einen durchschlagenden Erfolg hat, kann beim anderen tüchtig danebengehen. Hier sind nur Small Talk, Gesprächseinstieg und Verabschiedung am Rande erwähnt. Kontakte knüpfen und pflegen, (Geschäfts-)Beziehungen auch nach Jahren noch lebendig halten, da ist Strategie gefragt. Und die sieht erfahrungsgemäß bei jedem Netzwerker etwas anders aus. Was das Netzwerk und all diejenigen, die darin aktiv sind, verbindet, heißt: Werteorientierung, clevere Netzwerkinstrumente und das passende Netzwerk.

Netzwerkwerte

Es ist eine Binsenweisheit, dass in Kontakt treten, ins Gespräch mit anderen Menschen kommen auf Dauer nicht ausreicht, um stabile Beziehungen zu schaffen. Hier tritt die Werteorientierung in den Vordergrund. Wer kennt sie nicht, die Menschen, die sich auf Veranstaltungen und Kongressen tummeln, schnell ins Gespräch kommen, ebenso schnell nach der Visitenkarte fragen und dann flott wieder verschwunden sind. Infozocker nennen wir diese Netzwerkspezies. Solide Netzwerker und alle, die es werden wollen, wissen, dass eine gehörige Portion Vertrauen und Offenheit jedem Kontakt, jeder Beziehung vorausgehen. Es beginnt mit der ersten Einschätzung – sympathisch? aufgeschlossen? vertrauenswürdig? – und endet – vorerst vielleicht – mit dem Versprechen, sich wieder zu melden, den zugesagten Artikel zu schicken, den Link weiterzuleiten. Wer dieses und andere Versprechen nicht einlöst, disqualifiziert sich im Netzwerk, wird unglaubwürdig und fällt im wahrsten Sinne des Wortes durch die Maschen.

Wer aktiv am Netzeknüpfen ist, stellt das Geben und Nehmen in den Vordergrund und fragt sich immer wieder aufs Neue: »Was kann ich für den anderen tun?« Nicht der eigene Nutzen steht hier zunächst im Vordergrund, sondern der Nutzen, den man anderen bieten kann. Sie stellen Verbindungen her, bringen Menschen miteinander ins Gespräch und vielleicht auch ins Geschäft. So funktioniert Netzwerken auf der Gebenseite!

Doch Geben und Nehmen im Netzwerk sollten ausbalanciert sein, weil es nur dann ein faires Miteinander geben kann. Fair im Sinne von »um etwas bitten und annehmen zu können«. Genau das fällt den meisten Menschen jedoch reichlich schwer. Sind wir doch lieber in der Rolle des Machers, des Förderers, des Nutzenstifters. Wer gibt schon gerne zu, dass er Rat, Unterstützung, konkrete Hilfe braucht? Das gelingt nur dann, wenn frühzeitig Vertrauen und Wertschätzung aufgebaut werden. Und das dauert. Hier sind wir bei einem der wichtigsten Netzwerkaspekte: dem Zeitfaktor. Netzwerken ist ein langwieriges Geschäft. Es braucht viel Zeit und Geduld, um Beziehungen zu Kunden und Kollegen aufzubauen und zu festigen. Wer glaubt, nur weil Netzwerke gerade wie Pilze aus dem Boden schießen, sei der schnelle Euro zu verdienen, der verheddert sich ganz schnell im Netz. Denn Netzwerken heißt nicht in erster Linie an Aufträge zu denken. Die kommen von alleine, wenn man den Menschen und seine Bedürfnisse im Netzwerk und eben nicht den Auftrag im Vordergrund sieht!

Empfehlungen – das Salz in der Suppe

Wer als Netzwerker auf ein engmaschiges Netz von Kontakten und Beziehungen zurückgreifen kann, der macht auf Dauer seine Kunden glücklich. Und die wiederum werden begeistert von Ihnen berichten und Sie weiterempfehlen. Schließlich ist es ein nicht zu unterschätzender Wettbewerbsvorteil, dem Kunden einen Trainer, Steuerberater, Grafiker oder andere aus dem eigenen, bewährten Netzwerk empfehlen zu können. Und wenn die Chemie stimmt, dann zeigt Netzwerken mal wieder seine ganze Kraft. Wunderbar! Es gilt sich zu vernetzen, Kollegen in der Branche (und darüber hinaus) kennenzulernen, sich auszutauschen, voneinander zu lernen und – wenn die Rahmenbedingungen stimmen – zusammenzuarbeiten. Empfehlungen sind überlebenswichtig für Weiterbildner, sowohl auf der Anbieter- als auch auf der Kundenseite. Denn wer verfügt als Trainer, Coach und Berater schon über einen fünf- bis sechsstelligen Werbeetat, um kräftig für sich zu trommeln? Weiterbildung ist ein hochsensibles Geschäft und da zählt die Empfehlung doppelt. Wir wissen, dass auf dem deutschen Arbeitsmarkt zwei Drittel aller freien Stellen nicht öffentlich ausgeschrieben, sondern über Netzwerke und Empfehlungen besetzt werden. So das Ergebnis des Instituts für Arbeitsmarkt- und Berufsforschung (IAB) in Nürnberg. In der Weiterbildungsszene dürfte die Zahl der auf Empfehlung basierenden Aufträge noch um einiges höher liegen. Empfehlungen stützen sich auf Vertrauen, wobei wir wieder bei der Werteorientierung wären. Der Kreis schließt sich …

Kontakte pflegen – mit System

Nicht die Quantität, sondern die Qualität der Kontakte ist entscheidend für ein weiteres wichtiges Netzwerkinstrument: das Kontaktpflegeprogramm. Visitenkarten (bitte immer ausreichend dabeihaben!), Fitsein im Small Talk und eine große Portion Vorfreude auf die Menschen, die man kennenlernen wird, gehören zur Basisausstattung. Notizen auf den erhaltenen Visitenkarten festigen den ersten Eindruck und helfen im Anschluss bei der Dokumentation. Ob dies über einen Visitenkartenscanner, eine gängige Software oder die klassische Ablage im Visitenkartenringbuch geschieht, ist eine Frage von Zeit, Geld und Energie. Entscheidend ist, dass auch Jahre später die Visitenkarte mit den Kontaktnotizen wiedergefunden wird. Wer jemals nach einem länger zurückliegenden Kontakt gesucht und Stunden damit zugebracht hat, weiß, wovon hier die Rede ist. Doch das Kontaktpflegeprogramm geht weiter. Die Erfassung von Kontaktdaten und Informationen ist die eine Seite, die Pflege die andere Seite der Netzwerkmedaille. Glückwünsche, schnell als E-Mail oder SMS verschickt, lassen Netzwerker nur müde lächeln. Wenige Worte, handgeschrieben, wirken Wunder und machen langfristig Eindruck. Informationen, die für die Menschen im Netzwerk wichtig sind, werden schnell weitergegeben. In Zeiten von E-Mail ist das eine Frage von Minuten oder gar Sekunden. Vorausgesetzt, der Verteiler ist aktuell gepflegt. Regelmäßige Treffen zum Businessfrühstück, zum Mittagessen, zum Bier nach Feierabend oder einfach zum Kaffee sind für aktive Netzwerker an der Tagesordnung. Das Angenehme mit dem Nützlichen verbinden heißt daher die Devise.

Welches Netzwerk soll es sein?

Ob im formellen oder informellen Netzwerk, lieber »face to face« oder virtuell – die Möglichkeiten der Vernetzung sind wunderbar vielfältig. Wer gerne ohne äußeren Rahmen, ohne Satzung und Mitgliederversammlung als Netzwerker aktiv sein will, dem seien die informellen Netzwerke ans Herz gelegt. Viele Einzeltrainer, Berater, Coaches, Personalentwickler haben bereits ein gut aufgestelltes informelles Netzwerk, ohne sich dessen besonders bewusst zu sein. Konsequent werden Informationen ausgetauscht, wird sich gegenseitig nach Kräften gefördert und unterstützt. Man kennt und vertraut sich, fährt Rad, spielt Golf, klettert in den Bergen oder taucht in Schweizer Flüssen. Die Geschäfte ergeben sich dann fast nebenbei … Wer sich jedoch lieber auf feste Termine und Abläufe verlässt, dem kommen formelle Netzwerke, die Vereine, Berufsverbände und Businessclubs, entgegen. Eine gute Plattform, die bestens geeignet ist, neue Kontakte in der Branche zu knüpfen, alte wiederzubeleben, und eine Bühne für die eigene Vermarktung. Denn Netzwerken ist ja auch immer Selbstmarketing.

»Networking« im Internet ist in globalen Zeiten überlebenswichtig geworden. Kontaktpflege über die Grenzen von Bundesländern, ja Kontinenten hinweg ist angesagter denn je. Social Networks wie studiVZ, Facebook & Co. und Geschäftsnetzwerke wie Xing und LinkedIn machen es vor: Ins Gespräch kommen, im Gespräch bleiben, unabhängig von Ort und Zeit, das ist Netzwerken pur!

Aufträge via Netzwerk?

Wie angedeutet, ergeben sich diese eher zufällig, weil ein potenzieller Auftraggeber sich erinnert, in einem seiner Netzwerke eine passende Person zu kennen. Häufiger sogar tritt der Fall ein, dass A den Kollegen B fragt, wen er eventuell kenne, der dies oder jenes biete? Die Kontakte der zweiten oder gar dritten Stufe sind es, die Netzwerke wie Xing im Laufe der Zeit durchaus auftragsträchtig werden lassen. Sich an Gruppen und Foren zu beteiligen ist ein weiterer wichtiger Faktor.

Anders jene Netzwerke, die darauf zielen, Aufträge bewusst innerhalb eines kleinen Kreises von eher kleineren Gewerbetreibenden und Freiberuflern zu vergeben. Dazu zählen etwa die Businessfrühstücke: Hier wird strikt darauf geachtet, für eine bestimmte Region jeweils wettbewerbsfreie Teilnehmer zu gewinnen – das bedeutet, wenn »Ihr« Chapter – so nennen sich die lokalen Gruppen – bereits über einen Weiterbildner verfügt, stehen Ihre Chancen schlecht, dort noch Fuß zu fassen. Es sei denn, Ihr Mitbewerber scheidet aus. Wenn Sie allerdings für sich eine solche Gelegenheit suchen möchten, überlegen Sie, ob ein anderes nahe gelegenes Chapter infrage kommt. »Bewerben« ist allerdings eher schwierig; man wird angesprochen – suchen Sie auf Xing oder in Ihrer Region unter der Stichwortkombination »Business Frühstück«, allgemein auch www.business-fruehstueck.de.

Hier wie dort geht es letztlich um Empfehlungen: Wem ist eher zu vertrauen, weil er von jemandem genannt wird, dem ich aufgrund meiner Erfahrungen bereits vertraue? Dazu dienen übrigens auch die Bewertungen in diversen Web-2.0-Applikationen: Personen, Dinge, Bücher, etwa auch durch »Social Bookmarking«, das heißt, wer wird wie oft gelesen, kommentiert und anderweitig für gut befunden. Der klassische Begriff dafür ist Mundpropaganda oder marketingdeutsch »Out-of-mouth-Marketing«, zu dem auch Testimonials gehören, seien es Pressenotierungen oder anderweitige Zitate. Professionelle Netzwerke der erwähnten Art gehen manchmal sogar einen Schritt weiter und beziehen den pekuniären Aspekt mit ein.

Moderne Zeiten?

Hanspeter Reiter

Andere Zeiten – andere Sitten? Gerade in »schwierigen« Lagen wie nach der Finanz-krise 2008 mag es angehen, sich mit einer Alternative zur üblichen Vorgehensweise »Leistung gegen Geld« anzufreunden. Dazu gehören als eine Form erweiterter Netz-werke auch …

Tauschringe und Bartering

Direkte Tauschgeschäfte kennen Sie und haben vielleicht schon einmal eines einge-setzt, um einen Auftrag zu erhalten. Ein Beispiel kann sein, dass ein Bildungsinstitut eine Teambuildingmaßnahme für eine Druckerei durchführt, ohne dass Geld fließt. Im Gegenzug erhält das Institut die komplette neue Geschäftsausstattung in überar-beitetem Corporate Design in entsprechender Auflage, auch für andere Niederlassun-gen und für sämtliche (freien) Mitarbeiter. Steuerlich korrekt müssen dann wohl wechselseitig Rechnungen geschrieben werden, deren Aufrechnung zulässig ist. Noch besser, es fließt tatsächlich Geld, was durch wechselseitiges Überweisen geschehen kann. Entscheidend ist der direkte Austausch von Leistungen. Der Vorteil für den Wei-terbildner: Briefpapier, Prospekte, Visitenkarten und so weiter hätte er sowieso dru-cken lassen müssen – und er hat einen Auftrag erhalten, der sonst vielleicht verloren gewesen wäre. Regelmäßige Tauschbeziehungen ähnlicher Art gibt es etwa zwischen Trainern und Seminarhotels.

Tauschringe (denglisch »Bartering«) erweitern die Möglichkeiten. An die Stelle ei-nes direkten Austausches von Leistungen und/oder Lieferung von Waren tritt eine Clearingstelle, an die jeweils Forderungen und Verbindlichkeiten abgegeben werden. Vereinfacht leistet A an B und B an C, wofür sich A dann einen Ausgleich über die Bar-teringzentrale holt, etwa Leistungen von C. Beispiel konkretisiert: Weil das Institut im obigen Beispiel gerade keine neuen Drucksachen benötigt, greift es auf Catering von C zur Jubiläumsfeier zurück.

In der Schweiz ist diese Form bargeldloser Austauschbeziehungen gang und gäbe – die wohl bekannteste Barterorganisation im deutschsprachigen Raum ist WIR, seit 1934 bestehend und 1996 in die WIR-Bank umgewandelt (www.wir.ch). Gerade klei-nere und mittelständische Unternehmen sehen dort das Bartering als Chance, eher gegenüber Großunternehmen bestehen zu können, die daher von einer WIR-Mit-gliedschaft ausgeschlossen sind.

Kerstin und Jörg Allner beschrieben die Vorteile von Bartering in »Print und Pro-duktion« (12-2008, S. 9) wie folgt:

»Barter ist eine moderne Möglichkeit zur Gewinnung neuer Kunden, Realisierung zusätzlicher Geschäfte und Auslastung freier Kapazitäten. Die Fürsprecher des bargeldlosen Zahlungsverkehrs betonen, dass viele Unternehmer eher bereit seien zu handeln, wenn sie mit ihren eigenen Produkten bezahlen könnten, das heißt, die Teilnehmer machen untereinander Geschäfte, die sonst nie zustande kämen ... Darüber hinaus seien Bartergeschäfte oft der erste Schritt zu dauerhaften Geschäftsbeziehungen, die später ›normale‹ Handelsbeziehungen würden.«

Natürlich kostet auch eine solche Dienstleistung Geld. Prüfen Sie Ihre Möglichkeiten etwa via EBB-Euro Barter Business in Baden-Baden (www.ebbgermany.com), einem Zusammenschluss von 110 Barterorganisationen. Dort zahlen Mitglieder 250 Euro Aufnahmegebühr und fünf Prozent vom Umsatz. Tauschringe bieten ihre Dienste häufig kostenlos an und erledigen das Administrative mithilfe Ehrenamtlicher, die aus dem Kreis der Mitglieder kommen (s. zum Beispiele www.tauschring.de oder www.diensttausch.com). Viele Organisationen sind bewusst regional begrenzt, erkundigen Sie sich bei Ihrer Industrie- und Handelskammer (IHK) vor Ort.

Bildungsschecks, Bildungssparen & Co.

Machen Sie potenziellen Nachfragern und Teilnehmern lautere Angebote! »Lauter« im doppelten Sinne – durchaus in klarer, verständlicher Sprache – und absolut legitim: Beträge aus öffentlichen Töpfen sind in aller Regel nur unter engen Voraussetzungen erhältlich und vom eigenen Einkommen oder jenem des Haushalts abhängig. Treffen diese zu, sollte Ihr Teilnehmer davon profitieren. Informieren Sie ihn darüber (s. dazu im Kapitel *P 3: Preis* das Thema »Förderung«, S. 166 ff.) – auch zu möglicher Förderung vonseiten der Europäischen Union.

Und zum Schluss ...

Ausblick

Die Arbeit ist getan, weitere Kunden sind gewonnen, mithilfe von Werbung und deren Vorbereitung – und vor allem durch engagierten Einsatz in Verkaufskontakten. Prima, die Früchte können Sie nun ernten, weitere Seminare durchführen. Und so schließt sich der Kreis, der zugleich unendlich weiterführt: Es geht daran, das Produkt zu gestalten – die Inhalte und Methodik/Didaktik an diese neuen Kunden und ihre Bedürfnisse anzupassen, das Pricing zu überprüfen und sei es die interne Kalkulation. Vielleicht wirkt sich dieser Erfolg direkt auf die Positionierung aus, zumindest auf Präsentation und Promotion, weil Sie diese Referenz nennen dürfen, namentlich oder als Branche wie auch als (neues) Thema? Eine Empfehlung daraus öffnet Ihnen die Tür zum nächsten Gesprächspartner, wieder ein Vertriebsthema … Sie sehen, eins greift ins andere, das eine Zahnrad in das nächste: Entscheidend ist, in allen Aktivitäten die Chancen zu sehen, mit denen Sie Ihr Business weiter voranbringen können, für weiteren Erfolg als Weiterbildner: dafür alles Gute – von Birgit Lutzer, Hanspeter Reiter und den Gastautoren. Auf Ihre Resonanz freuen wir uns gerne hier:

b.lutzer@lutzertrain.de, reiterbdw@aol.com – oder auf Blog www.handbuch-marketing-fuer-weiterbildner.de

Die Gastautoren

Verena Braun

Verena Braun ist Beraterin auf dem Sektor öffentliche Förderung: EuroPart EWIV.

Kontakt:
Tel.: 08465-3710
E-Mail: vbraun@altmuehlnet.de
www.verena-braun.eu

Martin Falk

Nach seinem Studium war Martin Falk als Redakteur und Moderator für verschiedene Radiosender tätig. Er moderiert Live-Sendungen und Veranstaltungen. Außerdem ist er Sprecher für Hörbücher und Multimediaproduktionen. Seit über 20 Jahren veranstaltet er Rhetorik- und Mikrofontrainings für Führungskräfte und Journalisten.

Kontakt: AudioTrainer – der Coach fürs Ohr.
Martin Falk, Buchenweg 7, 55278 Mommenheim,
Tel.: 06138-941296, Mobil: 0171-8306862, Fax: 06138-941295
E-Mail: info@audiotrainer.de
www.audiotrainer.de

Jürgen Fleig

Der studierte Wirtschaftsingenieur und promovierte Politikwissenschaftler war von 1992 bis 1999 als Projektleiter und stellvertretender Abteilungsleiter für das Fraunhofer Institut für Systeme und Innovationsforschung tätig. Seit dem Jahr 2000 führt er die b-wise-GmbH. Er ist Redaktionsleiter des Portals www.business-wissen.de und Trainer.

Kontakt: Dr. Jürgen Fleig
b-wise GmbH Business Wissen Information Service
Stephanienstraße 20, 76133 Karlsruhe
Tel.: 0721-18397-10,
E-Mail: fleig@b-wise.de
www.business-wissen.de

Edit Frater

Edit Frater ist seit 1993 1. Vorsitzende von TRAINERversorgung e.V., zudem ist sie Leiterin der Fachkommission Altersvorsorge im Dachverband der Weiterbildungsorganisationen e.V. (DVWO), Leitungsteam Trainertreffen Köln. Mitglied bei GABAL, BDVT.

Kontakt: Edit Frater
Hauptstr. 39, 50996 Köln,
Tel.: 0221-3317987, Fax: 0221-3317992,
E-Mail: ef@trainerversorgung.de
www.trainerversorgung.de, www.trainerrente.de

Dieter Fröhlich

Mit 470 Franchise-Nehmern ist er heute einer der erfolgreichsten Franchise-Geber Deutschlands. 1997 erhielt er den Deutschen Franchise-Preis. Er ist Autor, Gastdozent, Ehrendoktor und Präsident des Deutschen-Franchise-Verbandes (DFV e.V.).

Kontakt: Dr. h.c. Dieter Fröhlich
Inhaber und Geschäftsführer Musikschule Fröhlich
Am Forsthaus 1, 35713 Eschenburg,
Tel.: 02774-9277-30, Fax: 02774-9277-31
E-Mail: dieter.froehlich@musikschule-froehlich.de

Miriam Godau

Sie hat Politik, Öffentliches Recht, Medien- und Kommunikationswissenschaften studiert. Anschließend startete Sie als Onlineredakteurin bei Price Waterhouse Coopers in die Praxis. Sie wechselte zum Bereich »Public Relations« und konzipiert heute die Onlinekommunikation für verschiedene Zielgruppen.

Kontakt: Miriam Godau
ekaabo GmbH, Grundelbachstr. 84, 69469 Weinheim
Tel.: 06201-845200, Fax: 06201-84520-29
E-Mail: miriam@ekaabo.de
www.prszene.de

Mario Gust

Mario Gust ist Diplom-Betriebswirt und Diplom-Psychologe, er arbeitet bei der AB&F Personalberatung. Er hat unter anderem für das BiBB einen Modellversuch Konzeptentwicklung einer Weiterbildungsinnovation wissenschaftlich begleitet und ist Veranstalter des »deutschen fachkongresses für bildungscontrolling«.

Kontakt: AB&F Personalberatung
Tel.: 033203-72531
E-Mail: MGust.abf@t-online.de

Zamyat M. Klein

Zamyat M. Klein, Diplom-Pädagogin, arbeitet seit 1991 freiberuflich als Trainerin, Coach und Autorin. Sie gilt als ausgesprochene Expertin für Kreativitätstechniken und kreative Seminarmethoden.

Kontakt: ZamyatSeminare, Zamyat M. Klein
Breideneichen 4, 53797 Lohmar
Tel.: 02206-81767, Fax: 02206-6895, Mobil: 0163-4396870,
E-Mail: info@zamyat-seminare.de
www.zamyat-seminare.de, www. zamyat-seminare.de/blog

Willi Kreh

»Mit den richtigen Strategien werden Sie zum Geschäftspartner Ihrer Bank, statt nur als Bittsteller behandelt zu werden«, sagt Deutschlands erster BankStrategieBerater. Er ist spezialisiert auf die Begleitung mittelständischer Unternehmer im Umgang mit ihrer Bank.

Kontakt: Willi Kreh
Steuerberater und BankStrategieBerater
Dieselstraße 23, 61191 Rosbach v. d. Höhe
Tel.: 06003-91420, Fax: 06003-549
E-Mail: krehaktiv@kreh.de
www.BankStrategieBerater.de, www.DieRatingChance.de

Lutz Lochner

Der ausgebildete Bankkaufmann und Diplom-Betriebswirt schloss eine Traineraus-bildung ab. Als Berater und Coach von Führungskräften aus Banken und Firmen hat er sich einen Namen mit innovativen Vertriebskonzepten gemacht. Für sein mittel-ständisches Seminarportal erhielt er den Europäischen Gründerpreis 2005.

Kontakt: Seminarportal.de, Lutz Lochner
Kelsterbacher Str. 1, 60528 Frankfurt
Tel.: 069-67733876, Fax: 069-67733938, Mobil: 0171-2406569
E-Mail: lutz.lochner@seminarportal.de
www.seminarportal.de

Wolfgang Neumann

Das Studium der Wirtschaftswissenschaften sowie seine Aktivitäten und Berufserfahrung im Bereich Personal- und Organisationsentwicklung sind die Grundlagen für seine heutige Beratungstätigkeit: Projekte zur Performanceverbesse-rung gemäß dem Performance-Improvement-Konzept, Projekte zur Unternehmensentwicklung, Seminare zum Thema Konfliktmanagement, Coaching u. a. mit dem Persön-lichkeitsanalyseinstrument MBTI®.

Kontakt: FocusPerformance, Wolfgang Neumann
Schneckenburgerstr. 14, 30177 Hannover
Tel.: 0511-6266680
E-Mail: Wolfgang.Neumann@focusperfomance.de

Katrin Prüfig

Sie arbeitet seit 1986 als Journalistin und Moderatorin und steht für den Nachrichtenkanal Eins Extra und den NDR vor der Kamera. Dr. Katrin Prüfig wurde in der Vergangenheit bereits zweimal mit dem Axel-Springer-Preis für junge Jour-nalisten ausgezeichnet. Als Medientrainerin ist sie im In- und Ausland tätig.

Kontakt: Dr. Katrin Prüfig, die medientrainer
Groß Flottbeker Str. 66, 22607 Hamburg
Tel. :040-89070952, Mobil: 0172-4011722
E-Mail: katrin.pruefig@die-medientrainer.de
www.die-medientrainer.de

Marco Ripanti

Mit seinem Unternehmen ekaabo GmbH entwickelt der gelernte Wirtschaftskorrespondent und »Betriebswirt eBusiness« Online-Communities. Außerdem ist er in der Weiterbildungsbranche aktiv. Die größte Leidenschaft ehemaligen Radiomoderators ist das Bloggen – am liebsten über das Web2.0-Leben.

Kontakt: Marco Ripanti, ekaabo GmbH
Grundelbachstr. 84, 69469 Weinheim
Tel.: 06201-845200, Fax: 06201-84520-29
E-Mail: marco@ekaabo.de
www.ripanti.com

Karin Ruck

Karin Ruck ist Trainerin, Beraterin und Fachbuchautorin mit den Schwerpunkten Kundenbeziehungsmanagement, Netzwerke und Kooperationen.

Kontakt: Karin Ruck Kundenmarketing
Training & Beratung
Freudentalstr. 2, 34760 Kautungen
Tel.:05605-3051702
E-Mail: info@kundenmarketing.de
www.kundenmarketing.de

Michael Smetana

Ing. Michael Smetana ist erfahrener Qualitätsmanager, REFA Industrial Engineer, NLP-Lehrtrainer, Trinergy®-Lehrtrainer, systemischer Coach und Entwickler des SeminarDesigners Professional, der führenden Software zum inhaltlichen Gestalten professioneller Seminare. Seit 2001 hat er sich auf die didaktischen Möglichkeiten generativen Lernens spezialisiert und bietet dazu Weiterbildungen für bereits erfahrene Trainer an.

Kontakt: Ing. Michael Smetana
PRILLANCE Unternehmensberatung
Wilhelminenstr. 130, A-1160 Wien
Tel: +43-1890-2236, Fax: +43-1890-2236-15
E-Mail: office@seminardesigner.at
www.seminardesigner.at

Jens Tomas

Vor seiner Tätigkeit als Speaker, Trainer und Coach sammelte Dr. Jens Tomas als Rechtsanwalt der Firma »Nokia Deutschland« Erfahrungen in der internationalen Verhandlungsführung. Heute gehört der Bestsellerautor zu den Top-Experten für berufliche Kommunikation. Einem Millionenpublikum wurde er als TV-Coach be-kannt.

Kontakt: Dr. Jens Tomas
Speaking | Training | Consulting
Vörnste Esch 11, 48167 Münster
Tel.: 0251-96199992, Fax: 0251-96199996
E-Mail: jens.tomas@jenstomas.de
www.jenstomas.de

Peter J. Weber

Er war nach seiner Habilitation als Senior Researcher am Forschungszentrum für Mehrsprachigkeit (Brüssel) tätig. Es folgten Professuren an verschiedenen Universi-täten. Seit 2007 ist der Marketingexperte Professor für Internationale Wirt-schafts-kommunikation an der Hochschule für Angewandte Sprachen in München.

Kontakt: Prof. Dr. Peter J. Weber
Hochschule für Angewandte Sprachen
Professur Internationale Wirtschaftskommunikation
Amalienstraße 73, 80799 München
Tel.: 089-28810213, Fax: 0172-6224626,
E-Mail: weber@sdi-muenchen.de
www.sdi-muenchen.de/hochschule

Christiane Wittig

Christiane Wittig ist gelernte Werbekauffrau und seit 1990 erfolgreich als Trainerin und Coach tätig. Ihre Schwerpunkte sind Werbe- und PR-Fragen, Teambuilding (etwa mit Trike-Events) sowie Arbeitsorganisation, Selbst- und Zeitmanagement.

Kontakt: Christiane Wittig
wws Weiterbildung – Seminare + Coaching
Waldperlacher Weg 16, 81739 München
www.wws-wittig.de.

Literaturverzeichnis

Argyris, Ch.: Wissen in Aktion: Eine Fallstudie zur lernenden Organisation. Stuttgart: Klett-Cotta, 1997

Avenarius, H.: Public Relations: Die Grundform der gesellschaftlichen Kommunikation. Darmstadt: Wissenschaftliche Buchgesellschaft, 1995

Avenarius, H.: Die ethischen Normen der Public Relations: Kodizes, Richtlinien, freiwillige Selbstkontrolle. München: Luchterhand, 2002

Ballstaedt, St.-P.: Wissensvermittlung. Weinheim: Beltz PVU, 1997

Baron, G.: Praxisbuch Mailings. Landberg am Lech: moderne industrie/W&W, 2009

Bernecker, M.: Marketing für Trainer: Eine empirische Studie 2003/2004. Köln: Deutsches Institut für Marketing, 2004

Bernecker, M.: Bildungsmarketing, Bergisch Gladbach: johanna, 2007

Bernecker, M./Gierke, C./Hahn, T.: Akquise für Trainer, Berater, Coachs. Offenbach: GABAL, 2005

Bernecker, M./Weihe, K./Peters, M.: Marketing im Weiterbildungsmarkt 2008/2009: Eine empirische Befragung von Trainern und Personalentwicklern. Bergisch Gladbach: johanna, 2008

Bohner, G./Wänke, M.: Attitudes and attitude change. Hove: Psychology Press, 2004

Christiani, A.: Magnet-Marketing. Frankfurt am Main: Frankfurter Allgemeine Buch, 2001

Christiani, A.: Expertenpositionierung & Netzwerkarchitektur. 4 Audio-CDs und Begleitbuch. Starnberg: Christiani Consulting, 2004

Cialdini, R.B.: Die Psychologie des Überzeugens. 4. Aufl. Bern: Huber, 2006

Döring, K.W.: Handbuch Lehren und Trainieren in der Weiterbildung. Weinheim und Basel: Beltz, 2008

Dörrbecker, K./Fissenewert-Großmann, R.: Wie Profis PR-Konzeptionen entwickeln: Das Buch zur Konzeptionstechnik. Frankfurt am Main: Frankfurter Allgemeine Buch, 1997

Dolle, A./Lutzer, B.: Besser erklären – mehr verkaufen. Ein Ratgeber für Techniker, Ingenieure und andere »Fachchinesen«. Wiesbaden: Gabler, 2009

Fink, K.J.: Bei Anruf Termin. Wiesbaden: Gabler, 2005

Gieschen, G./Schimkowski, C.: SOS Neukunden. Wie man Kunden gewinnt, ohne anrufen zu müssen. Hörbuch gelesen von Britta Diestel. Tübingen: abc, 2008

Goleman, D.: Emotionale Intelligenz. München: Hanser, 1997

Goleman, D.: Soziale Intelligenz. Wer auf andere zugehen kann, hat mehr vom Leben. München: Droemer, 2006

Gottschling, St. (Hrsg.): Marketing-Attacke. Augsburg: SGV, 2008

Götz, V.: Raster für das Webdesign. Reinbek: Rowohlt, 2002

Großklaus, R./Wegberg, T.A.: Die 140 besten Checklisten zur Marketingplanung. Landsberg am Lech: moderne industrie, 2006

Großklaus, R.: Neue Produkte einführen: Von der Idee zum Markterfolg. Wiesbaden: Gabler, 2008

Gutheim, P.: Der Webdesign-Praxisguide. Berlin/Heidelberg: Springer, 2008

Häusel, H.G.: Think Limbic. Freiburg: Haufe, 2000

Henninger, M./Mandl, H. (Hrsg.): Handbuch Medien- und Bildungsmanagement. Weinheim und Basel, Beltz, 2009

Jerusalem, M. (Hrsg.): Selbstwirksamkeit und Motivationsprozesse in Bildungsinstitutionen. Weinheim: Beltz PVU, 2002

Jung, C.G.: Typologie. München: dtv, 1990

Kellner, H.J.: Was Trainer können sollten. Das neue Kompetenzprofil. Mit CD-ROM. Offenbach: GABAL, 2005

Klein, S./Olbert, H.: Trainer-Netzwerke: Wie erfolgreiches Networking Kreise zieht. Bonn: manager-Seminare, 2005

Kloss, I.: Werbung: Handbuch für Studium und Praxis. München: Vahlen, 4. Auflage 2007

Koeppler, K.: Strategien erfolgreicher Kommunikation: Lehr- und Handbuch. München/Wien: Oldenbourg, 2000

Koziol, K. u.a.: Social Marketing: Erfolgreiche Marketingkonzepte für Non-Profit-Organisationen. Stuttgart: Schäffer-Poeschel, 2006

Kreyher, V. J. (Hrsg.): Handbuch politisches Marketing: Impulse und Strategien für Politik, Wirtschaft und Gesellschaft. Baden-Baden: Nomos, 2004

Kroeber-Riel, W./Weinberg, P.: Konsumentenverhalten. München: Vahlen, 8. Auflage 2003

Kuntz, B.: Warum kennt den jeder? Wie Sie als Berater durch Pressearbeit Ihre Bekanntheit steigern und leichter lukrative Aufträge an Land ziehen. Bonn: managerSeminare, 2008

Kuntz, B.: Die Katze im Sack verkaufen. Wie Sie Bildung und Beratung mit System vermarkten. Bonn: managerSeminare, 2004

Kuntz, B.: Fette Beute für Trainer und Berater. Wie sie »Noch-nicht-Kunden« Ihre Leistung schmackhaft machen. Bonn: managerSeminare, 2006

Laegeler, H.: Interesse und Bildung: Bildungstheoretische und praxisbezogene Überlegungen zu einem pädagogischen Grundverhältnis. Karlsruhe: Universität, Dissertation, 2004

Lutzer, B.: Das PR-Rezeptbuch für Bildungsinstitute und Trainer. Bielefeld: W. Bertelsmann, 2001

Lutzer, B: Marketinginstrumente für Trainer. Die Klaviatur richtig beherrschen. Bonn: Verlag managerSeminare, 2005

Mahlmann, R.: Selbsttraining für Führungskräfte. Weinheim und Basel: Beltz, 2001

Mahlmann, R.: Sprachbilder: Metaphern & Co. Einsatz von bildlicher Sprache in Coaching, Beratung und Training. Weinheim und Basel: Beltz, 2010

Markowitsch, H.-J.: Dem Gedächtnis auf der Spur: Vom Erinnern und Vergessen. Darmstadt: Wissenschaftliche Buchgesellschaft, 2002

Martens, J. U.: Verhalten und Einstellungen ändern: Veränderungen durch gezielte Ansprache des Gefühlsbereiches. Hamburg: Windmühle, 1988

McKelvey, R.: Hypergraphics: Design und Architektur von Websites. Reinbek: Rowohlt, 1999

Meffert, H.: Marketing: Grundlagen marktorientierter Unternehmensführung; Konzepte, Instrumente, Praxisbeispiele. Wiesbaden: Gabler, 10. Auflage 2008

Meier-Gantenbein, K. F./Späth, T.: Handbuch Bildung, Training und Beratung. Weinheim und Basel: Beltz, 2009

Musold, M.A.: Außergewöhnliche Kundenbetreuung. Einfach mehr Umsatz – Praxiserprobte Methoden für beratende Berufe. Göttingen: BusinessVillage, 2009

Nielsen, J./Tahir, M.: Homepage Usability – 50 enttarnte Websites. München: Markt und Technik, 2004

Olbert, H.: Trainingsverträge – Beratungsverträge: Grundlagen der Vertragsgestaltung und Musterverträge. Bonn: managerSeminare, 2005

Otto, J. H. (Hrsg.): Emotionspsychologie: Ein Handbuch. Weinheim: Beltz PVU, 2000

Pradel, M.: Dynamisches Kommunikationsmanagement: Optimierung der Marketingkommunikation als Lernprozess. Wiesbaden: Gabler, 2001

Radtke, A./Charlier, M.: Barrierefreies Webdesign: Attraktive Websites zugänglich gestalten. München: Addison Wesley, 2006

Rankel, R./Neisen, M.: Endlich Empfehlungen. Der einfachste Weg, neue Kunden zu gewinnen. Offenbach: GABAL, 2008

Reiter, Hp.: Effektiv telefonieren – Tipps, Tricks und Gesprächstechniken für Business-Telefonate, Offenbach: GABAL, 2008

Reiter, Hp.: Dialog gewinnt – Wie Trainer und Berater per Telefon Kunden finden und und an sich binden, Manuskript

Reiter, Hp.: Verlagsratgeber, Input-Verlag, 2009 (mehrere Bände mit Marketingtools – siehe www. verlagsratgeber.de)

Reiter, Hp.: Bei Anruf: souverän, schlagfertig und kompetent. So kommen Sie am Telefon bestens an! Weinheim und Basel, Beltz, 2003

Reiter, Hp.: 166 beste Checklisten für Callcenter und Telefonmarketing. Landsberg am Lech: moderne industrie, 1999

Reiter, Hp.: Storytelling im Verkauf. Offenbach: GABAL, 2010

Rheinberg, F.: Motivation. Stuttgart: Kohlhammer, 5. Auflage 2004

Ruck, K.: Kleine Riesen – die besten Marketingrezepte, Redline, 2008

Sawtschenko, P./Herden, H.: Rasierte Stachelbeeren. So werden Sie die Nr. 1 im Kopf Ihrer Zielgruppe. Offenbach: GABAL, 2008

Schmidt, S. J. (Hrsg.): A/effektive Kommunikation: Unterhaltung und Werbung. Münster: LIT, 2001

Schnappauf, R. A.: Verkaufspraxis. Landsberg am Lech, 4. Auflage 2000

Schneider, W. (Hrsg.): Handbuch der Pädagogischen Psychologie. Göttingen: Hogrefe, 2008

Schwarz, T.: Leitfaden Online-Marketing. Waghäusel, marketingBörse, 2008

Schwarz-Friesel, M.: Sprache und Emotion. Tübingen: Francke, 2007

Schub von Bossiazky, G.: Psychologische Marketingforschung. München: Vahlen, 1992

Schweiger, G./ Schratenecker, G.: Werbung: Eine Einführung. Stuttgart: Lucius & Lucius, 6. Auflage 2005

Skambraks, J.: Verkaufen heißt Zuhören. So fragen Sie sich zum Auftrag. Wien: Linde 2009

Spitzer, M.: Lernen: Gehirnforschung und die Schule des Lebens. Heidelberg: Spektrum akademischer Verlag, 2007

Stevenson, D.: Die Storytheater-Methode. Strategisches Geschichten erzählen im Business. Offenbach: Gabal, 2008

Trommsdorf, V.: Konsumentenverhalten. Stuttgart: Kohlhammer, 6. Auflage 2004

Turtschi, R.: Praktische Typografie. Sulgen: Niggli, 4. Auflage 2000

Vögele, S.: Dialogmethode: Das Verkaufsgespräch per Brief und Antwortkarte. Landsberg am Lech: moderne industrie, 5. Auflage 1990

Wehner, Ch.: Überzeugungsstrategien in der Werbung: Eine Längsschnittanalyse von Zeitschriftenanzeigen des 20. Jahrhunderts. Opladen: Westdeutscher Verlag, 1996

Weis, H. Ch./Olfert, K.: Kompakt-Training Marketing. Ludwigshafen: Kiehl, 2007

Weyand, G.: Allein erfolgreich – Die Einzelkämpfermarke. Erfolgreiches Marketing für beratende Berufe. Göttingen: BusinessVillage, 2008

Weyand, G.: Sog-Marketing für Coaches. So werden Sie für Kunden und Medien (fast) unwiderstehlich. Bonn: managerSeminare, 2007

Weyand, G.: Das gewisse Extra. Beratermarketing für Fortgeschrittene. managerSeminare, 2008

Weyand, G.: 250 Checklisten für Trainer und Berater, Landsberg am Lech: moderne industrie, 2009

Wild, K.-P.: Die Bedeutung betrieblicher Lernumgebungen für die langfristige Entwicklung intrinsischer und extrinsischer motivationaler Lernumgebungen. In: Schiefele, U./Wild, K.-P. (Hrsg.): Interesse und Lernmotivation: Untersuchungen zu Entwicklung, Förderung und Wirkung. Münster: LIT, 2000, S. 73–93

Will, H./Wünsch, U./Polewsky, S.: Info-, Lern- und change-Events. Das Ideenbuch für Veranstaltungen: Tagungen, Kongresse und große Meetings. Weinheim und Basel: Beltz, 2009

Zech, R.: Handbuch Qualität in der Weiterbildung. Weinheim und Basel: Beltz, 2008

Zerres, Ch./Zerres, M. (Hrsg.): Handbuch Marketing-Controlling. Berlin/Heidelberg: Springer, 3. Auflage 2006

Bildnachweis

Folgende Bilder wurden uns freundlicherweise zur Verfügung gestellt:

65 (DIMA-Diamant) Marion Prediger, Filchner Straße 46a, 81476 München
76 (Lerninstrumente Tabelle) Time4you GmbH, Maximilianstr. 4, 76133 Karlsruhe
104 (Sinus-Milieus) Sinus Sociovision GmbH, Ezanvillestraße 59, 69118 Heidelberg
108 (Szenario-Technik Grafik) Hanspeter Reiter
111 (Zielgruppenzwiebel) Input-Verlag, Ralf Plenz, Blankeneser Landstraße 63, 22587 Hamburg
117 (Ute Poelman) Tetragon, Weseler Straße 111–113, 48151 München
117 (Thomas Wessinghage) Prof. Dr. Thomas Wessinghage, Medical Park Bad Wiessee
St. Hubertus, Sonnenfeldweg 29, 83707 Bad Wiessee
118 (Jens Schaprian) Akademie Führungsweg, Steindamm 19, 31311 Hänigsen (nahe Hannover)
119 (Screenshot www.fuehrungsweg.de) Akademie Führungsweg, Steindamm 19,
31311 Hänigsen (bei Hannover)
120 (Jens Tomas) Dr. Jens Tomas, Vörnste Esch 11, 48167 Münster
218 (Logo der Bayerischen Volkshochschulen) Bayerischer Volkshochschulverband e. V.
Fäustlestraße 5a, 80339 München
219 (Icons der Themenbereiche) Bayerischer Volkshochschulverband e. V.
Fäustlestraße 5a, 80339 München
220 (Standardisierte Angebote des Bayerischen Volkshochschulverbandes)
Bayerischer Volkshochschulverband e. V., Fäustlestraße 5a, 80339 München
221 (Logo der Firma »Gesundheitskonzepte«) Gesundheitskonzepte,
Kortumstraße 32, 44787 Bochum
221 (activescript-Logo) documenteam GmbH & Co. KG, Auf dem Esch 4, 33619 Bielefeld
223 (Visitenkarten Gesundheitskonzepte) Gesundheitskonzepte,
Kortumstraße 32, 44787 Bochum
223 (Visitenkarten VBO) Virtuelles Back Office, Hermann-Schmitt-Straße 2, 64572 Worfelden
225 (Flyer »Gesundheitskonzepte«) Gesundheitskonzepte, Kortumstraße 32, 44787 Bochum
226 (Flyer VBO) Virtuelles Back Office, Hermann-Schmitt-Straße 2, 64572 Worfelden
228 (Timo Off, Carmen Cronauer von »Communico«) Communico
St.-Barbara-Straße 36, 56412 Ruppach-Goldhausen
275 (Anzeige »Wir gehen raus«) extrem training + event GmbH, Bahnhofstraße 38,
68500 Seligenstadt
276 (Anzeige »Wollen Sie weeeeiter kommen?«) next level holding GmbH,
Sieveringer Straße 72, A-1190 Wien
333 (PIN-Tresor-Mailing) Willi Kreh, Dieselstraße 23, 61191Rosbach v. d. Höhe
334 (Gute-Geister-Mailing) Birgit Lutzer
414 (Kundenzufriedenheits-Tableau) Renate Vochezer, Ulmenweg 8, 88260 Argenbühl
423 (DIMA-Flyer-Entwurf) Marion Prediger, Filchner Straße 46a, 81476 München

Stichwortverzeichnis